Franco Rol

Il simbolismo di Rol

© 2012 Franco Rol – Tutti i diritti riservati

ISBN: 978-88-91034-06-9

Terza Edizione

Un ringraziamento speciale a Domenica Visca Schierano, Catterina Ferrari, Remo Lugli e al compianto Aldo Provera.

Le foto di Gustavo Rol e della sua abitazione fanno parte dell'*Archivio Franco Rol*.

INDICE

Introduzione 11

Capitolo 1 – «*Rol l'incredibile*» (Allegri, 1986) 19
– Gli articoli su "Gente" 23

Capitolo 2 – «*Rol. Il grande veggente*» (Allegri, 2003) 48

Capitolo 3 – «*Gustavo Rol. Una vita di prodigi*» (Lugli, 1995) 69

Capitolo 4 – «*Oltre l'umano. Gustavo Adolfo Rol*» (Di Simone, 1996) 77

Capitolo 5 – «*Rol. Oltre il prodigio*» (Giordano, 1995), «*Rol e l'altra dimensione*» (Giordano, 2000) 142
– Qualche parola sull'Antroposofia e Rudolf Steiner 157
– Il pensiero di Rudolf Steiner 168
– Ulteriori segnalazioni e precisazioni 175

Capitolo 6 – «*Rol mi parla ancora*» (Giordano, 1999) 183

Capitolo 7 – «*Gustavo Rol. Una vita per immagini*» (Giordano, 2005) 192

Capitolo 8 – «*Gustavo Adolfo Rol. Scritti per Alda*» (Dembech, 1999) 196
– Rol e Ravier 211
– Rol e Napoleone 230
– Considerazioni aggiuntive su spiritismo e "spirito intelligente" 257
– Tornando a Napoleone 273
– Alessandro, Cesare e Carlo Magno 298
– Rol…ando e Alda 322
– Il linguaggio segreto di Dante e dei "Fedeli d'Amore" 343
– Lo strano caso del Dottor Rol e del Signor Walewski 372
– Il teosofismo di Giuditta Dembech 410
– Conseguenze negative sulla dottrina "di Rol" 420
– Date e numeri 432

Capitolo 9 – «*Gustavo Adolfo Rol. Il grande precursore*» (Dembech, 2005) 461

Conclusione 485

Appendice I (Ulteriori *errata corrige* e precisazioni) 487

Appendice II (*Conversazioni con Gustavo Rol*) 491

Postfazione 509

Bibliografia
– Fonti primarie 510
– Fonti secondarie 527
– Fonti terziarie 535

Tavole 541

Riguardo alle intenzioni morali, come raccapezzarsi, sia pure supponendo la buona fede dei narratori? E che cosa sarà allora, quando i moventi sono la malafede, l'interesse e la passione? Io ho dato un ordine, ma chi può leggere in fondo al mio animo le mie reali intenzioni? Eppure ciascuno s'impadronisce di quest'ordine, lo misura col suo metro, lo piega, come meglio gli accomoda, al proprio metodo personale. Osservate le varie sfumature che darà a quest'ordine un intrigante, a seconda che gli dia noia o, al contrario, favorisca il suo intrigo; osservate i contorcimenti che gli farà subire. Lo stesso avverrà con qualche persona cui il sovrano o i ministri avranno comunicato confidenzialmente alcune informazioni su qualche argomento; e lo stesso faranno i numerosi sfaccendati di palazzo i quali, non avendo di meglio da fare che stare ad origliare alle porte, inventano notizie false spacciandole per vere. E come si mostrerà certo di quello che racconterà! E coloro che stanno un po' in disparte, apprendendole dalla bocca di persone bene informate, a loro volta ne saranno sicurissimi! Ed ecco allora le memorie e i diari, i motti di spirito e le storielle da salotto fare il loro giro ... !

Mio caro, ecco tuttavia che cos'è la storia! Ho visto voler discutere con me il pensiero di una mia battaglia, lo scopo dei miei ordini, e tirarne conclusioni a me contrarie. Non è questa la rinnegazione della creatura di fronte a colui che l'ha creata? Non importa: il mio contraddittore, il mio oppositore avrà i suoi partigiani.

E fu così che allontanai da me l'idea di scrivere le mie memorie, di manifestare i miei sentimenti, da cui si potessero naturalmente ricavare le sfumature del mio intimo carattere. Non sarei potuto scendere a confessioni alla maniera di Jean Jacques, che sarebbero state criticate dal primo venuto. Ho quindi deciso di dettare, qui a voi, solo quanto si riferisce alla mia vita pubblica. So pure che queste stesse relazioni possono essere contestate perché non c'è uomo che gli avversari non attacchino o smentiscano, quale che sia il suo buon diritto, la forza e la potenza di questo. Ma agli occhi del saggio, dell'imparziale, del riflessivo, del ragionevole, la mia voce, dopo tutto, varrà bene quella di un altro, e non temo affatto il giudizio finale.

Oggi ci sono tanti lumi, che quando le passioni si saranno diradate, le nuvole saranno scomparse, io mi affiderò allo splendore che rimarrà. Ma quanti sbagli ci sono in mezzo!

Napoleone Bonaparte
(Sant'Elena, 1816)[1]

---

[1] Las Cases, *Memoriale di Sant'Elena*, Gherardo Casini Editore, Roma, 1962, Vol. II, p. 522.

Introduzione

Spesso la verità è velata da un simbolo.
Gustavo Rol[1]

Il vero, identico al divino, non si lascia mai conoscere da noi direttamente, lo scorgiamo nel riflesso, nell'esempio, nel simbolo.
Johann Wolfgang Goethe[2]

L'idea di intitolare questo studio *Il simbolismo di Rol* è emersa nella fase finale della sua stesura. Non era infatti questa la nostra primaria intenzione, e non perché l'argomento in sé non meritasse di essere trattato, anzi, proprio per la ragione opposta, ovvero perché nel momento in cui avessimo voluto affrontarlo seriamente, avremmo dovuto proporci una esposizione sistematica e rigorosa, che analizzasse in maniera integrale il pensiero e le azioni di Gustavo Rol alla luce dei numerosissimi riferimenti, espliciti ed impliciti, a quei *mondi simbolici* che hanno fatto parte della sua vita *come se fossero reali*.

Rol *agiva simbolicamente in ogni circostanza*, si serviva della realtà come di una materia prima da trasformare in opera d'arte; come di una tela vergine sulla quale dipingere un progetto urbanistico multicolore con i pennelli che gli forniva il caso, il suo Grande Collaboratore.

Consapevole del fatto che i simboli sono ciò che di più antico si tramanda la razza umana, ha voluto anch'egli partecipare a quel meraviglioso gioco enigmatico che è un po' una sorta di "prova del 9" per grandi iniziati, per i grandi maestri e, osiamo dire, per i grandissimi maestri quando, come nel suo caso, hanno seminato indizi per tutta la vita senza che le persone che ebbero la fortuna di incontrarlo potessero averne il minimo sentore. E sono proprio queste che oggi, con le loro testimonianze, senza saperlo, ci portano su un vassoio dorato i frutti di quella semina.

Ma non sarà nel presente studio che noi potremo esaurire questo argomento. Cominceremo solo a fare chiarezza su alcune questioni fondamentali della vita di Rol, tentando di rispondere a domande come le seguenti: perché Rol aveva un vero e proprio culto per Napoleone Bonaparte? Chi era il misterioso Polacco che egli incontrò da ragazzo a

---

[1] Giordano, M.L., *Rol mi parla ancora*, Sonzogno, Milano, 1999, p. 122.
[2] *Saggio di meteorologia*, 1825 (cit. in *Faust*, Garzanti, 1999, p. 1279).

Marsiglia e che lo avrebbe iniziato ai primi esperimenti? Chi era Alda? Chi sono i "Nove"? Rol credeva alla reincarnazione? Perché diceva di non aver nulla a che vedere con lo spiritismo e con la parapsicologia? Perché rifiutava tutte le classificazioni (mago, medium, sensitivo, etc.) che a più riprese giornalisti e studiosi gli hanno affibbiato? Perché diceva di essere "il numero cinque"? Insomma, chi era, che cosa faceva, come e perché agiva Gustavo Adolfo Rol?

Dichiariamo subito che la risposta all'ultima domanda, evidentemente la più essenziale e urgente, è impossibile sviluppare in modo completo in un solo testo. E questo non certo perché Rol «è un mistero», come per tutti quelli che hanno finora scritto di lui, visto che per noi Rol un mistero non lo è affatto, la sua vicenda, il suo insegnamento e la sua dottrina essendo per noi limpidi come un lago di montagna, tersi come il cielo delle vette. Il problema è che ci sono una quantità tale di cose da dire e da spiegare che non sono nemmeno sufficienti le mille pagine che già abbiamo scritte e di cui questa non è che una parte. E non è nemmeno la parte che ci sarebbe piaciuta trattare sin da subito, ovvero quella che riguarda la cornice metafisica entro cui inquadrare la sua dottrina, e la relativa, inscindibile controparte che è la spiegazione scientifica dei fenomeni. Per la verità, ancora all'inizio del 2007 stavamo lavorando a un testo che privilegiasse questo aspetto, consapevoli del fatto che una teoria organica, precisa e suscettibile di essere sperimentata e verificata avrebbe potuto, più di qualunque chiacchiera o polemica, fare piazza pulita di tutte le misere illazioni all'indirizzo di Gustavo Rol, che soprattutto negli ultimi tempi hanno imperversato sui media e nei circoli di studiosi o divulgatori autoproclamatisi "razionali".

Lo scetticismo su certe tematiche non è certo cosa nuova: possibile che un uomo possa leggere nel pensiero, prevedere il futuro, conoscere il passato di chiunque, trovarsi in due posti lontani migliaia di chilometri nello stesso tempo, allungarsi o accorciarsi a piacimento, attraversare i muri, guarire le malattie, spostare gli oggetti senza toccarli, viaggiare nel tempo, creare oggetti dal nulla e poi disintegrarli, librarsi nell'aria, leggere nei libri senza bisogno di aprirli, irradiare luce come la folgore e infine, continuare a fare molte di queste ed altre cose *anche dopo morto*? Si può forse dare torto agli scettici se hanno tentato di esprimere qualche legittimo dubbio sulla sanità mentale di coloro che di Rol hanno affermato queste cose?

Assai spesso ci siamo chiesti quale sarebbe stato il nostro atteggiamento se non avessimo avuto l'immensa fortuna di conoscere Gustavo: saremmo stati scettici ad oltranza? Avremmo creduto senza vedere? Ha ben ragione Gesù nel dire: *beati quelli che pur non avendo visto crederanno!* Costoro possiedono certamente un dono, o forse *una predisposizione mentale* che li favorisce in questa direzione; certo è che assai spesso la Fede nasce al seguito di situazioni particolari, ad eventi che portano a riflettere sul significato dell'esistenza, a circostanze traumatiche che si trasformano in una *via crucis* che si crede interminabile, e che poi, proprio nel momento di massima disperazione, quando si crede che anche Dio ci abbia abbandonati... inaspettatamente si manifestano le condizioni di una nostra risurrezione, di una rinascita, come lo sbocciare di un fiore di loto dal fango. Ecco allora che *credere diventa sinonimo di Sentire*, e la Fede non rimane un vocabolo svuotato di un'esperienza di ordine trascendente. Si tratta tuttavia, almeno ancora in quest'epoca, di un *sentimento* non abbastanza diffuso. Con rammarico Gesù constatava: *Se non vedete segni e prodigi, voi non credete*. Ed ecco allora che il Maestro Rol spende tutta la sua esistenza a mostrare prodigi, Re Pescatore di uomini da condurre sulla strada luminosa della Fede.

Dicevamo che il portare sin da subito una teoria in grado di confermare le affermazioni di Rol e la realtà delle sue *possibilità*, come egli chiamava i suoi "poteri", avrebbe fornito un contributo forse risolutivo al dibattito tra scettici e sostenitori.

Eppure questo progetto, che coltiviamo ormai dal lontano 1999, è sempre stato posticipato dalla concomitanza di molteplici fattori, il principale dei quali è la crescente mole di materiale testimoniale e biografico emersa negli ultimi anni. Per averne un'idea generale, si pensi che quando Rol era in vita furono pubblicati, tra il 1949 (anno del primo articolo noto in cui si parla di lui) e il 1994 (anno della sua morte) 115 tra articoli, relazioni e capitoli in libri, e una monografia; mentre tra il 1994 e il 2007 si annoverano 198 articoli (et al.), 20 monografie e 2 documentari, oltre a fonti di vario genere (tv, web, raccolta inedita di testimonianze, etc.)[3]. Tutto questo ovviamente ha inciso non poco sia sui tempi di classificazione che su quelli di analisi dei dati, la cui integrazione con il materiale precedente era necessaria non solo da un punto di vista strettamente bibliografico, ma anche e soprattutto in relazione alle molte apparenti o reali contraddizioni che man mano emergevano nei racconti dei testimoni, vuoi per scarsa importanza da loro attribuita ai dettagli, vuoi per superficialità di alcuni biografi che quelle testimonianze hanno riportate imprecise nei loro testi; a questo si sono poi aggiunte le contraddizioni di ordine dottrinale, laddove alcuni testimoni sostenevano che Rol avesse detto questa o quell'altra cosa, o che Rol pensava in questo o quell'altro modo, salvo poi venire smentite o da dichiarazioni dirette di Rol emerse da suoi scritti autografi e documenti audio, o dalla opinione diversa di qualche altro testimone. Come se ciò non bastasse, a ingarbugliare in maniera quasi definitiva la matassa ci hanno pensato scettici e detrattori, che fondando molta della loro critica proprio sulle contraddizioni dei testimoni, hanno tentato di minarne la credibilità; sfruttando poi il semplice sillogismo che Rol doveva per forza essere un prestigiatore per il fatto di essersi rifiutato a farsi esaminare da una commissione di "controllo" (come ai bei tempi dell'Inquisizione), si sono prodigati di inviare in prima linea, attraverso i media, i loro gregari illusionisti cercando di dimostrare che anche loro,

---

[3] Il momento di massima espansione si è tuttavia avuto a partire dal 2003, centenario della nascita di Rol: in quattro anni sono stati pubblicati 102 articoli (et al.) e 11 monografie.

con il trucco, *potevano fare gli stessi "giochi" di Rol*. Tra questi pseudo-rollini da palcoscenico, vi è poi chi ha sfruttato l'onda lunga del centenario per pubblicare un testo scettico[4], nel quale si cerca ogni possibile pagliuzza nell'occhio altrui nel tentativo di far passare gli esperimenti di Rol come giochi di prestigio, pur guardandosi bene dal prendere in considerazione tutto quanto dimostri il contrario. Non sarà in questo studio che ci occuperemo delle illazioni e delle palesi menzogne di costoro, perché è necessario un testo *ad hoc*[5]. Anticipiamo però che esso è già pronto, e si spera possa seguire tempestivamente quello presente.

Ora, come dicevamo, all'inizio del 2007, pur inglobando tutto l'apporto documentale appena menzionato, stavamo portando avanti un progetto biografico di natura "fisico-metafisica"; accadde però che il 28 marzo il giornalista, scrittore e conduttore televisivo Corrado Augias[6] ebbe a presentare una puntata del suo programma televisivo *Enigma*, dedicata a Rol. Era la prima volta che l'argomento veniva trattato con un approccio abbastanza serio, ed era quindi un appuntamento di un certo rilievo. Ad una ordinaria ricostruzione biografica venivano accostate alcune interviste condotte direttamente dalla troupe della trasmissione; in studio erano stati invitati lo scrittore Alberto Bevilacqua, che parlava come amico e testimone di Rol, e il prestigiatore Mariano Tomatis, che parlava solo a titolo personale e dei suoi amici scettici *che non hanno conosciuto Rol*[7]. Per una presunta *par condicio*, si volevano confrontare i pareri dei due convenuti, per trarne un possibile giudizio, se non proprio conclusivo, almeno abbastanza plausibile. Purtroppo però, Bevilacqua, per quanto autorevole come testimone, non è stato in grado di controbattere in modo adeguato alle ridicole considerazioni del Tomatis, e questo perché la sua frequentazione con Rol non fu così assidua per avere la certezza che *tutti i suoi esperimenti* fossero autentici, persino (e soprattutto!) quelli con le carte. In pratica ne ha parlato come di possibili giochi di prestigio, e questo solo perché certamente *non li ha mai visti*. Non esiste infatti alcun *testimone continuativo* di Rol che non escluda nel modo più assoluto qualsiasi sotterfugio illusionistico[8]. Fatto sta che al termine della trasmissione, la "conclusione" di Augias fu la seguente: «Io credo che noi – questo programma che si chiama "Enigma" – un contributo lo abbiamo dato. Perché vedete, questi due signori, questi due testimoni[9] che sono qua, e che hanno rappresentato al fondo due posizioni diverse, però sono stati d'accordo su una cosa nella quale io,

---

[4] Tomatis, M., *Rol, Realtà o Leggenda?*, Avverbi, Roma, 2003.

[5] Se ne veda comunque un assaggio alla pagina: *www.gustavorol.org/paperinik.html* .

[6] Co-autore, tra gli altri, di *Inchiesta su Gesú*, Mondadori, 2006.

[7] Con l'eccezione, che conferma la regola, del giornalista Piero Angela e del fisico Tullio Regge.

[8] Noi, che pur abbiamo visto questo tipo di esperimenti per non più di cinque o sei volte, non abbiamo il minimo dubbio.

[9] In realtà solo Bevilacqua era un testimone.

che presumo di essere un amico dell'illuminismo, concordo anch'io, e cioè che ci sono delle capacità in noi, delle sensibilità che esasperate, portate al loro massimo livello ci permettono di acquistare una dimensione che normalmente non abbiamo. Rol probabilmente era questo: tutto il resto, come hanno detto e Bevilacqua e Tomatis, era trucco, inganno, illusione. Ma questo ci interessa meno, ci interessa di più il resto, l'altra dimensione».

Al che, sul sito da noi curato, tra le altre cose ci permettevamo di commentare amaramente che «è poco consolatorio il fatto che il conduttore dichiari il suo interesse per "l'altra dimensione". Prima di spingersi al di là della Terra, occorre aver sondato per bene i fatti. Ciò non è accaduto, ed è questo, per noi, il vero *enigma*»[10].

La nostra amarezza non era dovuta solo agli esiti del programma in sé[11], quanto al fatto che si era persa la possibilità di una "rivincita", dopo il penoso e scandaloso precedente della puntata di *Porta a Porta* dedicata a Rol andata in onda il 5 giugno 2003, durante la quale gli scettici imperversarono senza freno e senza pudore[12].

Ci rendemmo conto che non era più accettabile lasciare che costoro continuassero ad infangare la memoria di un uomo straordinario e generoso come Gustavo Rol. E così, sospendemmo la trattazione in corso per passare subito a quella che avevamo deciso essere una estesa appendice.

In essa ci proponevamo tre obiettivi: contestare le affermazioni dei detrattori, ridimensionare una serie di pretese e assurdità scritte e dette dai biografi di Rol, e stilare una dettagliata *errata corrige* che permettesse non solo di ridare a Rol ciò che era di Rol, ma anche di rendere conto di quelle contraddizioni di cui abbiamo parlato in precedenza e che alimentavano le risorse dei critici. Ci eravamo però illusi: man mano che ci addentravamo nelle pieghe delle biografie, non solo scoprivamo spiacevoli travisamenti ed errori macroscopici, non solo individuavamo le numerose manipolazioni, in alcuni casi sottilissime, dell'illusionista Mariano Tomatis (e infatti, sul nostro sito recensimmo il suo libro come «una illusione pura e semplice») che in precedenza ci erano sfuggite, ma la necessità di correggere ci induceva, inevitabilmente, anche a dover fornire delle spiegazioni in contropartita; non bastava infatti contestare, per esempio, le affermazioni di Giuditta Dembech sul

---

[10] Si rimanda al commento generale che abbiamo fatto alla trasmissione, alla pagina: www.gustavorol.org/enigma.html .

[11] Avendo fornito la documentazione fotografica, avevamo anche avuto modo di indirizzare gli autori sulle persone più adatte da intervistare. Ma i nostri consigli furono seguiti ben poco, e soprattutto non fu fatta conoscere la testimonianza di Carlo Buffa di Perrero, che pur se brevemente intervistato, non fu presentato con quella che è una sua qualifica determinante, ovvero l'essere uno dei prestigiatori ad aver conosciuto Rol e ad aver visto i suoi esperimenti (e ad escludere nel mondo più assoluto che vi fossero dei trucchi). Eppure Augias in trasmissione ha invitato Tomatis...

[12] Gli illusionisti Silvan e Tomatis, l'antropologa Cecilia Gatto Trocchi e Tullio Regge. Avremo occasione nel corso del libro di parlare di nuovo di questa trasmissione.

fatto che Rol fosse la reincarnazione di Napoleone Bonaparte, o che credeva a questa teoria; era necessario, in primo luogo, dimostrare attraverso fonti autorevoli che questo non era vero; ma poi non si poteva lasciare l'argomento in sospeso, e non spiegare *perché* Rol aveva questa stima dell'imperatore francese, tanto da raccontare che la prima parola che pronunciò all'età di due anni fu..."Napoleone"; e nemmeno si poteva tralasciare di spiegare, ad esempio, perché Rol non aveva nulla a che vedere con lo spiritismo dopo aver evidenziato l'errore di coloro che usarono termini "spritici" per descrivere alcune sue dimostrazioni sperimentali. Via via che le varie tematiche emergevano, quella che doveva essere soltanto un'appendice si dilatò... fino a settecento pagine! E si potrà immaginare con quale costernazione lo scrivente constatava il "mattone" che andava accumulando di giorno in giorno, tanto più che queste settecento pagine non costituivano che una premessa di quanto era necessario dire su Gustavo Rol. Ovviamente, abbiamo accantonato l'idea di fare con questo materiale solo un'appendice... e dopo un adattamento ne abbiamo tratti due volumi: nel primo, ovvero quello presente, faremo un viaggio attraverso le biografie dei testimoni diretti, che rappresentano le fonti principali, quelle che la storia prenderà come punto di riferimento; nel secondo, analizzeremo quanto è stato scritto dai biografi che *non* hanno conosciuto Rol, ma soprattutto ci prodigheremo di demolire una per una le affernazioni dei detrattori. Tutto questo sarà fatto sulla base di dati oggettivi, e non su quella di nostre opinioni inverificabili[13].

Il nostro scopo primario, è quello di fornire agli studiosi del futuro una documentazione testimoniale quanto più possibile cristallina, soprattutto in merito alla "dottrina" di Rol, argomento assai delicato sul quale è necessario essere rigorosi e rispetsosi di quanto lui stesso ha più volte affermato direttamente.

Nondimeno, crediamo che questo libro, per quanto solo metà di una premessa, fornirà una serie di punti di riferimento precisi suscettibili di essere sviluppati in altre (speriamo) serie pubblicazioni, non necessariamente nostre, e servirà come argine alle imminenti speculazioni *New Age* che presto si affacceranno alla finestra del caso Rol da ogni dove.

Detto questo, occorre quantomeno che il lettore sappia chi siamo e perché, caso vuole, ci chiamiamo anche noi Rol. Abbiamo con Gustavo quella che potrebbe definirsi una "lontana parentela", anche se più lontana di quello che la legge italiana stabilisce come limite a questo

---

[13] Vale per noi esattamente quanto scritto da Julius Evola in riferimento a se stesso: «Anzitutto, l'Autore non intende esporre un punto di vista personale, bensì ciò che gli risulta dalla pura considerazione dei fatti, e che quindi non avrebbe interesse a sostenere ancora non appena qualcuno potesse mostrargli oggettivamente, che le cose stanno in altro modo» (*Rivolta contro il mondo moderno*, Edizioni Mediterranee, Roma, 2003, pp. 35-36 – prefazione del 1934).

status, vale a dire il sesto grado. Essa ci giunge da parte materna[14] e risale presumibilmente all'epoca napoleonica[15]. Franco Rol, nonno dello scrivente, e Gustavo, che si conoscevano sin da giovani, si chiamavano l'un l'altro cugini[16], e probabilmente la loro parentela era di quinto grado. Sin da piccolo, ho sempre sentito parlare in casa del "cugino Gustavo", e come tale l'ho sempre considerato[17].

I primi vaghi ricordi che ho di lui risalgono al 1978 o al 1979, quando presenziava alla celebrazione della messa annuale in commemorazione della morte di mio nonno, avvenuta nel 1977. Da allora lo vedevo ogni anno, e la sua tenerezza, la sua sensibilità riuscivano a colmare quel senso di tristezza che aveva lasciato nel mio cuore l'assenza di mio nonno, al quale ero particolarmente legato[18].

Fu poi intorno ai 15 anni che cominciai ad andarlo a trovare a casa, in media due volte l'anno fino a quando ne ebbi 20[19]. Passavo il pomeriggio con lui, mi raccontava alcuni fatti importanti della sua vita, mi dava consigli, magari mi raccontava delle divertenti barzellette o mi sottoponeva dei rebus, e poi, se ne aveva voglia, poteva anche farmi assistere agli esperimenti più semplici[20]. Se oggi sono qui a scrivere di lui

---

[14] L'Autore ha ottenuto l'uso del solo cognome "Rol" con decreto del Ministero dell'Interno del 21/12/2009. Antecedentemente il suo cognome completo era "Debiasi Rol", fatta eccezione per l'ambiente scolastico ha tuttavia sempre usato il secondo.

[15] Progenitore comune dovrebbe essere un certo Ottavio Rol, nato nel 1765, che ebbe numerosi figli. Purtroppo le campagne napoleoniche nell'Italia del nord causarono la perdita di numerosi registri civili, e non ci è stato possibile ricostruire con certezza questa genealogia.

[16] La cosa d'altro canto era nota tra le persone che frequentavano Gustavo. Ci limitiamo a citare quanto si trova in bibliografia: a proposito di una penna protagonista di un prodigio, la dott.ssa Ferrari aveva detto che «era un regalo del cugino Franco, cui voleva un mondo di bene» (La Stampa, 23/09/1994, p. 41); nel 1961 lo scrittore Leo Talamonti che voleva incontrare Rol, aveva per sbaglio telefonato a mio nonno, il quale gli aveva risposto: «Spiacente (...) ma non può trattarsi di me. (...). Non si tratterà di mio cugino Adolfo? Io non ho il tempo di fare vita mondana; lui sì» (*Gente di frontiera*, Mondadori, Milano, 1975, pp. 110-111); M.L. Giordano scrive che «Rol era legato da profondo affetto ai cugini Franco ed Elda Rol» (*Rol e l'altra dimensione*, Sonzogno, Milano, 2000, p. 194); infine Maurizio Ternavasio riporta la testimonianza di Piero Servetti, il cui padre aveva lavorato a lungo con «...Franco Rol, cugino primo di Gustavo» (*Gustavo Rol. Esperimenti e testimonianze*, L'Età dell'Acquario, Torino, 2003, p. 88). Anche se si tratta di un errore, ovvero che non erano cugini "primi", questo era in effetti quanto credevano le persone che li conoscevano.

[17] Aggiungiamo che la madre dell'Autore fu adottata, e che quindi tra noi e Gustavo Rol *non c'è alcun legame di sangue*.

[18] Fu a partire dalla sua morte che cominciai a riflettere intensamente sul senso della vita.

[19] Gustavo morì quando stavo per compiere 22 anni, ma negli ultimi due anni non ebbi più occasione di vederlo perché mi trovavo all'estero per lavoro. Non potei nemmeno essere presente al suo funerale (o meglio, al funerale del suo corpo...).

[20] Rimandiamo alla pagina del nostro sito dove raccontiamo la nostra testimonianza: www.gustavorol.org/testimonianze.html.

è anche perché gli sono grato per tutto quanto è riuscito a infondermi e a insegnarmi, per la certezza di una dimensione spirituale che trascende quella percepita dai nostri sensi, per quello scorcio di infinito che la mia anima ha ritrovato, quasi se ne fosse dimenticata nel momento in cui nasceva in questo mondo dentro a un corpo abilitato a esperire solo certe frequenze; per quella luce, quell'amore e quel senso di eternità che ho nuovamente *sentito*, trasmettendomi la consapevolezza che la nostra vita ha un valore straordinario, che ogni momento è prezioso, e che lo scopo del genere umano è di completare la sua presa di coscienza nella "materia" *per poterla trascendere*.

Ritrovare quindi la nostra *natura divina* mentre ancora camminiamo sulla terra, «per una evoluzione la cui meta è una Umanità liberata da ogni male»[21].

Questo, in estrema sintesi, il rapporto che lo scrivente ha avuto con Gustavo Rol.

Quanto invece all'opportunità di fornire qui o nel capitolo iniziale una breve nota biografica sulla sua vita, riteniamo non sia necessario, sia perché nel corso del nostro studio avremo occasione di mettere in luce i principali elementi biografici (e anzi, li si amplierà considerevolmente), sia perché vi ha già provveduto egregiamente Remo Lugli all'inizio del suo libro[22], che sin da subito desideriamo consigliare come testo biografico di riferimento[23].

Tornando a quanto dicevamo all'inizio, il titolo del nostro lavoro è stato scelto nella fase finale della stesura in base ai contenuti che sono emersi durante la trattazione. In una fase precedente, pensavamo invece di intitolarlo *Gustavo Rol. Una Guida necessaria*, con questo volendo a un tempo riassumere la necessità di fornire delle direttive e delle coordinate nel caos delle affermazioni e delle illazioni sul suo conto, ma anche alludere alla sua funzione di pastore del gregge umano in un'epoca in cui questo gregge non sembra avere le idee chiare su dove andare.

Abbiamo validi motivi per ritenere che a quella meta di cui parlava Rol, sarà in effetti proprio lui a condurci.

---

[21] Rol, G.A., *La Scienza non può ancora analizzare lo Spirito*, La Stampa, 03/09/1978, p. 3.

[22] Lugli, R., *Gustavo Rol. Una vita di prodigi*, Edizioni Mediterranee, Roma, 1995 (nuova edizione ampliata nel 2008).

[23] Che può essere integrato dall'eccellente pubblicazione a cura di Catterina Ferrari: *"Io sono la grondaia..." Diari, Lettere, Riflessioni di Gustavo Adolfo Rol*, Giunti, Firenze, 2000.

In presenza di dicerie stupide e stravaganti, la cui eco ci giunge con frequenza, riteniamo necessario precisare che, per quanto concerne la nostra persona, si dovrà prestar fede solo a ciò che abbiamo scritto personalmente.
René Guénon, 1932[1]

Queste cose ho cercato di esporle a quel lillipuziano di giornalista al quale ho perfino dettato certe definizioni, supplicando di non svisare questi concetti... Promettono questi giornalisti ma poi scrivono quel che vogliono.
Gustavo Rol, 1951[2]

...in tempi andati aveva avuto dispiaceri tali, dai due o tre giornalisti con cui era venuto in contatto, da fargli desiderare di non incontrarne mai più.
Leo Talamonti, 1975[3]

Capitolo 1 – «*Rol l'incredibile*» (Allegri, 1986)

Quando a fine primavera del 1986 uscì nelle librerie *Rol l'incredibile*, del giornalista Renzo Allegri[4], fu una specie di fulmine a ciel sereno, almeno per coloro che conoscevano Rol o che avevano sentito parlare di lui. Infatti, nonostante avesse ormai alle spalle oltre mezzo secolo di *esperienze trascendentali*, assai raramente si era concesso ai giornalisti e pareva strano che avesse potuto accondiscendere addirittura a una biografia sul suo conto. Intorno a lui aleggiava ancora un fitto alone di

---

[1] *La Voile d'Isis*, luglio 1932; in: Guénon, R., *Il Teosofismo. Storia di una pseudoreligione*, Vol. II, Edizioni Arktos, Carmagnola, 1986, p. 383.
[2] Rol, G.A., *"Io sono la grondaia..."*, cit., pp. 143-144.
[3] Talamonti, L., *Gente di Frontiera*, cit., p. 111.
[4] Nato a Verona nel 1934, ha studiato giornalismo alla Scuola superiore di Scienze Sociali dell'Università Cattolica di Milano. È stato per 24 anni inviato speciale e critico musicale del settimanale *Gente*, poi caporedattore per lo spettacolo e la cultura di *Noi* e *Chi*, dove in anni recenti ha tenuto una rubrica fissa dedicata al "mistero". È attualmente collaboratore fisso della rivista musicale giapponese "Hongaku No Tomo". È autore di numerosi libri, soprattutto biografie su Maria Callas (*Maria Callas mia moglie* (con G.B. Meneghini), Rusconi, 1981; *La vera storia di Maria Callas*, Mondadori, 1991; *Callas by Callas* (con Roberto Allegri), Mondadori, 1997) e Padre Pio da Pietrelcina, presso l'editore Mondadori (*Padre Pio, l'uomo della speranza*, 1984; *I miracoli di Padre Pio*, 1993; *Il catechismo di Padre Pio*, 1996; *Padre Pio. Un santo tra noi*, 1998; *Padre Pio, il santo dei miracoli*, 2002); da uno di questi libri è stato tratto il film per la tv (di cui l'autore è stato anche consulente storico) interpretato da Sergio Castellitto. Sempre per Mondadori ha pubblicato *Il papa buono. La storia di Giovanni XXIII*, 2001; e *Il papa di Fatima. Vita di Karol Wojtyla*, 2006, e per l'editore Ancora, *Il sangue di Dio. Storia dei miracoli eucaristici*, 2005. Nel 1978, presso Rusconi, aveva pubblicato *Viaggio nel paranormale*, testo dove riproduceva il contenuto dell'inchiesta su Gustavo Rol pubblicata su *Gente* nel 1977. Sulla base di quegli articoli fu pubblicato, presso l'editore Musumeci, *Rol l'incredibile*, 1986, poi riproposto nel 1993 con il titolo *Rol il mistero*. A Rol l'autore ha dedicato un secondo libro nel 2003, *Rol il grande veggente*, Mondadori. Per la sua attività letteraria ha vinto numerosi premi.

mistero, e sebbene ancora in vita – aveva 83 anni – era già una leggenda, non solo nella città dove era nato e viveva, Torino, ma anche presso i ristretti circoli internazionali della cultura, dell'arte e della diplomazia. Le voci che giungevano ai "profani" sui suoi illimitati poteri erano ai confini del concepibile ed era assai difficile, per loro, stabilire quanto ci fosse di vero e quanto fosse invece il frutto dell'immaginazione di qualche credulone. Finchè appunto non comparve *Rol l'incredibile*, la prima e unica biografia su di lui mentre era ancora in vita. I suoi amici rimasero piuttosto stupiti: «Possibile che Rol abbia acconsentito a un libro del genere?», si chiedevano, perché conoscevano bene la sua naturale inclinazione alla riservatezza e il suo rifiuto per qualsiasi forma di pubblicità, specialmente se a carattere sensazionalistico.

Quelle poche volte che in passato aveva acconsentito a farsi intervistare, lo aveva fatto solo per poter mettere in chiaro alcune cose su se stesso che i "non autorizzati" avevano scritto su di lui, per smentire alcuni fatti o spiegare il suo pensiero; prendeva spunto poi da quelle contingenze per comunicare cose che riteneva opportuno giungessero al grande pubblico: non su se stesso, ma sulle conoscenze, sulle certezze a cui era giunto in campo metafisico e spirituale. Tutte le volte che ne aveva la possibilità infatti, Rol dirottava il discorso o l'interesse sui suoi "poteri" verso tematiche religiose, filosofiche; gli premeva più di ogni altra cosa parlare di Dio, della sua esistenza, del «Meraviglioso», dell'immortalità dell'anima, della sua convinzione assoluta che «la morte non esiste»[5]. I suoi esperimenti e i suoi prodigi erano, al tempo stesso, la dimostrazione che egli parlava a ragion veduta e un mezzo di convincimento[6], di conversione, di vero e proprio apostolato.

Ma nonostante la prudenza e la circospezione da lui usata nel fidarsi di qualche cronista che riusciva a varcare la soglia di casa sua, ebbe modo, quasi sempre, di rimanerne deluso. Si pensi ad esempio a quanto scrisse al fratello Carlo nel 1951, dopo la pubblicazione di quello che è presumibilmente il primo articolo su di lui in un settimanale a diffusione nazionale:

«...io vado cauto nel credere nella "forza-pensiero" intesa nel senso che tu mi esponi e trovo maggior sollievo alle mie convinzioni, ad appoggiarmi, ancora, a quanto ho detto essere "la coscienza sublime", sinonimo di quella parte "già divina" dell'uomo rivelatagli lungo la strada della conoscenza dell'anima.

---

[5] «Bisogna viverlo quell'istante in cui, assente ogni forma di energia, qualcosa di veramente sublime si manifesta. Che cos'è che allora l'uomo percepisce? Che cosa gli viene rivelato in quell'attimo di profonda intuizione che sembra non aver fine, ove s'accorge di non essere più la creatura terrena legata a scelte che lo condizionano, ma un Essere della cui immortalità è divenuto improvvisamente cosciente?» (Rol, G.A., *La Scienza non può ancora analizzare lo Spirito*, cit., p. 3).

[6] «I vari fenomeni a livello apparentemente fisico non sono che mezzi di convincimento che mi viene da improvvisare in un'esaltazione che sovente mi lascia commosso e me ne fa sentire indegno» (*idem*).

Queste cose ho cercato di esporle a quel lillipuziano di giornalista al quale ho perfino dettato certe definizioni, supplicando di non svisare questi concetti, scivolando nella magia, nello spiritismo e vietandogli di parlare di roulette e di questo e di quest'altro fatto occorsomi e che gli raccontarono altre persone (ne dicono tante sul mio conto!). Promettono questi giornalisti ma poi scrivono quel che vogliono. Credevo che Mondadori vedendomi concedere al suo inviato alcuni colloqui, comprendesse che onoravo la sua reputazione di editore onesto, mentre sin qui avevo sistematicamente messo alla porta chiunque si presentasse in veste di giornalista, tanto in Italia quanto all'estero. Dopo quella disgraziata pubblicazione, molta gente alla quale avrei potuto giovare non vede in me che il solito "mago" prezzolato dei quali il mondo è pieno.

Molti avranno gioito di questo mio infortunio (mi dicono che un celebre "mago" italiano abbia per me un odio feroce!). Da ogni parte continua a piovermi un'infinità di lettere con le più strane proposte per lo sfruttamento della roulette, con richieste di filtri d'amore e chi più ne ha più ne metta.

Per questa faccenda della roulette debbo ringraziare la bella lingua del Dr. Vecchia, il quale raccontò su di me troppe cose che io normalmente taccio perché so benissimo che intanto ben pochi possono comprenderle! Eppure avevo tanto supplicato di non aprire bocca!»[7].

Il giornalista si chiamava Furio Fasolo, ed era un inviato di *Epoca*. Il suo articolo, intitolato «Il signor Rol: Mago», non appare oggi così disastroso come si potrebbe pensare nel leggere i commenti di Rol. Se egli avesse visto quali assurdità sono state scritte su di lui dopo la sua morte, al confronto l'articolo di Fasolo apparirebbe irreprensibile...[8]. Quell'articolo aveva nondimeno un pessimo titolo (Rol ha sempre detestato che lo si chiamasse «mago», come vedremo più avanti) e anche una pessima fotografia introduttiva (un esperimento che ha per protagoniste le carte da gioco, che, proprio come per il discorso della roulette sopra ricordato, può prestarsi a un totale fraintendimento, e infatti Rol ha sempre chiesto ai giornalisti di non menzionare mai le carte). Dovettero passare ben 21 anni perché un'altra giornalista di un settimanale a larga diffusione, Luciana Jorio, potesse intervistarlo e scrivere un articolo su di lui[9]. Fu il 1972 in effetti l'anno in cui Rol si aprì

---

[7] Rol, G.A., *"Io sono la grondaia..."*, cit., id.

[8] Ed è in effetti anche sulla base di questo suo giudizio, così come di quelli espressi nei confronti del libro di Allegri, che ci siamo sentiti autorizzati a una critica serrata che mettesse in luce errori e travisamenti così diffusi nella bibliografia rolliana. L'articolo di Fasolo e il libro di Allegri rappresentano la *cartina al tornasole* per "tarare" il virtuale giudizio postumo di Gustavo Rol su tutto quanto è stato scritto su di lui. Aggiungiamo poi che, con ogni probabilità, Rol "vede" perfettamente ancora oggi quanto si scrive su di lui.

[9] Tra il 1951 e il 1971, Rol ha fatto delle eccezioni solo per due giornalisti di quotidiani: Dino Buzzati sul *Corriere della Sera* nel 1965 (11/08, p. 3) e Dino Biondi sul *Resto del Carlino* nel 1966 (14/10, p. 3) e 1967 (15/04, p. 31). Potrebbero esistere, tuttavia, un articolo di Massimo Caputo (ex direttore della *Gazzetta del Popolo*) e uno di Carlo Casalegno (ex vice-direttore de *La Stampa*), ma che per ora non siamo riusciti a

maggiormente ai giornalisti, prima con Giovanni Serafini sul *Resto del Carlino* (13 aprile), poi con Remo Lugli su *La Stampa* (23 e 24 settembre), quindi con la Jorio su *Grazia* (10 dicembre). Evidentemente, sentiva che era il momento per cominciare a far conoscere le sue idee e le sue ricerche. E c'è da dire che i giornalisti, almeno quell'anno, si comportarono bene, senza incorrere in errori o travisamenti[10]. L'anno successivo concederà ancora a Remo Lugli di scrivere un articolo su di lui, ma il giornalista (che noi oggi consideriamo uno dei pochi biografi davvero degni della sua memoria) imparò subito a proprie spese quanto con Rol non fosse ammesso sbagliare: «nel '73 un mio articolo su di lui fu intitolato "Il mago di Torino", nonostante che nel testo ricordassi la sua idiosincrasia per quel termine, e l'errore, di cui ero incolpevole, mi costò un suo lungo broncio»[11]. Ed è forse per questo che Rol lasciò passare quattro anni prima di ammettere a casa sua un altro giornalista[12], il quale a sua volta ebbe a sperimentare, forse più di altri, le sue esigenze di rigore, precisione e perfezione: questo giornalista era Renzo Allegri.

---

rintracciare. E vi dovrebbe essere probabilmente anche un articolo-intervista di Leo Talamonti, del 1961 (lo si evince da ciò che l'autore scrive in *Universo Proibito*, SugarCo, Milano, 1966, pp. 102-104) e in *Gente di frontiera* (cit., pp. 107-111), ma che anche in questo caso non abbiamo trovato, nonostante egli abbia condotto due lunghe inchieste sulla parapsicologia sul periodico *La Settimana Incom* (nell'estate 1962 e nell'inverno 1963-1964), nelle quali il nome di Rol, stranamente, non compare (ma forse perché Rol aveva chiesto a Talamonti di non citarlo, visto che l'inchiesta era sulla "parapsicologia", dalla quale egli ha sempre preso le distanze). In questo breve excursus bibliografico non abbiamo tenuto conto degli scritti di Pitigrilli (*La Razòn*, maggio 1952; *Gusto per il mistero*, Sonzogno, Milano, 1954, pp. 8-10, 75-98; *Planète* n. 22, mag-giu. 1965, pp. 115-125) e di quello di Vittorio Beonio-Brocchieri (*Camminare sul fuoco e altre magie...*, Milano, Longanesi, 1964, pp. 125-131), perché non si tratta di interviste.

[10] Tranne forse uno della Jorio di cui diremo più avanti.
[11] Lugli, R., *Gustavo Rol...*, cit, p. 27. L'articolo, uscito su *La Stampa*, era del 8 luglio 1973.
[12] Lugli fu comunque riammesso alle sue serate l'anno successivo (1974), ma solo come amico, e non come giornalista (infatti non scriverà più nulla su Rol fino al 1978, quando volle intervenire, sempre su *La Stampa* (*Ho visto lavorare il dottor Rol*, 03/08/1978, p. 3) per difenderlo dalle insinuazioni di Piero Angela, che nel suo libro *Viaggio nel mondo del paranormale* (Mondadori, Milano, 1978, pp. 329-336) di radicale impostazione scettica, aveva messo in dubbio l'autenticità dei suoi esperimenti, e quindi la sua buona fede).

Si era servito di me per raccontare se stesso...
...ogni parola, ogni virgola di quegli articoli, rispecchiavano esattamente il suo pensiero.
Renzo Allegri, 2003[13]

Gli articoli su "Gente"

«Dopo una serie di telefonate a persone che conoscevano e frequentavano Rol, mi resi conto che nessuno avrebbe potuto agevolare il mio progetto[14]. Alcuni amici di Rol da me interpellati, appena sentirono che ero un giornalista chiusero velocemente la conversazione raccomandandomi di non fare mai il loro nome. Si rifiutarono anche di darmi il numero telefonico (...)»[15].

Allegri stava conducendo una inchiesta sui fenomeni paranormali per il settimanale *Gente*, iniziata nel mese di febbraio 1977:

«L'argomento stava ottenendo un successo imprevisto. I lettori seguivano le varie puntate con grande interesse. Al giornale arrivavano moltissime lettere e telefonate. Se fossi riuscito ad agganciare Rol quell'interesse sarebbe certamente aumentato»[16].

Dopo vari tentativi infruttuosi e due telefonate in cui Rol, per una serie di impegni, si limitò a posticipare un qualsiasi dialogo, al terzo contatto Allegri si sentì rispondere:

«"Ma è sicuro che io sia importante per la sua inchiesta? Io sono una persona qualsiasi. Non ho niente a che vedere con i medium, i guaritori, gli spiritisti che lei intervista. Quello è un mondo lontano dalla mia mentalità. I miei modesti esperimenti fanno parte della scienza. Sono cose che in un futuro tutti gli uomini potranno realizzare. Non vedo come possa inserirmi nella sua inchiesta. Quando si parla di me, non voglio che si adoperino mai termini come mago, medium, sedute spiritiche, aldilà e cose del genere"»[17].

Allegri si rese conto sin da subito di trovarsi di fronte a un osso duro:

---

[13] Allegri, R., *Rol il grande veggente*, Mondadori, Milano, pp. 44, 22.

[14] In *Rol il mistero* (Musumeci Editore, Quart (Aosta), 1993, p. 11) riedizione del medesimo testo con alcune modifiche, l'autore aggiunge questa frase: «(...) cioè quello di poter incontrare e intervistare il più grande sensitivo del mondo».

[15] Allegri, R., *Rol l'incredibile*, Musumeci Editore, Quart (Aosta), 1986, p. 17. Viste le numerose ma non sempre evidenti differenze esistenti tra la prima e la seconda edizione del libro, e visto il loro fondamentale rapporto con gli articoli precedentemente pubblicati su *Gente*, daremo per ogni citazione una sinossi bibliografica comprendente sia gli articoli che le biografie, laddove il brano citato sia presente.

[16] *Rol l'incredibile*, p. 18; *Rol il mistero*, p. 12.

[17] *idem*. Questo brano, che sintetizza perfettamente il pensiero di Rol su certe tematiche, non sarà mai abbastanza ripetuto a tutti quegli autori "new age" che citano Rol a sproposito.

«Dalle varie conversazioni telefoniche avute con Rol, mi ero reso conto che si trattava di un personaggio estremamente difficile. Non aveva nessun interesse e nessuna voglia di farsi intervistare (...)»[18].

Tuttavia «l'idea di avere un'intervista con Rol era un colpo giornalistico. Il direttore mi consigliò di trascurare gli altri impegni per dedicarmi completamente a quella pista»[19].

Quando finalmente riuscì ad incontrarlo, Rol lo sottopose a quello che potrebbe essere chiamato un *test iniziatico*, per vedere se sarebbe stato degno di fare la sua conoscenza e se avesse potuto assistere ad alcuni dei suoi straordinari esperimenti:

«Mi interrogò sul mio lavoro, sulle persone che incontravo girando il mondo. Rideva. Sembrava felice di sentirmi raccontare. Ogni più piccolo particolare lo incuriosiva e lo divertiva. (...). Rol toccava gli argomenti più disparati, mi poneva continue domande, senza però soffermarsi, neppure un attimo, sull'argomento per il quale ero venuto da lui. Verso mezzanotte Rol, cambiando improvvisamente discorso mi disse: "Lei mi piace. È una persona che mi sta bene. Venga qui domattina alle 10 e cominceremo a parlare di ciò che le interessa"»[20].

Allegri finalmente era riuscito nel suo intento, dopo aver superato una serie di prove[21] ed ostacoli apparentemente insormontabili, tanto da scrivere:

«Tutto ciò che mi avevano raccontato su questo personaggio durante i miei vari tentativi di ricerca di un contatto, aveva contribuito a farmelo immaginare come una specie di orco irraggiungibile, circondato da barriere di protezione fanatiche e di omertà invalicabili»[22].

E questo in effetti era abbastanza vero *per chi voleva contattare Rol per motivi futili*, o *per chi perseguiva prevalentemente suoi interessi personali o professionali*, come era spesso il caso dei giornalisti o dei parapsicologi (per non parlare dei prestigiatori).

---

[18] *Rol l'incredibile*, p. 19; *Rol il mistero*, p. 13.
[19] *idem*.
[20] *Rol l'incredibile*, p. 23; *Rol il mistero*, p. 18.
[21] L'autore riferisce ad esempio di come il giorno in cui era giunto a Torino per il fatidico incontro, previsto alle ore 21:00 a casa di Rol, nel pomeriggio gli aveva più volte telefonato per avere conferma della serata, senza che nessuno rispondesse. Temendo che l'incontro potesse sfumare, decise di contattare Remo Lugli per sapere se anche lui sarebbe venuto, ma il telefono di Lugli dava sempre occupato. Per tutto il pomeriggio fino alla sera alle 20:40, ultima telefonata andata a vuoto, Allegri trovò il telefono di Rol che squillava libero e quello di Lugli che squillava occupato (cfr. *Rol l'incredibile*, pp. 20-21; *Rol il mistero*, p. 18; *Rol il grande veggente*, pp. 15-16). Allegri venne successivamente a sapere che per Rol era una consuetudine fare scherzi di questo genere. A proposito dell'incontro il giorno successivo, Allegri scrive che «Rol dimostrava di avere piena fiducia in me. Probabilmente la sera precedente avevo superato bene il suo esame» (*Rol il grande veggente*, p. 43).
[22] *Rol l'incredibile*, p. 17; *Rol il mistero*, p. 11. In *Rol il grande veggente* (p. 32) aggiunge: «Remo Lugli... mi disse che Rol era un personaggio difficile, da prendere con le pinze (...)».

Dopo quel primo incontro con Rol, iniziò per Allegri una sorta di "rapporto di lavoro" che certo è stato unico nella sua vita. Rol infatti non aveva alcuna intenzione di lasciare al giornalista carta bianca su ciò che avrebbe scritto di lui. Non poteva permettersi in nessun modo che venissero travisate le sue parole, i suoi concetti, il significato dei suoi esperimenti. L'esperienza precedente gli aveva insegnato a diffidare totalmente delle promesse e delle rassicurazioni dei vari cronisti, e questa volta non intendeva correre rischi. Impose come condizione imprescindibile di poter rivedere, correggere e infine approvare gli articoli scritti da Allegri. Anzi, alla fine decise e ottenne di scriverli lui stesso, lasciando che il giornalista si limitasse a mettere al fondo la sua firma. Allegri, pur se con grandi resistenze, alla fine dovette piegarsi. Ed è un bene che lo abbia fatto, perché oggi quegli articoli di *Gente* costituiscono l'unica, seppur sintetica, autobiografia di Gustavo Rol[23].

E Allegri non era diventato altro che il *medium* (nel senso etimologico, ma fino a un certo punto) attraverso cui egli aveva deciso di parlare... La cosa ha evidentemente dell'ironico, ma se ci pensa è proprio così.

Come abbiamo detto, a Rol premeva soprattutto che si parlasse della ragione e dell'origine dei fenomeni di cui era protagonista (e al contempo spettatore), relegando questi ultimi quasi a un ruolo di contorno, secondario. Attraverso gli articoli di Allegri, voleva trasmettere il suo messaggio spirituale:

«Rol non aveva simpatia per i giornalisti. Diceva che si lasciavano condizionare da esigenze di sensazionalismo, enfatizzando la fenomenologia, in altre parole i fatti, e trascurando la dottrina, la filosofia che sta dietro ai fatti»[24].

Ma ciò era l'esatto contrario di quanto desideravano sia il giornalista che il direttore della rivista, Antonio Terzi, che volevano spettacolarizzare il più possibile la vicenda per le evidenti ricadute commerciali:

«I miei articoli stavano ottenendo tutto quel successo perché erano basati soprattutto sulla fenomenologia paranormale, cioè sui fatti strabilianti che i grandi sensitivi riescono a produrre. Mi soffermavo pochissimo sulle spiegazioni e sulle teorie interpretative (...).

Con Rol mi sarei certamente trovato nei pasticci. Ero sicuro che lui avrebbe parlato moltissimo di teoria, almeno al primo incontro, e non

---

[23] Si tratta ovviamente di una autobiografia in terza persona, dove Rol ha scritto sia le domande virtuali che gli pone Renzo Allegri, sia le risposte. Un documento eccezionale sotto tutti i punti di vista. Cfr. anche Rol, G.A., *"Io sono la grondaia..."*, cit., pp. 273-278, il capitolo finale intitolato «Alcuni giudizi espressi sul Dottor Rol» (...da lui stesso): si tratta cioè di articoli o bozze di articoli che Rol aveva scritti al posto di qualche giornalista, forse Talamonti, e destinati a essere pubblicati con la loro firma, proprio come nel caso di quelli di Allegri.

[24] Allegri, R., *Rol il grande veggente*, p. 19.

avrebbe citato nessuno dei suoi incredibili fenomeni costringendomi a scrivere un articolo diverso dagli altri. Dovevo evitare quel pericolo»[25].

Rol tuttavia fu irremovibile, e ottenne di controllare e riscrivere gli articoli secondo la sua prospettiva; ma il direttore, che considerava quel comportamento una inaccettabile ingerenza, cercò di vendicarsi intitolando ogni articolo in modo sensazionalistico (*Mentre è a Torino lo fotografano in America*, *L'incredibile dottor Rol a colloquio con Mozart e Paisiello*, *I pennelli si muovono da soli*). Rol ne fu particolarmente irritato, e minacciò di chiudere gli incontri con Allegri, il quale tuttavia cercò di rassicurarlo, e lo convinse anche a farsi fotografare da un fotografo professionista; infatti le foto pubblicate nelle prime due puntate[26], scattate dallo stesso Allegri, non erano granché ed avevano costituito un ulteriore motivo di amarezza per Rol.

Invece le foto del fotografo Norberto Zini, che seguì Allegri negli incontri successivi, divennero presto note per le sue pose particolarmente carismatiche[27], e furono poi inserite anche in *Rol l'incredibile*.

Per dare un'idea precisa delle difficoltà in cui era incorso Allegri, abbiamo selezionato i passaggi più significativi di quanto ha raccontato nel 2003:

«Dopo lunghe discussioni, Rol cedette sulle fotografie, "qualche fotografia" mi disse. Cedette anche sul fatto che mi avrebbe concesso di tenere la documentazione di qualcuno dei suoi esperimenti, ma niente registrazioni.

Gli feci notare che avrei potuto riferire cose inesatte, allora mi disse che voleva rivedere il testo prima della pubblicazione e che avrebbe così corretto eventuali interpretazioni inesatte del suo pensiero.

La cosa non mi piaceva. Non avevo mai accettato di far leggere i testi dei miei articoli prima della pubblicazione. Mi sembrava un'imposizione umiliante, quasi di censura nei confronti di un lavoro che deve essere onesto ma libero. Però, visto che su quel punto era irremovibile, dovetti adattarmi. E questa clausola imposta da Rol si rivelò, in seguito, importantissima.

Dopo aver assistito alla prima serata di esperimenti, tornai a Milano, ordinai il materiale raccolto e scrissi il primo lungo articolo, in cui raccontavo il mio incontro con Rol (…).

Tornai a Torino e, come si era convenuto, gli presentai l'articolo perché lo leggesse. Rol diede un'occhiata veloce ai miei fogli

---

[25] Allegri, R., *Rol l'incredibile*, p. 19; *Rol il mistero*, pp. 13-14.
[26] Le puntate dell'inchiesta dedicate a Rol furono in totale cinque, dalla quinta alla nona… (tra il 12 marzo e il 9 aprile 1977).
[27] La foto forse più nota di Rol, pubblicata nella terza puntata, dove egli è seduto alla sua scrivania con il gomito del braccio destro appoggiato sul ripiano e l'indice destro accostato alla tempia, è diventata la protagonista di una nostra realizzazione grafica per la rivista d'arte contemporanea *Flash Art Italia* («Neurevolución», ott.-nov. 2005), ripresa poi nell'articolo *Le mille vite di Rol* sul quotidiano *Libero* (07/12/2007, p. 28).

dattiloscritti e mi chiese di lasciarglieli fino al giorno successivo per poter valutare bene il contenuto.

Il giorno dopo andai a ritirare il mio dattiloscritto, e mi trovai di fronte a una sorpresa poco piacevole. Rol aveva riscritto l'articolo, cambiando il contenuto e anche la forma. Quell'articolo non era più il mio. Rispecchiava quanto lui mi aveva detto, i fatti che avevo visto, ma aveva un taglio diverso, un tono diverso, un modo di porgere diverso. Di ciò che avevo scritto io era rimasto ben poco.

Ero furibondo. Ma anche umiliato e disorientato.

Cercai di protestare. Rol mi spiegò che, sostanzialmente, l'articolo era sempre lo stesso. Solo che, come le avevo riferite, le sue parole non erano perfettamente conformi alle sfumature del suo pensiero. "Si tratta di argomenti delicati" mi disse. "Non voglio che mi si confonda con i soliti maghi. Io non ho niente a che fare con la medianità, lo spiritismo, e la gente che legge se ne deve convincere, altrimenti io tradisco me stesso".

Per rendere meno amara la pillola, mi disse che mi stimava, che scrivevo bene, che ero un bravo giornalista, che aveva fiducia in me, che non sarebbe cambiato niente nei nostri accordi, e cioè che avremmo continuato a fare le interviste come stabilito, ma che lui voleva poter intervenire sui testi per far giungere al pubblico il suo pensiero esatto, i fatti proprio così come si erano realizzati.

Tornai al giornale demoralizzato. Riscrissi tutto, copiando esattamente i fogli manoscritti che Rol mi aveva dato, inserendo i suoi interventi dove lui aveva indicato. Alla fine, rileggendo l'articolo, constatai che era scorrevole, avvincente. Non rispecchiava lo stile con il quale io in genere scrivevo quel tipo di articoli, ma era molto interessante.

La mia rabbia sbollì un poco.

Poi cominciai a vedere quella situazione da un'altra angolatura.

Rol si era impegnato a realizzare con me una serie di articoli. Non avevamo stabilito il numero, ma doveva essere una serie cospicua. Quindi, se lui avesse continuato a «correggere» e «riscrivere», alla fine io avrei avuto tra le mani un documento unico. Una serie di interviste che Rol aveva fatto a se stesso. Quindi, ogni parola, ogni virgola di quegli articoli, rispecchiavano esattamente il suo pensiero. I fatti erano raccontati proprio come erano avvenuti, perché li aveva descritti il protagonista. In quel modo, venivano eliminati tutti gli errori e le imperfezioni che in genere possono derivare dal lavoro del giornalista che si fa interprete. Quindi, alla fine della mia inchiesta, ciò che io avrei avuto tra le mani sarebbe stata una sorta di autobiografia di Rol. (...).

Tenendo conto di quanto Rol fosse schivo nel parlare di se stesso, capii che mi stava facendo un regalo prezioso.

Forse mi stava anche usando. Orgoglioso, chiuso in se stesso, diffidente, altero, distaccato dalla gente, non avrebbe mai accettato di raccontarsi in un libro autobiografico, come del resto anche in seguito mai accettò di fare. Ma approfittando di quell'occasione, cioè di una serie di interviste con un giornalista che era ancora giovane e quindi non intransigente, facilmente trattabile, aveva l'opportunità di scrivere lui

stesso gli articoli, proprio come avrebbe voluto, e farli poi apparire del giornalista, come se avesse concesso le interviste di cattivo umore. Salvava in questo modo il suo orgoglio, ma raccontava veramente i segreti della sua storia.
La mia rabbia scomparve del tutto, lasciando il posto a una grande soddisfazione. Ero felice»[28].

Questa attitudine di Rol a voler modificare, correggere e perfezionare il lavoro di quei pochi giornalisti che ebbero la fortuna di incontrarlo, era consueta, come riferisce anche Giuditta Dembech:

«Va anche detto che, quando si scriveva di lui era estremamente esigente, al limite del dispotico... faceva scrivere e riscrivere mille volte la stessa pagina, fino a far scappare anche il più paziente degli interlocutori. Non è un caso che tanti libri siano usciti dopo la sua morte»[29].

La giornalista parla per esperienza personale, perché dovette fare i conti con le esigenze di Rol nel 1988, appena due anni dopo l'uscita di *Rol incredibile*. Tra poco vedremo come i contenuti degli articoli di *Gente* furono trasposti dall'Allegri prima in *Viaggio nel paranormale* (1978)[30] e poi in *Rol l'incredibile* (1986), in un modo che lasciò Rol parecchio amareggiato. E se Rol fino al 1977 non aveva concesso a nessun giornalista tanto spazio su una rivista ad ampia diffusione, non lo farà più in seguito. Quella di Allegri fu infatti la parentesi "popolare" di Rol, ma le difficoltà incontrate, e poi gli errori e le superficialità in altri articoli o libri pubblicati negli anni successivi su di lui, lo avevano spinto a negarsi e a preferire l'isolamento piuttosto che fornir l'occasione a chicchessia di scrivere altri strafalcioni. Uniche eccezioni, il servizio di Luigi Bazzoli, in due puntate, su *La Domenica del Corriere* nel gennaio 1979, e quello di Paola Giovetti, in quattro puntate, sul mensile *Astra* nell'estate 1987, sul quale ebbe modo di essere critico, come vedremo più avanti[31].

---

[28] *Rol il grande veggente*, pp. 19-22. Per altri racconti significativi sulle varie fasi del "rapporto di lavoro" tra Rol e Allegri si rimanda al testo nel suo insieme.

[29] Dembech, G., *Gustavo Adolfo Rol. Il grande precursore*, L'Ariete, Settimo Torinese, 2005, p. 66. Già, non è un caso... Ma i biografi non hanno tenuto conto che c'era un altro Rol a osservare cosa scrivevano, disposto ad assumersi l'ingrato compito di correggere i loro errori (per l'esclusivo bene della memoria di Gustavo, non certo per il gusto di prendersela con qualcuno). E saremo grati a coloro che vorranno fare lo stesso nei confronti del nostro lavoro. Essere corretti è un privilegio, non certo un'infamia.

[30] Da non confondere con il quasi omonimo libro di Piero Angela (*Viaggio nel mondo del paranormale*) uscito curiosamente (sincronicità?) nello stesso anno e stesso mese (nella prima edizione di entrambi troviamo che sono stati stampati nel «maggio 1978»).

[31] Direttore di *Astra* era diventato lo stesso Bazzoli, il cui servizio di 8 anni prima non era dispiaciuto a Rol (forse un caso unico). Oltre ai servizi summenzionati, occorre ricordare l'eccellente intervista a Rol da parte di Roberto Gervaso (*Rol: «I miracoli? Ci credo e ne vedo»*, Corriere della Sera, 31/12/1978, p. 8), successivamente riproposta (con leggere modifiche...) su *Gente* del 21/09/1979 (*Appena il prodigio è avvenuto prova una specie di tenerezza e di gioia*, pp. 76-81), e recentemente ricostruita egregiamente in

L'Incredibile 29

La Dembech, che frequentò Rol tra il 1987 e il 1989, dovette quindi fare i conti non solo con il suo consueto rigore, immutato nel tempo, ma anche con la storia recente dei suoi rapporti con i giornalisti:

«Lavorare con lui era veramente stressante e complicato (...). Nella primavera del 1988 stavo finendo di scrivere "*Quinta Dimensione*"...

Avrei voluto parlare molto diffusamente di lui ma lo trovai piuttosto reticente. A suo avviso non era ancora tempo che venissero divulgate alcune informazioni[32].

Dopo lunghi patteggiamenti, finalmente decise che potevo pubblicare qualcosa dei nostri dialoghi, ma soltanto una piccola parte da concordare insieme.

Mi accorsi ben presto però, che scrivere per lui era una impresa ardua. Non ho mai avuto difficoltà, i miei vari direttori non hanno mai avuto nulla da eccepire, i miei articoli ed i miei libri sono stati sempre apprezzati, eppure con Rol non riuscivo ad andare avanti nella stesura del testo.

Scrivevo pagine su pagine, volevo dargli il massimo risalto[33]; avevo un'idea ben chiara in mente, sapevo cosa volevo raccontare e come raccontarlo. Lui invece aveva un'idea decisamente diversa e naturalmente, con la sua personalità granitica, non accettava la minima sfumatura che fosse diversa dal suo pensiero. (...). Rol voleva che venissero pubblicati alcuni concetti che riteneva fondamentali; fin qui tutto bene. Il problema si presentava perché lui non accettava di parlare e apparire in prima persona, avrei dovuto dire io per lui quelle cose ESATTAMENTE [*sic*] e testualmente come lui voleva[34], ma dovevano sembrare parole mie.

È chiaro che, per quanto ci provassi, non riuscivo a esprimere alla perfezione ciò che lui aveva in mente e così mi faceva rifare cento volte lo stesso pezzo, cambiando una parola dopo l'altra...(...).

Dopo quasi un anno di discussioni e decine di pagine fatte e rifatte non ne potevo più, avevo deciso di lasciar perdere l'intervista. Il libro era già quasi stampato, avevo lasciato per ultimo il suo capitolo e ancora non ci eravamo messi d'accordo su quella che per lui sarebbe stata la forma adatta.

Tutte quelle disquisizioni che mi chiedeva di inserire, mi sembravano cavillose e mi stressavano; non sono abituata a riscrivere un pezzo all'infinito, lavorando in cronaca sapevo, come tutti i giornalisti che ogni

---

video nel documentario di Nicolò Bongiorno: «*Rol. Un mondo dietro al mondo*», Buendia Film, 2007.

[32] O piuttosto, che la Dembech non era forse adatta a divulgarle...

[33] Proprio a Rol, che ha sempre detestato la pubblicità? Come qualsiasi maestro autentico, del resto...

[34] La Dembech scrive anche che «lui fu puntiglioso su tutto. (...) mi spiegò infinite volte cosa devo scrivere, in quali termini...» (*Il grande precursore*, cit., p. 75).

momento è prezioso, e che è necessario correre perché la tipografia non aspetta nessuno...³⁵.

A fine agosto 1989 la tipografia mi diede l'ultimatum e così gli comunicai che il mattino dopo sarei andata in stampa e del suo capitolo non ne avrei più fatto nulla. Il tempo a nostra disposizione era scaduto, il libro sarebbe uscito senza che parlassi di lui...

Accadde il miracolo che ormai non aspettavo più: raccolse tutti i miei fogli, riscrisse tutto con le modifiche che riteneva opportune e, per risparmiare tempo, mi dettò tutto al telefono in modo che potessi registrarlo³⁶.

Decisi di pubblicare soltanto una piccola parte a nome di Rol, e per il resto, pur mantenendo i concetti di base, lo riscrissi nuovamente nello stile che ritenevo più congeniale: attuale e veloce. Rol lo lesse soltanto dopo la pubblicazione, non volevo rischiare che lo stravolgesse ancora una volta...»³⁷.

L'attitudine di Rol alla precisione e alla correzione non era riservata soltanto ai giornalisti, ma era proprio il suo modo di essere, come dimostrano i suoi commenti, i suoi suggerimenti e le sue correzioni alle poesie delle amiche Luciana Frassati³⁸ ed Elda Trolli Ferraris³⁹.

Nel 1978 Renzo Allegri pubblicò il suo libro *Viaggio nel paranormale*: il primo capitolo, di 45 pagine, era dedicato a Rol ed era costituito dagli articoli pubblicati su *Gente* l'anno precedente. La reazione di Rol la si trova in un nuovo articolo che aveva scritto per

---

[35] Ed è questa la ragione per cui frequentemente i pezzi giornalistici sono pieni di errori, imprecisioni, analisi superficiali e informazioni non verificate, come il "caso Rol", da solo, è perfettamente in grado di dimostrare.

[36] Al di là dell'esito finale, c'è da chiedersi perché mai un mistificatore – come i critici vedono Rol – debba comportarsi in un modo così controproducente nei confronti di chi può offrirgli popolarità come questa giornalista, la quale (come Allegri del resto) avrebbe potuto lasciar perdere e persino trasformarsi lei stessa in critica. Questo è uno dei tanti aspetti su cui i detrattori non hanno ancora fornito una spiegazione plausibile.

[37] Dembech, G., *G A. Rol. Il grande precursore*, cit., pp. 76-78. L'autrice poi aggiunge che Rol «lo trovò ineccepibile», mentre a noi risulta invece che rimase piuttosto perplesso e deluso, ma può darsi che si sia astenuto dal fare commenti negativi con lei visto che tanto ormai il pezzo era stato pubblicato. D'altronde, è sufficiente confrontare le parole originali di Rol, pubblicate dalla Dembech alle pp. 79-82 del testo citato, e quanto da lei scritto in *Quinta dimensione* (Edizioni L'Ariete, Settimo Torinese, 1989, pp. 253-258) per rendersi conto di come nel 1989 la giornalista avesse perso l'occasione di fornire un documento davvero autentico su (e di) Rol, cedendo alle sue analogie teosofistiche (il teosofismo è una dottrina pseudo-religiosa di cui la Dembech è seguace, e di cui parleremo più avanti), modificando a suo piacimento espressioni e termini di Rol (proprio come Allegri, lo vedremo tra breve) e arrivando persino ad affermare che «nessuna scienza potrà mai indagare i misteri dello Spirito» (p. 258), ciò che è l'esatto contrario di quello che Rol ha sempre dichiarato. Cfr. più avanti, p. 201.

[38] Frassati, L., *L'Impronta di Rol*, Daniela Piazza Editore, Torino, 1996.

[39] Rol, G.A., *La Coscienza Sublime. L'incontro con la poetessa Elda Trolli Ferraris*, a cura di G. Ferraris di Celle e M.L. Giordano, L'Età dell'Acquario, Torino, 2006.

Gente all'inizio dell'anno[40], che però non fu pubblicato perché non aveva suscitato l'interesse del direttore [!][41]. Nel contesto di una telefonata "virtuale" ad Allegri, Rol scrive:

«Ho visto che mi ha dedicato il primo capitolo del suo libro *Viaggio nel paranormale*, e non ne sono stato contento. Io non sono un sensitivo e in me di paranormale non c'è proprio nulla»[42].

Nonostante questo commento, otto anni più tardi Allegri decideva di pubblicare *Rol l'incredibile*, che non presenta grandi differenze rispetto al capitolo del 1978, se non per l'aggiunta di nuove citazioni e per il corredo fotografico.

Si trattava comunque di uno *scoop*, perché nessuno prima d'allora era riuscito a pubblicare una biografia su Rol. A tal proposito, l'architetto Giorgio di Simone, studioso di parapsicologia che ebbe la fortuna di frequentare abbastanza Rol, nel 1996 scriveva:

«Ricordo, anche questo come se fosse ora, quando gli parlai del mio desiderio di scrivere la sua biografia, e in me – lo confesso! – c'era anche il desiderio di tentare di far "quadrare" i conti su quelle immense possibilità che Rol esprimeva.

Egli non mi disse di no, ma mi parlò di varie casse di documenti che probabilmente avrei dovuto consultare, e così via.

Non mi disse di no, ma mi resi quasi subito conto che il mio progetto, in buona parte egoistico (nel senso della mia personale ricerca parapsicologica), era praticamente irrealizzabile. Avrei dovuto vivere a breve distanza da lui, nella stessa città, per settimane e settimane; ma, almeno in quegli anni, la mia vita familiare e la mia professione non me lo consentivano in alcun modo. Ne fui naturalmente molto rammaricato, perché sapevo di perdere un'occasione unica e così era in realtà. (...).

Per queste ragioni (...) l'esito dell'"operazione Biografia", con tutti i possibili controlli di rigore, era segnato negativamente»[43].

---

[40] Scrive l'Allegri (*Rol il grande veggente*, p. 178): «All'inizio dell'anno successivo, il 1978, Rol mi fece telefonare dal dottor Gaito, il suo medico e amico. Gaito mi fece capire che Rol desiderava che si pubblicasse una seconda serie di articoli. In televisione era iniziata una inchiesta [*di Piero Angela*, n.d.r.] contro i fenomeni paranormali. Probabilmente voleva controbattere. Oppure, gli mancava la popolarità ricevuta dai precedenti articoli. O forse voleva far conoscere aspetti delle sue esperienze che non era riuscito a svelare negli articoli dell'anno precedente».

[41] Cfr. Allegri, R., *Rol il grande veggente*, p. 179.

[42] *Rol il grande veggente*, p. 180. Questo brano, che è un estratto di un episodio più lungo, è stato inserito anche in *Rol il mistero*, p. 66 (ma non in *Rol l'incredibile*), ma con alcune modifiche (una delle tante, come vedremo più avanti). Allegri aveva scritto: «Lei si è interessato di me nel primo capitolo del suo libro "Viaggio nel paranormale" e non ne sono stato contento. Non voglio che si parli di me, e non mi considero un sensitivo».

[43] Di Simone, G., *Oltre l'umano. Gustavo Adolfo Rol*, Reverdito, 1996/2009, p. 119. A p. 69 dello stesso testo l'autore pubblica una lettera (09/06/1970) del parapsicologo Nicola Riccardi, a lui indirizzata, in cui scriveva: «Un giorno [Rol] disse che avrebbe forse preso in esame la stesura di un libro sulla "coscienza sublime", e un'altra volta mi ha detto che lei si era proposto per coadiuvarlo nella preparazione di un libro biografico».

Anche il giornalista Remo Lugli, che pur aveva già tutto il materiale pronto negli anni '70, dovette attendere la morte di Rol prima di pubblicare il suo libro. Lui stesso in una lettera ce ne ha spiegata la ragione: «Ero troppo impegnato col mio lavoro e poi, sotto sotto, avrei sentito l'impegno molto pesante sapendo come era difficile quando era in ballo un testo che lo riguardava».

Sia Lugli che Di Simone, non a caso i due autori più seri che hanno scritto di Gustavo Rol, si rendevano conto delle difficoltà di scrivere una biografia esauriente su di lui.

E fu proprio Lugli a intervistare Rol in occasione dell'uscita del libro di Allegri, su *La Stampa* del 24 maggio 1986:

«[Lugli:] "Lei è sempre stato schivo, contrario alla pubblicità, qual è ora la sua impressione davanti a un libro su di lei?"

[Rol:] "Dipende da quale libro. In ogni caso alla mia età e con tutte le esperienze che ho avuto nei miei contatti con l'editoria credo che, pur continuando a essere contrario a qualsiasi forma di pubblicità nei miei riguardi, gradirei che un libro su di me contemplasse ben poco di quelli che sono gli 'esperimenti' che avvengono con me, ma intrattenesse il lettore sulla ragione, sul modo e sul significato che questi fenomeni si producono in una realtà assolutamente etica[44]. C'è profondo in me il desiderio di lasciare alla mia morte una dottrina che consenta di conoscere l'esistenza del proprio spirito e di adire ad esso. E questo perché in tale disposizione non ci sono problemi esistenziali che non si possano risolvere. Questi stessi problemi trovano l'uomo nella condizione di affrontarli possedendo egli ogni mezzo per farlo nella maniera la più degna.

Per quanto riguarda questo libro di Allegri io non l'ho autorizzato; non solamente, ma avevo avuto la promessa che non sarebbe apparso. Da quanto è scritto sulla retrocopertina può sembrare che io vi abbia collaborato, ciò che non è affatto vero. Gli appunti e le cose scritte di mio pugno riguardano le interviste date anni or sono a Renzo Allegri. L'avevo pregato di non fare questo libro perché era mia intenzione scrivere le tante cose che nessuno può intuire e che invece formerebbero la parte più importante di una pubblicazione su di me, sulle mie ricerche. Ho tuttavia stima per Renzo Allegri e di questo contrattempo sono molto dispiaciuto"» [45].

---

[44] In uno degli articoli su *Gente*, nove anni prima di queste dichiarazioni, Rol scriveva: «"Ma perché", gli chiedo, "non scrive tutte queste cose? Dal momento che è in grado, con i suoi esperimenti, di mostrare e dimostrare la validità delle sue affermazioni, un suo libro potrebbe essere di immenso giovamento, di valido orientamento per superare meglio la prova della vita".

"Avrei dovuto farlo prima", mi risponde Rol "ma ho sempre aborrito la notorietà, ho temuto che mi si giudicasse interessato a cose materiali"» (Rol, G.A. (Allegri, R.), *Sul foglio bianco appaiono tante piccole figure*, Gente, 09/04/1977, p. 67; Allegri, R., *Rol l'incredibile*, p. 86; *Rol il mistero*, p. 95; *Rol il grande veggente*, p. 172).

[45] Lugli, R., *Rol: l'altro mondo è in mezzo a noi*, La Stampa, 24/05/1986, p.1 (inserto Tuttolibri).

Come si vede, Rol che già non aveva particolarmente apprezzato il capitolo in *Viaggio nel paranormale*, è piuttosto risentito. La quarta di copertina di *Rol l'incredibile* così recitava:

«(...) [Rol] ha voluto poi correggere di suo pugno quanto Allegri ha scritto, per cui il libro che presentiamo è un documento eccezionale, l'unico testo che riporti con la massima precisione il pensiero del più grande sensitivo occidentale del nostro secolo...»[46].

E Rol aveva tutte le ragioni di lamentarsi, anche perché Allegri, per fare questo libro e per renderlo sufficientemente lungo, ha dovuto inserire altro materiale a sua discrezione, materiale che non fu previamente controllato da Rol.

Oltre al chiaro giudizio negativo espresso nell'intervista concessa a Lugli, altre fonti ci informano di quanto convinta fosse la sua stroncatura. Nel 1987 la giornalista Paola Giovetti dedicava a Rol un servizio su *Astra*. Al fondo della terza puntata viene pubblicata una lettera che Rol aveva scritta al settimanale, lamentandosi di una serie di errori comparsi nella prima puntata. Oltre a chiedere che non venissero pubblicati più articoli su di lui («Come ho espresso al telefono il mio desiderio, caro Direttore, spero che con questa mia lettera i servizi su di me siano terminati»[47]), ritorna sul libro di Allegri:

«Sono rimasto molto amareggiato per la pubblicazione del libro *L'incredibile Rol* [sic][48]. L'autore, con la sua lettera autografa, mi aveva promesso di non farlo e approvava la mia intenzione di scrivere io stesso le mie memorie. Anche l'editore, al quale avevo fatto conoscere la mia disapprovazione di pubblicare un libro su di me, mi scrisse, a cose fatte, che era molto dispiaciuto, ma era stato costretto – non ho ben compreso per quali motivi – a pubblicare quel volume.

Non credo che questa storia finirà così. Veramente, desidero che di me si parli il meno possibile. Non faccio che ripetere di non essere un veggente, né un sensitivo né un indovino e neppure un parapsicologo. Ciò nonostante sui giornali di questi giorni, in occasione della visita di Fellini

---

[46] In *Rol il mistero*, uscito 7 anni dopo (1993), nella quarta di copertina troviamo una presentazione più sintetica, dove l'idea che Rol abbia *corretto di suo pugno quanto Allegri ha scritto* viene omessa, certamente dopo le proteste di Rol. All'interno invece, nella prefazione alla nuova edizione, troviamo questa precisazione: «...tutte le parole che qui sono riferite tra virgolette, cioè messe in bocca al protagonista, sono state controllate da Rol stesso e quindi sono autentiche, approvate, rispecchiano rigorosamente il suo pensiero» (p, XIII). In realtà, come vedremo, Allegri ha apportato delle modifiche non indifferenti.

[47] *Gustavo Rol ci ha scritto*, Astra, 01/08/87, p. 89. Questa lettera si trova anche in Rol, G.A.,*"Io sono la grondaia..."*, cit., pp. 180-183. Bazzoli tuttavia pare abbia eluso la richiesta di Rol. Infatti la lettera era stata scritta l'8 giugno, appena dopo l'uscita della prima puntata (01/06/1987), e deve essere arrivata in redazione la settimana successiva. Tuttavia il servizio su Rol continuò per altre tre puntate (luglio, agosto, settembre 1987).

[48] Per questa inversione dei termini, si veda più avanti nota 68, p. 38.

per l'anteprima a Torino del suo ultimo film *L'Intervista*, sono stato menzionato, accanto all'amico, con i suddetti appellativi»[49].

In una lettera proprio a Federico Fellini del 20 ottobre 1986, Rol scriveva:

«Sono stupito della quantità di copie vendute di quell'orribile cosa che è "L'incredibile Rol" – libro idiota che non ho voluto né approvato, perché non dà il minimo cenno alla mia Dottrina»[50].

E purtroppo per Allegri, Rol ribadisce ancora una volta il suo pensiero in una dedica – apposta proprio sul libro del giornalista – fatta al pittore Renato Balsamo il 23 novembre 1990:

«Non ho mai ammesso che abbiano potuto stampare questo libro del quale mi era stato *solennemente* promesso che non avrebbe mai visto la luce!

Mi spiace che quell'*immenso genio* che è il pittore Balsamo possegga questo esemplare che ora, dopo le mie dichiarazioni in proposito, mi sembra diventato....onesto!»[51].

Alla luce di questi giudizi di Rol, si comprende bene quanto scrisse Allegri nel 1993, nella nuova edizione dal titolo *Rol il mistero*:

«Nel 1986, subito dopo la prima pubblicazione di questo volumetto, Rol mi aveva detto che stava lavorando alla preparazione di un libro in cui avrebbe ampiamente illustrato le sue teorie, cioè la dottrina che sta alla base dei suoi esperimenti. Un libro quindi di straordinario interesse, che però finora, non è stato pubblicato»[52].

Evidentemente Rol aveva deciso di controbilanciare la pubblicazione di Allegri con qualcosa di suo e nel modo che desiderava lui.

Allegri tuttavia ci dice che negli ultimi tempi Rol avrebbe voluto fare questo libro con la sua collaborazione:

---

[49] Rol si riferisce a un artcolo uscito su *La Stampa* il 06/06/1987 (*Fellini presenta il suo film* Intervista *a Torino*, p. 14) dove a un certo punto è scritto: «Il regista ha voluto accanto a sé Augusto Rol, il parapsicologo suo grande amico».

[50] Il brano si trova in: Giordano, M.L., *Gustavo Rol. Una vita per immagini*, p. 109; è tratto dall'originale fotostatico della lettera (secondo riquadro in basso a destra), ma non compare nella trascrizione della stessa fatta dall'autrice. La stessa lettera, con la medesima omissione, si trova in *"Io sono la grondaia..."*, p. 175. Quanto al fatto che Rol voleva che fosse dato più spazio alla "sua dottrina" e meno ai fenomeni, potrebbe benissimo valere quanto scritto da René Guénon nel 1929 (su *La voile d'Isis*) nel recensire un libro che peraltro aveva apprezzato: «(...) i "fenomeni" più o meno straordinari sembrano assumere un'importanza un po' eccessiva e sembrano occupare molto più spazio che le considerazioni di ordine dottrinale; non contestiamo certo l'esistenza di queste cose, ma ci chiediamo se è opportuno soffermarvisi con tanta compiacenza dal momento che gli occidentali sono già fin troppo propensi a esagerarne la portata. Un tale inconveniente non si presenta per l'Oriente, ove si è in grado di collocare tali manifestazioni al loro giusto posto, che è di molto inferiore...»; in: Guénon, R., *Il Teosofismo*, cit., vol. II, p. 328.

[51] Un altro riferimento al parere che Rol aveva della biografia di Allegri lo troviamo in Alfredo Ferraro (*Testimonianza sulla Parapsicologia*, Meb, Padova, 1993, p. 32 – nota), il quale riferisce che Rol gli aveva «espresso ampio dissenso».

[52] Allegri, R., *Rol il mistero*, p. XIII (prefazione alla nuova edizione).

«Mi disse che avremmo dovuto scrivere un libro insieme dedicato tutto alla filosofia che stava alla base delle sue esperienze»[53].

L'autore ci ha infine riferito a voce che Rol aveva accettato la sua proposta di pubblicare il libro per i tipi delle Edizioni Paoline; ma non se ne fece più nulla a causa della sua morte.

C'è quindi da ritenere che se Rol fosse riuscito a impedire la pubblicazione di *Rol l'incredibile*, nessuna biografia su di lui sarebbe stata scritta quando era in vita[54].

Il fatto però che Rol, almeno se crediamo ad Allegri, negli ultimi tempi (1992-1994) fosse disposto a essere da lui coadiuvato e che avesse accettato la sua proposta con le Paoline, oltre a suggerire una avvenuta riconciliazione (fermo restando però il suo giudizio), potrebbe far trasparire anche un certo distacco dall'altra giornalista che in quel periodo cercava di frequentarlo, ovvero Giuditta Dembech. Quest'ultima nel 1989, nel capitolo di *Quinta dimensione* dedicato a Rol, scriveva:

«La mia intenzione però, è quella di scrivere un libro interamente ed esclusivamente dedicato a lui, ma ci andrà qualche tempo prima che possa realizzare questo progetto»[55].

Si dovettero attendere sedici anni perché riuscisse nell'intento. Nel 2005 anno di pubblicazione di *Gustavo Adolfo Rol. Il grande precursore*, scrive:

«Sì, Rol mi aveva lasciato l'incarico di scrivere il libro su di lui (...). Ho cominciato più volte a scriverlo, con lui ancora in vita, ma poi ho accantonato l'idea. Era tutto troppo frammentato, troppo vasto, troppo difficile...»[56].

«Forse fu (...) per tutta una serie di circostanze che Rol insisté così tanto perché scrivessi un libro su di lui...»[57].

«In effetti, lui voleva comunicare, attraverso il mio libro alcune cose ben precise, cose che desiderava chiarire una volta per tutte»[58].

«Rol era molto fiducioso su quello che i mass media avrebbero detto o non detto circa il mio libro. Io non ci facevo il minimo affidamento... (...).

Ma Rol pensava, e sperava che in quel 1989 avrei scritto il libro risolutivo che tanto gli stava a cuore, interamente dedicato a lui»[59].

Come apparirà chiaro anche più avanti, in quell'anno Rol voleva con la Dembech riuscire a fare quello che non era riuscito a fare con Allegri («gradirei che un libro su di me contemplasse ben poco di quelli che sono

---

[53] Allegri, R., *Rol il grande veggente*, p. 199.

[54] Il che è una ulteriore conferma dell'allergia che aveva della notorietà e del rigore che esigeva non solo dagli altri, ma anche da se stesso, visto che se avesse voluto avrebbe potuto tranquillamente pubblicare qualcosa, come dimostra l'alto livello stilistico e la profondità delle riflesssioni nei suoi scritti pubblicati dopo la sua morte.

[55] Dembech, G., *Quinta dimensione*, cit., p. 253.

[56] Dembech, G., *Gustavo Adolfo Rol. Il grande precursore*, cit., p. 6.

[57] *ibidem*, p. 75.

[58] *ibidem*, p. 77.

[59] *ibidem*, p. 158.

gli "esperimenti" che avvengono con me, ma intrattenesse il lettore sulla ragione, sul modo e sul significato che questi fenomeni si producono in una realtà assolutamente etica»):

«Era ben conscio della propria grandezza» continua la giornalista, «sapeva di dover lasciare qualcosa per i posteri. Era come ossessionato dall'idea di trovare la persona giusta che raccogliesse le sue memorie in modo corretto, senza interpretazioni personali.

Lo chiese a molte persone, ma a quanto pare, finchè fu in vita, nessuno scritto riusciva di suo gradimento[60].

Chi ebbe maggior fortuna in questo senso fu Renzo Allegri; fu accolto nella casa di Rol con il fotografo, ebbe accesso ai suoi documenti, alle sue lettere... scrisse un libro che ritengo fra i migliori in circolazione; molto bello, equilibrato, libro che incontrò anche notevole successo ma, chissà perché Rol non ne fu entusiasta...»[61].

Già, chissà perché... Non ci stupisce che la Dembech tessa le lodi del suo collega professionale... I suoi libri e quelli di Allegri (su Rol) hanno infatti molte cose in comune, come avremo occasione di vedere.

Indubbiamente, per chi non ha mai letto nulla di Gustavo Rol e per chi desidera leggere un testo piacevole mentre è in spiaggia sotto l'ombrellone, tra una rivista di gossip e l'altra, il libro di Allegri è l'ideale. Avvincente, brioso, intrigante, sa destare nel lettore curiosità e stupore. Ci è capitato spesso di regalarlo quale sorta di introduzione leggera a Gustavo Rol. Tutto sommato non è un testo che ci dispiace. Non tutti possono aver voglia di leggere "mattoni" come il presente studio, o indagare «quel misterioso processo costruttivo della cui ragione etica gli editori non si interessano. Essi ritengono che il grosso pubblico non ami una certa filosofia; quel che fa vendere il giornale o il libro è la presentazione di fatti che stupiscono, non di cose che creano problemi»[62].

Allegri certamente non ne ha creati. Ma Rol ha visto sfumare l'occasione di dare maggiori spiegazioni su se stesso e sul suo pensiero, così come è stato costretto a smentire e rigettare quella pubblicazione.

Tuttavia è ora necessario spiegare in modo un po' particolareggiato le ragioni di questo rigetto. Due le aveva già esposte lui, ovvero, da un lato, il fatto che si fosse dato grande risalto ai fenomeni e poco alla "sua" dottrina; dall'altro che il libro fosse stato corretto «di suo pugno» mentre questo era vero solo per alcune, nemmeno tutte, le parti che provenivano dagli articoli.

Una terza fondamentale ragione è che questi non potevano ovviamente essere inseriti *tout court* così come erano stati pensati per il settimanale, e quindi furono smembrati e disposti a macchia di leopardo a

---

[60] Riteniamo che questo valga anche per quelli della Dembech... E ora che è morto, la situazione non è affatto migliorata, anzi, è assai peggio!
[61] Dembech, G., *Gustavo Adolfo Rol. Il grande precursore*, cit., p. 66.
[62] Rol, G., *La Scienza non può ancora analizzare lo Spirito*, cit., p. 3. Interessante osservare che questa frase sembri quasi una premonizione, visto che è stata scritta otto anni prima della pubblicazione del libro di Allegri.

seconda dell'esigenza testuale. I risultati negativi di questa operazione furono due: in primo luogo, Rol vide *annientata*, su un piano logico, stilistico e simbolico, l'originaria struttura armonica – rispondente a principi di *scrittura sacra* – con cui aveva formato ciascun articolo; in secondo luogo, questo mescolamento di brani rese ancora più difficile identificare quali erano quelli scritti da Rol per *Gente*, e quali quelli di Allegri integrati appositamente per il libro, con l'evidente risultato che si correva e si corre il rischio di attribuire a Rol una certificazione per cose che invece non ha controllate o scritte.

Una quarta ragione è che si tratta di due prodotti mediatici differenti. Da una parte abbiamo articoli su un giornale popolare a larga diffusione, dall'altra una biografia che per sua stessa natura avrebbe dovuto essere approfondita e seria, fonte storica che sarebbe stata consultata dagli studiosi contemporanei e futuri.

Per quanto gli articoli fossero importanti, erano comunque una sintesi formattata per una rivista, di certo insufficiente per qualsiasi biografia, figuriamoci per una biografia su Rol.

Un'altra ragione, al di là degli stessi contenuti, è il quadro d'insieme, che presenta una evidente connotazione sensazionalistica. Nessun Maestro Spirituale autentico si sarebbe prestato a un'operazione del genere.

Sia il titolo che la foto erano inopportuni[63]. Erano profondamente accentratori su di lui, gli costruivano attorno quell'aura misteriosa che lo allontanava dai suoi intenti e dalle sue aspirazioni, ovvero far capire che era un uomo come tutti gli altri, che ognuno avrebbe potuto fare la sua strada e che al di sopra di tutto c'è Dio, l'uomo non essendo altro che un Suo strumento.

È sempre la testimonianza della Dembech a farci capire quale titolo e quale foto avrebbe preferito. In una registrazione telefonica del 1989 (tre anni dopo *Rol l'incredibile*) in cui la giornalista chiede a Rol quale titolo potrebbe andare bene per un libro su di lui, le risponde:

«Tu ci metti semplicemente *Gustavo Adolfo Rol. Il prec... Il grande precursore...* basta (...). Ora io stavo pensando a questo: non sarà il caso di mettere una mia fotografia, sulla copertina? Ora, io ho delle mie belle fotografie, e ce ne ho una che non è quella di Allegri, (...) ce ne ho delle altre, fatte due o tre anni fa, dove avevo l'aria un po' più... e degli occhi molto penetranti»[64].

Rol non vuole la foto di Allegri (ovvero del fotografo Norberto Zini) per questioni di copyright. Tuttavia fa anche capire che preferisce

---

[63] La serie di foto scattate dal fotografo Norberto Zini erano piaciute a Rol. Tuttavia andavano bene nel contesto della rivista *Gente*, e sarebbero andate bene, sistemate però quasi defilate, anche all'interno di una biografia, e Allegri le ha infatti inserite nella sua. Ma metterne una in copertina, così grande e associata a quel titolo non fu una scelta appropriata da un punto di vista "spirituale" (ma certo lo fu da quello commerciale...).

[64] Traccia n. 3 del CD audio allegato a: Dembech, G., *G. A. Rol. Il grande precursore*, cit.

un'altra serie di sue foto della metà degli anni '80[65]. Il libro pubblicato dalla Dembech nel 2005, appunto *G.A. Rol. Il grande precursore*, non avrebbe secondo noi soddisfatto Rol, sia per il risultato grafico della copertina (per non parlare dei contenuti)[66], che per le scritte sensazionalistiche che annunciano a grandi caratteri l'esclusiva di un allegato audio con la sua voce. Riteniamo inoltre che la foto pubblicata dall'autrice non sia quella che Rol avrebbe voluto, perché è una foto della fine degli anni '70 e perché non corrisponde alla sua descrizione (vedi tav. XXX e XXXI). In effetti l'autrice ha pubblicato entrambe le due foto, in bianco e nero, in *Scritti per Alda* (p. 5, quella della tav. XXXI) e ne *Il grande precursore* (p. 12, quella della tav. XXX).

Quanto al titolo, esso esprime in sole due parole quella che è stata una delle funzioni principali di Rol, quella di precorrere certi avvenimenti futuri, legati alla scienza, alla religione e ad altri aspetti che saranno meglio chiariti nei prossimi anni[67]. Avendo egli avuto ben presente quale fosse il suo ruolo e possedendo una chiara prospettiva storica e super-storica, non ha avuto timore a definirsi *grande*, sapendo che la storia lo avrebbe giudicato esattamente così. Non si tratta, come forse qualcuno potrebbe pensare, di presunzione o di vanità. Si tratta solo di constatazione, come se Cesare o Napoleone avessero suggerito per una biografia che li riguardava il titolo "Il grande condottiero". D'altro canto, i contemporanei e i posteri di Alessandro il Macedone e Carlo Re dei Franchi li hanno celebrati con la qualifica di *Magno*, e lo stesso è accaduto per alcuni papi.

Il titolo di Allegri *Rol l'incredibile* era invece privo di funzione e fine a stesso, adatto più alla spettacolarizzazione che alla meditazione[68]. Per far capire meglio cosa intendiamo, si immagini un libro dal titolo: *Gesù*

---

[65] Fellini, F., *Fare un film*, Einaudi, Torino, 1980, p. 89.
[66] Cfr. più avanti capitoli 8 e 9.
[67] Interessante quanto riferisce M. L. Giordano (*Rol mi parla ancora*, cit., pp. 28-29), e cioè che Rol si era definito anche «il grande esecutore»: «non agiva mai a comando ma sempre in modo assolutamente imprevisto, come, per citare un'espressione di Goethe, "sotto l'impulso di un ordine ignoto" di cui lui, secondo le sue stesse parole, si sentiva "il grande esecutore"». Ed è sicuramente una definizione di Rol (cfr. Pincherle, M., *Il segreto di Rol*, EIFIS Editore, Forlì, 2005, pp. 53, 89, 100, 101) quella di «Grande Giocatore» indirizzata alla *presenza* che lo coadiuvava nei suoi esperimenti...
[68] Allegri non è comunque il primo a usare per Rol un titolo di questo genere, perché 7 anni prima dell'uscita del suo libro, la *Domenica del Corriere*, nella prima puntata (17/01/1979) del servizio su Rol di Luigi Bazzoli, aveva usato come titolo proprio *Rol l'incredibile* (seguito da: *L'uomo più misterioso del mondo*), ed è in effetti probabile che fosse questa la fonte a cui si era ispirato Allegri. È però anche vero che Bazzoli (o la redazione) aveva con ogni probabilità preso spunto dal titolo dell'articolo della seconda puntata su *Gente* nel 1977 (*L'incredibile dottor Rol a colloquio con Mozart e Paisiello*, 12/03, pp. 16-18). Di qui forse anche il fatto che talvolta Rol avesse la tendenza a invertire le parole del titolo del libro di Allegri (*L'incredibile Rol* invece di *Rol l'incredibile*), come abbiamo visto più sopra.

l'incredibile, oppure *Siddharta l'incredibile*, o ancora *Pitagora l'incredibile*[69].

Fin qui, da un punto di vista generale. Scendendo nei dettagli troviamo invece problemi di altro genere, come l'omissione di importanti paragrafi o definizioni che Rol certamente aveva ritenute importanti, oppure la sostituzione senza motivo di alcuni vocaboli.

Ad esempio, Rol dovette certamente irritarsi nel ritrovare il suo articolo scritto nel 1978 (il sesto, che non fu pubblicato) non solo smembrato e sparpagliato qua e là, ma amputato in un punto determinante per la "sua" dottrina; dopo la descrizione di un esperimento, Rol per *Gente* aveva scritto (riferendosi a se stesso):

«Quali orizzonti egli ci apre con questi suoi esperimenti che non esito a definire veramente sublimi.

Con la più assoluta onestà, desidero assicurare i lettori che la mia attenzione durante quell'esperimento era stata particolarmente sveglia. Non per volerlo fare, ma indubbiamente mi fu dato di esercitare un controllo. E ne sono lieto per quell'interesse che un giorno certamente avrà la scienza quando studierà queste cose».

In *Rol l'incredibile* (e poi anche in *Rol il mistero*) Allegri fa terminare qui il paragrafo[70]; tuttavia l'articolo originale proseguiva:

«… nella forma e nel modo che la loro essenza altamente spirituale non venga frustrata. E allora il nome di Rol verrà fatto e se Rol non verrà esaltato, sarà almeno compreso. Per ora non desidera altro. "Per sentirmi meno solo", egli dice»[71].

Si immagini ora Rol nel leggere il libro di Allegri, e vedere omesso questo brano fondamentale.

Sono tutte parole importanti, ma di certo è cruciale la frase, che Allegri ha amputato proprio a metà, dove l'approccio scientifico e quello spirituale vengono messi in relazione:

«(…) *quell'interesse che un giorno certamente avrà la scienza quando studierà queste cose nella forma e nel modo che la loro essenza altamente spirituale non venga frustrata*».

In queste parole emerge una perfetta definizione e sintesi di quella che gli antichi avrebbero chiamato *Scienza Sacra*. In questa stessa frase si trovano tra l'altro le ragioni che fecero più volte dire a Rol di non avere nulla a che fare con la parapsicologia, che vorrebbe interessarsi dei

---

[69] Nella breve "biografia" romanzata di Annamaria Demeglio (*L'altro volto di Rol*, Giancarlo Zedde, Torino, 2007), l'autrice soprannomina Rol «Mister Incredibile» (che è lo stesso nome dell'eroe che interpreta il "papà" nel film di animazione della Disney *Gli Incredibili*) e a un certo punto (p. 56) gli fa dire: «Lo pseudonimo di Incredibile me lo affibbiarono i giornalisti, creando attorno alla mia persona un alone di mistero. Sul momento la cosa mi infastidì, in seguito, invece, scoprii che poteva essere una protezione da inevitabili attacchi esterni». Ci pare un'affermazione probabile. In altra pagina (81) la Demeglio chiama Rol «L'Enigmatico Signore dell'Imponderabile», una definizione degna di nota.

[70] Allegri, R., *Rol l'incredibile*, pp. 65-66; *Rol il mistero*, pp. 70-71.

[71] Allegri, R., *Rol il grande veggente*, p. 185.

fenomeni a prescindere dalle cause (le quali cause sono ben spiegate dalla Tradizione Metafisica, e sono intuibili da chi prenda coscienza del proprio spirito), o in ogni caso invertire il rapporto gerarchico tra causa e fenomeno, attribuendo a quest'ultimo un posto di primo piano che in un'ottica *tradizionale* non ha mai posseduto.

Un altro esempio di omissione è il seguente: dopo la descrizione di un esperimento, in *Rol l'incredibile* troviamo:

«Non eravamo sorpresi, ma emozionati. Quel disegno appariva come un prodotto puro di armonia. Sapevamo benissimo che, senza Rol, nulla sarebbe avvenuto»[72].

Nell'articolo di *Gente* scritto da Rol il brano era invece più lungo (e i tempi dei verbi diversi, come alcune parole):

«Non siamo sorpresi, ma emozionati. *Sappiamo che dovremmo chiedere a Rol delle spiegazioni, eppure ci asteniamo dal farlo perché già "sentiamo" dentro di noi quel che Rol ci direbbe.*

Quel disegno è un prodotto puro di armonia: *è una sensazione che tutti noi abbiamo certamente avuta e voluta esprimere, anche se non conoscevamo il mezzo per farlo.* Sapevamo benissimo che, Rol *assente*, nulla sarebbe avvenuto»[73].

È evidente che Allegri, a sua discrezione, ha corretto e tagliato quanto scritto da Rol. Ma ha commesso un errore, poiché ogni frase, persino ogni singola parola scritta da Rol ha una sua funzione specifica (tale per cui anche un solo trattino di differenza ne altera armonia e significato)[74] tanto più se egli ha dovuto concentrare il proprio pensiero in poche pagine. Nel brano citato le frasi omesse, da noi evidenziate con il corsivo, se prese da sole e ben meditate, sono già in grado di fornire molti elementi per comprendere *la natura e il processo psichico* alla base dell'esperimento.

Un altro brano omesso da Allegri è il seguente:

«Giornali e riviste, in Italia e all'estero si occupano continuamente di Rol, ma egli, e non se ne conosce la ragione, non desidera che si parli di lui sui giornali, così come raramente parla di sé nella conversazione. Non tiene in casa libri che parlino della sua persona: indifferenza, pudore, diffidenza?»[75].

Rol ci teneva a sottolineare questo aspetto, affinché il lettore cercasse una risposta a tale comportamento. Uno dei tanti modi per indirizzarlo alla Tradizione. Non sorprende che Allegri abbia omesso il brano, visto che ha scritto una biografia non autorizzata.

---

[72] Allegri, R., *Rol l'incredibile*, p. 86; *Rol il mistero*, p. 94.

[73] Rol, G.A. (Allegri, R.), *Sul foglio bianco appaiono tante piccole figure*, Gente, 09/04/1977, pp. 66-67; (e in: Allegri, R., *Rol il grande veggente*, p. 172).

[74] Sono questi i principi che regolano la redazione dei Testi Sacri e degli insegnamenti dei Maestri spirituali messi per iscritto. Così nel Corano è detto che «nessuno può mutare le parole del Signore» (Sura VI, v. 115), e che un castigo scenderà su coloro che «scompongono il Corano in parti distinte» (XV, 90-91).

[75] Rol, G.A., (Allegri, R.) *I pennelli si muovono da soli*, Gente, 19/03/1977, p. 12; Allegri, R., *Rol il grande veggente*, p. 111.

Un'altra omissione la troviamo in relazione a un esperimento di "lettura a distanza", Allegri dice:

«(...) volevo rendermi bene conto quale fosse il meccanismo che regola il sorprendente avvenimento»[76].

Nell'articolo originale la frase così continuava:

«...e se la cosa possa avvenire non dico con mezzi non rigidamente ortodossi, ma con l'intervento di un qualsiasi mezzo, forse fosse possibile ad altri oltre che a lui»[77].

Frase molto significativa, in quanto Rol secondo noi voleva far intendere due cose: che nessun prestigiatore sarebbe stato in grado di rifare questo suo tipo di esperimento nelle stesse condizioni in cui lui si trovava; e che altri – in questo caso *con mezzi rigidamente ortodossi*, vale a dire facendo un percorso *scientifico e spirituale* – sarebbero stati in grado di rifare i suoi esperimenti.

Un'altra omissione riguarda poi un intero paragrafo. Dopo un esperimento in cui una persona chiedeva a Rol di aggiungere un particolare a un disegno che aveva *proiettato* su un tovagliolo, Rol scriveva:

«Quella fu una delle rarissime volte che Rol fece qualche cosa che gli era stato richiesto. Infatti, ed è risaputo, egli si dichiara incapace di fare qualche cosa che altri vorrebbe.

Neppure con la forza, con le minacce o con un compenso egli sarebbe in grado di compiere il più elementare degli esperimenti.

"E per fare la carità?", gli chiese qualcuno. Rol mise la mano al portafoglio e rispose: "La carità la si esercita con sacrificio"»[78].

Anche qui il brano è importante (interamente omesso in *Rol l'incredibile*) e l'irritazione di Rol, che via via vedeva omesse nel libro di Allegri alcune cose che riteneva fondamentali, dovette gradualmente crescere.

---

[76] Allegri, R., *Rol l'incredibile*, p. 65; *Rol il mistero*, p. 69.

[77] *Rol il grande veggente*, p. 183. L'articolo è quello che poi non fu pubblicato su *Gente*.

[78] *Rol il grande veggente*, pp. 181-182 (articolo non pubblicato). A proposito della frase finale sulla carità, cfr. l'episodio raccontato dallo scrittore Vittorio Messori, che chiese a Rol: «Dottor Rol... perché, con questa sua possibilità, mille volte provata, di "prevedere" ciò che uscirà da un mazzo di carte o da una roulette, non sbanca un casinò? Perché non sottrarre qualche miliardo a quegli speculatori per dirottarli verso chi ne ha bisogno?». La risposta di Rol, fatta trovare a Messori su un foglio di carta precedentemente intonso che lo scrittore si era messo in tasca, fu: «Sarebbe una beneficienza fatta senza sacrificio, quindi non avrebbe valore alcuno nei confronti dello spirito di Rol» (Messori, V., *Quella volta che mi sconvolse*, Sette (settimanale del *Corriere della Sera*), 06/10/1994, pp. 44-45). Frase comunque enigmatica, sulla quale per ora non possiamo soffermarci. Cfr. sempre *Gente* (*L'incredibile dottor Rol...*, p. 18) dove Rol scrive che «è essenziale che il dono avvenga, se necessario, con sacrificio» (anche *Rol il grande veggente*, p. 83).

Citiamo un'ultima omissione, anche se ve ne sono altre minori che però non possiamo qui evidenziare, per non appesantire eccessivamente la trattazione:

«Egli rifugge da tutto quanto è spettacolare. Mi dice che vorrebbe attenersi scrupolosamente a un discorso ove lo spirito viene esaltato, non turbato da esperimenti dei quali lui non vorrebbe neppure che si parlasse»[79].

Anche in questo caso, vista l'impostazione sensazionalista del libro di Allegri, era meglio omettere un brano controproducente...

Dopo le omissioni, un altro fattore fastidioso sono le parole che Allegri, sempre a sua discrezione, sostituiva con altre, anche qui pretendendo di correggere Rol. Vediamone qualche esempio.

Durante le fasi di un esperimento, Rol scrive:

«Che cosa avvenga in Rol, in noi, nell'aria intorno a noi, è difficile dirlo, ma qualcosa *avviene certamente*»[80].

In *Rol l'incredibile*, Allegri scrive:

«Che cosa stesse avvenendo in Rol, in noi, nell'aria intorno a noi, è difficile dirlo, ma qualcosa *c'era*»[81].

La differenza, pur se sottile, esiste: qualcosa che avviene implica infatti una trasformazione in atto, un processo in corso, mentre qualcosa che c'era indica staticità, fissità così come antecedenza. Inoltre l'avverbio "certamente" non lascia spazio ad ambiguità, mentre non si può dire lo stesso per un semplice "c'era".

Ecco un'altro esempio:

Rol (*Gente*): «Il concetto di vita e di folla *assurge* nella nostra percezione, a un "livello" certamente psichico, una realtà indefinibile...»[82].

Allegri (*Rol l'incredibile*): «Il concetto di vita e di folla *aveva assunto* nella nostra percezione, a un "livello" certamente psichico, una realtà indefinibile...»[83].

Forse qui Allegri si è confuso, comunque *assurgere* e *assumere* sono due verbi diversi.

Il primo (dal latino *ad-surgere*: levarsi su, sorgere) significa innalzarsi, elevarsi, sollevarsi. Il participio passato è *assurto*.

Il secondo (dal latino *ad-sumere*: prendere su di sé) significa 1) addossarsi, accettare; 2) fare proprio, prendere per sé; 3) ammettere come ipotesi; 4) prendere, in senso generico; 5) prendere alle proprie dipendenze; 6) innalzare a una dignità (usato soprattutto al passivo, per es. *essere assunto al pontificato; la Vergine fu assunta al cielo*). Quest'ultimo significato potrebbe avvicinarsi ad *assurgere*. Tuttavia è chiaro dal senso della frase che non è questo il caso. Come nel brano

---

[79] *Finalmente Rol...*, p. 32; *Rol il grande veggente*, p. 147.
[80] *Sul foglio bianco...*, p. 66; *Rol il grande veggente*, p. 171.
[81] *Rol l'incredibile*, p. 85; *Rol il mistero*, p. 93.
[82] *Sul foglio bianco...*, p. 66; *Rol il grande veggente*, p. 171.
[83] *Rol l'incredibile*, p. 85; *Rol il mistero*, p. 94.

precedente, anche qui abbiamo un vocabolo che indica un processo in corso, qualcosa che si forma nel profondo e che viene alla luce: il concetto assurge nella nostra percezione, ovvero si fa strada in essa, diviene manifesto, emerge. Dire invece "il concetto assume nella nostra percezione", indica un "prendere forma" che però omette quella sfumatura di provenienza *dall'interno e dal "profondo"* che fa la differenza.

Un altro caso in cui un verbo viene sostituito con un altro è il seguente:

Rol (*Gente*): «L'orgoglio (...) è l'ostacolo maggiore per *adire* a queste cose»[84].

Allegri (*Rol l'incredibile*): «L'orgoglio (...) è l'ostacolo maggiore per *raggiungere* queste cose»[85].

Non staremo qui a fare ulteriori analisi etimologiche. I due verbi sono d'altronde molto simili. Ma davvero non si capisce perché Allegri si sia preso la libertà di cambiare le parole di Rol. Chissà, forse ha ritenuto che "adire" era un vocabolo troppo dotto per essere accessibile ai lettori del suo libro...

Per passare a un'altra categoria di problemi, Allegri inserisce nel testo numerose citazioni tratte da coloro che avevano scritto di Rol prima di lui. Purtroppo però manca quasi sempre il riferimento bibliografico, mentre in altri casi l'autore sostiene che quanto riferisce gli è stato "raccontato" da questo o quell'altro scrittore, mentre si tratta invece della trascrizione di loro scritti, la cui fonte viene omessa. Vediamo qualche caso.

Scrive Allegri: «Lo scrittore Leo Talamonti, amico di Rol, *in un reportage* sul sensitivo torinese ha riferito il seguente significativo episodio (...)»[86].

L'autore riproduce l'episodio, ma non dice di quale reportage si tratti (ovvero *Gente di frontiera*). Dalla stessa fonte trascrive altri episodi, dicendo che è stato Talamonti a raccontarglieli:

«"Un giorno ero con Rol in un albergo di Torino", *mi ha raccontato* lo scrittore Leo Talamonti che da anni frequenta il sensitivo torinese. "Eravamo nella vasta sala al pianoterra. Rol era seduto (...)"»[87].

Molte frasi dell'episodio che Allegri racconta coincidono con quelle di Talamonti. Poi trascrive altri brani:

«Talamonti *mi ha raccontato* diversi episodi accaduti durante i suoi incontri con Rol. (...).

"Una sera", *mi ha raccontato* Talamonti (...) "eravamo seduti su due poltrone poste ad angolo retto (...). Come uno scafo momentaneamente affidato al libero gioco delle correnti (...)"»[88].

---

[84] *L'incredibile dottor Rol...*, p. 18; *Rol il grande veggente*, p. 83
[85] *Rol l'incredibile*, p. 52 ; *Rol il mistero*, p. 53.
[86] *Rol l'incredibile*, p. 39; *Rol il mistero*, p. 37.
[87] *Rol l'incredibile*, p. 29; *Rol il mistero*, p. 25.
[88] *Rol l'incredibile*, p. 72; *Rol il mistero*, p.79.

In *Gente di Frontiera* troviamo scritto:
«A sera inoltrata ci trovammo seduti in due poltrone contigue poste ad angolo retto (...). Come uno scafo momentaneamente affidato al libero gioco delle correnti (...)»[89]; seguono poi altre righe uguali.

Poi Allegri cita un altro episodio:
«"Il giorno successivo mi presentai a lui con un fotografo, secondo gli accordi". [*etc.*]»[90], e guarda caso anche qui le parole di Talamonti coincidono:
«Il giorno successivo mi presentai a lui con un fotografo, secondo gli accordi. [*etc.*]»[91].

Continua l'autore:
«Talamonti *mi ha riferito* anche quest'altro curioso episodio...
"Vent'anni fa", *mi ha raccontato* Talamonti "questo avvocato stava partecipando a un pranzo di nozze, quando gli scomparve misteriosamente dal dito un anello di corniola: un attimo prima c'era, l'attimo dopo non c'era più"»[92].

In Talamonti troviamo:
«Vent'anni fa (...) stava partecipando a un pranzo di nozze, quando gli scomparve misteriosamente dal dito un anello di corniola: un attimo prima c'era, l'attimo dopo non c'era più»[93].

Un'altra fonte da cui Allegri "pesca" è l'articolo di Epoca del 1951. A un certo punto cita un episodio che si trovava in quell'articolo, premettendo:
«Il dottor commendator Enrico Vecchia (...) *raccontava* spesso questo eccezionale episodio (...)»[94].

Invece di citare la fonte, Allegri scrive "raccontava". E quell'articolo lo conosceva, visto che alcune pagine più avanti, a proposito di un altro episodio, quello di sdoppiamento di cui Fasolo è stato testimone, Allegri scrive: «(...) come ha riferito *in un suo scritto* Furio Fasolo» e «*raccontò* Fasolo»[95]. E tuttavia nessuno avrebbe saputo qual'era lo scritto di Fasolo se recentemente non fosse stata pubblicata una corrispondenza epistolare tra Rol e il fratello Carlo, in cui vi si fa riferimento[96].

Lo stesso fa con la testimonianza del parapsicologo Piero Cassoli, di cui cita le parole ma non la fonte[97], cavandosela con un neutro «racconta Cassoli»[98]. Ma in *Rol il grande veggente* non resisterà alla tentazione di

---

[89] Talamonti, L., *Gente di Frontiera*, cit., p. 113; ripreso anche su *Grazia* del 16/11/1975 (*Il grande Rol*), p. 55.
[90] *Rol l'incredibile*, p. 73; *Rol il mistero*, p. 81.
[91] Talamonti, L., *cit.*, p. 115 (*Grazia*, p. 57).
[92] *Rol l'incredibile*, p. 75; *Rol il mistero*, p. 82.
[93] Talamonti, L., *cit.*, p. 124; (*Grazia*, p. 62).
[94] *Rol l'incredibile*, p. 40; *Rol il mistero*, p. 38.
[95] *Rol l'incredibile*, p. 75; *Rol il mistero*, p. 83.
[96] Cfr. "*Io sono la grondaia...*", pp. 131-132; 143-144.
[97] Cassoli, P. e Inardi, M., *Gustavo Adolfo Rol (Nota preliminare)*, Quaderni di Parapsicologia, (CSP Bologna), n. 1, 26 gennaio 1970, pp. 16-26.
[98] *Rol l'incredibile*, p. 33; *Rol il mistero*, p. 29.

scrivere, sempre a proposito della stessa fonte: «Una simile esperienza me la riferì» e «mi disse Cassoli»[99].

Altri casi minori non stiamo qui a segnalarli, anche perché quanto sopra è più che sufficiente a dare un'idea.

Vi sono infine degli errori, come quando Allegri scrive che «per Pitigrilli l'"iniziazione" [di Rol] sarebbe avvenuta a Parigi»[100], mentre Pitigrilli parla solo di Marsiglia[101], e lo stesso Allegri riporta l'episodio relativo senza accorgersi della contraddizione[102].

Oppure quando Allegri accenna all'incontro tra Rol e Mussolini, dandone una versione sbagliata (e approssimativa). Scrive infatti che il Duce «lo convocò a Palazzo Venezia», mentre si trattava di Villa Torlonia, e Rol ebbe modo di ribadirlo più volte[103]. Questo errore di Allegri è stato poi ripreso da altri giornalisti, compreso purtroppo anche Remo Lugli[104].

Altro errore, un episodio molto noto di cui è stato testimone Fellini (la trasformazione di una carta in mano) che viene erroneamente attribuito a Buzzati, che si era limitato a riferirlo:

«(...) Buzzati (...) scrisse sul Corriere (...): "Mi fa scegliere una carta da un mazzo (...)"»[105].

In *Rol il grande veggente* Allegri cede alla sua specialità: «Dino Buzzati *mi raccontò* quest'altro episodio: "Rol mi fece scegliere una carta da un mazzo (...)"»[106].

Peccato che questa volta il racconto è impossibile, visto che è stato Fellini, e non Buzzati, a vivere l'episodio[107].

Un ultimo fatto di questo genere riguarda l'ultimo capitolo (XV – «Il mistero continua») sia di *Rol l'incredibile* (p. 115 e sg.) che di *Rol il mistero* (p. 131 e sg.). Nel primo libro viene riportata una testimonianza del dottor Alfredo Gaito[108] come se fosse stata detta a voce. Il suo racconto è inframezzato da alcune domande che Allegri gli pone. Sembra quindi una intervista. Nel secondo libro invece l'autore dice che Gaito ha voluto «scrivere» la sua testimonianza, e, pur riportando gli stessi contenuti del primo libro – tranne l'omissione di alcune frasi iniziali –, la

---

99 *Rol il grande veggente*, p. 67.
100 *Rol l'incredibile*, p. 41; *Rol il mistero*, p. 40.
101 Pitigrilli, *Gusto per il mistero*, cit., p. 87.
102 Cfr. *Rol l'incredibile*, p. 42; *Rol il mistero*, p. 40.
103 L'errore di Allegri si trova a p. 9 di *Rol l'incredibile* e p. 3 di *Rol il mistero*. La versione corretta dell'incontro si trova invece in: Dembech, G., *G.A.Rol. Il grande precursore* (traccia 17 del CD allegato, trascrizione a pp. 100-101); e in Rol, G.A., *"Io sono la grondaia..."*, cit., pp. 20-21).
104 In: Lugli, R., *Gustavo Rol. Una vita di prodigi*, cit., p. 26.
105 *Rol l'incredibile*, p. 29; *Rol il mistero*, p. 28.
106 *Rol il grande veggente*, p. 66.
107 Cfr. Buzzati, D., *Fellini per il nuovo film ha fatto incontri paurosi*, Corriere della Sera, 06/08/1965, p. 3.
108 Che fu vice-presidente dell'Ordine dei Medici di Torino, medico curante di Rol e suo grande amico.

presenta come fosse una lettera di Gaito, anche se le domande di Allegri continuano a inframezzare il suo racconto. Non si capisce per quale ragione Allegri nel libro del 1986 non abbia specificato che le parole di Gaito provenivano da una sua lettera (tra l'altro letta, condivisa e persino corretta da Rol), scrivendo invece qualcosa che ormai ci è ben nota: «mi ha detto il dottor Gaito»... C'è da pensare che Rol, dopo la pubblicazione nel 1986, glielo abbia fatto notare, e nel 1993 Allegri si sia impegnato a dire come stavano davvero le cose.

Occorre anche segnalare che una lettera di Rol che Allegri aveva pubblicato in *Rol il mistero* (p. XVII) contiene alcuni errori di trascrizione (per la difficile calligrafia di Rol), poi rettificati in *Rol il grande veggente* (p. 77). Nella fatispecie, la frase «...quei concetti di spiritismo, di medianità che non fanno parte *della mia esperienza*» non è corretta, essendo invece giusto «...quei concetti di spiritismo, di medianità che non fanno parte *delle mie conoscenze*».

Vi sono poi tre esperimenti che Allegri descrive come se egli vi avesse assistito, mentre sono in realtà riferiti da Rol («scritti di suo pugno») senza che l'autore fosse presente. Si tratta di «Una lettera sconosciuta della Duse»[109], di «La storia del Milite ignoto» e di «La vita» («Un esperimento spiegato»)[110]. Qui Allegri non ha responsabilità, limitandosi a riportare quanto scritto da Rol. Sarebbe stato però opportuno far presente che egli non aveva assistito a questi esperimenti. Fortunatamente lo fa, seppur in modo generico, in *Rol il grande veggente*:

«Ho controllato di persona i fatti che Rol ha inserito nei nostri racconti ai quali io non ero stato presente (poi in realtà soltanto due o tre), e sono risultati autentici, così come lui li ha riferiti»[111].

Segnaliamo infine un errore nella didascalia a commento di una foto che ritrae Rol seduto su un divano. Troviamo infatti scritto: «Rol nel salotto della sua bella casa torinese», mentre si tratta invece della casa dell'amica Nuccia Visca[112].

E con questo terminiamo, riservandoci altre chicche giornalistiche *lillipuziane* per l'altra "biografia" di Allegri su Rol.

Crediamo qui aver dato una spiegazione esauriente del perché Gustavo Rol considerava *Rol l'incredibile* un «libro idiota», libro che oggi, visto l'attuale panorama editoriale su di lui, può considerarsi una delle biografie migliori (il che è tutto detto...). Crediamo al tempo stesso di aver sottolineato quanto importanti siano gli scritti autografi di Rol, per il valore preciso da lui attribuito al significato e alla disposizione delle

---

[109] *Rol l'incredibile*, pp. 56-58; e *Rol il mistero*, pp. 57-61.

[110] *Rol l'incredibile*, pp. 84-89; e *Rol il mistero*, pp. 92-99. I nomi dei testimoni effettivi, così come un altro resoconto di questi tre esperimenti si trovano nel libro di Remo Lugli, *Gustavo Rol. Una vita di prodigi*, rispettivamente alle pp. 78-80; 145-146; 117-119.

[111] *Rol il grande veggente*, p. 23.

[112] Fotografia n. 13 in *Rol l'incredibile*.

parole e dei concetti, ciò che inevitabilmente fa passare in secondo piano le fonti orali o le chiacchiere prese al volo da qualche testimone, soprattutto nei casi di discorsi lunghi e complessi. E si vedrà infatti che, particolarmente nelle biografie di Maria Luisa Giordano, vi sono alcune affermazioni che di per certo non corrispondono all'esatto pensiero di Rol, in parte perché è semplicemente, e logicamente, impossibile trascrivere *letteralmente* tutto quanto si ascolta oralmente, in parte perché certe sfumature di pensiero possono essere plasmate e riproposte con il filtro delle opinioni personali dei testimoni o dei cronisti.

Ecco un'altra delle mille e una bestialità che vennnero divulgate sul mio conto.
Napoleone Bonaparte, 1816[1]

...non avendo mai avuto dei "discepoli" ed essendoci sempre assolutamente rifiutati di averne, non autorizziamo nessuno ad assumere una tale qualifica o ad attribuirla ad altri; smentiamo quindi formalmente ogni altra affermazione contraria, passata o futura.
René Guénon, 1932[2]

Par son refus de s'ériger en maitre, il fut surtout un initiateur. On ne lui connait pas de véritable élève[3].

Capitolo 2 – «*Rol. Il grande veggente*» (Allegri, 2003)

Renzo Allegri, in occasione del centenario della nascita di Rol, ha pubblicato, come anche altri autori, un nuovo lavoro su di lui.

Sulla quarta di copertina troviamo scritto che l'autore «in questo libro ricostruisce vita e mistero del più famoso veggente italiano, presentando in esclusiva una serie di scritti di Rol stesso».

Quando però si affronta la lettura, si scopre che di scritti «in esclusiva» non c'è nemmeno l'ombra. Infatti si tratta dei soliti articoli di *Gente* del 1977, pubblicati prima in *Viaggio nel paranormale* (1978), quindi in *Rol l'incredibile* (1986) e infine in *Rol il mistero* (1993).

Diversa è però la proposizione di questo materiale: non più spezzettato e mescolato all'interno del testo, ma proposto come in originale su *Gente*. Il libro infatti, più che una biografia su Rol, è una biografia della genesi di quegli articoli, e sotto questo punto di vista presenta un grande interesse.

Intanto, perché fornisce le coordinate per comprendere cosa aveva scritto di suo pugno Rol nel libro *Rol l'incredibile*. Poi perché mette in luce, in modo chiaro e inequivocabile, il suo atteggiamento diffidente nei confronti dei giornalisti, dei quali temeva la frequente superficialità così come il sensazionalismo su certi argomenti. Il libro è altrettanto interessante come vicenda autobiografica di uno dei testimoni di Rol, Renzo Allegri appunto, che trovandosi a "lavorare per lui" ne ha sperimentato il carattere complesso e per niente accomodante, esigente della massima precisione e poco disponibile alle lusinghe mediatiche.

---

[1] Las Cases, *Memoriale di Sant'Elena*, cit., Vol. I, p. 409.
[2] *La Voile d'Isis*, novembre 1932, in: *Il Teosofismo. Storia di una pseudo-religione*, vol. II, Edizioni Arktos, Carmagnola, 1986, p. 385.
[3] «Per il suo rifiuto d'erigersi a maestro, fu soprattutto un iniziatore. Non si è a conoscenza di veri allievi»; detto a proposito del pittore F.A. Ravier (in: AA.VV., *François-Auguste Ravier*, Musée des Beaux-Arts de Lyon, 1996, p. 67). Ravier era un paesaggista lionese dell'800 a cui Rol era intimamente legato. Cfr. più avanti p. 211 e sgg.

Non sembra però che Allegri ne abbia tratto insegnamento. Infatti, se il libro precedente aveva particolarmente infastidito Rol, questo non avrebbe sortito un effetto diverso. L'autore ha purtroppo ceduto, in alcuni casi, allo stile sensazionalistico, alle citazioni "per sentito dire" e alla mancanza di rigore.

Ad esempio, proprio all'inizio del testo troviamo scritto:
«Uno dei divertimenti di Albert Einstein, negli anni Trenta, quando viveva ancora in Germania, era quello di trascorrere le serate in compagnia del dottor Gustavo Adolfo Rol, un giovane bancario italiano che aveva fama di essere il più sconcertante fenomeno paranormale del secolo» (p. 9)[4].

Non si vede per quale ragione (se non per licenze... commerciali) stravolgere così il rapporto tra questi due grandi uomini – che si sono incontrati, fisicamente, non più di tre volte – e il cui comune terreno di confronto erano la musica (sia Rol che Einstein suonavano il violino), la filosofia e la scienza. Dalla frase di Allegri sembra quasi che Einstein assistesse a uno spettacolino (e non si potrebbe in questo caso biasimare gli scettici che penserebbero subito ai soliti giochi di prestigio), mentre è anacronistico dire che a quell'epoca Rol «aveva fama di essere il più sconcertante fenomeno paranormale del secolo», visto che gli incontri con Einstein sono avvenuti alla fine degli anni '20 quando Rol – come "fenomeno paranormale" – era totalmente sconosciuto. Non ci risulta inoltre che Rol abbia incontrato Einstein in Germania, ma in Svizzera, e, forse, anche in Belgio. Più avanti Allegri scrive: «Dal 1927 alla morte, cioè per sessantasette anni, Rol per quasi tutte le sere si è esibito davanti a un gruppo di persone (...). Si potrebbe dire che sono stati circa duecentocinquantamila gli individui che, nel corso degli anni, lo hanno osservato» (p. 12).

Ora, è certamente vero che Rol quasi tutte le sere faceva esperimenti, anzi, andrebbero aggiunti i prodigi che con cadenza quotidiana si verificavano "fuori porta". E che vi siano migliaia di persone che li hanno visti è altrettanto vero, ma di sicuro non 250.000, cifra che andrebbe stornata di due zeri per essere plausibile. Già nel 1978, intervistato per la rivista *Arcani*, Allegri aveva detto che «in mezzo secolo, almeno ventimila persone, appartenenti alle più svariate categorie (...) hanno assistito a[i suoi] strabilianti fenomeni...»[5]. Si trattava già allora di una stima esagerata, e in ogni caso difficilmente Rol nei restanti sedici anni di vita ha mostrato i suoi esperimenti alle restanti duecentotrentamila persone... Chissà, forse l'autore ha frainteso un pensiero di Rol come

---

[4] Da qui in poi, per non appesantire inutilmente le note, segnaleremo la pagina corrispondente alla citazione direttamente a margine della stessa, lasciando sottinteso trattarsi del testo analizzato in questa sezione. Lo stesso sarà fatto nelle altre sezioni per le altre biografie.

[5] Curtoni, V. e Lippi, G., *A tu per tu con Gustavo Rol*, Arcani, 7/8, 1978, p. 52.

quello espresso al telefono a Giuditta Dembech riferendosi alle «migliaia di persone che ho conosciuto... le centinaia di migliaia...»[6].

Può darsi quindi che Allegri si sia confuso tra persone incontrate da Rol (sicuramente moltissime), e persone che hanno visto i suoi esperimenti o prodigi[7].

Questo libro di Allegri in generale non ci dispiace, perché contiene molti spunti interessanti e perché è un bel racconto. La necessità di soffermarci sui suoi aspetti negativi, oltre a fornirci la possibilità di spiegare alcuni aspetti della vita o della dottrina di Rol, è utile per salvaguardare gli studiosi futuri da fastidiosi errori e dalla ripetizione degli stessi, così come da imbarazzanti esagerazioni e qualche invenzione di troppo. Al tempo stesso, anche il lettore occasionale potrà accostarsi al testo con più cognizione di causa.

Tra gli errori che abbiamo riscontrati troviamo nuovamente la sede dell'incontro di Rol con Mussolini, che fu a Villa Torlonia e non a Palazzo Venezia (p. 30). Un altro errore è quando l'autore scrive (p. 10) che Rol «è stato fotografato nello stesso istante a Torino e a New York», mentre su *Gente* troviamo scritto, nel sottotitolo dell'articolo (ma all'interno dello stesso non vi si farà cenno): «È stato fotografato nel medesimo istante a Torino e a Boston»[8]. A quanto ci è dato di sapere, la città in questione era proprio Boston, anche se si tratta di una voce che lascia il tempo che trova, sia perché inverificabile, sia perché Rol poteva essere contemporaneamente in qualunque posto volesse, come dimostrano alcune testimonianze sia di bilocazione che di traslazione o "agilità"[9].

Vi sono poi delle imbarazzanti contraddizioni di cui l'autore, da noi interpellato, non ci ha potuto dare spiegazione. Per esempio in *Rol il mistero* (pp. 75-76) e *Rol l'incredibile* (p. 69) – in un brano che non si trova su *Gente*, quindi non scritto da Rol – scrive, a proposito di un esperimento improvvisato che egli ha fatto a casa di amici:

---

[6] Dembech, G., *G.A. Rol. Il grande precursore*, cit., p. 67.

[7] Ma quanto Rol dice alla Dembech può essere inteso anche in un senso simbolico/metafisico, e vedremo più avanti che, in questi termini, si potrebbe dire persino che Rol avesse conosciuto *miliardi* di persone... Comunque, cfr. anche quanto scritto da Massimo Inardi: «le sue doti (...) hanno meravigliato e confuso, nonché turbato migliaia di persone, che, come il sottoscritto, poterono assistere alle sue esibizioni, divenute ormai un rito ambito e desiderato per la parte migliore di Torino e per pochi eletti nel resto dell'Italia e del mondo» (*Parapsicologia*, Il Resto del Carlino, 10/06/1975, p. 16). Ci sembra però un ossimoro parlare di «migliaia di persone» e al tempo stesso di «pochi eletti». Noi rimaniamo fermi su quanto detto in precedenza.

[8] Allegri, R., *Mentre è a Torino lo fotografano in America*, Gente, 05/03/1977, p. 11.

[9] Cfr. per esempio il "viaggio istantaneo" a Parigi raccontato da Giovanna Demeglio in: *L'altro volto di Rol*, Giancarlo Zedde, Torino, 2007, p. 122; anche i racconti di Anne Andronikof e Nuccia Visca in: Mercante, V., *Il Mistero e la Fede. Gustavo Rol e Padre Pio da Pietrelcina*, Edizioni Segno, Udine, 2006, pp. 78-79. Si veda anche il recente film *Jumper* (USA, 2008), dove i protagonisti scoprono di poter viaggiare istantaneamente (e fisicamente) da un luogo all'altro del pianeta con il solo potere dell'immaginazione...

«*Rol* era particolarmente euforico. Passando vicino a un tavolo, vide che c'erano le cartelle della tombola. *Prese il sacchettino di stoffa contenente le pedine numerate, ci mise dentro la mano* e, rivolto a me, disse: "Mi dica un numero". "Venticinque", risposi. *Estrasse* un numero, ed era il venticinque. "Un altro numero", disse ancora Rol. "Sette", risposi. E Rol *estrasse* il sette. Si continuò così per sette, otto numeri, senza che ne sbagliasse uno. Poi rivolto al fotografo, disse: "Proviamo con lei". E *ripeté anche con il fotografo lo stesso gioco cinque sei volte* senza sbagliare. "Oggi sono in forma", disse e ripose il sacchetto dei numeri della tombola»[10].

In *Rol il grande veggente* (p. 146) lo stesso episodio viene riproposto ma in una diversa versione:

«Passando da una stanza all'altra, Rol vide, su un tavolo, le cartelle della tombola. (...).

Invitò Zini, il fotografo, a mettere una mano nel sacchettino che contiene le palline con i numeri e gli disse: "Prendine in mano una, e io cercherò di indovinare il numero".

"Va bene" rispose Zini.

"Diciotto" disse Rol. *Zini estrasse* la pallina che aveva afferrato ed era il diciotto.

"Settantadue" disse Rol e *Zini estrasse* il settantadue.

"Ventinove" ed era giusto.

Si andò avanti, tra la meraviglia e lo stupore dei presenti, per *quindici numeri*, senza che Rol ne sbagliasse uno».

Nel primo episodio, è Rol a estrarre i numeri e il gioco viene fatto cinque o sei volte, mentre nel secondo è Zini a fare l'estrazione e il gioco viene rifatto per quindici volte. Qual è la versione corretta? Purtroppo, questo non è il solo episodio del genere. Vediamone un altro.

Di un esperimento dove Rol prende spunto dal numero di bottoni che Allegri ha sul cappotto, ci sono ben tre versioni diverse. Nella prima, quella che Rol scrisse per *Gente*, troviamo:

«"Due, due, due", dice Rol. Poi ripete di nuovo: "*Questi concetti*", marcando le parole e invitandomi a *prendere un libro*. Ne prendo uno a caso, *sulla sua scrivania*»[11].

Successivamente, in *Rol l'incredibile* (p. 70) e *Rol il mistero* (p. 76), troviamo:

«Un giorno arrivai a Torino molto presto. (...). Prima di partire... presi *dalla mia biblioteca un volume acquistato pochi giorni addietro*, per leggerlo in treno. (...). Non mi ero neppure tolto il giaccone e *tenevo il libro in mano*. (...). "Due, due, due", disse Rol. "Dunque, vediamo: a pagina 222 del *suo libro*, la prima riga in alto comincia così: '...*queste ricerche*. Dopo averci caldamente invitate...'"».

---

[10] In questo e nei brani successivi, i corsivi sono nostri, per evidenziare i punti di contraddizione nelle varie citazioni.

[11] Rol, G.A. (Allegri, R.), *Finalmente Rol rivela Rol*, Gente, 02/04/1977, p. 37; Allegri, R., *Rol il grande veggente*, p. 151.

La differenza tra le due versioni, dove in una Allegri prende il libro dalla scrivania di Rol e nell'altra se lo è portato dietro da casa, potrebbe essere comprensibile nell'ottica che il primo episodio era stato scritto da Rol, mentre il secondo lo ha scritto Allegri (e anche in questo caso, resta da stabilire perché sono diversi).

A complicare le cose ci si mette però una terza versione data in *Rol il grande veggente* (pp. 104-105):

«Decisi di andare a Torino in treno. Raggiunsi *la stazione di Milano* e dopo aver acquistato il biglietto, *mi fermai all'edicola. Comperai* alcuni giornali e anche *un libro che avevo visto in vetrina.* (...). Lo comperai e durante il viaggio lessi qualche capitolo. (...). Rol, indicando con il dito quei bottoni, disse: "Due, due, due. Duecento e ventidue". Socchiuse gli occhi e aggiunse: "La prima riga della pagina duecentoventidue del *libro che tieni in mano,* comincia così: '*Queste ricerche...*'"».

Ora, anche coloro che forse ci considerano un po' troppo pignoli, converranno con noi che Allegri ci deve delle spiegazioni. Nel primo episodio, il libro viene preso dalla scrivania di Rol; nel secondo, Allegri se lo porta da casa, dalla sua biblioteca; nel terzo, lo ha comperato alla stazione di Milano prima di andare a Torino. Ma insomma, questo libro, dove si trovava?

Veniamo ora a tre chicche di giornalismo lillipuziano. Quanto faremo osservare farà molto contenti gli scettici, anche se non va a intaccare né la testimonianza generale di Allegri, né tantomeno l'autenticità di ciò che faceva Rol. È piuttosto l'indice di quella tentazione sensazionalistica a cui Allegri non è mai riuscito a sottrarsi. A un certo punto (p. 101) l'autore scrive:

«Un'altra delle persone presenti quella sera mi raccontò che un giorno Rol era uscito dalla finestra del suo appartamento ed era sceso in strada, "camminando in verticale" lungo il muro esterno della casa».

Si tratta, evidentemente, di una testimonianza molto forte. Un fenomeno del genere avrebbe meritato più spazio e più dettagli, quantomeno il nome del testimone. Nell'ambito della fenomenologia rolliana sarebbe uno degli episodi più stupefacenti (ma ricordiamo che vi sono testimonianze, con nome e cognome, di fenomeni di levitazione, di attraversamento di pareti, di apparizioni di Rol nei luoghi più inaspettati). Di per sé Rol sarebbe stato in grado di una "performance" del genere, perché si tratta dell'applicazione del medesimo principio magnetico alla base della levitazione, della telecinesi e di altri fenomeni di *sospensione gravitazionale*. E non è affatto escluso che il fatto si sia realmente verificato. Tuttavia noi crediamo che, nel modo in cui lo riporta l'Allegri, esso sia un apocrifo. Non solo, come detto, per l'impossibilità di verificarlo dalla voce di un testimone e perché è stato riferito sinteticamente in poche righe, ma anche perché esiste un racconto interessante a questo proposito fatto dal prof. Giorgio di Simone nella sua testimonianza biografica del 1996:

«Dirò sottovoce al lettore quello che, durante uno dei nostri colloqui, Rol mi confidò. Anche se so bene che, appunto, va oltre all'incredibile. (...).
Egli mi disse, quasi confessandosi, che *il suo più audace, temerario "programma" era quello di scendere dalla sua abitazione*, al terzo piano – se ricordo bene [*in realtà al quarto*, n.d.r] – di quella palazzina di via Silvio Pellico, *camminando sulla facciata!* ... E sorrideva, come spesso faceva dopo aver pronunciato parole incredibili. Io mi sentii preso dalle vertigini soltanto a pensare a quel terribile "exploit"»[12].

Questo racconto è con ogni probabilità la fonte di Allegri, che ha provveduto a trasformarlo in fatto reale. E siamo costretti a dover dar ragione, almeno per una volta, a Mariano Tomatis, che nel suo libro "critico" su Rol scrive, quasi profeticamente:

«Esistono diversi modi per camminare sulle acque. Secondo Luigi Garlaschelli, chimico all'Università di Pavia ed esperto nelle indagini sul paranormale, uno di questi è "raccontare a tutti di averlo fatto. Prima o poi qualcuno dirà che l'avete fatto davvero". (...). È difficile dire quanti degli avvenimenti attribuiti a Rol appartengano alla categoria delle "fantasie". Possiamo citarne uno che si trova a cavallo tra realtà e leggenda». [*Segue il racconto di Di Simone più sopra citato. Poi Tomatis commenta:*] «Credo che quello qui riportato sia uno dei brani più illuminanti di tutti quelli che possediamo a proposito del rapporto che intercorreva tra Rol e i suoi ammiratori. Raggiungere il pianterreno camminando sulla facciata della propria abitazione ... Chiunque altro avesse fatto un'affermazione come quella riportata in questo brano sarebbe stato preso per pazzo o ritenuto un comico. Il rapporto tra Rol e Di Simone non concedeva, però, considerazioni del genere, e in effetti il parapsicologo napoletano accolse di buon grado la sua confessione, giungendo addirittura a interpretarla seriamente come una "levitazione controllata metro per metro" che avrebbe rappresentato la "sfida" definitiva lanciata al destino, alle sue facoltà e a chi lo guidava nascostamente. (...).

Fa comunque piacere constatare che questo racconto non ha seguito l'evoluzione che forse Rol avrebbe desiderato, passando di bocca in bocca e trasformandosi in un fenomeno che tutti sono pronti a giurare sia realmente accaduto. La confidenza a Di Simone era un'ottima esca: se qualcuno avesse abboccato, il fatto avrebbe potuto evolvere, diventando la più grande prova delle straordinarie facoltà di Gustavo Rol. Si provi a immaginare che cosa sarebbe successo se, ad esempio, un giornalista avesse citato il racconto scrivendo: "Secondo alcune voci una volta avrebbe addirittura camminato lungo la facciata della sua palazzina, tra lo stupore dei passanti"»[13].

---

[12] Di Simone, G., *Oltre l'umano. Gustavo Adolfo Rol*, Reverdito Edizioni, 1996/2009, p. 92.
[13] Tomatis, M., *Rol: Realtà O Leggenda?*, Avverbi, Roma, 2003, pp. 89-90.

Qui a Tomatis non possiamo che dire: *chapeau!* Chi poteva essere infatti quel giornalista se non Renzo Allegri, il cui primo libro fu definito da Rol «idiota»? Qui Tomatis ha visto per una volta giusto, tanto più che il suo libro era uscito nel maggio 2003 in contemporanea a quello di Allegri, quindi nessuno dei due autori sapeva cosa avesse scritto l'altro.

Detto questo, e fatta salva la possibilità che il fatto sia comunque avvenuto e che Rol sarebbe stato senz'altro in grado di manifestare questa *possibilità*, l'analisi del Tomatis, a uno sguardo più attento, contiene anche un punto debole. Nella citazione di Garlaschelli troviamo che uno dei «modi per camminare sulle acque» è di «raccontare a tutti di averlo fatto». Se Rol fosse stato un mistificatore, non gli sarebbe stato più facile affermare semplicemente e direttamente che egli *aveva camminato* sulla facciata? Invece egli si limita a far sapere che si trattava del *suo più audace, temerario «programma»*, chiosando la sua affermazione con quel sorriso sornione – di sua consuetudine – a metà strada tra quello del Buddha e quello della Gioconda, passando per quello di un bambino in procinto di fare una marachella.

Un mistificatore si sarebbe comportato diversamente, sarebbe apparso serissimo e si sarebbe mostrato orgoglioso di una performance mai avvenuta. Il sorriso di Rol è invece il sorriso di chi vuole mettere alla prova il suo interlocutore, il sorriso di chi, pur sapendo perfettamente che sta dicendo una *profonda verità* che lo concerne, vuole lasciare spazio all'ambiguità, alla possibilità che dopotutto egli stia solo scherzando. Viene in mente, a questo proposito, una descrizione di Fellini:

«Ma, nonostante tutta questa atmosfera di familiarità, di scherzo tra amici, nonostante questo suo sminuire, ignorare, buttarla in ridere per far dimenticare e dimenticare lui per primo tutto ciò che sta accadendo, i suoi occhi, gli occhi di Rol non si possono guardare a lungo. Son occhi fermi e luminosi, gli occhi di una creatura che viene da un altro pianeta, gli occhi di un personaggio di un bel film di fantascienza»[14].

Che Rol avesse bisogno di «sminuire» e di «buttarla in ridere» non ci sembra francamente un comportamento di un mistificatore. Né peraltro un mistificatore avrebbe mai potuto far apparire su un foglio un messaggio come quello che riferisce Pitigrilli: «Noi dobbiamo lasciare all'umanità sofferente la speranza eterna che in questi terribili fenomeni ci sia della mistificazione »[15].

Si tratta di una precisa dichiarazione: fenomeni «terribili», come quello di camminare sulla facciata di un palazzo, non potrebbero essere manifestati ai "profani" senza conseguenze devastanti, sia per l'impatto psicologico sugli spettatori – con conseguenze incalcolabili sulle loro vite – sia per i problemi di ordine pubblico, di violazione della privacy e di accanimento mediatico che si scatenerebbe nei confronti di chi è stato protagonista di una simile dimostrazione, ovvero Rol nel nostro caso. La metafora dei supereroi, che vestono una maschera, agiscono di sorpresa e

---

[14] Fellini, F., *Fare un film*, Einaudi, 1980, p. 89.
[15] Pitigrilli, *Gusto per il mistero*, Sonzogno, Milano, 1954, p. 8.

nessuno conosce la loro vera identità, non è solo una metafora. Così come non è solo una metafora che essi *debbano apparire* uomini come tutti gli altri...

Secondo noi però, Rol è l'inizio di una nuova avventura (che avrà bisogno ancora di molti decenni) della coscienza umana per arrivare alla simbiosi tra uomo *normale* e *superuomo*, quando Peter Parker non avrà più timore di dire di essere *Spider-man*, e Clarck Kent di essere *Superman*. Fra mille anni o forse meno, quando tutti gli uomini saranno come Rol, non ci sarà più alcuna necessità di mascherare certe *possibilità*[16].

Oggi però questo non è ancora possibile, e la reazione di Di Simone è lì a dimostrarlo: «Io mi sentii preso dalle vertigini soltanto a pensare a quel terribile "exploit"». Quindi aggiunge:

«Eppoi, cosa sarebbe successo se gli ignari passanti lo avessero visto scendere in quel fantastico modo? Questo, tra l'altro, è un fattore che Rol non sottovalutava *mai*, col suo costante senso etico. Quante volte egli ha risparmiato a qualcuno i più traumatici dei suoi esperimenti!».

Su questa frase Tomatis commenta:

«Che una dimostrazione del genere non sia mai avvenuta non stupisce né noi né Di Simone, ma per motivi diversi: secondo il parapsicologo, infatti, l'impedimento che aveva non era quello – facilmente ipotizzabile – della forza di gravità, bensì il suo senso etico; a tanto poteva condurre la fiducia incondizionata che molti riponevano in Gustavo Rol».

E qui Tomatis incorre nuovamente in una analisi errata: il senso etico cui fa riferimento Di Simone è per l'appunto ciò a cui noi ci siamo riferiti parlando di impatto psicologico sugli spettatori e sulle sue conseguenze. L'"etica" di Rol non è nulla di astratto, ma è la norma di un comportamento indirizzato al benessere degli esseri viventi che ha alla base la consapevolezza delle conseguenze delle proprie azioni. E se Tomatis, prima che uscisse il libro di Allegri, scriveva che «fa comunque piacere constatare che questo racconto non ha seguito l'evoluzione che forse Rol avrebbe desiderato», non si può certo dire che esso, dopo il libro di Allegri, si sia evoluto come «Rol avrebbe desiderato». Non solo perché Rol non ne ha beneficiato in vita (Allegri parlandone a 9 anni dalla morte), ma anche perché lo stesso Di Simone, per fortuna per nulla incline al sensazionalismo, aveva scritto:

«Non so se Gustavo l'abbia fatto, ma non credo, me l'avrebbe probabilmente detto, confermato»[17].

---

[16] A questo proposito, non condividiamo – nella frase più sopra riferita di Pitigrilli – che la «speranza... che in questi terribili fenomeni ci sia della mistificazione» debba essere «eterna». Se così fosse, le *possibilità* di Rol, che corrispondono alle *siddhi* (perfezioni, compimenti) della tradizione indù, non verrebbero mai dimostrate. E invece sia la tradizione metafisica che gli auspici di Rol sulla comprensione di questi fenomeni, da un punto di vista sia metafisico che scientifico, testimoniano che questa speranza sia *temporanea*, almeno fino al giorno in cui gli esseri umani saranno sufficientemente evoluti da non averne più bisogno.

[17] Di Simone, G., *Oltre l'umano*, cit., p. 93.

Senza contare che noi stessi siamo qui a denunciare una superficialità che più che aiutare alla costruzione del mito di Rol, rischia di pregiudicare l'affidabilità di un testimone (Allegri) e quindi, per estensione, delle altre sue testimonianze. Se egli avesse per esempio riferito il racconto di Vittorio Gassman, che a quanto pare è sfuggito a tutti i biografi, forse avrebbe potuto evitare di ricorrere all'immaginazione. L'attore infatti nel 1996 raccontava a un giornalista del Corriere della Sera:

«Una volta [Rol] chiese a me e a Federico di scendere dall'ultimo piano al cortile di una casa senza adoperare le scale. Noi, titubanti, rinunciammo"»[18].

In un altro articolo qualche mese più tardi ripeteva più o meno la stessa cosa:

«...un giorno propose a me e a Fellini di scendere in cortile senza usare le scale. Io e Federico eravamo un po' perplessi. Ce ne andammo in modo tradizionale»[19].

Questa testimonianza di Gassman è interessante sotto molti aspetti. Intanto, Fellini, che secondo Mariano Tomatis si inventava o enfatizzava i prodigi straordinari di cui era testimone, non ne ha mai parlato, o almeno non è rimasta alcuna testimonianza scritta in proposito. Eppure un fatto del genere, se egli avesse voluto spettacolarizzare Rol e le cose che faceva, avrebbe potuto essere usato da lui, come *fatto accaduto*, molto prima di Allegri. In secondo luogo, dimostra che Di Simone non è stata l'unica persona a cui Rol aveva ventilato questo genere di *performance*[20]. In terzo luogo, cosa sarebbe successo se Gassman e Fellini avessero accettato la sfida? Avrebbe potuto Rol tirarsi indietro, e dire che stava solo scherzando? Noi pensiamo proprio di no. E a differenza della testimonianza di Di Simone, qui Rol proponeva la *performance* immediatamente, non si trattava di un «programma» per il futuro, e per di più metteva altre due persone nelle condizioni di seguirlo, questo essendo un ennesimo indizio della trasmissione *momentanea* delle *possibilità*. Si pensi ad esempio all'episodio seguente, raccontatoci da una nostra amica, Chiara Bologna, la cui nonna aveva conosciuto Rol:

«Rol e mia nonna si trovavano in un appartamento. Ad un certo punto ha visto Rol alzare un piede come se dovesse scavalcare un piccolo ostacolo. Invece Rol ha lasciato il piede sospeso nell'aria, a circa 20

---

[18] Cappelli, V., *Gassman: "Marcello non ha vinto? Che Iddio lo conservi..."*, Corriere della Sera, 21/05/1996, p. 35.

[19] Stella, G.A., *Gassman. Le mie lettere al Capoccia*, Corriere della Sera, 18/08/1996, p. 19.

La testimonianza di Vittorio Gassman è stata successivamente confermata dalla figlia Paola, che all'inviato della trasmissione *Matrix* (canale 5) del 21/09/2005 aveva detto: «Anche mio padre era molto affascinato, e anche Fellini. L'unica cosa che entrambi non hanno seguito, quando Rol gli diceva di affidarsi totalmente a lui e di scendere, invece che dalle scale, dalla finestra».

[20] Dopo aver letto questi nostri commenti, Remo Lugli ci ha detto che in quel periodo Rol ne aveva parlato anche con lui e con altri.

centimetri dal suolo. Ha quindi tirato su l'altro piede, portandolo un po' più in alto del primo, che era rimasto sospeso là dove si era fermato. Rol ha iniziato a salire dei gradini invisibili, camminava nell'aria».

Questa, come altre testimonianze, sembra il resoconto di fatti impossibili. Eppure la mia amica, come centinaia di altre persone, la racconta come un fatto acquisito, confidatole dalla nonna della cui buona fede non ha certo da dubitare.

Non sappiamo quindi se Rol abbia mai davvero camminato sulla facciata del suo o dell'altrui palazzo (questa storia ricorda proprio l'Uomo Ragno...). Quel che però sappiamo, è che se avesse voluto lo avrebbe potuto fare.

Veniamo ora alle altre chicche *lillipuziane* di Renzo Allegri. In tutte e tre le biografie egli scrive:

«"Se Rol vuole", aggiunse l'avvocato "è capace di fermare la mia automobile qui, adesso, e di farmi perdere una mezz'ora alla ricerca di un guasto inesistente. E poi magari, domattina mi telefona e dice con candore: *'Ti sei divertito questa notte in mezzo alla strada con quella bella arietta pungente?'*. Se frequenterà il dottor Rol", concluse l'avvocato "ne vedrà delle belle"»[21].

Delle belle invece ne vediamo noi quando in *Rol il grande veggente* (pp. 146-147), un centinaio di pagine più avanti del brano appena riportato, Allegri scrive:

«Tornai a Milano verso l'una di notte. Passai dal giornale, per ritirare degli appunti che avevo in ufficio. *Proprio davanti alla redazione, la macchina mi si fermò di colpo in mezzo alla strada.* A quell'ora non c'era molto traffico, ma non si fermava certo nessuno ad aiutarmi. Per fortuna, c'era un garage pubblico proprio sotto la sede del giornale. Con molta fatica riuscii a spingere la macchina fino al garage. Poi dal custode feci chiamare un taxi e mi feci accompagnare a casa.

Al mattino, verso le undici, mi telefonò Rol. *"Ti sei divertito ieri sera con la macchina in mezzo alla strada?"* mi disse. "Eri tutto sudato e arrabbiato. Non te la prendere, lo sai che ti voglio bene".

Sorrisi, perché ormai ero abituato alle sorprese, anche quelle antipatiche, che Rol mi faceva».

Anche qui attendiamo da Allegri delle spiegazioni precise. Ciò che più sorprende è che il racconto dell'avvocato (probabilmente Pierlorenzo Rappelli), invece di essere omesso per lasciare spazio all'improbabile episodio vissuto da Allegri, viene candidamente riportato cento pagine prima. Se davvero Allegri ha vissuto quell'episodio, perché non lo ha raccontato nei suoi due libri precedenti? Un terzo episodio riguarda ciò che è scritto a p. 65:

«"Dove ha l'automobile?" mi chiese [Rol] all'improvviso. "Dov'è parcheggiata? Dove vuole che mandi l'asso di cuori? Su quale sedile

---

[21] Allegri, R., *Rol l'incredibile*, p. 23; *Rol il mistero*, p. 19; Rol *il grande veggente*, p. 41.

della macchina? Quello davanti o quello dietro? O lo vuole dentro il cassetto del cruscotto?".

"Lo voglio sul sedile posteriore" dissi. Rol si concentrò un attimo e disse: "È fatto. Vada a controllare". Scesi in strada e trovai l'asso di cuori sul sedile posteriore della mia auto"».

Questo esperimento, che rientra senza problemi nella tipologia di quelli consueti di Rol, facciamo fatica a credere che sia accaduto ad Allegri (crediamo invece che sia accaduto a un altro testimone). E questo perché l'autore omette di raccontarlo nei due libri precedenti. E non si tratta secondo noi di una svista, perché è inserito in una serie di esperimenti consecutivi con le carte lì riferiti, tali per cui l'episodio in questione ne è parte integrante. Secondo noi, Allegri ha trasformato il racconto di un testimone e l'ha attribuito alla sua esperienza personale, nello stesso stile dei «mi ha raccontato tizio, mi ha raccontato caio», quando invece si trattava di trascrizioni da fonti scritte precise.

Per quanto ci riguarda, consideriamo l'episodio autentico, ma non di quelli sperimentati da Allegri.

Teniamo a ribadire che noi non contestiamo tanto il fatto che questi tre episodi *siano mai avvenuti*, quanto il modo in cui essi vengono presentati dall'Allegri, che impedisce di poterli annoverare tra le testimonianze autentiche, e, come detto, rischia di gettare un'ombra di sospetto sulle restanti testimonianze dell'autore.

Se Allegri si fosse attenuto strettamenti ai fatti, se avesse mantenuto uno stile sobrio e rigoroso, forse avrebbe venduto meno copie del suo libro, ma almeno oggi non saremmo qui a contestarlo e gli scettici avrebbero meno argomenti contro Gustavo Rol.

Ad Allegri rimproveriamo anche il fatto di aver dato un certo risalto, con esagerazioni ingiustificate, resoconti imprecisi e giudizi che non condividiamo, a due persone che hanno conosciuto abbastanza bene Rol: Maria Luisa Giordano e Giuditta Miscioscia. Scrive infatti:

«Maria Luisa Giordano è una pranoterapeuta, allieva di Rol. Giuditta Miscioscia è una sensitiva e anche lei è cresciuta accanto a Rol. Sono quindi due sensitive (…)» (p. 234).

Di queste due frasi contestiamo soprattutto che la Giordano possa essere definita «allieva di Rol», così come il fatto che la Miscioscia sia «cresciuta accanto a Rol». Ma l'autore ribadisce più volte l'argomento:

«Giuditta Miscioscia è la persona che forse più di ogni altro ha visto Rol esercitare i suoi misteriosi poteri. (…). Ha conosciuto Rol fin da ragazza» (p. 211).

Non ci risulta che la Miscioscia sia «la persona che forse *più di ogni altro* ha visto Rol esercitare i suoi misteriosi poteri». Ha certamente visto molte cose fare da Rol, ma in misura largamente inferiore a testimoni come Giorgio e Nuccia Visca, Remo ed Else Lugli, Alfredo e Severina Gaito, Pier Lorenzo Rappelli, Aldo Provera, Catterina Ferrari, i nonni dello scrivente e molti altri che qui non stiamo a nominare. Così come non ci risulta che la Miscioscia sia *cresciuta accanto a Rol*. Per capire le ragioni di questa affermazione di Allegri, non è sufficiente basarsi sulla testimonianza della Miscioscia che egli riporta nel suo libro (con una serie di episodi, questo va detto, molto interessanti). È necessario riesumare alcuni articoli del settimanale di gossip *Chi*, sul quale Allegri aveva una rubrica fissa dedicata al "mistero". Un po' come all'epoca degli articoli su *Gente*, egli ha preso il materiale di quegli scritti e li ha inseriti nel suo nuovo libro... apportando anche correzioni rispetto agli originali. Nel luglio 2001 comparivano su questa rivista tre puntate di una lunga intervista che Allegri aveva fatto alla Miscioscia. Nella prima puntata si faceva riferimento a «Giuditta Miscioscia, che per quarant'anni è stata la persona più vicina al grande sensitivo scomparso nel 1994 a 91 anni. Secondo alcuni, sarebbe proprio lei l'erede dei suoi incredibili poteri». I contenuti dell'articolo erano nello stesso tono, con una impronta sensazionalistica che noi giudichiamo scandalosa (e che Rol avrebbe giudicato tale). A parte i paralleli inappropriati tra Rol e la Miscioscia, che stanno a nostro avviso l'uno all'altra come un Buddha sta a una Sibilla, ovvero come un illuminato sta a un oracolo[22], vi sono alcune affermazioni che ci hanno lasciati alquanto perplessi. Allegri infatti le chiede quando abbia conosciuto Rol, e lei risponde:

«Da ragazzina. Io sono nata a Biella, ma sono quasi sempre vissuta a Torino, in casa di parenti, due persone meravigliose che sono diventate

---

[22] Con questo non vogliamo certo togliere alla Miscioscia le sue *possibilità*, che però sono attinenti esclusivamente alla sfera medianica e sensitiva *tout court*, con i limiti che tale sfera impone. Rol, se ancora ci fosse il bisogno di ripeterlo, era estraneo alla medianità, sia nel manifestarsi dei suoi esperimenti (assenza di *trance*) che in relazione alla "sua" dottrina. A questo proposito la lettura dello studio di René Guénon *Errore dello spiritismo* offre importanti spunti di riflessione, come vedremo più avanti. Cogliamo intanto l'occasione per riferire un episodio di cui siamo stati testimoni, e che attesta come, almeno nell'ambito medianico, l'autenticità delle *possibilità* della Miscioscia – pur se solo in condizioni di assoluto disinteresse – sia fuori discussione. Era il 1997 e ci trovavamo a casa sua, a Torino. Ci aveva invitati a fare, come si dice, "quatttro chiacchiere". All'epoca eravamo impegnati con diversi progetti in Africa orientale e australe, ma coltivavamo anche il desiderio di dedicarci all'archeologia, soprattutto quella subacqua. Sin da piccoli, infatti, ci avevano affascinato i racconti dei tesori racchiusi nelle stive delle navi incorse in naufragi nel corso dei secoli. Il recupero di quei carichi rappresentava per noi l'ideale incontro tra remunerazione economica, ricerca scientifica e spirito d'avventura. Di questo, e di altre possibili scoperte archeologiche stavamo parlando con Giuditta Miscioscia, quando a un certo punto, accennando ad alcune nostre ipotesi, mi venne di chiederle: «Secondo te, scoprirò mai qualcosa?». Al che lei non rispose subito, e quasi si fermò. I suoi occhi rotearono verso l'alto e cadde in *trance*. Prima di allora non avevo mai visto questo fenomeno, né ebbi più modo di vederlo in seguito. Si mise a parlare, ma la voce non era più la sua. Era quella di Gustavo Rol. Mi disse: «Quando uscirai dall'albergo, troverai un tesoro... che era un tesoro, ma che ora non è più». Dopodichè tornò alla sua espressione normale e mi guardò rilassata, come se si fosse tolta un peso. Nessun imitatore (mettiamo le mani avanti alle obiezioni degli scettici) sarebbe riuscito ad imitare in quel modo la voce di Gustavo. Io *percepivo* che era proprio la sua, senza dubbio. Quanto alla frase, la qualificai nel modo più adeguato possibile: sibillina. Solo in anni recenti ne ho scoperto il significato, e posso dire che la "profezia" si è pienamente avverata.

alla fine come dei genitori adottivi. E queste persone conoscevano molto bene Rol, anzi, avevano con lui un grado di parentela e quindi lo frequentavano spesso. Lui non voleva per casa bambini o ragazzini. Alle sue serate erano ammessi solo adulti. Faceva un'eccezione per me. Accettava che fossi presente, insieme con i miei genitori acquisiti, e amava scherzare con me. Posso dire di essere vissuta accanto a lui e di averlo frequentato per oltre quarant'anni»[23].

Non sappiamo di chi sia la colpa di queste notizie distorte. Quel che è certo, è che Giuditta Miscioscia non ha mai vissuto a casa di Franco ed Elda Rol, le «due persone meravigliose» cui fa riferimento, nonni di chi scrive e cugini di Gustavo, che giustamente lei ha sempre considerato come «genitori adottivi», anche se in realtà era soprattutto Elda Rol che le era affezionata. Fino al 1969, i nonni dello scrivente hanno vissuto in una villa sulla collina di Torino, dove tra l'altro Leo Talamonti ebbe occasione di assistere a una serata di esperimenti. Gustavo infatti andava a "Villa Ero"[24] tutte le settimane, e faceva esperimenti soprattutto alla presenza di mia nonna Elda. Le uniche persone che abitavano lì erano mio nonno (peraltro quasi sempre fuori Torino, sia in Italia che all'estero), mia madre Raffaella e la sorella di mia nonna Maria Teresa. Vale la pena, nel contesto che stiamo prendendo in esame, riportare cosa ci ha detto nostra prozia:

«Io ho conosciuto Gustavo nel 1950 o 1951, avevo 15 anni, mi ero appena trasferita a casa di Elda e Franco Rol, "Villa Ero", in collina. Non vidi nessun esperimento fin verso i 20 anni, perché prima diceva che poteva non essere un bene per una persona troppo giovane. Generalmente veniva in villa il martedì sera. Franco Rol il martedì e il mercoledì era a Bergamo dove aveva la sua attività lavorativa. Non gli piaceva assitere agli esperimenti, ne era quasi turbato e preferiva non pensarci. Per questo Gustavo faceva esperimenti quando lui non c'era».

Di Giuditta dice:

«Gustavo ha conosciuto Giuditta all'inizio degli anni '70, gli era stata presentata da mia sorella Elda che l'aveva conosciuta se non sbaglio nel 1967. Ma Gustavo non aveva per lei particolari predilezioni. Ha accettato qualche volta di incontrarla in occasione di esperimenti in casa di amici, sotto insistenza di Elda. Quando, dopo la metà degli anni '80, Giuditta ha iniziato a comprare alcuni quadri di Gustavo, allora lui si è un po' ammordito, forse perché gli faceva anche comodo».

A cavallo tra anni '80 e '90 la Miscioscia andrà a trovare Rol tutti i giovedì, e negli ultimi tempi il sabato, soprattutto perché interessata ai suoi quadri, come ci conferma Catterina Ferrari, l'unica persona, dopo la morte della moglie Elna (1990) a essere stata vicina quotidianamente a Rol. La dottoressa Ferrari aggiunge che Giuditta era comunque la sola

---

[23] Allegri, R., *A scuola da Rol*, Chi n.29, 18/07/2001, p. 139.
[24] Così soprannominata dal curioso nome che mio nonno diede ai suoi tre cani: *Ero, Sono, Sarò*, a cui si aggiunse *Fui* dopo la morte di *Ero*.

che andava a trovarlo, negli ultimi anni, anche nei momenti in cui stava malissimo.

Maria Luisa Giordano, che di Giuditta è diventata amica dopo aver ricevuto il suo aiuto durante il sequestro del marito Luigi (1983) conferma che, tranne la parentesi del sequestro (fu lo stesso Rol a indirizzare la Giordano alla Miscioscia, perché lui *diceva* di non sentirsi in grado di risolvere il suo problema), il rapporto tra di loro sarebbe diventato una normale amicizia solo alla fine degli anni '80, quando appunto la Miscioscia iniziò a comprare i suoi quadri. È d'altronde la stessa Giordano a riferirlo:

«Gustavo mi parlava spesso di Giuditta, una sensitiva che era considerata dai suoi cugini, Franco ed Elda Rol, una seconda figlia. (...). All'inizio mi sembrava se non proprio scettico, quanto meno non troppo convinto delle facoltà di questa signora. (...). Nel corso degli anni poté conoscerla meglio (...). Giuditta aveva saputo attendere con pazienza e umiltà la fiducia di Rol, e fu infatti una delle persone che gli rimase più vicina negli ultimi anni»[25].

A queste testimonianze si aggiunge quella di mia madre, che conferma che mia nonna Elda aveva conosciuto la Miscioscia tra il 1966 e il 1967, presentata da Aldo Provera[26]. Sia Giuditta che Gustavo erano tra l'altro presenti al matrimonio dei miei genitori nel maggio 1972.

A partire dall'anno successivo alla morte di mio nonno Franco Rol avvenuta nel 1977, Giuditta è stata ospite frequente a casa di Elda particolarmente in occasione dei pranzi natalizi[27]. Questa consuetudine è andata avanti fino al natale 1994, venendo mia nonna a mancare nel marzo 1995.

---

[25] Giordano, M.L., *Rol mi parla ancora*, Sonzogno, Milano, 1999, pp. 62-63. In *Rol e l'altra dimensione* (cit., p. 196), la Giordano scrive, più correttamente, che Giuditta «era considerata da Elda come una seconda figlia».

[26] Provera ci aveva riferito che alla fine degli anni '50 aveva avuto dei problemi con la sua ditta, e i suggerimenti che gli avevano dato i suoi legali e il commercialista non lo soddisfacevano. Un suo amico, in quel periodo, gli aveva detto di aver conosciuto una persona che praticava la divinazione per mezzo dei tarocchi (cartomanzia), di nome (d'arte) Giuditta, che era riuscita a risolvergli un problema. Così Provera, che pur non aveva mai mostrato interesse per le "informazioni alternative", non avendo nulla da perdere e per curiosità, decise di incontrarla. L'esito dell'incontro fu positivo, perché i consigli ricevuti gli permisero di risolvere i suoi problemi. Qualche anno dopo presentò Giuditta ad Elda Rol, che Provera conosceva sin dagli anni '30, quando entrambi erano ragazzi. I miei nonni e la famiglia Provera erano peraltro in ottimi rapporti e si trovavano spesso nelle rispettive ville collinari, così come al Circolo Golf Torino dove erano tutti soci, compreso lo scrivente, che ancora nel 2001 aveva avuto occasione di fare una partita di golf con Aldo (era un buon giocatore, e soprattutto un vero *gentleman*!).

[27] Ci trovavamo a casa di mia nonna, in precollina (la villa era stata venduta qualche anno prima). Eravamo in genere in otto: oltre a mia nonna e Giuditta, c'erano suo marito Piero Manera (da non confondere con l'ultimo medico curante di Gustavo, dr. Piergiorgio Manera), la sorella di Elda, ovvero nostra prozia Maria Teresa con il marito Giuseppe Belluso e la figlia Elena, nonché mia madre Raffaella ed io.

Che Giuditta fosse considerata di famiglia da mia nonna Elda Rol, questo è certamente vero. E Giuditta infatti l'ha sempre considerata come una madre adottiva. Da qui però a dire di aver vissuto a casa dei miei nonni ce ne passa, così come è una imbarazzante esagerazione la frequentazione di 40 anni con Gustavo Rol che troviamo nell'articolo di Allegri[28]. Tanto più che negli anni '70 la persona che era quasi tutti i giorni insieme a Rol, a parte la moglie Elna, era Nuccia Visca, che lo accompagnava negli ospedali e in giro per la città e a casa della quale egli era solito fare le serate di esperimenti. La signora Visca ci ha per esempio detto che in quel periodo Giuditta Miscioscia non frequentava Rol (e lo stesso ci ha detto Remo Lugli) se non in alcune occasioni in cui mia nonna Elda chiedeva a Gustavo se poteva invitarla ad assistere agli esperimenti. La Visca infatti ricorda una serata a casa sua presenti Elda Rol e Giuditta Miscioscia, ma anche lei conferma che inizialmente Gustavo la invitava solo perché espressamente richiesto da Elda.

Una conferma indiretta che le cose stiano proprio così la troviamo in un altro articolo su *Chi* del 2001, dove Allegri riportava questa affermazione della Miscioscia: «Lui non sapeva guidare l'auto, non aveva la patente, quindi quando andavamo in macchina io stavo al volante (...)». Tale affermazione è sconcertante, e conferma anche che la Miscioscia non può aver frequentato Rol per 40 o addirittura 50 anni, visto che se fosse così avrebbe dovuto sapere che Rol la patente ce l'aveva eccome, che sapeva perfettamente guidare e che aveva venduto la sua ultima auto, una Mercedes color tortora (marroncina) nel 1973. Da quel momento in poi si è fatto accompagnare dagli amici. L'affermazione che Rol non guidasse e non avesse la patente corrisponde evidentemente alla percezione che la Miscioscia aveva del periodo in cui ha cominciato a frequentare Rol, periodo in cui, effettivamente, non guidava. Stupisce il fatto che lei non sapesse che Rol potesse guidare e avesse la patente. Non ci stupisce invece che Allegri abbia riportato acriticamente questa testimonianza, lui che, essendo diventato "biografo", avrebbe dovuto quantomeno conoscere cose così banali.

Su altre illazioni scritte dall'Allegri su *Chi*, a proposito della Miscioscia, per ora soprassediamo, perché l'argomento di questo libro è Rol.

---

[28] E non è la sola, visto che Allegri ha avuto il coraggio di ritoccare al rialzo questa frequentazione alla impossibile cifra di «oltre 50 anni». Scrive infatti su *Chi* del 21/07/2003 (*L'ignoto dipinto da Rol*, p. 125): «La persona che più di ogni altro conosce Rol è la signora Giuditta Miscioscia, che lo ha frequentato per oltre 50 anni. "L'ho conosciuto quando ero una ragazzina, perché vivevo in casa di parenti miei che erano anche parenti di Rol", dice la signora Miscioscia». Quelle che nel 2001 erano due persone *considerate come dei genitori adottivi*, nel 2003 si trasformano in *parenti*. Francamente sconcertante. Quanto ai 50 anni, è sufficiente dire che la signora Miscioscia è classe 1942 e siccome Rol è morto nel 1994, basta far due conti per accorgersi in quali assurdità è capace di infilarsi Renzo Allegri. Se Rol avesse letto il suo articolo, non crediamo che sarebbe stato così morbido dal definirlo solo *idiota* (l'articolo, non il giornalista, che a parte i suoi errori ci è comunque simpatico).

Un ultima cosa è opportuno contestare, anche se ci ritorneremo nell'ambito dei commenti ai libri di Maria Luisa Giordano. Si è visto in precedenza che Allegri definisce impropriamente la Giordano "allieva" di Rol. E alla Giordano fa dire la stessa cosa della Miscioscia:

«"Giuditta (...) è stata la sua *allieva* e ha certamente imparato molto da lui"» (p. 235).

Ora, che Giuditta abbia imparato molto da Rol, è certamente vero. Ma chi può dire di non aver imparato molto da lui? Forse solo qualche scettico. Più sopra Allegri scriveva un'altra assurdità, e cioè che «secondo alcuni, sarebbe proprio lei l'erede dei suoi incredibili poteri». Premesso che nessuno eredita queste cose, ma eventualmente le si conquistano (e poi le si lasciano) in un rigoroso percorso conoscitivo e spirituale, le *possibilità* di cui ci è dato sapere di Giuditta Miscioscia non possono essere certo paragonate, per qualità, quantità e origine a quelle di Gustavo Rol.

Né d'altro canto nessuno, categoricamente, oggi ha dimostrato di aver ereditato conoscenze e possibilità da Gustavo Rol, né può autoproclamarsi allievo o allieva, tanto più che i fatti sono subito lì a smentirlo/a. Non ci è infatti dato conoscere che esista una persona in grado di compiere gli stessi esperimenti di Rol, ovvero che manifesti le 49 classi di fenomeni da noi catalogati, che abbia dimostrato di conoscere a fondo il suo pensiero, che abbia mantenuto una condotta di vita come si conviene a un vero maestro spirituale, cioè nella riservatezza, nella sobrietà e nell'assenza di interessi personali, e che abbia una vastità tale di conoscenze da rendere superflua l'enciclopedia Treccani... Quanto al resto, ovviamente non possiamo pretendere che un allievo abbia anche altre caratteristiche tipiche di Rol: classe, umorismo, generosità, umiltà, sincerità, genialità, eleganza, etc. etc.

Quanto alla Giordano, anticipiamo qui quanto poi diremo più avanti: nel suo primo libro *Rol oltre il prodigio*, uscito nel 1995, con semplicità e trasparenza l'autrice scriveva:

«Nel periodo di circa dieci anni vissuto al suo fianco, come *assistente* – così mi chiamava lui – (...)»[29].

Rol la chiamava così perché la Giordano, che gli faceva da autista e lo accompagnava – come già Nuccia Visca e altre amiche – negli ospedali, lo assisteva durante i suoi interventi terapeutici, talvolta *pranoterapeutici*, che costituivano una delle sue 49 *possibilità* della quale anche la Giordano, in grado minore, aveva imparato a servirsi[30]. Durante gli anni '80 infatti coadiuverà il marito prof. Luigi Giordano presso la clinica privata Cellini di Torino.

---

[29] Giordano, M. L., *Rol oltre il prodigio*, Gribaudo, 1995, p. 37.
[30] In *Rol mi parla ancora* (1999, pp. 36-37) la Giordano infatti scriverà: «Mi incoraggiò anche a prendere la patente, e, in seguito, mi fu quindi possibile accompagnarlo dai suoi ammalati; in queste occasioni, Rol mi presentava come la sua assistente».

Il termine «assistente» comparirà nuovamente in un intervista alla Giordano nel 1999, dove viene definita «fedele amica, assistente, autista»[31].

Saranno invece gli articoli di Renzo Allegri, purtroppo con la tacita approvazione della Giordano, a trasformare questa assistenza part-time in qualcosa del tutto differente.

Nel giugno 1995, nel primo di una serie di articoli-intervista alla Giordano, tutti pressoché identici, Allegri scriveva:

«Maria Luisa Giordano (...) è una delle persone che hanno conosciuto a fondo Rol per averlo frequentato per vent'anni. È stata anche sua allieva»[32].

Ci si accorge immediatamente della mania del giornalista: gonfiare i numeri. Solo da pochi mesi era uscito il libro della Giordano, in cui lei stessa scriveva di averlo frequentato per un decennio, che Allegri si sente autorizzato a raddoppiare questa frequentazione[33].

Compare qui per la prima volta la qualifica di «allieva», così come un famoso fraintendimento di cui più avanti ci occuperemo diffusamente. Nel sottotitolo dell'articolo infatti c'era scritto: «Il grande sensitivo diceva di essere la reincarnazione di Napoleone». Se Rol fosse stato vivo avrebbe certamente scritto una lettera di protesta al periodico.

Nel 2001, in un'altra intervista-fotocopia, Allegri riporta la seguente dichiarazione della Giordano:

«Solo nel 1979, dopo la morte di mio padre, ho avuto il mio primo incontro con lui e da allora sono diventata la sua allieva, la sua segretaria, una di famiglia»[34].

Rol non ha mai avuto una *Moneypenny*, sia ben chiaro. Quanto detto su questo argomento dovrebbe essere più che sufficiente, evitando di annoiare il lettore con altre citazioni analoghe.

Fin qui, ci siamo occupati soprattutto di esagerazioni, invenzioni, errori[35] e contraddizioni.

---

[31] Crucillà, M. C., *Sì, Rol mi parla ancora e mi guida nei misteri dell'aldilà*, Oggi, n. 7 del 17/02/1999, p. 98.

[32] Allegri, R., *Rol, l'uomo dalle cento anime*, Chi n. 24, 23/06/1995, p. 76.

[33] Ma non sarà il solo, anche se il giornale è lo stesso... In un articolo di Alfonso Signorini (direttore di *Chi*) del 8 aprile 1999, a p. 99 troviamo scritto: «La Giordano (...) ha vissuto al fianco di Rol per più di trent'anni». Si può forse non essere indignati per tanta superficialità?

[34] Allegri, R., *Rol mi detta i libri dall'aldilà*, Chi, 25/04/2001, p. 128. Aggiungiamo che la stessa identica frase verrà copiata da Roberto Allegri, figlio di Renzo, nell'ennesimo articolo-intervista alla Giordano, sempre su *Chi* (*Vi mostro il vero volto di Gustavo Rol*, n. 39 del 05/10/2005, p. 143). Nello stesso articolo si parlerà guarda caso anche di un'altra "allieva" di Rol, Giuditta Miscioscia... Una sana tradizione di famiglia...

[35] Segnaliamo, a puro titolo di *errata corrige*, che a p. 81, nella riproduzione del secondo articolo di *Gente*, troviamo scritto: «Egli sembra concentrarsi, poi improvvisamente solleva la mano e la punta verso la parete *di fronte* del salone». Tuttavia nell'articolo originale (*L'incredibile dottor Rol...*, 19/03/1977, p. 18) c'era scritto «la

Vi sono tuttavia anche alcune riflessioni e divagazioni che riteniamo un po' superficiali, alternate però, e per fortuna, da affermazioni appropriate e corrette.

Una di queste è per esempio la seguente. Allegri si chiede:

«Perché non prendere per vere le sue affermazioni e iniziare a studiare seriamente ciò che compiva e le spiegazioni che dava di quei fenomeni?» (p. 12).

Sarebbe auspicabile che l'autore proseguisse in questa aspirazione, visto che sembra sulla buona strada quando scrive:

«Si proclamava "cristiano" e "legato alla figura di Cristo". Quello della fede religiosa è un tema molto delicato, difficile da valutare ma fondamentale per capire Rol.

Nei suoi vari interventi (...) torna spesso sull'argomento. Lo fa con prudenza, con circospezione, quasi volesse solo accennare al tema, ma in realtà, proprio perché lo ripropone in continuazione, fa capire quanto fosse importante per lui.

Le parole che usa, le argomentazioni addotte, fanno capire che la fede, la "sua fede religiosa" è il vero "fondamento", la "chiave" dei fenomeni strabilianti che produce» (p. 59).

Ecco, Allegri è stato uno dei pochi che ha capito quanto importante fosse la sfera religiosa per comprendere Rol. E questo è certamente un merito. Purtroppo la sua mancanza di una conoscenza approfondita della tradizione metafisica così come della dottrina "di Rol", gli ha impedito di spingersi un po' più in là. Come quando, proprio nel seguito del paragrafo appena citato, scrive:

«Intendiamoci: Rol non era un santo. Non aveva niente a che fare con la santità come viene normalmente intesa, cioè frutto di un "esercizio eroico delle virtù cristiane"».

Se c'è un uomo che ha incarnato, sotto molteplici aspetti, l'«esercizio eroico delle virtù cristiane», questo è sicuramente Gustavo Rol. Sulla santità si può discutere[36], anche se è vero che quella di Rol era una santità diversa da «come viene normalmente intesa». Dice ancora Allegri:

«La teoria che Rol espone è di tipo "scientifico-teologico", che accetta senza discussioni l'esistenza di un Dio creatore di tutto, e "Padre" dei viventi. Questa teoria la chiamava "scientifica", anche se aveva poco a che fare con la scienza positiva del nostro tempo. Ma con il termine "scientifico", intendeva allontanarsi in modo totale dalle teorie esoteriche della medianità e dello spiritismo medianico» (p. 118).

Che la teoria di Rol fosse «di tipo "scientifico-teologico"» ci trova sicuramente d'accordo, essendo la scienza e la religione separate solo per

---

parete *di fondo* del salone», che è anche quanto si trova nei due libri precedenti di Allegri. Un controllo sui fogli autografi di Rol, di cui dovrebbe occuparsi l'autore, permetterà di stabilire la versione corretta.

[36] Cfr. l'appendice da noi scritta: *Gustavo Rol, un maestro spirituale del XX secolo*, in Mercante, V., *Il Mistero e la Fede. Gustavo Rol e Padre Pio da Pietrelcina*, cit., pp. 66-87.

chi non conosce i fondamenti scientifici, antichissimi, della religione. Noi abbiamo cercato di sintetizzare questa apparente dicotomia con un neologismo (che pur era già stato usato da altri) ovvero «neuroteologia». Non si può invece condividere l'affermazione che Rol «con il termine "scientifico", intendeva allontanarsi in modo totale dalle teorie esoteriche della medianità e dello spiritismo medianico», proprio perché la scienza cui si riferisce Rol è la *Scienza Sacra* che permea tutte le grandi religioni, di cui lo spiritismo e la medianità non sono altro che le scorie e il lato più grossolano, per non dire *infero*. La Scienza di Rol non è formata da una serie di opinioni e teorie costruite per distinguersi da qualcos'altro, ma una conoscenza antichissima immutata e immutabile, da cui le teorie più varie nel corso dei secoli hanno preso a prestito questa o quell'altra intuizione, simbolo o metafora, nella maggior parte dei casi snaturandola e alterandola, a causa della ignoranza di coloro che hanno cercato di servirsene.

Se è vero che le espressioni «coscienza sublime» e «spirito intelligente» coniate da Rol sono "nuove", è altrettanto vero che ciò che definiscono è antico.

Quindi quando Allegri dice che Rol «forniva, per la prima volta, un nuovo modo di interpretare e di spiegare la vastissima fenomenologia paranormale» dimostra di non essere a conoscenza (ma non gliene facciamo certo una colpa) della tradizione esoterica autentica, quella della metafisica (nel senso migliore come esposta da René Guénon), che infatti con i concetti di paranormale e parapsicologia non ha niente a che vedere. Ma che Allegri consideri la teoria di Rol «nuova» non ci stupisce, perché anche i parapsicologi, a digiuno di tradizione metafisica (che molto spesso, anzi, rifiutano per partito preso) hanno fatto considerazioni analoghe alle sue[37].

Non si può nemmeno condividere quanto segue:

«Essendo cristiano, cattolico, Rol aveva un concetto dell'aldilà che non poteva andare d'accordo con le teorie spiritistiche tradizionali» (p. 119).

---

[37] Lo stesso vale per Maurizio Bonfiglio, che parla della "teoria" di Rol come della «sua personale unica e cara teoria» (*Il pensiero di Rol. La Teoria dello Spirito Intelligente*, Edizioni Mediterranee, Roma, 2004, p. 32) e di «questa filosofia di ricerca» (*ibidem*, p. 60). Quindi si chiede: «E se questa teoria fosse valida per l'umanità, perché nessun altro uomo ne ha mai parlato, nessun altro è giunto alle stesse sue conclusioni o perlomeno ne tentò lo sviluppo?» (*ibidem*, p. 32); per affermare poi che «questa teoria [è] (...) diametralmente opposta ad ogni tipo di ideologia finora proposta da ogni insegnamento filosofico nonché spirituale» (*ibidem*, p. 39). Secondo Bonfiglio la "teoria" di Rol sarebbe del tutto nuova, senza alcun legame – addirittura «diametralmente opposta» – con qualcosa che l'abbia preceduta. In realtà, questo è vero solo nei confronti dello spiritismo (o del teosofismo), che è l'unica "dottrina" a cui l'autore nel suo libro fa frequentemente riferimento. Aggiungiamo, come ribadiremo ancora in seguito, che la "teoria di Rol", o la "sua dottrina" non è affatto sua, e si inserisce perfettamente nel solco della tradizione metafisica più rigorosa e più autentica. Non c'è quindi alcuna «nuova teoria», ma solo una "antica teoria" riproposta in forma nuova.

Non è perché Rol era cattolico che non andava d'accordo con le teorie "spiritistiche". Come abbiano detto, le opinioni in questo campo non c'entrano nulla. La forza di gravità o la meccanica dei gas non sono opinioni. Più avanti vedremo perché Rol non aveva nulla a che vedere con queste teorie.

Restiamo poi perplessi quando Allegri ci dice che un monsignore, a cui aveva parlato della teoria di Rol dello *spirito intelligente*, «sobbalzò sulla sedia perché quella teoria poteva spiegare quei fenomeni, salvando le sue convinzioni religiose» (p. 128).

Difficile immaginare che questo monsignore non fosse a conoscenza del concetto di "residuo psichico" (anche se, come si sa, non sempre l'abito fa il monaco), a meno che Allegri non sia stato in grado di spiegargli correttamente la teoria di Rol. D'altronde le imprecisioni su questo argomento nel suo libro abbondano. Sempre a pagina 119 scrive:

«Lo "spirito intelligente" sul quale argomenta Rol, è un qualche cosa che fa parte di questo mondo materiale. È una scheda energetica, come lui la definisce, che contiene tutte le informazioni peculiari di quell'essere e della sua storia completa».

Lo *spirito intelligente* non è una "scheda energetica", come dice Allegri, anche se, per alcuni versi, non è una definizione sbagliata, ma una "scheda segnaletica", espressione usata dall'avvocato Pier Lorenzo Rappelli (e riferitagli da Rol) durante il convegno di parapsicologia dedicato a Rol svoltosi tra il 1969 e il 1970 a Milano[38].

Altra imprecisione quando dice che «sono diversi lo spirito intelligente di un minerale, di un vegetale, di un animale» (p. 118). Rol ha definito «spirito intelligente» solo quello dell'uomo, mentre per tutti gli altri esseri viventi, ma anche per quelli inanimati, vale l'accezione generica di «spirito»[39].

Vi sarebbero altri commenti da fare ad altre analisi non proprio precise, ma ci dilungheremmo troppo. Eventualmente ne riparleremo in altro studio.

Prima di terminare i commenti a questo testo occorre fare ancora alcune osservazioni. A p. 59 l'autore scrive:

«Un'amica di Rol mi disse che i gesuiti, in una loro pubblicazione, non so di quale anno, avevano affrontato il tema scrivendo pagine che a Rol erano molto piaciute».

Una tale affermazione è piuttosto singolare. L'"amica" è sicuramente la signora Giordano, la quale nel suo libro del 1999 *Rol mi parla ancora* scriveva:

«Un famoso gesuita, Padre Giovanni Costa S.J., ebbe diversi incontri con lui e gli dedicò un lungo capitolo nel suo libro *La religione e il paranormale* (...)»[40].

---

[38] Cfr. più avanti p. 266.
[39] *idem*.
[40] Giordano, M.L., *Rol mi parla ancora*, Sonzogno, Milano, p. 18. La pubblicazione di cui parla l'autrice non è un libro, ma un semplice opuscolo dei Gesuiti, con un titolo

Il fatto che Allegri dimostri di non sapere nulla di questa pubblicazione è l'indice di quanto in superficie abbia affrontato il "caso Rol". Sarebbe infatti bastato leggere il libro della Giordano, la persona che egli ha maggiormente intervistato proprio in merito alle biografie su Rol, per sapere qualcosa di più di quella pubblicazione dei gesuiti. Un'altra affermazione non corretta è poi la seguente:

«[Elna] non c'era mai e si dice che non avesse nessun interesse per quanto avveniva in quelle serate e che non credesse affatto alle misteriose facoltà di suo marito» (p. 158).

La moglie di Rol, Elna Reschnudsen, aveva assistito ai prodigi del marito praticamente da quando si erano conosciuti. Dopo i primi anni di sincero interesse, la questione era diventata per lei indifferente, come chi avendo visto un capolavoro cinematografico, per quanto bello si stuferebbe di vederlo decine di volte. Per Elna gli esperimenti di Gustavo erano "scontati", qualcosa ormai entrata nella routine quotidiana, come mangiare, dormire e respirare. I testimoni incontrati da Allegri negli anni '70 e poi in anni più recenti, avevano certamente ragione nel dire che Elna «non avesse nessun interesse per quanto avveniva in quelle serate»: dopo mezzo secolo ne era stufa! Anche perché sin dagli anni '20 le ricerche e gli incontri di suo marito lo distraevano dalla loro vita coniugale. Elna era costretta a essere divisa, nelle attenzioni di Gustavo, con i suoi "esperimenti", e anzi molto spesso lei passava in secondo piano. E si sa quanto una donna non supporti di non essere il primo interesse di suo marito.

Ultime precisazioni. A pag. 162 Allegri scrive:

«Il giorno dopo il funerale [del padre], si dimise dalla banca...».

Questo è un errore che si trova in quasi in tutte le biografie su Rol, il quale in realtà si è dimesso dalla banca il 30 giugno 1934, ovvero quattro settimane dopo la morte del padre (avvenuta il 2 giugno).

---

diverso, e il capitoletto dedicato a Rol è di 4 pagine, tutt'altro che lungo. Il riferimento bibliografico preciso è il seguente: (Padre) Costa, G.M., *Il caso Rol*, in *Il paranormale e la fede*, 10/1988, pp. 32-35,. Ad esso aveva già fatto ampiamente riferimento nel 1993, citandone dei brani, Giuditta Dembech in *Torino città magica vol. II*, L'Ariete, Settimo Torinese, pp. 170-171.

Io non intendevo conquistare nulla: a me bastava la gloria di aver agito con rettitudine e la benedizione dell'avvenire.
Napoleone Bonaparte, 1816[1]

Capitolo 3 – «*Gustavo Rol. Una vita di prodigi*» (Lugli, 1995)

Il libro di Remo Lugli[2] è la prima biografia su Gustavo Rol pubblicata dopo la sua morte, e la seconda dopo quella di Renzo Allegri. È l'unica che possa dirsi precisa, seria ed affidabile[3]. Vi si trovano pochissimi errori, per lo più di trascrizioni di nomi, ma niente che pregiudici un giudizio corretto e una informazione adeguata sulla vita, il pensiero e gli esperimenti di Gustavo Rol. La giornalista e scrittrice Paola Giovetti, che per questo libro ha scritto una bella presentazione, dice che «nessuno meglio di lui poteva offrire una testimonianza degna di questo nome su un uomo che è stato e resterà un mito...» (p. 11).

In un articolo su *Il Giorno*, Guglielmo Zucconi nel riferirirsi a Remo Lugli e al suo libro appena uscito, scriveva:

«Se poi qualcuno che non lo conosce avesse dei dubbi sulla "credibilità" di Remo Lugli, sappia che è stato l'unico inviato della "Stampa" al quale il mitico direttore De Benedetti non abbia mai corretto nemmeno una virgola. Eppure quell'uomo era talmente scorbutico e sospettoso che aveva da ridire su tutti, persino su Eugenio Scalfari che era suo genero»[4].

E un altro direttore de *La Stampa*, Alberto Ronchey, diceva che Lugli aveva "e la cintura e le bretelle", per sottolinearne la meticolosità giornalistica.

---

[1] Las Cases, *Memoriale di Sant'Elena*, cit., Vol. II, p. 364.

[2] Giornalista e scrittore, nato nel 1920 a Rolo di Reggio Emilia. Ha abitato a Modena dove ha iniziato la sua carriera professionale, subito dopo la guerra, alla *Gazzetta di Modena*. Nel 1952 ha pubblicato nei "Gettoni" di Einaudi un romanzo col quale è stato finalista al Premio Viareggio. Successivamente ha iniziato una intensa collaborazione letteraria con *Stampa Sera*, che gli ha fruttato, nel '55, l'invito da parte di Giulio De Benedetti, direttore de *La Stampa*, a lavorare nel grande quotidiano torinese. Qui ha svolto una lunga attività giornalistica, dapprima come estensore e poi come inviato speciale, impegno che lo ha portato ad affrontare i più svariati temi. Dal 1955 abita a Torino. Ha pubblicato: *Le formiche sotto la fronte*, romanzo, Einaudi, 1952; *Il piano di sopra*, racconti, Mondadori, 1957; *La colpa è nostra*, romanzo, Cechina, 1962; *Tarlo ci cova*, racconti, Daniela Piazza Editore, 1990 (fonte: quarta di copertina del libro), quindi *Gustavo Rol. Una vita di prodigi*, Edizioni Mediterranee, Roma, 1995. Nell'aprile 2008 è stata pubblicata una nuova edizione ampliata nella quale è stato aggiunto un capitolo (*Quattordici anni dopo*) dove l'autore si sofferma particolarmente sulla nostra attività divulgativa.

[3] Anche il libro del prof. Giorgio di Simone (*Oltre l'umano. Gustavo Adolfo Rol*, 1996) ha le stesse qualità, però più che di una biografia vera e propria si tratta di una testimonianza personale dell'autore.

[4] Zucconi, G., *Rol, una vita di prodigi «in nome di Dio»*, Il Giorno, 30/04/1995, p. 15.

Luca Goldoni sul *Corriere della Sera* parlava del «bel libro di Remo Lugli *Gustavo Rol, una vita di prodigi*, scritto con la precisione e la sobrietà del grande cronista e con la profondità di chi ha potuto studiare un amico fuori dal comune.

Senza un'ombra di compiacimento per questa frequentazione e invece con stimata fedeltà e quel riserbo che Rol voleva attorno a sé, Lugli non indulge a descrizioni d'effetto»[5].

Di ben pochi biografi si potrà dire altrettanto. Oltre alla sezione biografica, che resta a tutt'oggi la più completa (le biografie successive, fatte rare e parziali eccezioni, hanno preso tutte a vario titolo da quella di Lugli) la parte senz'altro più interessante che fa di questo testo il documento testimoniale più importante della ormai sterminata bibliografia rolliana, è quella degli esperimenti di cui l'autore è stato direttamente testimone (una cinquantina), o meglio, quelli più significativi di cui ha potuto trascrivere nel dettaglio, visto che non gli sarebbe stato possibile, per esempio, riportare gli innumerevoli esperimenti con le carte che ogni volta aprivano le serate[6]. Lugli è uno di quei testimoni che ha visto gli esperimenti *fino a saturazione*, arrivando a non avere più alcun dubbio sulla loro autenticità. Probabilmente, negli otto anni di frequentazione assidua, settimanale, con Gustavo Rol, dal 1972 al 1980, egli ha assistito ad almeno 1000 o 2000 esperimenti con le carte, se non di più, visto che Rol in una sola serata poteva farne anche dieci, quindici.

E insieme a Lugli c'era un affiatato gruppo di amici, anche loro testimoni assidui, che si ritrovavano abitualmente a casa di Nuccia Visca, sulla collina di Torino, e che compaiono nella maggioranza degli esperimenti che Lugli descrive. Essi sono Alfredo e Severina Gaito, Silvano e Doretta Innocenti, Giorgio e Nuccia Visca, Else Totti (moglie di Lugli) e Bettina Totti (la madre di Else). Queste persone, insieme a Pier Lorenzo Rappelli e Aldo Provera, sono quelle che hanno visto più esperimenti e prodigi, tanto che se interpellate, fanno persino fatica a parlare di Rol, perché non sanno nemmeno da che parte cominciare per descriverlo. Si limitano a definirlo una persona eccezionale, unica, ma sono talmente tante le cose sbalorditive che hanno viste, e tante le qualità di Rol di cui vorrebbero parlare, che alla fine si limitano a pochi lapidari commenti[7]. L'eccezione è costituita proprio da Lugli, perché aiutato dalla

---

[5] Goldoni, L., *Quei prodigi «discreti» nel salotto di Rol*, Corriere della Sera, 01/07/1995, p. 24.

[6] E ricordiamo che anche ogni singolo esperimento con le carte è da considerarsi un prodigio.

[7] Il caso più emblematico è quello di Aldo Provera, amico di Rol per trent'anni e nominato suo esecutore testamentario, di cui abbiamo poche testimonianze (circa una decina), pur avendo egli assistito a centinaia di fatti stupefacenti (senza contare le carte). Intervistato da Roberto Giacobbo per la trasmissione *Stargate* (La7), del 31/12/2001, aveva detto: «Se io devo raccontarLe tutte le cose che ho visto, voi non dovete assolutamente crederci, perché son talmente enormi, talmente lontane dalla nostra abitudine di vita...». E in un'altra puntata, tre mesi dopo (31/03/2002), ripeterà le stesse

sua professione di giornalista e scrittore. Egli si è tuttavia limitato a questo libro, e a parte un articolo su *La Stampa* scritto nel 2003 in occasione del centenario della nascita di Rol e qualche prefazione[8], si è ritirato a vita privata evitando di tenere conferenze o di scrivere articoli per settimanali e giornali. Ha anche declinato l'invito a farsi intervistare dalla televisione e da Nicolò Bongiorno per il suo documentario[9]. Ha mantenuto cioè, quel basso profilo e quella serietà che erano qualità da Rol assai apprezzate, e anche in questo egli si è dimostrato uno dei pochi suoi autentici eredi spirituali.

Il suo libro è anche l'unico[10] che fornisce una discreta documentazione fotografica degli esperimenti che vengono descritti (oggetti, scritte, pitture).

Un dato poi rilevante riguarda la tempestività con la quale l'autore trascriveva gli esperimenti che aveva visti. Infatti, se è vero, come sostengono anche i detrattori di Rol, che con il passare del tempo i ricordi possono mutare, è anche vero che l'immediata trascrizione di ciò di cui si è stati testimoni, come è capitato sia a Lugli sia ad altri giornalisti (come Fasolo, Buzzati, Biondi, Serafini, Bazzoli) dovrebbe garantire una affidabilità quasi totale e un resoconto fedele di quanto è stato visto. Il caso di Lugli è poi anche il più significativo, non solo per la quantità di materiale da lui raccolto, ma anche perché aiutato contestualmente da sua moglie. Scrive infatti l'autore:

«Di notte, quando tutti se ne erano andati, o mia moglie ed io eravamo rincasati se la seduta si era svolta fuori, rubavamo ancora tempo al sonno per cercare di ricostruire la serata e di scrivere un po' di appunti sugli esperimenti maggiori. Ma spesso io avevo già in tasca il biglietto per l'aereo che l'indomani mattina mi avrebbe portato lontano per qualche servizio come inviato, e questo voleva dire mettere la sveglia alle cinque. Allora era Else che con pazienza e precisione annotava tutti i passaggi per ricostruire l'esperimento di maggior rilievo. Se adesso possiamo vivere, e

---

cose, senza soffermarsi su alcun episodio in particolare: «È un argomento molto vasto, non è facile fare un riassunto»; «Naturalmente – l'ho già detto – non sto lì a raccontare queste cose perché è difficile crederci».

[8] Dal 1972, anno del primo articolo che Lugli aveva dedicato a Rol su *La Stampa*, al 2008, anno della nuova edizione aggiornata del suo libro, Lugli ha scritto in tutto 7 articoli su *La Stampa* (23 e 24 settembre 1972; 8 luglio 1973; 3 agosto 1978; 24 maggio 1986; 23 settembre 1994; 20 giugno 2003), un articolo per la rivista *Luce e Ombra* (gen-mar. 1995) e 4 prefazioni a testi vari: al catalogo della Sotheby's per la vendita all'asta dei mobili e degli oggetti d'arte di casa Rol (14 marzo 1995); al catalogo della prima mostra di quadri di Rol (settembre 2000); al libro di M. L. Giordano *Gustavo Rol. Una vita per immagini* (aprile 2005); e al catalogo per la seconda mostra di quadri (maggio 2005). In tutto appena 11 contributi in 35 anni, e solo per occasioni particolari.

[9] *Rol. I confini dell'anima*, Buendia Film, Milano, 2006 (poi diventato: *Rol. Un mondo dietro al mondo*, Medusa Video, 2008).

[10] Qualcosa si trova anche nei libri di Renzo Allegri e Maria Luisa Giordano, ma in misura largamente inferiore.

per noi del gruppo rivivere, quegli eventi così eccezionali, molto merito va ad Else per la sua copiosa documentazione lasciata» (p. 51).

D'altronde se oggi la testimonianza di Lugli è quella più precisa e dettagliata è dovuto proprio a questi due fattori essenziali: lavoro di gruppo e tempestività del resoconto.

Nessuno di quei pochi detrattori che hanno conosciuto Rol può vantare un tale rigore testimoniale, né tantomeno una frequentazione sufficiente perché i loro "dubbi testimoniali" possano essere presi sul serio (ci riferiamo ovviamente al giornalista Piero Angela e al fisico Tullio Regge, e in parte al parapsicologo Piero Cassoli).

A partire dalla seconda edizione (maggio 1995) la biografia di Lugli reca allegato un documento audio di un certo interesse. Si tratta di una registrazione del 1973, fatta con il consenso di Rol, di alcune sue riflessioni e spiegazioni sui concetti di *spirito intelligente* e *coscienza sublime*. Per dieci anni questa registrazione è stata l'unico documento audio disponibile[11], fino a quando nel 2005 Giuditta Dembech non ha pubblicato una selezione di sue registrazioni con il libro *Gustavo Adolfo Rol. Il grande precursore*[12].

Sui contenuti della registrazione di Lugli, che possono essere contestualmente letti nella trascrizione relativa, abbiamo da fare una precisazione. A un certo punto (p. 3[13]) Rol dichiara:

«Con l'arresto di ogni attività fisica – la morte del corpo – l'anima si libera ma non interrompe la propria attività. Lo "spirito intelligente", invece, rimane in essere e, *forse*, anche operante. (…). Ho detto forse, perché in tale materia la prudenza è di rigore».

Tuttavia successivamente Rol, come veniamo a sapere da una registrazione in casa Visca (ora parte del nostro archivio) del 26 marzo 1977, aveva corretto la sua definizione, abolendo l'avverbio «*forse*». Dice Rol, mentre sta chiacchierando con i suoi amici:

«L'uomo è morto, ma il suo spirito intelligente rimane operante. Tra l'altro l'ho detta a te [*rivolto a Lugli, presente alla serata, n.d.r.*] questa definizione: lo spirito intelligente rimane operante, a prova e riprova dell'esistenza e della inconsumabilità di Dio».

Lugli gli risponde:

«Però avevi detto «*forse* operante», eri ancora nella fase…».

Rol ribadisce:

«Ma poi dopo l'ho tolto»[14].

---

[11] Fatta eccezione per alcuni stralci dalla documentazione audio di Giuditta Dembech mandati in onda in trasmissioni televisive (*I fatti vostri*, Rai 1, del 21/10/1994; *Porta a Porta*, Rai 1, del 05/06/2003) e radiofoniche. Nel 2004 anche noi abbiamo fatto ascoltare dei brevi stralci dal nostro archivio audio alla trasmissione *Uno Mattina* (Rai 1, del 07/05/2004), così come altri li abbiamo pubblicati sul sito web dedicato a Gustavo Rol e da noi curato (*www.gustavorol.org*).

[12] Cfr. p. 437 e sg..

[13] Nella nuova edizione del libro (aprile 2008) tale trascrizione si trova alle pp. 27-28.

[14] Si veda l'Appendice II, brano n. 6.

Probabilmente Lugli nel 1994, quasi 18 anni dopo questa rettifica di Rol, in fase di riordino della documenzione per la sua biografia, non se ne è più ricordato. La frase corretta è quindi:

«Lo "spirito intelligente" (...) rimane in essere e anche operante».
Trattasi quindi di certezza, e non di ipotesi[15].

Una seconda precisazione[16] riguarda il travisamento di uno degli elementi principali che fanno parte della "legge" che Rol scoprì a Parigi nel 1927:

«Ho scoperto una tremenda legge che lega il colore verde, la quinta musicale ed il calore. Ho perduto la gioia di vivere. La potenza mi fa paura. Non scriverò più nulla!»[17].

Come già abbiamo avuto occasione di riferire, si tratta di una definizione simbolica che rimanda ad alcune fasi della *meditazione yoga*[18]. Tuttavia è capitato che più di una volta giornalisti e testimoni non l'abbiano riportata in modo corretto. L'errore frequente è quello di confondere la «quinta musicale» con «quinta nota», dove la prima è un accordo di due note, mentre la seconda è una nota singola, il *sol*.

Parlando del colore verde, Lugli scrive che nei giorni della sua scoperta Rol «lo sente vibrare e si accorge che la sua vibrazione corrisponde a quella della quinta nota musicale, elementi che, insieme, per lui irradiano calore. (...).

Nel suo diario, che in quei giorni tiene per segnare tutto della sua ricerca, c'è un'annotazione a grandi caratteri: "Oggi, 28 luglio 1927, la mia ricerca è finita. Ho scoperto la legge che lega le vibrazioni cromatiche del verde a quelle sonore della quinta nota musicale e a certe vibrazioni termiche: il segreto della coscienza sublime"» (pp. 20-21).

Ora, siccome Lugli non aveva come riferimento direttamente il diario di Rol (un'agenda di lavoro), si è fidato di quanto aveva scritto Leo

---

[15] Sullo *spirito intelligente*, la sua natura e la sua funzione, diremo estesamente più avanti.

[16] Segnaliamo qui anche alcuni errori: alle pp. 23 e 35 (della vecchia edizione) viene citato un «ammiraglio Umberto Calvi», mentre si tratta di Umberto *Cagni* (senatore del Regno d'Italia e famoso esploratore) la cui figlia Vivina aveva sposato Carlo Rol, fratello di Gustavo; testimone di nozze della sposa fu Gabriele D'Annunzio; a p. 159 viene riferito un esperimento che ha per protagonista Teresa Rovere, antenata di Aldo Provera, e che Lugli chiama «Margherita» forse per essersi confuso con il nome della moglie di Provera; a p. 26, Lugli riporta l'errore, quasi certamente dal libro di Allegri (da noi già segnalato a p. 48) della sede dell'incontro tra Rol e Mussolini, che non è Palazzo Venezia, ma Villa Torlonia (corretto nella nuova edizione). Lugli poi scrive che Rol si era presentato a Mussolini «in divisa di tenente», ma nel 1942 Rol era capitano (degli alpini), quindi è probabile che avesse i gradi corrispondenti. Paradosso vuole che Allegri, nel 2003, ripeterà questo errore di Lugli (*Rol. Il grande veggente*, p. 29). Si comprende quindi con quanta facilità avvenga la contaminazione di errori da un testo all'altro. Infine ce ne sono altri minori in alcune descrizioni di esperimenti, ma ne daremo conto in altra sede.

[17] Rol G.A., *"Io sono la grondaia..."*, p. 38.

[18] Cfr. la ns. appendice: *Gustavo Rol, un maestro spirituale del XX secolo*, in: Mercante, V., *Il Mistero e la Fede. Gustavo Rol e Padre Pio da Pietrelcina*, Il Segno, Trieste, 2006, pp. 74-75.

Talamonti nel suo libro *Gente di frontiera*, nel 1975. La frase virgolettata appena citata infatti è un adattamento di Talamonti a una dichiarazione orale di Rol, che Lugli ha poi ripreso. Ma non è la trascrizione delle parole precise che si trovano sull'agenda, che sono quelle da noi riportate all'inizio. Talamonti aveva anche scritto:

«[Rol] si accorse che quella vibrazione ne evocava un'altra, corrispondente alla quinta nota musicale – il *sol* –»[19].

Si tratta di un errore che però ha anche un precedente, perché già nel 1951 Furio Fasolo raccontava:

«La sera del 28 luglio 1927, un giovedì, a Parigi, scriveva sulla sua agenda: "Ho scoperto una tremenda legge che lega il colore verde, la quinta nota musicale e il calore. Non cercherò più nulla"»[20].

L'errore si è poi ulteriormente propagato: lo troviamo in Maria Luisa Giordano, la quale in *Rol e l'altra dimensione* scrive che «il verde era il suo colore, e la sua nota musicale il sol»[21] e che «[Rol] rimase affascinato da un colore (...) a cui corrisponde la quinta nota musicale, il sol»[22]; e lo troviamo in Maurizio Ternavasio che nel suo primo libro su Rol scriveva: «il verde, la cui vibrazione secondo lui corrispondeva al sol, la quinta nota della scala musicale...» e poi riportava anche la frase di Talamonti-Lugli senza peraltro citarne la fonte[23].

Anche Giorgio di Simone è stato condizionato dalle fonti ambigue su questo tema, scrivendo nel 1996:

«Il secondo elemento (...) era la quinta nota SOL, anzi era un suono bitonale: DO-SOL»[24].

Ovviamente non poteva essere *sia* la quinta nota *sia* la quinta musicale, e in effetti Di Simone si sbilancia sulla seconda.

Anche Giuditta Dembech ha comunque contribuito a diffondere questa imprecisione, con la differenza che lei avrebbe avuto la possibilità di fare chiarezza.

Nel suo libro *Torino città magica vol.2*, del 1993, trascrive una parte delle registrazioni audio che poi pubblicherà nel 2005. Vi troviamo la trascrizione, che dovrebbe supporsi precisa, delle parole di Rol:

«Ho scoperto la legge che lega il colore verde, quello centrale dell'arcobaleno, la quinta nota musicale ed il calore»[25].

Fortunatamente oggi abbiamo a disposizione anche l'audio originale, e scopriamo che le parole di Rol sono un po' diverse:

«Ho scoperto la legge che lega il colore verde, che è il colore di mezzo, la quinta nota musicale... la quinta... No, aspetta, qua c'è un

---

[19] Talamonti, L., *Gente di Frontiera*, Milano, Mondadori, 1975, pp. 120-121.

[20] Fasolo, F., *Il signor Rol: Mago*, Epoca, n. 20, 24/02/1951, p. 40.

[21] Giordano, M.L., *Rol e l'altra dimensione*, Sonzogno, Milano, 2000, p. 53.

[22] *ibidem*, p. 89.

[23] Ternavasio, M., *Gustavo Rol: la vita, l'uomo, il mistero*, Età dell'Acquario, Torino, 2002, pp. 40-41.

[24] Di Simone, G., *Oltre l'umano. Gustavo Adolfo Rol*, Reverdito Edizioni, 1996/2009, p. 44.

[25] Dembech, G., *Torino città magica vol.2*, L'Ariete, Settimo Torinese, 1993, p. 186.

errore... che ho letto male... la quinta musicale, ed il calore. La quinta musicale (...), sono due note insieme, che formano una certa quantità di vibrazioni...»[26].

Nonostante queste precisazioni di Rol, la Dembech aveva trascritto solo la prima parte del discorso, lasciando intendere che «quinta nota musicale» era una affermazione corretta, contribuendo, come detto, a diffondere l'errore.

Nella stessa registrazione Rol legge, proprio dalla sua agenda, la versione corretta della "legge", quella stessa versione che per fortuna fu pubblicata nel 2000 da Catterina Ferrari in "*Io sono la grondaia...*".

Tutto questo ci sembra un atto dovuto nei confronti della verità documentale. Tuttavia, potrebbe esserci un'altra spiegazione al fatto che molti testimoni abbiano confuso l'accordo di quinta con la quinta nota: potrebbe cioè non essere dovuto (solo) a una loro semplificazione del ricordo a causa della mancanza di competenze musicali, ma all'ambiguità che Rol stesso può aver lasciato sull'argomento, esprimendosi più o meno nello stesso modo di come si era espresso con la Dembech, usando «quinta» e «quinta nota» come equivalenti. Ma se le cose stanno così, allora crediamo che il riferimento non sia tanto alla *nota* "sol", quanto a ciò che il *sol* significa in latino, e in generale per i poeti, ovvero, semplicemente, *sole*. Questa interpretazione darebbe alla "legge" una serie di significati ulteriori (tra cui il più evidente è il collegamento tra *sol* e calore) che potrebbero avere a che fare sia con il simbolismo ermetico-alchemico, che con il linguaggio dei "Fedeli d'Amore" di cui parleremo più avanti. In effetti siamo propensi a credere che Rol possa aver lasciato intendere ed essersi servito di questa ambiguità per sovrapporre e fondere in un unico termine, *sol*, sia la *luce*, che il *suono*, che il *calore*[27]. Pur non avendo qui lo spazio per dilungarci sul simbolismo solare in tutti i suoi aspetti, cosa che ci porterebbe troppo lontano, vale tuttavia la pena riportare almeno una citazione che successivamente si potrà tener presente quando parleremo di Napoleone, Alessandro Magno e Carlo Magno:

«Nella Tradizione la regalità è stata spesso associata al simbolo solare. Si riconobbe nel re la stessa "gloria" e "vittoria" propria al sole e alla luce simboli della natura superiore – in trionfo ogni mattina sulle tenebre. "Sorge quale re sul trono di Horo dei viventi come suo padre Râ (il sole) tutti i giorni" – "Ho stabilito che tu ti levi quale re del Sud e del Nord nella sede di Horo, come il sole, eternamente": sono appunto espressioni dell'antica tradizione regale egizia. Peraltro, ad esse fanno esatto riscontro quelle iraniche, ove il re vien considerato "della stessa stirpe degli dèi", "ha lo stesso trono di Mithra, sorge col Sole" ed è detto *particeps siderum*, "Signore di pace, salute degli uomini, uomo eterno, vincitore che sorge col sole". Mentre la formula di consacrazione è: "Sei la potenza, sei la forza di vittoria, sei immortale... Fatto d'oro, al

---

[26] Dembech, G., *Gustavo Adolfo Rol. Il grande precursore*, cit., Cd traccia n. 10.
[27] D'altro canto, in sanscrito «suono» (*svara*) e «luce» (*svar*) hanno la stessa radice.

lumeggiare dell'aurora sorgete entrambi, Indra e il sole", con riferimento a Rohita "la forza conquistatrice" personificazione di un aspetto della solarità e del fuoco divino (Agni), è detto nella tradizione indo-aria: "Portandosi avanti, egli (Agni) ha creato in questo mondo la regalità. A te ha portato la regalità, ha disperso i tuoi nemici". In antiche figurazioni romane è il dio Sol a rimettere all'Imperatore una sfera, emblema del dominio universale; e alla solarità si riferiscono le espressioni usate per la stabilità e l'imperio di Roma: *sol conservator, sol dominus romani imperii*. "Solare" fu l'ultima professione romana di fede, in quanto l'ultimo esponente dell'antica tradizione romana, Giuliano Imperatore, ricondusse appunto alla solarità quale forza spirituale irradiante dal "sovramondo" la sua dinastia, la sua nascita e dignità regale. Un riflesso si conserva fino agli imperatori ghibellini – si potè ancor parlare di una *deitas solis* con riferimento a Federico II Hohenstaufen.

Questa "gloria" o "vittoria" solare, legata dunque alla regalità, non si riduceva peraltro ad un semplice simbolo, ma era una realtà metafisica, si identificava con una forza non umana operante che il re, in quanto tale, si riteneva possedesse. Per una tale idea, una delle espressioni tradizionali simboliche più caratteristiche è quella mazdea: qui il *hvarenò* (espressioni più recenti: *hvorra* o *farr*) – la "gloria" che il re possiede – è un fuoco sovrannaturale proprio alle entità celesti, ma soprattutto solari, che lo fa partecipe dell'immortalità e lo testimonia con la vittoria: una vittoria da intendere... così che i due sensi, mistico l'uno, militare (materiale) l'altro, non si escludano, anzi si implichino a vicenda»[28].

---

[28] Evola, J., *Rivolta contro il mondo moderno*, Edizioni Mediterranee, Roma, 2003, pp. 48-49. Si può qui aggiungere che il sole è anche l'emblema di Visnhu, del Buddha (chiamato talvolta *Sole-Buddha* nella tradizione estremo-orientale) così come quello di Cristo, *Sol iustitiae* e *Sol invictus*. Nell'alchimia il *Sole dei metalli* è, ovviamente, l'oro, a sua volta in relazione con lo zolfo, principio purificatore necessario alla realizzazione della Grande Opera. Cfr. anche le nostre considerazioni sul "calore" nella tradizione indo-tibetana e le sue relazioni con la *sādhanā* (pratica) *yoga* nella già citata appendice *Gustavo Rol, un maestro spirituale...*, in: Mercante, V., cit., pp. 74-75.

> *Rol è un personaggio fuori della misura abituale di coloro che operano nel campo della parapsicologia.*
> Federico Fellini, 1980[1]

> *Rol è veramente un uomo? O non piuttosto un essere super-umano? è egli forse uno strumento di Dio, di quel Dio che egli invoca tanto spesso e quasi in ogni occasione...?*
> Massimo Inardi, 1975[2]

Capitolo 4 – «*Oltre l'umano. Gustavo Adolfo Rol*» (Di Simone, 1996)

Questo libro di Giorgio di Simone[3] fa parte, fortunatamente, di quelle poche pubblicazioni serie su Gustavo Rol. Pur non raggiungendo l'estensione e la ricchezza di trattazione del testo di Lugli, ha nondimeno un certo interesse sia come testimonianza personale, sia come approccio peculiare di un "esperto di settore", vale a dire di chi conosce approfonditamente la documentazione parapsicologica o comunque la vasta gamma di fenomeni che generalmente in Occidente si è soliti includere in questo campo di studi.

---

[1] Fellini, F., *Fare un film*, Einaudi, 1980, p. 90.
[2] Inardi, M., *L'eccezionale Gustavo Rol*, Esp, n.10, dicembre 1975, p. 27.
[3] Nato a Nizza nel 1925 vive a Napoli dal 1940. Professore universitario in pensione, è uno dei più noti parapsicologi italiani. Dal 1963 al 1989 ha diretto il Centro Italiano di Parapsicologia (C.I.P.). Nel 1981 ha fondato l'Istituto «Gnosis» per la ricerca multidisciplinare sulla Sopravvivenza, tuttora in funzione (con la rivista «Quaderni Gnosis», quadrimestrale).
Nel 1980 ha ricevuto il «Premio per la Parapsicologia» della SVVP (Associazione svizzera per la Parapsicologia, oggi Fondazione). Ha scritto sul tema una dozzina di libri, oltre al saggio filosofico-scientifico «L'essere – continuità dell'Io e significato della vita umana» (1994). Collabora a riviste italiane ed estere. È autore del «Rapporto dalla Dimensione X» (1973) (fonte fino a qui: quarta di copertina).
Laureatosi alla facoltà d'Architettura dell'Univeristà di Napoli nel 1951, ha realizzato un centinaio di progetti tra la città partenopea e Roma. È stato prima assistente quindi docente nella stessa facoltà, fino al 1995. Ha conosciuto Gustavo Rol il 25 marzo 1970, andato appositamente a Torino per assistere a una serata di esperimenti. Lo ha incontrato una seconda volta nel marzo 1972, una terza nell'autunno dello stesso anno e l'ultima nel 1973 (8-9-10 marzo). Di lui ha scritto sul periodico del C.I.P. *Informazioni di parapsicologia* (1/1970; 2/1970; 2/1973), sulla rivista *Metapsichica* (lug.-dic. 1970), su *Il giornale dei misteri* (n. 54, 09/1975), e su *Luce e Ombra* (apr.-giu. 2003). Gli ha dedicato un capitolo nel suo libro *Lo Specchio Incantato* (Reverdito Edizioni, Trento, 1987), quindi la monografia *Oltre l'umano. Gustavo Adolfo Rol*, edita, sempre per Reverdito, nel 1996 e riproposta nel 2009 con l'aggiunta di una nostra postfazione e di un nostro scritto in appendice (i riferimenti di pagina delle citazioni che faremo da questo libro sono quelli della seconda edizione). È il parapsicologo (insieme a Massimo Inardi) che ha meglio conosciuto e compreso Rol, ed è anche l'unico ad avergli dedicato un libro.

Diciamo subito che Rol si considerava, a ragione, estraneo alla parapsicologia, non tanto perché i fenomeni di cui essa si occupa non siano, *in parte*[4] *e apparentemente*, gli stessi che si verificavano in sua presenza, quanto per il metodo, l'approccio e le teorie che gravitano attorno a questo campo di studi.

Attraverso una serie di dichiarazioni di Rol e di giudizi espressi dai parapsicologi che l'hanno conosciuto, cercheremo, almeno nelle sue linee generali, di esporre il problema, tralasciando per questioni di spazio eventuali rimandi e citazioni dagli insegnamenti delle tradizioni spirituali, che sono in grado di spiegare perfettamente, a chi sia un minimo informato, per quale ragione la parapsicologia non possa essere accettata da chi vede il mondo da un punto di vista metafisico. Su tutte le questioni spicca certamente la sua caratteristica anti-iniziatica e materialista, dando ai fenomeni una importanza sproporzionata al loro valore[5], a discapito di una sana e lucida preparazione interiore.

Non è questo peraltro il caso del prof. Di Simone, il quale giustamente nella premessa del suo libro (p. 11) scrive:

«E cercherò così di non esasperare il racconto di quelli che molti hanno definito i suoi "prodigi"; proprio per rimanere nell'ambito di ciò che era il suo desiderio, cioè veder considerati i suoi "esperimenti" non finalizzati a se stessi, ma soprattutto come un mezzo, e *soltanto un mezzo*, per esprimere molto di più, per aprire anche agli altri uno spiraglio di speranza, di minima "sicurezza" nell'eternità della personalità che vive in ognuno di noi».

Questo è certamente un punto essenziale del problema, potremmo dire di ordine *qualitativo*: i fenomeni non possono essere isolati e analizzati separatamente dal *contesto interiore necessario per creare le condizioni favorevoli al loro accadimento*. Noi qui ci riferiamo non tanto a quei fenomeni casuali che occorrono di tanto in tanto a ogni persona (coincidenze, *dejà vu*, sogni premonitori, etc.) ma alla complessa fenomenologia che è in grado di esprimere un autentico maestro spirituale, il quale in linea teorica è in grado di fare qualunque cosa. Questo in effetti è il secondo punto fondamentale, ed è di ordine *quantitativo*: Rol era l'espressione di una vasta gamma di *possibilità* (ne abbiamo classificate 49) che sono già rare se prese singolarmente; inoltre, egli le ha mantenute praticamente invariate per tutta la vita, da quando le scoprì da giovane fino ai suoi ultimi giorni, coprendo un arco di circa 60 anni. Non esiste nessuno, nella casistica parapsicologica, con queste caratteristiche. Un terzo punto poi, che possiamo chiamare *operativo*, riguarda il modo e le circostanze in cui si verificavano questi fenomeni.

---

[4] Lo stesso Di Simone, a p. 18, nel riferire sinteticamente quali fossero le *possibilità* di Rol, parla anche di «fenomeni non ancora "ufficialmente" contemplati dalla parapsicologia».

[5] A questo proposito Renè Guénon parla di «quella specie di superstizione del fenomeno che costituisce il fondamento dello spirito "scientistico"» (*Errore dello spiritismo*, Luni Editrice, Milano, 1998, p. 89).

Vi erano, da un lato, i prodigi estemporanei che accadevano nei momenti e nei luoghi più diversi; dall'altro quelli che potremmo chiamare *prodigi sperimentali*, ovvero nella definizione di Rol, gli «esperimenti», che erano invece eseguiti con la partecipazione attiva delle persone che si trovavano a passare la serata con lui, intorno a un *tavolo di lavoro*, laboratorio alchemico e scientifico dove Rol, tra un esperimento e l'altro enunciava principi generali, massime filosofiche, insegnamenti spirituali e spiegazioni "tecniche" sulla dinamica e il processo dell'esperimento stesso. Il tutto in piena luce, in normali circostanze di ritrovo con gli amici che egli decideva far partecipare, senza che egli cambiasse minimamente il suo stato di "lucidità", senza alcuna "trance" o stato medianico di sorta, in apparente assoluta normalità, quasi ci si fosse trovati per una partita a *scala quaranta* o a *bridge*. E in effetti strumenti iniziali erano semplici carte da gioco, per mezzo delle quali si sviluppavano e si susseguivano una serie di operazioni combinatorie che intrecciavano numeri, segni e colori. Si passava cioè da una sperimentazione di base, che Rol chiamava «le aste» (quei segni che i bambini piccoli devono iniziare a tracciare per imparare a scrivere le lettere dell'alfabeto) a una via via *sempre più complessa*, fino ad arrivare a manifestazioni che potevano riassumere in un unico esperimento più classi di fenomeni diversi Tutti questi elementi fanno di Rol un caso unico, ma non nel senso che nella storia non vi sia mai stato qualcuno come lui (comunque pochissimi, e non certo "medium"), quanto perché, in primo luogo, la forma in cui ha espresso una parte delle sue possibilità è peculiare del secolo in cui ha vissuto; in secondo luogo, perché non era mai accaduto che si avesse la possibilità di classificare in maniera pressochè completa pensiero, carattere e prodigi di un maestro spirituale. Nonostante Rol abbia per tutta la vita rifuggito la pubblicità e non abbia mai pubblicato alcun libro, le centinaia di testimonianze che oggi abbiamo su di lui, gli scritti da lui preparati *nella previsione che venissero pubblicati dopo la sua morte*, così come il rapporto con cronisti e studiosi nell'arco di parecchi decenni, finiranno per trasformare il «mistero del XX secolo» nel caso più trasparente della storia dell'umanità. Si aggiungano ancora il totale disinteresse della sua attività e la gratuità costante delle sue dimostrazioni e si converrà che davvero nessuno può essergli paragonato. Il nostro quadro non è però che sintetico, e non tiene conto di molti altri fattori di genialità che fecero parte dell'uomo Rol. Ci è però qui già sufficiente per mostrare come il volerlo confinare in un ambito "parapsicologico" sia del tutto inappropriato.

In linea generale, la parapsicologia non è stata ancora in grado, ad oggi, di dare una dimostrazione scientifica dell'oggetto della sua indagine, ovvero i fenomeni che si è data l'impegno di indagare, quelli "paranormali". A partire dalla fine del XIX secolo, quando fu fondata nel 1882 a Londra la *Society for Psichical Research*, di cui fecero parte nomi importanti del mondo scientifico e culturale (come Charles Richet, William Crookes, Henry Bergson, Camille Flammarion, William James,

Oliver Lodge, J.W.Strutt), numerosi studiosi in tutto il mondo hanno tentato, sia a mezzo di classificazioni spontanee di fenomeni, sia con test di laboratorio, di spiegare e riprodurre alcune delle fenomenologie classiche come la telepatia e la telecinesi. Hanno sottoposto numerosi medium o sedicenti tali a esperimenti continuativi, cercando di oltrepassare le consuete barriere statistiche, che non ammettono, ad esempio, che si sia in grado di indovinare oltre un certo numero di volte le carte coperte di un mazzo, i numeri di un lancio di dadi o anche solo il semplice testa o croce con una moneta. Un uomo che riuscisse in questo avrebbe completamente *dominato il caso* (e sarebbe *contestualmente dominato da esso*). Ma è proprio per questo che la parapsicologia non è mai stata in grado di dimostrare oltre ogni ragionevole dubbio questi fenomeni. Da quando essa è nata ad oggi, nessuno dei soggetti analizzati è stato in grado di *dominare il caso*. Un conto è infatti l'osservazione di un fenomeno spontaneo, di qualsiasi natura sia (generalmente "telepatico" o "precognitivo"), un altro è il tentativo di riprodurlo, con soggetti che si presumono dotati, i quali, stando alla natura stessa dei fenomeni, non possono essere in grado di ripeterli a comando. Il metodo scientifico richiede infatti di poter riprodurre un esperimento in modo continuativo nelle stesse "condizioni di laboratorio", in qualunque parte del mondo, date le stesse premesse.

Gli errori fondamentali della parapsicologia sono essenzialmente due: il primo riguarda il rifiuto di tutto ciò che è la tradizione metafisica, vale a dire quel *corpus* di esperienze e conoscenze tramandato sin da tempi remotissimi dai maestri spirituali, alla base di tutte le grandi religioni. Da essa i parapsicologi hanno estrapolato solo la fenomenologia e l'aneddotica miracolistica, pretendendo di analizzarla separatamente e volendo affrancarsi dalla Tradizione per costruire una "nuova scienza". Questo atteggiamento fu favorito tra '800 e '900 sia dal progredire della conoscenza scientifica in campi come l'elettromagnetismo, la meccanica quantistica e la relatività, sia da un sentimento di rigetto nei confronti delle religioni cristiane, soprattutto quella cattolica rappresentata dalla Chiesa di Roma, vista come una organizzazione che esercitava un abuso di potere e di giudizio su cose che ormai la "scienza" aveva il diritto di indagare per suo proprio conto.

Ma è proprio questo atteggiamento di rigetto che ha impedito alla parapsicologia di dimostrare alcunchè. Infatti, una teoria scientifica sui "fenomeni paranormali" esiste già da migliaia di anni, ed è inscritta nei principali testi sacri delle religioni. Esiste un codice simbolico che permea trasversalmente tutte le Scritture, e che spiega, persino nei dettagli, teoria e pratica delle *possibilità* umane, senza bisogno di andare a cercare testi pseudo-magici intrisi di abbondante ciarlataneria. Questo codice è stato realizzato da uomini che avevano raggiunto un altissimo livello spirituale, in contatto con la dimensione cosmica, a cui per semplicità espositiva hanno dato un nome personificato (Dio, come noi Lo chiamiamo oggi), al quale hanno attribuito, in piena coscienza, la stesura stessa dei Libri.

Ma tutte le tradizioni hanno sempre messo in guardia da queste cose, e non per un presunto abuso di potere clericale (che peraltro è certamente esistito), quanto perché armi a doppio taglio assai pericolose per chi non fosse sufficientemente preparato ad amministrarle. Preparazione su molti livelli, dall'etica alla psicologia, dalla medicina alla fisica, passando per una pratica psicofisica di meditazione, preghiera o *mantra*. Una scienza completa di non facile conseguimento, ben al di là della scienza come oggi è comunemente intesa.

Il secondo grande errore della parapsicologia è invece l'utilizzo di "soggetti dotati" trasformati in cavie da laboratorio. Al di là delle inevitabili mistificazioni a cui un tale metodo può prestarsi, sia da parte di chi afferma di "possedere poteri paranormali" sia da parte di parapsicologi che possono truccare i risultati delle loro ricerche (come peraltro avviene anche in altri ambiti scientifici), il fatto stesso di suddividere la società umana in soggetti normali e soggetti "dotati paranormalmente" è già di per sé un errore. Ma soprattutto ciò che è sbagliata è l'applicazione di un metodo scientifico fisico a una fenomenologia che include anche la mente del soggetto in questione.

In un esperimento scientifico la prevedibilità di un risultato non ha alcuna relazione con la condizione psicofisica dello scienziato. Che egli abbia mal di testa, che sia contento o che sia triste, l'esperimento non ne verrà certo influenzato. Questo perché lo scienziato non è altro che un osservatore di qualcosa che è esterno a lui. Egli si limita ad applicare leggi matematiche (fisica, ingegneria, astronomia, etc.) o principi pratici consolidati (biologia, medicina, etc.) per giungere ai risultati voluti. Queste leggi e questi principi sono validi dappertutto sulla terra e in generale nell'universo, e chiunque può metterli in pratica.

Persino la meccanica quantistica, che è quella parte della fisica che studia il comportamento della materia a livello atomico e subatomico, è in grado di ottenere risultati prevedibili, anche se non così precisi come su scala umana e astronomica. Essa infatti è costretta a fare appello a una *ampiezza di probabilità* dei risultati, vale a dire che il risultato di un esperimento sarà contenuto entro determinati valori statistici, un po' come se nel fare una previsione della temperatura atmosferica di domani dicessimo che sarà tra i 20 e i 24 gradi, senza poter prevedere quale sarà la temperatura *esatta*.

E questo accade perché, a livello quantistico, le particelle subatomiche subiscono l'influenza di chi le osserva. Non però a causa della *mente* dell'osservatore, quanto degli strumenti tecnici di cui si serve, che non possono fare a meno della luce per vedere cosa accade a una data particella in un dato esperimento. Poiché la luce è costituita anch'essa da particelle, che si chiamano *fotoni* (inizialmente chiamati *quanti di luce*), questi vanno a disturbare le altre particelle dell'esperimento, e quindi ne modificano le traiettorie (come palle da biliardo che colpiscano altre palle da biliardo), impedendo una previsione precisa delle loro successive traiettorie (non potendosi cioè sapere contemporaneamente dove esse si trovino (*posizione*) e a che velocità si muovano (*quantità di moto*).

Maggiore è la precisione di uno dei due valori, maggiore sarà l'incertezza dell'altro.

Questo stato di cose è riassunto dal *principio di indeterminazione di Heisenberg*, formulato, proprio come la "legge di Rol", nel 1927. Non occorre qui che entriamo nei dettagli, avremo occasione di farlo in uno studio più approfondito.

Questa meccanica quantistica, vista la sua peculiarità riguardante l'influenza dell'osservatore sull'esperimento, è certo un buon esempio da cui partire per inquadrare il problema di metodo scientifico che si intende applicare all'analisi della "fenomenologia paranormale".

Quanto sono determinanti le condizioni ambientali nel determinare lo stato psicofisico ideale che favorisce la manifestazione di questi fenomeni?

Qui ci interessa appena sottolineare che il fenomeno non è qualcosa che si produce separatamente da chi ne è il tramite (salvo casi speciali), e che la mente di quest'ultimo è influenzata dalle condizioni ambientali.

Stando così le cose, i parametri dell'attuale metodo scientifico devono necessariamente essere estesi anche alla coscienza, essendo essa imprescindibile se si vuole conseguire un qualunque risultato in questo campo.

I fisici hanno fino ad oggi creduto di non doversi occupare della coscienza, lasciando che fosse materia esclusiva per gli psicologi e i neurologi. Nel momento in cui però parliamo di certi fenomeni fisici per i quali è implicata evidentemente anche la mente di un dato soggetto, è chiaro che una teoria coerente debba avere anche la coscienza come uno dei fattori principali.

Gli scienziati, in parte anche a ragione, sostengono che è inutile postulare teorie se fino ad oggi non è stato ancora dimostrato che questi fenomeni esistono davvero. Essi ritengono che una spiegazione possa ricercarsi solo quando un fenomeno venga effettivamente ripetuto in laboratorio o comunque a certe condizioni di rigido protocollo sperimentale.

I parapsicologi, che pur riconoscono come le condizioni ambientali possano influenzare la mente di un soggetto "dotato", nonostante questo cercano di seguire gli scienziati "ortodossi" sul loro stesso terreno, approntando protocolli di ricerca che trasformano un individuo presumibilmente dotato in una cavia da laboratorio. Con questa immagine non intendiamo necessariamente qualcuno coperto di elettrodi, anche se è lecito pensare che se si scoprisse un essere del genere scienziati e parapsicologi farebbero a gara per sottoporlo a qualsiasi tipo di sperimentazione, per non parlare del clamore mediatico che ne verrebbe fuori...

L'errore della parapsicologia è quindi di voler trasformare alcuni esseri umani in *oggetti di ricerca*, proprio come se fossero topi o molecole da osservare al microscopio elettronico o particelle elementari che sfrecciano negli acceleratori.

L'errore dei parapsicologi è quello di ritenere che vi siano esseri umani *con* "facoltà" da una parte ed esseri umani *senza* "facoltà" dall'altra, mentre invece si tratta di *possibilità* insite in ogni uomo che possono emergere nella, e per mezzo della coscienza in gradazioni differenti, i cui estremi sono la totale assenza e la totale presenza delle stesse.

I soggetti che hanno fatto parte dell'indagine parapsicologica per oltre un secolo, si situano normalmente vicino all'estremo della totale assenza, quando non siano dei veri e propri mistificatori, e in genere si tratta di *possibilità* ottenute tramite *trance medianica*. Individui del genere, che manifestano effettivamente delle *possibilità* non comuni, le hanno però in genere acquisite proprio con la pratica medianica, che è una vera e propria tecnica di alterazione della coscienza. Chiunque può, con un po' di esercizio, sviluppare questa tecnica. Ma le migliaia di anni di esperienza di chi queste cose ben le conosce ammoniscono a lasciare perdere e a non farsi illusioni sui presunti poteri che si possono ottenere. Non nel senso che essi non esistano, quanto perché la tradizione metafisica ha sempre considerato queste cose *infere*, per i molteplici problemi che esse procurano sia a chi le provoca, sia a chi gli sta attorno. Gli svantaggi che si ottengono sono largamente superiori ai vantaggi. Nessuna seria tradizione ha mai incoragggiato queste pratiche. Il fatto che la parapsicologia ne abbia invece fatto l'oggetto del suo studio ne dimostra quindi il carattere anti-tradizionale.

Nel caso poi, rarissimo, che vi sia un soggetto che si situi all'estremo della *totale presenza di possibilità* (come era Rol e come accade ad un autentico maestro spirituale), costui non avrà assolutamente alcun interesse a prestarsi alle ricerche profane di coloro che a questi fenomeni danno una importanza esagerata e non accettano che debbano essere subordinati ad una qualche dottrina metafisica né ad alcuna tradizione, brandendo il vessillo di una presunta libertà di ricerca che crede di bastare a se stessa e non dover tener conto di chi forse ne sa qualcosa di più e che può mettere in guardia da tutti i pericoli relativi.

Da un punto di vista metafisico, l'essere umano dovrebbe sforzarsi di intraprendere un cammino di elevazione spirituale – che corriponde di fatto ad una estensione, sia in orizzontale che in verticale, della sua coscienza – cammino sul quale troverà ad uno ad uno i "poteri" di cui si parla, e da cui non dovrà farsi irretire per non pregiudicare il successo della sua impresa, ovvero la *liberazione in vita*, quello stato in cui, dopo aver preso coscienza di essere tutt'uno con il cosmo e che la morte non esiste, egli vive sulla terra non più vincolato ai desideri e alle pulsioni terrene, ma ha come unico interesse quello di far progredire gli altri esseri, senza desiderare per sé alcunchè. In questo stato, il sentimento di un amore infinito per ogni cosa e per tutta la creazione relega veramente molto in basso i "poteri", dei quali egli si serve solo nei casi e nei modi che ritiene opportuni, in genere per convertire o per aiutare concretamente il suo prossimo.

Da questa prospettiva, dovrebbe risultare chiara l'inadeguatezza e gli stessi obiettivi della parapsiclogia, che ritiene che le "facoltà latenti nell'uomo" siano un fine evolutivo a sé stante che è opportuno conseguire e studiare, laddove esse sono solo un corollario marginale e talvolta persino un ostacolo all'evoluzione della coscienza dell'uomo.

I parapsicologi dovrebbero quindi rinunciare ad indagare i "fenomeni paranormali" e i soggetti che forse ne sono gli artefici, ed iniziare a sviluppare dentro di sé quella consapevolezza che sola può svelargli i misteri dell'universo, a trasformare se stessi nell'unico e vero laboratorio scientifico dove fare tutti i possibili esperimenti. Su se stessi, non sugli altri.

È solo sulla base di queste considerazioni che può essere compreso perché Gustavo Rol si dichiarava estraneo alla parapsicologia. Ricapitolando:

1) a causa del suo approccio anti-tradizionale, che nega alla Tradizione di avere voce in capitolo;

2) a causa del suo metodo scientifico, che trasforma l'essere umano in un *oggetto* di ricerca;

3) a causa dell'eccessivo valore dato ai fenomeni e al rischio di sensazionalismo mediatico a cui potrebbero essere soggetti;

4) a causa della presunta esclusività di alcuni individui rispetto ad altri e al loro dichiararsi possessori esclusivi di certi "poteri";

5) a causa del carattere *infero* della maggior parte di quei pochi fenomeni autentici.

Detto questo, sarà ora molto più facile comprendere le affermazioni di Rol su questa materia. Ad esempio negli articoli di *Gente* del 1977 scriveva:

«Un giorno ricevetti la visita del conte Galateri di Genola, eminente studioso del paranormale, accompagnato dal professor Tenhaeff, olandese. Mi sforzai di convincerli che ciò che avviene con me non ha nulla a che vedere con la parapsicologia, quale oggi la si intende. E questo perché ho la presunzione di agire, durante i miei esperimenti, in stato di assoluta normalità, in anticipazione certamente di quelle possibilità che l'avvenire riserva a tutti gli uomini»[6].

Rol forniva anche alcuni particolari di come era arrivato alle sue scoperte, quindi precisava:

«Sono indicazioni vaghe, queste, ma ho voluto fornirle egualmente per smentire che io sia nato con delle particolari facoltà sensorie, per le quali, oggi, mi si vorrebbe indicare quale "sensitivo" dagli studiosi di parapsicologia»[7].

---

[6] Rol, G.A.(Allegri, R.), *Finalmente Rol rivela Rol*, cit., p. 39; Allegri, R., *Rol il grande veggente*, p. 153. Questo paragrafo è uno di quelli che Allegri ha omesso in *Rol l'incredibile* e *Rol il mistero*, e che non avevamo precedentemente segnalato per riservarci di riprodurlo nel presente contesto.

[7] *idem*; anche Allegri, R., *Rol l'incredibile*, p. 45; *Rol il mistero*, p. 44.

Nel dire questo, voleva sottolineare che la parapsicologia, come sopra dicevamo, ritiene che vi siano soggetti più "dotati" di altri che meritano di essere studiati. Rol invece faceva capire che lui era come ogni altra persona, e che quelle *possibilità* le aveva conseguite durante il suo personale percorso di ricerca, fatto di sacrifici e momentanee delusioni. Qualche anno prima, nel 1973, dichiarava:

«Si fa gran caso dei miei esperimenti e li si vuole collocare tra i fenomeni dei quali si occupano tanti insigni studiosi di metapsichica e parapsicologia. Si vorrebbe scoprire il meccanismo: che io fornissi alla scienza sufficienti elementi per vagliarli, classificarli e forse riprodurli senza la mia partecipazione. Delusi e convinti che non v'è manipolazione, si attende da me la rivelazione di formule, di procedimenti e di conoscenze che proprio non possiedo. Sono segreti, questi, che non è dato di tramandare appunto perché segreti non lo sono affatto. Si possono invece intuire, proprio come è successo a me e ad altri»[8].

Qui Rol rigettava nuovamente l'approccio parapsicologico che voleva fare di lui un soggetto/oggetto da studiare. Rendeva praticamente vana la stessa ricerca parapsicologica, facendo capire che queste cose possono essere comprese solo guardando dentro se stessi.

Durante un esperimento a cui ebbe modo di partecipare anche il medico e parapsicologo Massimo Inardi, Lugli racconta:

«Inardi chiede a L.L. che cosa pensa della parapsicologia. La risposta, scrive L.L., per mano di Rol... [in] sostanza è questa: l'errore della parapsicologia è di pretendere il rigore scientifico su argomenti che possono essere solo soggetto di religione e di fede»[9].

Tale risposta, giunta dallo *spirito intelligente* di tal L.L., riguarda da vicino l'opinione di Rol. Il rigore scientifico cui Lugli fa cenno non è altro che l'approccio metodologico di cui abbiamo parlato, mentre la religione e la fede non devono essere intese in senso vago, ma in senso strettamente metafisico.

Nella prima puntata degli articoli su *Gente*, Rol affrontava abbondantemente la questione, a sottolineare quanto ci tenesse a prendere le distanze dalla parapsicologia. Intanto, scriveva di se stesso (si ricordi infatti che è lui a scrivere, in terza persona, anche se l'articolo è firmato da Renzo Allegri):

«I vari fenomeni del paranormale che i parapsicologi cercano di studiare ora in una persona ora in un'altra, in Rol sono tutti presenti e si verificano con frequenza quotidiana»[10].

Questa sorta di autocertificazione non deve essere vista come un espressione di vanità, quanto come una pura e semplice constatazione oggettiva. Rol giudicava se stesso dal di fuori, dicendo esattamente quello

---

[8] Lugli, R., *G. Rol. Una vita di prodigi*, cit., p. 4.

[9] *ibidem*, p. 72. Inardi non parla di questo esperimento in nessuno dei suoi articoli e capitoli dedicati a Rol.

[10] cfr. nota seguente.

che era. A differenza di tutti i "sensitivi" studiati dai parapsicologi, che manifestavano una o poco più di una *possibilità* e solo in occasioni saltuarie, egli le manifestava tutte (estensione nello spazio) e sempre (estensione nel tempo).

Più avanti proseguiva:

«Non c'è studioso al mondo di parapsicologia o di problemi del genere che non lo conosca. Su di lui sono stati scritti volumi. Alcuni anni fa è stato organizzato un congresso internazionale per studiare i fenomeni che egli realizza.

Hans Bender, il più famoso parapsicologo vivente, professore all'Università di Friburgo, è venuto diverse volte a trovarlo a Torino e ha dichiarato di essere pronto a dedicare alcuni anni della sua vita per studiare Rol; Einstein, di fronte ai suoi esperimenti, applaudiva battendo le mani come un bambino.

"Assistendo alle operazioni paranormali di Gustavo Rol", ha scritto Massimo Inardi nel suo libro *Dimensioni sconosciute* "si ha l'impressione di trovarsi di fronte a un uomo che sia tale soltanto per l'aspetto fisico e per il comportamento ordinario nella vita di relazione e di società. Vi sono dei momenti in cui si ha l'impressione di essere in presenza di un essere che reca in sé possibilità che sembrano andare al di là dell'umano, o almeno al di là di quei confini che si assegnano, nella limitatezza delle attuali conoscenze e delle ipotesi razionali, all'umano e alla natura umana".

"Ho una certa e piuttosto lunga esperienza dei fenomeni paranormali" ha scritto il parapsicologo dottor Giorgio Di Simone dopo un incontro con Rol "ma è la prima volta che ho avuto modo di constatare in un vivente l'eccezionale potenza di azione della mente sulla materia".

Cinque anni fa gli americani avevano offerto a Rol un contratto favoloso se andava a fare i suoi esperimenti nei loro club di parapsicologia: Rol ha rifiutato. Non vuole ricevere troupe televisive e cinematografiche che vengono da tutto il mondo. Non vuole pubblicità»[11].

A proposito dei parapsicologi che Rol citava in questo articolo, Allegri ha scritto:

«[Rol] Citava tre studiosi: Hans Bender, Massimo Inardi e Giorgio Di Simone.

Si trattava di tre studiosi di parapsicologia al di fuori della mischia e al di sopra di ogni sospetto in quanto ricercatori affermati anche in campi strettamente scientifici.

Hans Bender era allora professore all'Università di Friburgo, in Germania, e direttore della Società per la parapsicologia e settori affini della psicologia della medesima università. Laureato in medicina, lettere e filosofia, con un curriculum di altissimo livello internazionale, Bender

---

[11] Rol, G.A., (Allegri, R.), *Mentre è a Torino lo fotografano in America*, Gente, 05/03/1977, pp. 11-12; anche in Allegri, R., *Rol l'incredibile*, pp. 26-27; *Rol il mistero*, pp. 22-23; *Rol il grande veggente*, pp. 45-46.

era il più autorevole scienziato in grado di giudicare Rol e Rol era felice di essere da lui stimato.

Massimo Inardi era diventato molto popolare in Italia per la sua partecipazione alla trasmissione televisiva *Rischiatutto*, ma era un medico e studioso della parapsicologia con criteri scientifici che si ispiravano a quelli di Bender. E lo stesso va detto per Giorgio di Simone, che oltre a interessarsi di parapsicologia, con rigorosi criteri scientifici, era anche professore universitario di architettura all'Università di Napoli.

Molti altri studiosi si erano interessati a Rol, esprimendo pareri a lui favorevoli, ma aveva voluto citare costoro perché rappresentavano con serietà e competenza, grazie anche ai loro titoli accademici, la parapsicologia scientifica»[12].

Il commento di Allegri è certamente condivisibile. Occcorre aggiungere che Rol nello stesso articolo citava anche Gastone De Boni, all'epoca direttore della rivista *Luce e Ombra*, definendolo «medico e famoso studioso dei fenomeni del paranormale». De Boni su Rol aveva espresso i seguenti giudizi:

«Il caso Rol è di sommo interesse parapsicologico»[13].

«Certamente egli è uno dei più grandi sensitivi viventi»[14].

«Ho incontrato le personalità più straordinarie della parapsicologia... ma Rol è la più straordinaria di tutte»[15].

Nell'articolo di *Gente* brillano invece per la loro assenza i nomi di altri due parapsicologi, piuttosti noti, che si erano occupati e avevano scritto di Rol a vario titolo. Sono il comandante Nicola Riccardi e il dottor Piero Cassoli. Le ragioni di questa omissione saranno analizzate più avanti, insieme ad alcune loro affermazioni. Anticipiamo solo che Rol aveva buone ragioni per non parlare di loro. Nell'articolo di *Gente* si trovava anche quanto segue:

---

[12] Allegri, R., *Rol. Il grande veggente*, pp. 53-54.

[13] AA.VV. *Dibattito sui fenomeni provocati dal Dr. Rol*, Metapsichica, A.I.S.M., Milano, gen.-giu. 1970, p. 20. Il dr. De Boni, medico chirurgo laureatosi all'università di Padova nel 1932, è stato uno degli studiosi più importanti della parapsicologia italiana. Ha diretto la rivista *Luce e Ombra* dal 1946 al 1986, anno della sua morte. Attualmente fa parte del comitato direttivo di questa rivista specialistica anche Paola Giovetti. Quest'ultima aveva tra l'altro scritto di Rol come di «un personaggio e una fenomenologia che resteranno certamente unici nella storia della parapsicologia» (Lugli, R., *G. Rol. Un vita di prodigi*, p. 13). Dal nostro punto di vista, non possiamo che aggiungere e ribadire che Rol andava ben oltre la parapsicologia.

[14] Riccardi, N., *Operazioni psichiche sulla materia*, Luce e Ombra, Verona, 1970, p. 110.

[15] *apud* Lugli, R., *Il prodigioso "viaggio nel tempo" vissuto come in un sogno colorato*, La Stampa, 24/09/1972, p. 3. Jacopo Comin in una lettera del 26/12/1972 a Di Simone (pubblicata in *Oltre l'umano*, p. 104) riferisce che De Boni, con il quale aveva parlato, «è convinto che si tratta del più grande sensitivo che oggi esista e forse uno dei maggiori di tutti i tempi». La cosa è tanto più interessante se si pensa che De Boni ha incontrato Rol poche volte, forse solo due.

«"Perché" domando "rifiuta sempre di discutere di queste sue particolari facoltà extrasensoriali?"

"Non mi rifiuto per principio" risponde Rol. "Ma non mi va di parlare di me stesso e di queste cose. Inoltre, questa è una materia molto delicata che si presta a errate interpretazioni e a speculazioni di ogni genere.

Certo, ci sono anche studiosi che si avvicinano a queste manifestazioni con estremo interesse e hanno fatto della parapsicologia un motivo di ricerche serie, apportando un positivo contributo allo studio dell'inconoscibile".

Gli faccio notare che qualcuno di questi studiosi, dopo averlo avvicinato ed essere rimasto sbalordito per la ricchezza dei fenomeni osservati, si è rammaricato per il fatto che egli non consenta di sottoporre la sua sconcertante personalità a uno studio scientifico approfondito.

"La ragione vera del mio rifiuto" dice Rol "è che io non sono affatto in grado di disporre di 'queste cose' a mio beneplacito. Anzi, quando tento di volerle, mi sento immediatamente inibito. Io agisco d'impulso, come sotto la spinta di un suggerimento che suscita in me una specie di gioia indescrivibile. Tutto quello che mi viene di fare è spontaneo, e diretto a beneficio di qualcuno o fatto per una qualche ragione che il tempo poi rivelerà"»[16].

Questa precisa ed esauriente spiegazione se la prende con il metodo scientifico e con il modo in cui parapsicologi e scienziati vorrebbero "analizzare" Rol, costringendolo a prove ripetitive che egli non sarebbe in grado di soddisfare. Poiché le ragioni sono qui ben spiegate da Rol, e siccome molto vi sarebbe da svolgere su questo aspetto psicologico, peraltro fondamentale della "meccanica" stessa degli esperimenti, crediamo opportuno rimandarlo ad un nostro prossimo lavoro, dove sarà trattato esaurientemente.

L'anno successivo agli articoli di *Gente*, Rol ribadisce nuovamente gli stessi concetti in una lettera inviata al quotidiano *La Stampa*:

«Ho sempre protestato di non essere un sensitivo, un veggente, medium, taumaturgo o altro del genere. È tutto un mondo, quello della Parapsicologia, al quale non appartengo anche se vi ho incontrato persone veramente degne ed animate da intenzioni nobilissime. Troppo si scrive su di me e molti che l'hanno fatto possono dire che mi sono lamentato che si pubblichi una vasta gamma di fenomeni e mai ciò che esprimo nel tentativo di dare una spiegazione a queste cose indagando su come e perché si producono certi meravigliosi eventi»[17].

In questo caso Rol voleva sottolineare come non approvasse una eccessiva attenzione ai fenomeni, e questo è esattamente ciò che ci si aspetterebbe da un vero maestro spirituale. La parapsicologia pone invece i fenomeni in primo piano.

---

[16] Rol, G.A., (Allegri, R.), *Mentre è a Torino...*, cit., p. 12; anche in Allegri, R., *Rol l'incredibile*, p. 45; *Rol il mistero*, pp. 44-45; *Rol il grande veggente*, p. 48.

[17] Rol, G.A., *La Scienza non può ancora analizzare lo Spirito*, cit., p. 3.

In molte altre occasioni Rol negherà qualsiasi definizione formulata dai giornalisti o dai parapsicologi nei suoi confronti. In una lettera del 1987 al mensile *Astra* scriveva:

«Non faccio che ripetere di non essere un veggente, né un sensitivo né un indovino e neppure un parapsicologo»[18].

A Renzo Allegri, val la pena riportarlo nuovamente, aveva detto:

«"Ma è sicuro che io sia importante per la sua inchiesta? Io sono una persona qualsiasi. Non ho niente a che vedere con i medium, i guaritori, gli spiritisti che lei intervista. Quello è un mondo lontano dalla mia mentalità. I miei modesti esperimenti fanno parte della scienza. Sono cose che in un futuro tutti gli uomini potranno realizzare. Non vedo come possa inserirmi nella sua inchiesta. Quando si parla di me, non voglio che si adoperino mai termini come mago, medium, sedute spiritiche, aldilà e cose del genere"»[19].

Remo Lugli invece gli chiese:

«"Non vuole essere chiamato mago, sensitivo, medium. Che cos'è allora?"

[Rol:] "Le rispondo con quanto ha detto Fellini, che la parola mago ha un significato oscurantista che proprio non mi si addice. Non credo di essere un medium nel senso letterale della parola e neppure un sensitivo. Forse posseggo doti di una intuizione molto profonda ed istintiva e di questo mi sono accorto fin da quando ero ragazzo"»[20].

Luigi Bazzoli, sulla *Domenica del Corriere*, scriveva nel 1978:

«Ma dunque chi è Rol? Lui dice: "Sono un uomo normale. Come tutti". Sbaglierebbe chi interpretasse la sua ritrosia come una posa. Rol è tanto convinto della propria 'normalità' da guardare al mondo del paranormale con distacco. Uno sprovveduto, che l'aveva osservato smaterializzare la rosa rossa davanti a sé, incapace di contenere lo sbalordimento l'aveva chiamato mago. Rol lo fulminò con un'occhiata terribile. Né medium né mago; né chiaroveggente, né guaritore. Con sottile ironia ammette: "Sono Rol. Punto e basta"»[21].

Sempre sulla *Domenica del Corriere*, l'anno successivo Bazzoli scriveva:

---

[18] Bazzoli, L., *Gustavo Rol ci ha scritto*, Astra, 01/08/1987, p. 89. È l'unica occasione in cui Rol nega anche di essere «un parapsicologo». Questo perché due mesi prima su *La Stampa* un giornalista aveva scritto, in relazione alla presentazione del film di Fellini *Intervista* a Torino: «Il regista ha voluto accanto a sé Augusto Rol, il parapsicologo suo grande amico» (06/06/1987, p.14). Nella lettera ad *Astra* Rol ha voluto rispondere a quell'errore, che era accompagnato, come si vede, anche dal nome errato.

[19] Allegri, R., *Rol l'incredibile*, p. 18; *Rol il mistero*, p. 12.

[20] Lugli, R., *L'altro mondo è in mezzo a noi*, cit.. A proposito di quanto aveva detto Fellini: in *Giulietta degli spiriti* (Cappelli editore, 1965, p. 38) Tullio Kezich chiedeva al regista: «Da come ne parli mi pare che consideri Rol un vero mago». Fellini rispondeva: «La parola ha un timbro medioevale e oscurantista che non si addice al personaggio. Prima ancora di essere un mago è un uomo meraviglioso, un'anima bella».

[21] Bazzoli, L./Pieggi, B., *Né medium né mago: sono Rol*, Domenica del Corriere, 23/03/1978, p. 25.

«...oggi c'è chi lo definisce medium, chiaroveggente, mago e via via con tutte le cianfrusaglie di quel mondo parapsicologico che va tanto di moda in questi tempi. Ma Rol non è niente di tutto ciò: quello che riesce a compiere avviene nel modo più naturale...»[22].

A Dino Buzzati Rol aveva detto:

«"Non sono un mago. Non credo nella magia... Tutto quello che io sono e io faccio viene di là (*e indicava il cielo*), noi tutti siamo una parte di Dio... E a chi mi domanda perché faccio certi esperimenti rispondo: li faccio proprio a confermare la presenza di Dio..."»[23].

In una lettera indirizzata a Tullio Regge e pubblicata su *La Stampa* nel 1986, Rol scriveva:

«Io non sono un sensitivo né un medium e non ho mai voluto che si legasse il mio nome alla magia, allo spiritismo ed alla Parapsicologia»[24].

Dovrebbe quindi essere chiaro come Rol non avesse alcuna intenzione di venir confuso con quei "soggetti" abitualmente presi in considerazione dalla ricerca parapsicologica, vale a dire medium, sensitivi, etc.. Da un punto di vista sia qualitativo che quantitativo, Rol si staglia al di sopra di tutti costoro, sia per le sue *possibilità*, sia come uomo. Ma non è tanto questo il punto. Quanto proprio perché egli era *diverso*, un uomo che aveva conseguito il *risveglio*, l'*illuminazione* e la *liberazione*, un autentico maestro spirituale che di se stesso poteva dire solo ciò che non era, ma non poteva dire *chi* era. Non poteva dire: «Io sono un maestro», o «Io sono un illuminato». Che cosa ne avrebbe pensato il suo interlocutore? Il rischio di venire frainteso o di essere preso per un presuntuoso, per non dire un megalomane, è evidente. E questo ci fa venire in mente qualcosa che risale a due millenni fa: «Disse loro: "Voi chi dite che io sia?"» (Mt 16, 15). Lo stesso Rol un giorno aveva chiesto a Maria Luisa Giordano: «"Dimmi, dimmi, chi sono io?"»[25].

Se Rol fosse vissuto in India o in Cina o in Giappone sarebbe stato riconosciuto come Maestro, persino venerato. In Occidente, non esistendo più una figura del genere non è stato possibile riconoscerlo per quello che era. Rare le eccezioni, la più significativa delle quali è certamente la presentazione che ha fatto di lui il regista Franco Zeffirelli alla trasmissione televisiva *Domenica In*, l'11 gennaio 1987:

«Vorrei lasciare la parola a un uomo eccezionale, talmente eccezionale che non non lo si può definire con parole – si può dire quello che non è. Gustavo Rol è un uomo che Dio ha mandato fra di noi per renderci migliori, per esaltare in noi stessi quelle capacità spirituali che

---

[22] Bazzoli, L., *Rol l'incredibile. L'uomo più misterioso del mondo*, Domenica del Corriere, 17/01/1979, p. 151. Nella didascalia di una foto a p. 153 troviamo anche scritto: «Rol rifiuta ogni accostamento a spiritismo e a spiegazioni parapsicologiche».

[23] Buzzati, D., *Un pittore morto da 70 anni ha dipinto un paesaggio a Torino*, Corriere della Sera, 11/08/1965, p. 3.

[24] Rol, G.A., *Scienziati e sensitivi, perché così nemici?*, La Stampa, 11/07/1986 p. 3.

[25] Giordano, M.L., *Rol mi parla ancora*, Sonzogno, Milano, 1999, p. 143. L'autrice aggiunge: «Non potei che rispondergli: "Sei e sarai sempre un mistero"».

Dio ci ha consegnato e che purtroppo il mondo non aiuta sempre a valorizzare. Non è un mago, non è un veggente, non è uno che si occupa di spiritismo, ma è semplicemente un grande illuminato».

Dal nostro punto di vista, questa è la testimonianza più corretta e al tempo stesso autorevole che sia stata data su Gustavo Rol. Nessuno è stato così efficace in così poche parole come Zeffirelli, e nessuno dei testimoni è stato anche così sicuro di ciò che diceva. Vi si erano avvicinati Buzzati e Pitigrilli. Il primo aveva scritto:

«...non è un mago, come possiamo definirlo? il Maestro? l'Illuminato? il Sapiente? il superuomo?». E poi: «Colpisce invece in Rol, che a sessantadue anni ne dimostra almeno dieci di meno, una vitalità straordinaria e gioiosa. Insisto sulla serenità e l'allegrezza che ne emanano. Qualcosa di benefico che si irraggia sugli altri. È questa la caratteristica immancabile, almeno secondo la mia esperienza dei rari uomini arrivati, col superamento di se stessi, a un alto livello spirituale, e di conseguenza all'autentica bontà»[26].

Pitigrilli in una dedica scriveva: «A Gustavo Adolfo Rol che cammina come un illuminato sulla geografia dell'inconoscibile e della relatività»[27].

Anche il giornalista Luigi Bazzoli intuisce come collocare Rol: «Come definirlo? L'illuminato, il Maestro, il Saggio? O forse l'Iniziato, colui che attraverso lunghe, difficili esperienze è riuscito a comprendere la sfera del divino, superando quella banalmente sensitiva?»[28].

Queste parole di Bazzoli sono davvero appropriate: infatti tra l'essere *sensitivo* e l'essere *illuminato* c'è una grandissima differenza, e su molti livelli. Come ci era capitato di far osservare sul nostro sito internet, definire Rol "sensitivo" è un po' come definire Albert Einstein un "ricercatore": evidentemente lo scienziato tedesco era ben più di un semplice ricercatore.

Bazzoli è anche uno dei pochi ad usare il termine «Iniziato»[29], che può senz'altro valere per Rol, quando inteso in senso lato e non in senso stretto, visto che non era stato iniziato da un maestro specifico, ma era un "auto-iniziato" (come il principe Gautama Siddharta, il Buddha) anche se aveva beneficiato dei consigli di esponenti religiosi sia cattolici che orientali.

---

[26] Buzzati, D., *Un pittore morto da 70 anni...*, cit.

[27] apud Lugli, R., *Il prodigioso "viaggio nel tempo"...*, cit.. La dedica è riportata anche nel libro di Lugli (*G. Rol. Una vita di prodigi*, p. 175), ma manca la parte finale «e della relatività».

[28] Bazzoli, L., *Rol l'incredibile. L'uomo più misterioso del mondo*, cit., p. 152.

[29] Lo aveva fatto alcuni mesi prima di lui l'editore e scrittore Piero Femore, fondatore della libreria *Campus* in Torino, su *La Stampa* (*Il dottor Rol, mago dei maghi che riuscì a strabiliare Fellini (oggi è inavvicinabile)*, 13/03/1978, p. 7), che aveva scritto: «Ci aspettavamo un mago e trovammo un saggio. Oppure, come definirlo?, un Maestro, un Iniziato. Sicuramente un uomo che comunica un senso di protezione e di bontà». Questo articolo è molto simile a quello scritto da Buzzati per il *Corriere* 13 anni prima. L'autore era d'altronde presente alla stessa seduta di Buzzati (dove è citato come «il giovane editore F.».) E probabilmente Bazzoli ha adattato da lui la frase che abbiamo riferito.

E a proposito di iniziazione[30] ci viene in mente cosa scrisse il dottor Massimo Inardi (il brano seguente è in terza persona):

«Queste affermazioni [*di Di Simone*, n.d.r] potrebbero bene adattarsi a quanto è stato dato di vedere e provare, nei giorni 30, 31 maggio e 1° giugno 1975, all'autore di queste note, al quale Rol, dopo vari tentennamenti e per il fattivo e tenace interessamento di un comune amico, Luigi Veglio, concesse il privilegio di assistere ai suoi straordinari esperimenti, pur non risparmiandogli cortesi ma piccanti strali polemici che si appuntavano alla figura di "non iniziato" all'osservazione dei fenomeni rolliani, ma più ancora a quella di un cultore di parapsicologia. Rol dice a tal proposito che i suoi esperimenti non interessano la parapsicologia e la scienza, ma investono le possibilità "animistiche" proprie di ogni uomo (...)»[31].

Inardi ha solo dimenticato di aggiungere «attuale» dopo «la scienza», visto che per Rol la «scienza di domani» sarà in grado di spiegare ciò che non può ancora fare oggi.

Vedremo fra breve altre interessanti opinioni di questo studioso. È importante però sapere anche chi era, visto che le opinioni spesso hanno un peso a seconda di chi le esprime. Egli infatti non fu solo un medico e uno studioso di parapsicologia, argomento sul quale ha scritto diversi libri, oltre ad essere stato direttore della rivista *Metapsichica* (insieme a Ettore Mengoli) e direttore del Centro Studi Parapsicologi di Bologna (insieme a Piero Cassoli). Ma soprattutto è diventato molto noto all'inizio degli anni '70 come super-campione del quiz televisivo *Richiatutto*, una delle più famose trasmissioni della storia televisiva italiana, condotta da Mike Bongiorno. Egli si presentò come esperto di musica classica (soprattutto di Brahms) vincendo per sei settimane consecutive (dal 02/12/1971 al 19/01/1972) e vincendo poi anche la finalissima dei campioni (delle prime tre edizioni) il 10 giugno 1972, con la cifra record di 48 milioni di lire[32]. Ma al di là della cifra, che per quei tempi era esorbitante (oggi non stupirebbe più di tanto), Inardi ripondeva a tutte le domande senza mostrare alcuna esitazione, senza dubbi, tra lo stupore generale. Tanto che alcuni pensarono che potesse leggere nel pensiero, vista anche la sua esperienza come parapsicologo.

Lo ha ricordato ancora di recente lo stesso Mike Bongiorno, al quale è stato chiesto, in una intervista ad un settimanale: «Qual è stato "il" concorrente per eccellenza dei suoi quiz?», e lui ha risposto: «"Massimo Inardi, l'esperto di parapsicologia. Fece epoca perché, al *Rischiatutto*, vinse la cifra più alta che mai era stata data. In una puntata addirittura

---

[30] Non essendovi qui spazio per trattare l'argomento, consigliamo chi sia interessato ad approfondimenti seri l'opera di René Guénon, *Considerazioni sull'iniziazione* (Luni, Milano, 1996).

[31] Inardi, M., *Gustavo Adolfo Rol. Il favoloso personaggio che da solo costituisce un'antologia delle capacità paranormali*, in: *Dimensioni sconosciute*, SugarCo, Milano, 1975, p. 158.

[32] Circa 350.000 euro nel 2007.

hanno fatto fare le domande non a me ma alla Sabina, perché credevano che lui mi leggesse nel pensiero"»[33].

Si disse che Inardi era dotato in realtà di una memoria prodigiosa. Certo è curioso che pochi anni prima (aprile 1967) avesse conosciuto Rol, e che all'inizio del 1970, insieme a Cassoli, la relazione di quell'incontro fu riferita nel primo numero di *Quaderni di parapsicologia*, bollettino informativo del Centro Studi Parapsicologici di cui era condirettore. Rol non ne era rimasto entusiasta, come vedremo più avanti. Alla fine del 1971 Inardi era a *Rischiatutto*. Che Rol abbia voluto intervenire per fare di Inardi qualcosa di più che un campione? Quante centinaia di concorrenti ha conosciuto in vita sua Mike Bongiorno? Eppure, a 35 anni di distanza, si ricordava ancora con stupore di Inardi. A noi invece non stupirebbe l'ipotesi che Rol abbia potuto trasformare Inardi nel concorrente per eccellenza della storia televisiva italiana, influenzando anche la sua prospettiva in merito a certe *possibilità* e a certi misteri che trascendono l'uomo. Con questo non intendiamo negare a Inardi le sue qualità[34], ma solo ipotizzare che se Rol avesse voluto, avrebbe potuto "agire a diistanza" aiutandolo (a sua insaputa), come dimostrano decine di altri casi in cui egli *fa dire ad altre persone cose che non possono sapere*. D'altro canto è interessante il fatto che Inardi, che aveva controfirmato nel 1970 la relazione di Piero Cassoli in *Quaderni di parapsicologia*, che si era espresso con una certa prudenza nel valutare Rol, non solo prenderà successivamente una posizione netta a suo favore, ma diverrà anche, insieme a Di Simone, uno dei pochi parapsicologi (e uno dei pochi testimoni in generale) ad aver capito di lui alcune cose fondamentali. Curioso infine che il primo articolo che egli scrisse su Rol, sul *Resto del Carlino*, fosse datato 10 giugno 1975, ovvero nel terzo anniversario della sua epocale vittoria a *Rischiatutto*. Ecco cosa scrisse:

«Nei giorni passati ho avuto il privilegio di avvicinare per tre sere di seguito uno dei soggetti più interessanti, enigmatici e conturbanti oggi esistenti in Italia e nel mondo: il dott. Gustavo Adolfo Rol, il quale da

---

[33] Dalla Vecchia, A., *Tanti auguri Mike*, Tv Sorrisi e Canzoni, n. 22, 2007, p. 39. Sabina Ciuffini era la valletta di *Rischiatutto*. Fu anche attraverso Inardi che la famiglia Bongiorno sentì parlare di Rol, come anche da Fellini. Giulietta Masina è stata la madrina di battesimo del secondogenito di Mike, Nicolò, il quale nel 2006 ha realizzato il bel documentario *Gustavo Rol. I confini dell'anima* (Buendia Film). Sul rapporto tra Mike Bongiorno e Massimo Inardi, cfr. l'autobiografia del conduttore televisivo (curata proprio dal figlio Nicolò) *La versione di Mike*, Mondadori, Milano, 2007, pp. 217-219. Sulle qualità "telepatiche" di Inardi cfr. per esempio gli articoli del *Corriere della Sera* del 10/06/1972, p. 15 (*Rischiatutto laurea stasera il supercampione*; e *Tutti puntano sul mago*) e dell'11/06/1972, p. 17 (*Inardi fulminea vittoria*; e soprattutto *Il «mago» è bravissimo ma non sarà telepatia?*).

[34] Oltre per le sue doti mnemoniche aveva colpito la sua iniziativa, del tutto inedita, di devolvere la vincita di una puntata – seguita a quanto pare da ben 30 milioni di persone – a un bambino di 7 anni bisognoso di un trapianto di rene. Inardi era specialista in medicina legale e medicina del lavoro. Cfr. per esempio: Ranieri, G., *Inardi è stanco*, Epoca, 16/01/1972, pp. 76-79.

quasi 50 anni è protagonista di fatti talmente incredibili da renderlo quasi una leggenda agli occhi sia del pubblico che degli studiosi e tale da essere difficilissimo avvicinarlo. Dal 1927 Rol costituisce una specie di antologia o di enciclopedia di fatti paranormali (...).

Quando Rol "lavora" si ha la sensazione di essere di fronte ad un fenomeno vivente dalle doti senza limiti, senza dimensioni e davvero senza frontiere: ci si sente piccoli ed impotenti di fronte a cose che hanno del sovrumano o addirittura del "non umano". Egli si esibisce con semplicità e con costanza come se per lui far vedere ciò di cui è capace fosse cosa da niente, ma sprezza apertamente gli studiosi ed i parapsicologi, in quanto li ritiene inetti a recepire il suo "messaggio", che ritiene troppo alto e spirituale per essere capito dai non iniziati e soprattutto per essere studiato. Egli lavora e basta, tenendosi per sé il suo segreto, che per lui, segreto non è in quanto lo considera patrimonio di ogni uomo che abbia intuito la sua realtà e che tale realtà, in quanto proveniente da Dio stesso, può essere rivelata ad ogni uomo che se ne renda degno con l'elevatezza dello spirito, con la rettitudine, con l'onestà e col dispregio delle cose terrene. Il suo è un messaggio che si rivolge agli uomini e non alla scienza, per cui solo nell'intimo dell'uomo che lo ha recepito esso potrà trovare la sua sede naturale di comprensione o di intuizione e solo da un siffatto uomo potrà trovare la sua estrinsecazione visibile e tangibile.

Ho assistito ad esperimenti strabilianti. È certo che stando vicino a Rol si ha l'impressione che l'uomo possa avere limiti e dimensioni ben più ampi di quelli che ad esso si sogliono assegnare, ma nel contempo si ha l'impressione di trovarsi di fronte ad un essere che di umano ha solo l'aspetto fisico e il comportamento, nonché il cuore: tutto il resto pare andare al di là di ogni concezione terrena delle possibilità umane»[35].

Non possiamo che condividere queste appropriate considerazioni. In *Dimensioni sconosciute*, che uscirà nell'ottobre dello stesso anno e di cui abbiamo già citato un breve brano più sopra, Inardi scriverà:

«Rol si esibisce in circoli ristretti, davanti a persone qualificate o da lui adeguatamente preparate, perché teme che la notorietà e la propaganda intorno al suo nome ed alle sue capacità possano snaturare il messaggio morale che il suo lavoro porta con sé, col risultato di renderlo meno puro e meno elevato. È perciò che egli vive isolato e schivo del prossimo e del mondo, in quella solitudine di cui parlava Di Simone, solitudine che non è sdegno o volontario sprezzo del mondo, ma perfetta coscienza del pericolo di perdere un tesoro che – diffondendolo a chi non è pronto a riceverlo – potrebbe essere incompreso o malcompreso, senza lasciare un'impronta valida e giusta.

Egli considera il mondo non preparato, per lo più soltanto curioso, alla ricerca di sensazioni più o meno epidermiche, per cui lo evita o esita ad accostarvisi con frequenza, concedendo ai non iniziati soltanto delle dimostrazioni semplici ed isolate che egli suole definire le "aste" o da

---

[35] Inardi, M., *Parapsicologia*, Il Resto del Carlino, 10/06/1975, p. 16.

"prima elementare", accuratamente selezionando le persone ed i gruppi con i quali approfondire e progredire con la propria opera di preparazione morale e spirituale.

È in tale contesto umano, psicologico e spirituale che G.A. Rol si muove. (...).

Anche Hans Bender, il cattedratico di Parapsicologia di Friburgo, ha partecipato alle sedute di Rol, ricavandone una impressione talmente straordinaria e sconvolgente da arrivare perfino a dichiarare che avrebbe dedicato un anno della sua vita a studiarlo, se lui glielo avesse permesso. Naturalmente Rol non glielo ha permesso. Egli non fa alcuno strappo alla sua regola ed ai suoi principi morali ed umani e non fa parzialità con nessuno, proprio per quel suo non dar valore di scienza a quello che fa[36]. Egli afferma che è bene che il suo segreto rimanga tale e muoia con lui, piuttosto che essere incautamente rivelato, potendo divenire strumento non più di bene e di elevazione morale, bensì di male, di speculazione, di interesse e di lucro. Nel dire questo, però, aggiunge di aver già scelto la persona alla quale lascerà tutto ciò che costituisce il segno della sua attività, perché di tale persona (una signora torinese) si fida e ne ha fatto la sua erede spirituale, preparata e pronta come ella è a seguito di adeguata "iniziazione", a ricevere e conservare il suo "messaggio"[37]. (...).

Nell'incontro di otto anni fa[38] l'autore ebbe ad assistere ad una sola serata di prestazioni del soggetto e subito ne ammirò l'intelligenza, l'elevatezza morale, la cultura e la giovanile energia di tutto il suo essere. Da allora nulla è apparentemente cambiato: la stessa agilità di mente, la stessa vivezza di dialogo, la stessa arguzia talora anche tagliente, la stessa incrollabile fede nei propri principi. Nel medesimo tempo, lo stesso disprezzo per la scienza [*attuale*, n.d.r.] o per le discipline parapsicologiche, le quali – secondo Rol – sarebbero del tutto inutili per tentare di spiegare ciò che non è possibile razionalmente spiegare[39] perché manca questa necessità, dato che è tutto chiaro e lampante, tutto si trova nel profondo di tutti e può essere raggiunto solo penetrando in se

---

[36] Nel senso della scienza "profana", cioè quella di oggi, mentre la scienza di Rol è *scienza sacra* (quella di ieri, e di domani...).

[37] La persona a cui si fa riferimento è la misteriosa *Alda* di cui parleremo più avanti. È l'unica persona che Rol abbia veramente visto come sua erede spirituale. Per evitare qualsiasi fraintendimento, diciamo sin d'ora che *Alda* non ha mai scritto libri né ha concesso interviste a periodici.

[38] Nel 1967.

[39] La questione è un po' più complessa: la *scienza sacra* può essere compresa sia percorrendo la strada della ragione, che percorrendo quella dell'intuizione (che corrispondono rispettivamente alla *via secca* e alla *via umida* degli alchimisti). La fine del percorso corrisponde a una sintesi *super-razionale* di ragione-intuizione che al tempo stesso trascende entrambe. È questa condizione che «non è possibile razionalmente spiegare».

stessi, in un costante atteggiamento di umiltà, di equilibrio, di rettitudine, di sicura e profonda ricchezza di doti spirituali»[40].

Inardi ribadisce poi «quel suo costante disprezzo per tutto ciò che sa di spiritismo, di medianità o di parapsicologia»[41], dicendo di se stesso che «assisteva ormai quasi più senza meraviglia e perfettamente cosciente delle estreme possibilità paranormali dell'operatore (...)»[42].

E si vede che Rol deve aver insistito molto su questi temi, perché più avanti nel suo scritto rimarca:

«Una semplice antologia delle operazioni rolliane (e non il racconto intero delle sue imprese di mezzo secolo) richiederebbe interi volumi[43], per cui il quadro che verrà dato qui sarà certamente una pallida idea di ciò che l'Uomo è capace di produrre. Il "ritratto" che verrà fuori da queste note sarà insufficiente e solo di scorcio; anche la storia completa di Rol resterà fra le cose che non verranno mai scritte, dato l'atteggiamento rigidamente negativista dell'Uomo, il quale dichiara di disinteressarsi nella maniera più completa che il mondo o la scienza sappiano o si tramandino nel tempo ciò che egli ha fatto e fa[44]. "Sono esperimenti elementari – egli dichiara – ma servono solo a stabilire che, essendo parte di Dio, noi abbiamo poteri immensi sulla materia, alla quale, se sappiamo farlo o lo facciamo nell'ambito dell'ordine morale, siamo in grado di comandare qualunque cosa".

Quando Rol parla, fa una serie di affermazioni che hanno dell'inverosimile, ma sono ormai molte migliaia le persone che hanno potuto constatare come – osservando questo uomo enigmatico e quasi

---

[40] Inardi M., *Dimensioni sconosciute*, cit., pp. 159-162.
[41] *ibidem*, p. 164.
[42] *ibidem*, p. 175.
[43] Se ciò era vero nel 1975, che le testimonianze scritte su Rol erano assai poche, lo è maggiormente oggi. Allo stato attuale (01/01/2008), nell'ambito delle 49 classi da noi individuate, si contano 963 fenomeni racchiusi in 714 episodi. Non è escluso che in futuro se ne possa trarre una pubblicazione enciclopedica a sé stante.
[44] Questo risponde a coerenti principi metafisici: trattandosi di *conoscenze millenarie acquisite*, non ha alcuna importanza che vengano divulgate "il più presto possibile". Ciò che conta, è che vengano divulgate nel momento in cui gli esseri umani sono pronti con la mente e con il cuore ad accoglierle. Rol si rendeva comunque conto che questo momento era alle porte e nonostante la sua indifferrenza a che «il mondo o la scienza sappiano o si tramandino nel tempo ciò che egli ha fatto e fa», ha anche affermato: «Eppure so che di me, della mia dottrina, sopravviveranno le cose essenziali. Le assicuro che non andranno perdute. Una scintilla è sufficiente ad accendere il fuoco, e questa scintilla non si spegnerà con me: ho motivo di crederlo» (Rol, G.A. (Allegri, R.), *Sul foglio bianco appaiono tante piccole figure*, Gente, 09/04/1977, p. 67; Allegri, R., *Rol l'incredibile*, p. 86; *Rol il mistero*, p. 95; *Rol il grande veggente*, p. 172); «C'è profondo in me il desiderio di lasciare alla mia morte una dottrina che consenta di conoscere l'esistenza del proprio spirito e di adire ad esso» (Lugli, R., *L'altro mondo è in mezzo a noi*, cit., 1986). Cfr. anche le affermazioni sulla *scienza di domani* a p. 196

favoloso – di inverosimile per lui non ci sia nulla e che tutto sia, al limite, semplice, piano e facile»[45].

Quindi conclude:

«Sono pur sempre considerazioni ed osservazioni proprie dello studioso, forse "non iniziato" e non preparato al "messaggio" rolliano, ma sempre dello studioso che vorrebbe, con tutte le sue forze ed il suo desiderio, cercare di penetrare oltre il velo delle apparenze per conoscere più a fondo ed anche soprattutto per amare ed apprezzare sempre di più un uomo le cui doti infinite e generose di fratellanza, di aiuto e di amore verso il prossimo sono senza limiti e ormai proverbiali per chi lo conosce a fondo e le cui infinite ed impensabili capacità e doti paranormali forse non lasceranno traccia nel futuro, stante la personale maniera di pensare di quel formidabile, incredibile, conturbante ma anche enigmatico personaggio, la memoria delle imprese del quale potrebbe rappresentare per l'umanità oltre ad un qualcosa di scientifico, anche un qualcosa di utile e di costruttivo sulla strada della evoluzione e del perfezionamento dell'umanità, che egli afferma essere lo scopo che informa ed ha informato tutta la sua vita»[46].

Con queste parole Inardi aveva capito davvero bene Rol. Il suo racconto è anche importante se messo in relazione all'opinione espressa da un altro parapsicologo, il dottor Piero Cassoli, che nel 1967 era andato con lui a conoscere Rol e ad assistere ad una serata di esperimenti, a casa del dottor Franco Bona a Torino. Sia Inardi che Cassoli conobbero Rol in questa occasione, ma se il primo ebbe modo di reincontrarlo nel 1975, al secondo non fu data una seconda possibilità. Le ragioni possono riscontrarsi in parte nei contenuti della relazione dell'incontro (stesa prevalentemente da Cassoli e pubblicata nel 1970), in parte dal fatto che Rol lo riteneva una persona immatura e non degna di assistere ancora alla sue dimostrazioni. Diciassette anni più tardi, nel 1987, non essendo riuscito nell'intento di poterlo incontrare nuovamente, e frustrato in tutte le sue aspirazioni "scientifiche", mise in dubbio l'autenticità di ciò che faceva Rol in una seconda relazione, pubblicata l'anno seguente. Questa relazione è oggi strumentalizzata dagli scettici per dire che anche un famoso parapsicologo aveva dubitato di Rol.

Vediamo brevemente alcuni passaggi di entrambe le relazioni, così da fornire altri elementi utili a capire perché Rol si dichiarava estraneo alla parapsicologia, e capire le ragioni *vere* dei dubbi di Cassoli. Ecco come comiciava lo scritto del 1970, controfirmato anche da Inardi:

«*Premesse*. Negli ultimi anni si è parlato e scritto molto su Gustavo Adolfo Rol di Torino. Se ne è scritto sui giornali di vario tipo e qualcosa è stato scritto anche su Riviste specializzate. Purtroppo non ci consta che, finora, qualche persona qualificata abbia potuto esaminare questo

---

[45] Inardi, M., *Dimensioni sconosciute*, cit., pp. 168-169. Le «molte migliaia» di persone di cui parla Inardi forse sono all'origine delle considerazioni esagerate fatte da Allegri di cui abbiamo già parlato.
[46] *ibidem*, pp. 181-182.

soggetto in condizioni sperimentali soddisfacenti. Con "persona qualificata" intendiamo studiosi in parapsicologia che siano "qualificati" con loro precedenti indagini e lavori, o competenti in illusionismo che si siano avvicinati a lui con l'intendimento di smascherare eventuali "trucchi", nel senso più lato del termine.

Pertanto, anche se lo abbiamo esaminato una sola volta, crediamo doveroso di riferire ciò che abbiamo visto e le nostre prime impressioni. Naturalmente avremmo preferito esaminare il Dr. Rol altre volte e in condizioni sperimentali migliori e avremmo preferito parlarne con maggiore cognizione: ma purtroppo sembra che il Dr. Rol rifiuti una sperimentazione in tal senso. È bene pertanto da qualche parte (e "qualificata") si facciano note le perplessità e i dubbi che su tale soggetto gravitano. E soprattutto sia detto che quello che finora è stato fatto è assolutamente insufficiente per inserire a qualsiasi titolo il Dr. Rol fra soggetti paranormalmente dotati. (Anche se c'è l'eventualità che il Rol sia uno dei più formidabili medium della storia della PP)»[47].

Come si vede, Cassoli mette subito le mani avanti per salvaguardare il cosiddetto "metodo scientifico", per il quale controlli rigorosi a discrezione degli esaminatori sarebbero indispensabili. Da un punto di vista *metafisico tradizionale*, l'unico che deve essere applicato al "caso Rol", le pretese di Cassoli erano semplicemente ridicole, oltreché presuntuose. Egli si comportava come un professore che pretende di esaminare chicchessia sulla base delle sue convinzioni e dei suoi parametri. Nei confronti di Rol egli era meno che un allievo, eppure si comportava come se avesse il diritto di dettare le regole del gioco. Se Rol rifiutava una sperimentazione alle condizioni di Cassoli, allora significava, secondo il parapsicologo, che Rol aveva qualcosa da nascondere, ovvero che forse temeva che qualcuno scoprisse i suoi presunti trucchi. Questo in effetti è il capro espiatorio a cui si sono attaccati tutti gli scettici e i presunti "razionalisti" per sostenere che Rol probabilmente era un illusionista. Quale altra ragione potrebbe esserci, infatti, per rifiutarsi di sottoporsi, "per il bene dell'umanità", a controlli che potrebbero fare la fortuna di molti ricercatori in carriera...?

Il presunto bene all'umanità, nei modi e nei termini pretesi da questa gente, è appunto solo presunto. Essi non conoscono cosa sia la *scienza sacra* né le tradizioni che si tramandano da millenni, né hanno idea di come certe conoscenze non possono, sia per la loro complessità che per i loro "effetti collaterali", essere volgarizzate a beneficio di chi ha solo interessi personali o comunque ignora le implicazioni e le conseguenze della loro divulgazione errata. Nessuno affiderebbe la gestione o la progettazione di una centrale nucleare ad un incompetente in materia. E la competenza per poter essere fatti partecipi di certe conoscenze e delle loro applicazioni non ha a che vedere con l'aver studiato qualche libro,

---

[47] Cassoli, P.; Inardi, M., *Gustavo Adolfo Rol (Nota preliminare)*, Quaderni di Parapsicologia, n° 1, 26 Gennaio 1970, p. 16. Su quest'ultima frase, cfr. più avanti nota 53.

ma è ben più selettiva. Essa deve poter includere numerosi piani di preparazione, il più importante dei quali è la rinuncia a qualsiasi forma di interesse personale, comprese quelle forme di autopropaganda che vanno tanto di moda oggi nella *New Age*.

La relazione di Cassoli illustra poi i vari esperimenti svoltisi durante la serata. Qui il tono del discorso muta rispetto all'introduzione, e l'entusiasmo per ciò che il parapsicologo si trova ad osservare è piuttosto evidente, con frequenti punti esclamativi a indicare lo stupore e lo sconcerto, fino a scrivere addirittura:

«La cosa ha talmente del demoniaco, del magico, che quasi "per scaricarmi" faccio scongiuri con le dita atteggiate a corna. Rol allora mi rimprovera serenamente e mi invita a 'non fare gesti del genere...; dove (lui pensa) interviene semmai la divinità, per dare prova semplice e convincente dell'esistenza dei poteri dello spirito'. Mi scuso»[48].

La cosa fa tanto più ridere se si pensa all'atteggiamento di razionalista che Cassoli ha voluto darsi. Il rimprovero di Rol non poteva che essere scontato, ma dalla sua spiegazione Cassoli non ha tratto alcun insegnamento, visto che la mette in dubbio con quel «lui pensa» tra parentesi.

Cassoli infatti si è sempre dichiarato agnostico, lo ha fatto ancora con noi al telefono nel 2001, quando lo contattammo per aver un suo parere "aggiornato" sul "caso Rol". Di certo questo era uno degli ostacoli per poter entrare nella cerchia degli amici di Rol.

Tra le cose di rilievo che il parapsicologo ha scritte in questa relazione vi è anche la seguente:

«...il mazzo, su cui si svolgeranno poi i fatti che vi diremo, è mescolato, scelto, tagliato da uno di noi; poi tenuto dinanzi a noi e mai toccato da Rol durante le manovre sull'altro mazzo»[49].

Poiché Cassoli ha assistito quella sera prevalentemente a esperimenti con le carte (al primo incontro, Rol si limitava generalmente a questi esperimenti; le carte erano l'*abc* indispensabile per passare a sperimentazioni di ordine superiore) e stando a questa sua precisa dichiarazione, non si capisce poi su che cosa abbia potuto esprimere dei dubbi. Un prestigiatore, come è noto, per poter truccare le carte deve poterle manipolare (o averle manipolate in precedenza). Tutti i testimoni di Rol (compreso lo scrivente) concordano nel riferire che lui le carte non le toccava nemmeno[50], e che assai spesso i mazzi erano nuovi e portati dagli ospiti[51]. Alla fine della relazione Cassoli scive:

---

[48] *ibidem*, p. 21.

[49] *ibidem*, p. 20.

[50] Cosa che hanno confermato anche i prestigiatori che lo hanno conosciuto. Cfr. per es. quanto afferma il dr. Giuseppe Vercelli: «Per quanto riguarda gli esperimenti io non dissi mai a Rol che facevo parte del *Circolo Amici della Magia* di Torino. Mi dilettavo nella prestidigitazione. E lui faceva spesso degli esperimenti di carte. La cosa curiosa è che lui non toccava queste carte. E questo è assolutamente certo, anche perché io in quel momento avevo un occhio critico. Quindi la cosa che mi ricordo di più, che più era evidente, che mi sorprendeva, mi divertiva... era proprio che queste carte venivano spesso

«*Proposte di ulteriori metodologie di sperimentazione:* È sufficiente ben poco a nostro parere per portare la sperimentazione, così come Rol la effettua, con semplicità e col pensiero sempre rivolto ai dubbi di chi lo segue, a un punto tale da dichiararsi soddisfatti delle cosiddette "Condizioni Sperimentali" e per dichiararle sufficienti.

Basta che Rol effettui l'esperimento (...):

a) dichiarando precedentemente che cosa si ripropone di far accadere e di far vedere;

b) che accetti di non toccare il mazzo su cui si svolge in genere l'accadimento paranormale;

c) che accetti che due macchine cinematografiche riprendano da due posizioni l'esperimento;

d) e se vorrà aiutarci veramente, che accetti di sperimentare con mazzi nuovi ed intonsi, procurati da noi e con libri procurati da noi.

Siamo del parere che tutta la fenomenologia debba svolgersi senza grandi mutamenti, così, come Rol si è abituato. Crediamo cioé che debba svolgersi uno speciale rituale, durante il quale Rol entra in sintonia con l'ambiente e con le carte... Bisogna che l'esperimento gli prenda la mano, che lo guidi "lui" ("lui", l'esperimento). Quindi possiamo persino pensare che Rol neppure possa preannunciare quello che avverrà. Possiamo quindi rinunciare, almeno in principio, alla prima richiesta. Restano però, irrinunciabili, le altre 3»[52].

Come si vede, qui c'è tutta la presunzione dello studioso che ha come unico scopo la soddisfazione delle sue esigenze, ed è del tutto assente quell'atteggiamento di umiltà e apertura, e soprattutto di pazienza, che sarebbe auspicabile nei confronti di quello che, nelle parole dello stesso Cassoli, potrebbe essere «uno dei più formidabili medium della storia della PP»[53]. Dopo un solo incontro (che Inardi, nel 1975, dirà «fugace»)

---

trovate girate al contrario, pur lui non toccandole, e io di questo sono assolutamente certo» (in: Bonfiglio, M., *Rol. L'uomo, il mistero, la vita*, regia M. Leone, Aries s.r.l., Rivarolo Canavese, 2005 – documentario DVD).

[51] Un esempio che possiamo fare tra gli innumerevoli, e che è ancora inedito, ci è stato raccontanto dal prof. Gianluigi Marianini: «Una volta d'estate andai a trovare Rol. Mi disse: "Prima di venire, compra due mazzi di carte". Passai da un tabaccaio e presi due mazzi di carte, regolarmente sigillate. Sono quindi andato da lui, e mentre stavo per entrare in casa sua mi disse all'improvviso: "Fermati lì, sulla porta di casa", e io pensavo ci fosse una bestiolina, non so, una tartaruga, un gatto, qualcosa che potessi pestare, e invece lui voleva che non mi avvicinassi, perché, in relazione a quanto poi avvenne, io non avessi l'impressione che lui avesse fatto un gioco di prestigio. "Quale carta preferisci" mi chiese, e io dissi una carta a caso: "Fante di fiori" e al che lui disse: "Apri i due mazzi". Ebbene, erano 52 fanti di fiori per ogni mazzo».

[52] *ibidem*, p. 25.

[53] Una frase che certo fece irritare Rol, visto che "medium" non lo era affatto. È però assai significativo che Cassoli abbia fatto una affermazione del genere dopo un solo incontro con lui, e dopo aver visto soltanto le "aste". Si comprende quindi in che modo possano considerare Rol quei testimoni continuativi, magari decennali, che hanno avuto prove ben più vaste e sconcertanti. Non a caso, noi consideriamo Gustavo uno dei più grandi *illuminati* della storia. Altro che "medium"!

Cassoli pretende che Rol si metta al suo servizio e alle sue condizioni. Ed è per questo che egli non otterrà più di essere ricevuto, non avendo tra l'altro la possibilità di vedere almeno una volta l'ambiente "magico" dell'abitazione di Gustavo Rol. Dovrà invece limitarsi a leggere le descrizioni entusiaste di chi in quella casa aveva avuto la fortuna di essere ospitato, compreso lo stesso Inardi, del quale certamente sarà stato parecchio invidioso.

Non ci soffermeremo qui sulla contestazione particolareggiata dei tre o quattro punti «irrinunciabili» di Cassoli, anche perché è un argomento che ci porterebbe sulla spiegazione approfondita dei meccanismi psicologici e neuronali (al di là di quelli strettamente iniziatici), materia che per essere esauriente deve essere trattata con dovizia di particolari. Ci riserviamo di farlo in un prossimo lavoro. Per intanto, e così da rimanere nell'ambito dei giudizi generali dei parapsicologi, possiamo citare quanto scriveva Di Simone nel 1970 su *Informazioni di parapsicologia* (2/1970), che si trova anche nel suo libro alle pp. 40-41:

«Il dottor Piero Cassoli e il dottor Massimo Inardi, nella loro *"nota preliminare sul dottor Rol"*, enunciano quattro punti che dovrebbero essere accettati dal sensitivo torinese per rendere scientificamente accertabili e rigorosi gli esperimenti. Essi sono: 1) che Rol dichiari precedentemente che cosa si propone di far accadere e di far vedere; 2) che accetti di non toccare il mazzo su cui si svolge in genere l'evento paranormale; 3) che accetti che due cineprese riprendano da due posizioni diverse l'esperimento; 4) che accetti di sperimentare con mazzi nuovi ed intonsi procurati dagli indagatori.

... Per quanto mi riguarda – testimonio il comandante Riccardi –, il punto 2 e il punto 4 sono stati soddisfatti. Sul punto 1 si può dissentire, nel senso che proprio in virtù di quanto ho scritto prima, il dottor Rol è parzialmente condizionato dal suo "metodo" a schema armonico e che, sovente, l'idea del tipo di esperimento gli balena al momento. D'altra parte, il controllo del punto 1, se ho ben capito le intenzioni del dottor Cassoli e del dottor Inardi, servirebbe ad escludere il caso (ed un certo margine di eventuali manipolazioni); ritengo però che le cose che accadono con Rol escludano automaticamente, secondo la Matematica Probabilistica, tale possibilità. Per quanto riguarda il punto 3, la richiesta tenderebbe a neutralizzare un eventuale fatto di tipo ipnotico suggestivo ed a ricontrollare fotogramma per fotogramma lo svilupparsi del fenomeno ... Da parte mia escludo nel modo più assoluto l'intervento di fatti ipnotico-suggestivi (ai quali ho subito pensato), anche per la semplice ragione che sono riuscito a realizzare a casa mia alcuni semplici esperimenti (si fa per dire!) sulla scorta delle mie osservazioni e delle intuizioni avute»[54].

---

[54] Il fatto che l'autore, per conto proprio, fosse «riuscito a realizzare... alcuni semplici esperimenti» rientra, ad un tempo, nell'ambito del *trasferimento temporaneo di possibilità* che era una delle prerogative di Gustavo Rol, e in quello di una *eco* via via decrescente del margine di successo di questi esperimenti, quanto più ci si allontana *dall'evento*

Su queste ultime affermazioni, possiamo senz'altro credere a Di Simone. Anche a noi, in certe condizioni, è capitato di riuscire a realizzare le "aste", anzi, le aste delle aste, dove una carta casualmente scelta nel mazzo n. 1 veniva trovata, con un procedimento *complesso e del tutto casuale*, nel mazzo n. 2. È quanto in effetti specifica più avanti (p. 41) l'autore: «Per ben quindici volte (su un totale di circa 70 prove) sono riuscito (da solo o facendo maneggiare il mazzo di carte *da altri*) a determinare *a priori* la posizione di una carta campione (scelta in un secondo mazzo, secondo il sistema usato da Rol)».

Le nostre esperienze invece avvennero senza che le cercassimo, in modo del tutto inaspettato e solo con la concomitanza di nostri amici a cui intendevamo mostrare lo *schema armonico* della procedura, in quelle occasioni in cui ci è capitato di parlare degli esperimenti di Rol.

Tornando al "protocollo Cassoli", troviamo un commento in proposito da parte di Leo Talamonti, in una intervista del 1981. Lo scrittore, riferendosi a un incontro con il parapsicologo Mackenzie, dice:

«L'ultima volta che lo vidi non mi disse che poche parole a proposito di un articolo nel quale due studiosi avevano messo in dubbio le facoltà parapsicologiche del dott. Rol di Torino, a cui si faceva carico di non volersi prestare ad accertamenti d'ordine medico e fisiologico, oltre che di non voler ripetere i suoi prodigiosi esperimenti in presenza di una cinepresa. "Sarebbe – mi disse solo questo – come se da un geniale compositore si pretendesse che improvvisi una sinfonia nel corso di una ripresa cinematografica": e poi richiuse gli occhi. Una riflessione semplice e definitiva, piena di implicazioni per chi si occupi seriamente di problemi di metodo in parapsicologia»[55].

Non possiamo che essere pienamente d'accordo. La dimensione artistica e creativa è determinante per la realizzazione di questi esperimenti. *Ispirazione, intuizione* e *improvvisazione* sono ingredienti fondamentali della "meccanica rolliana". Un atteggiamento di freddo distacco e vagamente inquisitorio da parte dei controllori inibisce completamente qualsiasi disposizione creativa, nello stesso modo in cui un uomo si ritrova impotente sessualmente quando l'aspettativa "performante" nei suoi confronti si fa vincolante del suo destino affettivo. Quando si vuole, nulla si ottiene. Lo diceva Rol, ma lo potrebbe testimoniare qualunque artista (o qualunque uomo affetto da impotenza sessuale). Anche su questo, avremo occasione di ritornare, perché è una delle chiavi di lettura fondamentali per comprendere Rol e i suoi esperimenti.

---

iniziale (la *sessione sperimentale* di Di Simone con Rol) e quanto più diminuisce l'influenza da esso esercitata. Si tratta cioè del passaggio dal *caso assoluto* a quello del *caso relativo*, dal *brahman* al *saṁsāra* della tradizione indù, da non-duale al duale, dall'incondizionato al condizionato, dall'infinito al finito, dall'Essere al divenire, e così via...

[55] Garzia, P., *Intervista con Leo Talamonti*, Luce e Ombra, n. 2, apr.-giu. 1981, pp. 89-90.

Aggiungiamo solo che quelli come Cassoli (per esempio Piero Angela) assumevano nei confronti di Rol il ruolo della "donna castrante".

Veniamo ora alla seconda relazione del 1987, scritta da Cassoli vent'anni dopo il suo incontro con Rol. L'occasione di riparlare di lui gli venne data dalla pubblicazione del libro di Renzo Allegri *Rol l'incredibile*, a proposito del quale dice che «i fenomeni riferiti sono tanto vari e complessi da assommare in sé ogni tipo di fenomeno psi: dall'immobilizzazione e morte di un calabrone nell'aria, alla predeterminazione della caduta dei dadi giocati da ignoti e inconsapevoli giocatori, alla compenetrazione della materia (apporti ed esporti), ai viaggi nel futuro e nel passato.

Senza alcuna ironia il dire che Rol riassume in sé i concetti che abbiamo dell'onnipotenza, non sarebbe una imperdonabile esagerazione. Se poi aggiungiamo che questi fenomeni sono costanti nell'arco di almeno 40 anni c'è di che pensare che non solo Rol abbia poteri che non furono dati a nessun altro medium o sensitivo, ma che stia contraddicendo ad uno dei punti su cui quasi tutti concordiamo, in quanto a fenomenologia fisica: che cioè essa è temporanea e tende a scomparire con il passare dei mesi (poltergeist) o degli anni (grande medianità)»[56].

Si ricorderà il commento precedente del 1970 e quanto abbiamo detto. È già bastato il solo libro di Allegri, per portarlo ad affermazioni, almeno in linea teorica, ancor più significative da parte di chi ha una estesa conoscenza della casisitica "parapsicologica". E sarebbe interessante sapere quale sarebbe stata la sua opinione se egli oggi avesse avuto di fronte la fenomenologia complesssiva tratta da tutte le fonti bibliografiche[57]. Ma il suo giudizio è importante: in poche parole egli dichiara che Rol «riassume in sé i concetti che abbiamo dell'onnipotenza», «abbia poteri che non furono dati a nessun altro medium o sensitivo», e «che stia contraddicendo ad uno dei punti su cui quasi tutti concordiamo», ovvero che la «fenomenologia fisica... è temporanea e tende a scomparire» con il passare del tempo. Egli tuttavia, invece di trarne le dovute conseguenze, ovvero che Rol era uno dei rari uomini *illuminati* e un maestro spirituale autentico del più alto livello – e che quindi per l'appunto nulla aveva a che vedere con la parapsicologia – si spinge invece nell'altra direzione, sostenendo che un tale stato di cose poteva essere ammissibile solo se Rol fosse stato un mistificatore:

«Nella mia pubblicazione (già precedentemente citata) [*quella del 1970, n.d.r.*] mi chiedevo se mi ero trovato davanti ad un grande medium, il più grande, oppure davanti ad un grande illusionista. Oggi propendo nettamente per la seconda interpretazione senza essere sicuro ovviamente di essere nel vero e fondando la mia diagnosi più sulla analisi psicologica

---

[56] Cassoli, P., *La «medianità» di G.A. Rol: fatti e commenti da un libro di Renzo Allegri*, in *Quaderni di Parapsicologia*, Atti della 5° "Giornata Parapsicologica Bolognese", 9-10 Maggio 1987, Vol. 19, 1988, pp. 11-12.

[57] Piero Cassoli è morto nel 2005.

del comportamento del soggetto che sulle testimonianze. Per quanto anche queste mi inducano alla stessa conseguenza»[58].

Che l'analisi di Cassoli fosse errata non abbiamo dubbi. Il fatto stesso che manchi qualsiasi riferimento alla tradizione metafisica, ai suoi rappresentanti e a ciò che alcuni di loro poterono compiere, dimostra quanto essa sia stata limitata. Se inoltre, come dicevamo prima, oggi Cassoli avesse a disposizione il quadro complessivo della fenomenologia rolliana, converrebbe *oggettivamente* che l'ipotesi illusionistica è semplicemente priva di senso.

Le ragioni comunque della sua ipotesi sono largamente influenzate da un fattore ben poco scientifico e razionale: la sua frustrazione. Quella per non aver potuto reincontrare Rol, e quella di non aver potuto fare di lui la dimostrazione vivente del campo di studi a cui aveva dedicato la sua vita. Ogni scienziato, o supposto tale, coltiva tra i suoi sogni quello di fare una qualche scoperta eccezionale e di passare alla storia, magari vincendo anche un premio Nobel (con ricadute economiche personali non indifferenti). Che Rol rappresentasse per Cassoli il "soggetto paranormale" *par excellence*, in grado di soddisfare tutte le sue aspirazioni scientifiche e di giustificare gli studi di tutta la sua vita è abbastanza chiaro, ed anche umanamente comprensibile. Scrive infatti:

«Noi diciamo – e qui mi conforta l'opinione di tanti altri studiosi – che i fenomeni che Rol produce sono fenomeni parapsicologici, sono gli stessi fenomeni che da ormai più di cento anni la Ricerca Psichica studia cercando di dimostrarne la realtà. E Rol, forse, potrebbe farlo in un modo, credo, definitivo».

E poi:

«La richiesta che gli è stata fatta da tante parti – noi siamo stati fra i più insistenti, negli anni 70! – è diventata pressante e ineludibile, dopo le poche righe dissacranti di Piero Angela (1978) e le sue trasmissioni televisive».

Ineludibile? Si può essere più presuntuosi? Ma andiamo avanti:

«[I parapsicologi] *hanno bisogno* che i fenomeni siano dimostrati in modo incontrovertibile: ne hanno bisogno per giustificare anni, decadi, secoli di ricerca».

E ancora:

«Ricordo che, durante il nostro unico incontro, gli dissi che noi studiosi del paranormale vivevamo come paria entro l'ambito della Scienza, come coloro che in fin dei conti e purtroppo non avevano ancora dimostrato in modo incontrovertibile l'esistenza dell'oggetto della loro ricerca. Rol sarà generoso, disinteressato e fondamentalmente buono ma non ha fatto assolutamente nulla per aiutare i parapsicologi. A me le sue motivazioni appaiono abbastanza chiare, dopo tanti anni passati a trattare con i protagonisti di questo camaleontico mondo che è la Parapsicologia: *Rol non può convincere gli scettici altrimenti lo avrebbe già fatto.*

---

[58] Cassoli, P., *La «medianità»...*, cit., p. 19.

Quest'uomo che dovrebbe potere confondere con tanta facilità i Piero Angela, i Garattini, una Hack così acida nel suo aggressivo negativismo... e tanti altri che tentano di ridicolizzarci, se fosse realmente buono e capace, avrebbe già dato prova concreta delle sue capacità»[59].

Tutto ciò ci riporta con la mente di nuovo a duemila anni fa:

«Il tentatore allora gli si accostò e gli disse: "Se sei Figlio di Dio, dì che questi sassi diventino pane"» (Mt 4, 3).

«Se tu sei Figlio di Dio, scendi dalla croce! "» (Mt 27, 40).

«I farisei e i sadducei si avvicinarono per metterlo alla prova e gli chiesero che mostrasse loro un segno dal cielo. Ma egli rispose: "(...) Una generazione perversa e adultera pretende un segno, ma nessun segno le sarà dato se non il segno di Giona profeta"» (Mt 12, 39; 16,1-4).

Ma la presunzione di Cassoli era in buona compagnia di altri che prima di lui avevano espresso opinioni analoghe, come il già citato Angela, o lo psichiatra Franco Granone, che in una lettera indirizzata a *La Stampa* a commento di un appello a Rol del giurista Carlo Arturo Jemolo, che gli chiedeva di "convincere gli scettici" (lettera a cui lo stesso Cassoli fa riferimento nella sua relazione), aveva scritto:

«È un vero peccato che queste persone dotate di possibilità non comuni, si sottraggano all'esame della scienza, o che gli scienziati li rigettino dai loro laboratori. Valide quindi le preghiere del prof. Jemolo alle quali mi associo: ma se il dott. Rol non le volesse esaudire cosa dovremo pensare?»[60].

Al che Rol, due settimane dopo, nel rispondere a Jemolo replicava anche a Granone:

«Il prof. Granone si chiede: se io non dovessi rispondere alla sua richiesta, che cosa si dovrebbe pensare di me?

Sono io, piuttosto, che non so come giudicare le parole di questo uomo di scienza col quale non ho mai avuto contatti e nelle cui espressioni trovo una larvata minaccia che non comprendo come ed in che cosa possa colpirmi, dal momento che non ho interessi personali da difendere se non quelli di una filosofia che neppure mi appartiene»[61].

Tornando alla frustrazione di Cassoli, ecco altri passaggi significativi:

«Aggiungo amaramente che a Torino non ci sono mai più tornato, perché i miei reiterati tentativi di continuare una ricerca che avrebbe

---

[59] *ibidem*, pp. 17-19. Silvio Garattini, farmacologo, e Margherita Hack, astronoma, sono insieme a Piero Angela alcuni dei fondatori del CICAP (1989), il Comitato Italiano per il Controllo delle Affermazioni sul Paranormale (che noi abbiamo soprannominato *Comitato Inquisitore per la Condanna delle Affermazioni sul Paranormale*, vista la sua natura scettica a priori).

[60] Granone, F., *Nuovo Invito a Rol: "Non rifiuti di collaborare con gli scienziati"*, La Stampa, 18/08/1978, p. 2.

[61] Rol, G.A., *La Scienza non può ancora analizzare lo Spirito*, cit.; facciamo qui notare, a tutti coloro che credono che la "teoria" di Rol sia "nuova", le sue stesse parole: «*una filosofia che neppure mi appartiene*». A cui aggiungiamo: «La mia dottrina non è mia, ma di colui che mi ha mandato» (Gv 7, 16).

potuto diventare per me e per altri fondamentale fu sistematicamente vanificata dallo stesso Rol. Dopo qualche tempo smisi di inviargli direttamente o indirettamente i miei segnali di richiesta...»[62].

Cassoli avrebbe dovuto chiedersi perché invece Inardi e Di Simone furono nuovamente invitati. In un altro brano tratto da una relazione del 1969 Cassoli e la moglie Brunilde, in merito al loro unico incontro, raccontano:

«Con noi, quella sera, Rol fece solo giochi con le carte. Scherzava garbatamente con noi, che avremmo gradito vedere qualcuno di quegli esperimenti straordinari di cui tante persone, degne del massimo rispetto, avevano scritto e raccontato. "Questa sera no", diceva, "questa sera facciamo solo cose da 'prima elementare'".

Era mattina, ormai, quando lasciammo la casa del dottor Franco B[ona] e salutammo Rol. La nostra ammirazione era palese, qualunque fosse stata la natura di ciò che avevamo visto per quattro ore consecutive: illusionismo o paranormalità. Lo ringraziammo con calore, esprimendogli il nostro desiderio di ritornare. Non pensavamo certo che non l'avremmo più rivisto. Sarebbero stati pochi e semplici gli accorgimenti, le varianti alla metodologia seguita da Rol, per stabilire con un certo margine di certezza se si trattava di trucchi o di facoltà paranormali. A Torino non ritornammo più. Evidentemente non eravamo stati graditi»[63].

Qui i Cassoli sembrano comprendere che le ragioni del successivo "rifiuto" di Rol erano dovute in qualche modo al loro comportamento, ovvero ad un atteggiamento troppo materialista. I Cassoli non furono più invitati non certo perché scettici, visto che lo stesso Piero dice che «la nostra ammirazione era palese», e che «potevamo solo dire che quanto avevamo veduto quella sera aveva del miracoloso»[64].

La moglie Brunilde scrive inoltre che «i "giochi" (o "esperimenti") avevano un fascino magico innegabile»[65] e sintetizza così il "caso Rol":

«Ciò che egli offriva allo sguardo di chi aveva la fortuna di vederlo all'opera era al di là di ogni attesa e di ogni immaginazione: tutto quello che allora uno studioso di para psicologia poteva desiderare di vedere, Rol lo produceva a comando, con regolarità, semplicità, continuità

---

[62] Cassoli, P., *op. cit.*, p. 14.

[63] Cassoli, B. e Righettini, P., *Gustavo Adolfo Rol: grande medium o grande illusionista?*, in: *Un sole nascosto*, Phoenix Editrice, Roma, 1999, p. 135. Il libro di cui è co-autrice Brunilde Cassoli racconta la storia del CSP di Bologna. Il titolo del capitolo è giustificato così nel testo: «Nella relazione che fu pubblicata nel 1970 sul n. 1 dei *Quaderni*, molti [esperimenti] sono stati descritti minuziosamente e altrettanto fu fatto, con l'aiuto di proiezioni, durante la conferenza che Cassoli e Inardi tennero per i soci del Centro il 10 marzo 1969, conferenza dal titolo abbastanza espressivo: "G.A. Rol, grande medium o grande illusionista?"». Ci permettiamo qui di rispondere: nessuno dei due, ma *Grande Illuminato*. Certamente il titolo di questa conferenza non deve aver favorito un secondo incontro con Rol...

[64] *ibidem*, p. 136. L'esperienza del Cassoli riguardava solo le carte e la lettura in libri chiusi. Cosa avrebbe detto se avesse visto anche tutte le altre *possibilità* di Rol?

[65] *ibidem*, p. 133.

sbalorditive. La speranza era che un giorno si sarebbe lasciato sperimentare. In questo caso, se i risultati sperimentali avessero confermato quanto l'aneddotica (anche nostra) andava riferendo, si sarebbe potuto dire che un solo soggetto, nella storia della ricerca psichica, poteva stargli alla pari: Daniel D. Home[66]. Ma purtroppo Rol non credeva fosse giunto il momento di offrirsi a quel tipo di sperimentazione che, solo, lo poteva realmente porre sul piano della validità scientifica internazionale. Pertanto in quel periodo convinceva soltanto chi aveva la fortuna di vederlo operare: per noi il caso Rol restava tristemente "sospeso"»[67].

Piero Cassoli completa queste considerazioni:

«Sono ormai passati almeno quarant'anni dall'inizio dell'attività di Rol. È poco probabile che quello che non è riuscito a nessuno fino ad ora – predisporre cioè esperimenti controllati – possa venire realizzato in futuro. Rol ha sempre rifiutato qualunque controllo o verifica. Ai futuri storici della parapsicologia non resteranno che gli "aneddoti" che ci sono stati riferiti da testimoni non qualificati nella ricerca specifica.

E questo libro [di Allegri, n.d.r.] rimarrà forse come una delle raccolte più importanti e complete di questi "aneddoti"»[68].

Come abbiamo detto, la bibliografia complessiva è di gran lunga superiore a quanto si trova nel libro di Allegri, che oltretutto quanto a "liste" di prodigi è stato largamente superato sia da quello di Lugli (1995), che da quello del giornalista Maurizio Ternavasio (2003)[69].

Troviamo inoltre che sia piuttosto scorretto parlare di «"aneddoti" che ci sono stati riferiti da testimoni non qualificati nella ricerca specifica», perché laddove questa affermazione potrebbe essere accettata in linea di principio per i testimoni "comuni", come per esempio lo scrivente, è irriguardosa verso quei colleghi dello stesso Cassoli, tutti pari grado in quanto a preparazione "parapsicologica", come Inardi, De Boni, Di Simone, Bender, Riccardi, Giovetti, Ferraro e Talamonti (per non parlare dei prestigiatori Tony Binarelli, Carlo Buffa di Perrero e Giuseppe Vercelli). E, d'altro canto, la loro testimonianza non differisce in nulla – tranne forse che per qualche descrizione più dettagliata – da quella di tutti gli altri testimoni "non qualificati", il che significa che non è risolutiva ai fini della comprensione del "caso Rol".

Continua il Cassoli:

«So che molti a questo punto penseranno: "E allora cosa stiamo a perdere tempo? Il caso Rol non è rilevante per la parapsicologia. Da un

---

[66] Daniel Dunglas Home (1833-1886), medium scozzese nato ad Edimburgo. Ci sono effettivamente delle similitudini ma anche molte differenze, non ultima lo stato di *trance* (durante la quale si producevano diversi tipi di fenomeni, il più noto la levitazione). Pur non amando fare classifiche, crediamo che in Occidente, negli ultimi 2000 anni, Rol non abbia avuto eguali.

[67] *ibidem*, p. 131.

[68] Cassoli, P., *La «medianità» di G.A. Rol..*, cit., p. 14.

[69] *Gustavo Rol. Esperimenti e Testimonianze*, L'Età dell'Acquario, Torino, 2003.

punto di vista scientifico non resterà nulla di lui nella letteratura specializzata". E potranno aggiungere: "Se oggi si discute ancora della attendibilità di una Palladino, di un Home, di uno Schneider o di una Cook che furono controllati da commissioni e da illustri studiosi perché perdere tempo con soggetti che non hanno mai accettato controlli scientifici?".

Beh, io penso che oltre alla voce esasperata e non troppo attendibile di un Piero Angela, che ha liquidato con poche righe il caso Rol (...), sia bene che si sappia che anche un parapsicologo suo contemporaneo ha sollevato pesanti dubbi sulla paranormalità dei fenomeni da lui prodotti. Ecco, siamo giunti sul punto cruciale, alla ragione del perché ho creduto di dovere stendere questa relazione. Sento Rol e i suoi amici reagire: "Rol ha sempre detto che non ha nulla a che vedere con la Parapsicologia!"»[70].

La cosa paradossale è che la scienza ufficiale non ha mai accettato i "risultati" ottenuti dalle sperimentazioni dei parapsicologi sui "soggetti dotati" «controllati da commissioni e da illustri studiosi», e quindi, da questo punto di vista, la distinzione che fa Cassoli è puramente fittizia. E non possiamo che aggiungere che un ulteriore paradosso si verificherà quando sarà proprio il "caso Rol" a fornire alla scienza gli elementi di un nuovo e straordinario paradigma scientifico, e non le ricerche di oltre un secolo della parapsicologia. Questo perché, come abbiamo già detto, essa commette un errore metodologico su più piani. Vediamo un altro brano, piuttosto eloquente:

«...quello che appare più stridente è la dissonanza fra la professione di umiltà che Rol avanza continuamente e che alcuni gli riconoscono e il "testamento di Rol" che viene riportato alla fine del libro [*di Allegri*]. Dice il dr. Gaito: "Nel suo testamento – io l'ho letto – Rol afferma di avere avuto in assoluto le prove della esistenza di Dio e di quella immortalità cui si accede soltanto con l'elevazione dello spirito". Ma quello che più mi ha deluso e amareggiato è il seguito: "(Rol) conosce di essere dotato di possibilità non comuni e di *avere fatto di tutto per illuminare gli altri*". Io voglio solo sperare che Rol, cui non so se arriverà questa mia relazione, vorrà non solo smentire la sua collaborazione al libro[71], ma vorrà smentire anche alcuni contenuti di tipo vagamente patologico come quello di avere raggiunto la prova assoluta della esistenza di Dio e della immortalità. E per quanto si riferisce alla seconda affermazione, vorrei domandargli: chi ha illuminato? Non certamente i delusi parapsicologi che si interesserebbero a lui fino alla dedizione più completa del loro tempo e delle loro competenze»[72].

Cassoli era convinto che Rol avrebbe dovuto considerarsi fortunato per avere la «dedizione più completa» da parte dei parapsicologi, mentre

---

[70] Cassoli, P., *La «medianità» di G.A. Rol..*, cit., pp. 15-16.

[71] Cosa che Rol fece un anno prima della relazione del Cassoli (cfr. l'articolo di Lugli già citato in precedenza: *L'altro mondo è in mezzo a noi*, La Stampa, 24/05/1986), il quale dimostra di non esserne a conoscenza (come del resto, per moltissime altre cose).

[72] Cassoli, P., *cit.*, pp. 18-19.

a Rol non gliene importava assolutamente niente. Non era certo questo che lui desiderava da coloro che lo avvicinavano. Non staremo a ripeterci, e quindi rimandiamo a quanto più sopra detto da Inardi a proposito del «tesoro che – diffondendolo a chi non è pronto a riceverlo – potrebbe essere incompreso o malcompreso». Ciò che però è più significativo di questo brano è, di nuovo, il rifiuto di Cassoli di qualsiasi forma di rivelazione trascendentale, cosa che testimonia una delle ragioni principali per cui Rol non ha più voluto incontrarlo. Non solo, ma si spinge fino all'insulto quando parla di «contenuti di tipo vagamente patologico», affermazione che, da un punto di vista spirituale e tradizionale, si commenta da sola[73], così come da un punto di vista scientifico, visto che Cassoli non aveva parametri sufficienti per giudicare quanto affermato da Rol. Dal nostro punto di vista, non possiamo che rispedire al mittente l'accusa, ed anzi ci spingiamo a dire, sulla base della tradizione così come della nostra esperienza, che è più probabile essere di fronte a una patologia psichiatrica nel caso dei miscredenti che non il contrario, questo per una sorta di *menomazione percettiva* da cui sono, da sempre, affetti.

Sulla questione se ne occuperà nei prossimi anni a sufficienza la *neuroteologia*, disciplina che, nella sua parte strettamente "biologica", si occupa di studiare le reazioni del sistema nervoso e del cervello durante le fasi della meditazione e della preghiera; di essa noi ci siamo ritrovati pionieri sin dal 2000, privilegiando piuttosto l'approccio metafisico a quello medico, dove il secondo sia subordinato al primo pur essendo entrambi complementari. Anche su questo, ci sarà occasione in altro studio di fare opportuni approfondimenti[74]. Nel frattempo però, possiamo anticipare una breve selezione dagli insegnamenti dei Grandi Maestri spirituali per far capire cosa intendiamo con «menomazione percettiva». Dice per esempio Gesù:

«"Sono ciechi e guide di ciechi. E quando un cieco guida un altro cieco, tutti e due cadranno in un fosso!"» (Mt 15, 14).

«"Non intendete e non capite ancora? Avete il cuore indurito? Avete occhi e non vedete, avete orecchi e non udite?"» (Mc 8, 17-18).

E il Buddha, cinque secoli prima, diceva forse qualcosa di diverso?

«"Quale uomo mai diventerebbe un Risvegliato se, simile ad un cieco guidato nella tenebra da altri ciechi, si fidasse dell'insegnamento degli altri?"»[75].

«"Questo mondo è divenuto cieco. Pochi qui vedono profondamente"»[76].

---

[73] Cfr. Guénon, R.: «...noi siamo costantemente guidati da principi i quali, per chiunque li abbia compresi, sono di una certezza assoluta» (*Errore dello spiritismo*, Luni Editrice, Milano, 1998, p. 11).
[74] Cfr. intanto il ns. sito: *www.neuroteologia.org*, così come la pagina: *www.gustavorol.org/scienzaoreligione.html* .
[75] Asvaghosa, *Buddhacarita* – IX 64 [74].
[76] Dhammapada, 13.8.

E Mosè che ne pensava?

«"Fino ad oggi il Signore non vi ha dato una mente per comprendere, né occhi per vedere, né orecchi per udire"» (Dt 29, 3).

«"Circoncidete dunque il vostro cuore ostinato e non indurite più la vostra nuca"» (Dt 10, 16).

E il profeta Isaia?

«"Non sanno né comprendono; una patina impedisce agli occhi loro di vedere e al loro cuore di capire"» (Is 44, 18).

Maometto non fu da meno e anzi, dopo mille anni di "ottusità sensoriale" ha ribadito il concetto più volte (ma è stato ascoltato?):

«Sordi, muti, ciechi! non recedono dall'errore» (Corano, II, 18).

«Quelli che non credono sono come bestiame di fronte al quale si urla, ma che non ode che un indistinto richiamo. Sordi, muti, ciechi, non comprendono nulla!» (II, 171).

«Tra loro c'è chi ti ascolta. Ma come potresti far sentire i sordi quando non intendono? Tra loro c'è chi ti guarda. Ma come potresti guidare i ciechi quando non vedono?» (X, 42-43).

«Non hanno cuori per capire e orecchi per sentire? In realtà non sono i loro occhi ad esseri ciechi, ma i cuori che hanno nei petti» (XXII, 46).

«Nel Giorno della Resurrezione li raduneremo, sordi, muti e ciechi col volto prono nel fango. L'inferno sarà la loro dimora, e quando il fuoco si affievolirà, noi lo ravviveremo» (XVII, 97-100).

«Certo non puoi far sentire i morti, e neppure far sentire ai sordi il tuo appello, quando se ne vanno voltando le spalle.

E neppure potrai guidare i ciechi fuori dal loro errore. Ti potrai far ascoltare solo da coloro che credono nei Nostri Segni e si sottomettono» (XXVII, 80-81).

Miscredenti, atei e scettici sono quelli che noi abbiamo soprannominati *menomati percettivi*. Come risulta chiaro dal Corano, «non sono i loro occhi ad esseri ciechi, ma i cuori che hanno nei petti» ed è per questo che Mosè già un millennio prima diceva di *circoncidere il cuore*, espressione meravigliosa che sarebbe auspicabile in luogo di quella della carne, che sicuramente non produce alcun risultato comparabile...

Essere puri di cuore: solo questo basterebbe come proposito quotidiano a tutti gli uomini del mondo per cambiarne definitivamente le sorti! Non c'è bisogno di leggere tutti i testi sacri o andare (per una blanda consuetudine) a messa tutte le domeniche: basterebbe seguire solo questo! Per questo Gesù è particolarmente amareggiato:

«"Ipocriti! Bene ha profetato Isaia di voi, dicendo: 'Questo popolo mi onora con le labbra ma il suo cuore è lontano da me. Invano essi mi rendono culto, insegnando dottrine che sono precetti di uomini'"» (Mt 15, 7).

E qui potremmo proseguire sull'argomento, ma non possiamo farlo ora. Torneremo tuttavia sulla *purezza di cuore* più avanti.

La relazione del Cassoli si chiude come segue:

«[Rol] Ha detto: "So che di me, della mia dottrina sopravviveranno le cose essenziali". E il dr. Gaito: "Io penso che sia un dovere far conoscere la verità su questo personaggio. Un dovere soprattutto verso le nuove generazioni, perché ritengo che in un futuro non molto lontano gli esperimenti di Rol gioveranno alla Scienza".

Non si illuda il dr. Rol. Se insisterà nel suo comportamento – e lo do per scontato che non lo cambierà – nulla di lui resterà né nella Parapsicologia e tanto meno nel campo della Scienza. E neppure, mi creda, nel campo ideologico e filosofico. Fanno grande fatica, nel tempo, a resistere alla critica ben altri soggetti che si sono messi a disposizione degli studiosi in ben altro modo. Quando fatalmente non sarà più in vita, rimarrà solo qualcosa di lui a galleggiare sul lento e poderoso fiume del sapere, poi dopo un ultimo vortice, non resterà nulla»[77].

Che Cassoli sia andato completamente fuori strada, sono a dimostrarlo le molteplici iniziative editoriali e le decine di testimonianze inedite che stanno emergendo negli ultimi anni.

Il colpo di grazia sarà dato quando la scienza di Rol sarà compresa e dimostrata, ovvero tra breve.

E la frase: «rimarrà solo qualcosa di lui a galleggiare sul lento e poderoso fiume del sapere, poi dopo un ultimo vortice, non resterà nulla» varrà invece per Cassoli e per tutti quelli che la pensano come lui, Piero Angela per primo[78].

Per loro varrà anche la seguente riflessione che si trova nel finale della relazione del 1970:

«A questo punto qualcuno potrebbe aspettarsi, da parte nostra, una qualche enunciazione interpretativa del fenomeno Rol.

Noi abbiamo troppe volte dissentito da quelli che, con poca esperienza, spesso persino con scarse letture, si avventurano nel *mare magnum* delle interpretazioni e delle teorizzazioni, spesso più per accontentare un loro inconscio bisogno di "spiegare" fatti che li turbano che per vero amore del "sapere". Siamo del parere che bisogna innanzitutto accertare i fatti e con Laplace vorremmo dire che, più grande è l'assunto, maggiori debbono essere le garanzie e le prove. Discutere su fatti, inquadrarli, interpretarli prima che siano accertati potrebbe davvero portarci ad incappare in errori madornali e squalificanti. Vorremmo che questo nostro atteggiamento di modestia e di paziente attesa da umili "servi della Scienza" – fosse più spesso adottato da chi scrive o lavora in parapsicologia».

---

[77] Cassoli, P., *La «medianità» di G.A. Rol..*, cit., p. 19.

[78] Rol ebbe a dettare a Giuditta Dembech, per il capitolo su di lui in *Quinta dimensione* (p. 258), la frase seguente: «Il tempo dimenticherà il nome di Angela, ma quello di Rol rimarrà nella storia dell'umanità». Ne siamo assolutamente convinti, e una prima anticipazione l'abbiamo avuta con quelle che ad oggi sono le due migliori trasmissioni televisive dedicate a Rol, che hanno trasmesso, in formati diversi, il documentario di N. Bongiorno: (*Rol – Un mondo dietro al mondo*), ovvero *La Storia siamo noi* (Rai Tre, 26/12/2007) e su *History* Channel. Non possiamo non convenire con questa sincronicità: la storia siamo noi... direbbe Rol...

Questo augurio Cassoli avrebbe dovuto rivolgerlo a se stesso, lui che di pazienza ne ha avuta ben poca, che non ha accertato oggettivamente i fatti e che, di conseguenza, è incappato in errori madornali e squalificanti.

Prima di tornare ai giudizi positivi dei parapsicologi su Rol, occorre qui citare l'opinione di un altro studioso, il dr. Emilio Servadio, che condivide quanto espresso da Cassoli. La cosa non sorpende, visto che si tratta di persona che non ha mai incontrato Rol, quindi il suo scetticimo è praticamente scontato, pur propendendo a ritenere Rol autentico. Su *Il giornale dei misteri* nel 1994 scriveva:

«È morto a oltre 91 anni, lasciando una miriade di ricordi, di sbalordimenti e di rimpianti, Gustavo Rol, leggendario "uomo del mistero".

Anche coloro che non l'anno mai avvicinato sapevano dei suoi "prodigi": veggenza, pitture "precipitate", lettura in libri chiusi, carte manipolate dal pensiero e altro ancora.

Che cosa rimane di tutto ciò? Di fenomeni che avrebbero potuto costituire un patrimonio prezioso, un documento "definitivo" a favore della parapsicologia, una dimostrazione senza appello di una realtà paranormale? La risposta è amara: niente.

Rol non ha mai accettato una convalida sperimentale del "fenomeni". Diceva che essi, avendo un'origine spirituale, non erano di competenza della scienza e della tecnologia. Al riguardo fu sollecitato indirettamente anche dal sottoscritto: il quale prevedeva che le "meraviglie" di Rol sarebbero rimaste nel ricordo di qualcuno, senza alcun retaggio o acquisizione documentata da parte dei posteri. Era una previsione facile, che si è puntualmente avverata[79]. Chiediamoci: che importanza, nel campo della conoscenza scientifica, di quella parapsicologica, di quella spirituale[80], potranno avere, fra cinquant'anni le "meraviglie" di Rol? Rimangono infinite testimonianze: libri, articoli, resoconti verbali a non finire. Che valore possono avere? Alle *performances* di Rol hanno assistito individui qualsiasi e personaggi famosi. Tra questi ultimi, Saragat, Fellini, Buzzati, Agnelli, Pitigrilli... Tutte persone – è da ammettere – completamente ignare di illusionismo, e quindi del tutto

---

[79] Proprio come Cassoli, Servadio non riconosce implicitamente la testimonianza data da suoi colleghi (Di Simone, Inardi, etc.). E anche lui si trova nel paradosso in cui, nonostante la presunta «acquisizione documentata» di altri casi, nessun parapsicologo ha mai dimostrato incontrovertibilmente la realtà dei "fenomeni paranormali". Quanto al fatto che per Rol essi «non erano di competenza della scienza e della tecnologia», la sua posizione l'abbiamo chiarita più sopra, ovvero la scienza a cui egli si riferiva era quella «attuale» il cui approccio metodologico è troppo limitato. Quanto alla tecnologia, non sappiamo a cosa Servadio voglia riferirsi, visto che quei fenomeni sono *possibilità* inerenti all'uomo senza necessità di periferiche artificiali. Che siano estranei alla tecnologia come la si intende oggi ci sembra quasi una ovvietà.

[80] Curioso che egli si spinga a dare giudizi di ordine spirituale, ambito in cui è proprio la testimonianza, unita laddove possibile a scritti autografi, a formare il giudizio dei posteri su di un maestro spirituale.

incapaci di comprendere se, per caso, Rol fosse soltanto un grande illusionista – come ha ritenuto l'immancabile Piero Angela.

Ma il fatto è che per quanto mi consta, tra le innumerevoli persone che hanno assistito ai prodigi di Rol non figura un solo illusionista. Se sono in errore, mi si corregga[81]. Quanto sarebbe stato utile – comunque – se un Silvan, o un Binarelli, avessero partecipato a qualcuna delle famose "serate" in casa Rol, e avessero potuto affermare che, a loro avviso, i fenomeni erano autentici![82].

Personalmente non oserei pronunziarmi – anche se sono piuttosto incline a credere che Rol non fosse un illusionista, un impostore. Ma pongo su tutto quello che ho detto al riguardo (non sono mai stato da Rol) un inevitabile punto interrogativo. Se – come è possibile – Rol ha prodotto un grandissimo numero di fenomeni paranormali, tanto più è giustificato il rimpianto che di essi, sul piano di una conoscenza tangibile e inattaccabile, non sia rimasto nulla»[83].

Il rimpianto di Servadio e la frustrazione di Cassoli esprimono piuttosto bene il livello di attenzione che la parapsicologia riserva ai fenomeni, cosa che da un punto vista metafisico è invece relegata agli "effetti collaterali" della realizzazione spirituale.

Dello stesso periodo dello scritto di Servadio è il seguente commento del dr. Silvio Ravaldini, direttore dal 1987 della rivista *Luce e Ombra*:

«Amici e avversari Rol ha avuto in ogni ambiente e il suo atteggiamento di indifferenza alle lodi eccessive e alle accuse intemperanti, se comprensibile da un punto di vista personale, non ha certo aiutato a pronunciare una parola definitiva sul suo conto: è facile prevedere che sostenitori e detrattori continueranno a confrontarsi senza

---

[81] Sì, è in errore. Rol ha ospitato a casa sua quattro illusionisti, due professionisti (Alexander, presentato a Gustavo Rol da Elda Rol, nonna di chi scrive, che è stato 5 o 6 volte a casa di Rol ma non ha assistito agli esperimenti; e Tony Binarelli, che è stato ospite per una serata e invece vi ha assistito) e due dilettanti (Carlo Buffa di Perrero, con il padre tra i fondatori del *Circolo Amici della Magia di Torino*, e Giuseppe Vercelli, psichiatra, già consulente del campione di sci Giorgio Rocca). Questi ultimi hanno assistito agli esperimenti ed escludono la possibilità di qualsiasi trucco. Cfr. la relazione di Carlo Buffa Buffa di Perrero alla conferenza del 12/06/2003 (*www.gustavorol.org/buffa.htm*); per la testimonianza di Giuseppe Vercelli e di Alexander il documentario di M. Bonfiglio (*Rol. L'uomo, il mistero, la vita*, cit., 2005); per quella di Binarelli l'articolo di Paola Giovetti su *Visto* n. 13 del 30/03/2007, pp. 75-77.

[82] Fermo restando che Binarelli ha recentemente testimoniato a favore di Rol (e quindi Servadio, se fosse ancora vivo, non dovrebbe avere più alcuna obiezione) secondo noi non sarebbe cambiato (e crediamo *non cambi*) assolutamente nulla, e se anche nell'improbabile situazione in cui – oltre agli illusionisti citati – un Silvan o un David Copperfield avesse decantato i prodigi di Rol come autentici, ci sarebbe sempre stato chi avrebbe trovato qualcosa da dire sulla sua buona fede o sul suo senso critico. Queste cose sono troppo grandi perché una sorta di *sindrome da San Tommaso* non renda vana anche la testimonianza la più autorevole. Esse saranno credute solo quando, sulla base di una teoria completa, ogni uomo si accorgerà di essere in grado di fare ciò che faceva Rol, e di percepire ciò che lui poteva percepire.

[83] Servadio, E., *La difficile eredità di Rol*, Il Giornale dei Misteri, n° 277, 1994, p. 7.

arrivare a un accordo, ora che non c'è più, tanto quanto lo facevano mentre lui era ancora vivo. Personaggio straordinario per i suoi fenomeni, non meno eccezionale era anche per i suoi aspetti umani, così complessi, articolati, spesso incompresi»[84].

Indubbiamente Ravaldini aveva visto giusto a proposito della diatriba tra sostenitori e detrattori. Secondo noi però, essa terminerà non appena tutto quanto faceva Rol sarà dimostrato "scientificamente" (molto, ma molto presto).

Torniamo adesso ai parapsicologi che lo hanno conosciuto, e ai loro giudizi. Ad esempio il dr. Alfredo Ferraro, fisico, ha scritto:

«Se non fosse per il suo riserbo, per lo sprezzo di tutto ciò che è meschinamente umano, per l'indignazione che mostra nei confronti di chi è solo schiavo delle cose terrene, per la sua fede in un Dio veramente immenso, per tanta bontà di spesso incognito benefattore, potrebbe essere ricchissimo e idolo del mondo intero. Sicuramente, dal punto di vista paranormale è uno dei soggetti più dotati che la storia della parapsicologia possa oggi annoverare, sia pure soltanto dal punto di vista aneddotico. Le sue esibizioni, tuttavia, sebbene limitate a pochi privilegiati, non hanno lasciato scettico, in merito alla loro realtà, nessuno di chi v'abbia assistito[85]. Egli è certo che la rinuncia all'orgoglio, al denaro e all'ambizione, sia alla base delle sue facoltà e della conservazione delle stesse. Tanta riservatezza, però, non ha impedito alla sua fama di spargersi per il mondo: in cinque anni – se avesse accettato – avrebbe potuto guadagnare, prestandosi per duecento ore l'anno, un milione di dollari; qualcosa come, al cambio dell'inizio del 1976, centosettanta milioni annui di lire[86]. Questo, ovviamente, come punto di partenza che – una volta entrato nel giro – chissà dove sarebbe approdato. Anche a inviati della televisione giapponese Rol ha declinato un altro allettante invito. La sua cultura, la passione per la storia, la letteratura, l'arte, completano il quadro di quest'uomo forse unico (...)»[87].

È interessante notare il cambio di marcia tra chi ha incontrato Rol solo una volta (Cassoli), chi non l'ha conosciuto (Servadio), e chi invece lo ha incontrato più volte, come Ferraro. La cosa è altamente rappresentativa di

---

[84] Premessa allo scritto di Jacopo Comin *Il mistero nella vita del dott. Rol*, Luce e Ombra, ott.-dic. 1994, in occasione della morte di Gustavo Rol (che Ravaldini non ebbe occasione di conoscere).

[85] Qui Ferraro rimanda a una nota a piè pagina, dove troviamo: «Salvo Piero Angela: ma l'evidente malafede impone che non si dia alcun valore al suo giudizio» (Ferraro, A., *Un personaggio eccezionale: il dottor Gustavo Adolfo Rol*, in *Spiritismo: illusione o realtà?*, Edizioni Mediterranee, Roma, 1979, p. 179). In un'altra pubblicazione, sempre a proposito di Angela scriverà: «...se egli avesse accettato il paranormale, si sarebbe giocato la già ben avviata carriera di divulgatore scientifico»; e anche: «...l'innegabile leggerezza contraria a ogni deontologia professionale, con cui Angela aveva esternato la sua faziosità» (*Testimonianza sulla Parapsicologia*, MEB, Padova, 1993, p. 335).

[86] Al cambio attuale (gennaio 2008) la cifra corrisponde a circa 700.000 euro. L'offerta era giunta da una associazione americana di parapsicologia, nel 1972.

[87] Ferraro, A., *Un personaggio eccezionale...*, op. cit., p. 179.

come potesse variare il parere su Rol a seconda di quanto lo si era frequentato. Ferraro scrive anche:

«...Rol, dotato di facoltà eccezionali nel campo della casistica fisica e intellettiva, è anche infallibile diagnostico e, talora, guaritore. Ma, sotto questo aspetto, è molto riservato: sa quanto delicato sia l'argomento e come l'insorgenza di tante illusioni sia ben più grave del vantaggio emergente da qualche magari anche impensato successo. Questo aspetto morale del problema stigmatizza coloro che, di facoltà modeste e persino inesistenti, fanno sordido mercato. Comunque, nell'ambiente sanitario Rol è noto e i suoi consigli vengono tenuti nel debito conto. Pure questa è una forma di beneficenza»[88].

«...credo che di persone serie e informate, dubitanti in trucchi di Rol, non ne esistano»[89].

«...uomo eccezionale sotto ogni punto di vista...»[90].

«Ma il sapere da Rol particolari sui fenomeni da lui provocati è molto difficile, e non soltanto per telefono. Li considera fatti normali, di cui ciascuno di noi sarebbe capace, se fossimo veramente in grado di trovare noi stessi, poiché nessuna dimensione è preclusa all'uomo spiritualmente evoluto»[91].

«...egli possiede tutte le facoltà paranormali ad alto livello...»[92].

«La scienza, per continuare a essere tale, pretende convalide ufficiali, ma a Rol non importa. Tutto questo, però, non va interpretato quale disprezzo per il sapere ufficiale, implicante superbia o indifferenza, ma come certezza nella spiritualità che ciascuno di noi deve trovare in sé e che non esige né riprove né convalide. Poi c'è un altro fatto che assilla l'animo di quest'uomo ed è l'impossibilità d'aiutare tanti che gli si rivolgono fiduciosi nella certezza dell'irrealizzabile. E Rol, se il denaro lo può e se l'esigenza non ne supera le disponibilità materiali, magari anonimo, provvede talvolta e adeguatamente, in proprio»[93].

Ecco ora qualche giudizio di Paola Giovetti:

«Parlare di Rol non è facile: è stato un personaggio per molti aspetti sconvolgente. L'eleganza, la levità, la facilità, l'allegrezza che caratterizzavano la sua sperimentazione (lui parlava sempre di "esperimenti", non di fenomeni) erano uniche e irripetibili, come unica e irripetibile è stata la qualità di ciò che nelle sue serate produceva davanti a gruppi selezionatissimi di amici».

«... vorrei... soprattutto sottolineare il valore etico della "persona Gustavo Rol" e ciò che di lui rimarrà, al di là dei suoi fenomeni strabilianti».

---

[88] idem, p. 178.
[89] idem, p. 172.
[90] Ferraro, A., *Testimonianza sulla Parapsicologia*, MEB, Padova, 1993, p. 178.
[91] idem, p. 179.
[92] idem, p. 185.
[93] idem, pp. 193-194.

«Oggi che di Rol, in particolare dei suoi fenomeni, è stato scritto di tutto e di più, a dieci anni dalla sua scomparsa è giusto cercare di andare oltre il fenomeno per capire cosa c'è dietro. Chi è stato veramente Rol, questo signore elegante, ironico, coltissimo, dallo sguardo magnetico, che gioiva come un bambino quando un esperimento riusciva (e riusciva sempre!), che sapeva consolare ed aiutare, che si divertiva a sorprendere i suoi amici con uno sfavillio sempre più accecante di meraviglie per le quali non parlò mai di "poteri" ma di "possibilità" e dalle quali non volle mai ricavare né pubblicità né denaro?»[94].

Il parapsicologo Jacopo Comin, che non ebbe la possibilità di conoscere Rol, tuttavia attraverso i racconti di chi lo aveva conosciuto si era fatta un'idea ben precisa:

«Il dottor Gustavo Adolfo Rol [è] il più grande dei sensitivi che esistano oggi nel mondo, ed uno dei maggiori che si siano mai conosciuti...».

«...questi esperimenti... mettono in azione un complesso di facoltà eccezionalissime che raggiungono un grado eccezionalissimo».

«...le più incredibili, le più fantastiche manifestazioni paranormali cui oggi sia dato assistere sotto qualsiasi cielo».

«Di fronte a questi fatti, che cosa diventano le faticose statistiche sui dati che l'illustre Rhine ha penosamente raggiunto in anni di lavoro?»[95].

Non possiamo che condividere la sua opinione. Veniamo ora a un altro studioso, Nicola Riccardi. Membro del comitato di consulenza scientifica della rivista *Metapsichica*, egli fu il primo parapsicologo a scrivere di Rol, e uno di quelli che lo frequentò maggiormente, facilitato anche dal fatto di abitare a Torino. Non si può dire però che egli lo abbia capito bene, e se nei suoi resoconti troviamo qualche giusta intuizione e considerazione, vi si trovano anche terminologie e riflessioni che dimostrano come egli fosse prigioniero dei suoi schemi parapsicologici e non riuscisse a giudicare Rol in modo completo, rifiutando essenzialmente le sue spiegazioni spirituali.

A questo proposito, una sua dichiarazione esplicita in una lettera del 09/06/1970 indirizzata a Di Simone è rivelatrice:

---

[94] Giovetti, P., *Gustavo Rol, il sensitivo gentiluomo*, Il Giornale dei Misteri, n. 393, luglio 2004, p. 12.

[95] Comin, J., *Il mistero nella vita del... favoloso dott. Rol*, Scienza e Ignoto, Faenza Editrice, Giugno 1973, pp. 55-62. Joseph Banks Rhine (1895-1980) è considerato uno dei fondatori della parapsicologia moderna. Alla fine degli anni '20 iniziò sperimentazioni alla Duke University, dove soprattutto attraverso le *carte Zener* (carte con simboli diversi come cerchio, croce, stella, etc.) venivano tentati esperimenti di telepatia o chiaroveggenza. Il soggetto doveva riuscire a indovinare la figura della carta un numero di volte tale da superare una normale media statistica. A quanto pare nessuno è mai riuscito a superare la media statistica in modo soddisfacente e al di là di ogni ragionevole dubbio. Inutile dire che da un punto di vista metafisico si tratta di un approccio infantile alla questione. In ogni caso, solo un uomo illuminato potrebbe indovinare il 100% delle carte di un mazzo. Ma un uomo illuminato non si presterebbe mai a tali banalità dimostrative in quelle condizioni e per scopi essenzialmente materialistici.

«...evviva se le riuscirà di immobilizzarlo per alcune ore davanti ad un microfono. Stia attento che ha nel cassetto cento volumi manoscritti di sue memorie e riflessioni[96], e quel che me ne ha letto è di enorme livello spirituale. Io non credo che il mio livello sia tanto inferiore, ma comincio a dubitare che sia di qualità diversa dalla sua perché io non credo affatto in Dio e suppongo che Rol cominci a rendersene conto. Questo spiegherebbe l'attuale silenzio...».

Al termine di questa lettera, pubblicata in *Oltre l'umano* (pp. 69-70), Di Simone commenta:

«Riccardi era un tipo particolare e il fatto che fosse ateo spiegava molte cose».

Il silenzio di Rol nei confronti di Riccardi era probabilmente dovuto alla pubblicazione del suo libro *Operazioni psichiche sulla materia*, uscito nel febbraio 1970.

In quel libro infatti il parapsicologo riprendeva essenzialmente, sia nei contenuti che nella forma, quanto aveva già scritto per la rivista *Metapsichica* nel 1966 e nel 1968. In quegli scritti vi erano riflessioni, analisi, giudizi e terminologie in parte convisibili e in parte no. Con ogni probabilità Rol deve averglielo fatto osservare, con la stessa pazienza che si dimostra nei confronti di allievi che hanno bisogno di essere corretti nei loro errori. Evidentemente Riccardi non deve essersi molto preoccupato di quelle osservazioni, e ha poi riscritto praticamente le stesse cose nel suo libro. Attento a quel genere di comportamento che va sotto il motto *errare umanum est, sed perseverare diabolicum*, c'è da supporre che dopo la pubblicazione di *Operazioni psichiche* Rol abbia fatto in modo di rendere sempre più rari gli incontri con Riccardi, il quale nel giugno 1970 si chiedeva quali fossero le ragioni del suo silenzio. Egli dovette attendere l'ottobre di quell'anno per reincontrare Rol. In un'altra lettera a Di Simone del 3 marzo 1971 scrive:

«... Di Rol posso darle queste notizie: dopo la serata del marzo (dello scorso anno) con lei, sono andato a molte altre sedute, fino alla fine di maggio, poi silenzio più che estivo (...). In ottobre... ho avuto l'ultimo incontro: pochi esercizi di carte... quindi seduta... con scrittura automatica del sensitivo come se fosse Napoleone. Notevoli energie in gioco perché sua maestà, spazientito, ha fatto sollevare d'un colpo il pesante tavolo di marmo che lei ha visto dai Rappelli. (...).

Dopo d'allora si è diffusa la voce che è stato molto ammalato: ernia intestinale e polmonite, in successione, con avviso che non desiderava visite»[97].

---

[96] La quantità di cui parla Riccardi sembra francamente esagerata. È comunque vero che vi sono moltissimi scritti di Rol che non sono ancora stati pubblicati. Una parte consistente è stata pubblicata con il libro curato da Catterina Ferrari *"Io sono la grondaia..."*.

[97] *Oltre l'umano*, pp. 65-66. Abbiamo lasciato i puntini dopo la parola «seduta», perché Riccardi aveva scritto «seduta spiritica», usando un termine errato. Stupisce anzi che egli perseverasse con questa terminologia, dimostrando di essere alquanto recidivo.

C'è da supporre che questo sia stato l'ultimo incontro di Riccardi con Rol. Il Napoleone «spazientito» e la malattia, forse immaginaria, dovrebbero testimoniare come fosse Rol ad aver perso la pazienza con Riccardi, che infatti non verrà menzionato negli articoli di *Gente* del 1977 (dove citava invece Inardi, Bender, Di Simone e De Boni).

Vediamo perché, cominciando da una breve selezione di affermazioni o errori[98] che possono aver infastidito Rol, alcune delle quali già si trovavano sul periodico *Metapsichica*. Intanto, uno dei tre capitoli dedicati a Rol è intitolato «Pittura spiritica», esattamente come l'articolo del 1968. Come sappiamo, e come vedremo anche meglio in seguito, Rol era estraneo a terminologie e definizioni spiritiche, e non deve certo avergli fatto piacere ritrovarsi quel titolo[99], soprattutto per la seconda volta dopo che, ne siamo sicuri, aveva precedentemente protestato con Riccardi[100]. Gli altri due capitoli sono il risultato di una suddivisione e di un leggero ampliamento di un articolo scritto per *Metapsichica* nel 1966 e intitolato semplicemente «Gustavo Adolfo Rol». Uno è intitolato «Apporto di N come Napoleone», l'altro «Rol e le carte da giuoco». Anche quest'ultimo deve averlo irritato, non tanto perché non sia lo specchio di quanto Riccardi racconta nel testo e di una parte di quanto Rol effettivamente faceva, quanto perché non amava che si parlasse delle carte (tantomeno in un modo così evidente come nel titolo di un capitolo[101]) ben sapendo che chi non aveva visto gli esperimenti avrebbe subito supposto che poteva trattarsi di giochi prestigio. Lo riferisce ad esempio anche Renzo Allegri:

«[Le carte] erano l'elemento fondamentale di molti suoi esperimenti. Ma non voleva se ne parlasse. Diceva che le carte da gioco, essendo usate molto dai prestigiatori, inducevano a pensare che egli fosse solo un prestigiatore. Per cui non voleva che se ne parlasse. Me lo scrisse anche in una lettera: "Come già ebbi occasione di dirle, desidero che si nominino il meno possibile le carte da gioco. Si prestano troppo alla manipolazione"»[102].

---

[98] Appunto dal libro di Riccardi *Operazioni psichiche sulla materia*, Luce e Ombra, Verona, 1970.

[99] In *Rol e l'altra dimensione* (p. 268) M.L. Giordano ha riportato lo stesso titolo in un capitolo dove riproduce parti dello scritto di Riccardi. Qualcosa che certamente non sarebbe piaciuta a Rol. Su alcune imprecisioni terminologiche della Giordano, cfr. più avanti i cap. 5, 6 e 7.

[100] Al convegno di parapsicologia del 1969 Rappelli menzionava «la *"pittura al buio"* così come noi preferiamo chiamarla in luogo di "pittura spiritica" come invece la definì il comandante Nicola Riccardi nel descrivere uno di questi esperimenti ai quali ha assistito» (*Dibattito sui fenomeni...*, cit., pp. 24-25). Va tuttavia ricordato che in altre occasioni la pittura era in piena luce o con luce soffusa. Crediamo quindi che una definizione più giusta sia semplicemente "pittura a distanza".

[101] Non a caso qualche anno più tardi il giornalista Piero Angela, nel suo libro scettico *Viaggio nel mondo del paranormale*, intitolerà «Le carte di Rol» uno dei paragrafi a lui dedicati.

[102] Allegri, R., *Rol. Il grande veggente*, pp. 61-62.

Immaginarsi quindi quanto Rol potesse essere contento di ritrovarsele in un titolo. C'è da credere che abbia protestato con Riccardi, il quale in una lettera a Di Simone del 17 marzo 1970, a proposito di una relazione del parapsicologo napoletano scrive:

«Per fortuna, nelle sue pagine non appare nessun riferimento a "giochi" con le carte, come invece è successo a Mengoli (pag. 149 di Metapsichica) e amaramente rilevato da Rol»[103].

Strano però che egli non faccia riferimento anche a se stesso, a meno che Rol non avesse ancora letto il libro di Riccardi, ed egli non si fosse reso conto del suo errore (o forse pensava di farla franca).

Passando al testo, vi si trovano frasi spesso contorte ed imprecise, come la seguente:

«Lo schema attuale della sua filosofia consiste nell'attribuire, sinteticamente e globalmente, l'occulta fruttifera collaborazione concessa solo a lui, in nome di una preferenza non sottoponibile ad analisi, nient'altro che al Dio della religione»[104].

Rol ha sempre affermato che ogni uomo ha le sue stesse possibilità. Riccardi scrive invece che Dio le ha concesse solo a lui, ovvero l'esatto contrario di ciò che pensava Rol.

Un esempio dell'approccio desiderato da Riccardi al caso Rol è il seguente. Egli fa riferimento all'esperimento in cui Rol, con una matita rivestita di bambù che si portava spesso dietro, disegna nell'aria una "N" e questa lettera rimane poco dopo impressa sulla parete di una stanza attigua; quindi scrive:

«L'accento qui va messo sul "verificabile". Quando si vuole che il trattamento di un problema sia veramente scientifico non basta assolutamente parlare a turno in riunioni annuali, senza altra spesa che carta, matita, dattilografa e un po' di tempo libero[105]. Ci vogliono laboratori, istituti, finanziamenti, direttive, specializzazioni. Se tutte le speranze si realizzassero non ci sarebbe nessun umorismo nell'immaginarci un gruppetto di illustri scienziati accampati davanti alla nostra N murale come se fosse un messaggio extraterrestre. A parte il fatto che in certo senso lo è, non si potrebbe cercare nulla di meglio di un reperto concreto per avviare tipi nuovissimi di ricerche. Se poi quello non piace loro, potrebbero sempre dire gentilmente al sensitivo di dimostrare ancora che non è stato lui a scrivere sul muro. Al momento di ripetere l'esperienza tutti faranno finta di essere nel solito salotto mentre in realtà saremo ora sul palcoscienico di un formidabile apparato tecnologico che controlla ogni punto e ogni istante. Pensate per esempio alla possibilità di

---

[103] Lettera pubblicata in Di Simone, G., *Oltre l'umano...*, cit., p. 35.

[104] In *Metapsichica* (lug.-dic. 1966, p. 74) la frase era: «Lo sbocco della sua logica è ora quello di attribuire globalmente la misteriosa collaborazione concessa solo a lui, in nome di una scelta non analizzabile, al Dio della sua religione».

[105] Riccardi si riferisce alle riunioni dei parapsicologi.

coprire i polpastrelli del soggetto con uno straterello di vernice radioattiva per andare poi a cercarla nella nuova lettera N apportata»[106].

Immaginiamo Rol mentre legge queste cose e scuote la testa rassegnato. Ma Riccardi era lo specialista delle "analisi da laboratorio". Sempre nel 1970, su *Metapsichica*, compariva la trascrizione delle sue opinioni espresse durante il dibattito che si era tenuto a Milano il 16/11/1969 e il 01/02/1970 nell'ambito del convegno di parapsicologia dedicato interamente a Rol. Ecco, tra le altre cose, ciò che disse:

«...penso che bisogna sognare un'altra strada, quella degli strumenti di rilevazione. La gamma dei dati è presto detta: tutto quello che oggi si può registrare su di un astronauta nello spazio: Cuore, cervello, temperatura, circolazione del sangue, respiro, ecc. Il nostro amico dedito agli studi spirituali dice: così voi fate solo un mucchio di diagrammi. (...).

Se si potesse legare alla dipendenza di un Rol un completo istituto di rilevazioni, ottenendo che un essere così eccezionale cessasse l'antica ostilità a tali interventi, o se in mancanza ci mettessimo a cercare sulla faccia della Terra i membri di un'altra generazione di sensitivi della stessa forza ma dotati di maggiore propensione alle verifiche e ai controlli fisiologici, io credo che in capo a un forte numero di diagrammi si riuscirebbe a dire: questo sensitivo a effetti fisici presenta diagrammi di tali tipi quando si limita a conversare come tutti i suoi simili, ma quando comincia a dare prove delle sue facoltà, una nuova forma di curve si ottiene mediamente con queste linee caratteristiche finché resta nella zona ch'egli considera elementare (il tempo delle aste per Rol), e con questi disegni più marcati quando attinge i livelli massimi e tutto il suo essere entra palesemente in vibrazioni... Non ci sono altre vie che le molte registrazioni per stabilire dei rapporti certi fra attività paranormali e stati fisiologici diversi. Non scopriremo ancora "perché" questi fenomeni avvengono solo con lui, né "da dove" gliene viene la potenzialità, ma avremo molti elementi in più sul funzionamento del suo organismo. Questa è una delle prime cose che volevo dire»[107].

Tutto ciò è davvero molto parapsicologico, e lontanissimo da qualsiasi approccio rolliano e metafisico.

Sotto certi versi, ci ricorda l'attuale approccio della neuroteologia "americana", che fa delle analisi tomografiche cerebrali di persone in stato di meditazione l'oggetto principale del suo campo di studi, mentre per noi si tratta di qualcosa di subordinato e marginale rispetto al perseguimento di un alto livello spirituale. Si tratta, essenzialmente, di una questione di priorità, se vogliamo di gerarchia.

In ogni caso, questa neuroteologia ci pare più vicina alla spiritualità rispetto alla parapsicologia, perché il suo oggetto di studi non sono i fenomeni, quanto le aree del cervello che si attivano durante gli stati meditativi e di preghiera.

---

[106] Riccardi, N., *Operazioni psichiche...*, cit.,, p. 43.
[107] AA.VV. *Dibattito sui fenomeni...*, cit., pp. 39-40.

Certo, sarebbe interessante sapere che cosa accade nel cervello quando un "soggetto" riesce a passare attraverso un muro... Ma interessante per chi? Non certo per il soggetto che riesce nell'impresa, perché se vi riesce, vuol dire che ha trasceso la materia e il tempo, e quindi non gliene può importare nulla di che cosa accade nel suo cervello. Potrebbe essere interessante per i ricercatori. Ma a quale scopo? Se infatti anche loro potrebbero arrivare allo stesso risultato, cioè ad attraversare un muro, perché perdere del tempo per analizzare qualcun altro? E poi, a che servirebbe? Un po' come se degli analfabeti esperti di matematica volessero analizzare qualcuno che sa scrivere con i criteri della matematica, invece che semplicemente imparare a scrivere.

Ovviamente, nella realizzazione spirituale non vi è nulla di semplice, ma quantomeno si tratta di qualcosa di più logico che non la formulazione di diagrammi fini a se stessi.

Una considerazione un po' più condivisibile, pur con molte riserve, Riccardi la faceva nel 1966 su *Metapsichica*:

«Con il Rol che conosciamo, e la stampa lo ha brillantemente descritto a tutta Italia, siamo più prossimi di quanto lui stesso non creda alla confluenza della medesima personalità dello studioso in un col sensitivo, dell'operatore psicofisico eccezionale in un con il docente.

Da parte del personaggio da nominare a una cattedra universitaria non dovrebbero esserci opposizioni insormontabili. Intendiamoci: Rol non ne sa assolutamente nulla e forse ignora anche l'esistenza di normali corsi di parapsicologia nelle università di Rosario e di Rajasthan, di Durham e di Utrecht. La sua è l'età della saggezza e ha una salute eccellente, anche perché la sorveglia con grande cura. Non mi risulta che abbia impegni di particolare importanza da accampare e conosco reggitori di santuari che lo appoggerebbero caldamente. La notorietà è ben lungi dal dispiacergli, ma la ricerca con cautela per via delle fluide facoltà paranormali che è ansioso di non veder affievolire. Gli illustri esempi dei medici autosperimentatori possono indirizzarlo verso un nuovo impegno psichico e volitivo che si formula all'incirca così: "Io posso d'ora in poi compiere i miei esperimenti in una pubblica scuola, e descrivere piamente tutti i come, i perché e i limiti che riesco a dipanare dal groviglio di ciò che mi si muove dentro, ed esso è così raro e importante che accoglierò suggerimenti, critiche e controlli per ridurre infaticabilmente le sue immense zone scure, e mi sarà genuino conforto la scoperta di allievi dotati come e più di me, e saprò farne degli assistenti secondo la loro struttura umana così come ho costruito l'officina dei miei aiutanti invisibili, e che Dio mi conservi la sua protezione»[108].

C'è forse bisogno di dire che, in forma un po' più privata, tutto questo è essenzialmente ciò che ha sempre fatto la tradizione metafisica? Ma evidentemente Riccardi non aveva conoscenze in materia. Comunque, se in linea di principio possiamo essere d'accordo con lui, non condividiamo però l'approccio un po' troppo sessantottino (ante litteram) di un maestro

---

[108] Riccardi, N., *Gustavo Adolfo Rol*, in: *Metapsichica*, lug-dic 1966, pp. 84-85.

(autentico e comprovato) che accoglie «suggerimenti, critiche e controlli» su una materia in cui, per insegnare, bisogna aver prima *conosciuto integralmente*, per conoscere integralmente bisogna prima *aver sperimentato*, per sperimentare bisogna prima *sapere*, e per sapere occorre prima *intuire*. Dal momento che un aspirante allievo in genere è già tanto se è al livello dell'intuizione, come potrà suggerire al Maestro, su questa materia, una qualunque cosa? Per non parlare delle critiche e dei controlli! Il tipo di maestro di cui qui si sta parlando è il Saggio, da tutti riconosciuto come tale. L'allievo si deve limitare ad ascoltare e portare avanti il suo sviluppo personale sulla base di ciò che gli viene consigliato, o alle prove a cui viene sottoposto. Prendere o lasciare. Così è sempre stato e così continuerà ad essere. Difficilmente poi egli potrà essere affetto da un «groviglio di ciò che mi si muove dentro», come scrive Riccardi, perché se è un maestro autentico di grovigli non ce ne saranno, tutt'al più delle delusioni per il comportamento erroneo della maggioranza degli esseri umani.

Che poi, in un futuro non troppo lontano, un uomo illuminato possa insegnare in una struttura universitaria, questo è certamente nel nostro destino, a patto che ogni cosa sia al suo giusto posto e che non vi siano rischi di volgarizzazione di una disciplina al tempo stesso meravigliosa, delicata e terribile. Non potrebbe essere una università come la conosciamo oggi. Per fare un esempio chiaro: in che modo vedreste un "Gesù" insegnare a degli allievi? Ecco, con questa immagine nella mente, ci si provi a trasferire in una struttura universitaria e a trarne le debite conseguenze. In che modo un Buddha può insegnare ai suoi discepoli? La rappresentazione universitaria più adatta è probabilmente quella dell'Accademia di Platone, non certo quella di Harry Potter.

Ma fermiamoci qui, perché si tratta di materia interessante che ci porterebbe troppo lontano.

Sul brano di Riccardi conviene ancora fare qualche commento. Per esempio, è sintomatico della sua ingenuità di parapsicologo quando scrive che «siamo più prossimi di quanto lui stesso non creda alla confluenza della medesima personalità dello studioso in un col sensitivo», illudendosi di saperne più di Rol (è questo, d'altro canto, un atteggiamento tipico di molti parapsicologi). Il fatto poi che egli rifugga la notorietà per paura di «veder affievolire» le «fluide facoltà paranormali» è assai riduttivo nei confronti del problema: Gesù non ha forse fatto miracoli di fronte alle folle? La questione invece è soprattutto di natura iniziatica, e ne abbiamo già parlato in precedenza. È invece interessante, da un punto di vista biografico, il fatto che Riccardi sarebbe stato disposto a proporre a Rol una cattedra universitaria. Anche qui, però, siamo di fronte ad una certa ingenuità, sia perché Rol se solo avesse voluto qualcosa del genere, l'avrebbe perseguita anni prima e con le conoscenze ad altissimo livello che aveva sin da giovane, sia perché l'ultima cosa che gli interessava era una "istituzionalizzazione" in sistemi universitari che non erano, e non sono ancora pronti per un salto qualitativo verso un Maestro come lui. D'altronde un ulteriore commento del Riccardi è quantomai significativo. A proposito di questa disciplina che egli, in parte non a torto, chiama "psicofisica" scrive: «L'importante è che l'inquadramento suo avvenga nella famiglia delle scienze fisiche, a causa dei controlli strumentali su ogni elemento delle esperienze e delle successive elaborazioni teoriche che potrebbero contenere vivaci verifiche relativistiche ripetibili senza scomodare il cosmo»[109]. Un approccio davvero troppo materialista per poter essere condiviso.

Veniamo ora alle vere e proprie "chicche" del suo articolo. Ecco per esempio una proposta "sperimentale":

«...dispiace invece notare che finora [Rol] non abbia desiderato adottare cartoncini sempre più piccoli o sempre più grandi degli usuali[110], e magari rettangoli di materiale magnetico verniciati come le carte e capaci di aderire a una lastra calamitata di grandi dimensioni. Io penso a mazzi di carte grandi come giornali sui quali Rol dovrebbe concentrare la sua sensibilità per stabilire in quali modi la variante sperimentale può costringerlo ad alterare i limiti delle prestazioni, augurandomi che l'auto-consulto autorizzi a organizzare le prove pratiche. Immagino invece, forse sbagliando nel reputare che anche in campo paranormale con effetti fisici i pesi abbiano l'importanza riconosciutagli nella meccanica, carte da gioco tanto piccole da doverle osservare con la lente d'ingrandimento, per domandare a Rol cosa reputa di poter fare di diverso con questo ipotetico mezzo. Se si potesse avere già con questo salto una consistente estensione quantitativa delle trasmutazioni ottenibili, per esempio non sei 2 ma centomila 2, la fantasia non vedrebbe impossibile sostituire alle microscopiche cartine altrettante molecole, mettiamo di potassio o di mica che lo contiene, e suggerire a Rol di trasmutarle in calcio, come sperimentò Louis Kervan con le galline da uova nella natia Bretagna. Guardo inoltre all'idea delle carte magnetiche per trovare un notevole ampliamento alle manifestazioni rolliane, anfiteatro universitario, ampia parte metallica che sostiene dieci pile delle nuove carte, reti dei controlli dietro alla parete e Rol, confinato palesemente fuori da ogni immaginabile frode, che mostra lucidamente quali poteri può ancora esercitare a distanza sui pesanti rettangoli»[111].

Crediamo che questi proposti "esperimenti" si commentino da soli. Ecco un altro brano significativo:

«Si potrebbe sperare in una modesta illuminazione se si riuscisse a indurre Rol ad una amichevole indagine psicologica e psicanalitica sulle tappe della sua strutturazione mentale con costruzione del suo mondo magico piuttosto originale, popolato di genii cibernetici che folleggiano giocondamente nel continuo quadridimensionale per sostenere i suoi desideri dall'apparenza banale in una baraonda di carte da gioco»[112].

---

[109] Riccardi, N., *Gustavo Adolfo Rol*, in: *Metapsichica*, cit., p. 85.
[110] Con «cartoncini» Riccardi intende le carte da poker.
[111] Riccardi, N., *Gustavo Adolfo Rol*, in: *Metapsichica*, cit., pp. 76-77.
[112] *ibidem*, p. 83.

Sembra quasi di sentire alcuni dialoghi dal film *Amici miei...* In fatto di pensieri contorti Riccardi era insuperabile. Altra affermazione in cui emerge l'ingenuità del parapsicologo è la seguente:

«...Rol è forse l'avanguardia di una nuova generazione di sensitivi che per la loro compiuta personalità scoprono di poter strutturare le loro attitudini in modo autonomo e in stato di coscienza lucida»[113].

Il problema di Riccardi era fondamentalmente di non conoscere nulla delle tradizioni metafisiche, quasi che il mondo fosse nato nella sua epoca e non esistesse un passato. Un altro problema era che vedeva ogni aspetto del "paranormale" attraverso la lente delle ricerche parapsicologiche svolte fino ad allora sui medium e spiegate con le teorie dello spiritismo. Quanto meno, e per fortuna, si accorge che Rol era qualcosa di diverso:

«La maggior parte dei ricercatori psichici sostiene esserci nei fenomeni paranormali due permanenze abbastanza valide:

1) Non c'è caso genuino senza un reale stato di trance nel medium;

2) La produzione di eventi paranormali fisici da parte dello stesso medium non può essere che saltuaria e capricciosa. Diversamente dobbiamo pensare piuttosto alla presenza di abili trucchi.

Ora, Rol sembra veramente impermeabile alla trance – fresco, pronto, conservatore, regista e ospite principale – e non ha torto di rifiutare il titolo di medium e il concetto di paranormale»[114].

Quindi aggiunge:

«...se in lui c'è durante le esperienze uno stato psichico speciale, non si tratta certo della trance medianica»[115].

Quanto sopra ci ricorda il già citato Cassoli, che non riusciva a capacitarsi di come Rol potesse essere il protagonista di tutti quei fenomeni per un tempo così lungo. Ma anche il Riccardi finisce per formulare l'ipotesi illusionistica, non perché avesse scoperto qualcosa o perché non ritenesse i fenomeni autentici (al convegno dei parapsicologi aveva detto: «...io spero che – nel corso di questo dibattito – vi potrete formare la convinzione della assoluta genuinità dei fenomeni»[116]), quanto perché vorrebbe escludere del tutto l'ipotesi che nei "giochi" con le carte possa esservi qualche elemento di prestidigitazione. Ecco cosa scrive:

«Un primo successo dell'indagine si avrebbe se durante alcune prove tipiche il sensitivo consentisse alla descrizione dei trucchi e giochi di prestigio coi quali non è da escludere che condisca qua e là le manifestazioni, perché sarebbe una importante decantazione fra l'ordine umano e l'ordine paranormale, quest'ultimo risultandone alla fine assai più attendibile. Per molti celebri prestigiatori è stato quasi un punto d'onore confessare un certo giorno i propri procedimenti»[117].

---

[113] Riccardi, N., *Gustavo Adolfo Rol*, in: *Metapsichica*, cit., pp. 81-82.
[114] Riccardi, N., *L'occulto in laboratorio*, Meb, Torino, 1972, pp. 80-81.
[115] Riccardi, N., *Gustavo Adolfo Rol*, in: *Metapsichica*, cit., p. 81.
[116] AA.VV. *Dibattito sui fenomeni...*, cit., p. 16.
[117] Riccardi, N., *Gustavo Adolfo Rol*, in: *Metapsichica*, cit., p. 83.

Questa ipotesi che Rol potesse anche servirsi di giochi di prestigio non è stata, fino ad oggi, dimostrata da alcuna prova. Al di là delle speculazioni degli scettici e dei prestigiatori che sono convinti che Rol fosse un loro collega, nessuno ha mai dimostrato che Rol abbia fatto anche un solo trucco, anche se talvolta gli piaceva scherzare e non è escluso che egli abbia fatto finta di fare un "prodigio" mentre invece si è preso gioco del suo interlocutore... Tuttavia noi sappiamo, a partire dalle stesse "aste" con le carte, che tutto quanto faceva Rol era autentico, e che alla base di questi esperimenti c'erano due (non una) leggi ben precise, il cui intersecarsi rendeva possibile il prodigio. Ma questo sarà l'oggetto di un nostro prossimo lavoro, perché, come si può immaginare, non si tratta di argomento semplice, ma *complesso*. Riccardi comunque insiste con l'ipotesi illusionistica:

«Fin dagli inizi prestigiatorii dovette accorgersi di essere bersagliato da ausilii di un tipo diverso dalla abilità manuale. Con benedetta pigrizia, decisa forse perché come prestigiatore non valeva molto, tralasciò la manualità e coltivò a modo suo il terreno fatato che aveva scoperto, per i suoi fini pratici.

Questa ricostruzione del cominciamento è una mia supposizione e tale è anche il motivo di fondo col quale spiegherei perché il dottor Rol, raro sensitivo di provenienza universitaria e di interessi enciclopedici, non ha finora contribuito come potrebbe a dissodare l'immenso campo di ricerca e di informazione aperto dalle sue facoltà straordinarie»[118].

Questa supposizione del Riccardi si basa essenzialmente sul racconto di Pitigrilli del misterioso Polacco – che faceva strani giochi con le carte – che Rol avrebbe conosciuto a Marsiglia nel 1925, e che gli avrebbe insegnato i principi di base delle "aste". L'ipotesi che fosse un prestigiatore è abbastanza scontata[119], ma non vi è nulla che dimostri che le cose stiano in questi termini. Ma sul "Polacco" torneremo più avanti. Altre frasi "a tema" sono le seguenti:

«...Rol si comporta proprio come un abile prestigiatore che sa come rafforzare la suspense»[120].

«Anche quando opera con le carte si possono osservare dei lunghi momenti in cui il disinvolto personaggio del prestigiatore cede il posto a una pattuglia aerea che non può lanciarsi in acrobazie di gruppo senza accordi e senza segnali»[121].

Tutto questo fa parte della terminologia e delle congetture del Riccardi, il quale, come detto, riteneva i fenomeni comunque genuini. Come si può immaginare, le sue parole sono subito state prese e glorificate dai detrattori di Rol.

---

[118] *ibidem*, p. 84.
[119] E infatti è subito stata ipotizzata dal prestigiatore Mariano Tomatis. Cfr. il suo *Rol, Realtà o Leggenda?*, Avverbi, Roma, 2003, pp. 185-186. Inutile dire che si tratta di ipotesi fantasiose.
[120] Riccardi, N.. *Gustavo Adolfo Rol...*, cit., p. 77.
[121] *ibidem*, p. 79.

Altre amenità del parapsicologo sono quando egli definisce Rol «dottore commercialista attivo»[122] o quando parla delle serate di esperimenti come di «suoi spettacoli in circoli ristretti»[123]. Ma le affermazioni sbagliate, o quantomeno singolari di Riccardi sono molte altre, e non occorre qui dare conto di tutte. Piuttosto vogliamo citare ancora alcuni suoi giudizi generali che si ricollegano a quanto affermato anche dai suoi colleghi:

«Da oltre 30 anni Gustavo Adolfo Rol dà dimostrazioni, soltanto per amicizia e senza alcuna remunerazione, attraverso le quali manifesta facoltà inabituali, fra le più imponenti del nostro mondo occidentale, che sbalordirebbero consessi di ricercatori psichici, seminari di fisici teorici e sperimentali, nonché, per un'apparente rassomiglianza nei risultati[124], perfino adunanze di abili prestigiatori, se a consessi, seminari, adunanze, un giorno futuro decidesse di presentarsi. La sua sistematica ritrosia ha impedito finora di sostituire proficuamente intorno a lui gli esigui gruppi di amatori disimpegnati, con pubblici qualificati»[125].

«...la sua impostazione di principio è questa: si ritiene estraneo a tutto ciò che i ricercatori psichici hanno convenuto di chiamare paranormale. Gli esperimenti che gli stanno tanto a cuore, e che veramente sono impareggiabili, appartengono secondo lui alle manifestazioni della coscienza sublime. (...). Le costanti ed eccezionali possibilità contenute nella potenza della sua anima magica – anche se il termine non gli è gradito, non ce n'è uno più adatto nella nostra lingua – non sono esprimibili per parti analitiche»[126].

«Sembra che faccia un gran bene in giro, ma è talmente riservato su questo aspetto delle sue facoltà che non mi è mai riuscito di saperne quanto basta per scriverne. Peccato davvero!»[127].

«[Le] serate passate con Rol... sono soltanto indelebili...»[128].

«... si resta sbalorditi dall'enorme spazio occupato dalla casistica rolliana. (...). Secondo i suoi amici questa facoltà di meravigliarci è in lui da oltre quarant'anni. Non c'è stoffa di ricercatore psichico, per quanto freddo e altero, che non esca sbalestrato da queste prove: ma i pochi che vi sono arrivati sono stati trattati come comuni visitatori, e quindi non hanno potuto svolgere il minimo tentativo di applicare alle manifestazioni i controlli dittatoriali consentiti dai medium professionali e in trance»[129].

---

[122] *ibidem*, p. 73.
[123] *ibidem*, p. 76.
[124] Una frase che riassume perfettamente il confine labile tra realtà e illusione.
[125] Riccardi, N., *Operazioni psichiche...*, cit., p. 101. Questi «esigui gruppi» confermano ancora una volta l'illazione di Allegri a proposito dei fantasmagorici «duecentocinquantamila individui» che avrebbero visto gli esperimenti di Rol.
[126] Riccardi, N., *L'occulto in laboratorio*, pp. 151-152.
[127] *ibidem*, p. 80.
[128] Riccardi, N., *Gustavo Adolfo Rol*, in: *Metapsichica...*, p. 82.
[129] AA.VV. *Dibattito sui fenomeni...*, cit., p. 16. Come già detto, questi presunti controlli non hanno fornito alcuna prova scientifica incontrovertibile della fenomenologia presa in esame, quindi il loro valore è al pari della letteratura aneddotica. Quanto ai

Riccardi non è mai riuscito, come Di Simone e Inardi, a rinunciare alle sue manie sperimentali. Ancora nel 1978 scriveva in una lettera pubblicata sul quotidiano *La Stampa*:
«Sono uno studioso di parapsicologia e ho letto le lettere sul dottor Rol di Jemolo e Granone che concludono con l'invocazione di non rifiutarsi a collaborare con gli scienziati.

Dopo un'osservazione diretta di molte esperienze rolliane ho concluso che nessuno scienziato, munito dei suoi sensi e aiutato da prolungamenti tecnologici mobili, come cineprese e registratori, può ottenere in un salotto certezze più solide di quelle offerte da Remo Lugli nell'articolo su Rol[130], che conosce meglio di me.

Occorre quindi trasferire i soggetti eccezionalmente capaci in laboratori dotati di tanti sistemi di indagine quanti sono i settori delle scienze esatte e delle scienze della vita nei quali può essere inseguito il fenomeno paranormale. Alcune nazioni stanno tentando questo approccio e i loro scienziati convocano Nikolaiev, Kamensky, Kulagina, Vinogradova, Padfield, Manning, Geller, Swann, Price, Parise.

Non sono solo ad avere il sospetto che si stia cercando di capire in quali modi sensitivi e medium possono rafforzare certe operazioni spionistiche o sabotatrici. Se il fine fosse questo, è chiaro che l'integrità fisica e la permanenza delle facoltà paranormali non importerebbero molto ai finanziatori»[131].

La lettera di Riccardi si inseriva nel contesto del dibattito su *La Stampa* a seguito dell'appello di Jemolo a Rol a sottoporsi a controlli scientifici. Come si vede, l'approccio del Riccardi è sempre lo stesso, e noi non lo condividiamo assolutamente. Il fatto che accenni a «certe operazioni spionistiche o sabotatrici» rientra poi in tematiche di suo specifico interesse, provenendo egli dall'ambiente militare[132], e ciò

«medium professionali» non possiamo che essere totalmente scettici, dal momento che *non è possibile servire due padroni*.

[130] Si riferisce a: Lugli, R., *Ho visto lavorare il dottor Rol*, La Stampa, 03/08/1978, p. 3. L'articolo fu scritto per difendere Rol dalle insinuazioni di Piero Angela. Seguirono quindi l'appello di Jemolo (13/08), la lettera di Granone (18/08), un'altra di Diego De Castro (20/08) e quindi quella di Riccardi (24/08). La risposta di Rol fu pubblicata il 03/09; le lettere di due lettori furono pubblicate il 06/09 e 13/09 e infine un'altro articolo di Jemolo il 17/09. Rol si prendeva la rivincita da tutte queste polemiche tre mesi più tardi con l'intervista di Roberto Gervaso a tutta pagina sul *Corriere della Sera* (31/12/1978), e con il servizio di Luigi Bazoli, in due puntate, sulla *Domenica del Corriere* del 17 e 24 gennaio 1979.

[131] Riccardi, N., *Gli scienziati e la parapsicologia* (lettera al giornale), *La Stampa*, 24/08/1978, p. 8.

[132] Cfr. per es. Riccardi, N., *Politica Atomica*, in: Rivista Marittima vol. 314, p. 244, 1948. Notiamo qui di passaggio che anche Leo Talamonti veniva dal mondo militare (aeronautica). Durante la guerra fredda si sono tentati vari esperimenti parapsicologici sia in ambito statunitense che sovietico, per ragioni di spionaggio. Difficile dire con quale esito, in ogni caso molto limitato, viste le premesse delle *possibilità* dei normali medium (e di medium "speciali" non ne esistono).

dovrebbe far comprendere come Rol avesse anche altre ragioni per sottrarsi ai maniaci della sperimentazione. Già Hitler lo aveva fatto cercare per convocarlo a Berlino, e chissà quanti altri avrebbero voluto servirsi di lui. Di certo egli è stato consigliere per numerosi capi di stato, e su questo punto ancora molto dovrà essere detto. Scriveva ad esempio Leo Talamonti nel 1966:

«Parecchie altre cose si potrebbero dire a suo riguardo, venute a galla mentre io davo una rapida scorsa a certi carteggi intercorsi tra lui e alti esponenti di governi o di case regnanti ed ex regnanti d'Europa; ma i tempi non sono ancora maturi per renderle di pubblico dominio. Posso dire soltanto questo: a quanto risulta da una tale documentazione, nessuno di quei personaggi che in tempi relativamente recenti si trovarono in alto nelle sfere politiche o dinastiche, e che ora sono quasi tutti scomparsi dalla scena, mostrò mai di prendere alla leggera i suoi avvertimenti...»[133].

Talamonti era uno studioso esperto di tutta la letteratura parapsicologica. Fu tra i primi a scrivere di Rol nel 1961 e poi in anni successivi. Insieme a Inardi e Di Simone, fu, a quell'epoca, uno dei pochi che aveva capito in quale prospettiva collocare Rol. Per esempio dopo aver fatto cenno alla "legge" da lui scoperta nel 1927, scrive:

«Tutto ciò è molto *goethiano*, ci sembra. Se non andiamo errati, lo stesso tipo di ricerca era stata intrapresa in altre epoche da personaggi più o meno illustri, e sotto metaforiche denominazioni come quelle del Graal o della Pietra dei Filosofi, le quali tutte adombravano un complesso di operazioni tendenti a rigenerare l'*io*, a raggiungere un livello superiore di coscienza...»[134].

Non mancano i riferimenti a ciò che anche gli altri parapsicologi, così come i testimoni "comuni", avevano affermato:

«C'è un consiglio che può riuscire utile a chiunque ambisca per caso a incontrarlo – il che non è facile, sia detto per inciso –: non usi mai nei suoi riguardi la parola "mago", e tanto meno un'altra che oltre tutto sarebbe inappropriata: "medium". L'uomo ha le sue idiosincrasie, e conviene rispettarle»[135].

Assai chiaro è il pensiero seguente:

«Se la sua notorietà non è pari alle incredibili facoltà che possiede, ciò si deve al fatto che egli fa pochissime eccezioni alla regola – che si è imposta da tempo – di non offrire alcun pretesto alla curiosità futile e superficiale, e di non aprire il varco a interpretazioni che non condivide. Devo confessare che io stesso mi sarei ben difficilmente deciso a parlare di tali esperienze, senza l'avallo, sia pure indiretto, di altre autorevoli testimonianze»[136].

---

[133] Talamonti, L., *Gente di Frontiera*, cit., pp. 118-119.
[134] *ibidem*, p. 121.
[135] *idem*.
[136] Talamonti, L., *L'uomo che legge nei libri chiusi*, in *Universo Proibito*, SugarCo, Milano, 1966, p. 103.

Questo sia di memento per tutti coloro che hanno scritto su Rol e per coloro che di lui scriveranno (ma tanto, sappiamo che faranno quello che vorranno...).

Altri significativi giudizi di parapsicologi sono stati dati durante il convegno più sopra menzionato del 1969/1970. Il dott. Pericle Assennato racconta:

«Fui presente, a Roma, nei primi dell'aprile 1967, per tre sere consecutive, a sedute che il dott. G.A. Rol con gentile condiscendenza, aveva tenuto in casa di una famiglia romana, invitato da conoscenti. (...).

Fu subito pronto, con estrema comprensione per la curiosità dei presenti, una quindicina di persone, e verso me medico, al quale volle dimostrare in seguito una cordiale simpatia. Tra i presenti, tutti seduti a un enorme tavolo, in un salone di casa gentilizia, erano un avvocato, due ingegneri, un ufficiale di marina e signore e signori e giovani, di età fra i venti e i sessanta anni circa, di attività ed interessi culturali vari e comunque di ottima educazione e buona cultura: e tutti nuovi al tipo di fenomeni paranormali. Questi furono *eseguiti in piena luce*, sotto il plurimo controllo visivo, ripetuti, più volte, lentamente. Nel gruppo notavo – perché particolarmente scettici e pronti ad ogni rifiuto – un giovane ingegnere e l'ufficiale di marina. Ma fu per essi alla fine – come per tutti – una testimonianza, non un rifiuto; una accettazione stupita, quasi desolata, un sincero *rifiuto al rifiuto*».

«I fenomeni cui il sottoscritto e altre numerose persone assistemmo in quelle tre sere, lasciavano realmente "a terra"».

«Questi fenomeni – questo era chiaro – erano la riprova – anche a chi non avesse assistito ad altre più scioccanti dimostrazioni del Rol, veri pugni nello stomaco all'osservatore più obiettivo – che *esiste* il fenomeno surreale o paranormale che dir si voglia.

Perché... qui si assiste a fenomeni veramente surreali, come in un teatro dell'assurdo: al di sopra e al di fuori della realtà che conosciamo»[137].

Con citazioni di questo tenore si potrebbe compilare un libro intero. Ci siamo qui limitati a quelle dei parapsicologi, visto che il contesto è quello del libro di un parapsicologo, e visto che parecchi di loro hanno potuto vedere gli esperimenti di Rol e hanno tentato di fornire testimonianze precise. Arriviamo ora alle opinioni di Di Simone e al suo libro.

Alla fine del 1969, probabilmente nel mese di ottobre, il prof. Giorgio di Simone che stava raccogliendo materiale di studio per una inchiesta sui fenomeni paranormali promosso dal Centro di cui era direttore, inviò a Gustavo Rol, così come aveva fatto con alcuni studiosi e altri sensitivi, un questionario in cinque punti per avere anche la sua opinione in merito.

---

[137] Assennato, P., *Testimonianza e considerazioni sui fenomeni Rol*, Metapsichica, gen-giu 1970, pp. 3-5.

Durante la riunione dei parapsicologi tenutasi il 16 novembre 1969 a Milano, l'avvocato Pier Lorenzo Rappelli, da quattro anni amico e assiduo frequentatore di Gustavo Rol, vi fa riferimento:

«Mi sembra però giunto il momento di indicare quanto Rol si ritenga estraneo a ciò che viene definito "paranormale". Ieri sera mi trovavo nella sua biblioteca: sul suo tavolo di lavoro riuscìi a prendere visione di alcuni appunti che aveva gettato già dopo aver ricevuto un questionario inviatogli dal Centro Italiano di Parapsicologia di Napoli. Non sarei certamente autorizzato a rivelare il contenuto di quelle semplici "note", senza dubbio incomplete, e, facendovene parte, vorrei che venissero, come tali, giudicate, e non facessero testo assoluto del dott. Rol. Egli mi disse che si trovava in forse sul modo di rispondere al dott. Di Simone, il valoroso animatore del suddetto Centro napoletano, un po' perché gli ripugna parlare di sé e poi perché lui stesso, per quanto gli è dato di comprendere, si giudica al di fuori da tale materia.

Io comprendo benissimo come tutti gli esperimenti compiuti da Rol contengano una carica che interessa enormemente Istituti e studiosi di parapsicologia, ma si tratta di potenzialità che neppure io stesso, che gli sono più di ogni altro vicino, sono in grado di spiegare, anche se, posso dirlo con tutta franchezza, incomincio appena a comprendere. Dice Rol, il quale anche nell'appunto sopra accennato non ha purtroppo introdotti chiarimenti ai mille dubbi che ognuno di noi ha in questo campo, che non v'è segreto da insegnare né tramandare perché è questa una verità che bisogna intuire da soli»[138].

Al questionario di Di Simone Rol non rispose, anche se gli scrisse due lettere, di cui una pubblicata nel libro *"Io sono la grondaia..."*:

«Faccio seguito alla mia lettera del 5 cm., mentre La ringrazio per il primo fascicolo della *Nuova Serie di Informazioni di Parapsicologia*, che ho letto con interesse.

Lei lamenta che io sono restio ad espormi, in sede di studio dei fenomeni paranormali, a circostanziate osservazioni.

È, invece, piuttosto che io non vedo come i miei esperimenti di coscienza sublime possano interessare la materia che tanto degnamente occupa le ricerche di codesto centro di parapsicologia. I cinque quesiti che Ella mi pone esulano talmente dalla mia conoscenza dei fenomeni ai quali alludono, che mi trovo nell'impossibilità di rispondere adeguatamente.

Mi rendo perfettamente conto del Suo desiderio e sinceramente mi rammarico di non essere in grado di soddisfarLa e di contribuire, così, alla fatica del Centro che Ella presiede.

---

[138] AA.VV. *Dibattito sui fenomeni...*, cit., pp. 23-24. Quattro anni più tardi, il 21 giugno 1973, Rol registrerà con Remo Lugli il testo dello «spirito intelligente», nel quale a un certo punto si trova lo stesso concetto espresso da Rappelli: «Sono segreti, questi, che non è dato di tramandare appunto perché segreti non lo sono affatto. Si possono invece intuire, proprio come è successo a me e ad altri» (Lugli, R., *Gustavo Rol. Una vita di prodigi*, cit., p. 4 – preambolo).

In tutta franchezza io non mi ritengo dotato di qualità paranormali od almeno di prerogative che possano farmi includere nei soggetti che offrono motivo di studio. Né posso affermare di aver avuto particolari contatti col PN, dal momento che tutta la mia vita si è sempre svolta in una naturale atmosfera di costanti "possibilità"[139] ove non sarebbe difficile stabilire quali siano le più notevoli.

Fin da giovanissimo mi sentii portato ad un'osservazione profonda di ogni cosa, anche delle più insignificanti, trovandomi così a meditare su di esse, forse nell'istintiva ricerca del rapporto fra gli avvenimenti ed i fattori che li compongono e dei legami che intercorrono fra cosa e cosa proprio come le fibre dello stesso tessuto.

Mi trovai così a conseguire un'abitudine mentale ove l'intuizione ed il ragionamento collaborano in stretta armonia nella ricerca di quella verità Unitaria alla quale mi sembrano tendere, in nobilissima gara, l'Etica, la Politica, le Arti e tutte le scienze in genere.

Era quindi inevitabile che io mi spingessi oltre le norme consuetudinarie del vivere e mi adoprassi per una necessità inderogabile ad agevolare il mio cammino con mezzi che Lei definirebbe paranormali, mentre io li considero di natura strettamente ortodossa[140].

Non esiste quindi un mio "incontro" col PN, termine che mi suona estraneo, in quanto io ritengo che a chiunque segua la strada da me percorsa vengano offerte le mie stesse possibilità.

Prevedo il di Lei legittimo dubbio ed anche la sua incredulità di fronte a spiegazioni così semplicistiche; mi affretto allora a precisarle che l'"osservazione profonda di ogni cosa" comporta l'inserimento di una determinata cosa nella visione di un Sistema Universale in rapporto al valore ed alla funzione della cosa stessa. Accedendo quindi a questa forma di "conoscenza" il pensiero viene a trovarsi necessariamente ad essere intinto di quelle particolari essenzialità per le quali acquisisce le "possibilià" cui sopra accennavo e che autorizzerebbero l'esistenza di un PN, mentre invece è la più legittima "normalità" che si manifesta.

Di qui il sorgere di facoltà delle quali mi è dato disporre solamente quando pervengo a riconoscerne la reale natura, per accoglierle allora con responsabile consapevolezza e coscienza.

A questo punto Lei potrà obiettare che è proprio attraverso lo studio del PN che tale meta è raggiungibile, ma io non esito ad affermare, almeno per quanto riguarda i miei esperimenti di coscienza sublime, che ogni ricerca in quella direzione si troverebbe in antitesi con la sorgente

---

[139] Questa frase fu ripresa da Rappelli nella riunione del 02/02/1970. Il parapsicologo Jacopo Comin così l'ha commentata: «"Costanti possibilità": bella e modestissima definizione per le immense facoltà del grande sensitivo che non ama considerarsi "dotato di qualità paranormali", ma che in queste "costanti possibilità" trova modo di ottenere le più incredibili, le più fantastiche manifestazioni paranormali cui oggi sia dato assistere sotto qualsiasi cielo», in: Comin, J., *Il mistero nella vita del favoloso dott. Rol*, cit., Giugno 1973, p. 62.

[140] Con questo termine Rol si riferiva alla tradizione metafisica, e al tempo stesso a ciò che sarebbe possibile a ogni uomo.

spontanea di una conoscenza giustificata dalla natura divina ed eterna dell'uomo.

Il di Lei Centro si muove verso un proprio obiettivo e, per realizzarlo, si appoggia alla ricerca scientifica ed allo studio. Io mi chiedo, però, come sarebbe possibile applicare queste ricerche ai miei esperimenti di CS, alla base dei quali a Voi interesserebbe conoscere l'origine... meccanica degli stessi»[141].

Il n. 1 di *Informazioni di parapsicologia* cui Rol fa cenno era uno scritto piuttosto provocatorio e polemico. Di Simone voleva stuzzicare Rol per indurlo a prendere contatto con lui. Tra le altre cose, si esprimeva in questi termini:

«A questo punto abbiamo la precisa sensazione che lo stesso Rol non abbia chiaro il meccanismo che in lui si mette in moto e determina i fatti ... Perché si rifugia in formule assurde che negano, ad esempio, che la verità sia fatta per l'uomo?[142]. Sul piano psicologico il contrasto tra questo atteggiamento e l'apparente potenza della personalità rolliana è stridente, inaccettabile!

Cosa c'è di sostanzialmente diverso dalle arcinote manifestazioni medianiche se non il loro eclettismo e un'apparente volontarietà? Cosa diversifica la teoria dello "spirito intelligente" dalla pura e semplice teoria dello spirito? ... L'ombra, fotocopia di un uomo ex-vivente, la funzione che pensa, agisce! ... Ci rifiutiamo sul filo della più elementare logica di dare il benché minimo valore ad una teoria che si qualifica da sé, attraverso le proprie interne incongruenze e assurdità concettuali e logiche. A contatto con dimensioni sconosciute siamo abituati a ben altro rigore e, nello stesso tempo, a ben altra armonia e semplicità!

I vacillanti puntelli teorici di G.A. Rol possono impressionare chi non è diversamente esperto e provveduto, non certamente noi.

L'assurdo rasenta il ridicolo quando, in ultimo, si dice (avv. Rappelli) di avere udito uno "scalpiccio" nella stanza degli esperimenti, con la seguente affermazione: "*È lo scalpiccio dello spirito intelligente di Rappelli!*)"»[143].

---

[141] Rol, G.A., *"Io sono la grondaia..."*, pp. 268-270. La lettera, così come pubblicata sul libro, è priva sia del destinatario che della data. È però chiaro che si tratti di Di Simone e del 1970.

[142] Qualche riga prima l'autore aveva riferito che «Rol dice che "la verità non è un bene per l'uomo"». Tale frase va evidentemente contestualizzata, e collocata nel presente di Rol. Si riferisce (ma non solo) alle *possibilità* dell'uomo, che sono uno strumento pericoloso se usate in maniera inappropriata, come dare a un bambino una bomba a mano con cui giocherellare. Il discorso è ovviamente ben più vasto, e ce ne occuperemo in altro studio. Intanto, rimandiamo nuovamente al «tesoro» di cui parlava Inardi, così come ai vv. 101-102 della Sura V del Corano: «O voi che credete, non fate domande su cose che, se vi fossero spiegate, vi affliggerebbero. Ma se domanderete di esse quando il Corano sarà rivelato interamente, vi saranno spiegate. (...). Già un popolo prima di voi chiese di queste cose e finì per diventare miscredente».

[143] Di Simone, G., *Opinioni*, Informazioni di Parapsicologia, n.1, Napoli, 1970, citato in: *Oltre l'umano*, p. 29.

Dopo la citazione di questa relazione del 1970, nel suo libro (*Oltre l'umano*, pp. 29-30) del 1996 Di Simone scrive:

«Quell'articolo di oltre venticinque anni fa, se da un lato rappresentava una vera provocazione, dall'altro poteva indurre Gustavo ad un silenzio totale, ad una rottura di qualsiasi rapporto con me.

Come il lettore avrà già capito, oggi il mio pensiero è mutato di molto e su molte questioni. Venticinque anni di esperienze, anche penose e di maturazione interiore, non passano invano, e oggi debbo pienamente riconoscere che quell'articolo era eccessivamente "pesante" nei confronti di Rol, per quanto giustificato dal desiderio di farlo uscire "allo scoperto"!»[144].

È anche ovvio che io, allora, nel 1970, ancor prima d'incontrare Gustavo, dovessi nutrire qualche dubbio su di lui, pur non essendo uno scettico aprioristico, dato che già da decenni m'interessavo – essendone convinto razionalmente – di comunicazioni medianiche di elevato valore: "dottrine", se vogliamo chiamarle così, basate realmente su logica e razionalità, e in virtù delle quali, anche oggi, la teoria di Rol non è convincente; ammenochè – come per altri aspetti della questione – quella sua teoria non fosse un'ulteriore "copertura" di auto-difesa».

Purtroppo Di Simone non è riuscito ad assimilare la teoria "di Rol", e siamo sicuri che se avesse avuto maggiori conoscenze metafisiche tradizionali si sarebbe accorto che si tratta di una teoria ortodossa e conosciuta sin dall'antichità, con l'unica differenza che Rol ha chiamato "spirito intelligente" ciò che in altre lingue aveva ed ha altri nomi. Ma si tratta solo di sfumature linguistiche, non di sostanza. La teoria dice a grandi linee questo: ogni cosa ha uno spirito, compresi gli oggetti inanimati; quello dell'uomo però è *intelligente*. Questo spirito esiste già quando l'individuo è in vita; quando muore rimane sulla terra come un *residuo psichico*, analogo a quello fisico derivante dalla decomposizione del cadavere. Esso però non è il defunto, la cui anima torna a Dio (qualsiasi cosa si voglia intendere con questa parola). Gli spiritisti che nelle sedute medianiche evocano i "morti" in realtà evocano lo "spirito intelligente". Vi ritorneremo più avanti.

La relazione del 1970, al di là della lettera "morbida" che Rol aveva inviata a Di Simone, aveva comunque prodotto degli effetti. Il 7 marzo di quell'anno Nicola Riccardi invia una lettera all'architetto napoletano:

«Appena Rol ha letto la sua opinione pubblicata un po' in fretta, si è affrettato a un passo che non fa mai: mi ha telefonato per dirmi che riteneva che la sua prosa fosse una presa in giro verso di lui. Il suo discorso è lineare. Io non ho nulla da spartire con i parapsicologi e voglio che essi mi lascino in pace. Il suo discorso è anche erroneo, perché se un artista marziano capita sulla Terra e viene circondato dai nostri biologi,

---

[144] Su un atteggiamento analogo a quello di Di Simone cfr. per esempio Giuditta Dembech (*Gustavo Adolfo Rol. Il grande precursore*, cit., p. 113): «Ho molto insistito ponendogli domande, lanciandogli delle esche, piccole provocazioni per costringerlo a parlare, per cercare di tradurre i suoi termini».

non può protestare perché ammette solo artisti al suo cospetto e rifiuta i biologi. Io sapevo che lo scritto su IP si basava su scarsi elementi e aveva sullo sfondo il rammarico di un pubblicista a cui viene a mancare una firma importante a una raccolta di risposte.

Perciò ho cercato di consolare Rol facendo pesare il risultato centrale della riunione di Milano del 2 febbraio. In verità c'è stato un momento in cui ho chiesto all'auditorio se c'era qualcuno che credesse tutto frode e trucco in ciò che avevamo esposto su Rol fino a quel punto, e ho visto chiaramente che dei fatti sono tutti ben certi. Adesso è svanita la probabilità di portarlo a Campione, al 2° Convegno di Parapsicologia, e mi sto lambiccando il cervello per trovare quale gruppo di ... artisti potrebbe non essere rifiutato dal sensitivo. Credo proprio che dovrò farmi aiutare dalla curia vescovile» (*Oltre l'umano*, pp. 30-31).

L'ultima frase è certo curiosa, e lo sarebbe anche sapere se effettivamente Riccardi contattò la curia. Il parallelo con il marziano rientra sempre in quell'errore di fondo che vede in Rol un essere biologicamente diverso dagli altri, e non qualcuno che ha fatto un percorso di evoluzione spirituale che potrebbero, in linea di principio, fare tutti.

Un altro scritto dello stesso anno, rimasto inedito, è quello di Luigi Veglio, che, come si ricorderà, era quell'amico di Inardi che aveva reso possibile il secondo incontro di quest'ultimo con Rol. Doveva comparire su *Metapsichica* con il titolo «Ho conosciuto il dott. Rol», ma per qualche ragione non fu pubblicato. Veglio fa esplicito riferimento alla scritto polemico di Di Simone:

«Conoscere il dott. Rol, come ebbe ad affermare Di Simone nel suo articolo pubblicato ultimamente su "Parapsicologia", costituisce un privilegio concesso a pochi fortunati.

Io, e lo affermo con vivo compiacimento, sono stato fra questi proprio quando ai vari giudizi sulla Sua eccezionale personalità si era aggiunto il polemico articolo sopracitato.

Mi apprestai quindi a trascorrere la serata con il dott. Rol senza quella minima velleità indagatrice, che inevitabilmente porta con sé chi si interessa di certe fenomenologie, dimenticando il bagaglio di esperienza che, attraverso tanti anni di interesse, mi faceva sentire autorizzato ad una ricerca sul piano scientifico-metapsichico.

Mi ritrovai quindi alle "prime aste" di una letteratura che trascende ogni fatto o fenomeno parapsicologico.

Le prime aste furono di tale natura da togliere subito ogni eventuale dubbio sulla personalità dell'esecutore, e da indurre invece all'approfondimento della conoscenza della persona e del pensiero del dott. Rol: pensiero talmente verticale orientato sul piano filosofico-religioso e trascendentale.

A questo punto, e mi rivolgo a Di Simone, l'indagine a noi consueta non trova più ragione di essere, mentre si giustifica la riluttanza tanto discussa del dott. Rol nel sottoporsi a ricerche che nulla hanno a che vedere nel campo delle nostre *non* conoscenze.

Egli dà una spiegazione che deve essere accettata così com'è poiché nessuno più di lui ne conosce il meccanismo e la fonte.

Questo che, in qualità di appartenente alla Soc. Italiana di Metapsichica, mi sono permesso di scrivere, è la sensazione di chi ha la fortuna di trascorrere qualche ora col dott. Rol: sensazione di trovarsi al cospetto di una nuova, meravigliosa dimensione».

In un'altra lettera a Di Simone, del 17 marzo 1970, Riccardi scrive:

«Le pagine che lei gli ha dedicato nell'ultimo numero di IP lo hanno amareggiato[145] profondamente, anche se si è subito accorto che in lei aveva preso il sopravvento il direttore di rivista che da una importante sorgente non riesce ad ottenere risposta ad un questionario che è stato onorato da studiosi come Bender e Eisenbud. (...).

L'azione difensiva del dr. Rol verso i "maltrattamenti" stampati su IP, consiste nell'invitarla quando vuole, con un assistente, qui a Torino per una seduta di intervista e di esperienze».

Di Simone conclude la sua citazione:

«Sul retro della lettera di Riccardi, Gustavo Rol aveva aggiunto, con la sua fotografia, le frasi seguenti:

"Egregio dr. Di Simone, non avevo affatto messo a punto il questionario inviatomi. Sono veramente spiacente di tutto quanto è successo. Il bravo Rappelli ha detto troppo o troppo poco... In ogni modo io spero di vederla a Torino per quella dimostrazione che tanto desidera. Suo dev.mo G.A. Rol".

Ero riuscito nel mio intento: incontrare Rol!»[146].

Il "metodo" di Di Simone dovette essere adottato, in privato, anche da altri studiosi, alcuni dei quali non furono invitati (Servadio) o re-invitati (Cassoli).

Certo è che Rol dovette sopportare i ricatti psicologici di un gran numero di gente. Alcuni li ha accolti, seguendo sue personali motivazioni, altri li ha respinti[147].

Di Simone fu fortunato, e oggi, in un certo senso, il suo percorso dal dubbio e dalla polemica, all'elogio e alla stima, è esemplare, in quanto testimonia di come fosse abbastanza scontato essere scettici prima di conoscere Rol e come si finisse per non avere più alcun dubbio dopo che si cominciava a frequentarlo, avendo la possibilità, di volta in volta, di verificare a distanza ravvicinata sia l'uomo che i suoi prodigi.

---

[145] Di Simone in nota (*Oltre l'umano*, p. 35) commenta: «Sulla lettera che evidentemente Riccardi gli aveva fatto leggere, Gustavo Rol corresse di suo pugno la parola, sostituendola con "rattristato"».

[146] Lettera pubblicata in *Oltre l'umano*, pp. 35-36.

[147] Questo valeva anche per eventuali nuovi ospiti. Per esempio, Di Simone scrive: «...avevo proposto [*a Rol, come ospite ad una serata di esperimenti*] anche un'altra persona che teneva molto a conoscerlo, A.P., ma Rol l'aveva escluso. Pur non conoscendo direttamente certe persone, in quei rifiuti seguiva evidentemente qualche suo misterioso impulso o istinto...» (*Oltre l'umano*, p. 106).

Il 25 e il 26 marzo Di Simone era finalmente a Torino. Di quel tanto desiderato incontro fece una relazione nel numero 2 di *Informazioni di parapsicologia*, dove tra l'altro scriveva:

«È per me innanzitutto doveroso riprendere qui il discorso iniziato sotto il titolo "*Opinioni*", dopo il mio recentissimo incontro con il dr. Rol di Torino. Soprattutto per rendere giustizia all'elevato aspetto umano e spirituale della sua vicenda; al di là di una polemica i cui termini sono superati dalla consapevolezza ormai raggiunta di ciò che nel profondo anima le parole e l'azione dell'eccezionale protagonista di eventi che per il loro intimo, valido significato, si pongono in una dimensione extrascientifica»[148].

Questa dichiarazione è davvero sorprendente: è bastata una sola serata di esperimenti per far mutare completamente tono al parapsicologo, il quale non esita a dichiarare che gli eventi di cui è stato testimone «si pongono in una dimensione extrascientifica». Un solo incontro, e Di Simone ha già accantonato l'idea di condurre sperimentazioni "da laboratorio". Un solo incontro, per riconoscere in Rol «l'elevato aspetto umano e spirituale della sua vicenda». Certo, anche Cassoli aveva incontrato Rol una volta (e, se per questo, Piero Angela e Tullio Regge, gli altri due scettici *doc*, fondatori del CICAP, lo incontrarono due volte), ma alcune persone per la loro apertura mentale e certamente per predisposizione alla ricerca spirituale, come Di Simone, hanno capito Rol sin da subito.

Nella stessa relazione scriveva anche:

«Ho una certa annosa esperienza diretta di fenomeni paranormali, soprattutto nel campo della "trance ad incorporazione", ma è stata questa la prima volta che ho avuto modo di constatare in un vivente, perfettamente sveglio, l'eccezionale potenza di azione della mente sulla materia...»[149].

Quindi constatava che «è difficile stabilire un limite tra il dire troppo o troppo poco»[150].

Condividiamo ampiamente questo commento. Noi stessi abbiamo avuto una certa difficoltà nel scieglire cosa dire in questo libro, e cosa riservarci di dire in una prossima pubblicazione. Dopo anni di "inquadramento" del "caso Rol" oggi siamo in grado di parlarne con completezza, ma prima che ci mettessimo al lavoro, tutte le volte che ci capitava di parlare di Gustavo facevamo una gran fatica perché non sapevamo da che parte cominciare, tanto era stata straordinaria e poliedrica la sua personalità e la sua vita.

Un commento analogo e più esteso Di Simone lo aveva fatto il 31 maggio 1970, in un'altra relazione poi pubblicata su *Metapsichica*:

«Sapevo che fosse difficile scrivere del dott. Rol di Torino e delle sue eccezionali facoltà paranormali, ma, da quando ho avuto la fortunata

---

[148] Relazione pubblicata in *Oltre l'umano*, p. 37.
[149] *ibidem*, p. 38.
[150] *ibidem*, p. 40.

occasione di incontrarlo, mi sono reso conto che è ancora più difficile scrivere di lui *dopo* averlo conosciuto di persona. E ciò per varie ragioni, non tutte esprimibili... Il fatto è che non si sa da dove iniziare un discorso, che potrebbe portare molto lontano, e sconfinare dai limiti imposti dal tempo e dallo spazio»[151].

Questo pensiero dovrebbe essere ben tenuto presente da tutti quegli scettici sbruffoni che non hanno mai incontrato Rol. Dello stesso tenore è quanto l'autore dice nelle prime righe di *Oltre l'umano* (p. 11):

«È difficile scrivere un libro su Gustavo Adolfo Rol. Anche per chi, come me, lo conosceva da tanti anni e aveva con lui un'amicizia fraterna.

È difficile dire di lui le cose essenziali, quelle che veramente contano e che possono far capire meglio agli altri, al lettore, quale fosse la sua personalità, il suo animo, la sua disponibilità verso la vita e verso il prossimo».

A noi è capitato più volte di aver difficoltà a parlare di lui e a farci intendere, soprattutto perché non potevamo fare un esempio a cui paragonarlo, così che chi ci ascoltava avrebbe potuto farsi quantomeno una idea approssimativa. Ma Rol era diverso da qualunque altra persona, ed è esattamente quanto ha scritto anche Di Simone nel 1975, dopo averlo incontrato ormai numerose volte:

«...un uomo *diverso*, completamente diverso dagli altri, sia per ciò che può fare più degli altri, sia perché umanamente, interiormente la sua vita può difficilmente essere paragonata a quella di chiunque altro»[152].

Poco più di una settimana dopo il loro incontro, il 4 aprile 1970, Rol inviava a Di Simone un'altra lettera:

«(...) Effettivamente la Sua permanenza a Torino è stata troppo breve. Lei avrà compreso che a *quelle cose* si accede a gradi e non v'è preparazione scientifica che possa sostituire l'intuizione anche se la favorisce in misura immensa. Per quanto riguarda invece i miei esperimenti, voglia credermi, Caro ed Egregio Amico, è solamente attraverso una pratica intuitiva che si può giungere a comprendere ed a realizzare quei fenomeni che a nessuno è dato insegnare od apprendere pedagogicamente. Trovo giusto, legittimo ed onesto il Suo desiderio di ricorrere a metodi puramente obiettivi e scientifici e mi auguro che se la cosa è possibile sia per Lei quella la chiave che Le dischiuda la porta di un così ermetico forziere.

Me lo auguro, a me che ho battuto una via tanto differente, la fatica è stata, glielo confesso, tremenda e solitaria. Per quanto le mie odierne

---

[151] Di Simone, G., *Incontro con Gustavo Adolfo Rol*, Metapsichica, lug.-dic. 1970, p. 112. Riguardo in particolare agli esperimenti, in una nota a p. 88 di *Oltre l'umano*, Di Simone scrive: «...come si fa a dare una sufficiente idea di quelle che furono le immense "possibilità" di Rol? È d'altra parte chiaro che la difficoltà sta anche nel fatto che si è costretti a lunghe descrizioni, talvolta complicate, mentre semplicissimi appaiono gli esperimenti quando avvengono sotto gli occhi».

[152] Di Simone, G., *Gustavo Rol: una vita ai confini dell'impossibile*, Il Giornale dei Misteri, n. 54, settembre 1975, p. 34.

possibilità giustifichino tanto travaglio, non mi sentirei mai di augurare ad un mio figlio o ad un amico un simile destino; è vero che la contropartita è meravigliosa, però saprebbe chiunque accettare l'annullamento della propria personalità? Solamente le sofferenze altrui – e che possiamo *a volte* alleviare – compensano di tante rinuncie ... Lei mi dirà che questo è moltissimo, ed è vero, ma più che sanare corpi malati è dovere grande e gioia immensa iniziare tante coscienze alla luce, distogliendole da quella tenebra alla quale sembrerebbero votate. No, no, non invidi in me queste facoltà, dal momento che Lei stesso le possiede anche se in diversa espressione ma in assai larga misura. (...).

Ma se ciò non bastasse, tutta la Sua vita, le Sue ricerche, le Sue ansie di conoscere, di sapere, di operare mi hanno rivelato in Lei un essere destinato a trovare il giusto orientamento verso quella *Realtà divina* alla quale fa cenno nella Sua lettera. Sarò quindi sempre lieto di avere con Lei quei rapporti suscettibili di ampliare le Sue elevate capacità.

Non conosco il Suo libro sul guaritore Andalini e ritengo debba essere molto interessante... Pur ringraziandola vivamente, non desidero leggerlo.

Rifuggo in genere da tutta la letteratura che tratta argomenti metapsichici, poiché nulla – *e questa è la mia maggiore preoccupazione* – deve distogliermi da questo continuo affanno che mi trova costantemente impegnato all'osservazione *spontanea* di ogni cosa. È qui che io tento di trovare i mezzi per realizzare quei progressi ai quali appoggio tutto il mio lavoro»[153].

Sui contenuti di questa lettera ci sarebbe molto da dire, ma ci spingeremmo troppo lontano. Era interessante menzionarla sia per chiarire il rapporto che è intercorso tra Rol e Di Simone, sia per avere idea di come Rol si poneva nei confronti di chi giudicava maturo per ricevere il suo "messaggio".

Lo stesso può dirsi di un'altra lettera di Rol a Di Simone, del giugno 1970, a proposito del n. 2 di *Informazioni di parapsicologia*[154]:

«Non mi fa piacere, certamente, che l'esperienza dei miei esperimenti si vada "decantando" di già. La Sua mente, così aperta alle cose più alte, il Suo pensiero in costante travaglio e finalmente quello spirito di osservazione, sempre attento e vigile, non mancheranno di "lavorare" in Lei quel po' che ha veduto o sentito venirle da me. E sarò lieto il giorno in cui mi dirà: "*ho compreso*". Quanto felice sarei se potessi darle una formula, una regola, una qualunque cosa suscettibile di metterla in grado di abbreviare la strada e di abbreviare quei concetti – (quelle verità) – che sono già alla portata di chiunque, massime di chi, come Lei, è tanto dotato! La scienza è un meraviglioso tentativo: doveroso affrontarlo a costo di qualunque sacrificio, ma attenzione! Ben presto la scienza è

---

[153] *Oltre l'umano*, pp. 49-54. Le parole qui in corsivo nell'originale erano sottolineate.

[154] Riccardi, nella lettera del 3 marzo 1970, scrisse a Di Simone che Rol e Rappelli avevano «apprezzato molto il discorso di raddrizzamento pubblicato da lei dopo le esperienze...», discorso pubblicato appunto sul n. 2 di *Informazioni di parapsicologia*.

fredda e in antitesi con la Materia Spirituale che anima tutto il "meraviglioso" che c'è in noi e fuori di noi. Di qui la grande *speranza* che poi altro non è che l'anticipazione della *certezza*: tutto ci appartiene alla condizione di saperlo riconoscere – (*non discernere*) – perché la verità non ha alternative di sorta né consente alcun compromesso»[155].

Di Simone incontrerà Rol una seconda volta nel marzo 1972, quindi una terza nell'autunno dello stesso anno. Il 10 dicembre 1972 esce l'articolo sul settimanale *Grazia* della giornalista Luciana Jorio. In esso troviamo scritto:

«Rol mi mostra una lettera del professor Di Simone, direttore del centro di parapsicologia di Napoli, che gli chiede un appuntamento. "Sono richieste inutili", dice, "perché i miei esperimenti non interessano la parapsicologia, ma investono direttamente le possibilità 'animistiche' proprie di ogni individuo"»[156].

L'inizio di questa affermazione di Rol è un po' strano, perché non sembra in linea con l'atteggiamento di apertura che aveva dimostrato a Di Simone nel 1970, anche se conferma la sua posizione nei confronti della parapsicologia. La lettera di Di Simone però potrebbe non essere di quell'anno, ma del 1969 o inizio 1970, quando ancora non aveva incontrato Rol, il quale potrebbe averla mostrata alla giornalista per sottolineare il fatto che lui era estraneo alla parapsicologia. L'altra possibilità è invece che la lettera sia proprio del 1972 (forse novembre), che Di Simone avesse chiesto a Rol di incontrarlo nuovamente, e che egli forse non fosse troppo convinto di accettare. Una risposta potrebbe venire da Di Simone stesso, o dall'archivio documenti di Catterina Ferrari. Comunque sia, nel marzo 1973 il parapsicologo fu ricevuto per la quarta e ultima volta da Rol, durante tre serate che poi descrisse nuovamente sul periodico del suo Centro. All'inizio della relazione scrive:

«Ancora una volta debbo dire che è difficile definire la personalità di Rol e, soprattutto, la sua posizione nell'ambito della fenomenologia paranormale. Sappiamo tutti che egli respinge le classificazioni parapsicologiche e le qualifiche di mago, medium o sensitivo; eppure, per intenderci, bisogna riconoscere e dire che egli è tutte queste cose ... e qualcosa di più. Egli è – al di là di ogni discussione – uno degli esseri umani più dotati di quelle facoltà che scavalcano con i loro effetti le consuete barriere del mondo fisico, psichico e spirituale, fino ad attingere ad una molteplicità di percezioni e di manifestazioni paranormali che lo pongono in una sua particolare dimensione, una dimensione sovrumana dalla quale egli, nella sua essenza che è anche fatta delle cose proprie dell'uomo puro e semplice, ricava anche motivi di amarezza e solitudine. Una solitudine morale, psicologica, che è spesso più cruda e fredda di quella comunque inevitabile degli uomini normali...»[157].

Nella parte finale troviamo queste osservazioni:

---

[155] *Oltre l'umano*, pp. 61-62. Per le parole in corsivo, come sopra.
[156] Jorio L. *Viaggia nel passato e vede nel futuro*, Grazia 10/12/1972, p. 30.
[157] IP 2/1973, p. 15; anche in *Oltre l'umano*, p. 107.

«Gustavo A. Rol non ammette lo spiritismo. Egli ha una sua teoria, ma su tale punto siamo divisi, anche perché mi pare di avere capito che egli, negandolo, si riferisca allo spiritismo di maniera, quello dei tavolini a tre gambe e delle infestazioni (poltergeist). Se è così, egli ha mille volte ragione ed io stesso ho attaccato più volte queste minime e degradate forme di manifestazione»[158].

Questa in realtà è solo una parte del problema, e non è quella centrale, che invece è rappresentata dalla spiegazione effettiva (rigorosamente tradizionale) di questi fenomeni che coinvolgono lo "spirito intelligente". Come detto, ne parleremo più avanti. Quello che però contestiamo, come faremo anche con Giuditta Dembech, è che un uomo normale, per quanto dotato di cultura e rispettabilità come Di Simone, possa pretendere di mettere le sue idee e opinioni sullo stesso livello di un Maestro spirituale, che è tale per aver dato prova – oltre che con la sua condotta di vita, anche con le sue dimostrazioni visibili – di conoscere assai bene le altre dimensioni. Una analogia che può essere fatta è quella di due persone che fanno la descrizione di un luogo lontano, dove una c'è stata mentre l'altra parla per sentito dire.

Uno dei problemi principali per i parapsicologi è quello di dover accettare integralmente la teoria di Rol (che, lo ripetiamo per l'ennesima volta, non è sua), e mettere da parte le loro opinioni, il che però equivale a rinunciare alla parapsicologia stessa, a beneficio della tradizione e della spiritualità (il che non esclude, evidentemente, una osservazione oggettiva della realtà, piuttosto la potenzia). Crediamo che pochi siano oggi in grado di compiere questo passo, almeno fino a quando la "scienza di Rol" non sarà realtà, giorno in cui l'approccio della parapsicologia sarà defunto.

Comunque Di Simone, già nel 1975, riconosceva i limiti del suo campo di indagine, scrivendo:

«Gustavo A. Rol... esprime una sua cifra caratteristica nel rigettare con forza la qualifica di "medium" o, peggio, di "mago"; come pure respinge decisamente qualunque tentativo di sperimentazione scientificamente controllata svolta nei suoi confronti, e questo semplicemente perché non gliene importa nulla della parapsicologia o di

---

[158] IP 2/1973, p. 23; anche in *Oltre l'umano*, p. 116. Di Simone nel 1996 non aveva cambiato opinione; scriveva infatti (p. 30), lo abbiamo già visto, che «anche oggi, la teoria di Rol non è convincente; a meno che... quella sua teoria non fosse un'ulteriore "copertura" di auto-difesa». Inutile dire che non c'era alcuna "copertura". Una situazione analoga a questa è quella di Giuditta Dembech e Renzo Allegri che ipotizzavano che Rol non credesse alla reincarnazione per non urtare la Chiesa cattolica, ma si tratta solo di congetture fatte da chi ignora la tradizione metafisica autentica. Maurizio Bonfliglio ha scritto invece giustamente – a proposito dell'espressione «spirito intelligente» – che «affermare che Rol cambiasse terminologie solo per non incorrere in ire ecclesiastiche, mi pare assurdo e senza fondamento. Tutto il suo discorso è concettualmente ed ideologicamente diverso da ogni forma di spiritismo praticato» (*Il pensiero di Rol*, Mediterranee, Roma, 2004, p. 61).

rimanere nella storia della Ricerca Psichica come illustre "cavia", come una cavia d'oro...

Se sul momento tale atteggiamento può lasciare un profondo disappunto nei ricercatori ansiosi di aggiungere una così rara perla alla loro rigorosa collezione, rendendoci però consapevoli di certe esigenze umane così spesso trascurate negli esperimenti di laboratorio e pensando alla relatività delle cose della Terra, non possiamo che rispettare la volontà rolliana che indubbiamente deriva da due considerazioni fodamentali: la prima è che le nostre qualifiche e classificazioni nel campo parapsicologico sono tuttora insufficienti, precarie, estremamente limitative e quindi non esprimono mai le realtà indicate; la seconda è dovuta alla piena e tormentata coscienza che ha Rol del valore trascendentale dell'impegno particolare che egli svolge grazie alla presenza dei suoi "poteri", un impegno verso l'umanità che non soffre di essere misurato e deviato dai suoi obiettivi nel nome di una ortodossia scientifica che finora ha accumulato fatti su fatti – ed è positivo – rimandandone però continuamente una possibile "spiegazione" tramite legittime ipotesi di lavoro per incapacità intrinseca e per insufficienza metodologica.

Ma l'avallo dei *fatti* determinati dalla "psi" rolliana è indiscutibile. Una serie interminabile di persone qualificate in ogni campo della cultura, sorreggono questo avallo di fondo con la loro testimonianza, con il loro controllo spontaneo, estemporaneo degli esperimenti che hanno visto svolgersi sotto i loro occhi»[159].

E per concludere citiamo ancora un brano dallo scritto del 31 maggio 1970:

«...posso affermare che veramente questi chiari, tranquilli eppure grandiosi fenomeni che si svolgono con un mezzo così mondano come le carte da gioco, rappresentano un ponte consapevolmente lanciato oltre la materia, oltre tutto il sensibile ed il noto, per l'ennesima affermazione di un Principio spirituale di fronte al quale la Scienza, così come la intendiamo – questa Scienza inevitabilmente incompleta elaborata per i nostri immediati bisogni di uomini della Terra – non può che inchinarsi, delimitando forzatamente il proprio, ahimè troppo ristretto, campo d'indagine: un campo che, comunque, siamo ben lungi dall'aver tutto dissodato!»[160].

---

[159] Di Simone, G., *Gustavo Rol: una vita ai confini...*, cit., pp. 34-35.
[160] Di Simone, G., *Incontro con Gustavo Adolfo Rol*, cit., p. 117.

> *Quello che io ti racconto riguarda argomenti molto delicati. Ci sono i miei nemici pronti a sbranarmi appena presto loro il fianco. Bisogna dire le cose, spiegarle, ma insieme stare all'erta.*
> Gustavo Rol[1]

Capitolo 5 – «*Rol. Oltre il prodigio*» (Giordano, 1995), «*Rol e l'altra dimensione*» (Giordano, 2000)

Dopo aver visto ampiamente quali furono i rapporti tra i parapsicologi e Rol, quali i loro giudizi e quali le ragioni per cui egli si riteneva estraneo alla parapsicologia, passiamo ora alle pubblicazioni di Maria Luisa Giordano[2], la prima e per ora unica testimone (almeno fino a questo nostro studio)[3] ad aver scritto di Rol senza avere una precedente attività letteraria[4]. La Giordano infatti ha iniziato a scrivere proprio per far conoscere la sua testimonianza su Gustavo Rol, e il suo primo libro, *Rol oltre il prodigio*, pubblicato nel 1995 nello stesso periodo di quello di Lugli, è un testo semplice ed essenziale, racconto genuino in cui fa conoscere prodigi e statura spirituale di Gustavo Rol, così come la storia della sua amicizia con lui. Nel corso del tempo lo stile e la sensibilità

---

[1] Allegri, R., *Rol il grande veggente*, p. 104.

[2] Maria Luisa Giordano è la figlia di un amico di infanzia di Gustavo Rol, Fortunato Palea. Quando nel 1972 Fortunato viene a mancare, lei e la madre contattano a più riprese Rol, desiderando incontrarlo; ma in quel periodo Rol è molto occupato e rimanda continuamente. Dopo vari tentativi, vengono ricevute il 4 settembre 1979. Un secondo incontro avviene a Natale dello stesso anno, di nuovo con sua madre, presente anche la sorella di Gustavo, Maria. Nel marzo 1980 Maria Luisa partecipa, questa volta insieme al marito prof. Luigi Giordano, medico chirurgo, a una prima serata di esperimenti. Inizierà poi una amicizia e una frequentazione che durerà per tutti gli anni '80, fino a giugno 1989.
Dopo la morte di Rol, Maria Luisa decide di raccontare il periodo della sua frequentazione e pubblica il suo primo libro: *Rol. Oltre il prodigio* (Gribaudo Editore, Torino, marzo 1995). La sua vocazione letteraria la porta a scriverne un secondo, *Rol mi parla ancora* (Sonzogno, Milano, febbraio 1999), e un discreto riscontro di pubblico, che apprezza in lei la semplicità della narrazione, favorisce una edizione ampliata del primo libro nell'agosto 2000, che esce con il titolo *Rol e l'altra dimensione* (Sonzogno). Seguiranno quindi due romanzi: *La stanza delle meraviglie* (Piemme, Casale Monferrato, 2000) e *Nei fondali del tempo* (Gribaudo, 2002), un testo sulla pranoterapia, *L'uomo che si fa medicina* (L'Età dell'Acquario, Torino, 2004), applicazione terapeutica di cui la Giordano aveva imparato a servirsi al seguito dei consigli e delle sollecitazioni di Rol (un capitolo del libro è dedicato a suoi pensieri su questo argomento), quindi un testo fotografico, *Gustavo Rol. Una vita per immagini* (L'Età dell'Acquario, 2005); infine è stata co-curatrice della pubblicazione di scritti inediti di Rol, *La coscienza sublime. L'incontro con la poetessa Elda Trolli Ferraris* (L'Età dell'Acquario, dicembre 2006).

[3] E con la recente eccezione, anche se si tratta di un breve testo romanzato e non di una biografia, di Annamaria Demeglio (*L'altro volto di Rol*, Giancarlo Zedde, Torino, 2007).

[4] Anche se aveva svolto attività di traduttrice essendo bi-lingue (italiano e tedesco).

letteraria dell'autrice si sono affinati, e contemporaneamente si è trovata a raccogliere anche i racconti di altre persone che avevano conosciuto Rol, così che il suo primo libro si è trasformato nel 2000 in *Rol e l'altra dimensione*, una versione ampliata e differentemente strutturata. Le tavole fotografiche dei due libri sono pressoché le stesse, e sono state riprodotte anche nel successivo *Gustavo Rol una vita per immagini*[5].

Al fine di evitare fastidiose sovrapposizioni, ci riferiremo essenzialmente a *Rol e l'altra dimensione*, facendo anche numerose incursioni negli altri libri dell'autrice, considerati i molti intrecci, le molte ripetizioni e persino le molte varianti delle stesse frasi.

A differenza del primo libro, *Rol e l'altra dimensione* presenta alcuni problemi legati a terminologie non sempre esatte nel riferirsi alla dottrina di Gustavo Rol e una serie di citazioni non corrette o prive di riferimenti bibliografici.

Il testo è introdotto da due pregevoli presentazioni, una dell'attrice Valentina Cortese, amica di Rol per molti anni, l'altra dello scrittore Nico Orengo. Entrambi sono stati testimoni di fatti straordinari, che avranno modo di raccontare in più occasioni negli anni successivi.

La trattazione della Giordano si snoda attraverso gli episodi pù significativi da lei vissuti, soprattutto quelli che accadevano fuori casa nei luoghi più diversi, per strada, nei negozi, negli ospedali, in macchina. Quando conobbe Rol, non aveva la patente, e lui la sollecitò a prenderla, cosicché successivamente potè farsi accompagnare in giro per la città, spesso per andare a visitare i malati. Questa del farsi accompagnare in giro dagli amici, a partire dalla metà degli anni '70, era una consuetudine di Rol, anche perché aveva già una certa età. Come abbiamo già detto in precedenza, Rol aveva finito per chiamare la Giordano la sua «assistente», sia perché gli faceva da autista, sia perché faceva per lui delle commissioni. Inoltre, perché al cospetto dei malati che andavano a visitare, Rol le spiegava, da un punto vista teorico ma anche pratico, come operare efficacemente per mezzo dell'imposizione delle mani. E a quanto pare lei ha tratto profitto da quegli insegnamenti, perché a partire dal 1984, anche a causa di un duro periodo in cui il marito venne sequestrato (e poi fortunatamente liberato), con notevoli ripercussioni finanziarie su tutta la loro famiglia, prestò il suo aiuto presso la Clinica Cellini di Torino, dove il prof. Luigi Giordano già esercitava la professione di chirurgo. Lui stesso infatti ci ha confermato che Maria Luisa aveva sviluppato un efficace *calore "pranico"* che risolveva problematiche croniche che gli antidolorifici non riuscivano a lenire.

Così ricorda l'autrice (*Rol e l'altra dimensione*, pp. 227-228):

«Rol in quel periodo era a Mentone con sua moglie. Gli telefonai per metterlo al corrente. Timidamente gli dissi: "Devo dirti una cosa". Mi rispose subito (non avrebbe potuto ancora saperlo da nessuno): "Lo so già, tu ora eserciti, ne hai le qualità. Stai però molto attenta a non stancarti troppo. Ricordati che San Martino aveva dato al prossimo solo

---

[5] Alcune anche in *Rol il grande veggente* di Renzo Allegri...

un lembo del suo mantello tagliandolo con la spada, non tutto il mantello".

Rimase dispiaciuto, perché non sarei più stata a sua disposizione come prima, per tre mattine alla settimana sarei stata impegnata, e questo gli dava fastidio».

Questa esperienza della Giordano come pranoterapeuta ha dato luogo ai numerosi fraintendimenti di cui abbiamo già riferito, facendone una "allieva" di Gustavo Rol. Per fortuna, almeno in un caso, l'autrice delimita il campo del suo "apprendistato". Al giornalista Roberto Allegri, figlio di Renzo, che le chiedeva se fosse «allieva di magia», la Giordano rispondeva: «"No, allieva della pranoterapia"»[6]. In ogni caso non condividiamo l'uso del termine, anche se non è facile trovarne un altro. La domanda dell'Allegri è peraltro fuori luogo, visto che Rol con la "magia", nel senso inteso dai moderni, ovvero quello più basso, non ha nulla a che vedere[7].

Il testo della Giordano è il resoconto di una cronaca di prodigi quotidiani, semplici e sconcertanti nel loro modo di verificarsi; al tempo stesso, raccoglie discorsi e pensieri di Rol, insegnamenti di vita e insegnamenti di ordine spirituale. Non ci soffermeremo qui sulla parte positiva di questo testo, ma segnaleremo quei passaggi problematici o quegli errori che gli studiosi devono conoscere per evitare a loro volta di ripeterli.

In generale, i problemi sono di tre tipi:
1) concetti fondamentali del pensiero di Rol espressi in modo impreciso;
2) trasposizione di scritti di altri autori senza citazione della fonte;
3) ripetizione di stesse frasi e difficoltà di attribuzione delle stesse.

Cominciamo dalla prima categoria, la più importante perché è quella che può creare i maggiori problemi dottrinali. Intanto, sul concetto di reincarnazione. Vedremo più avanti in modo approfondito quale fosse il pensiero di Rol su questo argomento, quali i riferimenti metafisici e quali quelli scientifici. Come Giuditta Dembech, anche la Giordano – ce lo ha detto lei stessa – credeva a questa teoria prima di conoscere Rol, e ci crede tuttora. Non stupisce quindi che si sia servita di questo termine al momento di trascrivere ciò che Rol le diceva, con tutti gli inconvenienti che una trascrizione orale può comportare. Vediamo di capire bene la questione, perché è fondamentale per collocare il grado di affidabilità delle parole usate dalla Giordano nel trasporre il pensiero di Rol. Scrive l'autrice:

«Mi aveva anche fatto una concessione: in genere, l'ho saputo in seguito, non lo permetteva assolutamente. Mi aveva autorizzata a riportare su dei block-notes in formato protocollo i concetti a cui teneva

---

[6] Allegri, Ro., *Vi mostro il vero volto di Gustavo Rol* (Intervista a Maria Luisa Giordano), Chi n. 39, 05/10/2005, pp. 141-144.

[7] I prodigi di Rol hanno piuttosto a che vedere con la *teurgia*.

di più: aveva compreso che desideravo per me e per i miei figli le sue parole, i suoi insegnamenti.

Non mi bastava scolpirle nel mio cuore, volevo riportarle con estrema esattezza, per non travisarne il significato e la minima sfumatura. Ero diventata velocissima a scrivere, con la mia calligrafia quasi illeggibile che solo io riesco a decifrare» (p. 47).

Se dovessimo fare una stima generica, potremmo dire che per il 95% la Giordano è riuscita nell'intento. Ha cioè trasposto correttamente il pensiero di Rol, pur filtrandolo e trasponendolo nel suo stile[8]. Un 5% invece è stato riportato secondo noi impreciso, e riguarda concetti in ogni caso difficili, e facili a fraintendersi. Uno di questi è appunto la reincarnazione. Per esempio, a p. 110 riporta questa affermazione di Rol:

«"Decideremo noi se saremo degni di aspirare all'eternità nella luce immensa di Dio o se invece dovremo ripetere la dura, durissima prova della vita incarnandoci un'altra volta per cercare di purificarci"».

E a p. 125:

«"Se ci considereremo indegni dovremo ripetere la dura prova della vita e reincarnarci"».

In *Rol mi parla ancora*, secondo libro dell'autrice uscito nel 1999, si trovano i seguenti pensieri:

«"Quando l'uomo dopo la sua morte si troverà davanti alla presenza di Dio che lo sveste e lo pone davanti a se stesso, proverà un tale orrore che sarà lui stesso a giudicarsi.

Lo farà senza indulgenza, sarà spietato con se stesso, rivedrà la sua vita passata, i suoi peccati, le buone azioni compiute. Se sarà colpevole dovrà reincarnarsi per ripetere la dura, durissima prova della vita, se invece si assolverà, allora potrà subito fare parte della grande Luce, potrà essere degno di adire all'eternità. La reincarnazione esiste, ma l'evoluzione spirituale per raggiungere il fine assegnato all'anima, ha bisogno di più reincarnazioni"»[9].

E anche:

«"L'anima si reincarna fino a quando non avrà compiuto la sua missione di avvicinarsi a Dio. Reincarnazione, karma, meditazione, libero arbitrio, numerologia, astrologia, divinazione, la Cabbala può essere un aiuto prezioso per fedeli di qualsiasi religione"»[10].

---

[8] Ciò lo si nota magggiormente in *Rol mi parla ancora*, testo dedicato soprattutto al suo pensiero. Che lo stile non sia esattamente quello di Rol lo si può constatare facendo un raffronto con i suoi testi autografi, soprattutto *"Io sono la grondaia..."*, curato da Catterina Ferrari, ma anche *La coscienza sublime*, co-curato dalla stessa Giordano. Il Rol della Giordano è senz'altro più morbido e più dolce, diciamo pure con un po' più di femminilità, rispetto al Rol degli scritti autografi, dove traspare più rigoroso e padrone dei concetti che intende esprimere. Si può fare una analogia anche con un esempio che ci riguarda direttamente. Nel 2004 Maurizio Bonfiglio, autore de *Il pensiero di Rol* (Mediterranee), ci aveva intervistati e aveva poi trascritto l'intervista sul suo libro (pp. 156-162), riportando fedelmente i concetti da noi espressi, ma facendolo con il suo stile.

[9] Giordano, M.L., *Rol mi parla ancora*, Sonzogno, Milano, 1999, p. 109.

[10] *ibidem*, p. 116.

Tutto questo a noi appare troppo *New Age* per essere davvero di Rol, e non coincide né con il suo stile né con la sua dottrina. È senz'altro vero che il concetto della «ripetizione della prova della vita» fa parte del pensiero di Rol, ma va inteso in un modo del tutto differente (lo vedremo più avanti). Quel che è certo, è che Rol mai può aver parlato di «più reincarnazioni». A confermare che non stiamo solo facendo delle ipotesi, oltre a tutto quanto riferiremo su tale argomento, è una chiarificazione della stessa Giordano, la quale durante una trasmissione televisiva sulla emittente locale piemontese *Telestudio* del 26 maggio 2004 aveva detto, parafrasando il pensiero di Rol:

«Se saremo degni di adire all'eternità, torneremo nella luce di Dio da cui eravamo discesi, e invece se dovremo ripetere la durissima prova della vita ci reincarneremo e ripeteremo la durissima prova della vita».

Subito dopo puntualizzava:

«Però un momento, lui non voleva dire la parola reincarnazione – aveva studiato dai Gesuiti – però nello stesso tempo spiegava che la cosa era così».

Questa repentina precisazione rispecchia quell'ambiguità apparente che alcuni testimoni hanno ravvisato nei discorsi di Rol su questo argomento. Vi si trova anche l'errata deduzione che egli non usava questo termine per non suscitare perplessità in ambito cattolico («aveva studiato dai Gesuiti»), mentre la ragione è che la teoria della reincarnazione, per come intesa dai moderni, è semplicemente fasulla. Ovviamente è difficile, per chi come la Giordano crede a questa teoria, accettare questo tipo di conclusione. Nella trasmissione appena citata il coduttore chiedeva poi a un altro ospite, Carlo Buffa di Perrero: «Dott. Buffa, cosa ne pensa?».

Buffa: «Mah, io per quello che l'ho conosciuto so che è stato un personaggio molto credente, quindi la sua profonda fede non mi fa pensare a una teoria della reincarnazione, perché era un uomo molto serio e su queste cose faceva molta attenzione».

Ovviamente, non è per la *fede* che una teoria può essere vera o falsa, ma la perplessità di Buffa su questa questione è comunque degna di nota. Un altro termine che è stato trasposto in modo tale da essere frainteso è «medianico», con relative varianti. In *Rol mi parla ancora* la Giordano riporta i seguenti presunti pensieri di Rol:

«"Un messaggio [spirituale] che da mondo a mondo, attraverso i più svariati canali, non ultimi quelli medianici, cerca di farsi ascoltare..."»[11].

«"Tali prodigi poi non costituiscono una prova di santità, sono fenomeni medianici che provano il divino"»[12].

«"Siamo pervasi dalla nostalgia della nostra altra mente e certi fenomeni che ci capita di vivere rimandano costantemente ad essa. Fenomeni telepatici e chiaroveggenti, profetismo, medianità"»[13].

---

[11] *ibidem*, p. 82.
[12] *ibidem*, p. 95.
[13] *ibidem*, p. 100.

Tutto questo ha di nuovo un sapore troppo *New Age* per essere esattamente quello che Rol aveva detto, e ci sembra piuttosto un termine prediletto dall'autrice, la quale infatti lo usa più volte. Per esempio, riferendosi ai dipinti di Rol, scrive:«In queste creazioni affascinanti e magnetiche si percepisce un pensiero medianico: non è lui a parlare, ma il suo inconscio»[14].

In *Rol e l'altra dimensione* (p. 285) troviamo: «Noi che gli siamo stati vicini, gli siamo grati per averci reso partecipi della sua medianità, il suo essere stato mezzo tra l'oggi e il domani, il mortale e l'infinito».

Un riferimento poi a Giuditta Miscioscia forse spiega tante cose: «Giuditta è una creatura speciale, dalla medianità straordinaria...» (p. 196).

Parlare di medianità in relazione a Giuditta Miscioscia è senz'altro corretto, ma non lo è in relazione a Gustavo Rol. Vediamo cosa scrisse lui stesso proprio su questo termine:

«Quando mi venne chiesto di esprimere il mio pensiero a proposito della medianità e dello spirito non ho esitato a rispondere che ogni individuo possiede un certo potenziale di medianità. Sul significato di questa parola però ho posto delle riserve di ordine etico e biologico»[15].

«...più che mai sono convinto dell'importanza della coscienza sublime, quale mezzo inderogabile per avvicinare e conoscere, nella loro vera natura, tutti gli altri fenomeni che, fin qui, nei tentativi dei cosiddetti spiritisti non sono andati oltre al capitolo della medianità»[16].

«Durante quelle memorabili sedute, che non hanno nulla di medianico per intenderci, l'imponderabile si manifesta attraverso modalità sempre diverse»[17].

«Rol non condivide i principi tradizionali dello spiritismo e della medianità»[18].

Sono poi innumerevoli le smentite fatte da Rol a coloro che lo definivano medium o facevano inappropriate analogie con lo spiritismo, argomento su cui ci soffermeremo diffusamente più avanti. Riteniamo quindi che Rol non abbia mai usato in un senso minimamente positivo i termini che si riferiscono al "medianico".

---

[14] *ibidem*, p. 131.
[15] Lugli, R., *G.R. Una vita di prodigi*, cit., p. 3 (preambolo).
[16] Rol, G.A.,*"Io sono la grondaia..."* , p. 128.
[17] Dembech, G., *Quinta dimensione*, cit., p. 255; e *G.A.Rol. Il grande precursore*, p. 81.
[18] Articolo scritto in terza persona per *Gente* (*I pennelli si muovono da soli*, 19/03/1977, p. 12); poi riportato da Allegri in *Rol l'incredibile*, p. 55; *Rol il mistero*, p. 57; *Rol il grande veggente*, p. 107.

Un discorso analogo vale per un fastidioso errore terminologico fatto negli anni '60 da Nicola Riccardi, e che viene ripreso dalla Giordano addirittura nel titolo di un capitolo del suo libro: «Esperimenti di pittura spiritica» (p. 268). Rol certamente non avrebbe gradito, tanto più che la Giordano aveva a disposizione una precisazione, persino sottolineata, dello stesso Rol, che nel retro di una "pittura a distanza" del pittore francese François Auguste Ravier, riprodotto dall'autrice sia nelle tavole fotografiche che nel testo (p. 148), aveva scritto: «Durante la seduta suddetta (seduta spiritualistica e *non spiritica*) si ottennero i seguenti versi...»[19].

Rol, così come era estraneo alla reincarnazione e alla "medianità", lo era anche dello spiritismo.

L'autrice tuttavia scrive, in *Rol mi parla ancora*, che Rol le avrebbe detto che «"la preghiera è una sorta di super spiritismo..."»[20], e anche in questo caso facciamo fatica a credere che egli si sia espresso in questo modo, proprio perché vedeva come fumo negli occhi qualsiasi terminologia che associasse il suo pensiero alle teorie spiritiche[21]. Altre imprecisioni terminologiche le troviamo sempre in *Rol mi parla ancora*, e le riportiamo in questo capitolo per semplicità. Vedremo più avanti in modo approfondito come Rol qualificasse di "intelligente" solo lo spirito dell'uomo. La Giordano invece attribuisce a Rol questo pensiero:

«"La storia dell'uomo non è né più né meno importante di quella della stella, dell'albero, delle foglie, del sasso, del ramo, del cane. Tutti questi esseri posseggono lo Spirito intelligente"»[22].

E quest'altro:

«"...anche un animale, un minerale, un vegetale posseggono lo Spirito intelligente"»[23].

Inutile dire che si tratta di trascrizioni sbagliate. Rol ha ribadito decine di volte la peculiarità dello spirito dell'uomo; anticipiamo qui quella che forse è la definizione più precisa, data da lui stesso:

«"Ogni cosa ha il proprio spirito le cui caratteristiche stanno in rapporto alla funzione della cosa stessa. Quello dell'uomo però è uno 'spirito intelligente' perché l'uomo sovrasta ed è in grado, per quanto lo riguarda, di regolare, se non di dominare, gli istinti che sospingono incessantemente tutto ciò che esiste e si forma"»[24].

---

[19] Le parole «non spiritica», che noi abbiamo messo in corsivo, nello scritto originale erano state sottolineate, affinché non ci fossero fraintendimenti. Il quadro era già stato pubblicato nelle tavole fotografiche di *Rol oltre il prodigio* nel 1995.

[20] p. 95.

[21] A meno che, se si fosse davvero espresso in questi termini, non volesse intendere come la preghiera è ben al di là dello spiritismo, in un senso quindi dispregiativo per quest'ultimo, nel qual caso si tratterebbe di una affermazione coerente. Francamente però non è una ipotesi che ci convince, e quindi propendiamo per un travisamento *tout court*.

[22] p. 90.

[23] *ibidem*, p. 126.

[24] Lugli, R., *Gustavo Rol. Una vita di prodigi*, p. 3.

A proposito di spirito, l'autrice scrive che Rol le aveva detto: «"Non vi sono problemi di spazio o di tempo... *Spiritus flat ubi vult*"»[25].

Crediamo che questa frase non sia stata riportata correttamente, non solo perché il verbo latino *flato*, soffiare, alla terza singolare dell'indicativo è *flatat*, ma anche perché l'originale, un noto versetto dal Vangelo secondo Giovanni, è «Spiritus ubi vult spirat»[26].

Un altro genere di problemi sono poi le fonti non citate. La più significativa riguarda una lettera che Gustavo Rol scrisse al fratello Carlo il 22 aprile 1951 e che è stata pubblicata nel libro curato da Catterina Ferrari *"Io sono la grondaia..."*, uscito nel gennaio 2000. Otto mesi più tardi è uscito *Rol e l'altra dimensione* e la Giordano riproduce liberamente numerosi estratti sia di questa lettera che di altre lettere sempre pubblicate nel libro della Ferrari[27]. La cosa grave è che invece di trattarsi di citazioni, auspicabili sia per un fatto di correttezza sia per poter contestualizzare i contenuti dei brani citati, questi estratti sono stati inseriti sparpagliati qua e là nel testo senza alcun riferimento bibliografico, con il risultato che le cose che Rol scriveva al fratello Carlo nel 1951 sembrano raccontate alla Giordano negli anni '80... In un primo tempo avevamo pensato che forse Rol aveva dettato brani di queste sue lettere alla Giordano. Che non sia così è chiaro sia dal fatto che questi brani non si trovano in *Rol mi parla ancora*, uscito prima del libro della Ferrari, sia che i brani riprodotti dalla Giordano corrispondono anche nella punteggiatura...

Avevamo anche pensato che forse la Giordano aveva copia delle lettere (Rol infatti spesso scriveva con la carta carbone, tenedosi copia delle sue lettere), ma se è così non si capisce perché alcuni brani siano stati modificati dall'originale[28]; soprattutto, non si capisce perché non sia stato specificato che queste frasi erano indirizzate a Carlo Rol, e non a

---

[25] p. 55; nel 2002 Maurizio Ternavasio riprendeva la frase in questi termini: «il suo motto era "spiritus flat ubi vult", cioè "lo spirito soffia dove vuole"» (*Gustavo Rol. L'uomo, la vita, il mistero*, cit., p. 115).

[26] Ci ha pertanto sorpresi trovare che il 24 gennaio 2002 Giovanni Paolo II nel discorso tenuto ad Assisi avesse detto: «Il vento ci ricorda lo spirito: "Spiritus flat ubi vult"». Che avesse letto il libro della Giordano (o l'avesse letto colui che ha preparato il discorso) e ne fosse anche stato contaminato dal suo errore?

[27] La lettera del 22/04/1951 si trova alle pp. 137-140 de *"Io sono la grondaia..."*; è stata riprodotta in parte alle pp. 113-115 de *Rol e l'altra dimensione*. Alle pp. 116-117 sono riprodotti altri estratti da una lettera di Rol del 01/05/1951, sempre al fratello Carlo, pubblicata in *"Io sono la grondaia..."* alle pp. 143-147; alle pp. 118-119 altri brani da lettere pubblicate alle pp. 129, 164, 166, 146.

[28] Per esempio, a p. 116 troviamo questo brano: «Queste cose ho cercato di esporle agli scienziati, ai giornalisti, ai quali ho perfino dettato certe definizioni, supplicando di non alterare questi concetti [etc.]». La frase originale, nella lettera a Carlo Rol pubblicata a p. 143 de *"Io sono la grondaia..."*, e che abbiamo già vista è: «Queste cose ho cercato di esporle a quel lillipuziano di giornalista al quale ho perfino dettato certe definizioni, supplicando di non svisare questi concetti...». Di esempi analoghi se ne trovano molti altri.

Maria Luisa Giordano... E purtroppo non si tratta di una eccezione: a p. 120 è riportato quasi identico un brano della lettera di Alfredo Gaito che Allegri aveva pubblicato in *Rol l'incredibile*[29]; alle pp. 120-121 brani tratti da un articolo che Paola Giovetti aveva scritto per *Astra* nel 1987[30]: a suo tempo la Giovetti aveva riprodotto un brano tratto dalla lettera che Rol aveva inviato a *La Stampa* e pubblicata sul quotidiano il 3 settembre 1978; la Giovetti, correttamente, aveva citato la fonte. La Giordano riproduce quella citazione omettendo la fonte, per di più alterando il testo originario; in un passaggio, su *La Stampa*, così era scritto:

«Chiudo la lettera nel confessarLe[31] che questo mio modo di vivere mi lasciò, in un primo momento, il timore di rimanere solo, isolato».

La Giovetti lo aveva reso così:

«Confesso che questo mio modo di vivere mi lasciò, in un primo momento, il timore di rimanere solo, isolato»[32].

La Giordano così:

«Confesso che questo mio modo di *vedere o agire* mi lasciò, in un primo momento, il timore di rimanere solo, isolato».

È evidente che la *sindrome di Allegri* è in agguato...

Non solo la Giordano riporta quanto scrive la Giovetti senza citarla come fonte, non solo altera il contesto facendo pensare che Rol si stia rivolgendo a lei, ma cambia le parole stesse di Rol, scritte di suo pugno, e non si capisce davvero per quale motivo. E questo è solo uno dei molti casi del suo libro (e le terminologie "dottrinali" viste più sopra ne sono un esempio).

Alle pp. 122-123 si trova un collage da più fonti (non citate), in alcuni casi frasi di Rol adattate nella sintassi per far correre il discorso. Ciò non è francamente accettabile. Troviamo frasi (p. 122) da un articolo di Roberto Gervaso[33], frasi (p. 123) pronunciate da Pier Lorenzo Rappelli (non citato) e pubblicate sulla rivista Metapsichica nel 1970[34], frasi (p. 123) tratte da Remo Lugli[35], compresa quella della "tremenda legge", errata, che Lugli aveva trascritto da Talamonti, e di cui abbiamo visto in precedenza le metamorfosi; la Giordano la fa passare come una dichiarazione di Rol stesso a lei: "«A ventiquattro anni scrivo: 'Oggi 28 luglio 1927, la mia ricerca è finita. Ho scoperto la legge...[etc.]'"», e così contribuisce a rieditare una frase che non è mai stata scritta in questo modo; frasi (p. 137) tratte da una lettera del 09/11/1944 pubblicata da

---

[29] A p. 122. Anche in *Rol il mistero*, p. 140.

[30] Giovetti, P., *Svelato il mistero della sfera della conoscenza*, Astra, 01/09/1987, p. 90

[31] Rol si sta rivolgendo al giurista Arturo Carlo Jemolo, che su *La Stampa* del 13/08/1978 aveva chiesto a Rol di mettersi a disposizione degli studiosi.

[32] Giovetti, P., *Svelato il mistero...*, cit., p. 93.

[33] Gervaso, R., *Rol: «I miracoli? Ci credo e ne vedo»*, Corriere della Sera, 31/12/1978, p. 8. Altra frase tratta da Gervaso, sempre senza citazione della fonte, si trova a p. 163. Probabilmente ce ne sono anche altre.

[34] AA.VV. *Dibattito sui fenomeni...*, cit., p. 24.

[35] Lugli, R., *Gustavo Rol. Una vita di prodigi*, pp. 21-22.

Catterina Ferrari[36] completamente decontestualizzate, e sempre senza riferimento bibliografico.

Qualcuno forse potrà pensare che siamo troppo pignoli. Crediamo invece che sia giusto, persino vitale, far capire il grado di affidabilità di ciò che viene attribuito a Gustavo Rol[37]. Ci sono questioni troppo grandi in gioco perché si possa soprassedere. E poi, se Rol fosse stato in vita, non avrebbe fatto *esattamente* quello che stiamo facendo noi? Ricordiamo in che modo fece impazzire Renzo Allegri e Giuditta Dembech nel voler riscrivere e correggere i loro articoli. E come aveva ragione! Si pensi ad esempio ai brani di un'altra lettera, pubblicata anch'essa nel libro curato dalla Ferrari e scritta da Rol alla fine degli anni '40, e indirizzata a quello che all'epoca era un suo amico, Giacinto Pinna. Spezzoni di questa lettera sono stati pubblicati dalla Giordano alle pp. 111-112, senza riferire che si trattava di una lettera degli anni '40 a questo amico, facendolo passare per un discorso di Rol fatto all'autrice[38]. Ma al di là della decontestualizzazione della lettera sia da un punto di vista cronologico che tematico e della mancata citazione della fonte da cui è tratta, la cosa che crea più problemi è che nei brani riportati si fa cenno anche a Rudolf Steiner, un filosofo autriaco vissuto a cavallo tra '800 e '900 che Rol, in alcuni aspetti del suo pensiero, aveva avuto modo di apprezzare. Chi legge è indotto a pensare che Rol parlasse di Steiner alla Giordano negli anni '80 negli stessi termini che negli anni '40, dando a Steiner una preminenza su altri pensatori che invece non aveva. Quanto ha scritto l'autrice su Steiner è preso direttamente dalla lettera a Pinna, e da un'altra lettera del 1945 indirizzata a un'altra persona, sempre pubblicata nel libro *"Io sono la grondaia..."*. Per comprendere bene i termini della questione, che come si vedrà ha una importanza non indifferente per il giudizio sulla "dottrina di Rol", riproduciamo qui di seguito il brano della Giordano, mettendo in corsivo le frasi che si trovano nelle due lettere degli anni '40:

---

[36] Rol, G.A., *"Io sono la grondaia..."*, p. 121.

[37] D'altro canto, è ciò che *tradizionalmente* si è sempre fatto con gli insegnamenti dei maestri spirituali, ovvero sottoporre a verifica ciò che viene loro attribuito dai loro discepoli, o presunti tali. Un esempio significativo è quello degli *ahadith* della tradizione islamica, ovvero i *detti* del profeta Maometto che dopo la sua morte sono stati classificati secondo il loro grado di attendibilità: un *hadith* autentico è detto *Sahih*, degno di fede, quando ottiene il consenso di tutti i tradizionalisti (*muhaddutun*). «Vi sono poi altre due categorie di *hadith*: l'*hadith* buono (*hassan*) e l'*hadith* debole (*dha'if*). Questi ultimi sono generalmente apocrifi. Tuttavia, secondo le esatte parole del Profeta, "il miglior *hadith* è soltanto il Corano"» (Chebel, M., *Dizionario dei simboli islamici*, Edizioni Arkeios, Roma, 1997, p. 157). Non possiamo che convenirme, aggiungendo che nel caso di Rol, il "Corano" è rappresentato dagli scritti di suo pugno.

[38] Lo stesso constatiamo per dei brani di una lettera inedita, ora parte del ns. archivio, indirizzata a Raffaella Pinna, cognata di Giacinto – che il lettore trova alla tav. XVI – e che la Giordano ha pubblicati alle pp. 102-103 e a p. 147 come se fossero parole di Rol indirizzate oralmente a lei!

«"*Nella luce accenditi, nella fiamma incendiati, ma soprattutto non spegnerti mai.*
La tua vita è il mezzo e lo scopo ad un tempo. Renderemo conto delle nostre opere, altrimenti quale luce brillerà nella nostra anima? Le virtù e gli errori sono opere egualmente, perché portano con sé volontà e sofferenza. L'egoismo solo esclude tutto. Desiderare la morte è il massimo dell'egoismo. Essa arriverà a tempo e ore secondo il disegno e il progetto divino: la morte non è altro che cambiamento. Essere puri di cuore e morire.

"Quante volte possiamo provare 'un remoto ricordo' che si fa pressante e ci fa trapelare la rivelazione di quando eravamo già stati quaggiù.

"Il grande Rudolf Steiner fu *l'inventore dell'antroposofia, cioè della scienza pura dello spirito che, insieme con le teorie sulla filosofia della libertà, sulla vita del cosmo e sulle gerarchie spirituali ha aperto una breccia.*

"Egli ha cercato di spiegare che essa può essere la chiave per arrivare alle rivelazioni a cui l'uomo è destinato.

A Dornach, dove visse, fondò una scuola, e sempre a Dornach viene spesso rappresentato il *Faust* di Goethe...."»[39].

Ecco ora la lettera di Rol a Pinna, di cui diamo un estratto un po' più lungo rispetto alle frasi ricopiate per far capire quantomeno il contesto tematico in cui devono essere inserite, contesto non comprensibile dalla riproduzione della Giordano. Le frasi in corsivo sono sempre nostre, per segnalare quelle che l'autrice ha ricopiato:

«(...) Io rifuggo dallo spingere, solitaria, la mia anima attraverso il regno dei morti. La "coscienza sublime" è un compromesso fra le due vite. Detesto lo spiritismo, come lo si intende, come è praticato. Purtroppo le verità che ci vengono dal di fuori, portano sempre il marchio dell'incertezza: da qui la mia tristezza primogenita, ma la verità, che resta fuori di noi, si fa maggiormente amare perché s'interiorizza nel nostro più profondo insoddisfatto.

È questa la fiducia, la vera disposizione etica dell'animo, proprio come quella che esprime la folla festante nel *Faust* di Goethe: "Hier bin ich Mensch, hier darf ich's sein ... "[40].

---

[39] pp. 111-112. La Giordano ha inoltre parlato di Steiner anche nel suo libro *L'uomo che si fa medicina* (L'Età dell'Acquario, Torino, 2004, pp. 122-124), ripetendo più o meno le stesse frasi e aggiungendo dei dati biografici che riteniamo essere frutto di una sua elaborazione e non di un discorso di Rol.

[40] «Qui io sono Uomo, qui posso esserlo». È il v. 940 del primo libro. A parlare è Faust. I versi che precedono sono: «Oggi hanno tutti voglia di sole. / Festeggiano la resurrezione del Signore, / perché anche loro sono risorti: / (...) / eccoli, tutti escono alla luce. / Guarda! Guarda come rapida la folla / si frantuma per campi e per giardini, / (...) / Sento già il tumulto del villaggio. / Il vero paradiso del popolo è qui, / dove piccoli e grandi felici fanno festa; / qui io sono uomo, qui posso esserlo» (Adattato da *Faust. Urfaust.*, Garzanti, 1999, vol. I, pp. 71-73). Si cfr. quest'altro scritto di Rol: «*Ego sum*, lo credevo e lo meritavo anche – ma ora do ragione a Casanova che ha dimostrato con la sua

Oh, quanto mi rese felice il vederti acceso dal desiderio di conoscere, ma quanto triste, poi, nell'accorgermi che il tuo sistema era ancora quello del tuo primitivo errore. Nell'impulso del tuo desiderio hai trascurato di giungere alla coscienza del tuo Io. Ed è assolutamente impossibile possedere la coscienza dell'Io se non si è in grado di distinguersi, come Io, da un mondo esterno.

Purtroppo io non potevo additarti che una sola via, quella da me già seguita, quella che attualmente percorro.

La "coscienza sublime" è una tappa per la quale dovrai necessariamente passare, sotto pena di smarrirti.

Ma tutto ciò, senza dimenticare che dal tuo punto di partenza alla coscienza sublime vige sempre la legge della vita, e credo sia così anche oltre, fino al raggiungimento dell'anima: ma allora non saremo più di questo mondo.

Il nostro problema oggi è quello di intuire prima, percepire poi ed individuare tutti quegli elementi che posseggono le prerogative della nostra personalità incorporea.

In parole volgari: è il fantasma di noi stessi; di qui la ragione di certe nostre possibilità. Attenzione, però, a non fraintendere.

Ti consiglio, a questo oggetto, di applicarti allo studio delle teorie enunciate nel manifesto di Dornach (Svizzera) sulla *filosofia della libertà, la vita nel cosmo, le gerarchie spirituali*. Rudolf Steiner, Jeanne de Vietinghoff, Enzo Lolli e finalmente il carissimo Dott. Paul Carton, ne sono gli araldi.

Non dimentichiamo mai che siamo prigionieri di noi stessi, e che, in nessun caso, ci liberiamo dal nostro destino. Gli avvenimenti che ci vengono incontro hanno un bel passare dalle lacrime al sorriso, eppure mostrano sempre lo stesso volto.

Ecco la ragione del mio terrore di trascendere. "Fermarsi dinnanzi alla porta dell'ultimo santuario e che il nostro piede non insudici le sacre dimore!".

Dove l'uomo finisce, Dio comincia.

Sì, nella luce accenditi, nella fiamma incendiati, ma soprattutto non spegnerti mai. La tua vita è il mezzo e lo scopo ad un tempo. Renderemo conto delle nostre opere altrimenti di quale luce brillerà la nostra anima? Le virtù e gli errori sono opere egualmente perché portano seco volontà e sofferenza. L'egoismo, solo, esclude il tutto. Desiderare la morte è il massimo segno dell'egoismo.

L'Assoluto poggia sui pilastri granitici dell'Infinito e del Sublime e... [etc.]"»[41].

---

fuga dai Piombi il valore della Sua filosofia, ed a quali miracoli possa giungere l'uomo che sia uomo realmente» (Rol, G.A., *La Coscienza Sublime. L'incontro con la poetessa Elda Trolli Ferraris*, a cura di G. Ferraris di Celle e M.L. Giordano, L'Età dell'Acquario, Torino, 2006, p. 92).

[41] Rol, G.A.,*"Io sono la grondaia..."*, pp. 159-161.

L'altra lettera in cui Rol parla di Steiner, datata 2 febbraio 1945 e indirizzata a un imprecisato «Maestro», è la seguente (anche in questo caso, le frasi in corsivo sono nostre e corrispondono a quelle ricopiate dalla Giordano):

«(...) *L'arrmonia del tutto* alla quale si accenna fu tentata da Rudolph Steiner, *l'inventore della scienza antroposofica. Ma solamente uno spiraglio egli aprì della massiccia porta di granito che separa l'uomo che vive dal mondo delle rivelazioni alle quali è destinato.* I segreti che esistono sotto la superficie della vita possono forse essere penetrati dall'antroposofia (che è *scienza pura dello spirito* nella stessa guisa che la scienza naturale è scienza della natura). Proprio come la prima rivelazione viene data all'uomo dai sensi e chiarita dalla ragione. Il concetto non è facile ad essere subito afferrato. Qualche cosa di simile ho letto giorni fa in un libro che tratta dell'evoluzione spirituale della musica in oriente ed in occidente – anzi una definizione dell'antroposofia (ivi contenuta) mi sorprese per la sua chiarezza. Disgraziatamente non ho il libro sotto mano, ma ho preso delle note leggendolo, come sono solito fare. L'autore mi sembra Zangwill o Zanguwin o Zangwin, deve essere un discepolo di Steiner, appartenente al centro studi di Dornach. Ma ritroverò il libro uno di questi giorni e lo riprenderò daccapo. Le ho detto queste cose perché mi sembra utile, nel discorrere dell'intuizione, non dimenticare Steiner, che è forse il primo uomo che sia riuscito a farsi libero»[42].

Mettendo quindi insieme le frasi in corsivo delle due lettere, si ottiene pressoché integralmente (perfino nella punteggiatura) e con ulteriori interpolazioni tratte da altri contesti, il brano che la Giordano aveva presentato come dialogo di Rol con lei[43].

Per quanto riguarda l'opinione di Rol su Steiner, non si può certo pensare di attribuire a queste due lettere degli anni '40 un valore che vada oltre un semplice apprezzamento filosofico, cosa che invece non è stata fatta dal sociologo Massimo Introvigne, che sul periodico *Cristianità* di Alleanza Cattolica, in un articolo intitolato «Gustavo Adolfo Rol e la Chiesa cattolica», ha scritto che «le manifestazioni dello spirito di Goya (...) o la *"scienza pura dello spirito"* di Steiner veramente non c'entrano con la fede cristiana». In questo articolo il sociologo cita altre volte il pensiero di Rol su Steiner (così come altri punti dottrinali controversi che vedremo in seguito) basandosi proprio sulle lettere che abbiamo appena riportate. Ma fondare una critica dottrinale sulla base di un materiale così contingente e limitato è a dir poco temerario. La conoscenza del pensiero

---

[42] *ibidem*, p. 126.
[43] Esiste anche un'altra possibilità, e cioè che Rol le avesse dettato alcune parti di quella lettera. Questa ipotesi si scontra però col fatto che vi sono altre lettere più lunghe tratte da *"Io sono la grondaia..."* che sono state per forza ricopiate. In ogni caso, l'autrice non ha mai scritto che Rol le avesse dettato (compresa la punteggiatura!) quanto da lei pubblicato nei suoi libri (e ci pare d'altronde poco probabile).

profondo di un essere umano non può certo basarsi su poche righe scritte in due lettere in un dato periodo della sua vita. E in ogni caso ci pare che le lettere stesse forniscano i limiti entro i quali Rol consiglia di indirizzarsi al filosofo austriaco: «mi sembra utile, nel discorrere dell'intuizione, non dimenticare Steiner»; nell'altra lettera scriveva: «Il nostro problema oggi è quello di intuire prima, percepire poi ed individuare tutti quegli elementi che posseggono le prerogative della nostra personalità incorporea. (...).

Ti consiglio, *a questo oggetto*, di applicarti allo studio delle teorie enunciate nel manifesto di Dornach (...). Rudolf Steiner, Jeanne de Vietinghoff, Enzo Lolli e finalmente il carissimo Dott. Paul Carton, ne sono gli araldi»[44]. Rol si sta forse riferendo all'intero *corpus* dottrinale di Steiner? Oppure fa cenno essenzialmente ad *alcuni* aspetti, quali l'*intuizione*, l'*armonia*, la *libertà interiore*, che ritiene lo Steiner e alcuni antroposofi abbiano affrontato ed esposto piuttosto bene? Se poi si aggiunge che «l'arrmonia del tutto... *fu tentata* da Rudolph Steiner... *Ma solamente uno spiraglio egli aprì*...» e che «i segreti... possono *forse* essere penetrati dall'antroposofia», si capisce che il grado di valore da Rol attribuito alla filosofia generale dello Steiner può quantomeno dirsi "tiepido", e che qualsiasi tentativo di fare di Rol un antroposofo sarebbe del tutto indebito e strumentale[45]. Lo stesso Introvigne, l'anno successivo all'articolo su *Cristianità*, doveva riconoscere che in quanto «spirito libero, Rol non può essere... ascritto neppure alla Società Antroposofica (di cui del resto non ha fatto parte)», e questo nonostante egli scriva che «l'affinità con il mondo "akashico" di Rudolf Steiner sembra

---

[44] Degli autori citati, cfr.: Jeanne de Vietinghoff, *La libertà interiore*, Castellani, Milano, 1946; Enzo Lolli, *Il mondo come induzione neurica*, Lattes, Torino, 1936; Paul Carton, *La Vie Sage*, 1918; *La Science Occulte et Les Sciences Occultes*, 1935.

[45] È quanto ha tentato di fare l'illusionista Mariano Tomatis scrivendo che nella "dottrina di Rol" «Massimo Introvigne vi ritrova anche elementi del pensiero di Rudolf Steiner (1861-1925), ideatore della Scienza Antroposofica, e commenta così: "Questi riferimenti culturali di Rol sono a filoni certamente importanti nella storia culturale dell'Occidente, ma dove la visione del destino dell'anima – e non solo – è diversa e inconciliabile rispetto alla dottrina cattolica"» (Tomatis, M., *Rol. Realtà O Leggenda?*, cit., p. 51). Questo è un tipico esempio di come una analisi superficiale basata su troppo pochi elementi, in questo caso quella di Introvigne, possa essere sfruttata da chi cerca di trovare ogni possibile appiglio per mettere in cattiva luce Gustavo Rol. Nel dipingere la dottrina di Rol come incompatibile con quella cristiana e cattolica, si cerca subdolamente non solo di allontanare la Chiesa da Rol per togliergli una eventuale e potente alleata (contro la quale, almeno per ora, coloro che ruotano intorno al Cicap non hanno ancora osato andare, anche se recentemente Piergiorgio Odifreddi, con il suo *Perché non possiamo essere cristiani (e meno che mai cattolici)* (Longanesi, Milano, 2007), ha aperto una nuova fase di scontro che nei prossimi anni è destinata ad inasprirsi) che potrebbe esprimersi in suo favore, ma anzi di portarla dalla propria parte per tentare di demolire Rol... (Tomatis eufemisticamente ha scritto «decostruire»). Ma tanto non ci riusciranno, perché «la Verità, pur di imporsi, possiede mezzi implacabili e presto o tardi li usa» (G. Rol).

particolarmente evidente»[46], cosa che possiamo anche condividere nel momento in cui si riconosca che quel "mondo" non è altro che la risultanza degli imprestiti che lo Steiner ha tratto, in maniera peraltro abbastanza confusa, da varie tradizioni, in particolare quella indù. Trovare dei punti di contatto con la nozione di *spirito intelligente* di Rol è quasi scontato, ma questo non si deve al fatto che Rol abbia tratto qualcosa da Steiner, ma al fatto che sia Rol che Steiner hanno tratto qualcosa (in gradi e forme alquanto diverse) dal substrato comune di tutte le tradizioni metafisiche, ovvero dalla *fonte primordiale*.

E che la «scienza pura dello spirito» dello Steiner non c'entri con la fede cristiana, come fa notare Introvigne, è certamente vero sotto molti aspetti, anche se non lo si può affermare *per tutti* gli aspetti. Altrimenti la fede cristiana si risolverebbe a una mera credenza vuota di contenuti, i quali nella loro essenza metafisica, sono rigorosamente scientifici e provengono dalla medesima fonte a cui si è abbeverato lo Steiner, che era in parte, e sottolineamo *in parte*, giunto a intuire questa essenza che è alla base sia della fede cristiana sia delle altre tradizioni metafisiche autentiche, ed è stata a più riprese trasposta in vario grado da diverse correnti filosofiche così come da sette più o meno esoteriche. Più avanti avremo modo di vedere come Introvigne sembra non aver inteso la nozione di "spirito intelligente" di Rol, che non può dirsi peculiare di una fede piuttosto che di un'altra, ma si tratta di un *fatto scientifico* antichissimo e conosciuto sotto diverse forme. E a meno che non si voglia sostenere che la dottrina cattolica rifiuti l'evidenza scientifica, facendoci ritornare indietro di quattro secoli quando, per questioni "teologiche", non si voleva accettare l'idea che fosse la terra a girare intorno al sole, e non il contrario, si dovrà prendere atto che lo "spirito intelligente" è una realtà che ha a che vedere con la sfera metafisica ma è al tempo stesso suscettibile di essere studiata scientificamente, «patrimonio della scienza di domani», come ebbe a dire Rol, ed *eredità della scienza (sacra) di ieri*, come desideriamo aggiungere noi, poiché nulla verrà scoperto che non sia già stato conosciuto.

Gli apprezzamenti di Rol per Steiner sono quindi da considerarsi del tutto contingenti e devono essere inclusi, in modo non esclusivo, insieme a quelli analoghi nei confronti di altri pensatori.

Che le cose debbano essere giudicate in questo modo, lo dimostra indirettamente anche il fatto che Rol non abbia mai parlato di Steiner con i giornalisti che lo hanno intervistato per quasi mezzo secolo. In nessun articolo è mai stato fatto il suo nome, e nessuno dei biografi ne ha mai parlato (eccetuata la Giordano, che però ha ripreso i contenuti delle lettere degli anni '40). Né Lugli, né Allegri, né Di Simone, e soprattutto non la Dembech, la quale sarebbe stata la prima a citare Steiner se solo Rol gliene avesse parlato, per la semplice ragione che il filosofo austriaco, prima di fondare l'antroposofia, aveva fatto parte della Società

---

[46] Introvigne, M. et al., *L'insegnamento di Gustavo Adolfo Rol*, Enciclopedia delle religioni in Italia, Elledici, 2001, p. 861.

Teosofica di M.me Blavatsky, occultista russa vissuta nel XIX secolo che viene presa costantemente come riferimento dalla Dembech (e vedremo più avanti le indebite analogie che la giornalista ha tentato di fare con Rol).

Alla Dembech il nome di Steiner, se Rol glielo avesse mai fatto, non sarebbe certo sfuggito.

Ovviamente quanto Rol dice in quelle due lettere degli anni '40 merita in ogni caso tutta la nostra attenzione e pertanto non sarà inutile dire qualcosa su Steiner e il suo pensiero, e fornire elementi utili per chiarire a quale «spiraglio» Rol facesse riferimento.

Qualche parola sull'Antroposofia e Rudolf Steiner

In una delle lettere che abbiamo visto Rol scrive che l'antroposofia «è scienza pura dello spirito nella stessa guisa che la scienza naturale è scienza della natura». Dice anche che esiste una «massiccia porta di granito che separa l'uomo che vive dal mondo delle rivelazioni alle quali è destinato», e che «la prima rivelazione viene data all'uomo dai sensi e chiarita dalla ragione». Quindi aggiunge: «Il concetto non è facile ad essere subito afferrato. Qualche cosa di simile ho letto giorni fa in un libro che tratta dell'evoluzione spirituale della musica in oriente ed in occidente – anzi una definizione dell'antroposofia (ivi contenuta) mi sorprese per la sua chiarezza». Il libro a cui Rol fa riferimento è «L'evoluzione spirituale della musica in oriente ed occidente», di Enrico Zagwijn, pubblicato nel 1943. La cosa migliore che possiamo fare è riprodurre quelle parti a cui Rol secondo noi intendeva riferirsi, così che il suo pensiero diventa meglio intelligibile. Ci sembra inoltre opportuno visto che il libro in questione non ha avuto altre edizioni ed è pressoché introvabile. Zagwijn dice[47] che:

«l'antroposofia:
1. non è *spiritismo*, o *credenza negli spettri*, già affondatasi nel materialismo;
2. non *astratta filosofia*, solidificata in concetti induriti;
3. non antiquata *teosofia*, che vuol riscaldare sapienza mistica orientale o scuole occulte;
4. non fondazione di nuova religione o di nuova setta.

L'antroposofia vuol essere, all'incontro, una *scienza dello spirito*, precisamente come la scienza naturale è una scienza della natura, in quella misura che questa può esser appresa dai sensi, e chiarita dalla ragione. Antroposofia è un metodo, una «*teoria* della conoscenza», uno strumento o arnese con cui è possibile più a fondo penetrare nei segreti dell'esistenza sotto la superficie della vita.

---

[47] Tutti i corsivi sono dell'autore.

Esige essa una disciplina dei più alti organi umani, dell'*anima* e dello *spirito*, conservando tutte le funzioni degli *organi corporei* (i sensi con la ragione ad essi legata).

Si potrebbe considerare l'antroposofia come una *unione chimico-spirituale di mistica e di scienza della natura*. Parimenti, come l'unione chimico-naturale di idrogeno ed ossigeno genera il *terzo*, il nuovo, l'*acqua*, dove ambedue gli elementi sono assimilati, eppure non visibili, e soltanto per analisi chimica possono di nuovo esser portati a riapparire, così anche l'unione chimico-spirituale di mistica e scienza naturale risveglia il *terzo*, il nuovo, l'*antroposofia*. Anche qui ambedue gli elementi non sono riconoscibili, e soltanto per spirituale analisi possono venire diversificati.

Mistica è autoconcentrazione, un immergersi nella propria vita interiore dell'anima con lo scopo principale di poter penetrare fino all'origine della vita animica, per là trovare il primo divino principio della propria anima. Questo stato finale è l'estasi mistica. In tale estatico ultimo stato *perde*, il mistico, *sé stesso* per sciogliersi nel divino primo principio e a questo congiungersi[48].

La *mistica* conduce allo scioglimento del proprio io, alla negazione di sé nel pieno senso della parola. Ma a ciò necessita che l'uomo si distolga dal mondo che lo circonda, che diventi straniero alla natura.

La *mistica* può condurre ad una unilaterale glorificazione dello spirito e ad un disprezzo unilaterale della natura, a un disprezzo di quanto è materiale[49].

La *scienza naturale* potrebbe chiamarsi il risvolto della mistica. Essa si appoggia sulle percezioni sensibili e alla ragione connessavi, e cerca per i sensi e le logiche combinazioni della ragione di penetrare nelle

---

[48] È lo stato che Rol ha chiamato *coscienza sublime*, che corrisponde al *samādhi* o *nirvāṇa* della tradizione indù.

[49] Cfr. Rol: «Saper vedere! Ecco che cosa dovrebbero insegnare coloro che insegnano! "Sentire" è un dono di Dio, ma "vedere" è questione di metodo, di abitudine, di sistema. Disgraziatamente quando si sente troppo, si rimane distolti dalla realtà di ciò che si vede, perché il sentimento è una forza irresistibile che trascina oltre i limiti della realtà dove anche il genio si perde nei labirinti della follia» (*"Io sono la grondaia"...*, p. 124). Nel 2004 abbiamo coniato l'espressione «*sentio ergo sum*», nel tentativo di superare la dicotomia cartesiana di mente-corpo ed esprimere al tempo stesso una percezione sinestetica e trascendente. Si tratta cioè di un "Sentire" di ordine superiore, dove "sentire" e "vedere" nell'accezione di Rol sono integrati e trascesi. Analogo a questo "sentire" è il "vedere" trascendente, il "terzo occhio", la visione chiara e super-razionale, che etimologicamente proviene dal sanscrito *vid*: «La radice *vid*, da cui derivano *Veda* e *vidya*, significa nello stesso tempo "vedere" (in latino *videre*) e "sapere" (come in greco *oida*): la vista è rilevata come il simbolo della conoscenza di cui è il principale strumento nell'ambito sensibile; questo simbolismo è trasporto fin nell'ordine intellettuale puro, dove la conoscenza è paragonata ad una "visione interiore"; come indica l'uso di termini quali "intuizione", per esempio» (Guénon, R., *L'uomo e il suo divenire secondo il Vedānta*, Adelphi, Milano, 1992, p. 17).

apparizioni dell'esterna natura per poterne logicamente derivare e formulare le leggi.

La *scienza naturale* distoglie e strania l'uomo dalla propria interiore vita animica e dal proprio spirito; essa gli apre i sensi per il mondo che lo circonda. Anche qui, come nella mistica, sebbene su tutt'altra via, minaccia di andar perduto il vero io umano.

La *scienza naturale* può condurre ad una unilaterale glorificazione della natura e della materia, e ad una unilaterale negazione dello spirito[50].

Così la mistica come la scienza naturale, nella loro limitata unilateralità e nei loro contrasti, allontanano e tengono indietro dal vero essere interiore dell'uomo, dall'io umano. (...).

[L'antroposofia nasce] «come una storica necessità, come il *terzo*, il nuovo, nella cultura occidentale europea, quale sintesi chimico-spirituale di mistica e scienza della natura. Con interior disciplina dell'anima e dello spirito vuole l'antroposofia sviluppare misticamente in tal modo la vita interiore, che questa possa penetrare, preparata e organicamente provveduta, nei misteri della natura attorniante, per ottenervi una illuminazione.

Il principio di un tale sviluppo trovasi già in *Goethe*, per esempio, nei suoi *Scritti di Scienza naturale*, fra i quali la *Dottrina dei colori* e l'abbozzo della *Dottrina del suono*, mentre ora questo sviluppo è stato grandiosamente proseguito su tutti i campi della vita da Rodolfo Steiner, il fondatore della scienza antroposofica»[51].

«L'*antroposofia* vuole di nuovo cominciare col più importante membro della tricotomia, lo *spirito*, e perciò ristabilir l'equilibrio in tutto l'essere umano tripartito, sviluppare il *corpo* a mezzo delle più acute percezioni sensibili e con la forza del chiaro pensiero, e vuole dall'altra parte mediante l'esperienza di *anima* e *corpo* aprir l'uomo alle rivelazioni del mondo spirituale, così che queste possano scorrere *spontaneamente*, e non per eccessiva tensione della vita animica, in quel modo che debbono essere *ottenute* nel mistico[52].

L'*antroposofia* ha per scopo un armonico confluire di *corpo* (*natura*) e polare *spirito*, che spiritualmente-chimicamente si congiungono nell'*anima* umana individuale»[53].

«L'*antroposofia* vuole con piena conservazione della *forza logica del pensiero* disciplinare e rafforzare la *vita inconscia della volontà*, e purificare *la vita del sentimento* con la mistica interiorizzazione. Perciò

---

[50] Cfr. Rol: «La scienza è un meraviglioso tentativo: doveroso affrontarlo a costo di qualunque sacrificio, ma attenzione! Ben presto la scienza è fredda e in antitesi con la Materia Spirituale che anima tutto il "meraviglioso" che c'è in noi e fuori di noi» (Di Simone, G., *Oltre l'umano...*, p. 62).

[51] Zagwijn, E., *L'evoluzione spirituale della musica in oriente ed occidente*, Fratelli Bocca Editori, Milano, 1943, pp. 8-11.

[52] La *spontaneità* è una condizione fondamentale sulla quale Rol ha sempre insistito molto, ed è infatti un elemento chiave per capire i suoi esperimenti. Cfr. per esempio Evola, J. (a cura di), *Tao Tê Ching di Lao-Tze*, Edizioni Mediterranee, Roma, 1997.

[53] Zagwijn, E., *cit.*, p. 15.

può di nuovo effettuarsi uno sviluppo *armonico* di tutto l'essere umano, e nuovamente prodursi l'equilibrio tra le funzioni della vita animica umana. Tale equilibrio l'antroposofia vuol raggiungere rafforzando, azionando coteste funzioni dell'anima:

1. Per mezzo di un concentrato *pensare*, *percepire* e *rappresentare* è possibile rendere tali funzioni così mobili, viventi e disciolte dal corpo, che, quindi, vengono a sviluppo altri organi *spirituali*, che possono percepire ciò che *spiritualmente* ne circonda, così come coi sensi il mondo naturale vien percepito. Cotesto grado della coscienza, che per analogia col "percepire coi sensi" può venir da uno *spirituale vedere*, l'antroposofia lo contrassegna come coscienza immaginativa.

2. Per mezzo della purificazione della *vita del sentimento*, per mezzo della *contemplazione* e della *meditazione*, possono in tal guisa venir sviluppate e rafforzate le forze spirituali dell'uomo-cuore, che l'uomo con ciò riceve organi/spirituali, coi quali si può, analogicamente parlando, percepire nel mondo spirituale nel modo stesso che nel mondo sensibile con l'*udito*. Allora è risvegliato l'*orecchio spirituale*, e il mondo spirituale parla per l'uomo così risvegliato i suoi più profondi misteri. A questo accennò *Beethoven* quando disse il noto detto: "la musica è una rivelazione più alta che tutta la sapienza e la filosofia". Questo stato l'antroposofia lo chiama la *coscienza ispirativa*.

3. Per mezzo della disciplina della vita della *volontà*, mediante determinati e profondamente penetranti esercizi e concentrazioni, possono svilupparsi nell'essere umano tali organi, per cui l'uomo può penetrare e, per così dire, viver dentro nell'interiore delle cose ed esseri che lo circondano; egli esperimenta allora del tutto negli altri, ciò che prima ha veduto dal difuori. Questo grado della coscienza l'antroposofia lo chiama la *coscienza intuitiva*.

Immaginazione, *ispirazione* e *intuizione* sono i più alti stati e forme della coscienza umana, che dànno all'uomo la facoltà di arrivare ad una completa comprensione dell'esistente»[54].

«L'uomo può sviluppare più alti organi dell'anima e dello spirito, donde più alti stati di coscienza emergano, che l'antroposofia descrive come *immaginativa, ispirativa* e *intuitiva* coscienza. (…).

«Dai metodi che la scienza applica, si esclude l'interno dell'essere umano: la sua *vita dell'anima*, la sua *vita dello spirito*. Perciò la scienza rimane alle esteriori apparizioni materiali, ed è *senza valore* per i concetti più profondi di uno spirituale sviluppo.

Qui s'inserisce l'*antroposofia*. Insegna essa la piena stima di quanto la scienza materialistica ha ricercato e adunato, e di più ricerca e raduna quanto ha l'uomo di vita *dell'anima* e di *vita dello spirito*, dove si sviluppa la sua propria coscienza»[55].

«Devono ricercarsi vie e mezzi per nuovamente riunire in un'intima connessione le tre direzioni spirituali dello spirito: arte, scienza e

---

[54] *ibidem*, pp. 17-19.
[55] *ibidem*, pp. 31-32.

religione; questo è uno dei molti scopi che l'antroposofia ha di mira, e per cui mezzo deve di nuovo diventar possibile riunire in una più alta unità le tre funzioni dell'anima umana: *pensare, sentire* e *volere* in *autocoscienza* pienamente sviluppata.

Appena tale riunione sarà un fatto al culmine dell'evoluzione, l'umana autocoscienza è matura, e sarà in essa ridesta la piena *luce*, che dalle culture più antiche dell'Oriente ci arrivò...»[56].

«Il discepolo orientale che vuole salire a più alta coscienza, compie una *disciplina Yoga*, la quale a mezzo di determinate e complicate ritmizzazioni del processo del respiro può portare l'uomo in più alti stati di coscienza»[57].

«Gli iniziati egizi e caldei conobbero i misteri del suono, e seppero giustamente calcolare quali influssi potesse esercitare sulla materia. A mezzo del magico effetto del suono poterono essi portare la materia a separazione. Il suono, nell'antico Egitto, potè ancora operare *dematerializzando*. Osservata in questa luce, la leggenda della rovina delle mura di Gerico prodotta dal suono delle trombe non par più una favola come a prima vista»[58].

«Sempre più e più devono essere cercate nel campo musicale quelle vie, attraverso le quali possono essere ricevute di nuovo reali rivelazioni dal mondo spirituale»[59].

«Se si parte dal fatto più elementare in musica: dal *singolo suono*, allora già di qui si accertano le manifestazioni di *colore* e *forma*, quantunque il farlo non sempre così facile sia. Si distinguono cioè in un suono *colori di due specie*: uno interno ed uno esterno: per contro, soltanto una *forma della stessa specie*.

Di ciascun suono musicale che rivelasi esteriormente, una parte viene tenuta indietro, che *non* si rivela, che rimane internamente nascosta, che resta *spirituale*. Ciascun suono musicale possiede una specie di fonte spirituale, una fonte che al comune udito sensibile non accede, la quale tuttavia a mezzo di un più profondo viver dentro nella musica, sia che ciò più o meno consciamente o spesso anche affatto inconsciamente sorga davanti a sé, all'improvviso comincia a vivere, all'improvviso si fa percepibile, Si impara allora a conoscere questa interna fonte spirituale del suono musicale, come un *suono-colore*, un *interno suono-colore*, che vive e tesse in una determinata sfera, cui potrebbe accennarsi col nome: *interna sfera dei suoni-colori*.

Questa interna sfera di suoni-colori è nel tempo medesimo l'origine del comune colore visibile per gli occhi. Su questo ha già Goethe accennato nella sua *Dottrina dei colori*, e precisamente nella parte dov'egli osserva i colori nella loro relazione con la dottrina del suono.

---

[56] *ibidem*, p. 35.
[57] *ibidem*, pp. 40-41. L'autore fa riferimento al *pranayama* ("controllo del soffio vitale"), uno degli stadi fondamentali della *sādhanā* (pratica) *yoga*.
[58] *ibidem*, p. 63.
[59] *ibidem*, p. 111.

Goethe stesso dice: *"Come due fiumi che derivano da uno stesso monte, ma che sotto affatto diverse condizioni scorrono in due luoghi del tutto opposti del mondo, così che nessun luogo singolo può, sui pieni corsi di ambo le parti, venir assomigliato con l'altro, così anche sono colore e suono"*.

Goethe qui accenna che il *colore* comunemente per gli occhi veduto, e il suono musicale per l'orecchio udito hanno comune origine, tuttavia in diverso modo rivelandosi all'uomo. E questa comune origine è la così detta interna *sfera dei suoni-colori*[60].

Per questo s'incrociano di frequente le manifestazioni di colore e tono; il pittore parla di *tono del colore*, il musico di *colore del suono*. Percezioni dell'udito e percezioni della vista trapassano spesso le une nelle altre, talvolta vanno scambiate le une con le altre, fatto sin qui non a sufficienza chiarito, perché ciò avviene in modo troppo intellettualistico, e non si può penetrare nell'interna origine spirituale.

Da questa sfera dei suoni-colori, che rimane interiore, spirituale, si alza, si può dire, il suono musicale, e rivelasi nell'*organo umano dell'udito»*[61].

«Questo vivente spirito è una vera realtà, la quale per una coscienza più altamente sviluppata può essere percepita così consistente e così esatta ed essere così definita, come il mondo naturale che ci vive intorno può venir percepito dai sensi nostri e definito dalle combinazioni logiche della ragione»[62].

«La scienza antroposofica... c'insegna esser la materia penetrata dalla spirito, e dall'altro lato che perpetuamente lo spirito emana nella materia. C'insegna a cercar nella materia lo spirito, e dallo spirito afferrar la materia[63]. Si appoggia con ciò sul gotheanismo, come questo dall'universale spirito di Goethe fu dato al mondo. Di esso gotheanismo vuol essere un proseguimento e un allargamento. E cerca in tutti i campi di creare uno sguardo spirituale più profondo; cerca di elevarsi oltre naturalismo e materialismo, e di risvegliare l'*universalmente umano* che bensì si differenzia nelle diverse parti della terra in popoli e razze, ma pure rimane dappertutto, nel profondo essere, medesimo.

Così il movimento, così la scienza antroposofica vuol collaborare, seguendo le potenti intenzioni del suo creatore Rodolfo Steiner, a che

---

[60] Questo discorso ha in parte a che vedere con l'associazione fatta da Rol tra quinta musicale e colore verde.

[61] *ibidem*, pp. 117-119.

[62] *ibidem*, p. 142.

[63] Cfr. Rol: « Si... però voglio dire una cosa: che la materia è spirito! (...). La materia è spirito! Tutto è spirito! È tutto spirito! Solo che quello dell'uomo – il top della Creazione – è spirito intelligente. (...). Tutto è spirito. Ma quello dell'intelligenza è "spirito intelligente"; (...) lo spirito è già materia, ma materia intelligente... Lo spirito è *materia intelligente...* Se vogliamo chiamarla materia – lo spirito – gli diamo allora la parola "intelligente"...» (Dembech, G., *G.A.Rol. Il grande precursore*, cit., traccia n. 12 del CD, trascrizione (imprecisa) a p. 113; anche *Torino città magica vol. 2*, cit., p. 189). Cfr. anche più sopra dove Rol parla di «Materia Spirituale».

l'umanità del prossimo futuro quella risvegli, che al progresso dell'umanità ora è necessaria: *una rinascita dello Spirito vivente*»[64].

«Che nell'essere umano possa anche esservi un'*anima vivente*, uno *spirito vivente*, con questo il pensare scientifico-naturalistico non fa i conti, o assai poco li fa, quand'anche non tutto lo neghi o severamente lo respinga. Ciò che bisogna osservare, ciò che dà angoscia è che questo modo materialistico di pensare domina infine tutto l'essere umano, e che si è rafforzato oltreché nella vita del pensiero in quella del sentimento e della volontà, che esso comincia a tagliare ogni via d'uscita verso una più alta forma del pensare, la quale potrebbe nominarsi *universale*, o *cosmica*. Questo modo materialistico di pensare operò indurendo sull'essere umano: esso uccise nella vita dell'anima gradualmente le più fini sfumature del sentimento, e nella vita dello spirito introdusse processi meccanizzanti, che danno alla forma del più alto universale l'urto mortale»[65].

I brani da noi proposti crediamo siano altamente significativi del perché Rol avesse espresso degli apprezzamenti sull'antroposofia: non solo perché ritroviamo idee e concezioni che fanno parte del patrimonio mondiale della metafisica (in quello che dice Zangwijn non vi è di per sé nulla di nuovo, e d'altronde egli fa espressamente riferimento alla tradizione indù, egizia, caldea e altre che qui non abbiamo citato) ma soprattutto, e questo è abbastanza peculiare dell'antroposofia e del mondo occidentale in cui è nata, l'autore insiste sulla necessità di rimettere insieme "i pezzi" dell'essere umano che a partire dalla divisione cartesiana di mente-corpo si è ritrovato sempre più lacerato fra dimensione interiore e dimensione esteriore, fra vita spirituale e vita materiale, fra religione e scienza. L'antroposofia si inserirebbe come punto d'incontro, come sintesi sublimata di due poli, tentando la via di una reintegrazione nello stato di purezza primordiale quando l'uomo viveva in perfetta armonia con il cosmo. La cosa è del tutto condivisibile, e in questi termini non avremmo alcun problema a dirci anche noi "antroposofi"[66], senza per questo diventare seguaci dell'antroposofia, che nella corposa esposizione scientifico-spirituale del suo fondatore (che si avvicina al milione di pagine!) include anche parecchie fantasticherie e carenze di comprensione di alcune questioni metafisiche fondamentali, come la credenza nella reincarnazione, teoria della quale Guénon ha perfettamente dimostrato l'assurdità e l'origine moderna ed occidentale, nonostante le apparenze (lo vedremo più avanti).

Nel libro di Zangwijn Rol ha trovato quindi dei concetti e delle definizioni che condivideva, e che ha voluto segnalare al suo

---

[64] *ibidem*, pp. 163-164.
[65] *ibidem*, pp. 167-168.
[66] Nell'antroposofia così come presentata troviamo delle analogie con quella che noi abbiamo chiamato *neuroteologia*, che a suo tempo definimmo «l'anello che unisce di nuovo Scienza e Religione». Si tratta evidentemente di una esigenza che occupa la mente di una parte di noi occidentali ormai da parecchi decennni, per non dire secoli.

interlocutore, ma non si deve dimenticare di dare a questo apprezzamento la sua corretta collocazione, contingente e particolare. Ci teniamo a sottolinearlo visto che certi studiosi per semplificare hanno la tendenza ad attribuire una importanza eccessiva a fatti del tutto marginali. Questo però non toglie nulla all'interesse che rivestono i brani citati, che fanno parte certamente di quello «spiraglio» cui faceva riferimento Rol.

Quanto a Steiner invece si può senz'altro dire che Rol, da ragazzo, avesse trovato nei suoi scritti metodi, idee e visioni del mondo a lui del tutto affini. Gli anni in cui Rol andava alle scuole superiori e poi all'università furono anche quelli della grande espansione dell'antroposofia. Colin Wilson, attento biografo di Steiner, scrive che «il sorgere del movimento steineriano in Europa tra il 1900 e il 1910 fu uno dei fenomeni culturali più notevoli del nostro tempo»[67].

Steiner era nato nel 1861 nell'allora Austria-Ungheria e si era laureato in filosofia a Rostock nel 1891. Tra il 1882 e il 1897 aveva curato l'edizione delle opere scientifiche di Goethe, del quale è stato un estimatore e un profondo conoscitore per tutta la vita, pubblicando saggi come *Linee fondamentali di una teoria della conoscenza goethiana del mondo* (1886), *La concezione goethiana del mondo* (1897) ed altri. Del 1894 è *La filosofia della libertà*, la più importante delle sue opere filosofiche. Al volgere del secolo entrerà a far parte della Società Teosofica, dalla quale per una serie di divergenze dottrinali si separerà nel 1913, fondando la Società Antroposofica.

Nello stesso anno inizia a Dornach in Svizzera la costruzione di un centro di studi antroposofici cui dà il nome di *Goethenaum*, ulteriore tributo al pensatore di Weimar. Tale centro verrà poi distrutto da un incendio nel 1923 e subito ricostruito. Durante il periodo teosofistico pubblica alcune delle sue opere fondamentali: *Teosofia* (1904), *L'iniziazione* (1904-1905), *La scienza occulta nelle sue linee generali* (1910), e poi moltissime altre che gravitano attorno all'idea di *Scienza dello Spirito*. Tiene una instancabile attività di conferenziere in tutta Europa, fino a pochi mesi dalla morte, avvenuta nel 1925.

Colin Wilson scrive che se «Steiner fosse morto prima di spiccare il salto nell'"occultismo", sarebbe ora classificato – con Bergson, Whitehead, Samuel Alexander, Hans Driesch, Edmund Husserl, Maurice Merleau-Ponty, e Karl Popper – come un filosofo che voleva dimostrare che il materialismo scientifico è troppo *stretto*»[68].

Egli infatti «era affascinato dalla scienza e dal metodo scientifico. Ma si ribellava alla visione materialistica della scienza moderna. Voleva dimostrare che faceva acqua da tutte le parti, che non riusciva cioè a dar conto della complessità dell'universo e della natura umana»[69].

Steiner aveva trovato in Goethe un alleato, perché «anche Goethe aveva condiviso il suo entusiasmo per la scienza e aveva creato la sua

---

[67] Wilson, C., *Rudolf Steiner*, TEA, Milano, 1995, p. 101.
[68] *ibidem*, p. 12.
[69] *id.*

filosofia non materialista della scienza. Per Goethe, la natura è "l'ornamento vivente di Dio"...»[70].

Nel 1902 durante una conferenza dal tema «Monismo e teosofia», dopo aver attaccato lo spiritismo, che egli (come Rol) detestava[71], aveva insistito sul fatto che «qualsiasi seria filosofia della vita deve basarsi sul metodo scientifico. (...). Lo scopo vero della filosofia era di andare oltre il materialismo e trasformarsi in teosofia, introducendo l'idea di Dio. Proseguì parlando positivamente di Tommaso d'Aquino come esempio di un "monista" scientifico, che, pur basando tutta la sua opera sulla ragione, aveva riconosciuto che Dio sta al di sopra della ragione»[72].

Sul cristianesimo aveva inizialmente espresso opinioni contrarie, ma in seguito giunse a «considerarlo l'evento centrale della storia umana»[73] e la sua filosofia «diventò una "Cristologia", con la sua enfasi centrale sulla discesa di Cristo nella storia per assicurare l'ultima salvezza dell'uomo»[74].

Anche per questo le sue relazioni con i teosofisti «diventarono sempre più tese, soprattutto a causa del rifiuto del loro "orientalismo"... e viceversa della sua insistenza crescente per l'importanza di Cristo: nel 1911 era giunto ad affermare: "Non dovrebbe esser possibile accogliere l'idea di libertà senza l'idea di salvezza per mezzo di Cristo; l'idea di libertà si giustifica soltanto a questa condizione"»[75].

«Steiner stesso dovette riconoscere che l'antroposofia, una ricerca verso "la conoscenza spirituale", non può sostituire la pratica religiosa, con i suoi riti e i suoi sacramenti»[76].

Quanto alla sua *scienza dello spirito*, il punto di partenza è «la credenza che "dietro" il mondo materiale, rivelato dai nostri sensi, ci sia un mondo ultrasensibile o spirituale. Questo suona naturalmente come la

---

[70] *ibidem*, pp. 36-37.

[71] «Quel modo di entrare in contatto con lo spirito mi ripugnava» aveva affermato (*apud* Wilson, C.,.*cit.*, p.42), mentre a un suo discepolo disse che «gli spiritisti sono i materialisti peggiori di tutti» (*ibidem*, p. 129). Wilson scrive che «il guaio dello spiritismo, secondo Steiner, è che esso incoraggia a restare *ciechi*, invece di sforzarsi di raggiungere quella visione diretta, intuitiva del mondo spirituale» (*ibidem*, pp. 129-130). Su questo punto era certamente d'accordo anche Rol, il cui rigetto dello spiritismo era dovuto anche alla falsità stessa della teoria spiritica, come vedremo più avanti.

[72] Wilson, C., *cit.*, p. 125.

[73] *ibidem*, p. 101.

[74] *ibidem*, p. 123.

[75] *ibidem*, p. 143. La Dembech, accesa sostenitrice del teosofismo, ha scritto che Rol «scherzosamente mi accusava di bazzicare troppo sulle "*rive del Gange*", mentre lui preferiva quelle più rassicuranti del Giordano» (*Gustavo Adolfo Rol. Il grande precursore*, cit., p. 178). Sembra quasi di vedere Rol impersonare Steiner che si dissocia dalla dottrina della Blavatsky (fondatrice del teosofismo). In effetti è accaduto qualcosa del genere, ma le ragioni di questa posizione di Rol non hanno a che vedere con l'antroposofia. Ne parleremo più avanti. Qui facciamo notare quella che potrebbe essere una *coincidenza significativa* (se non proprio voluta): il fatto che una delle più prolifiche biografe di Rol si chiami "Giordano".

[76] *ibidem*, p. 152.

credenza centrale di tutte le grandi religioni, ma nel caso di Steiner c'è un importante corollario. Egli infatti era convinto che, con un semplice addestramento, chiunque potesse sviluppare la facoltà di vedere quest'altro regno dell'essere[77]. Egli stesso sosteneva di averla ottenuta e faceva del suo meglio per mostrare ai suoi seguaci come raggiungerla».

«Insisteva nel dire che se un uomo ha sviluppato il potere di ritrarsi "in se stesso" – attraverso l'Immaginazione, l'Ispirazione e l'Intuizione – diventa consapevole delle realtà spirituali, e che queste includono la storia della razza umana. Egli sviluppa il potere di leggere le "registrazioni akashiche", i segni imperituri del passato stampati sull'etere psichico[78]. Anche Madame Blavatsky aveva questo potere, ma lo raggiungeva soltanto in trance, quando i "Maestri nascosti" parlavano attraverso di lei. (...). Steiner era in grado di percepire il "mondo dello spirito" in piena coscienza, e proclamava che le sue rivelazioni sul lontano passato erano accurate così come lui le riceveva»[79].

Wachsmuth, uno dei biografi di Steiner, «ripete più volte che quando Steiner parlava di qualche avvenimento storico, sembrava che *vedesse* quello che descriveva»[80].

Il suo metodo «ha molto in comune con quello di un altro eminente "scienziato spirituale", Emanuel Swedenborg, che visse due secoli prima. Swedenborg (1688-1772) sosteneva anch'egli di poter stabilire un contatto diretto con il "mondo dello spirito", e anche i suoi metodi non hanno nulla in comune con quelli dello spiritismo moderno»[81].

Le visioni di Swedenborg, come anche quelle per esempio di Böhme o di Blake, «erano fenomeni *interiori*. Swedenborg non immaginava di vedere gli angeli passeggiare per le strade di Stoccolma; doveva entrare in un particolare stato interiore per diventare cosciente della loro presenza. Steiner ammette che questa facoltà è una forma di immaginazione, ma afferma subito dopo che il significato corrente del

---

[77] *ibidem*, p. 15. Per la stessa ragione Rol ha sempre sostenuto che tutti avrebbero potuto fare ciò che poteva fare lui. Ma l'addestramento cui fa riferimento Wilson, che è tutt'altro che "semplice", non è certo una peculiarità di Steiner, come dimostra per esempio la disciplina *yoga*, della quale lui stesso era debitore.

[78] I "viaggi nel tempo" (*forse* solo "mentali", eppure assolutamente reali) compiuti da Rol insieme ad altre persone sono possibili proprio grazie a queste "registrazioni", films del passato contenuti nella "memoria psichica", nello "spirito intelligente" del genere umano.

[79] Wilson, C., *cit.*, p. 104. C'è molta affinità tra la coscienza "vigile" di Steiner e quella di Rol durante *alcuni* suoi prodigi ed esperimenti, anche se non in tutti: la coscienza di Rol non era sempre la stessa, e pur non andando mai in trance, aveva delle sottili sfumature di differenza a seconda della tipologia di esperimento. Su questo punto ci riserviamo di fare tutta la chiarezza necessaria in altro studio.

[80] *ibidem*, p. 162. Ciò è esattamente quanto accadeva anche a Rol. Cfr. pp. 241-242.

[81] *ibidem*, p. 68.

termine "immaginazione" non dà neppure una pallida idea di ciò che significa»[82].

Questi elementi da noi messi in rilievo hanno molto a che vedere con Gustavo Rol, e la cosa non potrebbe essere altrimenti: quando si penetra nel "mondo dello spirito" si trovano pressoché le stesse cose, anche se la "qualità" della visione dipende molto dalla purezza della mente e dal rigore della pratica. Non si può dire tuttavia che Steiner sia in grado di garantirci della purezza della sua visione, anzi gran parte dei suoi scritti sono semplicemente inaccettabili come fatti reali, e a mala pena come costruzioni simboliche. Sono anzi assai indigesti, «una gran parte inaccettabile, o addirittura repellente»[83], dice anche Wilson, il quale aveva inizialmente rinunciato a scrivere la sua biografia perché «Steiner semplicemente mi irritava»[84], e questo anche perché «la montagna di libri, la valanga di idee oscurano la chiarezza e la semplicità della sua visione di base»[85].

Lo scrittore belga Maurice Maeterlinck descrive Steiner come «uno dei più eruditi, ma anche dei più confusionari tra gli occultisti contemporanei»[86], e dice anche: «Quando non si perde in visioni – forse plausibili, ma impossibili da verificare – delle età preistoriche, e nel gergo astrale sulla vita in altri pianeti, è un pensatore chiaro e perspicace..."»[87].

Tutto questo ci trova perfettamente d'accordo, e le stesse critiche, anche più aspre gli sono state mosse sia da René Guénon che da Julius Evola[88]. Da un punto di vista metafisico tradizionale è abbastanza normale non concedere sconti a Steiner: in ogni caso non si può negare che nella sua opera vi sia qualcosa di positivo, diciamo "uno spiraglio", e infatti Evola scrive che «si può riconoscere che lo Steiner ha dato qua e là degli insegnamenti pratici e dei criteri di discriminazione che sono validi (per quanto né nuovi, né propri al solo Occidente postcristiano, come egli suppone) e che possono essere utilizzati con piena indipendenza dal resto»[89].

---

[82] *ibidem*, p. 168. L'autore aggiunge poi che Steiner «*usava* questa facoltà per amplificare le sue visioni della "realtà spirituale"». L'immaginazione, intesa come *visualizzazione*, è fondamentale anche per Rol: «L'immaginazione è la più scientifica delle facoltà» (Giordano, M.L., *Rol mi parla ancora*, cit., p. 149); «Il pensiero materializza le cose attraverso l'immaginazione il ricordo e l'intuizione. Quindi lo spirito è energia» (Dembech, G., *G.A. Rol. Il grande precursore*, cit., p. 143); «L'immaginazione è incommensurabile» (Rol, G.A., *La Coscienza Sublime...*, cit., p. 95). La disciplina *yoga* rende perfettamente conto dell'importanza dell'immaginazione durante la meditazione.

[83] *ibidem*, p. 169.

[84] *ibidem*, p. 9.

[85] *ibidem*, p. 169.

[86] Maeterlinck, M., *apud* Wilson, C., *cit.*, p. 117.

[87] Maeterlinck, M., *Il grande segreto*, 1927, *apud* Wilson, C., *cit.*, p. 113.

[88] Cfr. rispettivamente: *Il teosofismo...*, cit., cap. 22: e *Maschera e volto dello spiritualismo contemporaneo*, Edizioni Mediterranee, Roma, 1971, cap. 5.

[89] Evola, J., *Maschera e volto...*, cit. p. 96.

Non possiamo che convenirne, ed è per questo che crediamo utile fornire qui di seguito una selezione di questi «insegnamenti», soprattutto quando abbiano attinenza con il pensiero di Gustavo Rol, di cui daremo in nota, laddove opportuno, anche un raffronto sinottico.

Il pensiero di Rudolf Steiner

«L'universo ci appare in due parti contrapposte: *io* e il *mondo*. Erigiamo questo muro divisorio fra noi e il mondo appena la coscienza riluce in noi. Ma non perdiamo mai il sentimento che apparteniamo al mondo, che esiste un legame che ci unisce ad esso, che non siamo un essere al di fuori, ma dentro l'universo.

Questo sentimento produce l'aspirazione a superare la contrapposizione. Nel superamento di tale contrapposizione si ha in sostanza tutto l'anelito spirituale dell'umanità. La storia della vita spirituale è una continua ricerca dell'unità fra noi e il mondo. Religione, arte e scienza perseguono in ugual misura questo scopo»[90].

«Se non sviluppiamo in noi il profondo sentimento che esiste qualcosa di superiore a noi, non troveremo in noi neppure la forza di svilupparci fino a qualcosa di più elevato»[91].

«Dietro il mondo visibile vi è un mondo *invisibile*, un mondo che si nasconde *a tutta prima* ai sensi e al pensiero legato ad essi; (...) l'uomo, sviluppando certe facoltà che dormono in lui, può penetrare in questo mondo nascosto»[92].

«La prima impressione che gli si presenta è quella di sé stesso, quale egli è; vede il proprio doppio»[93].

«Non penetra giustamente nel mondo spirituale colui il quale si rallegra di aver avuto un'esperienza che "non può essere compresa dalla ragione umana". Non è certo la passione per "l'inesplicabile" che forma il discepolo (...)»[94].

«Può succedere che il discepolo penetri nel mondo superiore prima di avere acquistato le capacità interiori necessarie. L'incontro con il suo doppio in tal caso lo angustierebbe e lo esporrebbe ad errori»[95].

---

[90] Steiner, R., *La filosofia della libertà*, Editrice Antroposofica, Milano, 1997, p. 21. Tutti i corsivi sono dell'autore.

[91] Steiner, R., *L'iniziazione*, Editrice Antroposofica, Milano, 1999, p. 18.

[92] Steiner, R., *La Scienza Occulta nelle sue linee generali*, Editrice Antroposofica, Milano, 1992, p. 36. Questo brano è stato ripreso da Maria Luisa Giordano (secondo noi direttamente dal libro di Steiner...) attribuendolo a Rol: «Dietro il mondo visibile» diceva, "vi è un mondo invisibile che si nasconde ai nostri sensi e al pensiero legato ad essi: l'uomo, sviluppando certe facoltà che dormono in lui, può penetrare in questo luogo nascosto" (*Rol mi parla ancora*, cit., pp. 44-45).

[93] *ibidem*, p. 307.

[94] *ibidem*, p. 297.

[95] *ibidem*, p. 308.

«Se un uomo... che ha seguito una disciplina errata dovesse avvicinarsi a questa esperienza senza la necessaria preparazione... si sentirebbe l'anima invasa da un sentimento che si può qualificare come "di infinito terrore", di "illimitata paura"»[96].

«Sebbene i sensi fisici non ci permettano di vedere la verità superiore, appunto per questo essi sono anche i benefattori dell'uomo. Gli nascondono cose che lo spaventerebbero moltissimo e di cui egli, impreparato, non potrebbe sopportare la vista. Il discepolo deve essere temprato a sopportare tale vista»[97].

«La preparazione a cui il discepolo è sottoposto prima di penetrare nel mondo animico-spirituale è diretta a dargli l'abitudine... di eliminare la propria personalità[98], e di lasciar che le cose e i processi gli parlino direttamente per virtù della loro natura»[99].

«La via verso i mondi sopra-sensibili... conduce alla "scienza del Graal"»[100].

«Dal momento in cui si entra nel dominio della Scienza dello Spirito, si verifica una differenza importante, in confronto alla esperienza puramente scientifica. Nella scienza i fatti esistono nell'ambito del mondo sensibile, e l'osservatore scienziato attribuisce alla attività psichica un'importanza secondaria, in confronto al decorso dei fenomeni sensibili e ai loro rapporti.

Chi descrive i fenomeni di scienza dello spirito deve invece mettere in primo piano questa attività dell'anima; ché il lettore perviene ai fatti descritti solamente se riesce a svolgere egli stesso in modo adeguato tale attività. (...). Chi espone i fenomeni di Scienza dello Spirito presuppone quindi che il lettore proceda insieme a lui alla *ricerca* dei fatti. (...).

Perciò egli dovrà essere obbligato anche a parlare dei *mezzi* mediante i quali si giunge alla percezione del non-sensibile, del sopra-sensibile. (...).

[P]er la scienza naturale, il "dimostrare" è qualcosa di esterno, per così dire, ai fatti descritti.

Per il pensiero scientifico-spirituale, invece, l'attività che nella ricerca scientifica abituale l'anima applica alla dimostrazione, si svolge già nella ricerca dei fenomeni.

---

[96] *ibidem*, p. 316. Cfr. Rol: «Ho scoperto una *tremenda* legge... la potenza mi fa *paura*». Rol fino ad allora non aveva avuto maestri, e il suo percorso da autodidatta avrebbe potuto essergli fatale. La vista del *Rex Tremendae Maiestatis* (successivo a quella del "doppio" così come inteso da Steiner) è un episodio percettivo noto in tutte le tradizioni. Cfr, per esempio: *Vijnanabhairava. La conoscenza del Tremendo*, (a cura di A.Sironi), Adelphi, Milano, 1989.

[97] Steiner, R., *L'iniziazione*, cit., p. 59.

[98] Cfr. Rol: «la fatica è stata, glielo confesso, tremenda e solitaria. Per quanto le mie odierne possibilità giustifichino tanto travaglio, non mi sentirei mai di augurare ad un mio figlio o ad un amico un simile destino; è vero che la contropartita è meravigliosa, però saprebbe chiunque accettare l'annullamento della propria personalità?» (Lettera a Giorgio di Simone del 09/04/1970, in Di Simone, G., *Oltre l'umano...*, cit., p. 53).

[99] Steiner, R., *La Scienza Occulta...*, cit., p. 310.

[100] *ibidem*, p. 330.

Non è possibile scoprirli, se non è già di per sé *dimostrativa* la via che conduce ad essi»[101].

«La scienza dello spirito fornisce anche norme pratiche, per mezzo delle quali si può seguire quella via e sviluppare la vita interiore. Queste regole pratiche... provengono da esperienze remotissime e da un antichissimo sapere. Dovunque si tratti di indicare le vie alla conoscenza superiore, esse vengono date allo stesso modo. Tutti i veri maestri della vita spirituale sono d'accordo sul contenuto di queste regole, anche se non le presentano sempre con le medesime parole»[102].

«Con la concentrazione e la meditazione l'uomo elabora la propria anima. Vi sviluppa in tal modo gli organi animici della percezione. Mentre egli si dedica alla pratica della meditazione e della concentrazione, la sua anima cresce entro il suo corpo, come l'embrione umano cresce nel corpo della madre»[103].

«Nel pensare intuitivo l'uomo ha già un'esperienza che riveste un carattere puramente spirituale. (...).

«L'esperienza del pensare, giustamente intesa, è già un'esperienza spirituale»[104].

«Ma oggi, quando vi è gente che crede che, conoscendo che cosa è la materia, si saprà anche come la materia pensa, deve venir detto che si può parlare del pensare senza scontrarsi subito con la fisiologia del cervello. Oggi risulta difficile per molti afferrare il concetto del pensare nella sua purezza (...) [e vi è chi] contrappone subito la frase del Cabanis (...): «Il cervello secerne pensieri, come il fegato secerne fiele e le ghiandole salivari saliva»[105].

---

[101] *ibidem*, p. 35. I "fenomeni" sono le percezioni cui si perviene nel "mondo dello spirito". Da un punto di vista tradizionale, è importante sottolineare che a queste cose non deve essere data alcuna importanza particolare, e che servono esclusivamente come constatazione di aver oltrepassato i confini della coscienza ordinaria, il che d'altra parte non significa essere andati nella direzione giusta, Solo un maestro autentico può aiutare il discepolo in questo percorso, e purtroppo, sotto questo aspetto, la dottrina di Steiner è piuttosto vaga e carente.

[102] Steiner, R., *L'iniziazione*, cit., p. 25.

[103] *ibidem*, p. 143.

[104] Steiner, R., *La filosofia della libertà*, cit., p. 188.

[105] *ibidem*, p. 33. Cfr. Rol: «Sulla cavia Rol si vorrebbe provare che nella stessa guisa che il fegato secerne la bile il cervello secerne il pensiero? Ma se anche ciò venisse dimostrato, rimarrebbe ancora da stabilire quale rapporto esiste fra il pensiero e lo spirito che lo sovrasta. Che cosa sarebbe il pensiero se non esistesse lo spirito? Le sue possibilità non andrebbero certamente oltre i limiti consentiti dall'istinto» (Rol, G.A., *La Scienza non può ancora analizzare lo Spirito*, La Stampa, 03/09/1978, p. 3). Pierre Cabanis era un medico e filosofo francese (1757-1808). Ciò cui fanno riferimento sia Steiner che Rol si trova in una sua opera del 1802: «Pour se faire une idée juste des opérations dont résulte la pensée, il faut considérer le cerveau comme un organe particulier, destiné spécialement à la produire; de même que l'estomac et les intestins à opérer la digestion, le foie à filtrer la bile, les parotides et les glandes maxillaires et sublinguales à préparer les sucs salivaires. (...). Nous concluons avec la même certitude, que le cerveau digère en quelque sorte les impressions; qu'il fait organiquement la sécrétion de la pensée» (Cabanis, P.J.G.,

«Ogni scienza sarebbe solo soddisfacimento di inutile curiosità, se non tendesse ad elevare il *valore dell'esistenza della persona umana*»[106].

«Più le scienze tendono ad approfondire i singoli settori, più esse si allontanano da una visione vivente e complessiva del mondo. Deve esistere un sapere che cerchi nelle singole scienze gli elementi per ricondurre l'uomo alla vita piena»[107].

«Non mi interessa come la scienza ha interpretato la coscienza fino ad oggi, ma come quest'ultima si manifesta di minuto in minuto»[108].

«La scienza occulta... si propone di trattare di cose non sensibili allo stesso modo con cui la scienza naturale tratta di quelle sensibili»[109].

«Il cultore della scienza occulta non misconosce affatto il valore della scienza naturale, anzi lo riconosce più completamente dello stesso naturalista.

Egli sa che non è possibile fondare una scienza, senza i procedimenti rigorosi della scienza naturale moderna; ma gli è pure noto che questa severa mentalità scientifica, una volta conquistata penetrando nello spirito del pensare scientifico, può venire serbata dalla forza dell'anima ed applicata in altri campi»[110].

«Ogni scienziato si serve di certi strumenti e di certi metodi; costruisce gli strumenti elaborando ciò che gli dà la "natura". Anche la scienza occulta si serve di uno strumento, e questo è l'uomo stesso. E tale strumento pure deve essere prima elaborato per l'indagine superiore»[111].

Rapports du physique et du moral de l'homme – Seconde memoire. Histoire physiologique des sensations, cap. VII, vol. 1, pp. 127-129, Paris, 1815).

[106] *ibidem*, p. 200.

[107] *ibidem*, p. 199.

[108] *ibidem*, p. 26. Qui Steiner ci pare molto vicino all'approccio "americano" della *neuroteologia*, dove viene monitorata l'attivazione di diverse aree del cervello durante la meditazione, "di minuto in minuto". L'unica differenza, è che l'analisi di Steiner è del tutto interiore e soggettiva, non prevede cioè la possibilità di studiare la "coscienza" dall'esterno. Se oggi fosse vivo probabilmente si servirebbe anche di questo mezzo. Quanto a noi, consideriamo questo metodo di indagine scientifica del tutto secondario rispetto alla realizzazione interiore, che è in grado di fornire dimostrazioni di ben altro tipo, come quelle di Rol. Per fare una analogia sportiva, non ha alcuna importanza conoscere da un punto di vista geometrico-matematico quale sia la perfetta angolatura o la quantità di moto di una mazza da golf, o da baseball, o da tennis, etc. mentre colpisce una palla. Ciò che importa è *sentire* lo swing giusto (frutto di allenamento) e colpirla...

[109] Steiner, R., *La Scienza Occulta...*, p. 31. L'uso del termine "occulto" è piuttosto fastidioso per le immagini di ciarlataneria che suscita. Un secolo fa forse poteva anche andare bene, ma in ogni caso noi preferiamo contrapporre alla dicotomia *scienza occulta* /*scienza naturale* la definizione unitaria di *scienza sacra*, che ci pare assai più appropriata.

[110] *ibidem*, p. 32.

[111] *ibidem*, p. 43. Tutto questo è perfettamente vero, e si può aggiungere che l'uomo è per lo scienziato "sacro" il laboratorio principale dei suoi esperimenti. Applicando gli stessi principi, tutti gli uomini, nel loro laboratorio (*alchemico*) possono verificare e replicare quanto sperimentato in altri laboratori...

«Il discepolo deve sviluppare un'anima libera che stia in equilibrio fra la materialità e la spiritualità»[112].

«Al chiaroveggente non è consentito di diventare un sognatore: deve poggiare coi piedi su terreno solido»[113].

«Egli non impara per accumulare tesori di sapienza, ma per mettere ciò che ha imparato al servizio del mondo»[114].

«In ogni suo fenomeno il mondo esteriore è riempito di splendore divino; ma occorre avere prima sperimentato il divino nella propria anima, se lo si vuole trovare nell'ambiente che ci attornia»[115].

«Gradatamente questa "vita superiore" esercita la sua influenza su quella ordinaria; (…) [l'uomo] comincia a guidare la barca della sua vita, con un corso sicuro e fermo, tra i flutti della vita, mentre prima essa veniva sbattuta qua e là dalle onde»[116].

«…è l'anima che conosce; e per l'anima i sentimenti sono ciò che per il corpo sono le sostanze che ne formano il nutrimento. Se al corpo si danno pietre invece di pane, la sua attività cessa. Così avviene per l'anima. Per essa la venerazione, il rispetto, la devozione sono sostanze nutrienti che la rendono sana, forte; forte anzitutto per l'attività della conoscenza. L'irriverenza, l'antipatia, l'insufficiente valutazione di ciò che è degno di stima determinano la paralisi e la morte dell'attività conoscitiva»[117].

---

[112] Steiner, R., *L'iniziazione*, p. 112.

[113] *ibidem*, p. 117. Cfr. Rol: «E a quanti mi chiedono di rivelare il mezzo col quale si manifestano tanti stupefacenti fenomeni, rispondo che la mia forza sta nel tenere i piedi ben saldi sulla terra. Ammettere e conoscere la realtà predispone a possibilità le più insperate, le più incredibili, qualsiasi realtà avendo infiniti risvolti» (Rol, G.A., *La Scienza non può ancora analizzare lo Spirito*, cit.).

[114] *ibidem*, p. 24.

[115] *ibidem*, p. 23.

[116] *ibidem*, p. 29. Cfr. Rol: «La mia volontà è forte come il macigno ed è testarda come la Sfortuna: io riuscirò in banca o nel commercio perché il timone della mia barca è costruito di legno buono: ma il giorno che questa mia barca approderà al suo porto, allora me ne riderò degli uomini e delle esigenze della vita materiale, e fors'anche in un ambiente il più difficile e pericoloso. Inalbererò alto il vessillo della mia libertà che dovrà essere una cosa terribilmente bella e spaventosamente tremenda, come il fragore di cento mari che s'urtino contro mille scogliere, come il rombo di mille tuoni che cozzino in un cielo di fuoco. Questa è la mia forza di tutti i giorni, questa la speranza che forma tutta la poesia di un mio avvenire non lontano» (*"Io sono la grondaia..."*, p. 67). Cogliamo qui l'occasione per segnalare che la datazione corretta della lettera da cui è tratto questo brano è il 7 *settembre* 1926 (e non il 7 *febbraio* come indicato, causa errore di trascrizione).

[117] *ibidem*, p. 22. Cfr. Rol: «Ho accennato a una "collaborazione" da parte di chi mi sta intorno; nella stessa guisa che per la salute del corpo il male conta assai meno del terreno ove trova da svilupparsi, così, per l'impiego dello spirito, un'atmosfera di fiducia e di ottimismo ha un'importanza determinante. Lo scetticismo che sovente cela intenzioni e altri sentimenti negativi non favorisce certamente quel misterioso processo costruttivo della cui ragione etica gli editori non si interessano» (Rol, G.A., *La Scienza non può ancora analizzare lo Spirito*, cit.).

«Potrai vivere in intima amicizia con un iniziato, ma rimarrai separato dal vero suo essere finché tu stesso non sia iniziato. Potrai godere pienamente del cuore e dell'affetto di un iniziato, ma egli ti affiderà il suo segreto solo quando sarai maturo per accoglierlo. Lo potrai adulare, lo potrai torturare; nulla varrà a determinarlo a svelarti qualcosa che egli sa di non doverti confidare, perché al gradino della tua evoluzione non sei ancora in grado di accogliere in modo giusto quel mistero nella tua anima. (...).

Soltanto nella propria anima l'uomo può trovare i mezzi che gli schiudano la parola degli iniziati. Egli deve sviluppare in sé certe facoltà fino a un determinato grado superiore, e allora potranno essergli partecipati i tesori più elevati dello spirito»[118].

«Occorre notare che il sentimento artistico, accompagnato da una natura calma e introspettiva, è la migliore base per lo sviluppo delle capacità spirituali; esso penetra attraverso la superficie delle cose e raggiunge in tal modo i segreti di esse»[119].

«Conoscere un essere spirituale per via di intuizione significa essere diventato tutt'uno con lui, essersi unito con la sua interiorità»[120].

«Allorché l'uomo tocca un oggetto e ne riceve una sensazione di calore, occorre distinguere fra ciò che proviene dall'oggetto, che fluisce in certo qual modo da esso, e ciò che la persona sperimenta nell'anima. L'esperienza animica interiore della sensazione del calore è alquanto diversa dal calore che fluisce dall'oggetto. Si immagini ora quest'esperienza animica di per sé sola, senza l'oggetto esteriore; si immagini l'esperienza – puramente animica – di una sensazione di calore nell'anima, che non sia provocata da nessun oggetto esteriore fisico. (...).

Lo stesso si può dire per la percezione del colore nel mondo soprasensibile. Occorre distinguere in questo caso fra il colore associato all'oggetto esteriore e l'interiore sensazione del colore nell'anima. Ci si rappresenti la sensazione interiore dell'anima quando percepisce un oggetto rosso nel mondo esteriore fisico-sensibile; si immagini di conservare un vivace ricordo di quell'impressione, pur distogliendo lo sguardo dall'oggetto stesso. Ci si rappresenti come esperienza interiore ciò che ancora rimane come ricordo del colore, e si potrà allora distinguere fra ciò che è esperienza interiore del colore e il colore esteriore»[121].

---

[118] *ibidem*, p. 17. Questo pensiero dovrebbe essere ben tenuto a mente da tutti coloro che pretendevano che Rol si mettesse al loro servizio o che fornisse spiegazioni su se stesso; ma soprattutto da tutti quei testimoni che dopo la sua morte hanno preteso di rappresentare la sua "volontà", la quale in realtà, nei loro scritti, semplicemente *è inesistente*...

[119] *ibidem*, p. 40.

[120] Steiner, R., *La Scienza Occulta*..., p. 290.

[121] *ibidem*, pp. 339-340. Cfr. Rol: «Intendere un'anima vuol dire sentirne la luce; l'intensità di quest'ultima denota lo stato dell'anima stessa in rapporto col momento della vita presente. Mettetevi in una camera completamente buia e chiudete gli occhi; poi dite a qualcuno di accendere una luce qualunque. Quella luce non potrete vederla, ma la

E con questo brano chiudiamo qui le citazioni da Steiner, che potrebbero continuare ancora per molto visto che di cose giuste ne ha dette parecchie (peraltro in buona compagnia delle fantasticherie), e in più casi possono essere confrontate con quelle di Rol. Occorre però ricordare, ancora una volta, che non è perché tra Rol e Steiner vi si trovino delle affinità di pensiero, che Rol non abbia sviluppato indipendentemente le "sue" concezioni. Certo è possibile che Steiner gli abbia fornito una serie di spunti, però il lavoro che abbiamo fatto qui, cioè una selezione di pensieri che si ritrovano anche in Rol, lo avremmo potuto fare anche per i più grandi maestri spirituali, per i mistici e per i più importanti testi sacri (ed è ciò che in effetti abbiamo già fatto con il nostro *Il Cuore della Religione*[122]), dai quali lo Steiner ha tratto molte sue considerazioni pur rafforzandole (ma in alcuni casi indebolendole) con le sue visioni.

In generale siamo d'accordo con Guénon, a proposito delle varie forme di *spiritualismo* (che oggi ha preso il nome di «New Age»), che è «sempre meglio ricorrere a fonti più pure, giacché in fondo non c'è niente nei loro scritti che non si possa trovare anche da altre parti, sotto forme meno caotiche e più intelligibili»[123].

Quanto abbiamo citato di Steiner è ovviamente materiale già "purificato", e quindi utile.

Crediamo anche che in queste poche pagine sia emerso abbastanza bene il suo stile. Questo ci serve per fare un paragone con i libri di Maria Luisa Giordano, che secondo noi traspirano antroposofia. Abbiamo infatti già detto che lo stile che la Giordano dà alle parole di Rol è un po' diverso da quello che avrebbe usato lui, e basta prendere un qualsiasi suo testo autografo per accorgersi della differenza. Abbiamo anche detto che ciò è giustificato dal fatto che si tratta di materiale filtrato, e talvolta

---

sentirete, e vi sarà possibile anche di stabilirne l'intensità. Una grande fiammata darà al vostro spirito la sensazione del bianco; un fuoco costante la sensazione del rosso vivo; una luce debole v'apprenderà un colore che nella realtà non avete mai conosciuto, tra l'azzurro e il violetto» (*"Io sono la grondaia..."*, p. 204).

«Un giorno ebbi la certezza di avere acquistato una sensazione verde profonda e leggera, suscettibile di ottenere risultati ancora modesti ma determinanti per i futuri sviluppi della mia sensibilità. Da quella prima conquista alla percezione dello 'spirito intelligente' il passo sarebbe stato veramente esiguo. Per intanto durante quei due anni, avevo stabilito, nelle mie ricerche, che esisteva un rapporto essenziale fra i colori e i suoni, atto a favorire quella particolare sensazione psichica offerta dalle vibrazioni provocate appunto dai colori e dai suoni; sensazione che avrebbe potuto benissimo tradursi in una sorta di 'calore'» (Rol, G.A. (Allegri, R.), *Finalmente Rol rivela Rol*, Gente, 02/04/1977, p. 39; Allegri, R., *Rol l'incredibile*, pp. 44-45 ; *Rol il mistero*, p. 44; *Rol il grande veggente*, p. 153). Inutile aggiungere che tutto questo ha sempre a che vedere con lo *yoga*. Cfr. anche il ns. scritto in Mercante, V., *Il Mistero e la Fede*, cit., p. 74.

[122] È il titolo che abbiamo dato al *corpus* di insegnamenti spirituali, tratti dalle principali tradizioni metafisiche, che abbiamo raccolto nel sito www.neuroteologia.org (2004).

[123] Guénon, R., *Errore delle spiritismo*, cit., p. 32.

interpretato dall'autrice, cosa che di per sé è del tutto naturale quando si dovrebbero riportare dialoghi orali. Tuttavia notiamo che lo stile della Giordano (come del resto certi contenuti) si avvicina di più a quello di Steiner, e abbiamo visto come vi siano frasi attribuite a Rol che invece sono del filosofo austriaco. Secondo noi Rol deve aver parlato alla Giordano di Steiner in qualche occasione a proposito del suo tentativo di costruire una "scienza dello spirito", così come si sarà riferito a lui, e soprattutto a Goethe, per quanto riguarda per esempio la teoria dei colori e il *Faust*. Crediamo che la Giordano abbia poi per conto suo approfondito queste indicazioni di Rol, anche per la sua affinità con il mondo tedesco[124], essendo bilingue ed avendo esercitato la professione di traduttrice proprio di questa lingua. Questo secondo noi ha influito poi sul contenuto e lo stile dei suoi scritti, ed è opportuno tenerne conto nel momento in cui si giudichi la "dottrina di Rol".

Ulteriori segnalazioni e precisazioni

Alle pp. 177-178 di *Rol e l'altra dimensione* la Giordano scrive: «Ho trovato particolarmente interessante la testimonianza di John Baxter, uno dei biografi di Federico Fellini». Segue poi il racconto di una serata di esperimenti, presente anche l'editore Giuseppe Sormani, con cui Rol aveva fatto il militare. Dopo aver letto l'episodio, di cui purtroppo mancava qualsiasi riferimento bibliografico, volevamo rintracciare la fonte. La Giordano, da noi interpellata, non se la ricordava. Dopo una breve ricerca abbiamo trovato che Baxter aveva scritto solo una biografia su Fellini, che però non era stata tradotta in italiano, così l'abbiamo ordinata direttamente negli Stati Uniti. Tuttavia, una volta ricevuta, abbiamo scoperto con un certo sconforto che l'episodio raccontato dalla Giordano non c'era.

È allora che ci siamo ricordati di un articolo che Tullio Kezich, un altro dei biografi di Fellini, aveva scritto sul *Corriere della Sera*[125], e abbiamo potuto verificare, per fortuna, che era effettivamente questa la fonte dell'autrice, così da evitare che gli studiosi futuri attribuiscano a Baxter cose che mai aveva detto.

Alle pp. 179-182 viene riprodotta una lettera che Gustavo Rol aveva scritto a Giulietta Masina, moglie di Fellini, il 19 novembre 1993. La Giordano la riproduce direttamente dal libro di Catterina Ferrari, senza citare nuovamente la fonte. Questa lettera venne pubblicata su *La Stampa*

---

[124] L'autrice ha inoltre pubblicato un articolo ("Gustavo Rol") sulla rivista autriaca *Grenzgebiete der Wissenschaft* ("Ai confini della scienza", Resch Verlag, Innsbruck, 1997), diretta dal sacerdote Andreas Resch (intervistato anche da N. Bongiorno per il suo documentario su Rol) che si occupa specificatamente di parapsicologia. In *Rol e l'altra dimensione* vi sono poi abbondanti riferimenti a Hölderlin, altro poeta tedesco.

[125] Kezich, T., *Quella sera a Torino con il mago di Fellini*, Corriere della Sera, 24/09/1994, p. 17.

il 24 novembre[126] (ma la Giordano non lo dice). La versione de *La Stampa* però non è identica a quella pubblicata dalla Ferrari, mentre quella della Giordano sì; se ne deduce quindi che la sua fonte è proprio il testo della Ferrari[127] (come per molte altre frasi di Rol).

A p. 191 viene raccontato l'episodio che ha come protagonista una antenata di Aldo Provera, Teresa Rovere. Lo stesso episodio è stato raccontato da Remo Lugli[128]. Stranamente, sia Lugli che la Giordano chiamano l'antenata Margherita, mentre invece si chiamava Teresa. Lugli però cita giusto il cognome (Rovere), mentre la Giordano scrive «Provera». "Casualmente" Margherita Provera è il nome della moglie di Aldo Provera. Il mezzo errore di Lugli è stato completato dalla Giordano. Scherzi della memoria!

Veniamo ora a un episodio che ci ha lasciati piuttosto perplessi. Si tratta di un esperimento che ha come protagonista una lettera che Eleonara Duse aveva scritto per Gabriele D'Annunzio, ma che non era mai giunta al destinatario. Questa lettera fu materializzata nel corso di una serata di esperimenti, e precisamente il 22 gennaio 1977. L'episodio fu raccontato per la prima volta sulla rivista *Gente*, scritto direttamente da Rol (e firmato, come sappiamo, da Renzo Allegri)[129]. Fu quindi ripubblicato in *Rol l'incredibile* (1986)[130] e *Rol il mistero* (1993)[131]. Uno dei testimoni alla serata era Remo Lugli, il quale raccontò a sua volta l'episodio nel suo libro (1995)[132]. In quella serata del 1977, a casa di Nuccia Visca, oltre a Lugli e alla signora Visca erano presenti Giorgio Visca, i coniugi Innocenti ed Else Lugli.

Nell'articolo su *Gente*, Rol, a nome di Allegri, introduceva l'esperimento nel modo seguente: «Mi sembra interessante raccontare, a questo punto, un esperimento al quale ho assistito…». Allegri però non c'era a quella serata (ma Rol, ovviamente, sì).

---

[126] Rol, G.A., *Cara Giulietta, salva Mastorna*, La Stampa, 24/11/1993, p. 18. La lettera pubblicata sul quotidiano è leggermente diversa da quella pubblicata dalla Ferrari (e quindi anche da quella della Giordano). Su *La Stampa* Rol si rivolge alla Masina dandole del «tu», mentre nel testo della Ferrari le dà del «Lei». Vi sono anche altre parti leggermente diverse. Forse Rol ha inviato a *La Stampa* una versione leggermente modificata rispetto a quella scritta inizialmente, che è poi rimasta nell'archivio di Catterina Ferrari.

[127] In *Gustavo Rol. Una vita per immagini* (p. 111), la stessa lettera viene nuovamente riprodotta, e di nuovo è quella della Ferrari e non quella de *La Stampa*, nonostante questa volta la Giordano scriva che «fu pubblicata dal quotidiano *La Stampa*» (ma senza, di nuovo, alcun riferimento preciso).

[128] Lugli, R., *Gustavo Rol. Una vita di prodigi*, cit., pp. 159-160. Cfr. quanto già detto alla nota 16 di p. 69. Oltre al nome della Rovere, sia Lugli che la Giordano (che d'altronde si è basata su Lugli) sbagliano il cognome del marito, che è «Chaudesaigues» e non «Chaidagues» (fonte: famiglia Provera).

[129] Rol, G.A., (Allegri, R.), *I pennelli si muovono da soli*, cit, p. 12; esperimento riprodotto anche in Allegri, R., *Rol il grande veggente*, pp. 109-111.

[130] pp. 56-58.

[131] pp. 58-61.

[132] *Gustavo Rol. Una vita di prodigi*, cit., pp. 78-80.

Ci è però tornata in mente la *"sindrome di Allegri"* quando abbiamo letto quanto scritto da Maria Luisa Giordano in *Rol mi parla ancora*:
«Era il giugno 1981, l'attrice Valentina Cortese stava interpretando a Torino, per la televisione, il ruolo di Sarah Bernhardt. Una sera Gustavo [fece una serie di esperimenti] (...).

Una settimana dopo, durante un altro esperimento, si presentò Eleonora Duse che fece pervenire, sempre a Valentina, una lettera commovente in cui la grande attrice amata da D'Annunzio accennava alle sofferenze, ai tormenti d'amore, alle umiliazioni subite durante la vita»[133].

In *Rol e l'altra dimensione* la Giordano entra nei particolari di questo esperimento del «giugno 1981»:
«Un'altra sera si manifestò la grande Eleonora Duse. Lascio la parola a Valentina: "Rol amava in modo incondizionato il teatro. Una sera durante una riunione tra amici, parlò attraverso di lui una donna che diceva di essere stata un'attrice. Incominciò a raccontare con una tale vivacità la sua vita che a tutti sembrava che lei fosse presente. Alla fine, quella donna rivelò di avere amato moltissimo Gabriele D'Annunzio e di avere consacrato a quell'uomo parte della sua vita.

Improvvisamente Rol si alzò dalla poltrona e invitò uno degli amici presenti ad aprire uno dei fogli bianchi che distribuiva prima della seduta. Restarono tutti sbalorditi. Su quel foglio era scritto: 'Sono Eleonora Duse. Ho una rivelazione da fare. Quando già si era ritirato nel Vittoriale, il Poeta volle riprendere il dialogo con me. Io rifiutai e lo scrissi in una lettera che gli feci recapitare a mano. Quella lettera non giunse mai al destinatario, ed è rimasta sino a questo momento dietro a uno specchio'. In piena luce, Rol invitò un'amica a prendere un piatto d'argento e a rovesciarlo sul tavolo. 'È avvenuto', disse a un tratto, sollevando il piatto. Sotto quel piatto c'era un biglietto ingiallito dal tempo, ancora sigillato. Sulla busta vergata a mano c'era scritto: 'Al Comandante Gabriele D'Annunzio', e nell'interno, in un inchiostro sbiadito, si leggeva: 'Non vi sono rimpianti... è inutile rispolverare il passato, del quale sopravvive soltanto ciò che è degno della vita eterna'"» (pp. 184-185).

Ora vediamo cosa aveva scritto Rol per l'articolo di *Gente*. Siccome la descrizione è molto più lunga, abbiamo lasciato solo quelle parti che, guarda caso, coincidono con il racconto, e *le parole*, della Giordano:
«È una donna di teatro, quella che parla attraverso di lui, con espressioni alte e talora profonde. Dice molto di sé, fa un lungo riassunto della propria vita, raccontando in modo così vivo, che a noi pare sia presente.

Finalmente si rivela: dice di avere follemente amato Gabriele d'Annunzio, di aver bruciato per lui la seconda parte della vita. (...).

A questo punto, Rol si alza in piedi e indicando l'ingegner Innocenti chiede che si legga quanto ritiene sia scritto sul foglio che egli conserva nella tasca interna della giacca.

---

[133] pp. 178-179.

Leggiamo (...): "Sono Eleonora Duse. Ho qualcosa da rivelare. (...). Quando già si era ritirato al Vittoriale, il Poeta volle riprendere il dialogo con me. Fu un travaglio decidere, ma poi non ebbi dubbio alcuno, avrei ricusato. Vergai allora una lettera che feci recapitare a mano ma che, per uno strano complesso di vicende, non giunse al destinatario. Riposò, sino a questo momento, dietro a uno specchio."

Sempre in piena luce, Rol chiede un piatto fondo e prega la signora Gaito di collocarlo, rovesciato, sul tavolo (...). "È fatto", dice Rol. Sollevato il piatto, appare (...) un biglietto (...) ingiallito dal tempo, ancora sigillato. Sul lato frontale c'è l'indirizzo, di pugno di Eleonora Duse: "Al comandante Gabriele d'Annunzio". E nell'interno, (...), in un inchiostro ingiallito, sempre di mano della Duse: "(...), non vi sono rimpianti; (...). È inutile spolverare il passato del quale sopravvvive soltanto ciò che è degno di vita eterna"».

Per volere essere certi che non si trattasse di un esperimento fotocopia (plausibile quantomeno in linea teorica...), abbiamo contattato Valentina Cortese, la quale però, essendo passato molto tempo, non ricordava se aveva mai assistito a questo esperimento... mentre invece ricordava bene, perché era certa di averlo vissuto, un altro dove interveniva Sarah Bernard, e che la Giordano infatti aveva riportato prima di quello della Duse.

Per forza di cose quindi, quanto scrive la Giordano è sbagliato, nel giugno 1981 non c'è stato alcun esperimento con Eleonora Duse, presente Valentina Cortese, ma si tratta della trasposizione sintetizzata di un episodio originariamente pubblicato su *Gente* nel 1977. Forse qualcuno ha fatto confusione... Magari la Cortese aveva raccontato l'episodio per averlo letto nei libri di Allegri, non perché vi avesse assistito... Tutto questo però fa capire come sia necessario andare "con i piedi di piombo" nel valutare quanto scritto dai biografi di Rol, e non si può certo dar completamente torto agli scettici se talvolta hanno ravvisato incongruenze imbarazzanti (come quella appena vista).

Citeremo ora una serie di *errata corrige* di minore importanza, che, per quanto noiosi, sono comunque necessari.

A p. 33, la Giordano colloca l'appartamento di Rol al quinto piano, mentre era al quarto.

A p. 195, in un breve capitoletto dedicato ai nonni dello scrivente, Franco ed Elda Rol, scrive: «Ora tocca alla figlia Raffaella e al figlio Franco, chiamato affettuosamente Franchino, portare avanti il nome di famiglia». Di questa cortesia ringraziamo l'autrice, e speriamo che il nostro nome serva a qualcosa. La precisazione che volevamo fare, poiché così come scritto non è chiaro e solo per evitare fraintendimenti, è che lo scrivente è nipote, e non figlio, di Franco ed Elda Rol.

A p. 249 la Giordano scrive che lo scrittore Pitigrilli «fu amico di Rol... e, nel 1952 ebbe modo di partecipare ai suoi esperimenti». L'autrice si è certo confusa con l'anno di pubblicazione degli articoli dedicati a Rol che Pitigrilli aveva scritto per il quotidiano argentino *La Razón* (maggio 1952). In realtà Pitigrilli conosceva Rol, e aveva visto i suoi esperimenti, almeno fin dal 1940. Nella versione scritta per il bimestrale francese *Planète*, Pitigrilli riferiva di un esperimento cui aveva assistito a casa dell'avvocato Lina Furlan (che diverrà poi sua moglie), a Torino, «intorno al 1940»[134]. D'altronde, nel suo libro *Gusto per il mistero*, che riunisce gli articoli scritti su *La Razón*, Pitigrilli aveva raccontato che in un suo colloquio con un tal «dottor Bonabitacola (...) nel 1943 gli descrissi (...) gli sconcertanti esperimenti del mio amico [Rol]»[135].

A p. 23 la Giordano scrive:

«[Rol]... possedeva infatti l'incrollabile convinzione che Dio gli avesse affidato un compito e che fosse suo destino realizzarlo».

Su questa affermazione ci troviamo completamente d'accordo. Alle pp. 156-157 la frase viene fatta dire da Rol stesso, con un errore:

«"Possiedo *l'incredibile* convinzione che Dio mi abbia affidato un compito e che sia mio destino realizzarlo. Forse questa mia consapevolezza mi aiuta ad affrontare le prove più dure"».

L'aggettivo «incredibile» è sbagliato, e la Giordano, da noi interpellata, lo ha confermato. Quello corretto è «incrollabile», come più sopra riferito.

Purtoppo però tutta questa frase è stata trasformata ancora una volta in *L'uomo che si fa medicina*, dove troviamo:

«*Posseggo* l'incrollabile convinzione che Dio mi abbia affidato un compito e che sia mio destino *e mio dovere* realizzarlo. Forse *è* questa *certezza che* mi aiuta ad affrontare *tutte le difficoltà*»[136].

Le parole in corsivo sono quelle diverse rispetto alla versione precedente. Con questo desideriamo sottolineare, se ancora ce ne fosse bisogno, come sia evidente il filtro della Giordano ai pensieri e ai discorsi di Gustavo Rol, e che quindi debba essere considerata una fonte secondaria, e non primaria, rispetto agli scritti autografi (questo senza nulla togliere ad altri importanti contenuti o alla sua testimonianza).

Merita un breve commento anche una affermazione dell'autrice che può far sorgere dei dubbi dottrinali. A p. 46 infatti scrive: «[Rol] aveva studiato tutte le religioni, ma *quella vera era per lui* quella del Cristo». Potremmo dire che tale affermazione è sia vera che falsa al tempo stesso. E questo perché l'autrice non è stata in grado di renderla efficacemente. Lo dimostrano altre due versioni della stessa affermazione; a p. 122 infatti troviamo: «Rol aveva studiato tutte le religioni, ma *per sé aveva preferito* quella di Cristo».

E in *Gustavo Rol. Una vita per immagini* diventa: «Rol aveva studiato tutte le religioni, ma *per sé aveva scelto* quella del Cristo»[137].

---

[134] Pitigrilli, *L'incroyable mage Gustave Rol*, Planète n.22, mag-giu. 1965, p. 125.

[135] Pitigrilli, *Gusto per il mistero*, Sonzogno, Milano, 1954, p. 75.

[136] Giordano, M. L., *L'uomo che si fa medicina*, L'Età dell'Acquario, Torino, 2004, p. 129.

[137] p. 43.

Ricapitolando: Rol *per sé aveva scelto, per sé aveva preferito, quella vera era per lui* quella di Cristo.

Nessuna di queste affermazioni può dirsi appropriata, ma non biasimiamo di certo l'autrice, perché come per altre questioni dottrinali complesse, anche quella della "religione di Rol" è un punto apparentemente difficile da chiarire, quantomeno per coloro che sono a digiuno di metafisica.

Un'affermazione che potrebbe essere corretta è la seguente: *per Rol la fede cristiana e la figura di Cristo avevano un posto centrale e preminente rispetto alle altre religioni*[138]; ed anche: *Rol era intimamente legato alla figura di Cristo e al Suo messaggio.*

Le ragioni di questa *affezione* sono troppo vaste per poterle qui sviluppare. Ma in questo nostro lavoro ci sono riferimenti a sufficienza per potersi orientare. Quel che è certo, è che dire che Rol «aveva studiato tutte le religioni, ma *quella vera era per lui* quella del Cristo» porta all'errata conseguenza che solo quella cristiana sia vera, e che le altre siano false. Fortunatamente, Rol non ha mai detto una cosa del genere, che sarebbe risultata non solo pretenziosa e frutto di ignoranza, ma anche foriera di contrapposizioni tra le fedi, le quali, occorre ricordarlo, nelle parole ignoranti di molti loro rappresentanti esse sono le uniche vere ed esclusive, in questo non differenziandosi minimamente da certi rappresentanti delle ideologie politiche di destra, centro, sinistra che siano. È prerogativa dell'essere umano quella di sostenere di aver ragione a discapito di tutti gli altri; sono però assai pochi quelli che possono provarlo senza ombra di dubbio; in genere, questo avviene solo nel campo della scienza e in tutte quelle affermazioni che possono essere largamente dimostrate.

Prima di concludere, ancora qualche segnalazione. In più punti del libro si trovano pensieri di Rol che già erano stati pubblicati in *Rol mi parla ancora*, senza che vi si faccia riferimento. Capita inoltre di trovare frasi, e persino interi paragrafi, riprodotti più volte in capitoli diversi del testo. Non stiamo evidentemente a segnalare quali perché altrimenti non finiremmo più, e d'altronde non si tratta di questioni importanti.

A p. 241 troviamo la frase: «La vita di ognuno di noi e la nostra personalità sono il frutto di una straordinaria concomitanza di circostanze insolite...». L'errore non è qui, ma nella stessa frase che viene riproposta in *L'uomo che si fa medicina*, dove viene trasformata in negativa, con l'aggiunta di «non»: «La vita di ognuno di noi e la nostra personalità *non* sono il frutto di una straordinaria concomitanza di circostanze insolite...»[139]. La frase errata è chiaramente questa, e abbiamo qui un esempio di come basti una sola parola per cambiare completamente il senso del discorso.

---

[138] Ricordiamo cosa aveva detto Napoleone a Sant'Elena a proposito del cristianesimo: «Ecco una vera religione e vi riconosco un pontefice» (cfr. più avanti p. 282).

[139] Giordano, M. L., *cit.*, p. 140.

A p. 28 l'autrice scrive:

«Nel 1934, due giorni dopo la morte del padre, Gustavo diede le dimissioni dalla banca per dedicarsi professionalmente alla pittura, sua vera vocazione, e che rappresentò la sua sola fonte di reddito».

In questa affermazione ci sono due errori: il primo, come abbiamo già detto, Rol diede le dimissioni quattro settimane dopo la morte del padre, e non due giorni dopo; il secondo, Rol si era dedicato alla pittura, come abbiamo visto, sin da ragazzino e non da dopo le dimissioni dalla banca, ed essa divenne «la sua sola fonte di reddito» solo a partire dagli anni '70, quando non si occupava più (commercialmente) di antiquariato.

Nella seconda di copertina del libro viene riprodotta, in grande, la seguente frase: «Avete la luce, credete nella luce per essere figli della luce», firmato "Gustavo Rol". Certo Rol era molto legato alla figura del Cristo, ma non fino al punto di attribuire a se stesso un versetto del Vangelo di Giovanni:

«Gesù allora disse loro: "Ancora per poco tempo la luce è con voi. Camminate mentre avete la luce, perché non vi sorprendano le tenebre; chi cammina nelle tenebre non sa dove va. Mentre avete la luce credete nella luce, per diventare figli della luce"» (Gv 12, 35-36).

L'ultimo capitoletto del libro è intitolato «Testamento spirituale di Rol». Si tratta di un noto brano che era stato scritto in scrittura automatica da Rol stesso – per precisione: dal suo "spirito intelligente" – e che era stato così chiamato da Remo Lugli che, oltre a essere stato presente all'episodio, ne aveva trascritto il testo nel suo libro[140]. Certo fa piacere ritrovarlo anche qui. Però crediamo sarebbe stato corretto fornire contestualmente le coordinate bibliografiche e storiche, e non presentarlo come qualcosa a sé di cui il lettore che non ha letto il libro di Lugli non sa da dove arrivi.

E concludiamo con un'affermazione che non condividiamo minimamente:

«Rol è e rimarrà sempre un mistero»[141].

Probabilmente, lo è e continuerà ad esserlo per coloro che non lo hanno capito, quegli stessi a cui Rol si rivolgeva nel "testamento" sopra citato:

«Dopo tanto tempo non ho costruito nulla in voi... Le mie parole cadono nel vuoto del nulla ...»[142].

---

[140] Cfr. Lugli, R., *Gustavo Rol. Una vita di prodigi*, cit., pp. 16-17.

[141] Se fosse davvero così, Rol avrebbe vissuto e insegnato invano. L'affermazione si trova a p. 163. La stessa frase la Giordano la riporta in *Rol mi parla ancora*, p. 143. Non ci sorprende che anche Giuditta Dembech sia della stessa opinione: in *Gustavo Adolfo Rol. Il grande precursore* scrive infatti (p. 19) che «Rol (...) comunque rimarrà un mistero» (cfr. più avanti, p. 414). Per noi invece Rol sarà presto un «mistero (...) chiarito, e insieme dissolto, come accade per tutte le cose misteriose quando vengono bene esaminate» (Stevenson, R.L., *Lo strano caso del Dottor Jekyll e del Signor Hyde*, BUR, 2007, p. 44), e ci associamo a Goethe nel dire che «ciò che in natura dicevano mistero con l'intelletto noi l'osiamo esperire» (*Faust*, vv. 6857-6858, Garzanti, 1999, p. 661).

[142] Lugli, R., *Gustavo Rol. Una vita di prodigi*, cit., p. 16.

Remo Lugli, il più fedele e degno depositario della memoria di Gustavo Rol, umilmente ammetteva:

«È proprio rivolto a noi, noi che lo seguivamo, lo amavamo, lo elogiavamo, ma evidentemente dimostravamo di non capirlo abbastanza visto che di questo ci rimproverava»[143].

E questo lo ha scritto Lugli... che una volta di più ha dimostrato di essere uno dei pochi veri eredi spirituali di Gustavo Rol.

---

[143] *idem.*

Quando non ci sarò più non dovrai piangermi, perché ti sarò ancora più vicino, per sempre, in ogni istante della vita. Te ne darò le prove, è una promessa.
Gustavo Rol[1]

Io pregherò il Padre ed egli vi darà un altro Consolatore perché rimanga con voi per sempre... Non vi lascerò orfani, ritornerò da voi. Ancora un poco e il mondo non mi vedrà più; voi invece mi vedrete, perché io vivo e voi vivrete.
(Gv 14, 16-19)

Ecco, io sono con voi tutti i giorni, fino alla fine del mondo.
(Mt 28, 20)

Capitolo 6 – «*Rol mi parla ancora*» (Giordano, 1999)

Dopo la prima esperienza letteraria di *Rol oltre il prodigio*, Maria Luisa Giordano decide qualche anno più tardi di pubblicare anche quella parte di insegnamenti orali che aveva raccolto nel corso del tempo stando vicino a Gustavo Rol. Ne è uscito un breve volumetto con un titolo abbastanza significativo, e che deriva da una dichiarazione dell'autrice fatta all'inizio del testo:

«Gli eventi straordinari e i segni inequivocabili, accaduti dopo la morte di Gustavo Rol, mi hanno più volte confermato la certezza della sua continua presenza accanto a me, spingendomi a scrivere questo secondo libro: per dare la dimostrazione che non tutto finisce con la morte. Sì, Rol mi parla ancora»[2].

Di qui il titolo, che ovviamente va considerato in un senso non strettamente letterale, anche se in più di un'occasione la "presenza" di Gustavo Rol è stata, e non solo per l'autrice, assai più che reale.

Noi stessi, anche nel corso dello sviluppo di questo libro, abbiamo avuto la precisa sensazione di essere guidati a un certo risultato, o a scoprire "casualmente" argomenti, citazioni e fonti di cui proprio in quel momento avevamo bisogno. Con questo non intendiamo dire che "Rol è la nostra guida", "che ci sta aiutando dall'aldilà" o che "ci parla ancora". Non ne possiamo essere certi ed è comunque meglio essere prudenti, considerando anche la tendenza all'"autoprivilegio" che chiunque potrebbe darsi nel dire di essere "in comunicazione con Rol", con tutte le patetiche sfumature pseudo-medianiche che questo può comportare. Resta però il fatto che negli ultimi tempi ci siamo resi conto di come egli intervenga *post-mortem* nei momenti più impensabili e con sempre maggior frequenza, lasciando tali e tanti indizi, se vogliamo una "firma

---

[1] Giordano, M. L., *Rol mi parla ancora*, Sonzogno, Milano, 1999, p. 158.
[2] *ibidem*, pp. 11-12.

spirituale", che si fa fatica a non ricondurre a lui certi eventi[3]. E non si tratta di fenomeni di autosuggestione, visto che siamo i primi a vagliare criticamente le nostre percezioni e le nostre associazioni di idee, e, quando possibile, anche quelle degli altri (sulla base dell'esperienza della tradizione metafisica, antica di migliaia di anni). Si tratta invece di fatti precisi che nel loro svolgersi lasciano pochi dubbi su chi ne sia l'autore, o forse, ancor meglio, il co-autore.

Questi fatti, di varia natura, sono capitati alla Giordano, sono capitati a noi, e sono capitati a molte altre persone: non abbiamo alcun timore nell'affermare con certezza che *Gustavo Rol agisce ancora*, e non solo con il suo "spirito intelligente", ma anche con quella che per semplicità chiamiamo "anima", ovvero quella parte immortale che *ha in sé la coscienza di Sé*. Intendiamo dire, e la cosa sarà anche chiarita in seguito, che Rol essendo stato un «*liberato in vita*», un illuminato, ed *avendo egli trasceso tutte le dimensioni dello spazio e del tempo in piena coscienza, dopo la morte del suo corpo è rimasto coscientemente "operante", ma non alla stessa maniera dello "spirito intelligente" di una persona "non illuminata", che dopo la morte non possiede una coscienza e volontà autonoma*[4].

Non possiamo qui, per questione di spazio, riportare e commentare tutti gli episodi che lo hanno visto protagonista *post-mortem*[5], cosa che non mancheremo di fare in altra sede.

È questa anche l'occasione per mettere in guardia tutti coloro che spacciano "comunicazioni medianiche" di Rol: egli non ha bisogno di questi mezzi da baraccone e non ha bisogno di tramiti umani *per continuare a operare*. Egli lo fa *a prescindere dagli umani*, ai quali si consiglia inoltre di stare bene attenti a non passare il segno con questo tipo di pratiche, così come con comportamenti indegni della sua memoria, perché potrebbe "farsi vivo" per davvero, e non certo in modo amichevole... Tra i suoi interventi *post-mortem* infatti si contano anche non poche "punizioni" (con l'intento di correggere, non certo fini a se stesse), ma come detto qui non avremo spazio per parlarne.

Ci preme invece, come al solito, fare alcune precisazioni sui problemi più significativi che emergono negli scritti dei testimoni di Rol, in questo caso nel libro della Giordano, appunto *Rol mi parla ancora*. Nelle pagine

---

[3] René Guénon scrive ad esempio che «in alcune scuole dell'esoterismo musulmano il "Maestro" (*Sheikh*) che ne fu il fondatore, benché morto da secoli, è considerato tutt'ora vivente e in grado di intervenire con la sua "influenza spirituale" (*barakah*)» (*Errore dello spiritismo*, Luni Editrice, Milano, 1998, p. 63).

[4] A meno di non essere "risvegliata" e "guidata" dall'intervento di un santo o di un maestro spirituale, le persone che in questo mondo non hanno fatto un percorso di elevazione spirituale, ovvero di *integrale presa di coscienza*, sono destinate a ritrovarsi in una condizione onirica perenne, dove il "paradiso" o l'inferno" sarà costituito dal "boomerang" della azioni da loro compiute durante la vita... Cfr. anche più avanti, pp. 205, 271-273 e 351.

[5] Al momento ne abbiamo contati 33 maggiori, ovvero senza contare fatti di minore entità che pure sembrerebbero essere ricondotti a lui.

precedenti abbiamo già visto che in questo testo, come negli altri della Giordano, si trovino alcuni fraintendimenti dottrinali e alcune definizioni imprecise (reincarnazione, medianità, spiritismo). Fortunatamente sono una esigua minoranza, e nel complesso i contenuti sono di un certo interesse e lo stile semplice e leggero. Questo secondo libro potrebbe essere il corrispondente, da un punto di vista dottrinale, di *Rol l'incredibile*, che invece si focalizzava più sui fenomeni. Qui ci sono soprattutto gli insegnamenti di Rol, e di certo sarebbe stato un libro da lui apprezzato se non vi si trovassero i problemi di cui abbiamo parlato.

Ma oltre alla "dottrina" vi sono anche altre cose da segnalare. La più significativa la troviamo al fondo del testo, dove (p. 189) in un breve capitolo intitolato "Epilogo", la Giordano scrive:

«I versi che seguono (…) sono stati materializzati da Gustavo Rol durante un esperimento effettuato dopo la scomparsa dell'amata moglie Elna.

Egli li donò a una giornalista e musicista, Elisa Braccia, che mi ha permesso di pubblicarli». Segue quindi una poesia intitolata «L'amore non muore», al termine della quale si "appone" la firma "Gustavo Rol", come se ne fosse stato lui l'autore.

Il lettore chiuderà quindi il libro pensando di aver letto una bella poesia di Rol, o meglio, del suo "spirito intelligente", materializzata durante un esperimento.

Le cose però non stanno in questi termini, perché questa poesia *non è di Gustavo Rol*, e *non è stata materializzata in un esperimento*. Purtroppo la Giordano ha trasformato in realtà un commento a questa poesia fatto dal prof. Giorgio di Simone nel 1996[6], il quale *ipotizzava* che potesse essere stata materializzata in un esperimento, non conoscendo i particolari della vicenda. Vediamo di cosa si tratta, partendo proprio dalla cronaca degli ultimi momenti di Elna Rol fatta dalla Giordano:

«Il 27 gennaio 1990, la sera, Gustavo telefonò agitato: Elna stava molto male per un'influenza, che si era complicata trasformandosi in polmonite. "Elna sta morendo, Elna sta morendo!"

Gigi[7] si precipitò a casa loro, io non potei perché ero a letto con l'influenza.

Elna era effettivamente molto grave e poche ore dopo si spense. Per Gustavo fu un colpo durissimo, da cui non si riprese più. (…).

La dottoressa Ferrari si trasferì nell'alloggio di via Silvio Pellico per essere sempre vicina a Gustavo, e cercò in ogni modo di confortarlo.

Dalla morte della moglie non fu più lui, si lasciò andare piano piano, aveva frequenti crisi di pianto, invocava la morte, desiderava solo raggiungere Elna nell'altra dimensione. Quando riuscivo a telefonargli non poteva quasi parlare, tanto era scosso dai singhiozzi»[8].

A tal riguardo Remo Lugli scrive:

---

[6] Vedremo più avanti cosa scrisse il parapsicologo.
[7] Luigi Giordano, marito dell'autrice e uno dei medici curanti di Rol.
[8] *Rol e l'altra dimensione*, pp. 277-278.

«Per Gustavo è un colpo terribile. (...). Per lui la presenza della moglie era un'ancora; il sapere che c'era gli dava forza, gli dava brillantezza. Piange, si dispera e Catterina lo conforta, l'assiste»[9].

È quello che infatti la dottoressa Ferrari farà, quotidianamente, nei giorni e negli anni successivi.

Tuttavia, subito dopo la morte di Elna, non sapendo come fare per riuscire a consolare Rol, si reca al Santuario del Selvaggio, sopra Giaveno, a pochi chilometri da Torino, per parlare con il rettore don Saroglia[10], al quale chiede come può aiutare una persona che le è vicina a superare lo sconforto per la perdita di un congiunto. La Ferrari preferisce non riferire che si tratta di Rol e della moglie per un fatto di riservatezza. Don Saroglia le consegna allora una poesia del padre gesuita Giacomo Perico (1911-2000), intitolata «A te che piangi i tuoi morti, ascolta»[11], che lei si ricordava di conoscere sin dai tempi della morte di uno dei suoi figli. La fa quindi avere a Rol, che a quanto pare ne trae grande sollievo. È lui stesso a riferirlo a Giuditta Dembech, probabilmente nel 1990 o nel 1991, poco tempo prima che la giornalista pubblichi *Torino città magica vol. 2* (1993), dove si trova il racconto:

«"Voglio leggerti una lettera. Me l'ha fatta avere un sacerdote dopo la morte di mia moglie, mi ha aiutato molto. (...)[12]. Immagina che sia mia moglie che mi scrive adesso e mi dice:

'Se tu conoscessi il mistero immenso del cielo dove ora io vivo... Se tu potessi vedere e sentire quello che io vedo e sento in questi orizzonti senza fine e in questa luce, che tutto investe e penetra, tu non piangeresti se mi ami. Qui si é ormai assorbiti dall'incanto di Dio, dalle sue espressioni di infinita bontà e dai riflessi della sua sconfinata bellezza. Le cose di un tempo sono così piccole e fuggevoli al confronto...

Mi é rimasto l'affetto per te; una tenerezza, che non ho mai conosciuto. Sono felice di averti incontrato nel tempo, anche se allora era tutto così fugace e limitato. Ora, l'amore che mi stringe profondamente a te, è gioia pura e senza tramonto. Mentre io vivo nella serena ed esaltante attesa del tuo arrivo fra noi, tu pensami così. Nelle tue battaglie, nei tuoi momenti di sconforto e di solitudine, pensa a questa meravigliosa casa, dove non esiste la morte e dove ci disseteremo insieme nel trasporto più intenso, alla fonte inesauribile dell'amore e della felicita'"».

Commenta la Dembech:

---

[9] Lugli, *Gustavo Rol. Una vita di prodigi*, cit., pp. 40-41. Elna e Gustavo avevano vissuto insieme, pur se con alti e bassi (come in ogni coppia) per oltre 60 anni; si erano conosciuti il 20 maggio 1927 e si erano sposati il 17 dicembre 1930.

[10] Can. Ugo Saroglia, rettore dal 1952 al 1998 del Santuario *Nostra Signora di Lourdes* del Selvaggio di Giaveno.

[11] Perico, G., *Resta con noi, Signore!*, Edizioni San Paolo, Cinisello Balsamo, 2001, pp. 7-9.

[12] La Dembech frammezza il discorso di Rol con riferimenti al rapporto di lui con la moglie, e dice anche: «Rol aveva sofferto moltissimo per la perdita della moglie». «La perdita della sua compagna lo ha segnato profondamente» (*Torino città magica vol. 2*, cit., pp. 180-181).

«Ho voluto riportare questa lettera perché la sua intensa vibrazione di serenità potrà riflettersi sulle persone che soffrono per la perdita di un congiunto e, forse, aiutarli ad accettare meglio l'inevitabile trapasso da un mondo di sofferenza ad un altro di serenità e di luce».

Il 19 novembre 1993 Rol ricorderà nuovamente questo scritto in una lettera inviata a Giulietta Masina, per consolarla della perdita del marito Federico Fellini avvenuta poche settimane prima, il 31 ottobre. La lettera fu pubblicata su *La Stampa* il 24 novembre[13]. Qui di seguito l'estratto che ci interessa:

«Il 27 gennaio del 1990 ho perduto la mia adorata Elna. Lo stesso giorno mi pervenne un foglio che mi permetto farti conoscere perché mi ha molto confortato e poi perché descrive, come lo immaginavo, quell'aldilà del quale avevo tanto parlato a Federico quando lo supplicavo di condurre a termine il "Viaggio di Mastorna"[14].

Su quel foglio c'era scritto: "Se tu conoscessi il mistero immenso del Cielo dove ora io vivo (...) [etc.]"»[15].

Fino a qui, come si vede, nessuno parla di "materializzazioni" o episodi che non siano più che normali. E quanto racconta Rol coincide con quanto ci ha detto la dottoressa Ferrari.

I problemi cominciano a sorgere nel 1996, quando il parapsicologo Giorgio di Simone cita la lettera de *La Stampa* e riporta anche lui la poesia nel suo libro dedicato a Rol. Di Simone però non conosceva ciò che aveva scritto Giuditta Dembech, né i retroscena del santuario del Selvaggio e del ruolo di Catterina Ferrari. Così, in una breve nota al testo, si spinge a fare una ipotesi azzardata:

«Verosimilmente, questo messaggio scritto fu "portato" a Gustavo dall'Invisibile, in modo evidentemente "paranormale", cioè dall'aldilà»[16].

A giustificazione dell'ipotesi del parapsicologo, il fatto che Rol fosse abituato a fare esperimenti con fogli bianchi dove venivano materializzati gli scritti degli "spiriti intelligenti", sia in "scrittura diretta", cioè a distanza (per esempio in tasca ad uno dei convitati), sia in "scrittura automatica", ovvero redatti direttamente da uno "spirito intelligente" tramite la mano di Rol.

Poiché nella lettera alla Masina non c'erano riferimenti precisi, Di Simone ha creduto che Rol avesse ottenuto quello scritto nei modi sopra citati.

Ci penserà però la Giordano, nel 1999, a trasformare l'ipotesi di Di Simone in realtà (proprio come Allegri che aveva trasformato in realtà il racconto di Di Simone su Rol che «aveva in programma» di camminare sulla facciata del suo palazzo).

---

[13] Cfr. quanto da noi già detto su questa lettera a p. 175.
[14] Film che Fellini non riuscì a fare, per una serie di ragioni legate anche a Gustavo Rol, che qui non possiamo sviluppare. Intanto su questo soggetto si può cfr.: Zanelli, D., *L'inferno immaginario di Federico Fellini*, Guaraldi, Rimini, 1995.
[15] Rol, G.A., *Cara Giulietta, salva Mastorna*, La Stampa, 24/11/1993, p. 18.
[16] Di Simone, G., *Oltre l'umano*, cit., p. 129.

Vediamo di nuovo il brano "incriminato":

«I versi che seguono... sono stati materializzati da Gustavo Rol durante un esperimento effettuato dopo la scomparsa dell'amata moglie Elna. Egli li donò a una giornalista e musicista, Elisa Braccia, che mi ha permesso di pubblicarli».

Lo scritto, che Rol aveva detto gli era stato fatto avere da un sacerdote, nel racconto della Giordano diventa «materializzato durante un esperimento».

Apparentemente non si comprende poi come la Giordano abbia dovuto chiedere il permesso alla signora Braccia quando la poesia era già stata pubblicata dalla Dembech, da *La Stampa* e da Di Simone. Possibile che non conoscesse queste fonti? Ma la soluzione tutto sommato non è così difficile. Di sicuro la Giordano conosceva sia l'articolo de *La Stampa*[17] che la biografia Di Simone (che riproduce un estratto di quell'articolo), ma in entrambi la poesia non è riportata completa. Per questo ha dovuto ricorrere alla Braccia, alla quale Rol l'aveva fatta avere a sua volta. Evidentemente la Giordano non sapeva, o non si ricordava, che la Dembech l'aveva già pubblicata integralmente. E ovviamente non sapeva nemmeno che si trattava di una poesia di Giacomo Perico. Basandosi quindi sull'articolo de *La Stampa*, in cui Rol non specificava in che modo aveva avuto questo scritto, e basandosi sull'ipotesi sbagliata di Di Simone, ha così costruito un esperimento che non è mai avvenuto, e ha attribuito a Rol una poesia che aveva scritto un'altra persona.

Che la vicenda non sia solo una curiosità per spiriti forse troppo pignoli come noi, lo dimostra il fatto che il prestigiatore Mariano Tomatis vi ha dedicato due pagine nel suo libro, e se ne è servito, come di tante altre testimonianze mal riferite, per minare sia la credibilità dei testimoni, sia la buona fede di Gustavo Rol. Fino a che punto possiamo dargli torto? Certo è che Tomatis non è andato fino in fondo a questa vicenda (come in molte altre), cosa che invece abbiamo fatto noi, e non è stato in grado di ricostruire esattamente la genesi e la trasformazione dell'episodio, del quale Gustavo Rol non ha la minima colpa, che invece è da attribuire integralmente a quella *sindrome* di cui parlammo in precedenza, che pur costituendo una minoranza, è discretamente rappresentata da alcuni testimoni e biografi di Gustavo Rol.

Vediamo allora un estratto (la parte conclusiva) di ciò che ha scritto Tomatis:

«È il biellese Alberto Serena a interessarsi del caso: dopo aver contattato la giornalista Braccia, ha saputo da quest'ultima che,

---

[17] In *Rol e l'altra dimensione*, come abbiamo visto, la Giordano pubblica la lettera di Rol alla Masina, copiandola dal libro della Ferrari. La stessa lettera, con riferimento che fu «pubblicata su *La Stampa*», la troviamo in *Gustavo Rol. Una vita per immagini*. In nessuno dei due libri però vi è un qualche rimando al fatto che la poesia all'interno della lettera è la stessa che la Giordano ha pubblicato in *Rol mi parla ancora* come se fosse di Gustavo Rol, materializzatasi in un esperimento, e datale da Elisa Braccia. Forse l'autrice, accortasi dell'errore, ha preferito non doversi smentire.

effettivamente, una sera si trovava in casa Rol, seduta su un divano in salotto vicino a lui. A un tratto Gustavo si alzò e andò in un'altra camera. Arrivò con un foglio dattiloscritto da una Olivetti e le diede quel brano, dicendole che si era materializzato. A questo punto le ipotesi sono due: o Elisa Braccia ricorda male, e Rol le ha affidato i versi dicendole che gli erano stati dati da un sacerdote, o le ha effettivamente detto che i versi erano frutto di una materializzazione, contraddicendo l'affermazione fatta durante l'intervista.

In entrambi è in gioco un meccanismo illusorio: in un caso Di Simone e la Giordano si sono lasciati ingannare dal falso ricordo della Braccia, nell'altro è stato lo stesso Rol a millantare un'origine paranormale a versi che, invece, aveva ricevuto in un modo assolutamente normale.

La distorsione subita dalle testimonianze è in questo caso particolarmente evidente; questi "inquinamenti", lungi dal rappresentare un'eccezione, sono purtroppo praticamente la regola»[18].

Al di là delle ragioni che può avere il Tomatis, è anche interessante analizzare il suo discorso, dal quale traspaiono carenze di vario genere. Prima di arrivare alla parte conclusiva, egli aveva citato le fonti di questa vicenda in suo possesso, nell'ordine: 1) una non ben precisata "intervista" del 1993; 2) *La Stampa*; 3) Di Simone; 4) Giordano. Strangemente, "dimentica" di dire che l'intervista è quella di Giuditta Dembech, omettendo qualsiasi riferimento bibliografico, nonostante in altre parti del libro il testo della giornalista venga citato, compreso in bibliografia. Ottiene così di impedire una ricostruzione precisa. Scrive infatti:

«Durante un'intervista, Rol raccontò che – qualche giorno dopo la morte di sua moglie Elna – un sacerdote gli fece avere una lettera su cui era impressa una lunga preghiera, che iniziava con le parole: "Se tu conoscessi il mistero immenso del cielo dove ora io vivo (...)". L'intervista risale ai primi mesi del 1993».

L'omissione della fonte è il campanello d'allarme che siamo di fronte ad una forzatura di un illusionista, come ne è pieno il suo libro. La forzatura cioè di sminuire e quasi non dar peso a ciò che è invece fondamentale, visto che il brano della Dembech scagiona Rol dall'accusa di aver millantato per paranormale un qualcosa che era assolutamente normale.

È inoltre completamente sbagliata la ricostruzione secondo cui «Di Simone e la Giordano si sono lasciati ingannare dal falso ricordo della Braccia», sia perché Di Simone non ha mai conosciuto la signora Braccia né sapeva chi fosse, visto che ciò che scrive nel suo libro si riferisce solo all'articolo de *La Stampa*, sia perché, come abbiamo visto, la Giordano non si è fatta ingannare da lei, ma di sua spontanea volontà ha reso reale l'ipotesi di Di Simone che lo scritto fosse stato materializzato. E a questa conclusione si sarebbe potuti giungere anche senza chiedere lumi alla Braccia, ma solo con le fonti a disposizione.

---

[18] Tomatis, M., *Rol, Realtà o Leggenda?*, Avverbi, Roma, 2003, p. 99.

Chi però, come Tomatis, ha come unico scopo di demolire Gustavo Rol e ciò che rappresenta, "forza" come in questo caso le contraddizioni per addomesticarle alla sua tesi. Per questo i testimoni e i biografi di Rol devono essere più precisi e più responsabili. Rol ha passato la vita intera a stare attento a che certe cose non venissero fraintese. Sarebbe opportuno che i suoi "discepoli" si comportino nello stesso modo, anzi a dirla con Leonardo da Vinci «tristo è quel discepolo che non avanza il suo maestro». E a proposito di maestri ci viene in mente che la parte più consistente del libro della Giordano è stata intitolata *Dialoghi con il maestro*, titolo senz'altro efficace che rispecchia i contenuti del libro: non si tratta cioè di scritti autografi di Rol ma di trascrizioni orali della Giordano, cosa che ci permettiamo di segnalare di nuovo vista l'importanza che assumono le parole se dette in un modo piuttosto che in un altro. E già che ci siamo, anche in questo caso non sarà inutile segnalare alcuni errori. A p. 138 la Giordano racconta di quando Rol l'aveva ringraziata per avergli fatto conoscere l'opera poetica di Hölderlin e per un «libro delle sue *Elegie* che mi avevi regalato nel 1979, prima di partire per le vacanze estive». Tuttavia nell'estate del 1979 lui e la Giordano non si erano ancora conosciuti di persona, ed è l'autrice stessa ad averci confermato di essersi sbagliata, e di avere invece regalato quel libro a Rol il 19 luglio 1982, data che ricorda bene perché è l'anniversario di matrimonio con suo marito Luigi[19].

Un altro errore, anch'esso di carattere cronologico ma riferito agli anni giovanili di Rol, si trova a p. 13:

«Dopo aver brillantemente terminato gli studi ed essersi laureato in giurisprudenza, biologia ed economia, su desiderio paterno, dopo il servizio militare aveva accettato un lavoro in banca, che lo portò a trasferirsi in diverse città d'Europa».

Vi sono qui in realtà più di un errore. Rol infatti si era iscritto alla Facoltà di Legge il 22 ottobre 1923, quindi era partito per il servizio militare il 29 dicembre dello stesso anno; nel gennaio 1925 iniziò a lavorare in Banca a Marsiglia. Si laureerà otto anni più tardi, il 6 dicembre 1933, dopo aver lavorato in varie sedi europee della Banca Commerciale Italiana. Sulle lauree in biologia e in economia non abbiamo al momento dati precisi. In ogni caso, Rol non avrebbe nemmeno potuto laurearsi in tre facoltà diverse prima ancora di fare il militare e prima ancora di iniziare a lavorare, come scrive la Giordano. Forse, solo se all'epoca fosse stato già illuminato… Ma per questo si dovrà aspettare il 1927.

Comunque, a parte le nostre precisazioni e una volta scremato dalle impurità, questo testo è piacevole, traspira spiritualità e lirismo, e

---

[19] In effetti, in *Rol e l'altra dimensione*, p. 234, troviamo scritto: «Il 19 luglio 1982 – che strano, ne ricordo ancora la data – prima di partire per le vacanze, per farlo sentire meno solo, gli regalai un libro di liriche di Friedrich Hölderlin così caro al mio cuore e che lui ancora non conosceva…».

dimostra che l'autrice lo ha fatto con il cuore, e con il sincero proposito di diffondere il messaggio e il pensiero di Gustavo Rol.

Era sempre restio ad accettare di essere ripreso, cedeva dopo molte insistenze e sempre a condizioni: sarebbe stato lui a scegliere le foto eventualmente da pubblicare. (...). Altrettanto accadde per altri giornalisti e fotografi...: dovevano sottostare al suo controllo e alla sua approvazione di testi e foto.

Remo Lugli (dalla prefazione).

Capitolo 7 – «*Gustavo Rol. Una vita per immagini*» (Giordano, 2005)

Quando uscì, questo librò andò a colmare una lacuna: quella finalmente di vedere fotografie che ritraevano Gustavo Rol nella vita privata e in età giovanile. Lo vediamo da bambino, da ragazzo e da uomo maturo, insieme a parenti e amici, e troviamo anche numerose immagini della moglie Elna da ragazza. Foto molto belle, che rendono l'idea della classe e dell'eleganza di Rol e delle persone a lui vicine, una finestra aperta sulla *Belle Epoque*. Queste foto sono state fornite dal dott. Alfonso Morelli di Popolo, nipote di Carlo Rol, al quale le aveva fatte avere Catterina Ferrari dopo la morte di Gustavo[1]

Vi si trovano poi fotografie da altri archivi, soprattutto dal nostro, che raccoglie quelle dei fotografi Norberto Zini e Gabriele Milani, e del giornalista Remo Lugli[2]. Sia noi che altri amici di Rol abbiamo quindi fornito il materiale per questa nuova pubblicazione di Maria Luisa Giordano.

Da un punto di vista strettamente grafico, è un bel libro; dal punto di vista invece dei contenuti, ciò che è poi più importante, presenta invece alcuni problemi, il maggiore dei quali riguarda una presunta affermazione di Rol, che non corrisponde minimamente, così come presentata, al suo pensiero, e che ha dato man forte ai detrattori. Essa nel libro viene ripetuta tre volte: a p. 133 l'autrice scrive: «Come soleva ripetere Rol: "Purtroppo la scienza non può analizzare lo spirito!"», concetto ripreso alla pagina seguente: «Si rammaricava che la scienza non potesse analizzare lo spirito»; qualche pagina più avanti (p. 136) scopriamo da dove arriva questa idea: «Il 3 settembre [1978] Rol rispose all'illustre

---

[1] La dottoressa Ferrari conserva molto altro materiale inedito, una parte del quale fu concesso anche per una mostra fotografica che fu organizzata tra il dicembre 2006 e il marzo 2007 a Torino. È un vero peccato che in questo libro non compaia alcuna fotografia che la ritragga, considerando non solo che molte delle foto pubblicate avrebbe potuto tenersele per sé e pubblicarle in un suo libro, ma anche perché è stata una persona importante nella vita di Gustavo Rol, tanto che lui la nominò sua esecutrice testamentaria.

[2] Abbiamo acquisito l'archivio fotografico delle foto scattate da Remo Lugli nel giugno 2006. Essendo il libro della Giordano uscito nel 2005, l'accredito delle foto risulta ancora a Lugli il quale era stato tra l'altro molto generoso a fornire alcune sue importanti fotografie. Sua per esempio è quella che è stata pubblicata in copertina.

professor Jemolo con una replica, sempre su *La Stampa*, dal titolo *La scienza non può analizzare lo spirito*».

Non ci stupisce che la Giordano, che aveva già scritto che «Rol è e rimarrà sempre un mistero», sia giunta forse inconsciamente ad attribuire a Rol ciò che in realtà è il suo pensiero, e in questo, come anche in altre cose, ci sono notevoli similitudini con Giuditta Dembech. Peraltro un altro giornalista... aveva già scritto nel 2002: «E quando qualcuno gli domandava il motivo per cui, parimenti, non si era mai sottoposto a controlli da parte di un *pool* di scienziati, rispondeva in maniera risoluta: "La scienza non è in grado di analizzare lo spirito"»[3]. In questi termini, si tratta di una affermazione assolutamente ridicola, per chi conosca un minimo il pensiero di Rol su questo argomento. La frase sarebbe stata accettabile solo se intesa al presente e fatta seguire da un «ma domani lo sarà». Così come riportato, sia da Giordano che da Ternavasio, non dà alcuna prospettiva futura, ma l'idea che la scienza non può né ora e né potrà mai analizzare lo spirito. E infatti, non poteva non mancare la frecciata del prestigiatore Mariano Tomatis, che su queste affermazioni ha preso la palla al balzo in una delle sue uscite peggiori. In un articolo del 2006 intitolato «Lezioni di stile» e pubblicato sul suo sito internet dedicato a "decostruire" il mito di Gustavo Rol, scriveva:

«Non sarebbe mai ammessa ai salotti della Torino bene frequentati da Gustavo Rol. Giuditta Dembech non si abbasserebbe mai a dedicarle un libro. Nessuno sognerebbe mai di realizzare un sito dedicato alle sue imprese né di proporre una sua santificazione.

Salomé è una prostituta. Anche sei clienti al giorno. Ricevuti nel quartiere di Nairobi noto come Majengo – in lingua swahili "luogo squallido".

Ma Salomé è diversa dai comuni mortali. Per qualche ragione ancora ignota alla Scienza, la donna è immune dall'AIDS. (...).

Salomé è un mistero. Per usare le parole che altri usano per altri grandi personaggi, "sfugge alla nostra possibilità di comprensione", "è una personalità fra le più sorprendenti del secolo", "è il più indecifrabile e fascinoso enigma in cui ci sia mai imbattuti".

La Scienza, affascinata da questo intricato mistero attualmente irrisolto, vorrebbe studiare da vicino il fenomeno per isolarne le caratteristiche ed estendere all'intera popolazione mondiale il "dono" che Salomé ha ricevuto alla nascita.

Salomé non sarebbe mai ammessa ai salotti della Torino bene, ma a differenza dei molti uomini dotati di poteri straordinari – tenuti rigorosamente per sé e per una stretta cerchia elitaria di conoscenti – Salomé è umile. E alla Scienza dice "sì". "Sento ogni giorno di gente che muore – afferma – e qualche volta mi sento in colpa per essere ancora viva. Sarei felice di poter essere utile".

---

[3] Ternavasio, M., *Gustavo Rol la vita, l'uomo, il mistero*, L'Età dell'Acquario, Torino, 2002, p. 135.

Salomé è disponibile, sa che da grandi poteri derivano grandi responsabilità. Ed è per questo che ha consentito [ai ricercatori] di studiarne il sistema immunitario, la mappa genetica, le caratteristiche fisiche, alla ricerca di quel "fattore X" che ne determina l'immunità al contagio.

Quale altezza morale, di fronte ai patetici "La Scienza non può analizzare lo Spirito"... »[4].

Di patetico, ovviamente, c'era solo l'indebita analogia di Tomatis. Sentimmo però la necessità di replicare pochi giorni dopo, sul nostro sito, per fare chiarezza:

«(...). Rol ha dedicato la sua vita al prossimo, sempre gratuitamente e senza chiedere niente in cambio. (...). Stupisce il paragone fatto con quella ragazza kenyota: è chiaro a tutti infatti che mettere a disposizione il proprio corpo per analisi del sangue è cosa quantomai facile. Ma si può forse pretendere lo stesso per le *possibilità* di Gustavo Rol, che sono molto più simili a un'intuizione creatrice? E già che ci siamo, perchè non chiedere a Mozart (immaginiamolo vivo) di mettersi a disposizione della Scienza per capire come fa a comporre *Il flauto magico*? oppure a Picasso per conoscere il meccanismo del suo pensiero nel momento in cui dipinge *Guernica*? Ma no, loro, presuntuosi come Rol, frequentavano salotti... non sono umili come Salomè, o come Tomatis... Ma questo illusionista che strumentalizza la storia di questa prostituta ai fini delle sue indebite analisi, difficilmente potrà raggiungerne la dignità. E poi, Rol non era uomo da salotti, esempio di superficialità e di apparenze ben distanti dal rigore e dalla serietà del suo carattere. Certo, a casa sua spesso ha incontrato amici che facevano parte della èlite. Ma confondere quegli incontri con chiacchiere da salotto può capitare solo a chi di Rol non ne sa quasi nulla. La ciliegina sulla torta viene infine dalla frase conclusiva che si vorrebbe attribuire a Rol: "La Scienza non può analizzare lo Spirito". Ebbene, Rol non ha mai fatto questa affermazione. Infatti si tratta di un errore di trascrizione da parte di qualche giornalista (...) del titolo dato a una lettera inviata da Rol a *La Stampa*, che fu pubblicata con il titolo "La scienza non può *ancora* analizzare lo spirito" (03/09/1978, p. 3). Con questo titolo il quotidiano aveva inteso sintetizzare i contenuti della lettera, nella quale Rol dichiarava le sue difficoltà a mettersi a disposizione degli studiosi nel modo in cui loro avrebbero voluto. Ma il titolo non lo scelse Rol, e in ogni caso vi è un dettaglio non indifferente: la parola «ancora», che fa assumere alla frase un suono ben diverso. Comunque a scanso di equivoci (...) riportiamo cosa aveva risposto Gustavo Rol a Roberto Gervaso che lo intervistò per il *Corriere della Sera* (31/12/1978, p. 8) pochi mesi dopo l'articolo su *La Stampa*:

Gervaso: "Potrà mai la scienza analizzare lo spirito?"

Rol: "Sì, nell'istante stesso in cui perverrà a identificarlo. Son certo che a tanto giungerà l'ansia dell'uomo"»[5].

---

[4] Tomatis, M., *www.gustavorol.net* (sezione "ultime notizie", 21 aprile 2006),

In questo nostro commento non facevamo riferimento esplicito alla Giordano o a Ternavasio, ma era comunque soprattutto a loro che pensavamo in merito all'«errore di trascrizione da parte di qualche giornalista». Anche in questo caso, si vede quanto le parole possano essere "pesanti" e come basti poco per fornire ai detrattori la scusa per attaccare Gustavo Rol. Ed è per questo, *repetita iuvant*, che egli faceva grande attenzione alle informazioni che forniva a chi avrebbe scritto di lui:

«Quello che io ti racconto riguarda argomenti molto delicati. Ci sono i miei nemici pronti a sbranarmi appena presto loro il fianco. Bisogna dire le cose, spiegarle, ma insieme stare all'erta»[6].

Questa raccomandazione di Rol è stata seguita davvero molto poco. In più, qui sarebbe stato sufficiente conoscere il titolo dell'articolo per evitare uno spiacevole fraintendimento[7].

Su altre imprecisioni e problemi in questo libro, siccome ve ne sono abbastanza, abbiamo deciso di rimandarli al fondo in una breve appendice molto "tecnica", così da risparmiare ai lettori una noiosa sequela di *errata corrige*.

Anche perché ci avviamo, e sarebbe quasi il caso di dire finalmente, alla parte del nostro studio che ha deciso del suo titolo, ovvero il *simbolismo*.

---

[5] Rol, F., *www.gustavorol.org/news2006.htm*. A proposito della storia di Salomè, (*Il segreto di Salomè. La prostituta che può sconfiggere l'Aids*, La Stampa, 20/04/2006, p. 1 e 10) anche noi riconosciamo che sia un mistero. È un mistero infatti che venga considerata un mistero... Caso simile, quello del sig. Andrew Stimpson, che nel 2005 ha scoperto che non era più sieropositivo, e questo senza prendere alcun farmaco... (*The Mail on Sunday*, 13/11/2005). I ricercatori si affannano a capire come ciò sia possibile, "dimenticando" di dare un'occhiata a ciò che dicono da anni alcuni ricercatori "eretici" sull'AIDS. Su questo controverso soggetto, si cfr.: Duesberg P.H.. *Aids. Il virus inventato*, Baldini Castoldi Dalai, 2004 (prefazione del premio Nobel Kary b. Mullis); e: De Marchi L., & Franchi F., *Aids. La grande truffa*, Seam, 1996.

[6] Allegri, R., *Rol. Il grande veggente*, p. 104.

[7] Sul pensiero di Rol sulla scienza cfr. più avanti p. 201.

...esporre argomenti tanto alti alla discussione del pubblico, significa abbandonarli allo spirito della fazione, alle passioni, all'intrigo, al pettegolezzo, ed ottenere infallibilmente soltanto discredito ed opposizione.
Napoleone Bonaparte, 1816[1]

...questa è una materia molto delicata che si presta a errate interpretazioni e a speculazioni di ogni genere.
Gustavo Rol, 1977[2]

...egli fa pochissime eccezioni alla regola – che si è imposta da tempo – di non offrire alcun pretesto alla curiosità futile e superficiale, e di non aprire il varco a interpretazioni che non condivide.
Leo Talamonti, 1966[3]

Capitolo 8 – «*Gustavo Adolfo Rol. Scritti per Alda*» (Dembech, 1999)

Scritti per Alda, di Giuditta Dembech[4], può essere considerata una occasione mancata. Quella cioè di non poter essere il primo testo a pubblicare seriamente alcuni scritti autografi di Gustavo Rol, con adeguati approfondimenti e con la sensibilità e prudenza che si richiederebbe nell'affrontare tematiche che attengono alla sfera privata e affettiva.

Si tratta di una trentina di poesie e di alcune lettere che Rol aveva scritto per una donna da lui amata negli anni '70. Questa persona, una

---

[1] Las Cases, *Memoriale di Sant'Elena*, Gherado Casini Editore, Roma, 1962, Vol. II, p. 458.
[2] Rol, G.A. (Allegri, R.), *Mentre è a Torino lo fotografano in America*, Gente, 05/03/1977, p. 12; Allegri, R., *Rol l'incredibile*, p. 45; *Rol il mistero*, p. 44; *Rol il grande veggente*, p. 47.
[3] Talamonti, L., *Universo Proibito*, SugarCo, Milano, 1966, p. 103.
[4] Giuditta Dembech (n. 1947) è una giornalista che si è "specializzata" in argomenti che ruotano attorno alla *New Age*, dall'esoterismo (volgarizzato) alle leggende magiche di vario genere. Dall'inizio degli anni '70 ha collaborato con diversi giornali: *Il nostro tempo*, *La voce del popolo* – per il quale ha ricevuto il premio Pannunzio insieme a Vittorio Messori –, *La Gazzetta del popolo*, *Pikappa*, *Stampa Sera*, e *Torino Playtime*, di cui divenne direttrice nel 1978. In quell'anno, nel mese di ottobre, è uscito il libro al quale fino ad oggi il suo nome è legato: *Torino città magica*, che ha contributo non poco alla nomea, in parte vera, in parte esagerata, che la città si è fatta negli ultimi decenni. Ha condotto anche diverse trasmissioni radiofoniche sempre su queste tematiche (*Radio Torino Alternativa*, *Radio Centro 95*, *Radio Italia Uno*). Ha pubblicato, fino al 2006, ventiquattro libri, privilegiando soggetti come il "pensiero positivo", gli angeli, i cristalli. Nel 1973 ha conosciuto (telefonicamente) Gustavo Adolfo Rol, al quale ha dedicato, quando ancora era in vita, i capitoli finali dei libri *Quinta dimensione* (1989) e *Torino città magica vol.2* (1993), e dopo la sua morte *Gustavo Adolfo Rol. Scritti per Alda* (1999) e *Gustavo Adolfo Rol. Il grande precursore* (2005).

signora di Torino che anche noi chiameremo *Alda* per rispettare la sua volontà di riservatezza, aveva inizialmente declinato la proposta di un'amica di fare di questi scritti un libro a proprie spese. Aveva poi ritenuto di contattare Giuditta Dembech, che sapeva aver conosciuto Rol, per proporglieli.

La giornalista ovviamente accettò, e si fece dare quindi in consegna il materiale di cui nel libro fornisce, oltre alla trascrizione, anche la copia fotostatica.

Sono inoltre riprodotti, a colori, quattro esperimenti (tre acquerelli e una incisione, precedentemente pubblicata in bianco e nero già nel libro di Lugli) e cinque bozzetti a matita di vasi di fiori, che Rol era solito schizzare velocemente magari in treno o a ristorante.

Alda, nella sua generosità, ha lasciato in dono i bozzetti alla Dembech, la quale pur avendo poi restituito tutti gli scritti ha però trattenuto, senza il consenso della proprietaria, la busta con dicitura autografa di Rol dove essi erano contenuti (busta che l'autrice pubblica a p. 31), così come un tovagliolo sul quale era comparso – "proiettato" dalla famosa matita di bambù di Rol – il disegno a grafite di una rosa. Certo si comprende come tutto ciò che ha fatto parte della straordinaria storia di Gustavo Rol sia cercato come un tesoro, ma crediamo non siano questi i metodi.

Noi abbiamo avuto il privilegio di avere in affidamento una parte degli originali di queste poesie con l'obiettivo di collocarle in un futuro museo interamente dedicato a Rol.

Come si sarà già compreso in altre parti del nostro lavoro, il nostro approccio e le nostre considerazioni sul "caso Rol" si distanziano di molto da quelle della Dembech.

In certo qual modo, la giornalista ha molte cose in comune con Renzo Allegri, soprattutto lo stile sensazionalistico, ma di suo aggiunge le analisi "esoteriche" sbagliate e un continuo *leit motiv* autoreferenziale. A partire dalla quarta di copertina si comprende qual è lo spirito che la caratterizza: l'esclusivismo. Troviamo infatti scritto:

«Questo non è un altro libro "SU" Rol ma è in assoluto l'unico libro "DI" Rol» (le maiuscole così nell'originale).

Certo, nel 1999 ancora non erano usciti libri con pubblicati scritti di questo genere. Fatta eccezione per la corrispondenza pubblicata sia da Maria Luisa Giordano (1995) che da Giorgio di Simone (1996), o commenti autografi nel libro dedicato a Rol dalla poetessa Luciana Frassati (1996), in effetti il materiale pubblicato dalla Dembech è, per allora, il più consistente. Verrà però ampiamente (e seriamente) superato nel 2000 con il libro curato da Catterina Ferrari *"Io sono la grondaia..."*, quindi nel 2003 con *Diario di un capitano degli Alpini* (Musumeci) sempre curato dalla Ferrari, e poi nel 2006 con *La Coscienza Sublime* (L'Età dell'Acquario) curato da M.L Giordano e G. Ferraris di Celle.

I tre testi appena citati hanno la patente di documento serio e ben presentato.

Non si può dire altrettanto di *Scritti per Alda*. A partire dalla struttura generale e dalle soluzioni estetiche discutibili, per arrivare ai commenti e alle analisi fuori luogo, questo è certamente uno dei peggiori libri su Gustavo Rol. E lascia parecchio perplessi vedere quanto la Dembech scriverà qualche anno più tardi nel suo secondo libro dedicato a Rol, *Gustavo Adolfo Rol. Il grande precursore*:

«...mi sono sentita scoraggiata dalla quantità di libri insignificanti usciti a raffica su di Lui.(...). Non avevo nessuna intenzione di mettermi nella cesta, assieme ai tanti carciofi...»[5].

Se in parte non possiamo darle torto (e le critiche contenute in questo libro ne sono già una prova), è paradossale però che a fare questa affermazione sia proprio lei, autrice i cui due libri su Rol, soprattutto *Scritti per Alda*, non brillano certo come perle... e in effetti ci è parso di scorgerli nella "cesta di carciofi"...

Tra l'altro, al fondo de *Il grande precursore* si trova un rimando bibliografico alle altre sue pubblicazioni, una vetrina commerciale. Gli *Scritti per Alda* vengono presentati nello stesso modo («è in assoluto l'unico libro "DI" Rol»), pur essendo nel 2005 già stati pubblicati due dei tre libri autografi sopra menzionati. Arriva persino a scrivere (in terza persona):

«Ma l'Autrice si spinge ancora oltre, esplorando là dove altri più superficiali non hanno osato indagare; traccia una sintesi su quello che fu il compito occulto affidato a Rol».

Nientemeno! Stando a questi proclami, dovremmo trovare in *Scritti per Alda* il manifesto della scienza dei prossimi secoli. Eppure il libro lo abbiamo letto e riletto, e a meno che da qualche parte non sia stato scritto con l'inchiostro simpatico, noi non vi abbiamo trovato proprio nulla di esotericamente qualificato, ma anzi l'esatto contrario[6].

Nella quarta di copertina sempre del suo secondo libro la Dembech dice inoltre di se stessa di essere «diventata la punta di diamante della corrente letteraria New Age italiana», il che la dice lunga sia su di lei, che sul livello di questa "corrente".

Nel testo si trovano moltissime frasi che meriterebbero di essere contestate, ma ci limitiamo a quelle più significative; a p. 7 troviamo:

«Ne balza fuori una immagine del tutto sconosciuta, che nessuno di noi, neppure fra i suoi amici più intimi abbiamo mai potuto approfondire: Rol innamorato!».

I *veri* amici intimi di Rol conoscevano perfettamente questo aspetto (quante volte Provera me ne ha parlato!), i giornalisti che lo incontravano di tanto in tanto certamente no...; a p. 14 troviamo:

«Dopo la morte di Rol (certamente non prima, perché lui li avrebbe fulminati!), sta tentando di venire alla ribalta un'oscura ondata di personaggi che rilasciano interviste, appaiono sui teleschermi

---

[5] Dembech, G., *Gustavo Adolfo Rol. Il grande precursore*, L'Ariete, Settimo Torinese, 2005, p. 6.

[6] Quanto diciamo riguarda evidentemente solo le parti scritte dalla Dembech, non certo gli scritti autografi di Rol.

raccontando di essere l'allievo, la "pupilla" o addirittura il discepolo che ha ereditato i suoi poteri.

Il più delle volte si tratta di persone che con Rol hanno scambiato magari soltanto una telefonata o un incontro fugace. Quasi sempre sono cartomanti alla ricerca di una facile e prestigiosa pubblicità»[7].

Pur avendo in precedenza anche noi fatto delle serie riserve sulla questione "allievi & C.", ci sembrano del tutto ingiustificate e sproporzionate le insinuazioni della Dembech, tanto più se si considerano tutte le sue pretese di cui daremo conto nelle prossime pagine.

Comunque affinché non ci fossero dubbi sui destinatari della sua invettiva, qualche pagina più avanti scriverà:

«Anche sulla mia identità, ogni tanto qualcuno fa confusione. È il motivo per cui, abitualmente, pubblico la mia fotografia sui libri, non certo per vezzo narcisistico, passati i cinquant'anni, l'obiettivo diventa impietoso...

Ma quella in fotografia è la vera Giuditta Dembech, battezzata alla nascita con il nome Giuditta che già appartenne alla mia amata nonna paterna.

Il mio non è un "nome d'arte" scelto a caso: mi chiamo e mi firmo Giuditta Dembech da sempre, sono giornalista, ho scritto molti libri, ma non sono una cartomante, non do consulti né faccio miracoli...» (p. 45).

A proposito della possibilità di "ereditare i poteri" l'autrice scrive (pp. 14-15):

«Vediamo di chiarire, se mai ce ne fosse bisogno, il concetto sulla trasferibilità di questi doni.

Rol ha lasciato in eredità molte cose, e lo ha fatto con la grande generosa equanimità che lo ha contraddistinto.

Ha lasciato danaro alle persone semplici e umili che hanno svolto mansioni accanto a lui; ha lasciato oggetti belli e preziosi a persone che di danaro non hanno bisogno. Ma aldilà di questo, statene pur certi, non c'era altro che lui potesse o volesse lasciare.

---

[7] Più o meno le stesse parole si trovano ne *Il grande precursore*, che in moltissimi punti ripete intere righe o paragrafi di *Scritti per Alda, Torino Città Magica vol.2* e *Quinta Dimensione*. Questo brano verrà reso ancora più intollerante, perché scriverà: «...c'è stata come una recrudescenza, un'alzata di scudi sui mass media per millantare frequentazioni inesistenti o per tentare di metterlo in discussione. Un'oscura marea di personaggi è venuta alla ribalta rilasciando interviste, scrivendo articoli o libelli. I media, hanno lasciato spazio a squallidi figuri che raccontano di essere "*l'allievo*", la "*pupilla*" o addirittura il discepolo che ne ha ereditato i poteri. (...). E poi ci sono altri tipi di libelli pubblicati a getto continuo; testi che sono soltanto collages messi insieme da chi Rol non lo ha mai conosciuto e si è limitato a rubacchiare ciò che hanno scritto altri. Si tratta quasi sempre di personaggi marginali, perfetti sconosciuti che pontificano vantando assidue frequentazioni, amicizie consolidate, eventi straordinari a cui hanno assistito» (*G.A. Rol. Il grande precursore*, pp. 18-20). La critica, se parzialmente condivisibile, è tuttavia esagerata e si ritorce contro l'autrice, le cui infondate pretese sono le più marcate tra tutti quelli che hanno scritto di Rol.

Come sarebbe impossibile che Pavarotti possa decidere di lasciare in eredità ad altri la sua voce, così Rol non ha potuto, e né voluto, lasciare ad altri il testimone dei suoi poteri. Meno che mai a mercenari operatori dell'occulto.

Il segreto del suo potere apparteneva a lui soltanto, non possono esserci eredi e né consegnatari.

Le sue straordinarie possibilità sono finite con lui poiché erano strettamente collegate alla sua vita e al suo modo di essere; non facevano parte del suo codice genetico o di un insegnamento che si possa tramandare».

Questo brano è in parte condivisibile perché contiene certamente delle verità. È vero che i "poteri" non possono essere ereditari[8] e che non fanno parte del codice genetico di chicchessia. È vero che non possono essere mercificati (pena la scomparsa dei "poteri" stessi)[9]. Così come ci pare pertinente l'analogia con la voce di Pavarotti. Ad essa si potrebbe aggiungere quella con il talento di Mozart, la genialità di Leonardo o l'originalità creativa di Salvador Dalì. È invece errato dire che «il segreto del suo potere apparteneva a lui soltanto», non solo perché la tradizione metafisica è lì a testimoniare che non si tratta affatto di un segreto[10] e che altri prima di Rol hanno avuto le sue stesse *possibilità*, ma anche perché esiste una spiegazione scientifica in grado di renderne conto in modo pressoché esaustivo[11]. Ed è altresì errata l'affermazione che «le sue straordinarie possibilità sono finite con lui»[12], frase non solo assurda da

---

[8] Possono tuttavia essere *temporaneamente* trasmessi, come è capitato al prof. Luigi Giordano, a Pier Lorenzo Rappelli, a Merle Oberon e ad altri.

[9] Su tale questione ci sarebbe moltissimo da dire, da punti di vista psicologico, neurologico e morale. In merito a quest'ultimo, ci limitiamo a osservare, per esempio, che nella tradizione islamica «il Profeta... ha proibito... la mancia all'indovino» (al-Buhari, *Detti e fatti del profeta dell'Islam*, UTET, Torino, 2003, p. 567).

[10] Come già abbiamo avuto occasione di dire la Tradizione Metafisica da sola non basta, ma è la cornice necessaria (ma non sufficiente) entro la quale può svolgersi quel processo di intuizione e rivelazione progressiva sulla strada dell'illuminazione. Si ricordi a questo proposito l'affermazione di Rol:

«...si attende da me la rivelazione di formule, di procedimenti e di conoscenze che proprio non possiedo. Sono segreti, questi, che non è dato di tramandare appunto perché segreti non lo sono affatto. Si possono invece intuire, proprio come è successo a me e ad altri» (Lugli, R., *G. Rol. Una vita di prodigi*, p. 4 – preambolo); si ricordi anche quanto scrive Massimo Inardi: «Egli afferma che è bene che il suo segreto rimanga tale e muoia con lui, piuttosto che essere incautamente rivelato, potendo divenire strumento non più di bene e di elevazione morale, bensì di male, di speculazione, di interesse e di lucro» (*Dimensioni sconosciute*, cit., p. 160).

[11] Per tutti quegli esperimenti che non possono essere spiegati con l'impiego dei residui o influenze psichiche (*spiriti intelligenti*) le teorie della fisica del XX secolo (relatività, meccanica quantistica e teoria del caos) spiegano quasi tutto il resto. A ciò vanno poi aggiunte le nozioni di *sincronicità*, *sincronia* e *neurosincronia*, e come integratore imprescindibile la pratica *yoga*. Sarà argomento di un nostro prossimo lavoro.

[12] A p. 95 la Dembech ribadisce questa sua convinzione errata: «Lo stretto connubio fra suono e colore fu il cuore del suo segreto e, per un ottuso rifiuto della scienza ad

un punto di vista metafisico, ma in netta contraddizione con quanto Rol stesso ha affermato tutta la vita. Vale la pena di ripetere alcune sue affermazioni in proposito:

«*I miei modesti esperimenti fanno parte della scienza. Sono cose che in un futuro tutti gli uomini potranno realizzare*»[13].

«*...ritengo che a chiunque segua la strada da me percorsa vengano offerte le mie stesse possibilità*»[14].

«*Ho scoperto possibilità riservate all'uomo...*»[15].

«*...quelle possibilità che l'avvenire riserva a tutti gli uomini*»[16].

«*Quello che faccio ha una sua precisa spiegazione logica, conseguenza di principi che tutti possono conoscere*»[17].

«*...sarà la Scienza stessa a rivelare queste facoltà e promuoverle in tutti gli uomini...*»[18].

«*...la conoscenza che ho raggiunta e che è già patrimonio della Scienza di Domani...*»[19].

---

analizzarlo, il segreto è scomparso con lui...»; e a p. 26: «...dubito fortemente che qualcuno riesca a penetrare l'arcano». Il dubbio della giornalista è d'altronde solo l'indice della sua *non* conoscenza esoterica. Ne *Il grande precursore* (p. 19) ritroviamo la stessa frase che abbiamo citato nel testo – come d'altronde tante altre – a cui ne segue un'altra "inedita" e del tutto ridicola: «Rol fu scelto per portare avanti un compito, e le sue facoltà furono una sorta di *"prestito d'uso"* riservato a lui, e a lui soltanto...». Rol invece le sue "facoltà" le ha conquistate eroicamente e virilmente, nessuno gli ha imprestato nulla, tanto meno i fantasiosi Maestri che piacciono tanto alla Dembech. Tutto ciò che Rol non deve propriamente a se stesso rientra eventualmente nella concezione cattolica della *Grazia*, che poi non è altro che la *shekinah* ebraica, analoga alla *shakina* islamica, che hanno molto in comune con la *śakti* indù. E tuttavia la Grazia scende su colui che è disposto ad accoglierla, il che implica quantomeno una co-partecipazione alla sua discesa...

[13] Allegri, R., *Rol l'incredibile*, p. 18; *Rol il mistero*, p. 13.
[14] Rol, G.A., *"Io sono la grondaia..."*, cit., p. 269.
[15] Dembech, G., *Torino città magica*, Vol. 2, cit., p. 194.
[16] Rol, G.A., (Renzo Allegri), *Finalmente Rol rivela Rol*, cit., p. 39; Allegri, R., *Rol. Il grande veggente*, cit., p. 153.
[17] L'affermazione si trova nell'articolo di cui alla nota precedente, ma non nel testo, bensì nella didascalia della fotografia di p. 32. Non è stata ripetuta in nessuna delle pubblicazioni di Allegri.
[18] Rol, G.A., *Scienziati e sensitivi, perché così nemici?*, La Stampa, 11/07/1986 p. 3.
[19] Rol, G.A., *La Scienza non può ancora analizzare lo Spirito*, cit.. La stessa Dembech ha dovuto ammettere: «Affermava che un giorno tutti gli uomini avrebbero potuto compiere fenomeni simili ai suoi, forse fra due o trecento anni...» (p. 23). Noi

Che la Dembech abbia serie difficoltà a comprendere la dottrina e le aspirazioni (che in realtà sono *profezie super-razionali*) di Rol, risulta chiaro anche dal dialogo seguente:

Dembech: «*...a un certo punto c'è il passaggio dalla materia allo spirito, e questo la scienza non potrà mai fotografarlo! Non potrà mai indagarlo...*».

Rol: «Perché non potrà mai? Perché? Io invece spero che potrà!»[20].

Questa posizione chiusa e antagonista della giornalista nei confronti della "scienza", che si riscontra in numerosi passaggi dei suoi libri[21], non ha certo favorito, anche in anni recenti, un approccio della comunità scientifica al "caso Rol". La radicalizzazione di uno scontro tra sordi – bigotti del materialismo e bigotti dello spiritualismo[22] – non porta certo a teorie feconde e collaborazioni costruttive.

Rol, in quel 1989 in cui si approssimava ormai alla fine della sua vita, si augurava che il suo messaggio potesse venire compreso anche tramite una pubblicazione della Dembech:

«Rol mi ha detto più volte: "*Sono stufo di tutti questi articoli che scrivono gli uni e gli altri...Tu devi collaborare con la scienza*"»[23].

Questo suo auspicio è stato poi trasformato dalla giornalista come un incarico esclusivo:

«...a me Rol diede l'incarico specifico di divulgare il suo pensiero sulla scienza»[24].

E nonostante affermi «non è facile ma ci sto provando»[25], i suoi libri non contengono nulla di nuovo rispetto ad altre pubblicazioni precedenti che riportano pensieri di Rol su questo argomento.

---

crediamo molto meno... Cfr. anche: Gervaso, R., *Rol: «I miracoli?...»*, già citato nel capitolo precedente.

[20] Questo dialogo è stato trascritto dal brano n. 12 del CD allegato a *Il grande precursore*, ma nel libro (p. 95) è stato trasposto in modo differente, non conforme all'audio (cfr. più avanti pp. 478-480). In forma analoga era già stato pubblicato su *Torino Città Magica vol. 2*, p. 191. Quanto al soggetto, anche nel suo *Quinta dimensione* (cit., p. 258) la Dembech aveva scritto che «nessuna scienza potrà mai indagare i misteri dello Spirito». È chiaro che il pensiero di Rol in proposito è ben diverso, e non potrebbe essere altrimenti, per chi quei misteri li ha penetrati, compresi e realizzati.

[21] Sempre ne *Il grande precursore* (p. 86) dice per esempio di Tullio Regge: «ateo come tutti gli scienziati, negando l'esistenza stessa dell'anima, non poteva certo trovare il nesso tra spirito e materia...». Ci pare decisamente una affermazione superficiale e pregiudiziale, sia perché non è vero che tutti gli scienziati siano atei, sia perché nessuno, che sia scienziato o meno, può «trovare il nesso tra spirito e materia» se non ha fatto un percorso metafisico in questa direzione (il semplice essere "credenti" non è sufficiente), *conditio sine qua non* per poi poter successivamente formulare anche delle ipotesi scientifiche.

[22] Da un punto di vista neuroanatomico, ciò corrisponde all'incomunicabilità tra i due emisferi cerebrali. I primi sono come "imprigionati" nell'emisfero sinistro, i secondi in quello destro.

[23] Dembech, G., *G.A.R. Il grande precursore*, p. 15.

[24] *ibidem*, p. 72.

[25] *ibidem*, p. 15.

Anzi, considerando le molte teorie astruse di cui l'autrice si dice seguace (teosofismo, reincarnazione, etc.), invece di aver aiutato a chiarire il "mistero Rol", ha contribuito a complicarlo.

Nella lunga introduzione di *Scritti per Alda*, prima di passare in rassegna le poesie pubblicate, troviamo un capitoletto intitolato «Rol e la reincarnazione», cui seguono «Rol e Napoleone», «Napoleone e Carlo Magno», e infine «...e Alessandro Magno». In queste poche pagine sono concentrate un buon numero di fantasie che verranno poi successivamente riprese da altri, anche in modo critico[26] per cercare di mettere in cattiva luce la "dottrina di Rol" di fronte all'ortodossia cattolica.

Scrive la Dembech:

«...ci troviamo di fronte ad uno dei temi più controversi e misteriosi dell'esistenza di Rol, la reincarnazione. Aveva uno strano atteggiamento nei confronti di questo argomento.

A volte l'accettava completamente, lanciandosi a raccontare episodi che ci stupivano sull'uno o sull'altro personaggio storico o addirittura sui presenti...

A volte invece, accampava forti riserve modificando o contraddicendo quanto aveva affermato in precedenza. Altre ancora pareva respingerla apertamente.

Nonostante tutto, la nostra opinione comune è che Rol credesse fermamente alla reincarnazione. Forse non lo rivelava apertamente per non urtare la suscettibilità della Chiesa.

Probabilmente, per non sconvolgere il pensiero delle persone credenti, o per eludere domande imbarazzanti a cui forse non voleva dare risposta, a volte modificava le sue affermazioni» (p. 48).

Cominciamo subito col dire che non corrisponde affatto alla realtà l'affermazione che «la nostra opinione comune è che Rol credesse fermamente alla reincarnazione». Si tratta di una opinione personale della Dembech e di pochi altri. La stessa giornalista si contraddice in modo evidente, perché sei anni prima, nel 1993, quando guarda caso Rol era ancora vivente, scriveva sul secondo volume di *Torino città magica*:

«Su una cosa però non siamo mai stati d'accordo: io credo nella reincarnazione, lui no».

E aggiungeva:

«Ma Rol su questi concetti [*reincarnazione e idee teosofistiche*, n.d.r.], che del resto sono accettati dalla quasi totalità delle religioni mondiali, non è d'accordo»[27].

A parte il fatto che una conoscenza seria delle tradizioni religiose e della loro essenza metafisica esclude nel modo più assoluto che «questi concetti... sono accettati dalla quasi totalità delle religioni mondiali», il

---

[26] Ci riferiamo ai commenti di Massimo Introvigne su *Avvenire* e alla strumentalizzazione degli stessi da parte di Mariano Tomatis e Cecilia Gatto Trocchi. Vedremo più avanti nello specifico.

[27] Dembech, G., *Torino città magica vol. 2*, cit., p. 176.

fatto che Rol non fosse d'accordo è per noi ovvio, e più avanti ne vedremo meglio le ragioni.

Anche ne *Il grande precurore* la Dembech scriverà:

«Ho provato più volte a parlargli di Helena Blavatsky e dei Maestri, ma lui provava una sorta di fastidiosa avversione...»[28].

Questa fastidiosa avversione è più o meno la stessa che proviamo noi nel leggere le considerazioni della Dembech su questi argomenti, considerazioni che Rol, fosse stato vivente, non avrebbe gradito.

Sulla reincarnazione confermiamo, da un punto di vista *exoterico*, che Rol si lanciava «a raccontare episodi che ci stupivano sull'uno o sull'altro personaggio storico o addirittura sui presenti...». A questo proposito, la giornalista racconta:

«...sia io che Ceronetti crediamo alla reincarnazione e non ne abbiamo mai fatto mistero. Una sera, il discorso cadde casualmente su Voltaire e gli illuministi. Rol si avvicinò a Ceronetti, lo accostò alla lampada da tavolo e ci invitò a guardarlo di profilo: *"Eccolo qua Voltaire, non lo vedete? Guardatelo bene, è Voltaire che è ritornato..."*

E in effetti tutti vedemmo perfettamente il profilo di Voltaire, inconfondibile, magro e affilato come ce lo mostrano i ritratti...

Dunque, conosco bene Ceronetti, l'ho visto molte volte, ci incontriamo in occasioni diverse, eppure non ho mai più riscontrato quella somiglianza così sconvolgente. Cosa ci ha voluto dire e fatto vedere Rol?

Che lo stesso spirito di Voltaire è tornato, in un altro corpo, con un altro nome, ad affrontare la prova della vita? O forse che tra i due individui c'è lo stesso tipo di intelligenza fulminea, rapace?»[29].

La Dembech interpreta questa episodio come un modo allusivo, implicito di condividere la teoria della reincarnazione. Per lei è una conferma alle sue idee.

Ma Rol ha più volte fatto allusioni del genere, anzi, provava spesso gusto a farle. Ed è vero che talvolta ha giocato sulla possibilità che potesse essere la reincarnazione di Napoleone Bonaparte[30]. Rol si compiaceva di lasciare sull'argomento un alone di ambiguità. Ma questa ambiguità non è altro che la messa in pratica del linguaggio metaforico e simbolico così diffuso nei testi sacri, linguaggio necessario per mettere in scacco il pensiero lineare e proiettarlo in una dimensione più allargata, di ordine trascendente. È raro che un essere umano possa conseguire una realtà certa su quale sia il nostro destino dopo la morte, e quei pochissimi che arrivano a intuirlo, ovvero gli uomini che hanno conseguito l'illuminazione, generalmente si astengono dal fare affermazioni

---

[28] Dembech, G., *G.A.R. Il grande precursore*, p. 178.
[29] *ibidem*, p. 116.
[30] Cfr. Guénon, R., *Errore dello spiritismo*, cit., p. 71: «[Eliphas Levi] fu dichiaratamente antispiritista e inoltre non credette mai alla reincarnazione; se finse talora di considerarsi una reincarnazione di Rabelais, da parte sua si trattò soltanto di una semplice burla...».

definitive o delimitanti, per evitare che i loro seguaci – che questa realtà non l'hanno percepita – le trasformino in dogma e persino strumento ideologico di oppressione, come la storia insegna ancora ai nostri giorni[31].

Nessuno d'altronde può spiegare nei dettagli cosa ci sia dopo la morte, può tuttalpiù limitarsi ad affermare che la morte del corpo non coincide con la morte della coscienza, e che *si può sopravvivere in un altro stato*[32]. Questo è tutto. Spingersi oltre, a meno che non si tratti di linguaggio simbolico, è solo mera speculazione, ed infatti i maestri autentici di solito se ne astengono.

L'idea della reincarnazione ha una valenza simbolica non dissimile da quella che si trova, per esempio, nella Genesi o nell'Apocalisse: pensare di prenderla alla lettera vuol dire andare completamente fuori strada. È proprio per questo che Rol «a volte invece, accampava forti riserve modificando o contraddicendo quanto aveva affermato in precedenza. Altre ancora pareva respingerla apertamente». Questo suo comportamento non era l'espressione di un atteggiamento contraddittorio, ma solo un tentativo di correggere la rotta di coloro che avevano interpretato troppo letteralmente le sue allusioni[33]. In generale, coloro che hanno visto in Rol comportamenti contraddittori hanno visto solo l'apparenza, e il grado di contraddizione da loro riscontrato era solo lo specchio del loro "livello" di coscienza.

Al livello più basso, che corrisponde a quello animale[34], appare la molteplicità del manifestato e la differenziazione, la diversità degli

---

[31] Un maestro autentico – con un procedimento di *trasferimento di coscienza* e non con spiegazioni discorsive – potrà rendere partecipe della realtà trascendente da lui percepita un discepolo sufficientemente maturo.

[32] A condizione di aver realizzato già in vita uno stato di coscienza tale da poter esistere *coscientemente e indipendentemente dal corpo*, cioè dai sensi. Cfr. quanto già detto a p. 184 e più avanti alle pp. 271-273 e 351.

[33] Cfr. quanto scrive il sinologo Marcel Granet di Confucio: «Non esitava, secondo gli uomini e le circostanze, a dare istruzioni che venivano giudicate contraddittorie. Imponeva agli uni di pensare subito a mettere in atto i precetti, ma a Tseu-lou, il temerario, consigliava di non fare nulla senza consultare padre e fratello maggiore: "I pigri li spingo; i focosi li trattengo". Non parlava per formulare precetti incondizionati, esponendosi così a vedersi rifiutare il merito di una dottrina ferma. Preferiva ricavare da ogni occasione la lezione di cui qualcuno dei suoi fedeli avrebbe potuto approfittare: "Ecco un uomo con cui puoi parlare; non gli parli: perdi un uomo. Ecco un uomo col quale non devi parlare; gli parli: perdi una parola. Saggio è colui che non perde né un uomo né una parola". Ma per lui il vero insegnamento non era quello che si trasmette con parole. "Preferisco non parlare" diceva. "Se non parlate", disse Tseu-kong "noi, vostri discepoli, cosa avremo da insegnare?". "Il Cielo parla dunque? Le quattro stagioni seguono il loro corso, tutti gli esseri ricevono la vita, e tuttavia il Cielo forse parla?"» (Granet, M., *Il pensiero cinese*, Adelphi, Milano, 1971, pp. 358-359).

[34] Qui per semplicità non teniamo conto del fatto che anche i mondi vegetale e minerale possiedono un corrispondente grado di coscienza.

elementi, delle cose, degli esseri. Al livello più alto questa diversità si attenua, si sfuma, fino a scomparire nell'indifferenziato, nel *tutto è Uno*[35].

E non è certo «per non sconvolgere il pensiero delle persone credenti, o per eludere domande imbarazzanti a cui forse non voleva dare risposta» che «a volte modificava le sue affermazioni».

Non crediamo che «le persone credenti», intese qui certamente come "cattoliche", potessero essere «sconvolte» da una teoria stranota come quella della reincarnazione, né che Rol «forse non lo rivelava apertamente per non urtare la suscettibilità della Chiesa». Queste sono interpretazioni meramente psicologiche che sminuiscono la grandezza di un maestro come Rol e lo appiattiscono sull'ignoranza metafisica di alcuni suoi testimoni (che sarebbe forse giustificata solo se non avessero, come troppo spesso accaduto, pretese esclusiviste).

Un tipico esempio di come una allusione di Rol su se stesso sia stata presa erroneamente alla lettera è dato da quanto scrisse la giornalista Marisa Di Bartolo sul mensile *Astra* nel 1987:

«... è nato ottantatré anni fa, il 5 maggio, giorno della morte di Napoleone (Rol non ritiene il fatto casuale: giunge ad alludere a se stesso come ad una reincarnazione del grande francese)»[36].

Ce n'era abbastanza per far irritare Rol, che scrisse immediatamente una lettera di smentita pubblicata poi nel numero successivo della rivista:

«Caro direttore,
sul numero di giugno della rivista ho letto con molto stupore un articolo a firma Marisa Di Bartolo nel quale viene detto che, essendo io nato il cinque maggio, giorno della morte di Napoleone, "Rol non ritiene il fatto casuale, (ma) giunge ad alludere a se stesso come ad una reincarnazione del grande francese!!!"
Nulla di più falso: una simile affermazione va contro ogni mio principio religioso e filosofico. E poi non sono nato il 5 maggio, bensì il venti giugno. Probabilmente la signora Di Bartolo ha fatto una confusione che le fa perdonare un errore così grottesco.
Fin da bambino sono sempre stato portato ad interessarmi alla storia di Napoleone e per anni, poi, avevo messo assieme una raccolta importante di cimeli dell'imperatore, raccolta che, oggi smembrata, era nota nel mondo. Volli donare alla città di Torino la carrozza dorata con la quale Napoleone si recò a Milano per essere incoronato Re d'Italia, ma la mia città, avendo rifiutato il dono, l'Ordine Mauriziano lo accettò collocando la preziosa carrozza in un salone da me indicato, nella palazzina di caccia di Stupinigi, unitamente a bassorilievi in marmo dello Spalla, che si riferivano alle campagne napoleoniche. Quel cimelio è oggi relegato nelle scuderie di quella residenza dei Savoia (!).

---

[35] L'*Uno* a cui facciamo riferimento non è quello "panteistico", ma quello *metafisico*, ovvero, a dirla con Evola, «l'apice integratore di un insieme ben articolato, differenziato e ordinato di forme, di un *kosmos* nel senso greco» (*Maschera e volto*..., cit., p. 88).

[36] Di Bartolo, M., *Il lastrone di marmo restò sospeso in aria*, Astra, 01/06/87, p. 222.

Quando ero giovane, un così grande interesse per Napoleone mi faceva dire che non mi sarei stupito di morire un giorno che fosse il cinque maggio, forse nel mio cinquantesimo anno.
Di qui l'errore della signora Di Bartolo la quale avrà letto in qualche parte quel mio pensiero giovanile»[37].

Questo brano è la prova autografa in cui Rol nega esplicitamente che egli potesse essere una reincarnazione di Napoleone Bonaparte.

Peraltro ciò coincide con la sua opinione generale su questo argomento:

«I concetti che si hanno sullo spiritismo e, soprattutto, sulla reincarnazione sono inadeguati se non addirittura falsi»[38].

E che siano falsi lo hanno ben dimostrato sia René Guénon che Julius Evola nei loro rispettivi e fondamentali lavori: *Errore dello spiritismo* e *Maschera e volto dello spiritualismo contemporaneo*, testi che saranno ampiamente citati in questo nostro studio[39] sia perché sarebbe difficile esprimersi meglio di quanto loro abbiano fatto, sia perché sono due opere, rispettivamente del 1923 e del 1932, che possono fornire indicazioni sul percorso di studi e sulle idee di Rol sin da quando era giovane. L'opera completa del Guénon, così come molti studi di Evola, Mircea Eliade o John Woodroffe, sono poi essenziali per capire come inquadrare Rol sia dal punto di vista dottrinale che da quello strettamente biografico, visto che gli autori appena citati hanno scritto prevalentemente negli anni '20 e '30 del secolo scorso, il periodo di formazione intellettuale e spirituale di Gustavo Rol.

Ed è anche sulla base dei lavori di questi autori che noi siamo alquanto stupiti di come Rol non abbia trovato nessuno, nel corso di tutta la sua vita, che abbia anche solo intuito dove guardare per comprenderlo. Per tutti Rol è stato (e continua ad essere) un "mistero". Per noi il mistero invece non è Rol, ma il fatto che quelli della sua generazione, pur avendo avuto gli strumenti per capirlo, non lo abbiano capito! Questo non può essere altro che il sintomo di una società ormai sempre più lontana dalla spiritualità autentica, ormai contaminata da pseudo-dottrine di tutte le risme e da falsi profeti di ogni sorta. La confusione è certamente aumentata a partire dal XIX secolo, prima con lo spiritismo, quindi con il teosofismo e il moltiplicarsi di società segrete e sette del tutto prive di vera autenticità iniziatica. Il colpo di grazia è arrivato negli ultimi decenni con la *New Age* e i suoi molteplici opinionisti, non di rado

---

[37] Bazzoli, L., *Gustavo Rol ci ha scritto*, Astra, 01/08/87, p. 89.

[38] Rol, G.A., *"Io sono la grondaia..."*, cit., p. 144 (lettera a Carlo Rol dell'1 maggio 1951). Inoltre in una registrazione audio del nostro archivio, a un ospite che ipotizzava la reincarnazione, Rol ha risposto perentorio: «Non esiste la reincarnazione, non ci credo!». Cfr. Cd allegato, brano n. 3.

[39] Per questioni di spazio il libro di Evola non verrà citato come sarebbe stato opportuno. Lo sarà eventualmente in un nostro prossimo lavoro. Intanto, cfr. soprattutto il capitolo II (pp. 21-28), valida critica allo spiritismo e all'approccio della parapsicologia, e il capitolo IV (pp. 71-90), dove l'autore critica il teosofismo.

opportunisti che saccheggiano le perle della tradizione adulterandole e spacciandole per farina del proprio sacco, spesso senza aver alcuna comprensione di ciò di cui stanno parlando. E questo per non parlare della virulenta diffusione di pseudo-sensitivi a pagamento che imperversano in ogni dove, tale per cui l'azione del CICAP in Italia e dei corrispondenti esistenti all'estero, sarebbe salutare, se non fosse che per "eccesso di zelo" essi finiscono all'estremo opposto, quello di uno scetticismo irrazionale che fa di tutta l'erba un fascio. Fortunatamente, un sano discernimento ci è offerto dalla tradizione metafisica, ovvero ciò che nei millenni è stato tramandato da maestri spirituali, maestri che avevano una conoscenza completa, *oggettiva e soggettiva*, di quella che è stata giustamente chiamata *scienza sacra*[40]. Questa scienza è il cuore della religione e delle religioni, ed è la stessa dovunque, in India, Cina, Israele, nei paesi islamici come nell'antica Roma, come in Grecia, come in Egitto. È la conoscenza *esoterica*, ovvero interna, interiore, profonda, di ciò che affermano esteriormente (*exotericamente*) le dottrine religiose.

René Guénon, uno dei pochi, con Evola, a penetrare in modo preciso e competente questa conoscenza, in *Errore dello spiritismo* fornisce pressoché tutti i punti di riferimento fondamentali per comprendere le ragioni per cui Rol si dichiarasse estraneo allo spiritismo e alla reincarnazione. Fornisce inoltre molte spiegazioni utili a comprendere quello che Rol aveva chiamato "spirito intelligente", e molto di ciò che a questa nozione vi è di collegato.

Sulla reincarnazione, Guénon dice ad esempio che si tratta di un'idea «estremamente recente, nonostante le affermazioni in contrario più volte ripetute, le quali si basano soltanto su assimilazioni totalmente errate...»[41].

Essa «non ha assolutamente nulla in comune con antiche concezioni come quelle della "metempsicosi" e della "trasmigrazione", con le quali i "neospiritualisti" vogliono abusivamente identificarla»[42], né «è mai stata insegnata in India, neanche dai Buddhisti, ed è di esclusiva appartenenza degli occidentali moderni; coloro che sostengono il contrario non sanno di che cosa parlano...»[43].

La teoria della reincarnazione «si pone al livello delle concezioni filosofiche peggiori, in quanto assurda nel senso più pieno del termine. Anche nella filosofia ci sono molte assurdità, ma perlomeno sono generalmente presentate come semplici ipotesi...»[44].

In definitiva, «nessuna dottrina tradizionale autentica ha mai parlato della reincarnazione, invenzione del tutto moderna e occidentale»[45].

---

[40] I maestri di cui parliamo noi non sono gli stessi di cui parla la Dembech. Lo vedremo più oltre.
[41] Guénon, R., *Errore dello spiritismo*, cit.,, p. 48.
[42] *ibidem*, p. 49.
[43] *ibidem*, p. 53.
[44] *ibidem*, p. 197.
[45] *ibidem*, p. 196.

Questa è valida come premessa e vedremo per quali ragioni, e soprattutto su quali basi concrete, Guénon poggia le sue considerazioni in merito. Tornando a quanto ha scritto la Dembech su Rol e Napoleone, a p. 49 troviamo:

«In molte occasioni Rol ci ha dimostrato di essere strettamente collegato a Napoleone, s'identificò per tutta la vita con lui».

L'affermazione è senz'altro vera. Il punto sta però nel capire cosa s'intenda con "identificarsi". Alla pagina precedente, l'autrice scrive:

«Rol raccontò alla sua amata che Alda era il nome della donna che Carlo Magno amò segretamente per molto tempo. (...). Per scoprire il nesso fra lui e Carlo Magno occorre fare un excursus nella sua filosofia personale».

Dopo aver accennato ad alcuni episodi della vita di Rol che avevano a che fare con Napoleone (la prima parola, "Poleone", detta a due anni[46], la carrozza donata all'ordine Mauriziano, ecc.), la Dembech scrive:

«Rol era spesso in contatto con lo spirito intelligente di lui [*di Napoleone, n.d.r.*]. O forse si trattava dello stesso spirito intelligente? Secondo Rol, ma anche secondo il pensiero teosofico, Carlo Magno e Napoleone furono l'incarnazione, attraverso i secoli, dello stesso spirito» (p. 50).

Che questo sia il pensiero teosofico, non ne dubitiamo. Ma di certo non è il pensiero di Rol, che infatti con il teosofismo, come vedremo meglio in seguito, non ha nulla a che spartire. È senz'altro vero che «Rol era spesso in contatto con lo spirito intelligente» di Napoleone. Il che dovrebbe quantomeno essere un indizio del fatto che Rol e Napoleone non erano "lo stesso spirito", inteso nel senso reincarnazionista. Inoltre, la Dembech sembra ignorare la "dottrina di Rol" quando ipotizza che lui e Napoleone potessero essere lo «stesso spirito intelligente». Infatti, secondo Rol *lo "spirito intelligente" non è il defunto*, ma la sua "fotocopia"... Non è l'anima (che gli spiritisti s'illudono d'invocare), ma il *residuo psichico* lasciato dal defunto sulla terra.

Ne consegue che Rol, al massimo, potesse "incorporare" lo *spirito intelligente* di Napoleone durante gli esperimenti in cui si presentava Napoleone (tramite scrittura automatica o materializzazione di scritti su fogli intonsi), e potesse scrivere con la stessa grafia di Napoleone alla stessa stregua di un *posseduto* (come capita ai medium), anche se nel suo caso era lui a "possedere", come accadeva in certi riti egizi e sumero-babilonesi. Dire quindi che Rol potesse essere una «reincarnazione» dello spirito intelligente di Napoleone è un *non-sense* da tutti i punti di vista. La Dembech, così come tutti coloro che hanno frainteso il simbolismo Napoleonico di Rol, dovrebbe invece spiegare come la sua tesi Rol=Napoleone possa conciliarsi con le altre *identificazioni* da lui

---

[46] Non «tre», come scrive l'autrice.

predilette, come quella con Giacomo Casanova, e soprattutto quella con il pittore francese François Auguste Ravier[47].

---

[47] Inoltre si può affermare che altre *identificazioni* erano quella con Gesù o con Giovanni, non solo per i continui rimandi ai passi evangelici che si trovano nei discorsi di Rol, ma anche per la firma che apponeva su tutti i suoi quadri: una «R» associata alla croce. Silvia Gaito, sorella del dottor Gaito (che era stato uno dei medici curanti di Rol) ci aveva raccontato che una volta Rol le aveva confidato di essere l'Arcangelo Gabriele. Non si creda però che Rol scherzasse più di tanto. Anche in ciò che poteva sembrare scherzo, per non dire presa in giro, non lasciava nulla al caso.

> *Je crois avoir encore fait quelque progrès du côté de la lumière... Je travaille à mort! De la lumière! Ça vient!*
> François Auguste Ravier[48]

> *Guidata dalla sua ossessione della luce, la pittura di Ravier ne è l'alchimia vibrante, simultaneamente per la sua densità e la sua trasparenza.*[49]

> *La vita di questo mago, che amò Corot, sembra non essere stata che una preghiera, ripetuta ogni giorno con le stesse parole, lo stesso fervore. L'opera è una, e, malgrado la fedeltà a certe armonie, a certi temi, essa non è mai monotona.*[50]

> *Je veux qu'en regardant ma toile, qui cepedant ne bouge pas, le spectateur ressente l'impression du mouvement des choses.*
> Jean-Baptiste Corot[51]

Rol e Ravier

Se è vero che i rimandi napoleonici di Rol sono centrali nella sua vita, è però altrettanto vero che l'ispiratore della sua pittura così come lo "spirito intelligente" che compare più frequentemente nei suoi esperimenti è quello del pittore francese François Auguste Ravier.

Nato a Lione il 4 maggio 1814, prima di seguire la sua vocazione artistica intraprende, per far piacere al padre, gli studi di diritto a Parigi, per diventare notaio. Durante il suo soggiorno parigino, che comincia nell'autunno del 1834, si entusiasma per Lamartine, Ballanche, Hugo e Silvio Pellico e pian piano si emancipa facendo emergere le sue vere aspirazioni artistiche. Scrive molte lettere ai genitori così come all'abate Joanne Marie Gonin, suo confessore e amico di famiglia:

«Oggi tutto il mondo corre nelle strade perché è il vero caos di Parigi, ed è per questo che io resto nella mia camera tutto il giorno. Amo molto

---

[48] *apud* AA.VV., *François-Auguste Ravier*, Musée des Beaux-Arts de Lyon, 1996, p. 51.

[49] Richard, P.M. *August Ravier photographe*, in: AA.VV., *François-Auguste Ravier*, cit., p. 74.

[50] Roger-Marx, C., 1947, in: AA.VV., *François-Auguste Ravier*, cit., p. 50.

[51] «Voglio che guardando la mia tela, che pur non si muove, lo spettatore abbia l'impressione del movimento delle cose» (*apud* Pomarède, V., *Corot e Ravier*, in: AA.VV., *François-Auguste Ravier*, cit., p. 55). Corot (1796-1875), paesaggista di gusto neoclassico, maestro e amico di Ravier, che ebbe a scrivere di lui: «Corot est un gran peintre et un gran poète, le premier de l'èpoque à mes yeux» (*ibidem*, p. 59). Cfr. questo passaggio di Rol: «Durante il mio viaggio a Cuneo, ho veduto dei posti stupendi – nel vostro giardino non difettano gli angoli romantici che molto si prestano ad un sogno pittorico. Il "rondò" osservato alla luce di un sole morente rivela impensati toni di colore che vanno dal bruno cupo al melanconico rosa sbiadito (*fatigué*, come diceva Corot) proprio di questa stagione» (23/02/1944, in: *La Coscienza sublime...*, cit., p. 77).

la mia piccola camera, con la mia stufa dove sto ben al caldo, dove passo delle lunghe serate tutto solo con i miei libri. In queste serate, sono spesso triste e amo bene questa condizione perché rifletto molto sugli uomini e le cose, rido, piango tutto solo, canto, recito, leggo Lamartine e mi corico. Quest'ultima notte di un anno è fatta per la riflessione, ho vegliato fino a mezzanotte»[52].

In molte lettere di Ravier si trovano marcate analogie con quanto scriveva il giovane Rol ai suoi genitori, durante i suoi soggiorni francesi, prima a Marsiglia e poi a Parigi. Entrambi animi sensibili, entrambi poeti solitari, entrambi compenetrati di vocazione mistica[53], entrambi a seguire una strada professionale che non è la loro. Non è possibile qui fare una sinossi esauriente dei rispettivi scritti, ma basti dire che le ragioni per cui Rol aveva trovato in Ravier un maestro stanno non solo nella sua pittura ma anche e soprattutto nel suo carattere, nelle sue riflessioni e nella sua biografia. Paesaggista prima ad olio e poi ad acquerello «si dedicò a fissare sulla tela o sulla carta in paesaggi vibranti gli effetti della luce secondo l'ora e la stagione (…) variando instancabilmente i procedimenti e variando una tecnica che, nelle sue ricerche, è assai vicina a quella degli impressionisti»[54]. Ravier è infatti considerato un *precursore* dell'impressionismo[55], «al quale lo assimilano la sua preoccupazione essenziale, la luce» così come il «suo gusto per le "serie" realizzate sullo stesso motivo»[56], ciò che era anche la peculiarità del pittore Rol. E come Rol, Ravier non ebbe alcun interesse ad esporre le sue opere, che rimasero in un circolo ristretto di estimatori: «Non ho mai esposto,

---

[52] Ravier a Gonin, 17/01/1836, *apud* Thiollier, C.B., *Biographie*, in: AA.VV., *François-Auguste Ravier*, cit., p. 16. Cfr. Rol: «Ho i miei libri, le mie cose, le mie segrete aspirazioni, e poi quel formidabile senso di libertà che è legato alla mia stessa natura come il fiato alla vita. Amici non ne ho, poiché non credo nella gente, e perché, coscienza alla mano, non trovo nessuno che sia degno di corrispondere alla mia onestà, alla lealtà delle mie azioni» (*"Io sono la grondaia..."*, p. 112); «E adesso me ne vado a dormire. La fiammella della mia lampada a petrolio incomincia a tremolare, ma io non sono ancora stanco. E poi che cos'è la stanchezza di fronte alla forza di un ideale?» (*ibidem*, p. 68).

[53] «La mia prima giovinezza è tutta d'ardore mistico. Fui santo a dire dei mie condiscepoli...» (*apud* Thiollier, C.B., *cit.*, p. 30). Ravier aveva anche sognato d'essere monaco. Corot gli aveva dedicato anche un ritratto (*Le Moine brun, debout lisant*, 1855 c.ca) dove Ravier è rappresentato in un paesaggio mentre legge, con un abito da monaco e in postura meditativa.

[54] Obriot, Y., *Ravier*, in *Enciclopedia Treccani*, vol. XXVIII, p. 879.

[55] Cfr. Paul Jamot, 1921: «Questo titolo di precursore, come mi sembra più giusto farne onore a Ravier, ha colui al quale si attribuirà un ruolo di legame, non solamente tra Corot e gli impressionisti puri, ma soprattutto tra Delacroix e l'arte dei nostri tempi!» (*apud* AA.VV., *François-Auguste Ravier*, cit., p. 42); Jamot, 1923: «Nei numerosi acquerelli e dipinti degli anni 1860 al 1885 (dopo il 1885 la sua vista indebolita l'obbligherà ad abbandonare i suoi pennelli) egli appare precursore dell'impressionismo...» (*ibidem*, p. 48). Egli è «il precursore di quella che attualmente chiamiamo "il paesaggio astratto"» (Deroudille, R., 1984, *ibidem*, p. 54).

[56] *ibidem*, p. 42. «...dipingeva fino a cinque e sei studi preliminari per un acquarello che a noi sembra un lavoro di primo getto» (Cantinelli, R., 1905, *apud ibidem*, p. 45).

neanche a Lione, né ho mai attribuito importanza alle esposizioni: sia per una specie di pudore femminino, sia per la percezione della mia imperfezione nel comparare la mia opera al mio ideale...»[57].

La sua opera divenne più conosciuta dopo la sua morte, avvenuta il 26 giugno 1895. *Profeta della luce*, come lo hanno chiamato, *anacoreta della natura*, come lui stesso si definì, «Ravier è maestro della sua alchimia che fa la parte del caso e dell'improvvisazione. Buon pittore, soprattutto di piccoli formati dei quali i suoi amici ammirano che portano in se stessi l'immensità. (...). Sovente, prepara un fondo comune a più studi dello stesso motivo per non dover più cogliere l'effetto luminoso nell'istante della sua apparizione»[58]. I suoi quadri «sono l'espressione ultima di un pittore della natura e, più precisamente, del sole»[59].

«...si può dire che fu prima di tutto un pittore dei cieli (...). Nessun artista, a parte Turner, ha celebrato con tanto lirismo ed emozione vera, le lotte dell'astro discendente con le nuvole, i suoi trionfi e le sue agonie. (...) i suoi cieli causano forti sensazioni di immensità. Distribuiti su un'ossatura curvilinea, le loro gradazioni di tinta non li rendono soltanto luminosi, li fanno apparire profondi. (...). Tecnico, [...] poeta, [...] ha interpretato le bellezze della natura, le ha impregnate della poesia di cui il suo cuore debordava senza nulla perdere delle sue qualità di costruttore e di virtuoso. Fu un armonista *par excellence*»[60].

«...mai pittore d'aurora e di tramonto ha fatto miglior bottino nello spazio: cieli freschi, dolci, bagnati, lattiginosi, temperati, radiosi, poetici, burrascosi, fantastici, non hanno segreti per la sua paletta; la sua melodia è invariabilmente il cielo, e la sua orchestra, le tinte ricche, sorde e potenti della terra»[61].

«...scrutava i cieli con lo stesso ardore e costanza dei Magi dell'antica Caldea. Nessuno dei fenomeni che si producevano lo lasciavano indifferente. Le ore che precedono il levare e il calar del sole erano le sue preferite[62] per il lavoro come per l'osservazione; tuttavia, al fine di comprenderne bene tutte le leggi, egli interrogava lo spazio celeste, anche nei momenti in cui non dipingeva. Ci ha perduto la vista, ma l'arte ha guadagnato delle pagine prestigiose. (...). Sebbene gli effetti del sole

---

[57] *apud* Thiollier, C.B., cit., p. 26.

[58] Lerrant, J.J, *Du romantisme à la modernité*, in: AA.VV., *François-Auguste Ravier*, cit., p. 11.

[59] *ibidem*, p. 12.

[60] Germain, A., 1902, *apud* AA.VV., *François-Auguste Ravier*, cit., pp. 44-45.

[61] Guichard, J., 1878, *apud* AA.VV., *François-Auguste Ravier*, cit., p. 43.

[62] Dietro a due suoi dipinti, Rol scriveva: «Alla fine della guerra dipingevo nelle strade alla luce dell'alba per cogliere effetti che si accordassero con la speranza grande di una rinascita che ritenevo immancabile; od almeno, con la serenità che mi era rimasta, fra tanti orrori, nel cuore. Ma chi si accorgeva, intorno a me, di quei miei sentimenti?» (2 marzo 1946). «In un momento qualsiasi della giornata lo spirito può divenire improvvisamente sereno, come il paesaggio all'alba. È l'istante, questo, della grande iniziazione al *sublime*, dove si incontrano le grandi cose, come l'amore, la speranza o addirittura la rinuncia» (7 luglio 1947).

calante in autunno siano numerosi nella sua opera, i paesaggi di Ravier differiscono quasi tutti tra di loro. La sua visione era *troppo penetrante e troppo sottile* per non percepire queste multiple sfumature grazie alle quali un effetto di sole non assomiglia mai completamente a un altro nella stessa stagione. (…). L'autunno era la sua stagione preferita»[63].

«Di lui si potrebbe dire che è un impressionista sentimentale»[64].

«…la sua visione originale della natura e la sua fantasia di colorista obbediscono a un senso classico della composizione e a un gusto quasi musicale del ritmo. (…). La luce lo abbagliava e lo affascinava. Non si privò mai di contemplare l'incanto sempre rinnovato dei tramonti del sole. Si obbligò ad affrontare il formidabile problema di conciliare la ricchezza del colore con la fluidità della luce. La pittura ad olio è sovente per lui un metodo rapido per catturare gli effetti fuggenti delle stagioni e delle ore. È negli acquerelli che in generale si sforza di giungere a una realizzazione completa. Vi lavora nel suo *atelier* prendendosi il suo tempo, senza sforzarsi di rispettare le regole dell'acquerello classico…»[65].

«…artista prima di tutto, nello stesso tempo poeta, filosofo, erudito (…). Un po' ombroso, come tutti coloro che hanno un animo sensibile, non poteva sopportare la bassezza, la menzogna, o la meschinità, e non perdonava mai un abuso di confidenza»[66].

Egli afferma: «Per me, io non voglio fare che della piccola pittura intima; sarà una romanza invece che un opera, ma sentita e venuta dal cuore, un'impressione raccolta in una passeggiata […] ma variata all'infinto, perché la natura è inesauribile e tutto è in essa»[67].

«…devo considerarmi come un mistico, un cenobita la cui divisa è e sarà: la più profonda umiltà, l'amore della verità e della giustizia e, come corollario, la pace e il disprezzo dei falsi beni dove i piaceri dell'intelligenza e del cuore non hanno nulla a che vedere».

Questa, in estrema sintesi, la biografia artistica di François Auguste Ravier. L'importanza di questo pittore nei riferimenti artistici e simbolici di Rol è determinante, e lo si può constatare anche dalla frequenza con cui Ravier compare negli esperimenti, sia in quelli di *pittura a distanza*, sia in quelli di *materializzazione di acquerelli*, sia in altri dove semplicemente viene interpellato per qualcosa che concerne l'arte e la pittura. Il primo a parlare del rapporto tra Rol e Ravier fu Dino Buzzati, in un lungo articolo sul Corriere della Sera intitolato *Un pittore morto da*

---

[63] Germain, A., *cit.*, pp. 45-47. Autunno e inverno sono le stagioni preferite da Rol per i suoi paesaggi. E anche in Rol abbiamo varianti sullo stesso tema, così come gradazioni infinite di luce. Si cfr. per esempio i due oli su tela intitolati *Colloquio* e *Il dialogo* (che già nel titolo rivelano la variante sul tema) nel catalogo pubblicato in occasione della prima esposizione di sue opere nel settembre 2000 (pp. 53 e 67).

[64] Vaudoyer, J., *apud* AA.VV., *François-Auguste Ravier*, cit., p. 47.

[65] Jamot, P., *apud* AA.VV., *François-Auguste Ravier*, cit., p. 48.

[66] Thiollier, C.B., *cit.*, p. 36.

[67] Ravier, F.A., *apud* Brachlianoff, D., *Ce sera une romance au lieu d'un opera*, in: AA.VV., *François-Auguste Ravier*, cit., p. 13.

70 anni ha dipinto un paesaggio a Torino. Quel pittore era Ravier, ma era anche Rol:

«"Hai sentito poco fa quello scricchiolio là a sinistra? No, non era uno scricchiolio, era qualcosa di più. Mi sono subito accorto che lui era qui. Lui Ravier...". Prende una matita, ne poggia la punta su un foglio bianco. "No, non sono in *trance*...". La matita si muove, traccia alcuni segni. "Ecco la firma" dice Rol. "Allora vediamo... Io sono pronto a scrivere ma la mia mano non va..." La matita però si muove nuovamente: "*Je veux bien peindre mais pas ici, pas dans cette maison*". La signora Franca P. propone: "Andiamo a casa mia?".

Il fu François-Auguste Ravier approva sempre in francese: "(...) Dipingerò a olio, prendete il necessario, a suo tempo vi dirò i colori che intendo adoperare. Il signore più giovane mi piace molto. L'altro (che sarei poi io) mi fa pena a motivo della sua solitudine. Entrambi sono dei veri amici. Grazie. Le signore le conosco da parecchio tempo. Presto, presto, partite". Così ha scritto, per mano di Rol, il pittore morto settant'anni fa. (...).

Trasferitici, a mezzanotte e mezzo, in casa della signora Franca P. (...) la destra di Rol ricomincia a tracciare parole. È Ravier che sceglie colori e attrezzi: "Biacca, giallo, vermiglione, un verde qualsiasi, bruno Van Dyck, blu cobalto, un pennello grande e uno piccolo, una paletta, un coltellino, un tampone, e buona volontà".

Con parsimonia estrema Rol, rifatta luce, dispone sulla tavolozza i colori richiesti, sembra impossibile che possano bastare per un quadro, per piccolo che sia. Poi ci chiede di scegliere il soggetto. (...).

Ecco di nuovo il buio e nel buio la sagoma fantomatica di Rol che si mette a vagolare su e giù per la stanza assumendo un passo sempre più pesante e stentato. E intanto si curva, come carico di migliaia di anni. Ed emette voci impressionanti, raschiamenti di gola, gemiti di caverna, lamentose invocazioni: "Non riesce, non riesce, ci sono troppe luci!... No, no, adesso non andate di là a spegnere, sarebbe peggio... Oh questi capelli che mi vanno negli occhi che cosa tremenda (si tratta della lunga capigliatura di Ravier) ... Dov'è questa paletta? ... Il colmo dei colmi... Eccola qua... *Ah mais c'est lourd ça, Monsieur Ravier...* (...).

Solo per pochi secondi, e a intermittenza, Rol si siede dinanzi al cartone da dipingere. Lo intravvediamo invece che si trascina per la sala come ubriaco, curvo a guisa di uncino, mugolando. E intanto, a tre metri di distanza, si ode là sul pavimento un nervoso tramestio di pennelli e palette. "Ho ottant'anni..." è un soffio da moribondo" ... Ottant'anni!... *C'est fatigant...*"»[68].

Durante questo esperimento, Rol *è* Ravier, prima con la *scrittura automatica*, poi con la *pittura a distanza*, quindi con la *trasfigurazione*. Ulteriore conferma che Rol e Ravier *in quel momento* sono la *stessa*

---

[68] Buzzati, D., *Un pittore morto da 70 anni ha dipinto un paesaggio a Torino*, Corriere della Sera, 11/08/1965, p. 3.

persona, è data dall'affermazione di Rol di avere ottant'anni, mentre nel 1965 ne aveva solo 68[69].

Un'altra descrizione significativa ce la dà Nicola Riccardi, che assisterà a un esperimento analogo l'anno successivo alla serata cui partecipò Buzzati:

«Fu nel 1966, a Torino, che mi fu consentito di scoprire la possibilità di una efficacia colleganza fra un sensitivo vivente e un pittore morto (...). Il nome del pittore è François Auguste Ravier e compare nelle pagine della Enciclopedia Italiana. Ho letto dunque le date principali e assodato che quando Rol è nato Ravier era già morto: non sono in grado di precisare se il pittore Rol si è avvicinato al lionese per motivi artistici soltanto, o se sono accaduti anche richiami parapsicologici fra loro. (...).

[Rol] iniziò, nel buio più profondo, a chiamare Auguste François Ravier, pittore di Lione (...). Dopo un poco disse con sicurezza che le chiamate erano state esaudite e che era probabile l'arrivo di una prova concreta. Essa spettava a me: avrei solo dovuto arrotolare il mio foglio attorno alla matita distribuitami, e infilare il cilindretto sotto ai vestiti, appoggiandomelo sul petto: mentre eseguivo e aspettavo feci molta attenzione, ma non sentii nulla. All'ordine poi accesi la luce e mi misi ad esplorare il foglio che avevo srotolato: lessi *"Je suis ici avec vous F.A. Ravier"* scritto a matita.

Ci venne allora significato che avremmo dovuto scegliere l'argomento del prossimo quadro. Nacque l'idea di un paesaggio ondulato, atmosfera triste, mattino di primavera, alberi in fiore. L'artista Rol abolì gentilmente il capitolo dei fiori sugli alberi, perché Ravier quando era in vita non aveva dipinto fiori, e quindi nell'al di là non poteva trarli dalla memoria. A nome di Ravier ci venne quindi offerto un fine discorso morale ed estetico[70]. (...).

Di tempo in tempo egli chiedeva uno sprazzo di luce ed io, non potendo sbirciare la tela, gettavo sguardi attenti alla sua figura, ricavando l'impressione che gli si fosse assai gonfiata la testa[71]. Quando Rol si alzò, per allontanarsi e andare sulla più lontana poltrona, lo fece parlando e agitandosi, quasi per rassicurarci che nei successivi minuti nessun

---

[69] Il pittore francese morì a 81 anni. Tra l'altro gli «ottant'anni» permettono di stabilire che Rol stava incorporando lo *spirito intelligente* di Ravier – nato il 4 maggio 1814 – di quando aveva quell'età, vale a dire nel 1894, un anno prima di morire (26 giugno 1895).

[70] Il brano che stiamo presentando è tratto dalla relazione di Nicola Riccardi pubblicata su *Metapsichica* del gennaio-giugno 1970 (*Dibattito sui fenomeni provocati dal Dr. Rol*). Il Riccardi aveva riferito lo stesso esperimento sia in *Operazioni psichiche sulla materia* (cap. VII, pp. 61-69) sia su *Metapsichica* del gen.-giu. 1968, dove a p. 25 precisava: «avvia un discorso che ci presenta come la traduzione in italiano di quanto lo spirito sta comunicando a lui in francese».

[71] Su *Metapsichica* (1968, p. 26): «avevo l'impressione che fosse molto alterato nei lineamenti del volto».

vivente sarebbe stato davanti al cavalletto. Buio e silenzio completi[72]. Avevamo solo la disponibilità del senso dell'udito e io avevo imparato allora a cosa rassomigliava in cotesta occasione il rumore dei pennelli e delle spatole. Essi ripresero ad andare vigorosamente, ed io potrei giurare che colui che aveva preso il posto di Rol operava diversamente da lui, perché lasciava andare ogni strumento, forse perché con esso aveva finito, e potevo sentire il rumore dell'urto sull'impiantito di legno. (...).

Quando ogni suono venne a cessare riempii la sala di luce, e Rol si approssimò dal fondo a grandi passi, sollevò trionfalmente il quadro e lo scaraventò al centro del tappeto per ammirarlo e farlo ammirare. Chi se ne intendeva disse che era certo un Ravier, e dei migliori. Rimasi zitto fino al giorno successivo, quando potei confrontare questo lavoro con...»[73] «...la raccolta [di Rol] intitolata a Ravier.

Avviandomi ad esaminarla mi sono ricordato che, durante la produzione del quadro, nella fase per lui più impegnata, avevo notato un ispessimento e rigonfiamento della sua testa, che per natura ha regolare e ben proporzionata. Mi è venuto naturale di chiedergli se Ravier possedeva per caso una testa grossa e se poteva mostrarmela in fotografia o ritratto. Nello sfogliare l'album, ho trovato due ritratti del pittore lionese, fatti in età diverse. Il ritratto del periodo più tardo, a parte un gran cespuglio di capelli intorno al capo che Rol non ha, mi ha fatto esclamare spontaneamente: Ma questa è proprio la faccia che ho visto ieri sera china sulla tavolozza! (...).

Qualora fosse fotografato e stampato in seppia, il nuovo quadro del 1966 (30 Aprile) non si sarebbe distinto dagli altri della raccolta.

Sulla probabile trasfigurazione, il sensitivo è stato piuttosto sommario (...)»[74].

---

[72] Questo è uno dei rari casi – dovuto alla particolarità stessa dell'esperimento – in cui Rol *può* decidere di avere il buio completo. Vi sono però altri episodi di *pittura a distanza* avvenuti in piena luce. In generale, abbiamo trovato che i prodigi avvenuti al buio sono l'1,4% del totale, dato che si basa sui 714 episodi o eventi prodigiosi (per complessivi 963 fenomeni, al 01/01/2008) tratti dalla bibliografia complessiva. Occorre poi rilevare che in soltanto il 12% dei casi è possibile sapere quali sono le condizioni effettive di luce, nel senso che i testimoni il più delle volte non ne parlano (crediamo tuttavia che questo sottintenda condizioni di luce normale). Laddove invece ne parlano, oltre al a) *buio* (1,4%, 10 episodi) sono riferite condizioni di b) *penombra* (4,2%, 31 episodi), ovvero la presenza della luce di una abat-jour lontana o di una luce nella stanza accanto a quella dove avvengono gli esperimenti; quindi c) *luce discreta artificiale* (1,4%, 10 episodi) ovvero la presenza di una abat-jour vicina, o due abat-jour, o due appliques laterali; d) *luce discreta naturale* (0,14%, 1 episodio); e infine e) *piena luce* (5%, 36 episodi) sia naturale che artificiale.

[73] Fino a qui: *Dibattito sui fenomeni...*, cit., pp. 21-22. Il seguito è la continuazione dello stesso brano tratto però da *Metapsichica* del 1968 (perché più particolareggiato).

[74] Riccardi, N., *Pittura spiritica* (memoria presentata il 12 novembre 1967 a Milano, alla XXVI Riunione dell'A.I.S.M.), in *Metapsichica*, gen.-giu. 1968, pp. 26-27 (anche in *Operazioni psichiche sulla materia*, cit., pp. 68-69).

La descrizione di Riccardi non lascia dubbi: Rol aveva mutato d'aspetto (lat.: *trans-figurare*[75]), era diventato Ravier.

Altre persone hanno fatto commenti analoghi. Jacopo Comin scrive che un «altro esperimento di pittura al buio (uno dei molti compiuti) è raccontato dall'avv. Rappelli»[76], il quale ha riferito che «"si è sentita una voce, che era quella del dottor Rol piuttosto alterata, che ha cominciato a canticchiare una canzone francese, così come pare solesse fare Ravier durante il suo lavoro...". (...). E a proposito di altro esperimento dello stesso fenomeno, l'avvocato Rappelli afferma: "Il dottor Rol si è alzato e (...) il dottor Rol è molto più alto in quel momento di quanto non sia normalmente (è alto 1,90 e in quel momento superava i due metri, perché Ravier ha una corporatura enorme)..."»[77].

Comin commenta:

«La faccia veduta da Riccardi, la voce e la corporatura indicate dall'avvocato Rappelli, sono dunque di Ravier. O si tratta di un caso di materializzazione indipendente dal sensitivo, o di un caso di vera e propria trasfigurazione. Che rientrerebbe, poi, in una possessione medianica, o da considerarsi tale in via ipotetica, in quanto una "presunta entità" si "impossessa" del corpo del medium e delle sue facoltà mentali e viene a sostituirsi a lui impiegando la sua costituzione somatica. (...).

Ma il dubbio fra "trasfigurazione" e "materializzazione" permane, poiché il dottor Rol non volle risolverlo. (...).

In una corrispondenza privata che abbiamo avuto circa la fenomenologia rolliana, [G. Di Simone] mi scrive: "...non credo che sia possibile ammettere che un'entità continui a perdere il proprio tempo, a tanta distanza dalla morte, con cose che, giudicate sotto il profilo spirituale, sono veramente insignificanti!". E anche qui non possiamo che essere d'accordo. Ma egli conclude con un'ultima ipotesi: a meno "che Ravier sia attualmente la 'guida' di Rol. In tal caso cadono le ragioni da me prima avanzate circa la illogicità di un suo attuale intervento sulla Terra. Naturalmente anche questa ipotesi non è semplice a chiarirsi, a verificarsi". Ora accade che in un prossimo libro del comandante

---

[75] Il corrispondente greco è *metamorfóo*, da cui *metamórfosis*. La più nota trasfigurazione è quella di Gesù su una montagna, al cospetto di Pietro, Giacomo e Giovanni: «E fu trasfigurato davanti a loro; il suo volto brillò come il sole e le sue vesti divennero candide come la luce» (Mt, 17, 2). Si tratta tuttavia soprattutto di un racconto simbolico.

[76] L'autore specifica: «quattro giorni prima del dibattito, in casa sua», ovvero (presumibilmente) il 12 novembre 1969. Rappelli aveva anche precisato che l'esperimento era «avvenuto in uno stato di semipenombra... in cui si ruisciva a capire dove le persone fossero».

[77] A questo punto sarebbe necessario fare una digressione in quella che noi consideriamo una *classe* di fenomeni attigua a quella della *trasfigurazione*, ovvero quella che abbiamo chiamato della *plasticità* o *elasticità* (che corrisponde, pur nelle esagerazioni fumettistiche, alla *possibilità* di "Mister Fantastic" dei *Fantastici 4*, o in versione femminile, "Elastic Girl" de *Gli Incredibili*...). Si veda in proposito più avanti, pp. 400-403.

Riccardi[78], di cui egli cortesemente mi ha permesso di leggere il dattiloscritto, trovo queste parole: "Solo dopo anni ho saputo che nella vita di G.A. Rol, il vivente, Ravier è entrato di forza e del tutto inaspettato, attraverso la sua presenza fantomatica alquanto insistente e ripetuta". (...).

Non intendiamo, con questo, controfirmare la realtà della dottrina spiritica degli "spiriti guida", e che può avere molte e diverse interpretazioni, ma ci limitiamo a constatare la continua presenza nella fenomenologia del sensitivo di due elementi che dimostrano di avere con lui quei rapporti "di sintonia, direi quasi di identificazione" intuiti da Di Simone: Ravier e Napoleone»[79].

Come si vede, anche Comin, citando Di Simone, parla di «identificazione» e riconosce un ruolo paritario a Ravier e a Napoleone.

Quanto alla «dottrina spiritica degli "spiriti guida"» essa non può essere condivisa proprio a causa dello *spirito intelligente*: da chi infatti sarebbe "guidato" Rol? Da Ravier? Da Napoleone? Da tutti e due insieme? O forse dal fantomatico "Polacco" di cui parla lo scrittore Pitigrilli? Quest'ultimo aveva riferito infatti di un misterioso personaggio originario della Polonia che Rol avrebbe conosciuto da giovane a Marsiglia, e che gli avrebbe mostrato e poi insegnato alcuni esperimenti basilari, quelli che poi Rol chiamerà *"le aste"*. Secondo Pitigrilli, il "Polacco" dopo la morte era diventato lo "spirito-guida" di Rol:

«Il misterioso personaggio riapparve molte volte nelle parole di Rol. Lo chiamava 'lui'. "Credo – mi diceva Rol – che 'egli' abbia della simpatia per te. 'Egli' non vuole che io faccia questo. Mi autorizza a insegnarti questo. Ricordati della 'sua' raccomandazione: immaginare un piano tutto verde, come un prato senza alberi, senza particolari che turbino l'uniformità del verde; immagina di essere sommerso in una immensità di vernice verde. Tu vuoi che tutte le carte di questo mazzo si dispongano in un certo ordine? Chiedilo mentalmente, poi immagina il verde: nel momento in cui tu 'vedi' il verde, la trasformazione è avvenuta". Una sera mi disse: "Quest'oggi mi ha dettato queste parole per te: 'Non c'è successo senza lavoro, non c'è lavoro senza sofferenza, non c'è sofferenza senza verde'"»[80].

E ancora:

«...è incontestabile che accanto a Gustavo Rol è presente una forza estranea a lui, da cui egli è dominato o che egli domina. Forse i due collaborano. In origine, quando il polacco era vivo, gli insegnò i rudimenti della scienza terribile. Dopo la morte, continua. Gli ha insegnato dell'altro; lo assiste in cose ancora più stupefacenti. È lo spirito

---

[78] Questo libro è probabilmente un inedito mai pubblicato. Sarebbe interessante sapere dai discendenti del Riccardi (che non siamo riusciti per ora a rintracciare) se sono in possesso del dattiloscritto e di altri documenti relativi a Gustavo Rol.

[79] Comin, J., *Il mistero nella vita del favoloso dott. Rol*, Scienza e Ignoto, novembre 1973, pp. 48-50 (parzialmente anche in: Luce e Ombra, ott-dic. 1994, p. 374).

[80] Pitigrilli (Dino Segre), *Gusto per il mistero*, Sonzogno, Milano, 1954, pp. 88-89.

del mago che carbonizza per lui, con la brace di una sigaretta che è nella mano di Rol, un documento chiuso in una cassaforte? È lo spirito del mago che mette in movimento una "boite a musique" di cui si è persa la chiave, e che è chiusa in un cassetto? O è invece Rol che ordina a certe misteriose forze di aiutarlo?»[81].

Ci potrebbe aiutare a rispondere per esempio un racconto fatto da Rol a Maria Luisa Giordano: «"Richard Wagner, nel *Parsifal*, mostra la sua conoscenza intuitiva d'artista. Quando alla domanda di Parsifal: 'Chi è il Graal?' Gurnemanz risponde: 'Questo non lo diciamo, ma se tu da Lui non sei comandato, a te la verità rimarrà celata, a Lui non conduce nessun sentiero della terra, e la ricerca allontana sempre più da Lui, se Lui stesso non è la guida'"»[82].

Lo "spirito-guida", il "Lui", non sarebbe altro che il *graal*... Ma tralasciamo per ora gli sviluppi collegati a questo soggetto per tornare a Ravier e a un commento di Buzzati:

«In quanto al legame fra Rol e Ravier, non esiste spiegazione, Rol dice che Ravier è venuto a lui spontaneamente e da allora gli è rimasto fedele, prendendo parte a una numerosa serie di esperimenti»[83].

Questa versione è confermata 14 anni più tardi, nel 1979, dal giornalista Luigi Bazzoli nella prima di due puntate dedicate a Rol sulla *Domenica del Corriere*, dove scrive:

«[Rol] Scoprì una vocazione pittorica una notte di luglio. "Me ne stavo ad occhi aperti", ricorda, "guardando il cielo; inseguivo le stelle tentando di contarle. A un certo punto ebbi davanti a me il volto di François Auguste Ravier, un pittore francese di fine Ottocento, morto otto anni prima che io nascessi. Non mi spaventai e ascoltai con attenzione cosa mi disse: 'Farai il pittore, prendi questi libri, imparerai poco alla volta, si fa così e così'. Cominciai a dipingere, se sbagliavo mi partivano i pennelli di mano". Oggi Rol è un pittore affermato anche se i suoi quadri, d'una sfuggente bellezza, sono rari. E la pittura è una delle manifestazioni più frequenti nei fenomeni straordinari che egli produce. E da quel giorno François Ravier è diventato lo spirito-guida di Rol»[84].

Che questa sia una storia al confine tra realtà e finzione, come molte di quelle raccontate da Rol (quella del "Polacco", come vedremo, è la più significativa) lo si capisce soprattutto da un particolare: Rol ha iniziato a dipingere da ragazzino, intorno ai 10/12 anni. Ma a quell'epoca non aveva ancora manifestato alcuna delle sue *possibilità*, frutto di un lungo cammino interiore sfociato nella sua "scoperta" del 1927, quando aveva 24 anni.

---

[81] *ibidem*, p. 92.
[82] Giordano, M.L., *Rol mi parla ancora*, p. 117.
[83] Buzzati, D., *Un pittore morto da 70 anni ...*, cit... Questa stessa spiegazione Rol la darà anche a Remo Lugli.
[84] Bazzoli, L., *Rol l'incredibile. L'uomo più misterioso del mondo*, Domenica del Corriere, 17/01/1979, pp. 152-153.

È quindi improbabile che i pennelli potessero scappargli di mano, con questo volendo sottintendere che essi, sin dall'inizio e per opera di Ravier, si *muovessero da soli* andando a correggere i suoi errori di principiante.

Rol non ha mai affermato di avere "poteri" anche da adolescente. Del suo "incontro" con Ravier riferirà in un suo scritto, fornendo la versione effettiva:

«La mia bisnonna, Cesarina Balbo, si dilettava di pittura e mio nonno Cornelio lasciò un'imponente mole di studi ad olio di paesaggio.

Mio padre, amante dell'arte, era in continuo contatto con pittori, scultori, e letterati del suo tempo ed io ricordo di aver visitato, con lui, Delleani, Cavalleri, Bistolfi, Follini. Quest'ultimo mi prese a ben volere, ma quando frequentavo il suo studio in via San Massimo, mi ero già cimentato a dipingere. Ho conservato un mio dipinto del 191 ... (ero appena un ragazzino) ma ricordo bene che Follini, mi disse, a proposito di quel dipinto, se lo avessi copiato da Ravier. Io non sapevo chi fosse quel pittore; più tardi, quando mi trovai di fronte ad una sua opera ne rimasi profondamente turbato, tanto che faticai poi, e non poco, a liberarmi della sua influenza, ben comprendendo che la sua pittura avrebbe condizionato irresponsabilmente la mia[85]. Più tardi a Parigi, a Ginevra ed altrove i contatti con Utrillo, Braque, Picasso ed altri, mi consentirono quell'evoluzione per la quale, pur non avendo aderito all'astrattismo, compresi che ogni forma di espressione, quando è istintiva, è manifestazione di libertà»[86].

Il fatto che Follini avesse chiesto a Rol se aveva copiato da Ravier potrebbe portare a certe conclusioni che piacciono tanto ai reincarnazionisti. Si potrebbe infatti sostenere che Rol, essendo una reincarnazione di Ravier, non poteva che dipingere come lui...

Ovviamente bisognerebbe poi dar conto dell'ipotesi "napoleonica", e magari si finirebbe con opinionisti a favore dell'una o dell'altra ipotesi. Ma la soluzione è "mista" (e, soprattutto, non reincarnazionista) e la daremo più avanti. Intanto, vediamo altri resoconti relativi a Ravier. Bazzoli nella seconda puntata del suo servizio raccontava di un

---

[85] Cfr. Stevenson, R.L., *Lo strano caso del Dottor Jekyll e del Signor Hyde*, BUR, 2007, p. 121: «...cominciai a vedere il pericolo che, prolungandosi gli esperimenti, l'equilibrio della mia natura potesse venire alterato per sempre, e la mia capacità di trasformarmi a volontà potesse cessare, e il carattere di Edward Hyde diventare irrevocabilmente il mio». Più avanti vedremo perché questa analogia...

[86] Rol, G.A.,*"Io sono la grondaia..."*, pp. 267-268. Un riferimento cronologico all'evoluzione pittorica di Rol la troviamo anche in un'altra lettera (*ibidem*, p. 120) del 09/11/1944: «Io, che mi sono rivelato in pittura dopo venticinque anni di attesa, mi accorgo che tutto ciò che posso oggi fare e pretendere, mi viene direttamente da quanto già sollevava il mio spirito nelle brevi pause che un lavoro assai materiale mi aveva concesso». Questi «venticinque anni» dovrebbero indicare l'età in cui Rol iniziò a dipingere, ma questo ci porterebbe al 1928 (l'anno successivo alla sua *illuminazione*) e non corrisponderebbe al fatto che iniziò da bambino. Tuttavia, l'espressione «mi sono rivelato» può anche indicare un diverso livello di consapevolezza artistica.

esperimento di *materializzazione di acquerello* (diverso dalla *pittura a distanza*, perché il dipinto si materializzava su un foglio di carta extrastrong formato A4 che uno dei presenti si metteva nella tasca della giacca o sotto la camicia) dove il ruolo di Ravier era preminente:

«Rol ha chiesto a ciascuno dei presenti di suggerire un artista di proprio piacimento. Sono saltati fuori i nomi di Picasso, Modigliani, Soutine, Kandinski, Dubuffet, Matisse, Leger, Hartung. Rol ne ha scritto i nomi su un foglio di carta. Poi ha spiegato: "Mi piacerebbe chiamarli tutti qui stasera. Chissà se vengono? E poi se litigano? Non l'ho mai fatto. È la prima volta che tento questa mia possibilità. (...). Questi otto pittori ce li condurrà qui Auguste Ravier, il pittore che mi è stato di guida da molti anni e che è lo "spirito intelligente" col quale sono intimamente legato". (...).

Rol cominciò a guardare le tempere. Poi il suo sguardo parve assentarsi da quella stanza. Disse parlando davanti a sé: *"Ah, bon. C'est toi Ravier!* Grazie, grazie di essere arrivato. Ci dai una mano". Rol aveva un foglio di carta bianca davanti: cominciò a toccarlo. Disse sorridendo: "Tu non vuoi mescolarti con gli altri. Ti prendi metà foglio. *Oh bien, mon cher maître*. Questa parte". Con la matita cominciò a scrivere, disegnare, cancellare...»[87].

In questo racconto – di cui per questioni di spazio abbiamo solo riportato un estratto – è significativa l'affermazione che «...Auguste Ravier... è lo "spirito intelligente" col quale sono intimamente legato»[88]. Di per sé dovrebbe dargli la preminenza su tutti gli altri "spiriti intelligenti", Napoleone compreso[89].

Anche Maria Luisa Giordano è di questa opinione:

«Non osavo neanche più chiedergli a chi appartenevano quelle forze occulte che gli venivano in aiuto, avevo anche imparato a tacere; penso però che fosse la spirito intelligente di Ravier ad agire»[90].

In una occasione anche la Giordano sarà testimone di una trasfigurazione, anche se probabilmente solo per qualche istante:

«Una volta Gustavo mi lesse qualcosa dello stesso Ravier (...). Mentre mi stava parlando, Rol mi pareva diverso, trasfigurato, mi sembrava di avere davanti a me Ravier in persona, ne aveva preso le sembianze, lo vedevo dipingere alla luce di una lanterna»[91].

---

[87] Bazzoli, L., *I capolavori che arrivano dall'aldilà*, Domenica del Corriere 24/01/1979, pp. 81-82

[88] Ci torna qui in mente l'errore in cui era incorso un giornalista che aveva chiamato Rol «Augusto Rol» (cfr. nota 49 p. 33). Ma sarà stato davvero un errore?

[89] Ovviamente, i reincarnazionisti convinti potrebbero sempre sostenere che in Rol vivesse in realtà l'"anima" di Napoleone, e non il suo *spirito intelligente*. Vedremo però che questa ipotesi non è plausibile.

[90] Giordano, M.L., *Rol e l'altra dimensione*, p. 143.

[91] *ibidem*, p. 147. Questo racconto ha delle significative analogie con il fenomeno delle *immagini mutanti*, e ci ricorda in particolar modo quello vissuto dalla Dembech, quando è stata testimone di una fotografia che in pochi istanti ha mutato gli elementi in essa contenuti, per poi tornare come prima (cfr. *Il grande precursore*, pp. 103-106). Nel

La Giordano riferisce inoltre quanto segue:
«Ci chiedeva ripetutamente se il suo stile, il suo modo di dipingere fossero abbastanza moderni. Aveva il timore di essere inconsciamente condizionato da Ravier, questo grande pittore francese che ammirava molto. Mi parlava spesso di lui. Mi raccontò che era nato nel 1814 a Lione, morto a Morestel nel 1895. Anche lui era un mistico, aveva addirittura pensato di farsi monaco. Poi cambiò idea, si sposò ed ebbe dei figli»[92].

Sul retro di un dipinto di Ravier, ottenuto tramite *pittura a distanza* negli anni '50 a casa del marchese Gian Felice Ponti, Rol scrisse:
«Seduta di pittura al buio, dedicata al mio Illustre Maestro, il pittore François August Ravier».

In seguito commentò:
«La seduta fu lunghissima ed estenuante, ero ancora abbastanza giovane allora, durante l'esperimento avevo cambiato aspetto: ero diventato vecchio, avevo preso le sembianze di Ravier, trascinavo i piedi con fatica»[93].

Come si vede, la descrizione di Rol coincide con quella dei testimoni, e denota che la sua metamorfosi era la caratteristica peculiare di questo tipo di esperimento. Lui stesso volle farlo notare in uno degli articoli che scrisse per *Gente*:
«"Avevo spiegato come i dipinti realizzati tramite lo 'spirito intelligente' di François Auguste Ravier debbano essere considerati un fenomeno a parte, del quale avrei anche preferito non parlare. Invece leggo, tanto sulla copertina quanto all'interno, un titolo inaspettato: *I pennelli si muovono da soli*. Ne sono veramente rattristato"»[94].

Nell'ambito dello stessa puntata, sotto una fotografia (ma non nell'articolo) viene citata una affermazione di Rol, fornita forse oralmente ad Allegri o espunta da altri suoi commenti:
«"Il Ravier, maestro ed amico di Fontanesi, è per me solo un immenso sostegno spirituale", dice Rol»[95].

---

caso della Giordano invece, la trasformazione ha acquisito una dimensione in più, da bidimensionale a tridimensionale.

[92] *ibidem*, p. 144.
[93] *ibidem*, p. 148.
[94] Rol, G.A. (Allegri, R.), *Finalmente Rol rivela Rol*, Gente, 02/04/1977, p. 32; anche in: Allegri, R., *Rol il grande veggente*, p. 147. Rol si riferisce al titolo che il periodico aveva dato all'articolo precedente a lui dedicato (e da lui scritto).
[95] Didascalia a p. 33. Antonio Fontanesi (Reggio Emilia 1818-Torino 1882), fu un paesaggista che ebbe notevole influenza sui pittori di paesaggio piemontesi (scuola di Rivara in particolare). Conobbe Ravier e il cerchio di artisti lionesi intorno al 1858. «La forza poetica, la maniera libera e il talento di Ravier furono sicuramente una scoperta sconvolgente per Fontanesi, che era affascinato, come d'altronde tutti quellli che lo conobbero, dalla sua personalità indipendente e dalla sua profonda umanità». «Nel 1886... Ravier... scrisse [di Fontanesi]: "Nessuno ha compreso meglio di lui il dipinto, ovvero l'eliminazione di tutto ciò che è inutile e che non concorre all'effetto. Le sue minime impressioni sono, a mio avviso, lezioni di cui potrebbero ben approfittare dei

Frase forse rivelatrice se intesa non solo in senso etico-morale, ma anche "operativo", ovvero se con «sostegno spirituale» si intende «sostegno dello *spirito intelligente*». Crediamo in effetti che sia questo ciò a cui Rol volesse soprattutto riferirsi.

Nell'articolo precedente, quello il cui titolo non era piaciuto a Rol, egli scriveva:

«Il giornalista-scrittore Remo Lugli può confermarlo: una sera, in casa sua, tramite Rol, vennero realizzati simultaneamente quattro deliziosi paesaggi, proprio come se fossero dipinti dalla mano del francese François Auguste Ravier (1814-1895), il pittore che quasi sempre "ispira" gli esperimenti».

«...qualche volta non è difficile sentire nell'aria una voce, che non è quella di Rol e che viene attribuita al pittore Ravier.

A esperimento avvenuto, Rol corre ad affondare il lapis nel colore ancora molle e scrive sulla tela: "Hommage à Ravier", apponendo, ben chiaramente, la propria sigla e la data. "Così, tra qualche anno", egli dice "a qualcuno non verrà la tentazione di spacciare per autentici questi dipinti"»[96].

Interessante che Rol scriva di Ravier come del «pittore che quasi sempre "ispira" gli esperimenti», quasi intendesse riferirsi non solo a quelli di *pittura a distanza*. Quanto finora visto, farebbe del Ravier il candidato ideale a rappresentare il «lui» di Pitigrilli.

A proposito della precauzione di specificare che non si trattava di originali ma di copie o comunque *"nello stile di"*, era questa effettivamente la consuetudine di Rol, come confermano, tra gli altri, anche Massimo Inardi e Piero Cassoli:

«[Rol] dichiarò che tali quadri sono talmente fedeli come stile ed impronta a quelli del pittore Ravier vivo che egli si sente sempre in dovere di firmarli con la dizione *hommage a Ravier, séance du...* (data e firma)»[97].

Tale dizione non era riservata ai soli dipinti dello *spirito intelligente* di Ravier, ma anche a quelli eseguiti da altri pittori (Picasso, Braque, El Greco, etc.).

---

maestri moderni, e non dei minori... Da quando è arrivato da Ginevra, credo di avergli aperto gli occhi, su certe cose che aveva in lui allo stato latente, cose che in seguito ha colto così rapidamente, che, dopo essere stato colui che l'ha colpito, sono io che talvolta sono stato colpito dal modo che egli aveva di spiegarmi i miei propri sentimenti! e siccome aveva fatto degli studi più rifiniti dei miei, noi eravamo l'uno per l'altro, reciprocamente, il maestro e il discepolo» (nostra traduzione, da: Serra, R.M., *Antonio Fontanesi et Auguste Ravier*, in: AA.VV., *François-Auguste Ravier*, Musée des Beaux-Arts de Lyon, 1996, pp. 70 e 72).

[96] Rol, G.A. (Allegri, R.), *I pennelli si muovono da soli*, Gente, 19/03/1977, p. 13; anche in: Allegri, R., *Rol l'incredibile*, p. 59; *Rol il mistero*, p. 62; e *Rol il grande veggente*, pp. 112-113.

[97] Cassoli, P. e Inardi, M., *Gustavo Adolfo Rol. Nota preliminare*, Quaderni di Parapsicologia, n. 1, 26 Gennaio 1970, p. 18.

E che potessero essere scambiati per originali lo testimoniano le opinioni di alcuni critici d'arte interpellati in proposito, come Angelo Dragone critico de *La Stampa*[98] o il prof. Alfredo Giubilei consultato da Alfredo Ferraro, che a proposito dell'acquerello di Braque aveva redatto la seguente perizia:

«Giudico il piccolo dipinto a guazzo di circa 6,5 cm 11 cm (1/8 foglio normale), raffigurante "Ripiano con vari oggetti", una spontanea e ben riuscita libera realizzazione stilistico-tematica, tratta dal ben noto Maestro francese, Georges BRAQUE (1882-1963) e del quale ne rispecchia altresì, con fresco e nitido cromatismo, la maniera così detta "dalla scomposizione cubistica al recupero dell'oggetto".

Questo dipinto, come mi viene affermato da fonte ineccepibile, venne ottenuto in via paranormale dal torinese G.A. Rol durante una seduta svoltasi a Torino il 23 maggio 1977.

Tengo a precisare, qualora non fossi stato preventivamente informato, in merito all'origine dell'opera, che la stessa l'avrei indubbiamente assegnata alla Scuola del Braque.

Genova 13 luglio 1977: firmato Prof. Alfredo Giubilei».

Ferraro poi aggiunge:

«A voce, poi, l'esperto mi disse: "noi parliamo di *scuola* per prudenza: ma qui la mano di Braque è secondo me certa"»[99].

La certezza della «mano di Braque» è la stessa certezza della «mano di Napoleone» quando Rol scrive nella sua calligrafia, la quale «fu analizzata da periti grafologi diversi che, sbalorditi, ne confermarono l'autenticità»[100].

Maria Luisa Giordano riferisce che Rol le «aveva confessato che, quando scriveva in fretta, la sua calligrafia diventava sempre più simile a quella di Napoleone»[101], e Rol stesso aveva riferito alla giornalista Luciana Jorio che «i più noti periti calligrafi della Francia hanno da lungo tempo attestato che la mia scrittura è uguale a quella del grande imperatore»[102].

In effetti vi sono molti scritti di Rol che recano una calligrafia uguale a quella di Napoleone[103]. Ma è anche vero che vi sono altre lettere dove Rol scrive con grafia differente (si vedano le tavole da XII a XVII). Anche Renzo Allegri si è accorto che le grafie di Rol sono più di una:

---

[98] Paola Giovetti aveva scritto su Astra del 01/07/1987 (p. 93): «Al Museo d'Arte Moderna di Torino sono conservati parecchi quadri di Ravier e lo stile è identico, come ha confermato il critico d'arte Angelo Dragone, che ha assistito spesso alla produzione di queste opere». Cfr. anche Lugli, R., *G.Rol. Una vita di prodigi*, p. 94 (citato più avanti).

[99] La copia fotostatica della lettera è stata pubblicata in *Testimonianza sulla Parapsicologia*, MEB, Padova, 1993, p. 190. La trascrizione in: Ferraro, A., *Indifferente alla morte: esperienze laiche di un fisico*, Gardolo (Trento), Reverdito Editore, 1988, pp. 106-107.

[100] Giordano, M.L., *Rol e l'altra dimensione*, p. 151.

[101] *ibidem*, p. 222.

[102] Jorio L. *Viaggia nel passato e vede nel futuro*, Grazia 10/12/1972, p. 29.

[103] Si vedano a questo proposito le tav. XIV e XV.

«Ho conservato diligentemente i fogli manoscritti che lui mi passava. Fogli grandi, zeppi di una scrittura minuta e fitta. (…).

Io posseggo anche diverse lettere di Rol. E la scrittura di quelle lettere non è uguale a quella degli articoli che mi passava. Per diverso tempo ho sospettato che si servisse di qualche amico, qualche collaboratore, cui dettava quegli scritti. Poi, un giorno, leggendo un libro di Remo Lugli, suo grande amico, ho trovato un documento illuminante. Lugli proprio all'inizio del suo libro, riportava la foto di una pagina manoscritta di Rol, la cui scrittura era identica a quella degli articoli che Rol aveva redatto per me. Lugli spiegava che quel foglio era stato "fittamente scritto, ora lo ricordo, in scrittura automatica, cioè dalla sua mano, guidata da uno "spirito intelligente", in quel caso il suo". Forse Rol, per scrivere gli articoli che poi io firmavo, se li faceva dettare dal "suo spirito intelligente"? La scrittura è comunque identica al documento che Lugli presenta come "testamento spirituale di Rol"»[104].

Torneremo più avanti sulla scrittura automatica, e vedremo che Rol come poteva dipingere nello stile di un qualunque pittore, così poteva scrivere con la grafia di una qualunque persona, vivente o defunta. E se il tipo di pittura che lui prediligeva era quella di Ravier, il tipo di calligrafia che più gli era congeniale era quella di Napoleone. Il fatto stesso che vi siano sue lettere dove la calligrafia era diversa da quella di Napoleone, è uno dei tanti indizi che escludono la possibilità che Rol fosse una sua reincarnazione (al di là della veridicità o meno di questa teoria).

Ritorniamo però ancora un momento a Ravier, e alle identificazioni di Rol con lui. Crediamo sia importante riferire altre descrizioni, in quanto è attraverso di esse che si comprende ad un tempo il ruolo di questo pittore nella vita di Rol e l'errore di chi ha visto in lui la reincarnazione di Napoleone.

L'ingegner Luigi Fresia, amico di Rol, in una lettera a Pitigrilli del 4 agosto 1965 scriveva:

«…Rol dipinge dei quadri nello stile di Ravier e ripete un istante della vita del pittore mentre dipinge un quadro: in quel momento, infatti, parlava in francese, si lamentava dei bambini che gli davano noia e chiedeva un bicchiere di vino».

Poche righe più avanti aggiungeva:

«Ho avuto la certezza che Rol… ha al suo servizio… un entità astrale che produce fenomeni analoghi a quelli spiritici»[105].

---

[104] Allegri, R., *Rol. Il grande veggente*, p. 25. Si veda la riproduzione del "testamento di Rol" alla tav. XVII. Cfr. Lugli, R., *G. Rol. Una vita di prodigi*, p. 14 e 16.

[105] Giordano, M.L., *G.Rol. Una vita per immagini*, pp. 78-79. La seduta di *pittura a distanza* cui fa cenno Fresia è avvenuta negli stessi giorni di quella a cui ha partecipato Buzzati (infatti tra la data della lettera e l'articolo dello scrittore c'è una differenza solo di una settimana). Si tratta però di due sedute diverse, sia per i particolari cui Fresia fa cenno (bambini, bicchiere di vino) e che non si trovano nella descrizione di Buzzati, sia perché Buzzati nel suo articolo forniva le coordinate degli ospiti, e nessun ingegnere vi compare (accenna, tra gli altri, a un «giovane editore F.», ovvero Piero Femore, che non può essere confuso con «Fresia»).

L'entità astrale, il «lui» di cui parlava Pitigrilli, era ovviamente lo *spirito intelligente*, e nel caso specifico quello di Ravier. Sull'analogia con i fenomeni spiritici non vi sono dubbi, visto che gli elementi in gioco sono gli stessi, anche se usati, e spiegati, in modo del tutto diverso, come diremo.

Vediamo ora un resoconto di Remo Lugli:

«Rol... pronuncia il nome di François Auguste Ravier. Gli chiede di intervenire, se gli è possibile. Restiamo in attesa. (...). Gustavo dunque chiama lo "spirito intelligente" di Ravier che, secondo la sua teoria, è rimasto sulla Terra e può ancora operare, fare cioè cose già eseguite, senza creare nulla di nuovo. (Rol era solito dire, a proposito di Ravier, che non lo aveva cercato lui, la prima volta era venuto di sua spontanea volontà, forse per una affinità artistica). (...).

Sul foglio che ha davanti Rol ha scritto in scrittura automatica, a matita, con grafia sua: "Je suis ici avec vous F.A. Ravier" e l'elenco dei colori che avrebbe usato. (...).

Nel silenzio si incomincia a sentire un fruscio. Cerchiamo di scrutare nel punto dove c'è il cartoncino e vediamo qualcosa muoversi: è un pennello, quasi orizzontale, con la parte posteriore leggermente più alta, come se fosse guidato da una mano. Il pennello si abbassa, scompare, ne sale un altro, poi è la volta della spatola che produce un suono diverso di raschiatura. Rol è sempre distante dall'improvvisato cavalletto, ogni tanto fa qualche passo verso il camino, poi ritorna, supera le sedie, viene verso di noi, torna ancora indietro. Non più in silenzio, adesso canticchia, bisbiglia qualcosa in francese. Sono trascorsi forse quindici minuti da quando i pennelli hanno cominciato a muoversi da soli e Rol dice: "È fatto, possiamo accendere"»[106].

Due elementi desideriamo qui sottolineare: il primo, quando Lugli riferisce la spiegazione di Rol del perché proprio Ravier sia il pittore a cui egli è legato[107], dicendo che «era venuto di sua spontanea volontà, forse per una affinità artistica». Lungi dall'essere un racconto buttato lì a caso, è invece la spiegazione esatta del processo *attrattivo* nei confronti di un *residuo psichico* (o *spirito intelligente*) quando sussista per l'appunto una *affinità*, in questo caso *artistica*. Detto processo è inconscio e spesso inespresso nella maggior parte delle persone e si manifesta, nei casi più blandi, nella condivisione di idee o stili appartenenti in genere a grandi personaggi del passato, coi quali ci si ritrova *in sintonia*. Nei casi più intensi esso si spinge fino a una *parziale identificazione*, tale per cui una persona *si sente* questo o quel tale personaggio, magari convincendosi di esserne una reincarnazione, se crede a questa teoria. In alcuni casi, quando l'invlduo perde

---

[106] Lugli, R., *cit.*, pp. 63-64. Esperimento del 20 ottobre 1974.

[107] A questo proposito, nel 1967 Riccardi scriveva: «Non ho la minima idea del perché proprio F.A. Ravier sia frequentemente coinvolto post-mortem nella produzione di quadri nati in questi anni recenti a Torino» (*Metapsichica*, gen.-giu. 1968, p. 21; anche: *Operazioni psichiche sulla materia*, cit., p. 62).

completamente il controllo di se stesso, il *residuo psichico* si "impossessa" di lui trasformandolo in un "posseduto", con tutte le varianti sul tema.

L'identificazione di Rol era invece una *identificazione totale e controllata*, dove lo *spirito intelligente* viene dominata dalla volontà illuminata dell'operatore.

L'altro elemento del racconto di Lugli è il fatto che Rol avesse scritto «Je suis ici avec vous F.A. Ravier» ("sono qui con voi. F.A. Ravier"), «con grafia sua», e non con la grafia di Ravier. Con questo Rol dimostrava di essere ad un tempo tutt'uno con Ravier e al tempo stesso di non esserlo. Di essere cioè Rol e Ravier al tempo stesso, come due personalità che coesistono *in contemporanea*. Questa doppiezza, quasi un Giano bifronte, la si constata bene anche nella descrizione di un altro esperimento che ha protagonista Rol-Ravier, raccontato sempre da Lugli:

«Dopo una serie di esperimenti con le carte, Rol scrive in scrittura automatica e in francese: "Questa gente mi piace, dipingerò per loro qualcosa", firmato Ravier. Rol chiede se vuole fare un disegno, ma la risposta è: "Voglio dipingere". Non disponendo di colori ad olio, Rol accetta l'offerta della signora Visca di colori a tempera della figlia; si avvarrà di una tecnica già sperimentata qualche altra volta. Riprende a scrivere: è Ravier che precisa quali colori devono essere preparati: bianco, cobalto, giallo chiaro, terra bruciata scura o nero, verde smeraldo. Chiede anche una matita, un coltello, uno straccio, dell'acqua (che viene portata in un vaso di vetro).

Rol abbandona la matita e si mette a parlare come se fosse A. Ravier. Dice che dipingerà un piccolissimo quadro, come un francobollo, ma intensissimo. Sarà un paesaggio nei dintorni di Morestel. Ricorda il pomeriggio in cui lo dipinse, era d'autunno avanzato, c'era un forte sole. Era con lui l'amico pittore italiano Antonio Fontanesi, il quale gli domandava come mai andasse a caccia e gli diceva che non poteva continuare ad uccidere gli animali, non era da un uomo con la sua sensibilità. "E infatti" dice Rol-Ravier, "poi non li uccisi più." (...).

A tarda ora dalla abitazione dei Visca andiamo a casa di Angelo Dragone che, come critico d'arte, dispone di una vasta documentazione artistica[108]. Consultiamo una monografia su Ravier e troviamo una tavola a colori che riproduce lo stesso dipinto che è venuto direttamente sul foglio della signora Jolanda, con la differenza che in quest'ultimo i colori sono più brillanti, il quadro è più armonioso, più bello. Si direbbe che sia il dipinto che Ravier avrebbe voluto dipingere. (...).

Ho chiesto all'amico Angelo Dragone una sua valutazione critica di quel quadretto di Ravier. Ha risposto: "Della minuta tempera comparsa in quell'occasione ricordo che la piccola dimensione la faceva apparire

---

[108] Nel già citato articolo di Serra, R.M., *Antonio Fontanesi et Auguste Ravier*, a p. 72 troviamo: «Nel 1975 Angelo Dragone ha mostrato che una tela... che era giunta alla Galleria d'Arte moderna di Palazzo Pitti come opera di Fontanesi, doveva essere attribuita a Ravier» (ns. tr.). Su Dragone, cfr. lo stesso articolo anche a p. 71.

anche più brillante degli acquerelli noti dell'artista, in buon numero conservati come l'originale di quello comparso in casa Visca anche al Louvre: davvero 'intensa', come da Rol-Ravier era stato annunciato all'inizio della serata"»[109].

In un altro esperimento raccontato da Lugli, troviamo la seguente definizione:

«Rol si concentra per cercare di contattare lo 'spirito intelligente' di Ravier e dopo un paio di minuti ci riesce e si mette a parlare come se fosse il pittore francese: "Vi farò un paesaggio in cui spicca un albero, solo; dipinto che, quando fu eseguito da me per la prima volta, venne denominato dai critici 'l'albero', appunto per il suo primo piano. Per me l'albero significava l'uomo, forse io stesso, teso verso il cielo e verso i valori dello spirito"»[110].

In queste descrizioni, si è visto che Rol *parla, scrive e dipinge come se fosse* Ravier. Non si tratta di una esclusività concessa al (o dal) pittore francese, perché Rol era in grado di fare lo stesso con *qualunque essere defunto o vivente*. Questa prospettiva lascia piuttosto inquieti ed ha implicazioni di notevole portata, perché chiunque, nelle stesse condizioni di Rol, sarebbe in grado di *conoscere ed essere* un altro individuo vissuto nel passato o vivente nel presente, con tutto ciò che questo implicherebbe dal punto di vista della *privacy*. Forse sarà questo il destino dell'uomo, e in futuro non esisteranno segreti di nessun tipo, e tutti saranno obbligati *dalla natura stessa delle cose* a dire sempre la verità. L'*identificazione* con *lo spirito intelligente* di un altro individuo vivente permette quella che oggi impropriamente è chiamata *telepatia*: non si tratta di essere in grado di "leggere il pensiero" di un'altra persona, magari con improbabili sforzi mentali, ma si tratta dell'*identificazione* di una persona con un'altra. Tale *identificazione* avviene in un *momento di grazia* particolare, sia esso concesso da favorevoli condizioni simpatetiche (amore o profonda amicizia tra due persone) oppure dalla realizzazione, in almeno una delle due persone, dello stato di illuminazione, stato che una volta stabilizzato è costante e *rende momento di grazia ogni momento*. In questa condizione, entra in gioco una *volontà integrale* (conscia e inconscia al tempo stesso) in grado, potremmo dire, di "scaricare" (*download*) nel proprio sistema nervoso (*hardisk*) quanto si trova in un altro sistema nervoso, oppure di caricare (*upload*) il proprio sistema nervoso su quello altrui, oppure di trasferire *files* da un sistema nervoso ad un altro... e così via. Questi termini presi a prestito dall'informatica consentono una esemplificazione assai chiara. Le implicazioni sono evidentemente sconcertanti, tali per cui il riserbo che c'è stato su questi argomenti per migliaia di anni è del tutto giustificato, così come è giustificato il comportamento di Rol di negarsi ai cosiddetti "studiosi"...

---

[109] Lugli, R., *cit.*, pp. 92-94. Esperimento del 9 aprile 1977.
[110] *ibidem*, pp. 63-64. Esperimento del 13 aprile 1977.

> ...l'idea fondamentale è che i Rosacroce hanno la missione di operare, prima che giunga la "fine del mondo", un ristabilimento generale... nel segno del loro misterioso Imperator.
>
> Julius Evola, 1937[111]

Rol e Napoleone

Dopo aver ampiamente esposto esempi e considerazioni sulla simbiosi Rol-Ravier, veniamo a quella Rol-Napoleone.

Abbiamo già visto come egli avesse contestato l'affermazione della giornalista Di Bartolo che aveva scritto che «giunge ad alludere a se stesso come ad una reincarnazione del grande francese».

Come abbiamo anche detto, è senz'altro vero che egli talvolta *alludesse*, ma le ragioni non hanno a che vedere con la reincarnazione.

È lo stesso Rol a fornirci gli indizi. Alla giornalista Luciana Jorio, nel 1972, aveva detto:

«"Questi tamburi", spiega "appartenevano all'esercito di Napoleone quando venne in Italia e combatté a Magenta[112]. Io li ho ritrovati e ora li custodisco, come altri cimeli di quell'epoca, della quale è rimasta una traccia profonda dentro di me"».

Più avanti la giornalista gli chiede: «Lei pensa di essere una reincarnazione di Napoleone?» e Rol risponde: «"Non lo so". Sorride lievemente. "Dico solo che dentro di me vi è una traccia di quell'epoca"»[113].

Nel 1964, il prof. Vittorio Beonio-Brocchieri riferiva quanto segue:

«Si tratta di un gentiluomo convinto che, attraverso una cosiddetta "cellula trascendentale" trasmessa per generazioni, la sua esistenza risale a un antenato il quale militò nell'esercito napoleonico»[114].

Per inquadrare bene la questione è necessario qui ricordare cosa aveva detto Rappelli nel 1969:

«Ogni nostro antenato ha lasciato sulla Terra il proprio "spirito intelligente", e non c'è da stupirsi se – nella nostra scala biogenetica – si può trovare un antico gradino che ci sia particolarmente affine. Rol

---

[111] *Il Mistero del Graal*, Edizioni Mediterranee, Roma, 2002, p. 209.

[112] Si tratta certamente di un errore della giornalista, che deve aver confuso Marengo con Magenta. La battaglia di Magenta fu combattuta infatti da Napoleone III il 4 giugno 1859. Sarà forse a causa di questo errore che Rol solleciterà Leo Talamonti a scrivere, nel 1975: «...i sette tamburi da reggimento che si trovano allineati nell'angolo opposto della stessa stanza, con tanto di bacchette sopra, hanno una provenienza precisa e dichiarata: Austerlitz, Jena, Wagram, Waterloo... Sono reliquie delle battaglie napoleoniche» (in *Gente di frontiera*, pp. 122-123).

[113] Jorio L. *Viaggia nel passato e vede nel futuro*, Grazia 10/12/1972, p. 29. Vittorio Messori ha riferito la stessa cosa al giornalista Marco Travaglio nel 2000: «Rol riteneva che in lui vivesse qualcosa di Napoleone Bonaparte» (*La Repubblica*, 15/03/2000).

[114] Beonio-Brocchieri, V., *Sogno misterioso di un gentiluomo torinese*, in *Camminare sul fuoco e altre magie...*, Milano, Longanesi, 1964, p. 125.

definisce quello stadio quale *"cellula biologica trascendentale prevalente"*. Gli "spiriti intelligenti" sono in grado di memorizzare la vita che hanno vissuto, densa quindi di avvenimenti e di fenomeni, sia in proprio, sia per trascendenza, costituendo così una catena ininterrotta che giunge sino a noi»[115].

Se ne dovrebbe dedurre che lo *spirito intelligente* di un antenato di Rol che ha militato nell'esercito napoleonico sia la *cellula biologica trascendentale prevalente* rispetto a tutte le altre cellule trascendentali dei suoi antenati, vale a dire che Rol è stato *inconsciamente* o *subconsciamente influenzato* da questa cellula assai più che da tutte le altre. L'analogia con il concetto di *predisposizione genetica* è quasi ovvio. Con la differenza che qui, nella stessa definizione di Rol, non abbiamo solo il passaggio da genitori a figli di caratteri somatici o attitudini caratteriali («*biologica*»), ma abbiamo l'intera memoria psichica dei nostri antenati («*trascendentale*»[116]). Ed è per questo che Rol aveva detto al giornalista Luigi Bazzoli:

«Ho creduto di impazzire quando scoprii che esistevano in me le memorie di uomini vissuti 4000 anni fa»[117].

A tal proposito, ecco cosa scrive René Guénon:

«...così come esiste un'eredità fisiologica, esiste pure un'eredità psichica, che è assai poco contestata anche perché è un fatto di osservazione corrente; ma ciò di cui molti probabilmente non si rendono conto, è che questo presuppone almeno che i genitori trasmettano un germe psichico, assieme a un germe corporeo.

Questo germe può coinvolgere potenzialmente un insieme estremamente complesso di elementi appartenenti alla sfera del "subconscio", oltre alle tendenze o predisposizioni in senso proprio le quali, sviluppandosi, appariranno in modo più manifesto; gli elementi subconsci, al contrario, potranno diventare apparenti soltanto in casi piuttosto eccezionali[118]. È questa la duplice eredità psichica e corporea espressa dalla formula cinese: "E tu rivivrai nelle migliaia di tuoi discendenti" (...).

---

[115] Relazione di Pier Lorenzo Rappelli, *Dibattito sui fenomeni provocati dal Dr. Rol*, in: Metapsichica, Rivista taliana di parapsicologia, Casa Editrice Ceschina, Milano, gen-giu. 1970, p. 25.

[116] Riteniamo che con l'uso del termine «trascendentale» Rol intendesse allargare la trasmissione genetica anche agli elementi psichici, i quali *trascendono*, ovvero *superano e attraversano* sia le generazioni, che le specifiche linee genetiche. Il termine designerebbe inoltre, in questo caso, il superamento di ciò che comunemente si intende per «biologico», facendone qualcosa che non è più solo "materia", ma anche "spirito".

[117] Bazzoli, L., *Rol l'incredibile.*, cit., p. 152.

[118] Lo fu certamente quello di Rol del 1927, che si ritrovò ad avere a che fare con la memoria dei suoi antenati dopo aver risvegliato *kundalinī*, l'energia vitale all'interno del corpo umano. Questo forse farà meglio comprendere il senso della sua affermazione: «la potenza mi fa paura», e d'altronde nella tradizione indù *śakti* (potenza) e *kundalinī* designano pressoché la stessa cosa.

Le dottrine estremo-orientali tengono conto di preferenza dell'aspetto psichico dell'eredità e vedono in essa un vero e proprio prolungamento dell'individualità umana; è questo il motivo per cui, sotto il nome di "posterità" (...), esse la associano alla "longevità", chiamata immortalità dagli occidentali»[119].

Guénon fa quindi degli esempi pratici per spiegare come i fatti su cui si basa la teoria reincarnazionista siano spiegabili in altro modo. Egli parla ad esempio dei casi «in cui la persona che riconosce un luogo nel quale non si era mai recata, ha nello stesso tempo l'idea più o meno chiara di esservi già vissuta, o che in esso le è accaduto questo o quel fatto, o addirittura che vi è morta (quasi sempre di morte violenta). Ora, nei casi in cui si è potuto procedere a verifiche, si è giunti a constatare che quanto la persona crede sia capitato a lei stessa è effettivamente capitato in quel luogo a uno dei suoi antenati più o meno lontani[120]. È un esempio chiarissimo della trasmissione ereditaria di elementi psichici...; i fatti di questo genere si potrebbero indicare con il nome di "memoria ancestrale"[121], anche perché gli elementi che in questo caso si trasmettono appartengono in effetti, per una buona parte, alla sfera della memoria[122]. Quello che a prima vista sembra strano, è che questa memoria possa manifestarsi soltanto dopo parecchie generazioni; sappiamo però che esattamente la stessa cosa avviene per le rassomiglianze corporee e per alcune malattie ereditarie. Si può benissimo ammettere che, durante l'intervallo, il ricordo in questione sia rimasto allo stato latente e "subconscio", nell'attesa di una situazione favorevole per manifestarsi; se la persona in rapporto alla quale il fenomeno si produce non fosse andata nel luogo voluto, il ricordo avrebbe continuato ancora per molto tempo a rimanere latente, senza poter diventare chiaramente cosciente. (...).

«...tutto si conserva, perché tutto ha, in modo permanente, la possibilità di ricomparire, anche quel che sembra completamente dimenticato o insignificante...; ma affinché un determinato ricordo riaffiori alla mente è necessario che le circostanze siano favorevoli, e questo è il motivo per cui, di fatto, molti ricordi non riappaiono mai nel campo della coscienza chiara e distinta. Quel che accade nella sfera delle predisposizioni organiche è perfettamente analogo: un individuo può portare in sé, allo stato latente, questa o quella malattia, per esempio il cancro, ma la malattia si svilupperà soltanto sotto l'azione di un trauma o di una causa di indebolimento dell'organismo; se non si verificheranno

---

[119] Guénon, R., *Errore dello spiritismo*, cit., pp. 205-206.

[120] Gli altri casi invece riguardano il trasferimento della memoria – del residuo psichico – da altre individualità che non hanno a che vedere con il ceppo familiare. Si parla in questo caso di *metempsicosi*, nozione che vedremo tra breve.

[121] Un perfetto equivalente di «cellula biologica trascendentale».

[122] In altra pagina (204-205) Guénon aggiunge: «La dissociazione che segue la morte non agisce soltanto sugli elementi corporei, ma anche su certi elementi che si possono dire psichici (...)[che] comprendono in particolare tutte le immagini mentali che, derivando dall'esperienza sensibile, hanno fatto parte di quelle che sono chiamate memoria e immaginazione...».

circostanze di questo genere, la malattia non si svilupperà mai, ma non per questo il suo germe è meno reale e presente nell'organismo, così come una tendenza psicologica che non si manifesti con atti esteriori non per questo è meno reale in se stessa»[123].

Oltre al passaggio degli elementi psichici da una generazione all'altra per via organica, diretta, ve n'è anche un altro per una via diversa:

«...certi fatti che i reincarnazionisti credono di poter invocare in appoggio della loro ipotesi si spiegano perfettamente... da una parte con la trasmissione ereditaria di taluni elementi psichici, dall'altra con l'inglobamento in una individualità umana di altri elementi psichici provenienti dalla disintegrazione di individualità umane anteriori, le quali non hanno per questo il minimo rapporto spirituale con essa».

Le «individualità umane anteriori» non sono altro che i defunti, i quali alla morte lasciano sulla Terra, oltre a un *residuo organico*, anche un *residuo psichico*. Questo residuo è quello che Rol ha chiamato *spirito intelligente*, che non è il defunto vero e proprio, ma solo un sembiante, un "ologramma" dotato dei contenuti mnemonici appartenuti all'individuo, una "radiazione" che possiede una *quantità di informazione* pari a tutto ciò che quel dato individuo ha esperito durante la sua vita. Questo *spirito intelligente* non ha però coscienza propria, è una sorta di zombie, è come il personaggio di un film che può essere visto e rivisto ma che non farà mai nulla di diverso di quanto ha fatto in quel film, oppure è come una canzone che può essere riascoltata quante volte si vuole, registrata nell'archivio dell'universo. Questo residuo psichico è la base della nozione di *metempsicosi*, che è stata spesso abusivamente confusa con quella di reincarnazione. Scrive Guénon:

«...la deformazione ha assunto proporzioni tali che perfino gli orientalisti ufficiali, per esempio, interpretano correntemente in senso reincarnazionistico testi che non contengono niente del genere, e sono diventati totalmente incapaci di comprenderli in modo diverso, il che equivale a dire che non ne capiscono assolutamente nulla.

Il termine "reincarnazione" dev'essere distinto da almeno due altri termini, i quali hanno un significato completamente diverso; sono i termini "metempsicosi" e "trasmigrazione". Si tratta di cose che erano ben note agli antichi...

È sottinteso che quando si parla di reincarnazione si intende che l'essere che è già stato incorporato riprende un nuovo corpo, cioé ritorna nello stato attraverso il quale è già passato: si ammette inoltre che ciò riguarda l'essere reale e completo e non semplicemente qualcuno degli elementi più o meno importanti che hanno potuto intervenire nella sua costituzione con una qualsiasi funzione. Fuori di queste due considerazioni non si può assolutamente parlare di reincarnazione; ora, la prima la distingue essenzialmente dalla trasmigrazione, com'è considerata nelle dottrine orientali; la seconda la differenzia non meno profondamente dalla metempsicosi, nel senso in cui l'intendevano in

---

[123] Guénon, R., *Errore dello spiritismo*, cit., pp. 241-242.

particolare gli orfici e i pitagorici. Gli spiritisti, pur sostenendo a torto l'antichità della teoria reincarnazionista, dicono effettivamente che essa non è identica alla metempsicosi; sennonché, a loro parere, essa se ne distingue soltanto perché le esistenze successive sono sempre "progressive" e perché riguarda esclusivamente gli esseri umani: "Vi è", dice Allan Kardek, "tra la metempsicosi degli antichi e la moderna dottrina della reincarnazione, la gran differenza che gli spiritisti respingono nel modo più assoluto la trasmigrazione dell'uomo negli animali, e viceversa". Gli antichi, in realtà, non sostennero mai una forma simile di trasmigrazione, così come non sostennero mai la trasmigrazione dell'uomo in altri uomini, come si potrebbe definire la reincarnazione. Senza dubbio esistono espressioni più o meno simboliche che possono dar luogo a malintesi – ma soltanto quando non si sappia ciò che vogliono dire realmente, che è questo: ci sono nell'uomo elementi psichici che si dissociano dopo la morte e possono quindi passare in altri esseri viventi, uomini o animali (...)». Ma «si tratta degli elementi mortali dell'uomo e non della parte imperitura che costituisce il suo essere reale, la quale non è assolutamente toccata da questi mutamenti postumi»[124].

Guénon precisa quindi che «quelli che sono presentati come casi di reincarnazione a causa di un presunto "risveglio di ricordi" che si produca spontaneamente... sono solo semplici casi di metempsicosi..., vale a dire di trasmissione di determinati elementi psichici da una individualità all'altra»[125].

Fa poi degli esempi:

«...accade talvolta, ad esempio, che una persona sogni un luogo che non conosce e che, in seguito, recandosi per la prima volta in un paese più o meno lontano, ritrovi tutto ciò che aveva visto come per anticipazione. Se la persona in questione non aveva conservato del suo sogno un ricordo chiaramente cosciente, e nonostante questo il riconoscimento avviene, essa può immaginare – ammesso che creda nella reincarnazione – che si tratti di qualche reminescenza di un'esistenza anteriore; in questo modo possono effettivamente spiegarsi molti casi...»[126].

E ulteriori considerazioni:

«...l'illusione della reincarnazione può aver luogo quasi soltanto per la presenza di un insieme considerevole di elementi psichici aventi la stessa provenienza, tale da rappresentare in modo approssimativo l'equivalente di una memoria individuale più o meno completa; è un caso piuttosto raro, ma sembra che ne sia stato constatato almeno qualche esempio. È quel che verosimilmente succede quando in una famiglia dove è morto un bambino ne nasce un altro che possiede, perlomeno parzialmente, la memoria del primo; sarebbe difficile, in effetti, spiegare

---

[124] *ibidem*, pp. 202-203.
[125] *ibidem*, pp. 239-240.
[126] *idem*.

fatti di questo genere con la semplice suggestione, anche se non si esclude che i genitori abbiano avuto una funzione inconscia nel "transfert" reale, "transfert" che la sentimentalità contribuirà non poco a interpretare in senso reincarnazionistico. È anche capitato che il "transfert" della memoria si sia verificato in un bambino appartenente a un'altra famiglia e a un altro ambiente, il che non concorda con l'ipotesi della suggestione; a ogni buon conto, quando c'è stata morte prematura, gli elementi psichici persistono più facilmente senza dissolversi, ed è per questo che la maggior parte degli esempi che si portano a tale riguardo si riferiscono appunto a bambini»[127].

A questo proposito potrebbe essere meglio inquadrata l'espressione coniata da Rol di *cellula biologica trascendentale prevalente*. Detta prevalenza ha certamente a che vedere con la «presenza di un insieme considerevole di elementi psichici aventi la stessa provenienza, tale da rappresentare in modo approssimativo l'equivalente di una memoria individuale più o meno completa». Ora, questo vale essenzialmente per la trasmissione di elementi psichici che non hanno a che vedere con il ceppo familiare, quindi con tutti gli *spiriti intelligenti* di individui che non fanno parte di esso.

In Rol, certamente vi erano diverse prevalenze di questo tipo: Napoleone, Ravier, Casanova. Tali prevalenze sono dovute a *simpatia* e *affinità*, che si verificano o per certe coincidenze caratteriali, o per condivisione di idee e sensibilità artistiche, o per analoghe disposizioni d'animo verso la vita[128].

Ma vi è anche una prevalenza proveniente dal suo ceppo familiare, come Rol stesso ha dichiarato: «dentro di me vi è una traccia di quell'epoca». Una frase che sarebbe generica e che potrebbe valere per chiunque abbia avuto un antenato vissuto in Europa a cavallo di '700 e '800, se non fosse che Beonio-Brocchieri specifica che questa traccia o «cellula trascendentale», «risale a un antenato il quale militò nell'esercito napoleonico»[129].

Non si tratterebbe quindi di Napoleone, ma di un antenato di Rol che ha militato nel suo esercito, e che probabilmente aveva conosciuto direttamente l'imperatore. Ce lo confermerebbero altre fonti, ad esempio Mario Pincherle riferisce questo dialogo avuto con Rol:

«[Pincherle] "Prima ho accennato a Napoleone. Perché i tuoi occhi si sono illuminati? Perché questa casa sembra un museo napoleonico?"

---

[127] *ibidem*, pp. 243-245.

[128] Al di là del grado di affinità, rientra in questo ordine di cose la seguente affermazione di Rol: «Mi sono recato a visitare l'impronta sulla cera delle mani divine di Victor Hugo ed ho pensato a tutti i meravigliosi caratteri che tracciarono quelle mani: le concezioni di quel genio io sento che sono le mie» (Parigi, 1926); in *"Io sono la grondaia..."*, p. 68.

[129] Beonio-Brocchieri, V., *cit.*, p. 125. L'autore in modo un po' impreciso aveva scritto «la sua esistenza [di Rol] risale...», ma il senso corretto è appunto quello da noi riferito.

[Rol] "È una storia vecchia. Risale a quando andavo a scuola, a quindici anni. Sapevo il nome di tutte le battaglie come se vi avessi partecipato di persona. Cominciai allora a comprare cimeli napoleonici. 'Ricordo' la voce di Napoleone. 'Ricordo' frasi che rivolgeva, forse, a me. Facevo sogni 'napoleonici'. Sognai la Grande Piramide d'Egitto. 'Sentivo' Napoleone che mi diceva: "Ti voglio raccontare cosa è successo stanotte, quando ero steso nel sarcofago, nella stanza del Re. Una cosa meravigliosa e assurda nello stesso tempo. Ma è meglio che io cambi idea. Se lo si viene a sapere mi prenderanno tutti per matto..." (...). Interruppi Rol che parlava troppo di Napoleone»[130].

Nicola Riccardi scrive di Rol, nel 1966, del «suo antico e profondo entusiasmo per tutto ciò che si riferisce a Napoleone; di questo grande defunto sente aleggiare molto spesso lo spirito intorno a sé: non si tratta dell'anima la quale vaga in altre sfere ma proprio dello spirito»[131].

Anche questo è un altro riferimento allo *spirito intelligente*. Nel 1970 lo stesso autore accennava alla «continua e profonda dimestichezza del sensitivo con tutto ciò che ha rapporto con il grande Napoleone» «che da tanti anni forma oggetto di studio, di antiquariato e di venerazione da parte [sua]»[132].

Maria Luisa Giordano dice che «Napoleone rappresentò per tutta la vita un personaggio molto significativo, nei cui confronti provò sempre una profonda devozione»[133], e che, nel suo primo incontro con Rol avvenuto nel 1979 insieme a sua madre lui aveva detto loro: «Lo sapevate che ho sempre avuto un venerazione per l'imperatore?». Poco prima si era soffermato a raccontare un episodio accadutogli negli anni '30 a Parigi, quando in una cantina aveva scoperto, in maniera *endoscopica*, un busto dell'imperatore sotto il pavimento di terra battuta, che ora si trovava presso l'ingresso di casa sua, quasi ad accogliere gli ospiti: «"Da quel giorno non me ne sono più separato, quel busto è sempre qui con me, una presenza viva, il nume tutelare della mia casa»[134]. Sempre la Giordano contribuisce a sgomberare il campo dai dubbi reincarnazionisti quando afferma:

«Anche se non ha mai sostenuto di esserne la reincarnazione o che fosse il suo spirito guida, indubbiamente l'imperatore francese esercitò un forte ascendete su di lui.

Provava una tale venerazione per questo personaggio, da ricordare e commemorare le varie ricorrenze della sua vita. Quando parlava di lui, si animava, si trasformava»[135].

---

[130] Pincherle, M., *Il segreto di Rol*, EIFIS Editore, Forlì, 2005, p. 110. Tuttavia data la tendenza di questo autore a romanzare e colorire i dialoghi, si prenda la sua testimonianza con il beneficio di inventario.

[131] Riccardi, N., *Gustavo Adolfo Rol*, in: Metapsichica, lug-dic 1966, p. 78.

[132] Riccardi, N., *Operazioni psichiche sulla materia*, cit., pp. 42 e 38.

[133] Giordano, M.L., *Rol e l'altra dimensione*, Sonzogno, Milano, 2000, p. 25.

[134] *ibidem*, p. 42. Sull'episodio del ritrovamento cfr. Pincherle, M., *cit.*, pp. 91-92 (romanzato); e Lugli, R., *Gustavo Rol. Una vita di prodigi*, cit., pp. 31-32.

[135] Giordano, M.L., *Rol e l'altra dimensione*, cit., p. 150.

Come si vede anche questa testimone afferma che Rol «non ha mai sostenuto di esserne la reincarnazione» e l'affermazione è tanto più significativa perché la Giordano crede a questa teoria, tanto da arrivare secondo noi a travisare o a riportare in modo impreciso alcuni pensieri di Rol sull'argomento, come abbiamo già visto.

Intervistata da Renzo Allegri nel 1995, raccontava: «Qualcuno lo aveva definito un "nuovo Cagliostro". Ma non voleva essere paragonato a nessuno. Semmai, l'unico accostamento che accettava era quello con Napoleone.

Aveva un'autentica infatuazione per il grande imperatore francese. Quando parlava di lui, i suoi occhi scintillavano. A volte si metteva accanto al grande busto dell'imperatore che teneva nell'ingresso della sua bella casa, su un tavolo del Settecento, e diceva: "Che ne pensi? Non ti sembra che ci assomigliamo?". Poi aggiungeva: "Dicono che Napoleone viva in me, che io sia una sua reincarnazione. Forse non è vero. È impossibile conoscere cose del genere. Ma un fatto è certo: io sento l'imperatore sempre presente, sempre vicino, molto vicino. Potrei dire che mi sento veramente un tutt'uno con lui"»[136].

Con quest'ultima affermazione, Rol non fa altro che dire che lo *spirito intelligente* di Napoleone, che "aleggia" – per usare l'espressione di Riccardi – intorno a lui, è, in una sorta di avvicinamento graduale, «*presente, vicino, molto vicino, tutt'uno* con lui», è cioè, a seconda delle circostanze, dentro o fuori di lui, o entrambe le cose. L'impossibilità a «conoscere cose del genere» è una affermazione che deve far riflettere tutti coloro che sono abituati a speculare su quale sia il destino dell'anima dopo la morte, sul quale essenzialmente Rol si astiene dal pronunciarsi (tranne col dire che la morte non esiste, che si cambia di stato, e che si ritorna a Dio), insistendo solo sullo *spirito intelligente*.

Curiosa anche la domanda di Rol se assomigliasse a Napoleone: ricorda l'episodio raccontato dalla Dembech sulla somiglianza di Ceronetti con Voltaire. Quel che è certo, è che Rol non assomigliava a Napoleone, sia per la taglia che per il colore dei capelli. Con quella battuta Rol ha voluto trasmettere la verità dell'essere e del non essere al tempo stesso in *simbiosi* con Napoleone, a seconda dell'angolatura da cui si vede la questione.

Altre testimonianze sono quella di Paola Giovetti, per la quale Rol «ha un'autentica venerazione per Napoleone»[137] e quella di Luciana Frassati,

---

[136] Allegri, R., *Rol, l'uomo dalle cento anime*, Chi n. 24, 23/06/1995, p. 78. Quanto al «nuovo Cagliostro», fu il giornalista di *Le Monde* Philippe Pons a definirlo così nel 1983 («*c'est une sorte de Cagliostro de la haute société italienne*»), paragone poi ripetuto da Tullio Regge nel 1994 (*La Stampa* del 23/09, p. 19). Rol e Cagliostro però, non avevano quasi nulla in comune, se non un certo alone di mistero che circondava entrambi. Non stupisce che a fare questo paragone siano state due persone che Rol lo hanno conosciuto pochissimo.

[137] Giovetti, P., *Gustavo Adolfo Rol*, in *Arte Medianica*, Edizioni Mediterranee, 1982, p. 87

che dice che «Napoleone era per Rol il Genio compenetrato» e riferisce anche una delle sue tante allusioni a metà strada tra il serio e il faceto:

«In una delle sue rare 'confessioni' raccontava: "Pensa che non posso più andare 'Aux Invalides' perché si muovono tutte le bandiere!"» [138].

Remo Lugli scrive:

«Il piccolo Gustavo è un bimbo strano, tardivo a parlare e i genitori se ne preoccupano; ma poi, compiuti i due anni, parla e dice come prima parola un nome: Napoleone. Rol, da adulto, preciserà che non ha mai pensato d'aver vissuto una vita precedente in ambiente napoleonico, né tantomeno di essere stato una reincarnazione di Napoleone. Tuttavia per tutta la vita egli avrà per la figura dell'imperatore francese un culto e diventerà un collezionista di suoi cimeli» [139].

Lo stesso scrive Renzo Allegri:

«La prima parola che pronunciò fu "Napoleone". E poiché in seguito, per tutta la sua vita, mostrò grandissima ammirazione per l'imperatore francese, collezionando cimeli e ricordi che lo riguardavano, nacque la leggenda che fosse la reincarnazione di Napoleone. Ma Rol smentì sempre, dicendo che la sua infatuazione per quel personaggio era frutto solo di grandissima ammirazione» [140].

Franca Pinto ci ha raccontato qualcosa di simile, anche se *apparentemente* in contraddizione con quanto detto da Lugli:

«Rol ha sempre detto di aver già vissuto in precedenza, se ne era accorto fin da piccolo, a partire da quando disse come prima parola "Nabulio", che era il nomigliolo dato a Napoleone da bambino».

Abbiamo qui sicuramente la versione precisa di quale parola pronunciò Rol da bambino, le restanti non essendo che adattamenti imprecisi o solo semplificati da Rol stesso (Napoleone, 'Poleone, etc.). Nabulio o Nabulione era infatti come veniva chiamato Napoleone [141]. La contraddizione apparente con Lugli è che il giornalista scrive che Rol «non ha mai pensato d'aver vissuto una vita precedente in ambiente

---

[138] Frassati, L., *L'Impronta di Rol*, Daniela Piazza Editore, Torino, 1996, p. 138. All'Hotel des Invalides, a Parigi, si trova la monumentale tomba di Napoleone.

[139] Lugli, R., *cit.*, p. 18.

[140] Allegri, R., *Rol. Il grande veggente*, p. 156. Per fortuna Allegri è riuscito ad evitare, almeno qui, un errore. E non era scontato, visto che nel 1995, nel sottotitolo di un suo articolo-intervista dedicato a M.L. Giordano, già citato nelle scorse pagine (*Rol, l'uomo dalle cento anime*) c'era scritto: «Il grande sensitivo diceva di essere la reincarnazione di Napoleone». Probabilmente era solo un "errore" dell'editore...

[141] Inoltre, è interessante rilevare che sia Rol che Napoleone sono nati in un giorno dedicato alla Madonna: l'Assunta per Bonaparte (15 agosto, 1769) e la Consolata, patrona di Torino, per Rol (20 giugno, 1903). Un altro elemento degno di nota è che la balia di Rol si chiamava *Catterina* (Bessone), e quella di Napoleone *Caterina*. («Sono venuto al mondo nelle braccia della vecchia Mammuccia Caterina...» (Antonmarchi, F., *Gli ultimi giorni di Napoleone* (1825), in: Las Cases, *op. cit.*, vol. II, p. 849)). E dal momento che «il primo gradino della scala a percorrere e l'ultimo, sono sullo stesso piano», come scrisse Rol (*"Io sono la grondaia..."*, p. 145) non stupisce che la persona che si è presa cura di lui, *proprio come una balia*, negli ultimi anni di vita sia stata *Catterina* Ferrari.

napoleonico», mentre la Pinto dice che «Rol ha sempre detto di aver già vissuto in precedenza». Da quanto è stato detto fino adesso, dovrebbe risultare chiaro che hanno ragione entrambi, solo che stanno parlando di due cose diverse: Lugli, che fa seguire il suo pensiero dalla negazione della reincarnazione, è a quella che intende riferirsi; la signora Pinto invece fa riferimento allo stesso ordine di cose di cui scrivevano Vittorio Beonio-Brocchieri e Luciana Jorio, vale a dire la *memoria psichica*. Da questo esempio si comprende come può essere facile equivocare se non si hanno basi metafisiche sufficienti per poter discriminare correttamente.

Veniamo ad altri commenti. Giorgio di Simone nel 1975 scriveva a proposito del «salotto del Dottor Rol», come di «un salotto dalla atmosfera strana, indimenticabile, con i suoi classici richiami all'epoca imperiale napoleonica, verso la quale egli risente un'attrazione che è qualcosa di più di una "sintonia culturale" e psicologica»[142].

Piero Cassoli e Massimo Inardi nel 1970 parlano dell'«interesse che da moltissimi anni ha Rol per tutto ciò che è napoleonico e sembra che i più significativi episodi paranormali siano accaduti proprio in riferimento ed in relazione a questa sua passione che, a quanto ci dicono, rappresenta un vero e proprio culto»[143].

Purtroppo di quanto riferiscono i due autori, cioè dei «più significativi episodi paranormali» legati in qualche modo a Napoleone, ce ne rimangono in realtà ben pochi. Di uno la fonte è Rol stesso, e lo riferisce Maria Luisa Giordano:

«Ci raccontò anche che un'altra volta si era presentato Napoleone a cavallo e, come ricordo, aveva lasciato una bandiera francese che fu poi messa sotto vetro»[144].

Vi erano poi due esperimenti "classici" che Rol faceva, spesso con nuovi ospiti con cui si trovava a suo agio. Uno di questi riguardava la telecinesi o la materializzazione di un bottone della divisa di Napoleone o

---

[142] Di Simone, G., *Gustavo Rol: una vita ai confini dell'impossibile*, Il Giornale dei Misteri, n. 54, 09/1975, p. 35.

[143] Cassoli, P. e Inardi, M., *Gustavo Adolfo Rol. Nota preliminare*, cit., p. 18. Riferisce Las Cases: «Il Governatore [di Sant'Elena]... ha proseguito dicendo che noi seguitiamo a trattare il nostro generale da Imperatore. "E come potremmo trattarlo diversamente?". "Ma io voglio dire che seguitate a trattarlo come Sovrano". "Signor Governatore, voi parlate di sovranità? Ma per noi egli è qualcosa di più, è un culto. Ai nostri occhi e nel nostro cuore l'Imperatore non è più di questa terra: noi lo vediamo in cielo, nel firmamento! ... E quando ci lasciate la scelta opponendoci così a lui, la nostra è la scelta dei martiri, ai quali si diceva: rinunziate alla vostra fede o morite. Ebbene: in questa situazione a noi non resta che morire» (15/10/1816, *Memoriale di Sant'Elena*, cit., vol II, pp. 342-343).

[144] Giordano, M.L., *Rol e l'altra dimensione*, p. 58. Poiché vi sono numerose testimonianze di persone che hanno visto gli *spiriti intelligenti* che Rol rendeva visibili alla coscienza, non abbiamo alcuna difficoltà a credere che l'episodio si sia realmente verificato, ovvero che non si tratti di un qualche racconto fantastico o simbolico, come accaduto in altri casi.

di quella di un soldato dell'esercito napoleonico. Come scrive Remo Lugli:

«Fra i tanti oggetti che erano appartenuti al grande corso c'erano, in una bacheca Impero, dei bottoni di una divisa, mi pare fossero di bronzo, con aquila. Capitava talvolta che Rol fosse in questo salotto con un ospite e il discorso cadesse su Napoleone e sugli oggetti che era riuscito a trovare, a volte come s'è visto avventurosamente, come se loro stessi, così agognati da Rol, volessero raggiungerlo per radunarsi tutti insieme. Quasi sempre, all'improvviso, un bottone partiva dalla bacheca, che era chiusa, e si posava sul tavolo o sul pavimento davanti all'ospite sbalordito. Era un gesto d'omaggio, non un regalo: troppi bottoni sarebbero andati dispersi. Rol lo prendeva in mano, lo faceva ammirare al visitatore, poi lo rimetteva al suo posto»[145].

Lo stesso racconta Arturo Bergandi, factotum di casa Rol:

«Un giorno materializzò per il mio Gian Paolo [*figlio di Bergandi, n.d.r.*] il bottone che proveniva dall'uniforme di un ufficiale di Napoleone. Ce lo spiegò per filo e per segno: come dicevo prima, sapeva tutto di Napoleone»[146].

E così l'ex amministratore delegato della Fiat Cesare Romiti:

«Una sera mi spiegò: "Vede Romiti, Napoleone ha vinto per merito tutte le sue battaglie tranne una. Da quella uscì con un colpo di fortuna". Mentre parlava materializzò un bottone e me lo offrì spiegandomi che veniva dalla giacca che Napoleone indossava quella volta. "Lei ha solo bisogno di fortuna", mi disse»[147].

Non stiamo a far l'elenco di tutti quelli che hanno riferito episodi simili. Di per sé, è un prodigio "minimo", non nelle cause, ma nell'effetto. Non fa certo impressione come quello del pesante busto di Napoleone che si sposta nell'aria e passa da un mobile a un altro[148].

L'altro tipo di esperimenti classici legati all'Imperatore riguardava l'immagine di un suo ritratto, appeso nella biblioteca di Rol, che mutava espressione di fronte allo sguardo attonito di un ospite, che in genere Rol voleva "presentare" a Napoleone.

Giuditta Dembech, ne *Il grande precursore*, scrive:

«Altri ancora venivano "presentati" a Napoleone... Questo era un test tutto particolare a cui anch'io sono stata sottoposta (...). L'incontro avvenne al mattino, nella sua biblioteca, una stanza bellissima dove entravo per la prima volta. Ci indicò un punto preciso dove fermarci, e poi aprì una delle vetrinette che custodivano i suoi moltissimi libri. (...).

---

[145] Lugli, R., *cit.*, p. 32. A proposito di bottoni, Las Cases (*cit.*, vol. I, p. 408) scriveva: «...quante volte ognuno di noi venne sollecitato, pregato, scongiurato dai visitatori di dar loro qualcosa che gli appartenesse; sia pure un bottone dei suoi vestiti!».

[146] Sipos, N., *La mia strana vita vicino a Rol* (intervista ad Arturo Bergandi), Chi n.7 del 22/02/2006, p. 138.

[147] Sipos, N., *Rol mi diceva di chi fidarmi* (intervista a Cesare Romiti), Chi, n.5 del 08/02/2006, p. 25

[148] Cfr. più avanti nota 772 p. 437.

Rol fece scorrere il nastro che sollevava in verticale la bella tenda drappeggiata, e dietro apparve un ritratto di Napoleone che prima non era visibile.

Era una bella stampa ottocentesca che mi sembrava di avere già visto in qualche enciclopedia, o in qualche libro d'arte. Napoleone vi era raffigurato nel suo pieno splendore, giovane e bello.

Rol ci chiese di osservarlo attentamente in silenzio per un paio di minuti. Dopo di che, riabbassò la tendina... e ci chiese: *"Come vi è sembrato il ritratto di Napoleone? Che espressione aveva?"*

Le nostre risposte furono tutte diverse, ma capii in seguito che per lui erano un test, un segnale importante. Jacqueline disse che Napoleone gli era apparso sorridente già dall'inizio, dal primo istante in cui ne vide l'immagine. Per me invece fu una cosa diversa; in un primo momento mi era sembrato che il ritrattto avesse un'aria seria, quasi severa, ma qualche attimo dopo, ben chiaramente lo vidi sorridere... Pensai comunque di essermi sbagliata, era impossibile che un ritratto potesse cambiare espressione, eppure... Per mio marito fu ancora un'altra cosa, lui non lo vide mai sorridente, ci disse che l'immagine dell'Imperatore era molto bella, il suo aspetto era autoritario e sereno ma serioso»[149].

Domenica Fenoglio racconta:

«...nella biblioteca di Gustavo c'erano le mensole con le porcellane, preziosissime, coperte da tendine di broccato azzurro. Se qualcuno gli stava particolarmente simpatico, lui alzava la tendina centrale, e, sotto, appariva dal niente Napoleone ridente. Una volta fece questo scherzo a mia figlia, che, studiando l'epoca napoleonica, trovava molto noioso e antipatico il dittatore. "Ma no", disse Gustavo, "vedrai che ti farà ridere a crepapelle". Ed è andata così davvero»[150].

Anche il professor Massimo Goitre ha assistito a questo prodigio:

«Mi riceveva in una camera da letto piuttosto buia dove troneggiava un baldacchino, di fronte al quale una tenda nascondeva un grande quadro in verticale raffigurante Napoleone. Nelle cinque o sei circostanze in cui ho messo piede in via Silvio Pellico, Rol mi sollecitava a posizionarmi lì davanti, ad aprire la tenda e a fissare il dipinto: e ogni volta la bocca dell'imperatore si allargava in un cordiale sorriso. A quel punto distoglievo lo sguardo dalla tela e osservavo la sua faccia divertita che pure mi incuteva molto timore e una certa soggezione»[151].

Infine, citiamo ancora in merito a questo prodigio la testimonianza di Maria Luisa Giordano:

---

[149] Dembech, G., *cit.*, pp. 60-61.

[150] Regolo L., *A tu per tu con gli spiriti* (intervista a Domenica Fenoglio), Chi, n. 41, 18/10/2000, p. 97.

[151] Ternavasio, M., *G. Rol. Esperimenti e Testimonianze*, L'Età dell'Acquario, Torino, 2003, pp. 139-140. Si sarà notato che il dr. Goitre parla di «camera da letto», mentre gli altri testimoni di «biblioteca». Non si tratta di errore, né del fatto che ci fossero due ritratti: Rol infatti era solito dormire nella biblioteca, dove si trovava un *trumeau* a scomparsa. Dopo la morte di Elna, nel 1990, fece risistemare le due stanze che lei usava; una per lui, l'altra per Catterina Ferrari.

«...oltre alla Enciclopedia Treccani c'era un ritratto giovanile di Napoleone Bonaparte, quasi sempre nascosto da una tenda, solo qualche volta la faceva scorrere per farmelo ammirare. "Questo ritratto è magico", sosteneva, "formula mentalmente un desiderio e fissa il volto dell'imperatore, se sorriderà, ciò che hai chiesto si avvererà, in caso contrario rimarrà serio e impassibile". Non so se fosse una suggestione, però per ben due volte mi sorrise e i miei desideri furono esauditi»[152].

Tutto quanto abbiamo fin qui citato presenta una caratteristica ricorrente: Rol e Napoleone non sono la stessa persona, e Rol si comporta nei confronti dell'Imperatore come un suddito fedele e devoto, che lo venera al punto da essere disposto a sacrificare la vita. È d'altronde ciò che ci si aspetterebbe da un eventuale antenato che per Napoleone avesse questi sentimenti.

Il culto di Rol per Napoleone è stato quindi favorito dalla «cellula biologica trascendentale» di un suo antenato che è diventata *prevalente* rispetto ad altre e che ha *predisposto* Rol fin da giovane ad interessarsi e appassionarsi alla vita e alle imprese dell'imperatore francese.

Questo misterioso antenato, vero e proprio testimone "oculare" dell'epoca napoleonica, potrebbe in ogni caso essere l'ennesima finzione di Rol: un *escamotage* comodo, *exoterico*, per spiegare ciò che non è affatto semplice spiegare. Qui di seguito noi ci limiteremo ad alcune citazioni che forse possono dare qualche indicazione aggiuntiva, ma dubitiamo che la cosa possa essere risolta con certezza per la semplice ragione che si dovrebbero conoscere nei particolari i *curricula* degli antenati maschi di Rol che hanno vissuto in quell'epoca e militato nell'esercito napoleonico (ce ne sono presumibilmente 9)[153], cosa piuttosto ardua. E quand'anche avessimo trovato chi sia questo antenato, non ne sapremmo certo più di prima. Vittorio Beonio-Brocchieri riferiva anche questo racconto di Rol:

«"Una notte", mi disse, "ebbi una visione strana... mi trovavo a Parigi nella galleria di un palazzo primo impero; dame vestite nei costumi di corte, gentiluomini, generali tutti allineati in un corridoio piuttosto stretto (io mi sentivo agitato, pur sapendo di sognare!). A un certo momento una voce grida: '*L'Empereur* !...' e il corridoio comincia ad allargarsi...

---

[152] Giordano, M.L., *Rol mi parla ancora*, pp. 41-42. Questo fenomeno dove un personaggio ritratto in un quadro si mette a sorridere rientra nella classe che abbiamo chiamata delle *immagini mutanti*, che consta al momento di 30 episodi (gennaio 2008). Ne abbiamo anticipata una analisi sul ns. sito, alla pagina: www.gustavorol.org/teresa_rovere.html, prendendo spunto dall'episodio accaduto a Roberto Giacobbo nel 2002.

[153] Ottavio Rol (circa 1765-?) e Carlo Giuseppe Rol (1793-1884), rispettivamente il bisnonno e il nonno paterno di Gustavo; il padre e i due nonni di Cesarina Balbo della Torretta (nonna paterna di Gustavo, circa 1833-?) e i quattro bisnonni di Martha Peruglia (madre di Gustavo, 1878-1958). Questi sono i dati di cui disponiamo al momento, suscettibili di essere approfonditi. Tra l'altro, l'eventuale parentela tra nostro nonno Franco Rol e Gustavo risale probabilmente a uno dei figli di Ottavio Rol, forse a un Felice Rol (1815-?), bisnonno di Franco e figlio di Ottavio.

allargarsi, nella sfavillante luce dei lampadari di cristallo nel centro, ed eccolo trasformato in un salone gremito di dignitari e di dame. Sulla parete di fondo si apre una porta ed entra Napoleone, reggendo il cappello con la sinistra appoggiata dalla parte del cuore. A mano a mano che avanza, i gentiluomini e le dame da una parte e dall'altra si inchinano. Dietro all'imperatore, cammina zoppo un generale con una decorazione sul petto: ha la faccia sfregiata da una sciabolata e un occhio strabico. L'imperatore viene verso di me... (il cuore mi batte!) passa davanti a me, col generale zoppicante e va a sedersi sul trono, sotto l'aquila. Quell'aquila lì", dice indicando un prezioso oggetto d'antiquariato poggiato sopra una mensola[154]. "Improvvisamente l'imperatore fa segno al generale dalla faccia sfregiata come gli volesse dire qualche cosa; e subito dopo sento che il generale grida il mio nome! Mi alzo in piedi, mi avvicino al trono, Napoleone dice al generale indicando la decorazione che questi reca sul petto: '*Donnez-la lui! Il a bien mérité!*' Il generale si toglie la decorazione, sta per consegnarmela... il sogno svanisce»[155].

Di questo racconto, la prima cosa che si può senz'altro dire è che non si tratta di un semplice sogno. Lo stesso Rol, all'inizio parla di «visione». La seconda, è che abbiamo un ulteriore elemento che prova come Rol non si identificasse con Napoleone – ché altrimenti avrebbe raccontato una storia assai diversa dove l'Imperatore era lui – ma con qualcuno che è stato al suo servizio e che si è reso meritevole di ricompensa per i suoi servigi. Un soldato che viene promosso almeno virtualmente generale, come farebbe intendere il passaggio della decorazione dallo "zoppo" a lui.

Questa promozione, e l'entusiastico commento di Napoleone («L'ha ben meritata!») fanno pensare che il decorato fosse stato protagonista di qualche azione virtuosa o eroica.

A questo punto, basterebbe forse cercare nei resoconti storici per trovare un qualche riscontro. Chi potrebbe essere il generale zoppo e guercio che segue l'Imperatore? Quando è avvenuto il ricevimento e in quale palazzo?

Nel primo caso sarebbe necessaria una conoscenza assai profonda di tutta la storia napoleonica per trovare l'episodio in questione. Di generali zoppi e guerci che hanno servito nell'esercito napoleonico ce ne sono molti: le menomazioni fisiche causate dalle ferite di guerra erano frequenti e numerose, e quindi è piuttosto difficile identificare qualcuno in particolare. Il palazzo del ricevimento potrebbe essere le Tuileries o la Malmaison, ma nessuno dei due è «primo impero»[156]. Dobbiamo poi

---

[154] Questa aquila compare dietro a Rol nella fotografia pubblicata su *Epoca* nel 1951, e qui riprodotta alla tav. XXI.

[155] Beonio-Brocchieri, V., *cit.*, pp. 126-127.

[156] Periodo che va dal 18 maggio 1804, giorno della proclamazione di Napoleone quale Imperatore dei francesi, all'aprile 1814, ovvero all'abdicazione e alla partenza per l'Isola d'Elba.

considerare un margine di imprecisione nella trasposizione fatta da Beonio-Brocchieri, tale per cui anche un solo elemento di diversità potrebbe cambiare le circostanze della vicenda. Più avanti vedremo quelli che probabilmente sono gli episodi storici a cui Rol deve essersi ispirato. Questi episodi tuttavia sono secondo noi solo la base su cui Rol ha innestato un certo simbolismo, cosa che egli faceva abbastanza frequentemente[157].

Da un punto di vista simbolico, lo zoppo qui avrebbe la funzione di tramite tra la divinità (l'Imperatore, *figlio del Cielo*, assiso in Trono) e l'adepto che percorre la via iniziatica. Il passaggio della decorazione da uno all'altro può corrispondere al cambiamento di stato tra un prima, lo zoppo, e un dopo, il *risanato*. Lo zoppo e Rol, cioè, potrebbero essere la stessa persona, in due fasi diverse. Mohammed Mokri, già professore all'Univerістà di Teheran, scrive che lo zoppicare «rappresenta il gesto di terminare per ricominciare: è l'assenza di riposo, l'incompiutezza, lo squilibrio. Nei miti, nelle leggende e nelle fiabe l'eroe zoppo compie un ciclo che può esprimersi con la fine di un viaggio e annunciarne uno nuovo; lo zoppo evoca il sole al tramonto o anche il sole della fine e dell'inizio dell'anno»[158].

L'etnologo e poeta Alain Gheerbrant scrive che «la visione di Dio comporta un pericolo mortale e può lasciare come una ferita, rappresentata dal claudicare, nell'anima di coloro che hanno beneficiato anche un solo istante di questa visione».

«Achille è vulnerabile al tallone a causa della sua propensione alla violenza e alla collera, che sono debolezze dell'anima; zoppicare, dal punto di vista simbolico, indica un difetto spirituale».

«Efesto (Vulcano) è un dio zoppo e deforme. Come Giacobbe dopo la sua lotta con Jahvè, Efesto è divenuto zoppo dopo un combattimento con Zeus per difendere sua madre (*Iliade* l, 590-592). Nell'Olimpo è il fabbro, il dio del fuoco e la sua malattia è un segno che anch'egli ha visto qualche segreto divino, qualche aspetti nascosto della divinità suprema, da cui è stato ferito per l'eternità. Egli conosce il segreto del fuoco, il segreto dei metalli, che possono essere solidi o liquidi, puri o mescolati in leghe e trasformarsi tanto in armi che in vomeri e ha dovuto pagare questa conoscenza, sottratta al cielo, con la perdita della sua integrità fisica. In molte altre mitologie ritroviamo gli dei fabbri, Varuna, Tyr, Odino e Alfödr, gli dei che conoscono i segreti del fuoco e del metallo in fusione, gli dei maghi: sono tutti zoppi, orbi, monchi o storpi, e la perdita della loro integrità fisica è il prezzo pagato per la loro scienza e il loro potere, nonché un richiamo al castigo che minaccia ogni eccesso.

---

[157] È caratteristica di una *scienza sacra* la creazione di storie in cui si intreccciano realtà, finzione e simbolismo. La Bibbia è uno degli esempi più eloquenti.
[158] Chevalier, J., & Gheerbrant, A., *Dizionario dei Simboli*, Bur, Milano, 1997, Vol. II, p. 580. Ci sembrano a tal proposito del tutto significativi questi versi di una delle poesie ad *Alda*: «Millenni di follia / non appresero nulla / né a Te che incominci / né a me che ricomincio» (p. 61).

Guardatevi dal fare un cattivo uso di questo potere magico: il dio supremo è geloso e lascerà su di voi il segno della sua potenza, il segno della vostra sottomissione. La claudicazione rappresenta il marchio rovente di coloro che si sono avvicinati alla potenza e alla gloria della divinità suprema»[159].

In tale prospettiva, Rol – *da zoppo quale era*, in quella visione che può essere considerata autobiografica e riportata idealmente al 1927 – avrebbe passato la prova a cui era stato sottoposto, ottenendo dall'*Imperatore* la ricompensa[160]. Al tempo stesso però, il Rol che viene ricompensato, ovvero risanato, non può che identificarsi con l'Imperatore stesso, questo essendo – come scrive Julius Evola – un «tema fondamentale del ciclo del Graal: il re ferito che nella sede inaccessibile e misteriosa attende la guarigione, affinché possa tornare»[161].

«Si tratta essenzialmente... del tema di una *ricerca* di una *prova* e di una *conquista spirituale*, del tema di una *successione* o *restaurazione regale* che talvolta assume anche il carattere di un'azione *risanatrice* o *vendicatrice*. Parsifal, Galvano, Galahad, Ogiero, Lancillotto, Peredur, ecc., in essenza non son che nomi vari per un unico tipo; così come figure equivalenti, modulazioni varie di uno stesso motivo sono re Arthur, Giuseppe di Arimathia, il prete Gianni, il Re Pescatore, ecc., e di nuovo imagini che si equivalgono sono quelle dei vari castelli misteriosi[162], delle varie isole, dei vari regni, delle varie contrade inaccessibili e avventurose che nei racconti ci sfilano dinanzi...»[163].

Nel ciclo del Graal, tra i vari simboli che qui possono essere ricordati vi è la lancia[164], che appare «presso figure regali e presenta un doppio carattere: essa *ferisce* e essa *guarisce*. (...). [Essa] è spesso insanguinata; talvolta, più che esser intrisa di sangue, essa stessa dà origine ad una corrente di sangue. Di tale sangue, nel *Diu Crone*, il re si nutre. Nei testi più tardi il sangue va ad assumere una parte sempre più importante, tanto da far passare in secondo piano il recipiente che lo contiene e che

---

[159] *idem*. Tutto ciò ha sempre a che vedere con l'affermazione di Rol che «la potenza mi fa paura», a causa delle conseguenze letali che ne possono derivare.

[160] Cfr. alcuni passaggi biblici, per esempio *Sofonia* 3, 19: «Soccorrerò gli zoppicanti, radunerò i dispersi, li porrò in lode e fama dovunque sulla terra sono stati oggetto di vergogna»; anche in *Matteo* 15, 31: «E la folla era piena di stupore nel vedere i muti che parlavano, gli storpi raddrizzati, gli zoppi che camminavano e i ciechi che vedevano. E glorificava il Dio di Israele»; e in *Ebrei* 12, 13: «raddrizzate le vie storte per i vostri passi, perché il piede zoppicante non abbia a storpiarsi, ma piuttosto a guarire».

[161] Evola, J., *Il mistero del Graal*, Edizioni Mediterranee, Roma, 1994, p. 63. Cfr. p. 118: «il re del Graal che attende la guarigione zoppica o è ferito alla coscia»; Pelles «viene ferito alla coscia da una lancia e non guarirà prima della venuta di Galahad, il predestinato» (p. 126).

[162] Cfr. *ibidem*, p. 141: «La sede del Graal appare sempre come un castello, come un palazzo reale fortificato»; e p. 138: «nella *Queste* è chiamato *palais spirituel*»; chissà se questo palazzo era anche «primo impero»...

[163] *ibidem*, p. 39.

[164] lat. *hasta*.

originariamente aveva lui la parte essenziale. In tali testi, il Graal si fa *Sangreal,* col doppio senso di sangue reale del Cristo e di sangue regale. Negli elementi cristianizzati della saga la lancia del Graal viene infatti spiegata, talvolta, come quella con cui Gesù fu ferito, e il sangue che da essa scorre sarebbe "il sangue della redenzione", cioè simbolizzerebbe un principio rigenerante. Ciò non spiega però troppo il fatto, che la lancia ferisca chi, come Nescien, ha voluto conoscere troppo da presso il mistero del Graal, restando per questo, oltre che ferito, accecato[165]. (…). Grazie a queste avventure "i veri cavalieri si distingueranno dai falsi cavalieri, la cavalleria terrestre diverrà cavalleria celeste", e allora si ripeterà il miracolo del sangue che scaturisce dal ferro della lancia. Anche l'ultimo re della dinastia di Giuseppe sarà ferito in entrambe le cosce dalla lancia e non guarirà che all'arrivo di colui che scoprirà il segreto del Graal, avendo la qualificazione a ciò richiesta. In tale insieme, il sangue della lancia sembrerebbe dunque stare in relazione con la virtù dell'eroe restauratore. Ma in questo testo si trova anche il riferimento, che la *lanche aventureuse* ferisce, nel senso di infliggere un castigo destinato a ricordare la ferita di Gesù. Tutto ciò sembra adombrare il tema "sacrificale", verrebbe cioè ricordata la necessità di una "mortificazione", di un "sacrificio" come condizione preliminare a che l'esperienza del Graal non risulti letale. Tuttavia in altri testi un tale tema si incrocia con quello della *vendetta*: la lancia, col suo sangue, ricorda una vendetta che il predestinato deve compiere: solo allora si avrà, insieme al compimento del mistero, la pace, la fine dello stato critico di un regno. In relazione a questa variante, la restaurazione assume il carattere di una riaffermazione, di una ripresa vittoriosa della stessa forza o tradizione, che altri assunse, ma cadde o fu ferito. Il tema "sacrificale" cristiano, a tal punto, si rettifica in un senso più virile, da considerarsi, anche in questo caso, come originario. In Vaucher il ferro della lancia si trova infisso nel corpo di un cavaliere morto. Chi lo estrae, deve vendicarlo. E il vendicatore è il restauratore. In ogni caso, da un sangue dai caratteri enigmatici – sangue di redenzione, di sacrificio o di vendetta – si passa al sangue come sangue regale, e la lancia, alla fine, conduce alla "pace trionfale".

In alcune forme della saga il castello dove si trovano questi oggetti si confonde con un secondo castello di cui è re un cavaliere zoppo già grigio. Peredur dichiara: "Per la mia fede, non avrò più sonni tranquilli prima che io conosca la storia della lancia", e la spiegazione, con cui la saga si conclude, è che le donne amazzoniche sovrannaturali di Kaerlayw avevano ferito un re, il quale si rivela essere il cavaliere grigio zoppicante, uccidendone il figlio, cui corrisponde la testa troncata. Peredur si rivolge significativamente a re Arthur e con lui compie la

---

[165] Cfr. *ibidem*, p. 125: «Nel *Grand St. Graal* e nella *Queste du Graal* il re ha riportato le ferite di cui soffre combattendo contro un re nemico dei cristiani, re Crudel. Tali ferite non le avverte fino al momento in cui egli perde la vista, per essersi troppo avvicinato al Graal».

vendetta, stermina le donne sovrannaturali, con il che il re zoppo riacquista la salute e il regno, la pace. (...).

In Wolfram, Amfortas deve il tormento della sua ferita e l'insanabilità di essa ad un veleno ardente di cui il ferro della lancia era cosparso – e in ciò, vien detto: "Dio ha manifestato il suo potere meraviglioso e terribile"[166]. È l'equivalente della sostanza sanguigna avvelenata e ardente, di cui nell'antica saga celtica ora citata, sostanza che la lancia, nel suo aspetto positivo (aspetto "scettro"), risolve, spegne, diremmo quasi secondo la stessa congiuntura, per cui Eracle come eroe olimpico si fa il liberatore dell'eroe titanico Prometeo[167]. Le tenebre e la tragedia allora si dileguano, si ridesta la "memoria del sangue", iperborea, facente da custodia alla spada. Si realizza il mistero del "Sangue Regale"»[168].

Non è certo qui nostra intenzione addentrarci nel *mistero del Graal*, che è saldamente intrecciato con il *mistero di Rol*; lo ha fatto d'altronde benissimo l'Evola con il suo libro insuperato, a cui si rimanda. Vi ritorneremo comunque più avanti quando incontreremo il *ciclo carolingio*, che insieme a quello *bretone* costituisce i due rami principali dell'"albero" del Graal...

Nel frattempo, si può anche ricordare che «storicamente, il regno del Graal, che sarebbe stato riportato a nuovo splendore, è lo stesso Impero: l'eroe del Graal, che sarebbe divenuto "il Signore di tutte le creature", colui al quale è stata trasmessa "la suprema potenza", è lo stesso imperatore storico, "Federicus", qualora fosse stato il realizzatore del

---

[166] Cfr. Rol: «Ho scoperto una tremenda legge... La potenza mi fa paura».

[167] In una lettera da noi inviata a *La Stampa* nel 2003 e pubblicata dal quotidiano il 6 giugno (*Rol, solo chi non lo conosce è scettico*, p. 29) tra le altre cose scrivevamo: «Gli esperimenti di Rol erano il risultato di un'improvvisazione, in certi casi di una forza napoleonica e titanica tale da ricordare un L. van Beethoven...». Volevamo evocare l'immagine di una *azione potente, ispirata, dominatrice e coordinatrice delle forze in gioco*. Tuttavia oggi dobbiamo ammettere che «titanica» non era aggettivo adatto, mentre lo sarebbe «eroica», e non solo perché c'è di mezzo Beethoven. All'epoca infatti non ci era purtroppo ben chiara la differenza, e pur se avevamo anche in mente il titano Atlante che regge il mondo sulle sue spalle (che in relazione a Rol poteva essere inteso come simbolo di fatica immane ed espressione di colui che si fa carico dei problemi del mondo), e per quanto confortati dall'esegesi di Clemente Alessandrino secondo il quale «Atlante è un polo impassibile, esso può anche essere la sfera immobile e forse, nel miglior caso, con esso si allude alla immobile eternità» (*apud* Evola, J., *Rivolta*..., cit., p. 238), nondimeno è termine che rimanda a forze telluriche, *asuriche*, e nei casi peggiori, essendo appunto associate alla materia, *luciferiche*. Purtroppo dobbiamo ammettere di aver subito una momentanea influenza da quanto scritto da Giuditta Dembech... proprio in relazione agli *Scritti per Alda*: «Rol è stato un uomo grande anche nei dettagli più minuti, la sua personalità titanica non riesce a nascondersi, emerge poderosa anche tra quelle righe» (p. 8). In realtà, è piuttosto la personalità *eroica* che, risolvendo l'elemento titanico, emerge poderosa (ed è esattamente questa, infatti, che si scorge negli *Scritti per Alda*). Non ci stupisce per niente che sia stata la Dembech a operare questa inversione... Su questo argomento, si cfr. Evola, J., *Rivolta*..., cit., p. 267 e sg.; 299 e *passim*.

[168] *ibidem*, pp. 121-126.

mistero del Graal, colui, vorremmo dire, che diviene lui stesso il Graal»[169].

Questo «mito imperiale riceve nel periodo bizantino, da Metodio, una formulazione che, con maggiore o minore relazione con la leggenda di Alessandro Magno, riprende alcuni dei temi dinanzi considerati. Abbiamo il motivo di un re ritenuto morto, che si desta dal suo sonno e crea una nuova Roma; ma dopo un breve regno prorompono le genti di Gog e Magog, cui Alessandro aveva sbarrato la via, e si scatena l'"ultima battaglia". È la forma stessa che nel Medioevo ghibellino verrà ripresa e ampiamente sviluppata. L'imperatore atteso, latente, mai morto, ritiratosi in un centro invisibile o inaccessibile, qui si trasforma nell'uno o nell'altro dei maggiori rappresentanti del Sacro Romano Impero: Carlomagno, Federico I, Federico II. E il tema complementare, di un regno devastato o insterilito che attende la restaurazione, trova il suo equivalente nel tema dell'Albero Secco. L'Albero Secco, associato ad una figurazione della sede del "Re del Mondo"... rinverdirà al momento della nuova manifestazione imperiale e della vittoria contro le forze dell'"età oscura"...»[170].

Questa «età oscura», per inciso, è la nostra, il *kaly-yuga* della tradizione indù. Infine, un'ultima citazione che dà l'dea dell'estensione che ha avuto il tema su cui ci siamo soffermati:

«Lo sviluppo dell'*Opus Hermeticum* spesso è presentato nella forma di un re malato che guarisce, di un re o cavaliere steso in una bara o racchiuso in una tomba che risuscita, di un vecchio decrepito che riacquista vigore e giovinezza, di un re o altra figura che viene colpita, sacrificata o uccisa e che poi acquista una vita più alta e una potenza superiore a quella di ogni altro che l'abbia preceduta. Sono motivi analoghi a quelli del mistero del Graal»[171].

Ovviamente vi possono essere anche altre interpretazioni del racconto di Rol, tanto più quando lo raffrontiamo con un'altra storia che ha troppi punti di contatto con questa per essere casuale. Una amica di Rol, la contessa Paola Vassallo di Castiglione, aveva raccontato:

«A Nizza Monferrato mi trovavo con Gustavo e un'altra amica nel palazzo della baronessa Crova per la scelta di oggetti da vendere, quando attirò la nostra attenzione una piccola pittura ad acquerello che rappresentava una battaglia tra la neve, sul retro c'era uno scritto che spiegava il dipinto. Voleva essere una rappresentazione di una battaglia della campagna napoleonica di Russia, dove trovò morte prematura Ferdinando Balbo di Vinadio, fratello di Cesarina sposata Crova di Vaglio.

In una cartella trovammo diverse stampe che rappresentavano appunto Ferdinando Balbo (...).

---

[169] *ibidem*, p. 160.
[170] *ibidem*, p. 68.
[171] *ibidem*, p. 197.

Era un bellissimo giovane e Gustavo, Giuliana Rappelli e io prendemmo una copia della stampa per ricordo di quel giovane eroe.

La stessa sera a Torino, da Gustavo, ci fu una riunione con esperimenti: intervenne con una scrittura l'imperatore Napoleone, che ricordò il giovane Balbo e spiegò che quando si era recato in Russia in visita agli schieramenti combattenti, *avrebbe voluto decorare con la legion d'onore anche il Balbo per il valore dimostrato in battaglia. Purtroppo quando Napoleone giunse al suo reparto, il giovane era già deceduto.* (...).

Data la nostra parentela con la famiglia Balbo, io pensavo di mettere in cornice la stampa di Ferdinando, ma non avevo osato chiedere a Gustavo di poter ottenere da Napoleone anche per il mio ritratto la Legion d'Onore.

Nel frattempo dissi a Gustavo del mio progetto di incorniciarlo e lui si offrì subito di accompagnarmi dal suo corniciaio per far eseguire il lavoro. Mentre Gustavo stava spiegando al corniciaio quello che io volevo, vidi la stampa improvvisamente sfuggire dalle mani di Gustavo e salire al soffitto, e come ricadde subito notai che sul petto di Ferdinando Balbo spiccava l'insegna della Legion d'Onore.

Il quadretto è tutt'ora in camera mia e sempre ben in vista c'è la decorazione»[172].

L'analogia tra questo episodio e la "visione" di Rol è sorprendente: nel sogno Rol[173] stava per essere decorato, ma un attimo prima che questo possa accadere, il sogno svanisce. Allo stesso modo, anche il giovane Balbo avrebbe dovuto essere decorato, ma quando Napoleone arrivò era troppo tardi, perché il giovane era già deceduto.

In entrambi i casi, c'è l'intenzione di Napoleone di decorare qualcuno; in entrambi i casi si tratta di una decorazione sul petto; in entrambi i casi la decorazione non avviene (perlomeno subito), o perché il sogno svanisce, o perché Napoleone arriva troppo tardi; nella visione di Rol non si sa come va a finire (anche se si presume bene[174]), mentre nella storia di Balbo essa avviene solo *post-mortem*, tramite Rol... È possibile che il significato voluto fosse quello di sottolineare come *sia necessario morire all'ego* per poter ricevere la ricompensa divina, vale a dire la discesa

---

[172] Giordano, M.L., *Gustavo Rol. Una vita per immagini*, pp. 98-100. Si veda anche: Balbo di Vinadio, G, *I Balbo di Chieri: cenni storici*, Firenze, 1931, pp. 40-41: «Ferdinando fu nominato giovanissimo semplice soldato sotto Napoleone, poi Maresciallo d'alloggio e quindi Sottotenente in un reggimento di Cacciatori a cavallo del Corpo di Oudinot, col quale prese parte alla campagna di Russia; ma nella famosa ritirata, essendo di natura molto gracile ed avendo molto sofferto, si ammalò e morì a Elbinga nel 1813». Elbinga è l'odierna Elblag, in Polonia.

[173] O il suo antenato "prevalente", nel caso si voglia identificare in questi termini il Rol decorato.

[174] Tuttavia quel margine di incertezza sulla effettiva conclusione dell'episodio, potrebbe corrispondere all'idea del re del Graal che si rifugia nuovamente nella sua sede inaccessibile per attendere la guarigione ad opera di un cavaliere, come a sottintendere un'idea di ciclicità piuttosto che di conclusione.

della *Grazia*. Ad ogni modo la storia è ancora più strana se si ricorda quel brano che abbiamo citato poche pagine addietro, dove Rol diceva: «La mia bisnonna, Cesarina Balbo, si dilettava di pittura...».

E Cesarina Balbo era anche il nome della sorella di Ferdinando Balbo... Al che si potrebbe concludere immediatamente che abbiamo scovato la *cellula biologica trascendentale prevalente* di Rol.

Senonché il ramo Balbo di Gustavo Rol è Balbo della Torretta, mentre quello di Ferdinando è Balbo di Vinadio[175]. Inoltre, Ferdinando Balbo non risulta abbia avuto figli, quindi non può essere in ogni caso lui il suo antenato, per lo meno da un punto di vista *biologico*. Forse il padre o i nonni di Cesarina Balbo avevano militato nell'esercito napoleonico, e la storia di Ferdinando, per quelle omonimie che sanno tanto di sincronicità più che di genetica, e di cui uno come Rol poteva servirsi per effettuare consapevolmente delle *sovrapposizioni o stratificazioni sincroniche*[176], si adattava perfettamente alla sua "visione" in un gioco di nomi, epoche ed esperienze saldamente intrecciati.

Inoltre il Balbo era morto in Polonia, e si adattava perfettamente, sempre per *sovrapposizione sincronica*, alla storia del "Polacco" incontrato da Rol a Marsiglia. Ma su questo, vedremo più avanti.

C'è ancora un aspetto su cui riflettere. Chiunque sia "l'antenato prevalente" di Rol, difficilmente si può pensare che abbia militato in tutte le battaglie e che abbia seguito Napoleone dagli inizi della sua carriera fino a Sant'Elena. Questo per dire che se questa prevalenza c'è stata, essa ha più che altro favorito una *predisposizione* di Rol a interessarsi sin da piccolo di Napoleone, e non che tutto quanto Rol sapesse di Napoleone fosse da ricondurre alla "testimonianza oculare" del suo antenato. E con questo non intendiamo riferirci all'ovvia acquisizione di informazioni per via del tutto normale come qualsiasi studioso e appassionato di una certa materia. Vogliamo invece riferirci alla possibilità che Rol aveva di acquisire i *files* dell'epoca napoleonica attraverso gli *spiriti intelligenti* che non facevano necessariamente parte della sua famiglia. Rappelli aveva detto:

«Gli "spiriti intelligenti"[177] sono in grado di memorizzare la vita che hanno vissuto, densa quindi di avvenimenti e di fenomeni, *sia in proprio, sia per trascendenza*, costituendo così una catena ininterrotta che giunge sino a noi».

Quel «in proprio» si riferisce specificatamente alla «cellula biologica» del proprio ceppo familiare, quella che Guénon ha chiamato «memoria ancestrale», e che include anche la memoria recente dell'esperienza di

---

[175] Tutto questo ci ricorda stranamente un esperimento del 1977 descritto da Renzo Allegri in *Rol il grande veggente* (pp. 78-96) dove veniva materializzato uno spartito musicale di Paisiello. Nel 2002 Allegri era venuto a conoscenza di una copia esatta di quello spartito che era stata trovata nella biblioteca di una amica di Rol. L'unica cosa che li differenziava erano il prezzo e il luogo in cui venivano venduti.

[176] Prendendo la palla al balzo che gli offrivano le circostanze.

[177] Intesi come personificazioni di cellule mnemoniche.

vita di un dato individuo; mentre «per trascendenza» dovrebbe riferirsi a tutti gli altri casi, ovvero agli «elementi psichici provenienti dalla disintegrazione di individualità umane anteriori», così come a quelli di esseri ancora viventi. Quel «per trascendenza» potrebbe essere forse più comprensibile se reso con «per trasferimento», proprio come si trattasse di *files*, con l'analogia *download/upload* che abbiamo fatta in precedenza.

Ogni cervello sarebbe in poche parole come un computer che possiede un suo archivio «in proprio», costituito da un *hardware* di base (la memoria ancestrale) a cui l'utente fornisce nuovi *softwares* (la sua esperienza di vita). Collegandosi *in rete* egli può accedere a informazioni generali (potremmo dire: l'inconscio collettivo) o condividere *files* con altri utenti (singoli cervelli).

L'analogia con il *peer to peer* (p2p), ovvero la possibilità di scambiare *files* tra più utenti, può essere utile, ed è anche abbastanza inquietante. Infatti, una volta che si sia riusciti a "collegarsi in rete" – il che corrisponde ad aver realizzato la *coscienza sublime* o *samādhi/nirvāṇa*[178] – a quel punto si può avere accesso a quanto si trova in altri "computers", con la differenza che per l'uomo illuminato sarebbero accessibili, senza limitazioni, *tutti* i cervelli dei 6 miliardi di esseri umani sulla terra[179].

Questo significa non solo che si è in grado di sapere cosa pensa chicchessia in un dato momento ("telepatia"), ma anche tutto quanto quel determinato individuo porta con sé in dote come memoria ancestrale (il suo passato e quello dei suoi avi). Vale a dire: si ha a disposizione l'archivio storico del genere umano[180]. I viaggi nel tempo che compiva Gustavo Rol insieme ad altre persone erano viaggi mentali che *realmente* conducevano in altre epoche, ma si trattava più precisamente di *viaggi nella memoria*, «propria o per trascendenza», ovvero tutto ciò che gli esseri umani hanno registrato attraverso i loro sensi ed elaborato con la loro mente, nel corso della storia. Tutti questi dati si sono stratificati nel cervello e sono accessibili quando vengano sollecitati. Una sorta di "scavo archeologico neurale" per portare alla luce ciò che ormai era sepolto.

Per ricostrure *olograficamente* un dato ambiente del passato, con i suoi personaggi e la sua scenografia, è necessario che vi sia almeno un

---

[178] Si cfr. per esempio Dante (*Vita Nova*, I, I): «In quella parte del libro della mia memoria dinanzi alla quale poco si potrebbe leggere, si trova una rubrica la quale dice *Incipit Vita Nova*».

[179] Ma la "connessione" si estende a tutti gli esseri animati e inanimati, quindi a tutto il cosmo. Proprio per questo Rol, a Nicola Riccardi che gli chiedeva un sinonimo di "spirito intelligente", aveva risposto: «*Come si fa a dare un sinonimo di Dio?*» (*Dibattito sui fenomeni...*, cit., p. 44).

[180] Di qui la ragione per cui ancora oggi in certi paesi islamici dove vige una *shari'a* rigorosa nelle scuole si insegna esclusivamente la recitazione mnemonica del *Corano*: una preghiera perfetta fatta da un praticante puro conduce al *fanâ*, corrispondente islamico del *nirvana* e della *coscienza sublime*: in questo stato si ottiene la conoscenza completa di tutto il sapere. A che servirà a quel punto lo studio ordinario?

discendente di qualcuna di quelle persone che erano presenti in quel dato ambiente. Non ha alcuna importanza quanto distante sia la "parentela": ciò che conta è che ci sia un collegamento. Se per esempio esistesse oggi anche un solo discendente di uno degli operai che costruirono la piramide di Cheope, se cioè il suo DNA fosse arrivato fino a noi[181], potremmo, attraverso la sua memoria ancestrale, accedere all'esperienza di quel suo antenato, vedere con i suoi occhi ciò che lui vide, sentire ciò che sentì, e così via. Esisterà nell'archivio dell'universo un solo *file* alla voce "piramide di Cheope", e per quanto limitato all'esperienza di un singolo sarà sufficiente a fornire tutto quanto occorre per conoscere quel pezzo di storia[182]. Vi saranno poi *files* assai più corposi quando si avranno a disposizione le memorie di più discendenti di persone che hanno vissuto o assisito a determinati avvenimenti del passato. Si potrà assistere per esempio a un concerto di Mozart dal vivo, magari da più angolature della platea o della galleria, a seconda di quanti siano oggi i discendenti di coloro che andarono a teatro in quella specifica occasione... Si potrà persino andare ad ascoltare il discorso della montagna fatto da Gesù e seguire la sua predicazione[183], a condizione che vi sia oggi sulla terra almeno una persona che discenda da qualcuno che era presente a questi avvenimenti.

Quanto detto, è in grado di giustificare un gran numero di "fenomeni paranormali": telepatia, chiaroveggenza, glossolalia, viaggi nel tempo, precognizione. Quest'ultimo caso ad esempio si basa sugli stessi principi dei "viaggi nel futuro". Rappelli aveva riferito:

«Per i '*viaggi nel futuro*' Rol si avvale di questa formula: "Il futuro altro non è che la conseguenza logica del passato attraverso il presente"», aggiungendo: «Ho udito Rol affermare più volte: "noi siamo ciò che fummo e ciò che saremo"»[184].

---

[181] Vedremo più avanti che forse potrebbe bastare anche solo un frammento di DNA di un individuo morto.

[182] Questa limitazione potrebbe essere però superata da quanto ipotizzato alla nota precedente. Inoltre, non è da escludere la possibilità di *viaggi nel tempo* che utilizzino un metodo diverso dallo "scavo mnemonico"; l'uomo illuminato potrebbe cioè *effettivamente* viaggiare nel tempo, dal momento che la sua azione può sfruttare tutte le leggi della fisica (poiché egli *è* il cosmo).

[183] A questo proposito si cfr. quanto dice Renzo Allegri in *Rol il grande veggente* (pp. 129-133) a proposito di una "macchina" chiamata «cronovisore» che sarebbe stata inventata da un certo padre Pellegrino Ernetti: «Sarebbe stato uno strumento simile a un televisore, che, sintonizzandosi con eventi del passato, li faceva vedere così come si erano realmente svolti. Per esempio, prendendo contatto, attraverso particolari accorgimenti, con Leonardo da Vinci, il Cronovisore sarebbe stato in grado di mostrarci come l'artista aveva realizzato i suoi capolavori, le sue invenzioni, come studiava, come leggeva, come viveva». Secondo l'autore questa macchina, per la sua pericolosità, sarebbe stata successivamente «nascosta in Vaticano». Noi invece crediamo sia in un altro luogo: in una stanza misteriosa chiamata... *cranio*!

[184] *Dibattito sui fenomeni*..., cit., p. 25.

Nel momento infatti che si conosca più o meno integralmente il passato del genere umano e il suo presente, non sarà difficile prevedere il corso degli eventi a breve e medio termine (decenni, forse secoli), sia per i singoli che per tutta l'umanità. Per la stessa ragione per la quale siamo in grado di fare previsioni metereologiche almeno (ma solo) per qualche giorno, sulla base della conoscenza di una serie di fattori del passato e del presente atmosferico, così sarebbe possibile fare con gli eventi futuri una volta che si abbiano sufficienti conoscenze sullo stato del presente e su quali siano le tendenze probabilistiche in gioco. Il matematico Pierre-Simon de Laplace, nel suo *Essai philosophique sur les probabilités* del 1814, scriveva:

«Un'Intelligenza che, per un dato istante, conoscesse tutte le forze da cui è animata la natura e la situazione rispettiva degli esseri che la compongono, se per di più fosse abbastanza profonda per sottomettere questi dati all'analisi, abbraccerebbe nella stessa formula i movimenti dei più grandi corpi dell'universo e dell'atomo più leggero; nulla sarebbe incerto per essa e l'avvenire, come il passato, sarebbe presente ai suoi occhi»[185].

Tutto questo ha evidentemente a che vedere non solo con le memorie di tutti gli esseri umani, ma anche con la conoscenza integrale delle tendenze naturali, delle leggi fisiche *di tutto il cosmo* in un momento preciso. E questo è quanto permette la condizione di *coscienza sublime*. Qui tuttavia occorre fermarci, perché ci si addentra in una materia troppo *complessa* che non possiamo affrontare in questa sede.

Quanto fin qui detto assimila la nozione di *spirito intelligente* a quella di *memoria*, di *informazione*, e non scomoda entità esterne all'uomo. È assai probabile, in realtà, che queste entità non esistano affatto. Al di là degli "elementali" e delle forze consuete della natura, difficilmente si può dire che esista uno "spirito intelligente di Napoleone Bonaparte" come qualcosa di indipendente che "vaga nello spazio" e che, invocato, si presenti a far rapporto e si presti a scrivere una lettera indirizzata a Tizio o Caio. Lo *spirito intelligente* di Napoleone è la risultanza della somma di tutte le *informazioni mnemoniche* esistenti oggi sulla terra presenti nella memoria dei discendenti di coloro che furono a contattto con l'imperatore francese, così come in quella dei suoi propri discendenti[186]. Se Rol ha per esempio materializzato la lettera di Napoleone che abbiamo pubblicata alla tavola XIV, vuol dire che essa si trovava già da qualche parte nella memoria di qualcuno. Rol ha così "scaricato" sul suo *hard*

---

[185] Laplace, P.S., *Saggio filosofico sulle probabilità*, in *Opere*, UTET, 1967, p. 243.

[186] I discendenti odierni di Napoleone provengono dai due figli illegittimi (Charles Leon e Alexandre Walewski) avuti rispettivamente nel 1806 da Eléonore Denuelle de la Plaigne e nel 1810 da Maria Walewska. Un Alexandre Walewski è per esempio nato ancora nel 2004... Questo ramo polacco di Napoleone è stato più prolifico dell'altro, e vedremo come sia ad esso che debba essere riferito il "maestro polacco" incontrato a Marsiglia. D'altronde, un Walewski conosceva bene Rol, ed era spesso ospite a casa sua. Ne parleremo più avanti.

disk neurale quella lettera, e quindi, attraverso un processo di "materializzazione del pensiero", l'ha ricostruita. A questo proposito, Rol aveva scritto per *Gente*:

«Per quanto riguarda gli "apporti", la scrittura "diretta", la mutazione delle cose, ecc., ho azzardato l'ipotesi di una materializzazione del pensiero.

"In parte può essere così", mi ha detto Rol "ma la cosa è assai più complessa o più semplice: sembra un paradosso, eppure è così"»[187].

In altra occasione aveva scritto che «il pensiero materializza le cose attraverso l'immaginazione il ricordo e l'intuizione. Quindi lo spirito è energia»[188], a cui si può aggiungere che «*l'immaginazione è la più scientifica delle facoltà*»[189].

Che Rol potesse ricostruire perfettamente un ambiente del passato lo troviamo anche in episodi come quello seguente, raccontatoci dalla signora Franca Pinto:

«Un giorno mentre eravamo in viaggio sulla strada verso Parigi, ci siamo fermati presso Waterloo, nei luoghi della battaglia napoleonica. Mentre passeggiavamo, Rol ha cominciato a descrivere alcune situazioni della battaglia, come se stesse osservando un film, come se si trovasse immerso nella battaglia: "Ecco, là, il comandante tal dei tali! No! è morto, è morto! E là c'è... l'ufficiale..." ecc. Poi, preso completamente dal *pathos* della battaglia e dalla morte di persone che sembrava aver conosciuto direttamente, è scoppiato a piangere, stava male e sudava, sembrava proprio disperato»[190].

A questo racconto si collega quanto scritto da Tullio Kezich sul *Corriere della Sera*:

«Correva l'anno 1970, lo ricostruisco dal fatto che Dino De Laurentiis stava allestendo il film "Waterloo", e Rol si doleva che il produttore non l'avesse chiamato come consulente. Di quella battaglia affermava, infatti, di sapere tutto in qualità di "testimone oculare"; e quasi a comprovarlo appena entrati nella sua casa torinese, dopo una cena a tre in un

---

[187] Rol, G.A. (Allegri, R.), *I pennelli si muovono da soli,* 19/03/1977, p. 12; Allegri, R., *Rol l'incredibile,* p. 56; *Rol il mistero,* p. 58; *Rol il grande veggente,* p. 109. Si ricordi che tutto il brano è stato scritto da Rol.

[188] Dembech, G., *G.A. Rol. Il grande precursore,* pp. 70 e 143. Come si vede, lo *spirito* può essere molte cose diverse, proprio come lo sarebbe un essere vivente (dotato di *memoria, energia, intelligenza,* etc.).

[189] Giordano, M.L., *Rol mi parla ancora,* p. 149.

[190] Questa racconto ci ricorda una situazione analoga vissuta da *Alda* e riferita dalla Dembech: «...in macchina, durante il ritorno da un viaggio in Austria [Rol e *Alda*] avevano attraversato i luoghi delle battaglie napoleoniche e Rol fu preso da un momento di sconforto» (p. 133). Anche Maria Luisa Giordano ne parla: «...succedeva che improvvisamente mi dicesse di vedere in ogni dettaglio, in quel luogo che stavamo percorrendo (ad esempio in via Nizza angolo corso Marconi), una battaglia dei tempi passati, che mi descriveva» (*Rol. Oltre il prodigio,* p. 38).

ristorantino, ci accolse un'alzata di tamburi napoleonici che sembravano ancora ricoperti dalla polvere dell'epoca»[191].

A quale *file mnemonico, residuo psichico* o *spirito intelligente* Rol si appoggiasse non lo sappiamo. Presumibilmente non Napoleone, che dopo la battaglia di Waterloo non ha avuto figli[192]; si tratterà piuttosto della memoria di uno dei suoi antenati che partecipò a quella battaglia? Difficile dirlo, anche se pare improbabile; oppure della memoria di altri discendenti dei sopravvissuti? Potrebbe essere. La cosa diverrebbe comunque ininfluente se si stabilisse che basterebbe un *resto organico che contenga la memoria di quella battaglia*, foss'anche una tibia di uno di quei soldati, o di un suo discendente... Ovvero, sarebbe sufficiente un solo frammento di DNA di un defunto per poter accedere alla sua memoria? Stando alla tradizione, sembrerebbe di sì, e possiamo qui ricordare il «respiro delle ossa» cui fa cenno anche Guénon[193]. Questo estenderebbe l'archivio mnemonico anche ai resti organici dei defunti, il che giustificherebbe almeno un aspetto del culto delle reliquie e in parte i riti funerari, al di là della funzione consolatoria che essi hanno per i vivi.

Ma ci si potrebbe spingere anche più in là: dal momento che il DNA è composto di molecole, e le molecole sono composte di atomi, e questi da sub-particelle, e considerando che non abbiamo alcuna idea di quale sia il livello di profondità in cui viene registrata la *memoria psichica ancestrale*, chi può escludere che la registrazione non avvenga a livello sub-atomico? Se le cose stanno così, allora acquista un senso più completo l'affermazione di Rol secondo il quale «niente si crea e niente si distrugge. Tutto quello che esiste ed è esistito continua a essere presente nello spazio in forma di energia. Se si impara a scartabellare le schede dell'archivio dell'universo, ci si riesce a mettere in contatto con tutto quello che è esistito e che esiste. Io ho imparato a fare questo ma sono certo che un giorno tutti riusciranno a comportarsi come me»[194].

---

[191] Kezich, T., *Quella sera a Torino con il mago di Fellini*, Corriere della Sera, 24/09/1994, p. 17.

[192] Qui si apre un altro aspetto della questione: quanto tempo è necessario che passi tra un accadimento che viene memorizzato e il suo passaggio nella memoria genetica che verrà poi trasmessa con la procreazione?

[193] Si veda più avanti, p. 267.

[194] *apud* Allegri, R., *Rol il grande veggente*, pp. 115-116. Pensiero di Rol che non era incluso negli articoli di *Gente*, probabilmente trascrizione dell'Allegri. L'aforisma iniziale, *«niente si crea e niente si distrugge»*, era citato invece sia in *Rol l'incredibile* (p. 67 e 68), sia in *Rol il mistero* (pp. 73 e 74) in relazione alla spiegazione del processo di materializzazione e smaterializzazione di un oggetto («questo principio resta sempre valido», aveva aggiunto Rol). Si riferisce infatti al principio o alla *legge di conservazione della massa* (per la quale in una reazione chimica la massa dei reagenti è esattamente uguale alla massa dei prodotti) enunciato dal chimico francese Antoine Lavoisier (1743-1794) che ebbe a dire *«rien ne se perd, rien ne se crée, tout se transforme»*, affermazione che troviamo già 22 secoli prima nel filosofo greco Anassagora di Clazomene («niente nasce né perisce», *Sulla natura*, frammento 17). In ambito atomico e sub-atomico questa principio è sostituito dalla *legge di conservazione dell'energia*.

Nel 1951 scriveva:

«Altrove ho detto che nulla si distrugge ma tutto si accumula. La mela che Sempronio mangiava il 16 luglio 1329, esiste tuttora, non meno di quando era attaccata ai rami dell'albero e prima ancora che l'albero esistesse né col 16 luglio la sua funzione venne a cessare, poiché nel tutto che si accumula ogni cosa rimane operante, Dio e i suoi pensieri essendo la medesima cosa e non potendo un aspetto separato di questa cosa modificare la natura della cosa stessa. Dio è eterno e inconsumabile, onnipotente e multiforme e noi, parte di Dio, siamo la stessa cosa che Dio»[195].

Su questo brano, che ha tutto il sapore di una vera e propria enunciazione scientifica, torneremo tra breve.

Restando al livello del DNA, quanto abbiamo detto potrebbe fornire il perché, sin dall'antichità, soprattutto le famiglie dell'aristocrazia si siano prodigate nel conservare dettagliati alberi genealogici: al di là dei privilegi e dei benefici più o meno materiali o delle vanità cui essi non di rado davano luogo, si trattava, e ancora si tratta, del retaggio di cose più profonde di cui si è perso il vero significato[196].

Per non parlare poi di quelle genealogie più o meno fantasiose che si trovano nella Bibbia, o di quella moderna del *Codice da Vinci* e del *Santo Graal* in versione *Sang Réel*, "sangue reale".

Secondo quest'ultima – che di fatto ricalca proprio l'idea di quelle bibliche, e che comunque è una distorsione del significato *reale* del simbolo – esiste oggi nel mondo una discendenza che risale fino a Gesù, il quale avrebbe avuto dei figli da Maria Maddalena. Risulterà chiaro, da quanto abbiamo finora detto, che un ipotetico discendente di Gesù porterebbe con sé anche la sua memoria... E anche se Gesù non avesse avuto figli, come sembra probabile, li potrebbe però avere avuti Maria Maddalena, testimone privilegiata di tutta la vicenda messianica... In questo caso allora acquisterebbe un senso la storia del "sangue reale". Va da sé, e qui lo diciamo tra parentesi, che una discendenza *genetica* di Gesù, da un punto di vista strettamente metafisico, non farebbe di un ipotetico discendente un individuo più speciale di altri: maestri spirituali infatti si diventa, non si nasce. E a scanso di ulteriori equivoci, questa verità vale anche per coloro che, per circostanze particolari, si ritrovassero temporaneamente nello stato di *coscienza sublime* e potessero accedere all'"archivio dell'universo": questo non li trasforma automaticamente in saggi, nel senso orientale del termine. Essi possono essere facilitati a intraprendere la strada dell'illuminazione permanente e della *liberazione in vita* (*jivanmuktiviveka*) come anche spinti nella direzione opposta: «Sorgeranno infatti falsi cristi e falsi profeti e faranno grandi portenti e miracoli, così da indurre in errore, se possibile, anche gli eletti» (Mt 24, 24).

---

[195] Rol, G.A., *"Io sono la grondaia..."*, cit., p. 145.
[196] Un discorso analogo si potrebbe fare per le pratiche di imbalsamazione degli Egizi e di altri popoli antichi: quante cose, forse, potrebbe svelarci una mummia!

Il grande valore del futuro, che discriminerà tra veri e falsi profeti, sarà la loro condotta, le loro parole, i loro propositi. Va anche detto però che in un mondo dove un giorno, forse, ogni uomo sarà un libro aperto, non ci sarà più spazio per la menzogna, e tutti saranno indotti spontaneamente a vivere nella verità. Chi avrà secondi fini, quindi, sarà smascherato. Da ciò ne consegue anche che se è vero che l'ipotesi di poter conoscere tutto di tutti e che tutti possano conoscere tutto di noi è inquietante e sconcertante, è altrettanto vero che questo porterebbe gli esseri umani nella direzione di una condotta sempre più di rettitudine, di cooperazione e di giustizia. La Verità non può che essere a beneficio dei valori dello spirito e a detrimento delle pulsioni della carne. È nell'oscurità che si nascondono i germi dell'intrigo, della menzogna e dei desideri egoistici. Nella Luce essi non possono sopravvivere. Un ladro ruba quando sa di non essere visto: ruberà ancora se *tutti gli occhi saranno su di lui?*[197]

Considerazioni aggiuntive su spiritismo e "spirito intelligente"

Prima di tornare al rapporto tra Rol e Napoleone, occorre fornire qualche elemento in più in relazione allo *spirito intelligente* e alla estraneità di Rol alla teoria spiritica. Su questo tema si è occupato in precedenza Maurizio Bonfiglio, autore che si è autodefinito «esperto di paranormale» e che proviene da un percorso personale di ricerca che parte proprio dalle teorie e dalle esperienze dello spiritismo. Del suo libro *Il pensiero di Rol. La Teoria dello Spirito Intelligente*, e delle considerazioni da lui fatte su questa "teoria", avremo modo di occuparci nel nostro prossimo studio. Diciamo però sin d'ora che un suo merito è quello di essersi reso conto che Rol non aveva nulla a che vedere con lo spiritismo e la reincarnazione, cosa invero non scontata viste le apparenti contraddizioni che, almeno fino ad oggi, sono esistite sull'argomento. Il suo limite invece è quello di non comprendere che la "teoria di Rol" non è né nuova né sua, ma una riproposizione in termini moderni di cose antichissime e *tradizionali*. E la ragione di questa incomprensione è certo dovuta al fatto che l'autore non sembra disporre di sufficienti conoscenze in questo campo, ma prenda invece sempre e solo come riferimento lo spiritismo. E questo lo si vede anche in alcune sue analisi dove proietta il suo percorso personale e di studio sulla biografia giovanile di Rol, fornendo, purtroppo, quella che riteniamo una distorsione del suo effettivo cammino iniziatico.

Giusto per fare due esempi, Bonfiglio scrive che Rol, da giovane «studia lo spiritismo»[198], cosa che verrà detta anche nel suo documentario

---

[197] Peraltro già oggi le moderne tecnologie stanno dimostrando come la *privacy* stia diventando qualcosa di sempre più difficile da salvaguardare.

[198] Bonfiglio, M., *Il pensiero di Rol. La Teoria dello Spirito Intelligente*, Edizioni Mediterranee, Roma, 2003/2004, p. 19.

del 2005[199] mentre sullo schermo passa una immagine di Allan Kardec, il teorico francese di questo movimento ottocentesco; quindi ripete che «di certo studiò il Kardec, e andò oltre»[200]. In realtà Rol non ha mai avuto alcun interesse particolare per questa pseudo-dottrina, nemmeno da giovane, se non nella misura di essere al corrente di quali fossero le sue caratteristiche di fondo, da saperne quel tanto che basta per rigettarle[201].

Da ragazzo Rol, di solida formazione cattolica, aveva intrapreso una ricerca spirituale approfondita che spaziava dai testi sacri delle grandi religioni ai vari domini dello "spiritualismo". Il primo Novecento vedeva in Occidente il dilagare delle mode teosofiste, spiritiste, occultiste, antroposofiche e parapsicologiche, che in qualche modo volevano colmare un senso di insoddisfazione per la dottrina cattolica che non sembrava fornire sufficienti risposte "razionali" e scientifiche, o semplicemente riduceva le forme di accesso al trascendente sentite come monopolizzate dalla Chiesa, in un unico sistema che non sembrava tener conto dei diversi temperamenti degli individui. Era questo d'altronde il periodo in cui sembrava che la scienza – materialisticamente parlando – potesse arrivare a spiegare ogni cosa, persino certi ambiti fino ad allora dominio della sola religione (catttolica).

In questo fermento di ricerche più o meno serie, fatte soprattutto da chi era a completo digiuno di tradizione metafisica e non di rado si illudeva di fare scoperte rivoluzionarie senza sapere di scoprire l'acqua calda, si situa il personale percorso di conoscenza ed esperienza di Gustavo Rol. Come abbiamo visto, l'unica simpatia che egli aveva avuta per queste correnti è stata l'antroposofia di Rudolf Steiner soprattutto per il suo approccio razionale, anti-materialista e "esoterico cristiano".

Bonfiglio scrive che «Rol spese sessant'anni della sua vita nel cercare di far comprendere agli uomini che lo spiritismo non era tutto, e soprattutto, non era attendibile. Ma fu l'unico»[202].

Ci sembra francamente una affermazione esagerata, sia perché autori come Guénon ed Evola (ma anche altri) sono lì a dimostrare che *tradizionalmente* lo spiritismo è sempre stato contestato, sia perché non ci sembra proprio che Rol abbia passato la sua vita a «far comprendere agli uomini che lo spiritismo non era tutto». Bonfiglio, che come abbiamo detto sembra fare dello spiritismo il suo unico punto di riferimento, secondo noi sopravvaluta di molto l'attenzione che Rol aveva per questa

---

[199] *Rol. L'uomo, il mistero, la vita*, regia M. Leone, Aries s.r.l., Rivarolo Canavese (DVD).

[200] *Il pensiero di Rol*, p. 43.

[201] Più o meno allo stesso modo di come noi siamo stati costretti a leggere di teosofismo o di antroposofia per poterci documentare su correnti che altrimenti non avrebbero suscitato in noi alcun interesse. Lo stesso potremmo dire degli scritti "scettici" su Rol, che ci saremmo risparmiati dal leggere se non fosse che avevamo necessità di essere documentati per poterli contestare. La distanza di Rol dallo spiritismo non è altro che la difesa della *tradizione*, e non un «andare oltre» lo spiritismo.

[202] *Il pensiero di Rol*, p. 43.

pseudo-dottrina, e d'altro canto Rol ne parla solo quando gli sprovveduti lo tirano in ballo per cercare di inquadrare i suoi esperimenti.

Rol semplicemente lo spiritismo non lo aveva mai preso in considerazione, e dimostrava nei suoi riguardi ben poco interesse. Ce lo conferma ad esempio Pier Lorenzo Rappelli, che nel 1969 aveva detto:

«...ho voluto interrogare il dott. Rol ponendogli questa domanda: "Non vede lei un parallelismo fra gli esperimenti ove si rivelano gli 'spiriti intelligenti' e gli indiscutibili risultati ottenuti nelle sedute medianiche?". Egli mi rispose: "Non ho dimestichezza con quella dottrina e riterrei ingiusto esprimere un giudizio sulle sedute medianiche. Sovente mi è accaduto di venire in rapporto con 'spiriti intelligenti' di persone viventi. Non so se ciò avvenga anche nelle sedute medianiche"»[203].

Qualche anno più tardi, in una lettera del 25 febbraio 1977 inviata a Renzo Allegri, Rol scriveva:

«Quando si parla di 'spirito intelligente' bisogna pur fornire qualche spiegazione, altrimenti si ricade in quei concetti di *spiritismo*, di *medianità* che non fanno parte delle mie conoscenze»[204].

A Giorgio di Simone nel 1970 scriveva:

«Rifuggo in genere da tutta la letteratura che tratta argomenti metapsichici»[205]. Comprendiamo bene questo punto: anche noi siamo allergici a questa letteratura e non ci è mai interessata, sia perché tratta essenzialmente di fenomenologie medianiche di bassa lega (vere o false che siano), sia perché, come abbiamo già visto, vi si trova un approccio metodologico anti-metafisico, e perché non vi si trova nulla che possa essere ricondotto a un qualche insegnamento autentico, nella migliore delle ipotesi avendosi solo dei plagi o dei simulacri saccheggiati dalla tradizione.

Soprattutto, i veri tesori spirituali vi sono totalmenti assenti, perché questi tesori non sono certo i "fenomeni paranormali" che anzi hanno un ruolo molto marginale e servono eventualmente, a quei pochi Maestri che sono in grado di servirsene, per indirizzare il discepolo a qualcosa di più alto, di più vasto e di più luminoso, in una parola a *Dio*. Se c'è una cosa che Rol ha fatto tutta la vita è stata piuttosto questa, ovvero indirizzare gli uomini a Dio e confermare la Sua presenza tra di loro. Le sue *possibilità* vanno considerate alla stregua di un *incentivo persuasivo* per rafforzare nel prossimo la Fede, e questo perché, lo abbiamo già detto, «se non vedete segni e prodigi, voi non credete».

Nel 1988 il fisico e parapsicologo Alfredo Ferraro scriveva:

«...mi interessavo già di spiritismo, e i miei scritti erano comparsi su riviste specializzate: questo fatto, però, mi preoccupava poiché non sapevo che Rol non leggesse niente di tale *roba*, in relazione alla quale –

---

[203] AA.VV. *Dibattito sui fenomeni...*, cit., p. 26.
[204] Allegri, R., *Rol. Il grande veggente*, p. 77.
[205] Di Simone, G., *Oltre l'umano*, p. 53; "metapsichica" era il termine usato prima che si affermasse quello di "parapsicologia".

chiamandola appunto così – è sempre stato molto critico in senso negativo»[206].

Quello che intendiamo sottolineare non è solo che Rol fosse estraneo allo spiritismo sia da un punto di vista teorico che pratico, ma anche che egli lo aborrisse e lo avesse aborrito sempre decisamente, perché completamente estraneo al suo modo di essere e al suo modo di *sentire e vivere* la spiritualità.

Massimo Inardi nel 1975 parla di «quel suo costante disprezzo per tutto ciò che sa di spiritismo, di medianità o di parapsicologia»[207], mentre Pitigrilli riferisce che una volta Rol, negli anni '40, gli disse: «Ti occupi di spiritismo? Sei indegno che ti insegni queste cose. Non ti voglio più vedere»[208].

Ma qual'era la differenza tra lo spiritismo e le sue sedute, e la nozione di *spirito intelligente* di Rol e i suoi esperimenti? Oltre a tutto quanto precedentemente detto sulla reincarnazione, sulla memoria ancestrale, e sui *files mnemonici*, qui faremo ulteriori considerazioni legate più specificatamente allo spiritismo e a quanto Rol aveva *exotericamente* riferito sullo *spirito intelligente*.

Nello spiritismo si ritiene di evocare lo "spirito dei morti". Tale evocazione può avvenire o attraverso la cosiddeta "tavola spiritica"[209] oppure tramite una persona che, con una tecnica di alterazione della coscienza che può essere appresa da chiunque, entra in uno stato detto *trance*. Egli diventa quindi il *medium*, o mezzo, attraverso cui lo "spirito" comunicherà con le persone presenti, o in forma orale, parlando con voce alterata (che può essere quella del "defunto"), o in *scrittura automatica*, dove lo "spirito" scrive per mezzo della mano del medium, il quale diventa nient'altro che un posseduto. La trance è infatti una condizione passiva e totalmente ricettiva, tale per cui il medium si trasforma in un catalizzatore di forze e psichismi di cui non conosce la natura e l'origine. Egli non sa che cosa avviene mentre si trova in quello stato, un po' come nei soggetti sotto ipnosi, né ha alcun controllo sulle forze che eventualmente scatena. Questo si ripercuote anche sui presenti, che egli non è in grado di proteggere, così come un edificio che sia privo di parafulmine.

Le sedute avvengono in genere al buio, per facilitare lo stato di concentrazione e annullamento sensibile dei partecipanti, i quali di solito fanno la cosiddetta "catena", ovvero mettono le loro mani con i palmi aperti sul tavolo a contatto con quelle dei vicini.

---

[206] Sappiamo di esserci ripetuti, ma *repetita iuvant*.

[207] Inardi, M., *Dimensioni sconosciute*, cit., p. 161.

[208] «Ma la sera stessa mi telefonò per riammettermi nel mondo meraviglioso» (Pitigrilli, *Gusto per il mistero*, cit., p. 86).

[209] Detta *ouija*, ovvero una superficie (foglio, tavola di legno, etc.) sulla quale sono disegnate lettere o simboli, sui quali andrà a posizionarsi un puntatore che viene spinto dalle dita dei partecipanti (per lo stesso principio della "scrittura automatica"), formando delle frasi di senso compiuto che dovrebbero essere le risposte degli "spiriti" alle domande dei presenti.

Negli esperimenti di Rol siamo agli antipodi. Oltre al fatto che gran parte della fenomenologia poteva avvenire nei luoghi più diversi, nel caso degli esperimenti in casa sua o di altri ci si ritrovava intorno a un tavolo, rettangolare o rotondo era indifferente, come per una normalissima chiacchierata tra amici. L'ambiente, sempre in piena luce[210], e il tavolo ricoperto da un panno verde corrispondevano grossomodo alle circostanze di un gioco di società come *monopoli* o *trivial pursuit*, oppure a una partita a *bridge*, al tavolo della *roulette*, o persino a un consiglio di amministrazione.

Rol, sempre elegante, parlava di cose serie ma raccontava anche barzellette, faceva battute di uno *humour* che potremmo definire *english*, o si appassionava per questo o quel fatto di cronaca, scambiava opinioni coi presenti, enunciava antichi principi filosofici o commentava le ultime scoperte scientifiche, dava giudizi sulla pittura di questo o quell'altro artista, parlava di musica, poesia... e poi, *anche*, c'erano gli esperimenti.

Egli, pur considerandoli estremamente importanti per la loro funzione, cercava in tutti i modi di farli passare come una cosa normale, quasi un gioco per l'appunto, ma non perché lo fossero, quanto perché, da un lato, voleva evitare il più possibile quella sensazione soffocante che gli poteva procurare la grande aspettativa dei presenti, i quali molto spesso non desideravano che vedere gli esperimenti, dall'altro proprio per dare l'idea che si trattasse di cose normali che chiunque avrebbe potuto fare, che rientravano nelle *possibilità* dell'essere umano. Qualcosa insomma di semplice, senza alcun alone di mistero o di zolfo[211].

Questo era ciò che di più evidente differenziava le "sedute" di Rol da quelle spiritiche, ovvero le condizioni ambientali e la totale assenza di stati alterati di coscienza. Però un qualcosa di diverso la coscienza di Rol ce l'aveva, ma non perché essa fosse *alterata*, quanto perché fosse *trasformata*, per non dire *transmutata*, come lo è il piombo nell'oro nella transmutazione degli alchimisti. La sua non era semplicemente una «coscienza lucida» o «trance vigile», come hanno ipotizzato alcuni[212], ma

---

[210] Come nella foto della tav. XXVII.

[211] Paradossalmente però questa stessa *apparente* semplicità aveva un effetto moltiplicatore che lasciava ancora più sconcertati (e giustamente Lorenzo Mondo aveva intitolato un articolo su *La Stampa* «Le dimostrazioni banali erano le più impressionanti»). Tra l'altro Bonfiglio sembra non comprendere l'importanza e la funzione di questa *normalità* quando scrive: «Presuntuoso comunque, da parte sua, il tentativo di far credere al mondo che il quanto rientrasse nella più semplice normalità, ove lui altro non fosse che un semplice coordinatore di eventi non casuali» (*Il pensiero di Rol*, p. 33). Ci pare invece che potrebbe parlarsi di presunzione nel caso esattamente opposto, ove egli avesse dichiarato o sottolineato l'*eccezionalità* di quanto faceva: «Chi vede in me l'eccezionalità o chi dubita, non ha compreso proprio nulla, né di me né delle cose che io faccio, né perché avvengono» (Allegri, R., *Rol il mistero*, p. 69; *Rol il grande veggente*, p. 183 (dall'articolo scritto per *Gente* ma non pubblicato)).

[212] Cfr. Riccardi, N., *Gustavo Adolfo Rol*, cit., p. 82; e Allegri, R., *Rol. Il grande veggente*, p. 86. Alfredo Ferraro parla invece di «stato di veglia» (*Indifferente alla morte: esperienze laiche di un fisico*, cit., p. 97).

una *coscienza sublime*, che a differenza di quella dello stato di *trance*, oscura, passiva, incontrollabile, e quindi *infera*, essa è luminosa, solare, attiva e pienamente sotto controllo, uno stato di perfezionamento analogo al *samādhi* o al *nirvāṇa* indú.

Dire quindi che le sedute *sperimentali*[213] di Rol stavano a quelle spiritiche come la luce sta alle tenebre è dire il vero, al di là delle interpretazioni religiose che si possono dare a questa dicotomia.

A dare il colpo di grazia vi è poi la nozione di *spirito intelligente*, che si differenzia dallo "spirito" così come inteso dagli spiritisti principalmente per due aspetti: il fatto che esso possa essere sia di un vivo che di un morto, e il fatto che, nel caso si tratti di quest'ultimo, esso non è comunque il defunto. Per il primo aspetto si ricorderà quanto più sopra dichiarato da Rol:

«Sovente mi è accaduto di venire in rapporto con "spiriti intelligenti" di persone viventi».

Più volte Rol ha fatto esperimenti con lo *spirito intelligente* di un vivente: Lugli racconta di quando comparve su un foglio una poesia («L'organetto») di un certo A.F., che si scoprì poi essere Alfredo Ferraro, che però nessuno dei presenti ancora conosceva. Scrive Lugli:

«Una ipotesi sull'intervento dello "spirito intelligente" di un vivente, secondo Rol, può essere questa: Ferraro da tempo desiderava mettersi in contatto con lui per assistere ai suoi esperimenti e il suo spirito interviene alla nostra seduta a Torino, mentre Alfredo Ferraro è di persona a Genova e magari, a quell'ora, sta dormendo»[214].

Un altro esperimento è quello in cui interviene lo *spirito intelligente* di uno studente afgano, anche qui con la materializzazione di una poesia («La stradina dei gatti»). Lugli scrive che «secondo Rol questo era lo "spirito intelligente" di un vivente»[215].

Quindi riferisce di quando «in tasca di Provera si era materializzata una singolare poesia, ad opera dello "spirito intelligente" di un vivente burlone...»[216]; in altra occasione si era presentato quello di una certa Anna, «una ragazza italiana di sedici anni che vive in un harem»[217].

Maria Luisa Giordano scrive che «Chagall era ancora vivente quando toccò a noi la gioia di avere un suo dipinto»[218], ovviamente tramite il suo *spirito intelligente* (non si può dire che non vi sia stato un grande risparmio!). Lugli racconta anche il seguente episodio:

«In un'altra serata, nel gennaio 1978, Alfredo Gaito chiede a Rol come mai non arrivano in seduta dipinti di spiriti intelligenti di viventi.

---

[213] Ferraro dice che «Rol ama poco il termine *seduta*, pur usandolo» (*ibidem*, p. 97). A suo tempo Rol aveva usato la definizione di «seduta spiritualistica», con riferimento allo *spirito intelligente* (cfr. p. 140). Noi per evitare qualsiasi fraintendimento abbiamo optato per *seduta sperimentale*.

[214] Lugli, R., *Gustavo Rol. Una vita di prodigi*, p. 62.

[215] *ibidem*, p. 87.

[216] *ibidem*, p. 160.

[217] *ibidem*, p. 98.

[218] Giordano, M.L., *Rol e l'altra dimensione*, p. 70.

Rol gli offre subito la dimostrazione di questa possibilità. Si fa preparare una vaschetta d'acqua, vi spreme dentro un po' di colore da sei differenti tubetti, poi mescola l'acqua. Fa mettere un foglio bianco piegato sotto la vaschetta sulla quale posa poi le mani. Dice a Gaito: "Ora sarà il tuo 'spirito intelligente' ad operare". Dopo qualche attimo: "Ecco fatto". Sul foglio c'è un rettangolo di cm. 15 per 10,5 pieno di quadretti, 132, di colori alternati. Rol scrive poi intorno al riquadro: "Armonia di colori. Esperimento fatto con lo 'spirito intelligente' del mio sempre carissimo amico il dott. Alfredo Gaito. Sabato 14 gennaio '78". "In quel periodo" dice Alfredo, "mi dilettavo con i colori, ma non facevo nulla di figurativo, mettevo sui fogli soltanto delle macchie di colore. Così penso si spieghino tutti quei quadretti allineati dal mio 'spirito intelligente'"»[219].

In altre occasioni Rol, che d'altronde si serve *sempre* del *suo spirito intelligente*[220], lo interpella direttamente come fosse *altro da lui*, come quando aveva detto: «chiediamo al mio "spirito intelligente" la definizione dell'amore», ottenendone in risposta, su uno dei soliti fogli e con la sua grafia: «causa suprema di ogni cosa»[221].

In moltissimi esperimenti è lo *spirito intelligente* di Rol, con la sua grafia, a fornire risposte o a sviluppare tematiche emerse durante le chiacchiere con i presenti, tramite scrittura automatica o diretta[222], e senza necessariamente dichiarare in modo esplicito l'"intervento" del suo *spirito intelligente*.

Il secondo aspetto, ovvero che *lo spirito intelligente non è il defunto* e che *i defunti non sono tra (e non possono venire da) noi*[223], è forse quello che più evidenzia la distanza "dottrinale" con lo spiritismo. Scrive Rol:

«Lo spiritismo, inteso come la pratica sin dallo scorso secolo, deve essere considerato alla sola stregua di un esperimento scientifico, non mai come una manifestazione di cose soprannaturali[224]. Se l'uomo crede di

---

[219] Lugli, R., *cit.*, p. 151.

[220] È attraverso il proprio *spirito intelligente* che si può venire in contatto con altri *spiriti intelligenti*...

[221] Lugli, R., *cit.*, p. 165.

[222] Non stiamo a fare l'elenco di tutti gli esempi possibili. Ricordiamo quello che è uno degli scritti più importanti di Rol, il cosiddetto "testamento spirituale", ottenuto tramite il suo *spirito intelligente* (si veda la tav. XVII).

[223] Con l'unica eccezione per gli uomini illuminati, i grandi maestri spirituali e in alcuni casi i Santi della tradizione cattolica, ovvero quei pochissimi che già in vita poterono usare la loro coscienza *indipendentemente* dalle periferiche sensibili del corpo.

[224] Cfr. Guénon: «è certo che i fenomeni in questione possono essere oggetto di una scienza sperimentale come tutte le altre, senza dubbio differente da queste, ma dello stesso ordine, e, in definitiva, con un'importanza e un interesse né maggiore né minore; non comprendiamo perché vi siano persone che si compiacciono di qualificare tali fenomeni come "trascendenti" o "trascendentali", cosa piuttosto ridicola» (*Errore dello spiritismo*, p. 83).

«La stessa magia, essendo una scienza sperimentale, non ha assolutamente nulla di "trascendente"; tale può essere invece considerata la "teurgia", i cui effetti, anche quando assomigliano a quelli della magia, ne differiscono totalmente per quanto riguarda la causa;

potersi mettere in relazione con l'anima di altri uomini previssuti, sia pure attraverso lo speciale stato fisiologico di un "medio", s'illude»[225].

Non solo quindi gli "spiriti dei vivi e dei morti" sono messi sullo stesso piano, ma i secondi in realtà non sono nemmeno i defunti. Ma allora, chi o che cosa sono? E i defunti dove sono, *se ci sono*? Vedremo tra breve, attraverso le appropriate spiegazioni di René Guénon, alcune risposte, dopo quelle che abbiamo già ampiamente date in precedenza.

Nel frattempo, Rol dice anche che «tutto ciò che sin qui si è pensato e si è fatto nel campo del soprannaturale[226] è ben lungi dalla verità. I concetti che si hanno sullo spiritismo e, soprattutto, sulla reincarnazione sono inadeguati se non addirittura falsi»[227], e ci tiene a rimarcare: «Detesto lo spiritismo, come lo si intende, come è praticato»[228]. Con questa sola frase egli rigetta sia la teoria («come lo si intende»[229]) che la pratica («come è praticato»), vale a dire medium, *trance*, sedute, etc..

A questo punto ci serve sapere qualcosa di più sullo *spirito intelligente* nelle definizioni originarie di Rol. Basterà qui riportare alcuni scritti che sono chiari e semplici nella loro enunciazione. Il primo è tratto da Remo Lugli, ed è un testo che Rol acconsentì fosse registrato direttamente dalla sua voce il 21 giugno 1973, e che Lugli poi allegò come documento audio al suo libro. Bonfiglio ne ha fatto il fulcro del suo libro, scomponendolo in varie parti che vengono analizzate in rispettivi capitoli. L'idea ci pare giusta e può essere applicata anche a molti altri scritti di Rol, perché ogni frase scritta di suo pugno contiene un concentrato di informazioni significative[230]. L'analisi che fa Bonfiglio non aggiunge però, secondo noi, più di tanto rispetto a quanto lo scritto da solo è in grado di comunicare. Dice Rol (estratto):

«Ogni cosa ha il proprio spirito le cui caratteristiche stanno in rapporto alla funzione della cosa stessa. Quello dell'uomo però è uno

---

ed è precisamente la causa – e non il fenomeno da essa prodotto – a essere in questo caso di ordine trascendente» (*ibidem*, p. 97).

[225] Rol, G.A.,*"Io sono la grondaia..."*, p. 256 (il brano è senza data). Cfr. Guénon: «...lo spiritismo consiste essenzialmente nell'ammettere la possibilità di comunicare coi morti... [comunicazione che] nel modo in cui gli spiritisti la intendono, è una impossibilità pura e semplice» (*ibidem*, p. 15).

[226] Rol si riferisce esclusivamente alle correnti moderne e occidentali del XIX e XX secolo (teosofismo, spiritismo, occultismo, etc.).

[227] Rol, G.A.,*"Io sono la grondaia..."*, p. 144 (lettera a Carlo Rol dell'1 maggio 1951). Quanto esposto nello studio di Guénon *Errore dello spiritismo* da noi più volte citato è perfettamente esauriente per spiegare cosa intendesse Rol. Ad esso si può aggiungere il complementare lavoro di Julius Evola *Maschera e volto dello spiritualismo contemporaneo*.

[228] *ibidem*, p. 159 (lettera a Giacinto Pinna, anni '40).

[229] Cfr. Guénon, R., *cit.*, p. 20: «Noi non contestiamo assolutamente la realtà delle facoltà chiamate "medianiche", e la nostra critica si riferisce unicamente all'interpretazione che ne danno gli spiritisti...». Va da sé che il Guénon critica senza mezzi termini anche la "pratica".

[230] Il modo di esprimersi di Rol ci ha più volte ricordato l'enunciazione scientifica di leggi della natura. Anche questo fa d'altronde parte del dominio della *scienza sacra*.

"spirito intelligente" perché l'uomo sovrasta ed è in grado, per quanto lo riguarda, di regolare, se non di dominare, gli istinti che sospingono incessantemente tutto ciò che esiste e si forma.

(...). Per quanto riguarda lo spiritismo, invece, mi trovai in perfetta collisione e collusione e ciò proprio a causa dello "spirito intelligente". Con l'arresto di ogni attività fisica – la morte del corpo – l'anima si libera ma non interrompe la propria attività. Lo "spirito intelligente", invece, rimane in essere e anche operante»[231].

Un altro brano scritto sempre da Rol, e complementare a quello appena visto, lo troviamo nel 1977 su *Gente*:

«Ogni cosa ha il suo "spirito": una pietra, una foglia, un oggetto, anche le cose apparentemente inanimate. Vede questo lapis? Ebbene la ragione di essere e la funzione di questo lapis rimarranno registrate nella storia dell'universo: sarà scritto come è stato prodotto, venduto e acquistato; chi se ne è servito, le parole che ha tracciato, eccetera. Così, anche quando il lapis non ci sarà più, è come se esistesse una scheda al nome di questo oggetto e su questa scheda fosse registrata la "vita" del lapis. Nella valutazione dell'universo, anche questa matita ha e avrà la sua importanza»[232].

Emerge qui un terzo aspetto, dopo quello degli «spiriti intelligenti di viventi» e il fatto che quelli dei morti non siano i defunti, e cioè che «ogni cosa ha il proprio spirito» e che quello dell'uomo è "intelligente". Questa distinzione è evidentemente di comodo, e non è molto diversa da quella che in genere si usa per distinguere l'*homo sapiens sapiens* dalle altre speci animali, ovvero che egli è *intelligente*. Ma gli etologi sanno che in realtà tra la specie umana e quella animale non vi è che una differenza di *complessità*, e se vogliamo possiamo anche dire di *possibilità*. L'intelligenza, cioè, esiste in tutti gli esseri viventi, ma solo in diverso grado. Persino nel mondo minerale vi è intelligenza. Qui ci limitiamo a sottolineare che *intelligenza*, *complessità* e *spirito* sono praticamente interscambiabili, e che tra lo "spirito" di una pietra e quello di un uomo c'è solo una differenza di scala, meglio ancora di *solidificazione*, in una maniera non dissimile dal rapporto che sussiste tra ghiaccio, acqua e vapore.

Si capisce quindi come diventi un po' arduo, per gli spiritisti, ammettere che si possa "evocare" anche lo spirito di un pollo, di una barbabietola o di una spilla per capelli...[233].

---

[231] Lugli, R., *cit.*, p. 3 (preambolo). Abbiamo qui direttamente rimosso l'avverbio «forse» («rimane in essere e, forse, anche operante») della versione originale perché, come avevamo visto, questa è la versione definitiva che Rol aveva successivamente comunicato a Lugli. Cfr. più sopra p. 69.

[232] Rol, G.A. (Allegri, R.) *I pennelli si muovono da soli*, Gente, 19/03/1977, p. 12; Allegri, R., *Rol l'incredibile*, p. 55; *Rol il mistero*, p. 57; *Rol il grande veggente*, p. 108.

[233] Per non parlare dei cosiddetti "elementali" o "spiriti degli elementi". Scrive Guénon: «quanto agli spiritisti, per essi sembra che nel "mondo invisibile" non vi debbano essere altri esseri oltre gli uomini, limitazione la più inverosimilmente arbitraria che possa immaginarsi» (*Errore...*, p. 99).

Quanto alla «scheda» di cui parla Rol, vi aveva già accennato Pier Lorenzo Rappelli nel riferire il suo pensiero:
«Per noi, lo "spirito intelligente" non è l'anima – soffio divino che alla morte si libera dal corpo e torna a Dio – ma quel "qualcosa" di particolare... che rimane sulla Terra a prova e riprova dell'esistenza e dell'inconsumabilità di Dio. Lo "spirito intelligente", complesso di funzioni e di pensiero, rimane quasi come la fotocopia, la scheda segnaletica personale di un individuo»[234].

Rol quindi aggiunge:
«Ho definito "spirito intelligente" l'attributo massimo conferito alla persona umana[235]. Ad essa vengono trasmesse possibilità inimmaginabili per le quali, attraverso un processo di libera scelta, l'uomo è in grado di riconoscersi nella propria natura divina[236]. Agendo in questa atmosfera, ove l'armonia ed il senso morale non possono avere alternative, l'uomo, autentico "procuratore di Dio", è in grado di compiere qualsiasi prodigio. È questo il principio dell'eternità»[237].

In un altro scritto già visto nelle pagine precedenti, Rol diceva che *«nel tutto che si accumula ogni cosa rimane operante, Dio e i suoi pensieri essendo la medesima cosa... e noi, parte di Dio, siamo la stessa cosa che Dio»*.

Questo significa che ogni avvenimento nell'universo viene registrato e conservato in un eterno presente, dimensione, o meglio *stato* accessibile a chi abbia realizzato questo "eterno presente" dentro di sé. Gli avvenimenti dell'universo (o degli universi) sono tracce che rimangono nella mente di Dio così come i ricordi sono tracce che rimangono nella nostra memoria[238]. Gli "spiriti", nelle loro varie gradazioni di complessità fino a quelli "intelligenti", sono appunto le tracce, i ricordi, le schede dell'archivio cosmico, i "libri della vita" nella biblioteca di Dio. Si comprenderà quindi come in questa prospettiva siamo ben lontani dallo spiritismo, che al confronto non è più che una (brutta) favola.

Un ultimo elemento di distinzione che occorre segnalare è che la corrente maggioritaria dello spiritismo, quella francese del Kardec, credeva e propugnava la teoria della reincarnazione, mentre Rol, come abbiamo già visto, vi era del tutto estraneo. Tale estraneità, come il

---

[234] *Dibattito sui fenomeni...*, cit., p. 25; ripreso in parte anche in Lugli, *cit.*, pp. 26-27. Qui può ben adattarsi anche «*scheda di memoria*».

[235] *Spirito intelligente* va qui inteso come *memoria* «in proprio o per trascendenza» *che può essere riesumata*: non c'è dubbio che possa trattarsi dell'«attributo massimo conferito alla persona umana».

[236] Lo stato di *coscienza sublime* è la compenetrazione del Tutto: «Io e il Padre siamo una cosa sola» (Gv 10, 30); «Colui che vede il *Brahman*, il quale è Verità, Conoscenza, Beatitudine e l'Uno, è per sua stessa natura una cosa sola con il *Brahman*» (*Mahanirvana T.*, XIV,125).

[237] Rol, G.A. (Allegri, R.) *I pennelli si muovono da soli*, cit., p. 12; (*et ibidem*).

[238] E difatti il Guénon aveva scritto: «...tutto si conserva, perché tutto ha, in modo permanente, la possibilità di ricomparire, anche quel che sembra completamente dimenticato o insignificante...» (*Errore...*, p. 242).

lettore avrà compreso, non era il frutto di una mera opinione, ma il risultato di una conoscenza reale e profonda di ciò che si trova dietro quell'aggregato eteroclito di nozioni distorte che vanno sotto il nome di "reincarnazione".

Delle cose che possiamo ancora dire, resta da chiedersi se la nozione di *spirito intelligente* sia qualcosa che appartiene solo a Rol, ovvero una teoria innovativa, e non piuttosto, come abbiamo già detto, la proposizione di nozioni antiche in veste nuova. Va da sé che per affrontare un argomento di questo tipo occorrerebbe uno studio apposito, che si spinga in tutte le direzioni e le epoche. Qui ci limiteremo a citare di nuovo il Guénon, che davvero come pochi altri ha parlato con competenza e responsabilità di questi argomenti:

«Fra tutte le pratiche magiche, le pratiche evocatorie sono quelle che, presso gli antichi, furono l'oggetto delle interdizioni più categoriche; era tuttavia noto, allora, che quelli che si potevano evocare realmente non erano "spiriti" nel senso moderno, e che i risultati a cui si poteva aspirare erano in definitiva di un'importanza molto inferiore. Come sarebbe dunque stato giudicato lo spiritismo, nella supposizione, del resto falsa, che le sue affermazioni corrispondano a qualche possibilità? Era ben noto – intendiamo dire – che *quel che può essere evocato non rappresenta l'essere reale e personale, ormai non più raggiungibile, poiché passato a un altro stato di esistenza...*[239], *ma soltanto il complesso degli elementi inferiori che l'essere ha in qualche modo lasciato dietro di sé* – nel piano dell'esistenza terrestre[240] – in seguito a quella dissoluzione del composto umano che noi chiamiamo morte. Si tratta, come abbiamo già detto, di *quelli che gli antichi latini chiamavano i "mani" e a cui gli ebrei davano il nome di ob*, nome sempre usato nei testi biblici quando si tratta di evocazioni, e da alcuni scambiato a torto per la denominazione di una entità demoniaca. In realtà, *la concezione ebraica della costituzione dell'uomo concorda perfettamente con tutte le altre*; e servendoci, per spiegarci meglio su questo punto, di corrispondenze prese dalla terminologia aristotelica, diremo che non solamente l'*ob* non è lo spirito o l'"anima razionale" (*neshamah*), ma neanche l'"anima sensitiva" (*ruahh*), e neppure l'"anima vegetativa" (*nephesh*). (...).

«...non è allo spirito che l'*ob* rimane legato direttamente e immediatamente, bensì al corpo, ed è per questo che il linguaggio rabbinico lo chiama *habal de garmin*, ovvero "respiro delle ossa"; è proprio quel che consente di spiegare i fenomeni che abbiamo segnalato in precedenza. Pertanto, ciò di cui si tratta non assomiglia per nulla al "perispirito" degli spiritisti, né al "corpo astrale" degli occultisti, che si suppone rivestano lo spirito stesso del morto; d'altronde esiste un'altra differenza fondamentale, non trattandosi assolutamente di un corpo: esso consiste, se vogliamo, in una *forma sottile, che può solamente assumere un'apparenza corporea illusoria manifestandosi in certe condizioni*, da

---

[239] Rol: «...l'anima – soffio divino che alla morte si libera dal corpo e torna a Dio».

[240] Rol: «...quel "qualcosa" di particolare... che rimane sulla Terra...».

cui il nome di "doppio" che gli diedero a suo tempo gli egizi. Del resto si tratta effettivamente solo di un'apparenza sotto tutti i punti di vista: separato dallo spirito tale elemento *non può essere cosciente nel vero senso della parola, ma possiede nondimeno una parvenza di coscienza, immagine virtuale, per così dire, di quella che era la coscienza vivente*; e il mago, quando *rivivifica quest'apparenza imprestandole ciò che le manca*, dà temporaneamente alla sua coscienza riflessa una consistenza sufficiente per ottenere risposte quando la si interroghi, come avviene in particolare quando l'evocazione è fatta per uno scopo divinatorio, ciò che costituisce propriamente la "necromanzia"»[241].

In questo brano troviamo praticamente la descrizione dello *spirito intelligente*, così come le basi per spiegare gli esperimenti di Rol.

Il brano seguente è invece assai significativo in relazione alla possibilità che Rol aveva di fare esperimenti con lo *spirito intelligente* di persone viventi:

«*chi ammette che sia possibile evocare i morti (intendiamo l'essere reale dei morti) dovrebbe ammettere che sia egualmente possibile, e anzi più facile, evocare un vivente* (...). *Ora è notevole il fatto che gli spiritisti insorgano violentemente contro la possibilità di evocare un vivente, e sembrino trovarla particolarmente temibile per la loro dottrina; noi, che neghiamo qualsiasi fondamento a quest'ultima, ammettiamo al contrario tale possibilità* (...).

Il cadavere non ha proprietà diverse da quelle dell'organismo animato, ma di quest'ultimo ne conserva solamente alcune; analogamente, l'*ob* degli ebrei – o il *prêta* degli indù – non potrebbe avere proprietà nuove nei confronti dello stato di cui è soltanto un vestigio; se dunque questo elemento può essere evocato, anche il vivente può esserlo nel suo stato corrispondente. (...).

«...se un uomo vivente può essere evocato, rispetto al caso del morto vi è differenza, in quanto, trattandosi ora di un composto non dissociato, l'evocazione raggiungerà necessariamente il suo essere reale; essa può dunque avere conseguenze ben altrimenti gravi[242] sotto questo aspetto da quella dell'*ob*, il che non significa che quest'ultima non ne abbia anch'essa, ma di altro ordine. Esaminando le cose sotto un altro aspetto, *l'evocazione dev'essere possibile soprattutto se l'uomo è addormentato, poiché è proprio allora che si trova, quanto alla sua coscienza attuale, nello stato corrispondente a ciò che può essere evocato...*»[243].

Quanto alla medianità, Guénon fa altre considerazioni fondamentali sul suo carattere *infero*:

---

[241] Guénon, R., *cit.*, pp. 60-62.
[242] In generale, vi è il rischio di creare seri problemi al suo sistema nervoso.
[243] *ibidem*, pp. 113-118. Si cfr. l'episodio citato in precedenza (p. 249): «...il suo spirito interviene alla nostra seduta a Torino, mentre Alfredo Ferraro è di persona a Genova e magari, a quell'ora, sta dormendo». Questa che *sembrerebbe* quasi una generica ipotesi di Rol è invece una spiegazione reale, come ben spiegato da Guénon.

«[I]n India, quando succede che si manifesti spontaneamente quella che gli spiritisti chiamano medianità (diciamo "spontaneamente", perché nessuno cercherebbe mai di acquisire o di sviluppare una facoltà del genere), si ritiene che si tratti di una vera e propria calamità per il medium e per l'ambiente circostante; il popolo non esita ad attribuire al demonio fenomeni di quest'ordine, e le stesse persone che ritengono in una certa misura che intervengano i morti considerano solamente l'intervento dei *preta*, cioé degli elementi inferiori che rimangono legati al cadavere, elementi rigorosamente identici ai "mani" degli antichi latini e che non costituiscono affatto lo spirito. In ogni luogo, del resto, i medium naturali furono sempre considerati dei "posseduti" o degli "ossessi", secondo i casi, e ci si occupò di essi solamente per cercare di liberarli e di guarirli; solo gli spiritisti hanno fatto di quest'infermità un privilegio, e cercano di mantenerla e coltivarla, o addirittura di provocarla artificialmente, e fanno segno di una incredibile venerazione gli infelici che ne sono afflitti, anziché considerarli oggetto di pietà o di repulsione. (...). [I]l medium, qualunque sia la natura degli influssi che si esercitano su di lui e per mezzo suo, dev'essere considerato un vero e proprio malato, un essere anormale e squilibrato; poiché lo spiritismo, lungi dal porre rimedio a tale squilibrio, tende con ogni mezzo a estenderlo, deve essere denunciato come nocivo per la salute pubblica...»[244].

«[I]l medium è un essere che una disgraziata costituzione mette in contatto con tutto ciò che vi è di meno raccomandabile in questo mondo, e anche nei mondi inferiori. Nelle "influenze erranti" dev'essere egualmente compreso tutto ciò che, provenendo dai morti, è capace di dar luogo a manifestazioni sensibili, trattandosi di elementi che non sono più individualizzati: appartengono a questa categoria lo stesso *ob* e, a maggior ragione, tutti quegli elementi psichici di minore importanza che costituiscono "il prodotto della disintegrazione dell'inconscio (o meglio del 'subconscio') di una persona morta"; aggiungeremo che, nel caso di morte violenta, l'*ob* conserva per un certo tempo un grado tutto particolare di coesione e di semivitalità, e ciò permette di spiegare un buon numero di fenomeni»[245].

Da qui ad arrivare alle errate interpretazioni reincarnazioniste il passo è breve. Un altro scritto di Rol chiarificatore in questo contesto è il seguente:

«più che mai sono convinto dell'importanza della coscienza sublime, quale mezzo inderogabile per avvicinare e conoscere, nella loro vera natura, tutti gli altri fenomeni che, fin qui, nei tentativi dei cosiddetti *spiritisti* non sono andati oltre al capitolo della medianità. Ma come si comporterebbe lo spiritista, se avendo improvvisamente superato il limite delle sue possibilità, si trovasse ammesso al cospetto di avvenimenti i quali già fanno parte delle prerogative dell'anima, libera, potente e dotata di tutti i suoi attributi divini? Ed avrebbe mai potuto raggiungere lo

---

[244] *ibidem*, pp. 53-54.
[245] *ibidem*, p. 122.

spiritista, questo *walhalla*²⁴⁶ del desiderio dove la scienza si inchina al genio o dove il genio, ancora, trema della sua esiguità al cospetto dell'Eterno, assoluto e perfetto? La coscienza sublime non è un'arma a doppio taglio, perché esclude nella sua essenza ogni speculazione metafisica»²⁴⁷.

Circa quest'ultima affermazione Rol intende dire che la *coscienza sublime* essendo uno *stato*, una *condizione* della coscienza, non è soggetta a speculazioni di nessun genere, proprio come non lo sarebbe il *nirvāṇa*. Si tratta cioè di una *realizzazione* concreta e completa sulla quale non è possibile equivocare («non è un'arma a doppio taglio»)²⁴⁸.

Ancora un punto ci preme qui commentare. Bonfiglio scrive che «lo Spirito Intelligente [è] perdurante e immortale»²⁴⁹, ciò che però non corrisponde propriamente a quanto detto da Rol né a quanto dice la tradizione metafisica.

Avevamo visto che gli elementi psichici derivanti dalla dissociazione che segue la morte «comprendono in particolare tutte le immagini mentali che, derivando dall'esperienza sensibile, hanno fatto parte di quelle che sono chiamate memoria e immaginazione»; a ciò bisogna aggiungere che «queste facoltà, o piuttosto questi insiemi, sono perituri, cioè soggetti a dissolversi, perché essendo di ordine sensibile, sono vere e proprie "dipendenze" dello stato corporeo...»²⁵⁰.

Dal momento che lo *spirito intelligente* non è altro che l'aggregato degli elementi psichici di cui sopra, ne consegue che anch'esso sia «soggetto a dissolversi», e questo perché lo *spirito intelligente*, insieme al corpo, rientra nel dominio dell'individualità umana considerata nella sua integralità, e non ha a che vedere con l'essere reale e imperituro, cioè l'"anima". Guénon scrive che «l'individualità umana, anche nelle sue modalità extra-corporee, deve necessariamente subire l'effetto della scomparsa della sua modalità corporea, e del resto, vi sono elementi psichici, mentali o d'altro tipo, che hanno una ragione d'essere soltanto in relazione all'esistenza corporea, per cui la disintegrazione del corpo deve comportare la disintegrazione di questi elementi, che vi rimangono legati e che, di conseguenza, sono anche abbandonati dall'essere al momento della morte intesa nel senso ordinario della parola»²⁵¹.

---

²⁴⁶ Nella mitologia nordica, uno dei palazzi dell'*Ásgarðr*, la residenza degli dei, dove venivano condotti dalle *Valchirie* gli eroi morti in battaglia. Lo spiritista viene visto da Rol come qualcuno incapace – come lo sarebbe invece un eroe – di raggiungere quel *luogo paradisiaco* che è la *coscienza sublime*.

²⁴⁷ Rol, G.A., *"Io sono la grondaia..."*, pp. 128-129. Cfr. per es. Lü Tung-pin: «Se nutrirai una qualsiasi opinione concettuale, sarai immediatamente fuori strada» (*Il segreto del fiore d'oro*, Ubaldini, Roma, 1993, p. 46).

²⁴⁸ In questa espressione potrebbe anche intendersi che la *cosienza sublime* è, in termini indù, *advaita*, ovvero non-duale, unica e unificata.

²⁴⁹ *Il pensiero di Rol*, p. 45.

²⁵⁰ Guénon, R., *Errore...*, pp. 204-205.

²⁵¹ *ibidem*, p. 123.

Quanto ai modi e ai tempi di questa dissoluzione dello *spirito intelligente* è lo stesso Rol a fornire delle indicazioni significative, che si legano al discorso generale da noi fatto a proposito della *memoria*. In una registrazione inedita di cui diamo integrale trascrizione nell'Appendice II, Rol accenna alla costituzione tripartita dell'essere umano di anima, spirito e corpo. Egli afferma che la prima è immortale, mentre il secondo, lo spirito, così come il corpo, sono mortali. La mortalità dello spirito è però diversa da quella del corpo:

«Allora lo spirito è immortale. Immortale... che cosa vuole dire? che non ha un limite di mortalità come nel corpo; ma ha la sua mortalità. Come? Finché sia percepibile. Cosa vuole dire? Prendiamo degli spiriti. Lo spirito di mio padre. È percepibile? Sì, perché io ne parlo, ho i suoi ritratti, ne ho sentito parlare. Lo spirito di mio nonno, è percepibile? Sì, perché io non l'ho conosciuto, ma ho i suoi ritratti, e ne ho sentito parlare. Lo spirito del mio bisnonno, è percepibile? Sì, perché io non l'ho conosciuto, ne ho sentito parlare, ancora, ed ho dei ritratti. Trisnonno, quadrisnonno, quintisnonno, andando indietro a ritroso. Arrivo a un certo momento e mi dico: il Rol, che è da padre in figlio indietro di sette generazioni, se io non ho l'albero genealogico, l'albero delle famiglie nobili, che tengono... io non ho più la percezione. (...). C'è dei libri del '500 che c'è scritto Manfredi Rol, c'è Gustavo Rol, Gustavo Adolfo Rol... milleseicento eccetera.

Allora lì ho ancora la percezione perché c'è ancora una memoria. Questa percezione, serve a qualcosa? Sì, serve a tener legato il loro spirito – *spirito intelligente* – il loro spirito a me, per la memoria.

(...). Alessandro il Magno con la mia famiglia ha niente a che fare... Però lo spirito di Alessandro il Grande... o di Filippo il Macedone, o di Ramses, hanno da fare ancora con me? Sì, perché io storicamente so che sono esistiti. Ma, se io vado indietro, io so che l'uomo remoto che la storia mi ha insegnato coi libri di scuola, è l'esistenza di un individuo che si chiamava Sargon primo re dei Sumeri[252], che teneva le mani così... C'è ancora, con me ha da fare perché so che è esistito. Quel fatto di sapere che è esistito ha un'influenza ancora, ha ancora un'influenza.

Cessa l'influenza dello spirito sulla Terra quando... non ha più nulla a che vedere con coloro che abitano la Terra».

La parte iniziale di questo discorso può apparire contraddittoria. Rol dice che «lo spirito è immortale. Immortale... che cosa vuole dire? che non ha un limite di mortalità come nel corpo. Ma ha la sua mortalità».

In realtà la contraddizione si risolve quando si tenga presente quanto abbiamo già detto in precedenza:

«Le dottrine estremo-orientali tengono conto di preferenza dell'aspetto psichico dell'eredità e vedono in essa un vero e proprio prolungamento dell'individualità umana; è questo il motivo per cui, sotto

---

[252] Primo re della dinastia di Agade (2637-2457 a.C.), precursore dell'impero babilonese.

il nome di "posterità" (…), esse la associano alla "longevità", chiamata immortalità dagli occidentali»²⁵³.

Il discorso ci pare sufficientemente chiaro ed è quindi inutile che vi insistiamo²⁵⁴. Rileviamo comunque che il modo di esprimersi di Rol, per chi non fosse stato sufficientemente attento alle sue spiegazioni, avrebbe potuto facilmente essere frainteso, così come lo sarebbe stato per chi ad esempio non avesse avuto occasione di ascoltare il suo discorso integralmente ma gli avesse sentito parlare di spirito solo in un senso generale, cosa che d'altronde era sua cosuetudine con le persone che egli frequentava saltuariamente. E in effetti nella bibliografia rolliana si trovano spesso confusioni tra anima e spirito o tra spirito e spirito intelligente.

In aggiunta però a quanto si è detto, ovvero circa la mortalità dello *spirito intelligente*, occorre però precisare che questa mortalità – al di là delle considerazioni "mnemoniche" e psichiche *tout court* – *non vale per la totalità degli esseri umani*, anche se per quasi tutti. Come scrive giustamente Gustav Meyrink: «Nell'aldilà non vi è nessuno di coloro che

---

²⁵³ Guénon, R., *Errore…*, p. 206.

²⁵⁴ Cfr. Granet, M., *La religione dei cinesi*, Adelphi, Milano, 1994, pp. 78-79:

«L'anima degli uomini e delle donne comuni, se essi muoiono prima del tempo, resta attiva soltanto per un breve periodo. L'anima di un nobile possiede comunque una certa potenza durevole, la cui forza e persistenza sono proporzionali alla nobiltà del defunto. Essa conserva la sua personalità, la sua vita indipendente, la sua capacità di azione in una misura e per un tempo definiti, per ogni individuo, dalla sua situazione sociale.

Il protocollo, come fissa i ranghi della società, così determina la sopravvivenza delle anime in quanto forze personali. (…).

Essi suddividevano queste anime in due gruppi, sotto le categorie *yin* e *yang*: dicevano di avere due anime. Una, l'anima *yin*, si chiamava *P'o* durante la vita, quando era unita all'altra, e *Kouei* dopo la morte, quando aveva luogo il loro distacco. Era l'anima inferiore, il gruppo di anime da cui dipendevano le funzioni animali; il *P'o* era l'anima del corpo e specialmente l'anima del sangue: esisteva per il solo fatto del concepimento. L'anima del genere *yang* si chiamava *Houen* durante la vita e *Chen* dopo la morte; anima superiore e di essenza più ideale, se ne andava per prima e arrivava per ultima; era un'anima-soffio che si manifestava mediante la voce, che le lamentazioni dei parenti richiamavano alla sua dipartita e di cui i primi vagiti segnalavano l'arrivo; corrispondeva alle parti più alte della personalità e al nome personale mediante il quale ognuno assumeva il proprio rango nel gruppo familiare; era lei a costituire l'individualità. Non periva immediatamente, allorché tale individualità era forte. La gente comune, dopo la morte, non poteva diventare che *Kouei* indistinti. Il *Chen* dei nobili di seconda classe sopravviveva per una generazione, dopo di che l'Antenato rientrava nel gruppo confuso dei *Kouei*. I nobili di prima classe restavano *Chen* per due generazioni; ma rientravano per sempre nella massa dei *Kouei* solo alla quinta generazione; durante le due generazioni intermedie, erano *Kouei* generalmente e *Chen* in momenti eccezionali. Diciamo, per abbreviare, che un grande ufficiale durava, come *Chen*, per tre generazioni, era definitivamente *Kouei* solo alla quinta generazione, e soltanto il fondatore della dinastia era *Chen* in permanenza, i signori e il sovrano erano *Chen* per quattro generazioni, tranne i loro primi Antenati che lo erano in perpetuo. Tale era lo statuto ufficiale dei morti».

son partiti ciechi dalla terra», e anche: «Coloro che non imparano a vedere qui, di certo non impareranno di là»[255].

Ciò è esattamente quanto dice anche Rol, quando scrive che «la Vita era il solo mezzo che possedeva per realizzare il proprio spirito immortale»[256], o che «per potere rendere immortale il nostro spirito», è necessario «essere puri di cuore»[257], vale a dire che per coloro che non lo sono non esiste immortalità ...[258].

I puri di cuore invece, che poi sono gli *illuminati*, vale a dire coloro che in vita hanno raggiunto la condizione di *coscienza sublime*, *possono rendere immortale* il proprio *spirito (intelligente), a prescindere che sussista ancora sulla Terra memoria di loro*. Essi sono i veri Immortali, che agiscono *coscientemente* anche dopo la morte, *in tutti gli stati di manifestazione* ovvero, in parole semplici, *in tutte le dimensioni e in tutti i mondi possibili*.

Esiste quindi una via, che è la *via della purezza di cuore*, attraverso la quale «possiamo comprendere ciò che forma il nostro spirito e per la stessa via, tramite lo spirito stesso, confortarci dell'esistenza di un'anima immortale. Perché nell'immortalità l'anima si identifica immediatamente in Dio»[259].

Tornando a Napoleone

Torniamo ora al rapporto tra Rol e Napoleone. Nel 1972 il parapsicologo Nicola Riccardi riferiva il seguente episodio in cui interveniva lo *spirito intelligente* dell'Imperatore:

«Siamo al 15 ottobre 1970, in Torino. È sera e in casa Rappelli siamo in cinque attorno al dott. G. A. Rol. (...).

Segue distribuzione di fogli di carta e seduta spiritica[260] al buio. In queste occasioni e con questi partecipanti si chiama e si riceve soltanto l'Imperatore Napoleone Primo[261]. Rol si concentra e dice nel buio che lo

---

[255] apud Evola, J., *Maschera e volto dello spiritualismo contemporaneo*, Ediz. Mediterranee, Roma, 1971, p. 197. Cfr. quanto da noi detto a p. 184, 205 e più oltre a p. 351.

[256] *"Io sono la grondaia..."*, p. 180.

[257] Dembech, G., *G. A. Rol. Il grande precursore*, CD traccia n. 26, e p. 180.

[258] Cfr. a questo proposito quanto diciamo più oltre, p. 351.

[259] Rol, G.A., *"Io sono la grondaia..."*, p. 258.

[260] Ricordiamo che la definizione di Riccardi è errata e non corrisponde né nella teoria né nella pratica alle *sedute sperimentali* di Rol, così come alla nozione di *spirito intelligente*.

[261] Lo *spirito intelligente* dell'imperatore interveniva generalmente preceduto e introdotto dal Gran Maresciallo di Francia Henri Bertrand, suo compagno d'esilio all'isola di Sant'Elena, dove il suo ruolo protocollare non era molto diverso, come riferisce Las Cases: «Gli stranieri, gli ufficiali e i funzionari che provenivano dalle Indie, toccando Sant'Elena, e desiderando fare visita all'Imperatore, in genere si presentavano al

spirito è presente. A me domanda se Napoleone mi é gradito e io rispondo che pur non essendo imperialista lo ascolterò volentieri. Per la prima risposta mi accorgo che Rol si è messo a scrivere con grande foga e subito dopo alla luce ci legge il messaggio col quale Napoleone afferma di non essere imperialista nemmeno lui e di aver sempre operato per il bene dei popoli. (...). Napoleone scompare durante la seduta per un poco dalla scena, e Rol ce lo comunica. Prima che egli ritorni e si riprendano i colloqui, vien fuori uno scritto che comincia con S.M. (Sua Maestà). Chiedo se Napoleone parla ogni tanto di sé in terza persona e mi dicono (perché sanno tutto) che stavolta non è lui in persona ma il suo aiutante di campo generale Rapp[262]. La firma è una grande circonferenza.

Un altro scritto ha la firma disegnata in modo diverso dal solito e c'è accanto indicata S. Elena. Rol mi informa che dopo Waterloo l'Imperatore è stato iniziato (non spiega se massoneria o esoterismo o magia) e le affermazioni che convalida con siffatta firma da iniziato sono di assoluta certezza (...).

Alla seconda signora che chiedeva quale delle case sotto esame doveva acquistare, Napoleone risponde argutamente che non è agente immobiliare»[263].

Quest'ultima frase non è solo da considerarsi una battuta, ma anche un riferimento al fatto che uno *spirito intelligente* è in grado di dare risposte precise solo su argomenti che conosce, ovvero di cui era a conoscenza la persona a cui appartiene quello *spirito intelligente* (per esempio: strategie militari, codici civili, urbanistica, visione socio-politica, etc. per Napoleone), mentre rimane muto su argomenti che non conosce, oppure che non fanno parte delle sue esperienze di vita, quindi del suo *patrimonio mnemonico*, come in questo caso quello di «agente immobiliare».

L'affermazione senz'altro più significativa riguarda il riferimento all'"iniziazione" dell'Imperatore. Rol ne parla, non a caso, in concomitanza con l'indicazione dell'isola di Sant'Elena, angusto e pietroso isolotto nel mezzo dell'oceano Atlantico, equidistante da Africa

---

conte Bertrand, il quale fissava loro il giorno e l'ora in cui sarebbero stati ricevuti» (*Memoriale di Sant'Elena*, cit., vol. I, p. 323).

[262] Si noti la certamente voluta coincidenza di far un esperimento con il generale Jean Rapp (1771-1821) in presenza di Pier Lorenzo Rappelli, colui che Rol – come siamo venuti a sapere – sperava potesse diventare «il suo successore». In una comunicazione al generale (30/03/1815) Napoleone così si esprimeva: «Al ritorno dall'Egitto, dopo la morte di Desaix, eri solo un soldato, io ho fatto di te un uomo. Non dimenticherò mai il tuo comportamento durante la ritirata da Mosca. Ney e tu fate parte dei pochi che hanno una forte tempra d'animo. D'altronde, all'assedio di Danzica hai fatto più dell'impossibile» (Napoleone, *Autobiografia*, a cura di André Malraux, Mondadori, Milano, 1993, p. 295). Il generale Rapp aveva anche sventato un tentativo di assassinio (1809) da parte di un fanatico che a Schonbrunn (Austria) con un coltello sotto la giubba si era avvicinato a Napoleone per ucciderlo (Cfr. Las Cases, *cit.*, 1-2/4/1816, vol I, p. 411).

[263] Riccardi, N., *L'occulto in laboratorio*, Meb, Torino, 1972, pp. 77-79.

e Sud America, dove Napoleone fu esiliato a tradimento dal governo Britannico, al quale si era consegnato per chiedere asilo.

Riccardi scrive, a proposito di questa iniziazione, che Rol «non spiega se massoneria o esoterismo o magia». Noi crediamo di poter affermare che non si trattasse di nessuna delle tre. Non certo la magia, sia perché di per sé è già un'ipotesi ridicola, sia perché Napoleone sarebbe stato davvero un pessimo "mago", visto dove e come ha passato gli ultimi anni di vita. Nemmeno l'«esoterismo», nel senso che l'intende il Riccardi, quale sinonimo cioè di occultismo e chissà quali strani riti, di nuovo essenzialmente assimilabili al "magico". Quanto all'ipotesi massonica siamo invece di fronte a una eventualità, anche se noi ci crediamo ben poco: intendiamo dire, in primo luogo, che secondo noi Napoleone non fu iniziato alla Massoneria, per il semplice fatto che non ne aveva alcun bisogno; in secondo luogo che Rol non era a questo a cui voleva riferirsi. In merito al primo punto, l'argomento è stato sufficientemente trattato da François Collaveri nel suo *Napoleone Imperatore e Massone*, dove peraltro l'autore – massone della Gran Loggia di Francia nato a Marsiglia, che svolse numerosi incarichi diplomatici e amministrativi e fu insignito della Legion d'Onore – cerca invece di dimostrare che Napoleone non poteva non essere stato iniziato alla Massoneria, pur adducendo prove indirette (come il fatto, per esempio, che il fratello Giuseppe, iniziato a Marsiglia nel 1793, fosse Gran Maestro della Massoneria di Francia e dei regni di Napoli e di Spagna; che fossero Massoni il fratello Gerolamo così come il padre Carlo; che il cognato Gioachino Murat fu Venerabile di una loggia che fu chiamata «Saint-Caroline» in onore di sua moglie e sorella di Napoleone, Carolina; che, in generale, i Massoni consideravano Napoleone come "Fratello" e che lui non ha mai smentito coloro che lo dicevano Massone) e nessuna prova decisiva, vale a dire una sua conferma esplicita o un verbale di loggia che comprovi l'avvenuta iniziazione. Non che questo basti per dimostrare che Napoleone non fosse massone, come hanno mostrato altri casi analoghi al suo. La nostra opinione tuttavia è che egli avesse lasciato che si dicesse fosse massone, semplicemente perché era uno stratega che sapeva servirsi delle migliori opportunità. Napoleone non è stato certo il tipo che ha avuto bisogno di entrare nella Massoneria per far carriera, come spesso accade, perché conquistò gli onori sul campo di battaglia; e nemmeno il tipo che aveva bisogno di farsi istruire in certi riti, perché era un assoluto autodidatta che come Rol da giovane aveva divorato centinaia di libri e conosceva il mondo e gli uomini in maniera formidabile. E poi, proprio perché praticamente tutta la sua famiglia era nella massoneria, a che gli sarebbe servito un atto ufficiale, un "pezzo di carta"? Napoleone era Napoleone, ben al di sopra di quelle che lui considerava certamente né più né meno che «pure fanciullaggini, buone per divertire gli sciocchi», come sembra abbia detto una volta al suo *valet de chambre* Constant[264]. E ci pare d'altronde significativa la formula con cui i Massoni si rivolsero a lui durante una «Festa della Pace» allestita dal Grande Oriente di Francia nel 1800:

Que dans la Franc-Maçonerie,
Héros, on te compte ou non,
Avec tes vertus, ton génie,
Tu peux passer pour Franc-Maçon[265].

Questo per noi è quanto di più massonico possa dirsi di Napoleone, né più né meno che un titolo *ad honorem*...

Quanto invece all'iniziazione cui ha fatto riferimento Rol, essa avvenne, se così si può dire, a Sant'Elena[266], né sarebbe potuta avvenire in altra sede dal momento che – sempre secondo Rol – essa fu conferita «dopo Waterloo». Ora, la battaglia di Waterloo si svolse il 18 giugno 1815. Dopo la sconfitta, Napoleone rientrò a Parigi il 20 giugno e abdicò a favore del figlio Napoleone II il giorno successivo. Lasciò l'Eliseo il 25 per la residenza della Malmaison, quindi partì per Rochefort il 29 giugno dove arrivò il 4 luglio. Il 16 luglio abbandonò definitivamente la Francia a bordo della nave *Bellerophon*. Dopo una sosta in Inghilterra e il trasferimento su un altro vascello, il *Northumberland*, iniziò la lunga traversata dell'oceano Atlantico alla volta dell'isola di Sant'Elena, dove giunse il 15 ottobre e vi restò fino alla morte, avvenuta il 5 maggio 1821.

Non vi sono dubbi che, dati i tempi e le circostanze, l'"iniziazione" di cui parla Rol non si riferisce a qualche strano rito (che non avrebbe avuto, tra l'altro, alcuno scopo) cui l'Imperatore avrebbe preso parte tra giugno e luglio 1815, prima della partenza dalla Francia, ma si riferisce proprio ai cinque anni e mezzo da lui vissuti a Sant'Elena, quell'«orrendo scoglio», come Napoleone era solito definirlo durante il suo soggiorno, a causa delle insalubri condizioni climatiche, delle limitate possibilità escursionistiche e dello sciagurato comportamento del suo sorvegliante, il governatore dell'isola Hudson Lowe.

Ma cosa intendeva Rol, almeno in questo caso, con «iniziazione»? Possiamo cominciare a comprenderlo a partire da ciò che aveva scritto

---

[264] La frase viene riferita da Collaveri (*op. cit.*, Nardini Editore, Firenze, 1986, p. 45) il quale però non è disposto a darle alcun credito. Secondo noi è invece assai probabile che Napoleone si fosse espresso proprio in questi termini.

[265] *ibidem*, p. 99. «Che della Massoneria, / o Eroe, tu faccia parte oppure no, / Con le tue virtù, il tuo genio, / Tu puoi passare per Massone». Sotto certi aspetti, questo lo si potrebbe dire anche di Rol, il quale tra l'altro sigla alcune delle poesie ad Alda con un segno (non quello dell'infinito, l'altro) che ha tutta l'aria di essere massonico... Un altro gioco simbolico di Rol?

[266] Tale affermazione crediamo sia inedita nelle speculazioni "massoniche" che si sono fatte sui luoghi di iniziazione di Napoleone, ovvero Marsiglia, Valence, Nancy, Malta, Parigi e Il Cairo (da cui la storia della misteriosa notte passata all'interno della Grande Piramide di Cheope...).

Furio Fasolo su *Epoca* nel 1951, ovvero che Rol «dichiara di ammirare in Napoleone l'uomo che durante la prigionia a Sant'Elena seppe elevare la propria anima a meravigliosa altezza»[267].

È qui che va cercato il senso dell'"iniziazione" cui Rol fa riferimento, e in nessun altro ambito. Si tratta di una iniziazione giunta dall'alto, senza intermediari umani, attraverso le avversità delle circostanze; una "crocifissione" che libera lo spirito e innalza l'anima «a meravigliosa altezza»:

«…solo il corpo può essere nelle mani dei malvagi, lo spirito spazia ovunque: anche dal fondo di un carcere, esso può giungere ad innalzarsi nel cielo»[268], aveva detto l'Imperatore.

Egli che era arrivato ai più alti onori e venerato da tutta Europa, il genio militare e il conoscitore degli uomini, il pragmatico costruttore di nazioni e governi, l'irremovibile decisionista e il romantico sognatore è stato schiacciato e confinato in una delle peggiori prigioni geografiche e psicologiche che si potessero trovare[269]. Ecco cosa disse pochi giorni prima di morire:

«Mi son seduto al focolare del popolo britannico; ho chiesto una leale ospitalità, e contro ogni diritto non ottenni che catene. Avrei ricevuto accoglienza ben diversa dallo zar Alessandro; l'imperatore Francesco mi avrebbe trattato con riguardo, lo stesso re di Prussia sarebbe stato più generoso. Ma toccava all'Inghilterra sorprendere, trascinare i sovrani, e dare al mondo lo spettacolo inaudito di quattro grandi potenze accanite contro un solo uomo. Fu il vostro ministero quello che scelse questo orrendo scoglio, dove va consumandosi in meno di tre anni la vita degli europei, per estinguervi la mia con un assassinio. E come mi avete trattato dopo che vi sono stato relegato! Non c'è indegnità, orrore, di cui non vi siate fatto un piacere di abbeverarmi. Le più semplici relazioni con la mia famiglia, quelle relazioni che non furono mai vietate a nessuno, me le avete impedite. Non mi avete lasciato arrivare notizia o scritto alcuno dall'Europa; mia moglie e mio figlio non sono stati più vivi per me; mi avete tenuto per sei anni nella tortura del segreto. In quest'isola inospitale, mi avete posto nel sito meno adatto ad essere abitato; quello in cui il mortifero clima dei tropici si fa più sentire. Sono stato costretto a rinchiudermi dentro quattro mura[270] e in un'aria malsana, io che percorrevo a cavallo tutta l'Europa. M'avete assassinato lentamente, a lungo, con premeditazione; l'infame Hudson è stato l'esecutore delle alte decisioni del vostro ministero».

---

[267] Fasolo, F., *Il signor Rol, Mago*, Epoca n. 20, 24/02/1951, didascalia sotto la fotografia di p. 40.
[268] *apud* Las Cases, *cit.*, vol. II, p. 344 (15/10/1816).
[269] E il suo destino sarà ben compreso da Silvio Pellico (autore de *Le mie prigioni*, 1832) il quale incarcerato allo Spielberg (Rep. Ceca) ebbe a scrivere: «*Io – cui consuma il carcere – / Io – la cui patria è da lui volta in pianto – / Io non l'amava: e lui plorando or canto*» (*apud* Collaveri, F., *cit.*, p. 19).
[270] Negli anni '40 Rol stava lavorando a un libro dal titolo «*Le quattro mura intorno*»…

«...io, morendo in questa solitudine spaventevole, privo dei miei, mancante di tutto, lego l'obbrobrio e l'orrore della mia morte alla famiglia regnante d'Inghilterra»[271].

Sant'Elena, un *golgota* in mezzo all'Oceano, una *Via Crucis* la cui analogia con quella del Cristo infatti non era sfuggita ai contemporanei. Come dice Luigi Mascilli Migliorini, studioso dell'età Napoleonica:

«...forse, ancor più che i ragionamenti politici tenuti nelle interminabili serate di Sant'Elena in compagnia di pochi e spesso disorientati seguaci, è l'icona stessa dell'esilio su quella roccia che affiora nell'Atlantico, è la sua solitudine, sono i ragionamenti sulla vita e sulla morte che egli sviluppa a partire da quella implacabile condizione, è il martirio...»[272].

E poi:

«L'uomo che riflette quotidianamente sulle proprie gesta passate, che è impegnato in una gigantesca battaglia per dare ad esse una continuità storica nell'Europa che si costruirà ormai senza di lui, è anche l'uomo che sin dal primo giorno in cui è sbarcato sull'isola, e forse già prima, quando tra Waterloo e l'imbarco sul Northumberland la storia ha definitivamente preso congedo da lui, si è preparato a un altro, più intimo colloquio»[273].

Colloquio che passa anche attraverso «l'esaltazione del sacrificio di Cristo» che «si nutre della consapevolezza, via via acquisita nei giorni di Sant'Elena che le sofferenze patite, e soprattutto le sofferenze raccontate, varranno alla possibile immortalità delle imprese napoleoniche forse assai più dei suoi trionfi militari. Nei testi di quelli che non a caso la successiva popolarità consacrerà come «gli evangelisti di Sant'Elena» – Las Cases, Gourgaud, Bertrand, Montholon – l'idea che le prove sofferte durante gli ultimi anni di vita dell'Imperatore non siano state inutili, ma siano servite ad acquistargli una presenza nel tempo a venire che tutta l'epopea precedente non sarebbe stata in grado di assicurargli è fondamentale. Si fonda, addirittura, su questa idea una superiorità evidente di Napoleone rispetto ai modelli del passato – Alessandro e Cesare – frutto di una dimensione più piena e moderna della sua esperienza di vita che mancava ai condottieri dell'antichità e frutto soprattutto (...) di un passaggio attraverso il Cristo che dà alle questioni della sofferenza e della morte un orizzonte completamente nuovo e, appunto, moderno»[274].

Il paragone Cristo-Napoleone non viene ovviamente fatto solo sulla base della condizione in cui si trovava l'Imperatore (che al generale Bertrand dirà: «Trattandomi così male, gl'inglesi han posto una corona di

---

[271] Antonmarchi, F., *Gli ultimi giorni di Napoleone* (1825), in: Las Cases, *op. cit.*, vol. II, p. 906-907. L'imperatore ha detto queste parole il 19 aprile 1821.

[272] Napoleone, *Conversazioni religiose. Sulla fede e sull'esistenza di Dio*, a cura di Luigi Mascilli Migliorini, Editori Riuniti, Roma 2004, p. 10.

[273] *ibidem*, p. 15.

[274] *ibidem*, p. 21.

spine sulla mia testa...»²⁷⁵) ma da tutto quanto egli ha fatto e detto durante quell'esilio, registrato con cura dai fedelissimi Bertrand, Gourgaud, Montholon e Las Cases nei vari memoriali²⁷⁶. In questi documenti si trovano meravigliose pagine di saggezza, di genio e di visioni socio-politiche all'avanguardia. E vi si trova un anelito spirituale e una visione cosmica talmente intensa che lascia stupefatti coloro che di Napoleone hanno solo la vaga immagine del condottiero militare. Si pensi ad esempio ai brani seguenti:

«"Si, esiste una causa divina, una ragione sovrana, un essere infinito. Questa causa è la causa delle cause; questa ragione è la ragione creatrice dell'intelligenza. Esiste un essere infinito, a paragone del quale, generale Bertrand, non siete che un atomo; a paragone del quale io, Napoleone, con tutto il mio genio, sono un vero niente, un puro nulla, mi capite? Lo sento questo Dio ... lo vedo ... ne ho bisogno, credo in lui... Se voi non lo sentite, se voi non ci credete, ebbene, tanto peggio per voi... "»²⁷⁷.

Di Gesù diceva:

«"Tutto di lui mi sorprende. Il suo spirito mi supera e la sua volontà mi confonde. Tra lui e qualsiasi altra persona al mondo non c'è possibilità di paragone. È veramente un essere a parte. Le sue idee, i suoi sentimenti, la verità che egli annuncia, la sua maniera di convincere, non si riescono a spiegare né con le istituzioni umane né con la natura delle cose.

La sua nascita e la storia della sua vita, la profondità della sua dottrina che raggiunge davvero la vetta delle difficoltà e ne è la soluzione più ammirevole, il suo Vangelo, la singolarità di questo essere misterioso; la sua apparizione, il suo dominio, il suo cammino attraverso i secoli e i regni, tutto rappresenta per me un prodigio²⁷⁸. (...).

Cerco invano nella storia qualcuno simile a Gesù Cristo o qualcuno che comunque si avvicini al Vangelo. Né la storia, né l'umanità, né i

---

[275] Bertrand, *Quaderni di Sant'Elena*, Longanesi, 1964, p. 392 (07/09/1817).

[276] Gli "evangelisti" di Sant'Elena hanno in comune con quelli del Nuovo Testamento oltre al numero (4), anche la loro ripartizione nello schema 3 + 1. Normalmente infatti i vangeli di Matteo, Marco e Luca sono considerati *sinottici*, poiché sostanzialmente i temi e i fatti che espongono sono analoghi, talvolta sovrapponibili, mentre quello di Giovanni appare diverso, soprattutto per una impronta più marcatamente spirituale e in taluni casi enigmatica. L'analogia con i memorialisti di Sant'Elena la si riscontra non tanto nei contenuti dei loro scritti, quanto dalla seguente circostanza, riferita da Las Cases: «L'imperatore, costretto a ridurre il suo seguito a tre persone, ha scelto il Gran Maresciallo, me, Montholon e Gourgaud. Le istruzioni non gli permettono di condurre con sé più di tre ufficiali; allora è stato convenuto di considerarmi come civile, ammettendosi un quarto in base a tale convenzione» (*cit.* p. 37). Lo schema è d'altronde quello dei quattro moschettieri...Vi sono poi altri memoriali "minori" (Antonmarchi, O'Meara, Saint Denis, Marchand, Balcombe, etc.).

[277] Napoleone, *Conversazioni religiose...*, cit., p. 45. Da qui in poi, una lunga selezione di pensieri sulla tematica religiosa, fondamentale per capire una parte rilevante del Napoleone di Sant'Elena, e di conseguenza, la stima che Rol aveva per lui.

[278] *ibidem.*, pp. 62-63.

secoli, né la natura mi offrono nulla al quale io possa paragonarlo o con cui io possa spiegarlo. Nel suo caso tutto è straordinario. Più lo guardo e più trovo conferma che non c'è niente nella sua vita che non sia al di fuori della realtà delle cose e al di sopra dello spirito umano.

Anche gli empi non hanno mai osato negare la sublimità del Vangelo che ispira loro una specie di venerazione obbligata! Che gioia procura questo libro a coloro che vi credono! Quante meraviglie vi apprezzano coloro che vi hanno meditato sopra![279] (...).

Voi parlate di Cesare e di Alessandro, delle loro conquiste e dell'entusiasmo che seppero suscitare nel cuore dei soldati per trascinarli con loro in spedizioni avventurose. Bisogna, però, considerare il prezzo dell'amore dei soldati, l'ascendente esercitato dal genio e dalla vittoria, l'effetto naturale della disciplina militare e il risultato di un comando abile e legittimo. Ma quanti anni è durato l'impero di Cesare? Per quanto tempo si è mantenuto l'entusiasmo dei soldati di Alessandro? Hanno goduto di questi onori per un giorno, per un'ora, per il tempo del loro comando e al massimo della loro vita, seguendo i capricci del numero e del caso, i calcoli della strategia e, in definitiva, seguendo le fortune della guerra...

E se la vittoria infedele li avesse abbandonati, non credete voi che quell'entusiasmo sarebbe immediatamente svanito? Vi chiedo, l'influenza militare di Cesare e di Alessandro è finita con la loro vita? Si è conservata al di là della tomba?

Potete concepire un morto che fa delle conquiste con un esercito fedele e del tutto devoto alla sua memoria? Potete concepire un fantasma che ha soldati senza paga, senza speranza per questo mondo e che ispira loro la perseveranza e la sopportazione di ogni genere di privazione? Ahimè! Il corpo di Turenne era ancora caldo e il suo esercito, scoraggiato, arretrava davanti a Montecuccoli. E quanto a me, i miei eserciti mi dimenticano mentre sono ancora vivo, come l'esercito cartaginese fece con Annibale. Ecco tutto il nostro potere di grandi uomini! Una sola battaglia perduta ci abbatte e la disgrazia ci allontana gli amici. Quanti Giuda ho visto intorno a me! Ah! Se non sono riuscito a convincere quei grandi politici, quei generali che mi hanno tradito; se hanno rinnegato il mio nome e i miracoli di un amore sincero per la patria e quanto meno della fedeltà a un sovrano ... Se io, che li avevo così spesso guidati alla vittoria, non ho potuto da vivo riscaldare i loro cuori

---

[279] *ibidem*, pp. 65-66. L'11 agosto 1944 Rol in una lettera alla contessa Elda Trolli Ferraris scriveva: «...voglio darLe un consiglio. Se lo segue se ne troverà certamente bene. Prenda il Vangelo, se lo legga attentamente e lo mediti *parola per parola*. Vi sono là dentro tesori di poesia, di filosofia, di scienza, che da soli basterebbero a formare la cultura di un individuo», in: Rol, G., *La Coscienza Sublime. L'incontro con la poetessa Elda Trolli Ferraris,* a cura di M.L. Giordano e G. Ferraris di Celle, L'Età dell'Acquario, 2006, p. 173.

egoisti, come potrei mai, una volta che fossi io stesso cadavere, riuscire a conservare e a risvegliare il loro zelo!

Immaginate voi Cesare, imperatore eterno del senato romano, che dal fondo del suo mausoleo continua a governare l'Impero, vegliando sul destino di Roma? Questa è la storia dell'invasione e della conquista del mondo da parte del cristianesimo. Ecco il potere del Dio dei cristiani e il miracolo perpetuo del progresso della fede e del governo della sua chiesa. I popoli passano, i troni crollano e la chiesa rimane! Quale è, dunque, la forza che mantiene in piedi questa chiesa, assalita dall'oceano furioso della collera e dell'odio del mondo? Qual è il braccio, dopo diciotto secoli, che l'ha difesa dalle tante tempeste che hanno minacciato di inghiottirla?

In qualsiasi altra esistenza che non fosse quella di Cristo, quante imperfezioni, quante traversie. Quale carattere non si piegherebbe abbattuto da certi ostacoli? Quale individuo non sarebbe modificato dagli eventi o dai luoghi, non subirebbe l'influenza del tempo e non verrebbe a patti con i costumi e le passioni incalzato dalla necessità che lo sovrasta!

Dal primo giorno fino all'ultimo, egli è lo stesso, sempre lo stesso, maestoso e semplice, infinitamente severo e infinitamente dolce. (...).

Che parli o che agisca, Gesù è luminoso, immutabile, impassibile. Il sublime – si dice – è un tratto della Divinità. Che nome dare, allora, a colui il quale riunisce in sé tutti i tratti del sublime? (...).

Il Cristo prova che egli è il figlio dell'eterno con il suo disprezzo del tempo. Tutti i suoi dogmi significano una sola cosa: l'eternità.

Ecco perché l'orizzonte del suo Impero si estende e si allunga all'infinito. Il Cristo regna al di là della vita e al di là della morte! Il passato e il futuro sono per lui la stessa cosa. Il regno della verità non ha, e non può che avere, altro limite che la menzogna. Questo è il regno del Vangelo, che abbraccia ogni luogo e ogni popolo. Gesù si è impadronito del genere umano. Ne ha fatto un'unica nazione, la nazione degli uomini onesti che egli chiama a una vita perfetta[280]. (...).

Cristo non ha ambizioni terrene. Egli si è consacrato esclusivamente alla sua missione celeste. Gli sarebbe stato facile esercitare una grande forza di seduzione e ottenere potere diventando un uomo politico. Tutto si prestava e andava in quel senso se solo egli avesse voluto!

Gli Ebrei attendevano un Messia temporale che avrebbe dovuto sottomettere i loro nemici, un re il cui scettro avrebbe posto il mondo intero sotto il loro dominio. Certo in questo si racchiudevano una tentazione difficile da superare e il principio naturale di una grande usurpazione. Gesù è il primo che osa attaccare pubblicamente la falsa interpretazione delle Sacre Scritture. Egli si applica a dimostrare che queste vittorie e queste conquiste del Cristo sono delle vittorie spirituali, che si tratta della repressione dei vizi, dell'assoggettamento delle passioni, dell'invasione pacifica delle anime».

---

[280] *ibidem*, pp. 68-71.

«Gesù si preoccupa particolarmente di inculcare questa spiegazione tutta spirituale ai suoi discepoli. In più di una occasione ci si vuole impadronire di lui per farlo re. Egli allontana dalla sua fronte la corona. (…).

Gesù non scende a patti con le altre debolezze umane. I sensi, questi tiranni dell'uomo, sono trattati da lui come schiavi fatti per obbedire e non per comandare. I vizi sono l'oggetto del suo odio implacabile. Mortifica le passioni che sono la caratteristica tipica dei grandi successi. Parla come un padrone alla natura umana degradata, come un padrone corrucciato che chiede una espiazione. La sua parola, per quanto sia austera, si insinua nell'anima come un'aria sottile e pura. La coscienza ne viene penetrata e persuasa silenziosamente.

Gesù mette da parte la politica, che è una cosa superflua per dei veri cristiani, che adorano il dogma della fraternità divina.

Certo, ecco un uomo a parte. Ecco un pontefice e una religione che si separano davvero da tutte le altre religioni[281]. (…).

Confucio propose ai Cinesi l'agricoltura. Licurgo e Numa credettero di contenere i loro concittadini con un saggio equilibrio di leggi e con l'armonia di una società ben regolata. Maometto spinse i suoi discepoli alla conquista del mondo con la sciabola. Tutti indirizzarono l'uomo verso cose esteriori. Ma quale rapporto esiste tra questa attività e il sentimento religioso? Io vedo qui dei cittadini, una nazione, un legislatore, un conquistatore. Ma da nessuna parte vedo un pontefice. (…).

[U]na volta ammesso il carattere divino di Cristo, la dottrina cristiana si presenta con la precisione e la chiarezza dell'algebra. Bisogna ammirare in essa la struttura e l'unità di una scienza. (…).

Il Vangelo possiede una virtù segreta, un non so che di efficace, un calore che agisce sull'intelletto e che affascina il cuore. Nel meditarlo si prova lo stesso sentimento che a contemplare il cielo. Il Vangelo non è un libro, è un essere vivente, con una capacità di azione, con una potenza che invade tutto quello che si oppone alla sua espansione. Eccolo su questo tavolo, questo che è il libro per eccellenza (e qui l'Imperatore lo sfiora con rispetto). Non mi stanco mai di leggerlo, ogni giorno e sempre con lo stesso piacere[282].

Il Cristo non muta. Non esita mai nel suo insegnamento e la sua più piccola affermazione ha un'impronta di semplicità e di profondità che

---

[281] *ibidem*, pp. 73-75 Il prof. Giovanni Sesia, in una trasmissione televisiva del 26/05/2004 sull'emittente locale *Telestudio* (Piemonte) aveva riferito questo pensiero di Rol: «…una cosa voglio dirvi prima di morire: credete in Dio, Dio esiste, credete nella religione cristiana, è la religione che più si avvicina alla Verità». Su questo cfr. quanto già detto a p. 179.

[282] Era quello che faceva anche Rol. Come dice Catterina Ferrari (*Interviste Archivio Nicolò Bongiorno*): «Poteva fare comunque tardi la sera, però lui non tralasciava mai di aprire la Bibbia o il Vangelo. Questo faceva parte della sua quotidianità».

cattura l'ignorante e il sapiente, per poco che vi prestino la loro attenzione. (...).

[N]on ha avuto che un unico scopo, il miglioramento spirituale degli individui, la purezza della coscienza, l'unione a ciò che è vero, la santità dell'anima. Ecco una vera religione e vi riconosco un pontefice.

Ciò che strappa la convinzione sono tutti i vantaggi e la felicità che derivano da una simile credenza. L'uomo che crede è felice! Voi ignorate che cosa vuol dire credere! Credere è vedere Dio perché si hanno gli occhi fissi su di lui! Felice chi crede![283] (...).

Ci si esalta davanti alle conquiste di Alessandro! Ebbene, ecco un conquistatore che confisca a proprio vantaggio, che unisce, che aggrega a sé non una nazione ma la specie umana. Che miracolo! L'anima umana con tutte le sue facoltà diventa un'appendice dell'esistenza di Cristo.

E in che modo accade questo? Con un prodigio che supera ogni prodigio. Egli vuole l'amore degli uomini, vuole, cioè, la cosa al mondo più difficile da ottenere. Ciò che un saggio domanda inutilmente a qualche amico, ciò che un padre chiede ai suoi figli, la sposa al suo sposo, un fratello al fratello, in una parola il cuore, questo è ciò che egli vuole per sé. Lo esige in forma assoluta e immediatamente lo ottiene. Così egli conferma ai miei occhi la sua natura divina. Alessandro, Cesare, Annibale, Luigi XIV, con tutto il loro genio hanno fallito su questo punto. Hanno conquistato il mondo e non sono riusciti ad avere un amico. Sono forse l'unico oggi che ami Annibale, Cesare, Alessandro... Il grande Luigi XIV, che ebbe tanta fama nella Francia e nel mondo, non aveva un amico in tutto il suo regno e perfino nella sua famiglia. È vero, amiamo i nostri figli, ma perché? Obbediamo a un istinto della natura, a una volontà di Dio, a una necessità che perfino gli animali riconoscono e accudiscono. Ma quanti bambini restano insensibili alle nostre carezze, alle tante cure che gli prodighiamo, quanti bambini sono ingrati? I vostri figli, generale Bertrand, vi amano? Voi li amate e non siete sicuro di essere ripagato. Né le vostre sollecitudini, né la natura, riusciranno mai a ispirare loro un amore simile a quello dei cristiani per Dio! Se voi moriste, i vostri figli si ricorderebbero di voi godendo, senza dubbio, della vostra eredità, ma i vostri nipoti saprebbero a stento se voi siete esistito. E voi siete il generale Bertrand! (...).

Il Cristo parla e le generazioni gli appartengono ormai per legami più stretti, più intimi di quelli del sangue, per un'unione più sacra, più imperiosa di qualsiasi altro genere di unione. Egli accende la fiamma di un amore che fa morire l'amore di sé e che prevale su ogni altro amore.

Come non riconoscere da questo miracolo della volontà il Verbo creatore del mondo? (...).

---

[283] Il giurista Arturo Carlo Jemolo, in un articolo pubblicato in prima pagina su *La Stampa* (13/08/1978) faceva un appello a Rol: «ci aiuti a convincere gli scettici, che molte volte sono poi i più infelici». Rol gli rispose, sempre sulle colonne del quotidiano torinese (03/09/1978, p. 3) con una lunga lettera in cui dice anche: «Sono d'accordo con lei, professor Jemolo, che gli scettici sono degli infelici».

Egli solo è giunto a elevare il cuore degli uomini fino all'invisibile, fino al sacrificio del tempo. Egli soltanto, creando questa forma di sacrificio, ha creato un legame tra il cielo e la terra.

Tutti quelli che credono sinceramente in lui, avvertono questo amore ammirevole, soprannaturale, superiore, fenomeno inspiegabile, impossibile per la ragione e per le forze umane, fuoco sacro dato alla terra da questo nuovo Prometeo[284], di cui il tempo, questo grande distruttore, non riesce a logorare la forza e a limitare la durata. Io, Napoleone, è ciò che ammiro di più perché ci ho pensato spesso. Ed è ciò che mi prova assolutamente la divinità di Cristo!

Ho trascinato delle moltitudini che morivano per me. A Dio non fa piacere che io faccia un paragone tra l'entusiasmo dei soldati e la carità cristiana, che sono differenti tra loro come differente ne è la causa.

Ma tuttavia era necessaria la mia presenza, l'elettricità del mio sguardo, il mio accento, una mia parola. A quel punto accendevo nei loro cuori un fuoco sacro ... Certo, possiedo il segreto di questo potere magico che solleva gli spiriti, ma non saprei comunicarlo a nessuno. Nessuno dei miei generali lo ha ricevuto o lo ha preso da me. Non ho neppure il segreto per rendere eterno il mio nome e l'amore per me nei cuori e di operare prodigi senza l'aiuto della materia.

Ora che sono a Sant'Elena, ora che sono solo inchiodato su questa roccia, chi combatte e conquista imperi per me? Dove sono i cortigiani della mia disgrazia? Qualcuno pensa a me? Qualcuno per me si agita in Europa? Chi mi è restato fedele, dove sono i miei amici? Si, voi due o tre resi immortali dalla vostra fedeltà, voi soltanto dividete e consolate il mio esilio".

A questo punto la voce dell'Imperatore prese un accento particolare di melanconia ironica e di profonda tristezza: "Si, la nostra esistenza ha brillato di tutta la luce del diadema della sovranità e la vostra, Bertrand, rifletteva questa luce come la cupola degli Invalides, dorato per mia volontà, rifletteva i raggi del sole. Ma sono arrivati i rovesci, l'oro poco a poco si è cancellato. La pioggia della sfortuna e delle avversità con le quali mi amareggio giorno dopo giorno, ne hanno portato via gli ultimi frammenti. Non siamo più che del piombo, generale Bertrand, e tra poco io sarò soltanto della terra.

Questo è il destino dei grandi uomini! Quello di Cesare e di Alessandro, veniamo dimenticati! E il nome di un conquistatore, come quello di un imperatore, non è altro che un argomento del programma

---

[284] André Malraux dice la stessa cosa di Napoleone: «se la disfatta di Napoleone non distrugge la sua leggenda, è perché Sant'Elena fa di lui un altro Prometeo. Era diventato Napoleone quando aveva cessato di essere Bonaparte»; citato da Philippe Delpuech in: Napoleone, *Autobiografia*, a cura di André Malraux, Mondadori, Milano, 1993, p. 340. Lo stesso Las Cases aveva scritto: «...incatenato su di una roccia come Prometeo e sotto gli artigli del suo avvoltoio, che in tal modo si divertiva a sbranarlo pezzo per pezzo!» (*op. cit.*, vol. II, p. 388).

scolastico! I nostri successi cadono sotto la sferza di un pedante che ci loda o ci insulta!

Quanti giudizi diversi ci si permettono sul Grande Luigi XIV! Appena morto il grande sovrano fu lasciato solo, nella solitudine della sua stanza da letto di Versailles. Abbandonato dai suoi cortigiani e oggetto, forse, della loro ironia. Non era più il loro padrone. Era un cadavere, un sepolcro, una fossa e l'orrore di una imminente decomposizione.

Ancora un istante ed ecco la mia sorte e quello che mi accadrà. Assassinato dall'oligarchia inglese muoio prima del tempo, e il mio cadavere verrà restituito alla terra per diventare pastura di vermi.

Ecco il destino assai prossimo del grande Napoleone. Che abisso tra la mia profonda miseria e il regno eterno di Cristo, pregato, incensato, amato, adorato, vivo ancora in tutto l'universo. Questo è morire? O non è piuttosto vivere? Ecco la morte di Cristo? Ecco quella di Dio!".

L'Imperatore tacque e poiché il generale Bertrand rimaneva anch'egli in silenzio: "Voi non capite – riprese l'Imperatore – che Gesù Cristo è Dio. Ebbene, ho sbagliato a farvi generale!"»[285].

Questo lungo estratto è in grado di dare una idea di cosa intendesse Rol dicendo che Napoleone era stato "iniziato" dopo Waterloo. In materia religiosa tuttavia l'Imperatore è sempre *apparso* abbastanza contraddittorio, anche a Sant'Elena. Con lo stesso Bertrand ad esempio aveva espresso dubbi sull'esistenza storica di Gesù:

«La fede ci assicura dell'esistenza di Gesù Cristo, ma prove storiche non ce ne sono. Giuseppe Flavio è l'unico che ne parla... Parabole bellissime, una morale eccellente, ma fatti, pochi. Maometto invece fu un conquistatore, un sovrano, e la sua esistenza è incontestabile»[286].

Si tratta però, secondo noi, di una pura e semplice constatazione, che potrebbe fare benissimo anche un credente. Tuttavia in un'altra occasione avrebbe affermato:

«Sono molto contento di non essere credente, per me è una grande consolazione: non soffro chimerici timori, non temo nulla dal futuro»[287].

Secondo Paul Fleuriot de Langle, che ha curato l'edizione dei *Quaderni di Sant'Elena* del generale Bertrand, «il pensiero di Napoleone in fatto di religione è spesso incerto e varia a seconda dell'umore del momento»[288]. Non è questa la sede per vagliare in profondità il pensiero religioso di Napoleone[289]. Crediamo tuttavia che la sua fosse una Fede

---

[285] *ibidem*, pp. 77-85.
[286] Bertrand, *Quaderni di Sant'Elena*, cit., pp. 104-105 (12/06/1816).
[287] *ibidem*, p, 1212 (27/03/1821).
[288] *ibidem*, p, 1378.
[289] D'altronde le oscillazioni del suo pensiero in materia (ma anche su altre questioni) erano dovute a moltissimi fattori e alle diverse circostanze o persone con cui veniva in contatto. A Sant'Elena ha sicuramente avuto parte una certa precaria condizione psicologica che ha favorito uno stato maniaco-depressivo, con una oscillazione tra i due poli opposti del delirio mistico e dello scetticismo (quest'ultimo probabilmente favorito da alcune conoscenze simboliche come quelle del mito solare antecedente la vicenda storica di Gesù. Si trattava comunque, almeno secondo il nostro punto di vista, di uno

cristiana e al tempo stesso extra-religiosa, svincolata dalle particolarità di ciascuna religione, ma in ogni caso si trattasse di un credo molto profondo. Per esempio, un giorno Betsy Balcombe, una ragazzina inglese residente a Sant'Elena che anni più tardi scriverà un breve memoriale, chiese a Napoleone:

«"Immagino che voi non abbiate mai imparato una colletta né altre preghiere perché, a quanto si dice, non credete nell'esistenza di Dio". Quelle mie parole parvero dispiacergli. Rispose: "Vi hanno detto il falso. E quando diverrete più saggia, imparerete che nessuno può dubitare dell'esistenza di Dio"»[290].

E a Bertrand aveva spiegato:

«"Per persuadere dell'eccellenza della divinità bisogna dire che tutte le religioni sono buone; che tutte sono variazioni di un'unica grande idea vera e sublime; che in ogni tempo le persone più acute, da Socrate a Cicerone, hanno ammesso l'esistenza di un solo Dio e di un'altra vita; che per tutti gl'individui più sensati e colti, in qualunque paese, non è mai esistita un'altra idea. Allora la faccenda comincerebbe a diventar ragionevole: è il sincretismo"»[291].

A Las Cases aveva detto:

«"Si crede in Dio, perché tutto lo proclama attorno a noi, e perché i maggiori spiriti vi hanno creduto; non solamente Bossuet, che tale era il suo mestiere, ma Newton, Leibnitz, che non c'entravano per nulla". (...).

[N]on ho mai dubitato di Dio; poiché se anche la mia ragione non fosse stata sufficiente per comprenderlo, il mio spirito lo avrebbe ugualmente onorato. I miei nervi erano in accordo con questo sentimento»[292].

Las Cases riferisce:

«L'Imperatore, con un gesto molto vivace e accalorato, ha detto: "Ogni cosa proclama l'esistenza di Dio, è vero, ma tutte le religioni sono figlie dell'uomo. Perché ce ne sono tante? Come mai la nostra non era esistita sempre? Perché escludeva le altre? Che cosa n'era degli uomini giusti che ci avevano preceduto? Perché le religioni si smentivano reciprocamente, perché si combattevano, perché si distruggevano? Perché ciò è successo in tutti i tempi, in tutti i luoghi? Gli uomini sono sempre uguali...

Tuttavia... appena ho potuto, mi sono affrettato a reintegrare la religione. Mi serviva come base e come radice. Per me, rappresentava un sostegno alla morale, al buoni principi, ai buoni costumi. E inoltre l'inquietudine dell'uomo ha bisogno di quel tanto di vago e di

---

scetticismo rivolto alla forma exoterica della religione (supeficiale, dogmatica, bigotta), non alla sua essenza esoterica).

[290] Balcombe B., *Il mio amico Napoleone*, Mondadori, Milano, 2007, p. 88. Cfr. un interessante complemento analogico sia di questo dialogo che di un discorso più vasto in Goethe, J.W., *Faust*, vv. 3415-3458, e sg. (*Il giardino di Marta*).

[291] Bertrand, *Quaderni di Sant'Elena*, cit., p. 781 (gennaio 1819).

[292] Las Cases, *cit.*, vol. II, pp. 105-106 (17/8/1816).

meraviglioso che essa gli fornisce. Son cose da trovare nella religione, piuttosto che cercarle presso Cagliostro, presso mademoiselle Lenormand, presso tutte le indovine e gli imbroglioni"[293].

Quando qualcuno ha osato dire che poteva darsi il caso egli diventasse praticante, l'Imperatore ha risposto con convinzione che temeva di no e che lo diceva con rammarico; che era sempre un mezzo di consolazione, e che la sua incredulità non proveniva da grettezza né da libero pensiero, ma soltanto dal suo vigore intellettuale: "Tuttavia, diceva, l'uomo non può giurare sui suoi ultimi momenti. Adesso credo senz'altro che morirò senza confessore; ma ecco, e indicava uno di noi, chi forse mi confesserà[294]. Non sono affatto ateo, certo; ma non posso credere quel che mi vogliono insegnare contro la mia intelligenza, senza essere falso e ipocrita[295].

---

[293] Questo è un ottimo consiglio per tutti coloro che si rivolgono a medium e cartomanti (ancor più se prezzolati) sperando che possano risolvere *al posto loro* problemi che invece dovrebbero aver la forza di affrontare in prima persona. Non si denuncerà mai abbastanza la schiavitù psicologica che viene a crearsi tra il "medium", ammesso che sia autentico, e il "cliente", al di là di tutti gli altri inconvenienti di cui più avanti parleremo.

[294] Napoleone ricevette invece gli ultimi sacramenti da un certo abate Vignali. Scrive Bertrand in data 22 aprile 1821:
«Nel suo testamento egli dichiara di morire nella religione cattolica nella quale è nato; desidera che prima della sua morte l'abate Vignali gli somministri la comunione, l'estrema unzione e tutto ciò che si usa in casi simili; gli aveva già chiesto se sapesse esattamente quel che c'era da fare. In realtà, muore teista, credendo in un Dio remuneratore, principio di ogni cosa; però dichiara di morire nella religione cattolica perché ritiene ciò più conveniente per la moralità pubblica» (*Quaderni...*, p. 1256).
Il medico Francesco Antonmarchi al giorno precedente annota:
«All'una e mezzo mandò a chiamare Vignali e gli disse: "Sapete che cosa sia una camera ardente, abate?". "Si, Maestà". "Vi avete mai officiato?". "Mai". "Ebbene, officierete alla mia". Entrò nei più minuti particolari e dette al prete lunghe disposizioni. Il suo volto era animato, convulso. Io lo osservavo con inquietudine. Gli parve di scoprire sulla mia faccia non so qual movimento che gli spiacque. "Voi siete superiore a queste debolezze, mi disse; ma che ci volete fare? Non sono né filòsofo né medico. Io credo in Dio e seguo la religione di mio padre. Non è ateo, chi non vuol esserlo". Poi, rivolgendosi al sacerdote: "Io sono nato, soggiunse, nella religione cattolica; voglio adempiere ai doveri che essa impone, e ricevere i soccorsi che essa largisce. Voi direte ogni giorno la messa nella cappella vicina ed esporrete il Santo Sacramento per quaranta ore. Quando non sarò più, collocherete il vostro altare a capo del mio letto nella camera ardente, continuerete a celebrare la messa, farete tutte le cerimonie d'uso finché non sarò sepolto". L'abate uscì. Rimasto solo con Napoleone, egli mi rimproverò la mia incredulità. "Potete non credere in Dio? Infine, poi, tutto proclama la sua esistenza e i più grandi uomini vi hanno creduto". "Ma, Sire, io non ne dubito. Seguivo le pulsazioni della febbre e V. M. ha creduto di scoprire nei miei lineamenti una espressione che non avevano". "Voi siete medico, dottore; mi rispose sorridendo. Questa gente, aggiunse a mezza voce, non tocca che materia; e non crederà mai a niente"» (Antonmarchi, F., *Gli ultimi giorni di Napoleone*, in: Las Cases, *op.cit.*, vol. II, pp. 907-908).

[295] In pratica Napoleone fa riferimento al lato exoterico della religione, che parte del clero, anche privatamente (ovvero per convinzione effettiva), pretende sia l'unico possibile escludendo i significati simbolici che del resto esprimono quelli *reali*, *esoterici*

Sotto l'Impero, e particolarmente dopo il matrimonio con Maria Luisa, cercarono in ogni modo di indurmi, come i nostri re, ad andare in gran pompa a Notre-Dame, per fare la comunione; rifiutai senz'altro. Non ero abbastanza credente, dicevo, per ritrarne un beneficio, ed ero troppo credente per esporrmi cinicamente a commettere un sacrilegio".

Quando hanno citato qualcuno che si vantava di non aver fatto la prima comunione, l'Imperatore ha ripreso: "Molto male: non ha compiuto la propria educazione o quegli altri sono colpevoli di non avergliela fatta compiere". Poi ha continuato: "Dire donde vengo, chi sono, dove vado, è cosa superiore al mio intelletto; tuttavia esisto. Sono l'orologio che esiste, ma non ha coscienza di sé. Ma il sentimento religioso è talmente consolante, che possederlo è una grazia del Cielo. Quale aiuto sarebbe qui per noi! Quale potere avrebbero su di me, sugli uomini e le circostanze, se offrendo a Dio le mie disgrazie e le mie pene attendessi la felicità futura come ricompensa! ... Non ne avrei diritto, dopo aver compiuto una carriera così straordinaria, così tempestosa, senza commettere un solo delitto, quando ne potevo commettere tanti! Posso comparire davanti al tribunale di Dio, posso attendere senza timore il suo giudizio. Non vedrà mai dentro di me progetti di assassinio, di avvelenamento, di morti ingiuste o premeditate, così frequenti nelle carriere che assomigliano alla mia. Ho desiderato soltanto la gloria, la forza, lo splendore della Francia: tutte le mie facoltà, i miei sforzi, i miei istanti erano votati a ciò[296]. Non può essere un delitto, mi sembra che sia virtù. Quale gioia, se la felicità di un avvenire mi brillasse davanti, per coronare la fine della mia vita ... ".

... Inoltre, diceva: "Ma come essere convinto dalle assurdità, della maggior parte di coloro che ci fanno le prediche. Sono circondato da preti che mi ripetono continuamente che il loro regno non è di questo mondo, e si impadroniscono di tutto ciò che è a tiro. Il Papa è il Capo di questa Religione celeste, e si occupa, soltanto di questa terra. Che cosa non mi offriva pur di tornare a Roma questo che è certamente oggi un bravo sant'uomo! (...)".

L'Imperatore ha concluso il discorso mandando mio figlio a cercare il Vangelo, e, cominciando dal principio, si è fermato soltanto dopo il

---

sottostanti. D'altronde, il conformarsi alle esigenze del culto esteriore delle fedi (cattolica e musulmana in particolare) in Napoleone non fu solo espressione di opportunismo politico, ma anche rispetto e comprensione del fatto che agli spiriti più semplici e alla massa in generale non si potevano comunicare i significati più reconditi della tradizione metafisica, dei quali per certo, almeno in linea generale, l'Imperatore era a conoscenza.

[296] «"La sua felicità [*della Francia*, n.d.r.] era la mia unica preoccupazione, e sarà sempre l'oggetto dei miei desideri!"» (Addio alla guardia, 20/04/1815; *Autobiografia*, cit., p. 288); «Se Sant'Elena fosse la Francia, sarei felice su questa roccia spaventosa» (04/10/1819; Antonmarchi, *cit.*, p. 825). In una delle ns. registrazioni (cfr. CD allegato, brano n. 7) Rol dice: «Ciò che ha rovinato Napoleone, nella sua genialità, è stato un senso di paternità verso il popolo... tanto che Grosmot diceva: "Ce qu'il l'a perdu c'est son attitude paternelle vers la France", questo senso paterno, che l'ha spinto a fare delle cose che non doveva fare; la campagna di Russia del 1812, non la doveva fare».

discorso della montagna. Diceva di essere rapito, estasiato dalla purezza, dalla bellezza sublime di una tale morale; e anche noi lo eravamo»[297].

E a Bertrand detterà:

«Gli Ebrei conobbero il vero Dio mille anni prima degli altri uomini[298]. Gesù Cristo, sebbene discendente di Davide, non pretese il trono dei suoi padri. (...). Egli non ha avuto che uno scopo nella sua missione divina: regolare le coscienze, dirigere gli animi in questa vita per operare la loro salvezza nell'altra. Il Vangelo non fornisce alcuna regola per il governo delle cose di quaggiù. La dottrina dei cristiani non ha smosso in nulla la gelosia dei Cesari; ma, per lo stesso principio, essa fu estremamente favorevole alle dinastie che si elevarono sulle macerie dell'impero romano: essa le ha legittimate. Clodoveo[299] non fu realmente re se non dopo essere stato consacrato.

La religione cristiana è quella di un popolo assai civilizzzato. Essa eleva l'uomo: proclama la superiorità dello spirito sulla materia, dell'anima sui corpi»[300].

Sui rapporti tra autorità spirituale e potere temporale e sul significato della consacrazione dei re vedremo tra breve. Prima sarà bene dare un'idea della visione socio-politica di Napoleone, per avere un quadro più definito circa gli ideali che lo spingevano ad agire, e comprendere alcuni altri punti fondamentali della stima che Rol aveva di lui. A Las Cases aveva detto:

«Dopo tutto, si avrà un bel sopprimere, tagliare, mutilare; sarà assai difficile farmi addirittura sparire. Uno storico francese sarà sempre costretto a parlare dell'Impero; e se avrà cuore, bisognerà bene che mi restituisca qualche cosa, che mi restituisca la mia parte, e il suo compito sarà facile, perché i fatti parlano, e risplendono come il sole.

Io ho frenato la bufera di anarchia e posto termine al caos. Ho ripulito la Rivoluzione delle sue brutture, ho nobilitato i popoli e frenato i re. Ho resuscitato ogni senso di emulazione, compensato sempre i meriti, e riproporzionato i limiti della gloria! Tutto ciò è pur qualche cosa! E poi su che cosa mi si potrebbe attaccare e su che cosa uno storico non potrà difendermi? Sulle mie intenzioni? ma in fondo sarebbe la mia migliore difesa. Sul mio dispotismo? ma egli potrà dimostrare che la dittatura era assolutamente necessaria. Si dirà che ho limitato la libertà? ma egli potrà

---

[297] Las Cases, *cit.*, vol. II, pp. 674-676 (7-8/6/1816).

[298] In altro momento, sempre a Bertrand, dirà: «Pare che Mosè abbia attinto la sua concezione di un vero Dio dai sacerdoti di Memfi che, in questo, la pensavano come i sacerdoti dell'India. Non appare probabile che questa concezione gli sia venuta dalla Palestina che è un piccolo paese insignificante. I greci avevano preso queste idee dai sacerdoti egiziani» (*Quaderni...*, p. 802, 24/01/1819).

[299] Clodoveo I (466-511) capostipite della dinastia Merovingia che precedette quella Carolingia alla guida del popolo Franco. Si convertì al Cristianesimo e si fece battezzare da Remigio vescovo di Reims, atto che permise ai Franchi di presentarsi come il popolo di Dio, fedele difensore della Chiesa.

[300] Bonaparte, N., *Campagnes d'Égypte et de Syrie*, présentation Henry Laurens, Imprimerie nationale Éditions, 1998, p. 139 (ns. trad. it.).

provare che la licenza, l'anarchia, il disordine più grande erano alle soglie della Francia. Mi si accuserà di avere amato la guerra? ma gli sarà facile dimostrare che sono stato sempre attaccato io; di aver voluto la monarchia universale? ma egli potrà dimostrare che questa non fu che l'opera fortuita delle circostanze, che furono gli stessi nemici a condurmici passo passo; infine sarà per la mia ambizione? ah! senza dubbio se ne troverà in me, e molta; ma fu la più grande e la più elevata che potesse mai essere! quella di rafforzare, di consacrare infine l'impero della ragione e il pieno esercizio, il godimento intero di tutte le facoltà umane! E a questo punto lo storico forse si troverà ridotto a rimpiangere che una tale ambizione non abbia raggiunto il suo scopo, e non sia stata soddisfatta!". E, dopo qualche secondo di silenzio e di riflessione: "Mio caro, ha detto l'Imperatore, in pochissime parole è questa tutta la mia storia"»[301].

Sulla prevista guerra contro l'Inghiltera:

«Avevo premeditato lo sbarco. L'esercito vincitore di Austerlitz tutto poteva osare. In quattro giorni potevo entrare a Londra, non come conquistatore, ma come liberatore. Avrei rinnovato l'esempio di Guglielmo III; ma con più generosità, con un disinteresse maggiore. Il mio esercito disciplinato dava affidamento che sarebbe entrato nella capitale dell'Inghilterra come in Parigi, dopo le sue battaglie vittoriose: non sacrifici, non oppressioni, non contribuzioni onerose al popolo inglese; avrei conservato ad esso i suoi diritti, e lo avrei sollevato alla vera libertà. Nessuno avrebbe turbato l'opera della rigenerazione, affidata agli stessi Inglesi. Riconoscendoli maestri nella legislazione politica, si poteva, con loro, raggiungere un modello di costituzione mirabile per la civiltà europea. Questo sarebbe stato d'immenso vantaggio e il solo nostro compenso. Pensate. Dopo breve tempo due popoli, prima accanitamente ostili, pieni di rabbia e di livore, intenti solo a danneggiarsi a vicenda, avrebbero costituito un popolo solo, per principii, per direttive politiche, per mutui interessi commerciali. Ordinate le cose di Francia e d'Inghilterra, innalzando la bandiera della Repubblica (ero allora Primo Console), potevo essere il precursore della rigenerazione di tutta l'Europa, quella rigenerazione che ho cercato di ottenere poi con orme monarchiche. Tanto il sistema repubblicano quanto quello monarchico, tendendo entrambi agli stessi obiettivi, potevano portare grandissimi vantaggi e la pace se attuati con fermezza, con moderazione e con buona fede.

Che meraviglioso progetto! Quante inquietudini, quanti mali, quante stragi risparmiate alla misera Europa! Mai non venne concepito un piano cosi vasto, cosi complesso, cosi gravido di avvenire radioso, pieno di propositi generosi, segnante le vie del progresso. Gli ostacoli vennero non tanto dalle avversità degli uomini, quanto da avvenimenti impreveduti, da fatalità, da ostilità naturali: i mari, i ghiacci, più tardi l'incendio di Mosca, fecero crollare questi miei disegni grandiosi. Tutto fu contrario:

---

[301] Las Cases, *cit.*, vol. I, pp. 512-513 (01/05/1816).

ebbi contro di me la congiura dell'aria, dell'acqua e del fuoco; tutta la natura e niente altro che la natura, ecco il vero nemico di una rigenerazione universale, che parrebbe, invece, imposta dalla natura medesima! I decreti della Provvidenza sono imperscrutabili!. (...). L'impresa, ne ero sicuro, era molto popolare in Francia; buona parte del popolo inglese ci sarebbe venuto incontro. Una volta operato lo sbarco, e vinta una sola battaglia, il successo era immancabile: in pochi giorni le nostre bandiere avrebbero sventolato trionfalmente a Londra; era impossibile la guerriglia; non la consentiva la struttura fisica del paese. Il resto sarebbe stato compiuto dalla mia forza morale: il popolo britannico gemeva sotto il giogo dell'oligarchia; e quando dai sapienti provvedimenti, dai proclami sinceri, egli avesse veduto salvo l'onore nazionale, si sarebbe congiunto volontariamente a me come a un alleato arrivato per la liberazione. Le magiche parole di libertà e di uguaglianza avrebbero spianato la via"»[302].

Sulle responsabilità degli inglesi:

«"Ad Amiens, del resto, io credevo in buona fede (...) che la guerra terminasse. È stato il gabinetto inglese a riaccenderla: questo solo è colpevole di fronte all'Europa, di tutti i flagelli che sono seguiti, esso solo ne è responsabile. Quanto a me, stavo per dedicarmi unicamente al governo della Francia, e credo che avrei potuto fare miracoli. (...). Avrei fatto la conquista spirituale dell'Europa, come ero stato sul punto di conquistarla con le armi. Di quale splendore sono stato privato! (...) io avrei voluto fare di tutti questi popoli, un unico organismo nazionale. (...) in questo stato di cose si sarebbero avute più probabilità per giungere all'unificazione dei codici, dei principi, delle opinioni, dei sentimenti, delle vedute e degli interessi. Forse allora, in conseguenza dei lumi ovunque diffusi, sarebbe stato permesso sognare, per la grande famiglia europea, una federazione come quella degli Stati Uniti o come quella degli Amfizioni della Grecia. Quale prospettiva allora di forza, di grandezza, di godimenti, di prosperità!"»[303].

Las Cases commenta:

«...ho inteso spesso Napoleone, ed in varie occasioni, ripetere che avrebbe voluto fondare un istituto europeo e dei premi europei, per incoraggiare, dirigere, coordinare tutte le associazioni scientifiche dell'Europa.

Avrebbe anche voluto, per tutta l'Europa, l'unificazione della moneta, dei pesi e delle misure, nonché l'uniformità delle leggi[304]. "Perché, diceva, il mio Codice Napoleonico non avrebbe dovuto servire da base ad un codice europeo e la mia Università imperiale ad un'Università europea? In questo modo l'Europa sarebbe stata effettivamente formata

---

[302] *ibidem*, pp. 347-349 (03/3/1816). Sulle inevitabili analogie con vicende e personaggi a noi più vicini ci limitiamo a dire che non basta ripetere certi slogan per essere degni di portare avanti certi ideali.

[303] *ibidem*, vol. II, pp. 453-455 (11/11/1816).

[304] Con due secoli di ritardo ci siamo arrivati.

da un'unica famiglia. Ognuno viaggiando si sarebbe sempre trovato nella propria patria"»[305].

Inoltre:

«...uno dei miei sogni, sistemati e terminati i nostri importanti avvenimenti di guerra, tornato in patria, in riposo e senza preoccupazioni, sarebbe stato quello di trovare una mezza dozzina o una dozzina di autentici e buoni filantropi, di quelle brave persone che vivono solo per il bene e dedicano la loro esistenza a praticarlo; li avrei dislocati in tutto l'Impero che avrebbero dovuto visitare segretamente per riferirne a me solo: sarebbero state le *spie della virtù!* Sarebbero venuti da me direttamente, sarebbero stati i miei confessori, i miei padri spirituali; e le mie decisioni, adottate d'accordo con loro, avrebbero rappresentato le mie buone opere segrete. La mia grande occupazione, al momento del mio riposo completo, sarebbe stata, dall'alto del mio potere, di occuparmi a fondo per migliorare le condizioni di tutta la società...»[306].

Las Cases riassume:

«Insomma era un complesso d'idee per la maggior parte nuove, le une più semplici, le altre eminentemente sublimi, nei diversi campi: politico, civile, legislativo, per le religioni, le arti, il commercio; avrebbero abbracciato tutto»[307].

E Napoleone:

«"L'Europa piangerà presto la perdita dell'equilibrio al quale l'Impero francese era assolutamente necessario. Essa versa nel più grave pericolo e può, ad ogni istante, essere invasa dai Cosacchi e dai Tartari. E voi Inglesi, ha detto terminando, voi Inglesi, piangerete la vostra vittoria di Waterloo! Le cose giungeranno al punto che la posterità, le persone illuminate, i veri uomini di Stato, i veri uomini onesti, rimpiangeranno amaramente che io non sia riuscito a compiere tutte le mie imprese"»[308].

Non si può certo dargli torto: forse nazismo, fascismo e boslcevismo non sarebbero mai sorti, e forse non ci sarebbero state due disatrose guerre mondiali con milioni di morti al confronto delle quali le battaglie napoleoniche non reggono minimamente il confronto. Un Hitler e uno Stalin non avrebbero potuto esercitare alcun potere su di una Europa unita e libera, né il comunismo avrebbe potuto condizionare i destini del mondo e la vita di centinaia di milioni di uomini oppressi dalla sua ideologia totalizzante e utopica.

Se Napoleone avesse vinto la Campagna di Russia forse oggi non avremmo più alcunché da temere da questa nazione che non ha ancora portato a compimento il suo processo democratico, né da altre che si richiamano al comunismo nonostante la storia abbia decretato il suo fallimento, e dove i diritti umani non vengono ancora rispettati.

---

[305] *ibidem*, p. 494 (14/11/1816).
[306] *ibidem*, vol. I, p. 823 (20/07/1816).
[307] *ibidem*, vol. II, p. 139 (24/08/1816).
[308] *ibidem*, p. 163 (27/08/1816).

Queste nostre considerazioni, che pure sono del tutto relative perché non è con i "se" che si fa la storia, servono tuttavia per rendersi conto che vi sono uomini che vedono più lontano di altri, e che a prezzo di un relativamente piccolo sacrificio di una generazione si possono prevenire sciagure più gravi nel futuro. Purtroppo è anche vero che proprio perché certi uomini sono più lungimiranti di altri, questa essendo una prerogativa di una coscienza "allargata", difficilmente i contemporanei possono spingersi fino a dove giunge il loro sguardo, e quindi questi ultimi sono costretti o a fidarsi di loro o a ostacolarli per il timore di non sapere dove si verrà condotti. In un certo senso, l'umanità è in grado di progredire solo per gradi e al ritmo di uno stesso grado di consapevolezza, se vogliamo a una "media" di esso, e chi si è spinto troppo in là, foss'anche nella giusta direzione, non viene capito e si espone alla diffidenza[309]. Ed è in effetti ciò che è accaduto anche a Rol. Sarà interessante qui, anche sulla base dei pensieri di Napoleone che abbiamo appena visti, soffermarsi in maniera più attenta su quel discorso che Rol fece in diretta televisiva nel 1987, che è diventato noto come "messaggio ai giovani", ma che sarebbe più adatto chamare «proclama sugli Stati Uniti del Mondo». Durante la trasmissione *Domenica in* dell'11 gennaio di quell'anno, Rol era intervenuto telefonicamente su richiesta del regista Franco Zeffirelli, suo amico, il quale avuto lo spunto dalla conduttrice Raffaella Carrà così lo introduce:

«Tu parli di un uomo eccezionale. Veramente, questo è il regalo che io voglio fare agli ascoltatori... Vorrei lasciare la parola a un uomo eccezionale, talmente eccezionale che non lo si può definire con parole. Si può dire quello che non è. Gustavo Rol è un uomo che Dio ha mandato fra di noi per renderci migliori, per esaltare in noi stessi quelle capacità spirituali che Dio ci ha consegnato e che purtroppo il mondo non aiuta sempre a valorizzare. Non è un mago, non è un veggente, non è uno che si occupa di spiritismo, ma è semplicemente un Grande Illuminato».
Carrà:*«Signor Rol? Pronto? È in linea?».*
Rol: *«Sì».*
C.: *«Buonasera».*
Rol: *«Buonasera».*
C.: *«Io sono contento che lei sia, anche se telefonicamente, presente a Domenica In».*
Rol: *«È molto gentile».*
C.: *«E vorrei che lei, con le sue parole, desse un augurio a tutti questi ragazzi che ci circondano e, perché no, anche ai non più giovani che sono qua o che sono a casa che ascoltano la nostra trasmissione, visto che le sue parole tutti sappiamo che fanno veramente bene».*

---

[309] Vale evidentemente anche il caso contrario, dove ci si può spingere fino all'idolatria o a seguire nel baratro un leader a cui un popolo aveva erroneamente accordato la sua fiducia. Il caso di Hitler è solo quello più evidente.

Rol: *«È molto gentile, è molto buona. (...). Dunque guardi... Lei mi concede due minuti? Allora senta bene. Io questo augurio... È un po' strano, ma penso che sia utile farlo. Il mio augurio a questi cari giovani sta nella proposta che faccio loro. Vede, mai come in questo momento uomini di tutte le fedi e di tutte le razze si radunano ispirandosi a un desiderio di pace universale.*

Ma io vi dico cari giovani: sostenete questo movimento ma in più offritegli una forza immensa fornendogli un mezzo di irresistibile potenza. Fate cortei, e chiedete a gran voce ai due superuomini di Stato che con la loro autorità propongano di realizzare gli Stati Uniti del Mondo. È una garanzia per i loro popoli e per tutti i popoli della Terra. È questo il massimo strumento di difesa che gli uomini possono offrirsi reciprocamente.

Nessuno ha sin qui mai chiesto una cosa simile: fatelo voi, giovani, fatelo finalmente. Tutte le abitudini di vita legate alle razze e alle loro origini, tutte le filosofie che abbiano un fondamento etico potranno coesistere e collaborare pacificamente.

Una simile coesistenza consentirà all'uomo di essere sostenuto nei suoi diritti e nelle sue aspirazioni. Non più eserciti armati di missili ma schiere di tecnici dotati di strumenti di ricerca.

In un mondo di Stati uniti fra di loro, diviene naturale la ripartizione dei beni e delle risorse che la natura offre abbondantemente. Non si parlerà più di un Primo, di un Secondo, di un Terzo Mondo. Non vi saranno più difficoltà monetarie come stanno dicutendo proprio adesso a Bruxelles, di disoccupazione e di miseria, ma lavoro per tutti. Questo è il problema che interessa voi giovani in prima linea.

Raccogliete questo mio messaggio: voi giovani d'Italia e di tutto il mondo, incominciate subito a gridarlo dappertutto: "Vogliamo gli Stati Uniti del Mondo!". Ci sarà certamente chi intende ed agisce, perché questo è scritto nel destino dell'uomo. Ve lo ripeto muovetevi, è il momento opportuno per farlo. Questo il mio augurio».

Carrà: *«Grazie Rol per le sue parole così appassionate».*

Rol: *«Niente, io sono grato a Franco che mi ha dato la possibilità di lanciare questa speranza sotto la volta del cielo. E grazie a Lei di avermelo consentito. ArrivederLa!».* [la comunicazione termina]

Zeffirelli: *«Bisogna spiegare un po' un momentino a questi ragazzi e agli ascoltatori chi è Gustavo Rol. È uno degli spiriti più illuminati che il mondo abbia oggi. È una persona – ottantatre anni tra l'altro, ed è un ragazzo di ottantatre anni...».*

Carrà: *«Aveva una forza...».*

Zeffirelli: *«...una forza, una gioventù, una visione così chiara dei problemi del mondo e degli uomini...».*

Quel breve intervento di Rol passerà certamente allo storia, non solo perché fu il secondo e ultimo in televisione[310], seppure solo telefonico, e quindi costituisce già di per sé un documento importante, ma anche perché egli approfittò di quella piattaforma mediatica per uno scopo che evidentemente giudicava più importante di altri, e che testimonia, una volta di più, l'assenza di un qualsiasi interesse personale e la determinazione a contribuire in ogni modo possibile alla civilizzazione del genere umano e al suo progresso spirituale. E che l'argomento fosse centrale nei pensieri di Rol lo dimostra anche una lettera inviata a *La Stampa* pochi giorni dopo:

Egregio Direttore,
la signorina Raffaella Carrà mi ha comunicato che l'8 febbraio verrà trasmesso in televisione, a grande richiesta, il mio messaggio ai giovani dell'11 gennaio. Io stesso vengo subissato da inviti a riprendere l'argomento degli Stati Uniti del Mondo, e molte persone offrono denaro, anche somme importanti per attivare una propaganda a tale scopo. A tutti rispondo di rivolgersi a La Stampa *o ad altri giornali piuttosto che a me.*
Mi permetta con l'occasione di pregarLa di accogliere questi brevi pensieri su quella che non giudico un'utopia: gli Stati uniti del Mondo.
I primi uomini si fecero la guerra: successivamente due famiglie, due tribù, due città, poi cominciò la guerra tra nazioni. Ora si vagheggiano gli Stati uniti d'Europa, ma dopo? Sarebbe la guerra fra continenti.
Si vada dunque agli Stati uniti del mondo.
Tutto oggi si muove velocemente; tanto vale anticipare sul tempo per mettere fine alle attuali sciagure e scongiurare quelle a venire.
Non sono certamente il primo a dire queste cose, ma ho voluto indicare una possibilità, forse l'unica, che va raccolta e utilizzata.
Se nel prossimo loro incontro uno dei due Supergrandi uomini di Stato proponesse di fare gli Stati uniti del mondo, saprebbe l'altro rifiutare una simile offerta di fronte all'umanità che trepida per il proprio destino?
Io sono certo che gli Stati uniti del mondo sono già scritti nella storia e mi sembra dimostrarlo la scienza nella sua continua, appassionata esplorazione di un universo la cui conoscenza appartiene a tutti i popoli del nostro minuscolo pianeta.
La scienza, al di sopra di qualsiasi considerazione politica e in perfetta unità etica, è un bene comune.
Gustavo Adolfo Rol[311]

---

[310] Era intervenuto (presumibilmente nel gennaio 1984) anche alla trasmissione *Blitz* di Gianni Minà, su Rai Due (si può leggerne una trascrizione in: Bonfiglio, M., *Il pensiero di Rol. La Teoria dello Spirito Intelligente*, Ediz. Mediterranee, Roma, 2004, pp. 72-75).

[311] Rol, G.A., *Rol:«Un mondo unito non è un'utopia»*, La Stampa, 27/01/1987, p.3. La lettera è stata riprodotta, con qualche imprecisione, anche da M.L. Giordano in: *Una vita per immagini*, p.122.

Non vi sono forse "echi" napoleonici in queste parole? Da allora sono passati 21 anni e qualcosa sembra essere effettivamente cambiato: il crollo del muro di Berlino nel 1989 ha fatto sperare che l'"utopia" di Rol fosse a portata di mano, persino che le sue parole fossero state prese molto sul serio...[312]. Purtroppo non si può dire che oggi la situazione del mondo sia molto migliorata, ma evidentemente per certi processi non bastano decenni, ma sono necessari secoli. Ciò che importa, evidentemente, è tendere verso un certo ideale, e prima o poi, nonostante gli egoismi degli esseri umani, si arriverà anche agli Stati Uniti del Mondo.

Nella lettera di Rol è tra l'altro interessante il riferimento alla scienza vista come «bene comune» e ciò dimostra, ancora una volta, quanto egli la tenesse in considerazione per i progressi degli uomini. Va da sé che si tratta di una scienza che dovrà essere purificata dalle limitazioni riduzioniste e materialiste. Ed è quanto emerge anche da un altro brano che si ricollega a ciò di cui stiamo parlando:

«Potremo, con telescopi sempre più possenti, frugare tra le stelle e scoprire nuovi mondi – potremo anche raggiungere questi mondi e sul ponte che avremo gettato fra l'atomo e la stella spingere il nostro delirio di cercatori di mete sempre più assurde...

Una volta era la pietra filosofale, oggi si tratta addirittura del prolungamento della vita fisica. Diamo anche all'uomo di vivere con certezza un secolo, anche mille anni... e poi? Ci troveremo sempre al punto di partenza. Ostinati come siamo a non volere riconoscere la distanza che ci separa da Dio e che nello stesso tempo ci unisce a Dio (il primo e l'ultimo gradino si trovano sulla stessa linea, come dicevo più sopra), viviamo in un'ignoranza colpevole e, tanto peggio per noi, se ad ogni istante una guerra ci chiama a lavare nel sangue le macchie della nostra coscienza. Qualche cosa di tremendo succederà a spingere gli

---

[312] L'articolo scritto da Rol venne inviato all'allora direttore Ezio Mauro (o al vicedirettore Lorenzo Mondo) unitamente a una lettera privata che è stata pubblicata in *"Io sono la grondaia..."* (pp. 177-180), nella quale Rol prosegue nel dettaglio la sua analisi politica. Oltre ad auspicare che i «due Supergrandi... propongano, con la loro autorità, di realizzare l'evento più importante nella Storia dell'Umanità, ma tuttora considerato soltanto un'utopia. Gli Stati Uniti del Mondo!», scrive anche: «Sono certo che agli uffici competenti dei due governi anche questo scritto non sfuggirà, come mi risulta già essere stato trattenuto il testo pubblicato del mio appello ai giovani in TV. Non esiterò, al momento opportuno, a consultare il nostro Ministro degli Esteri [*all'epoca Giulio Andreotti, n.d.r.*] per far giungere ai due Supergrandi la richiesta che si propongano *vicendevolmente* l'esame di una così immensa possibilità...»; «Il cammino per giungere agli Stati Uniti del mondo non è certamente né breve né facile. Ma una volta posta sul tappeto la questione, molte travagliate e sanguinose dispute in corso fra nazioni perderebbero forza, in quanto, i Capi delle nazioni in conflitto sarebbero condotti a riflettere su di un domani che li troverebbe messi al bando dell'opinione mondiale, coperti di vergogna e disonore. Gli stessi loro popoli, certamente, si ribellerebbero». Cfr. anche, nella stessa pubblicazione, il § 59 di p. 223.

uomini a formare gli Stati Uniti del Mondo e non è improbabile che questa volta la spinta verrà dall'infuori del mondo stesso ... poiché soltanto sotto la sferza della necessità l'uomo rinsavisce»[313].

Si tratta di un estratto da una lettera del 1° maggio 1951, che ha un tono un po' più pessimistico rispetto alla precedente, ma che dimostra come l'ideale degli Stati Uniti del Mondo fosse presente nei pensieri di Rol da molto prima dell'intervento a *Domenica in*.

Circa la parte finale, che ha il sapore di una vera e propria profezia non molto rassicurante, il giornalista Bruno Quaranta l'ha messa in relazione con l'attentato dell'11 settembre 2001 a New York in un articolo dal titolo macabramente suggestivo: *L'Apocalisse, ultima «magia» di Rol*[314], in cui scrive:

«Non solo Nostradamus. (...). Sotto la Mole qualcuno avrebbe previsto l'apocalisse di Manhattan. (...). Un frammento di lettera, ancorché remota, datata 1951, passa di mano in mano fra gli adepti», quindi cita il finale del brano suddetto, salvo omettere proprio quella frase («non è improbabile che questa volta la spinta verrà dall'infuori del mondo stesso») che dimostra come l'associazione tra la profezia di Rol e l'11 settembre sia temeraria e poco plausibile.

A noi sembra piuttosto che debba intravvedersi il riferimento a un qualche tipo di evento cosmico: sarà un meteorite? o una nuova cometa?[315] Qualunque cosa sia, è certo che accadrà, perché Rol, in questo tipo di previsioni, non ha mai sbagliato.

---

[313] Rol, G.A., *"Io sono la grondaia..."*, cit., p. 146.

[314] *La Stampa*, 21/09/2001, p. 41 (cronaca di Torino).

[315] Oppure una intensa attività solare, ciò che potrebbe spiegare, per esempio, la classificazione in *Soli*, invece che in *Ere*, da parte degli Aztechi, o il ruolo del *Fuoco* – preso qui nella sua accezione cosmica – in tanti scenari apocalittici più o meno simbolici. In questa prospettiva – e in sovrapposizione ad altre – potrebbero anche intendersi il ruolo e l'azione di un *Rex tremendae maiestatis* e le parole di Gesù: «Come la folgore viene da oriente e brilla fino a occidente, così sarà la venuta del Figlio dell'uomo» (Mt 24, 27).

> *Il mondo tradizionale conobbe la Regalità Divina.*
> Julius Evola[316]

Alessandro, Cesare e Carlo Magno

Occorre ora ritornare alle affermazioni della Dembech circa il rapporto che secondo lei intercorrebbe tra Rol, Napoleone, Carlo Magno e Alessandro Magno. Scrive l'autrice:

«Quando fu coronato imperatore, Bonaparte non volle per sé una corona d'oro tempestata di pietre preziose com'era d'uso a quei tempi; scelse di essere cinto con la semplice ed antica corona di ferro che appartenne a Carlo Magno. (…).

Secondo la tradizione occulta, Carlo Magno fu la reincarnazione di un altro grande condottiero del passato: Alessandro il Macedone, anch'egli giunto sulla terra con il compito di conquistare ed unificare un vasto territorio.

Una sottile linea composta da predestinazione, talento militare, carattere fiero e indomito, affratella attraverso i secoli questi tre grandi personaggi, profondamente diversi eppure straordinariamente simili: Alessandro Magno detto "Il Macedone", Carlo Magno e Napoleone. Dunque, se Alessandro, Carlo Magno, Napoleone e Rol furono l'incarnazione di una medesima intelligenza, attraverso questa sottile catena che percorre i secoli e gli eventi storici, Rol riuscì a svolgere il suo compito differenziandosi notevolmente, tranne che per la donna amata e ritrovata…

È una traccia labile, per alcuni discutibile ma che personalmente trovo fondata, interessantissima, piena di fascino e suggestione.

Forse per quanto riguardava Alessandro, Carlo Magno e Napoleone, la situazione storico-politica dell'epoca impose a questi tre condottieri il compito di unificare vasti territori dell'Europa attraverso conflitti e conquiste, lasciandosi dietro una scia di fuoco e di sangue…

Forse con Rol, questo spirito intelligente ha conosciuto un secolo di tregua. Cambiati i tempi, mutate le situazioni il suo compito fu molto diverso ma non meno arduo.

Se Rol fu la continuazione, ai nostri giorni di questo lignaggio, il suo compito di unificazione fu molto diverso. Non doveva più conquistare ed unificare regni terreni e materiali come in passato, ma doveva condurre il pensiero dell'umanità verso i regni dello Spirito» (pp. 50-52).

Tutto molto "suggestivo", e soprattutto *autosuggestivo*. Questa visione *New Age* della storia potrebbe andare bene per qualche fumetto, ma le cose sono sia più semplici sia più profonde di quanto scrive la Dembech, e soprattutto senza tirare in ballo fantasie reincarnazioniste.

La domanda da farsi è: che cosa lega Rol a queste figure storiche? L'unica analogia che la Dembech abbozza è quella della conquista di

---

[316] *Rivolta contro il mondo moderno*, cit., p. 45.

nuovi territori, fisici o spirituali che siano, collegando poi Rol a Carlo Magno per il fatto che «Rol raccontò alla sua amata che Alda era il nome della donna che Carlo Magno amò segretamente per molto tempo» (p. 48). Francamente, in questi termini, ci pare davvero poca cosa, anche per chi è un fanatico delle teorie reincarnazioniste. Tanto più che, per un minimo che ci si informi, si verrebbe a sapere che *Alda* non era tanto la «donna che Carlo Magno amò segretamente per molto tempo», quanto la promessa sposa del paladino Rolando, prefetto della marca di Bretagna morto nella battaglia di Roncisvalle (778) al seguito di una imboscata dei Guasconi, che la leggenda trasformò nel nipote di Carlo Magno ucciso dai Saraceni, e celebrata nella *Chanson de Roland*, dalla quale successivamente si svilupparono le saghe dell'epopea carolingia, le *chansons de geste*, la poesia trobadorica e i romanzi cortesi, per arrivare fino al ciclo bretone e ai cavalieri di Re Artù e della Tavola Rotonda. Ma a questo arriveremo dopo. Occorre prima focalizzarsi sulle biografie di Alessandro e Carlo le quali sono di per sé già più che sufficienti per chiarirsi le idee.

Alessadro III il Macedone, successivamente chiamato "Magno", il "Grande", per le sue conquiste e il suo carisma, fu re di Macedonia, la regione più a nord della Grecia, a partire dal 336 a.C. Succeduto al padre Filippo II, condusse una serie di campagne militari prima nella regione balcanica, quindi in Anatolia (l'Asia Minore dei romani, odierna Turchia) dove iniziò lo scontro con i satrapi (governatori di province) dell'Impero Persiano di Dario III, che si estendeva a est fino all'odierno Pakistan e ad ovest fino al nord dell'Egitto. Si trattava di un impero molto vasto, che Alessandro avrebbe conquistato in soli 13 anni. Dopo l'Anatolia fu in Siria, dove sconfisse direttamente l'esercito di Dario, quindi in Fenicia (Libano) e Palestina dove ottenne la resa di Gerusalemme. Si spinse quindi in Egitto dove fu accolto come liberatore, per poi condurre l'offensiva definitiva nel cuore dell'impero persiano, prima nella regione mesopotamica, dove conquistò Babilonia (331 a.C.), poi nell'odierno Iran, dove caddero Susa e Persepoli. Infine, raggiunse l'India nel 326 a.C.. Morì tre anni più tardi dopo aver consolidato i confini dell'Impero, all'età di 33 anni, forse per malaria. Da un punto di vista militare, Alessandro fu certamente un condottiero prodigioso, come lo fu anche Napoleone. Ma pur essendo questo un aspetto importante, ciò che è più rilevante è l'aspetto civilizzatore e sovrannazionale della sua conquista, divenendo capo di un Impero a cui si ispireranno successivamente sia i Romani che i Carolingi.

Albert Brian Bosworth scrive che Alessandro «rappresentò il grande modello, un simbolo per tutte le età di monarchia assoluta. (...). Durante la prima generazione successiva alle sue conquiste, il suo nome venne invocato come giustificazione dell'impero. (...) i soldati che avevano combattuto accanto ad Alessandro godettero di una reputazione di invincibilità...»[317].

Eumene di Cardia, archivista di Alessandro e successivamente governatore di alcune satrapie, riuscì a conservare il controllo di alcuni reparti scelti di fanteria «nominando simbolicamente il re defunto loro comandante spirituale. Tutti i consigli di guerra venivano tenuti davanti a un trono vuoto su cui erano collocate le insegne reali e si considerano le decisioni prese come emanate da Alessandro. L'espediente fu ripetuto nel 317 quando Eumene, arrivato a Susa, ebbe la necessità di imporsi su una litigiosa cricca di satrapi rivali. Tutti i comandanti che si opponevano ad Antigono si radunarono in consiglio di fronte al trono vuoto[318]. (...) ciò che Eumene evocava non era tanto il ricordo del re morto; quanto il simbolo del potere imperiale unificato. Alessandro restò appunto un simbolo, specialmente in Egitto, dove il suo corpo imbalsamato era tenuto esposto ad Alessandria, in uno speciale mausoleo, il *Sêma*, che era destinato a contenere anche i sarcofagi dei re tolemaici. (...). Una sola generazione si pose la questione della legittimazione dell'eredità imperiale. Poi Alessandro divenne un simbolo e niente più. Per le epoche successive rappresentò il conquistatore del mondo, e le sue conquiste costituirono una fonte costante d'ispirazione e di prova. È una tesi che si dimostra validissima per il periodo romano. È noto come Pompeo, il cui stesso nome (Magno) evocava il conquistatore macedone, cercasse fin da ragazzo di modellare la propria persona su quella di Alessandro, adottandone anche i modi, e immaginando di essere colui che avrebbe ripetuto le sue conquiste in oriente. Lo stesso può dirsi per Traiano, che a Babilonia celebrò riti sacrificali in onore di Alessandro e che, in aperta emulazione delle sue imprese, volle ridiscendere l'Eufrate fino all'oceano, affermando nei suoi dispacci di essere andato oltre il punto raggiunto dal re macedone. Con Caracalla l'imitazione divenne una mania, fino al punto che l'imperatore romano ricreò la falange alessandrina, interamente macedone quanto a componenti ed

---

[317] Bosworth, A.B., *Alessandro Magno. L'uomo e il suo impero*, Rizzoli, Milano, 2004, pp. 247-248.

[318] Cfr. Pincherle, M., *Il segreto di Rol,* cit., pp. 101-102: «Eravamo in cinque, compreso Gustavo Rol, ma a poca distanza da noi vi era un'altra poltrona nuova e troneggiante. Mi sembrò di intuire una strana presenza, come uno scricchiolio, e mi voltai verso quel seggio. "Ecco, Rol, ora possiamo cominciare. Siamo al completo!" "Ah! Anche tu hai avvertito?... Mi fa piacere...Ne sono felice. Quanta armonia! Che serata straordinaria!"». A p. 89 l'autore aveva trasposto la sua partecipazione alla serata con Rol in un racconto decisamente romanzato, attribuito al "Polacco" che Rol avrebbe conosciuto a Marsiglia: «Il regista è il Grande Giocatore, invisibile. Anche se non lo vedi, sentirai degli scricchiolii, avrai dei segni. Riservagli non una sedia comune, ma una poltrona, quasi "un trono". Resterà vuoto, ma è come se il Grande Giocatore vi stesse seduto». Al di là delle fantasie dell'autore, si capisce come questo discorso, ispiratogli da Rol, sia in relazione con il trono vuoto rappresentante Alessandro, uomo divinizzato – come vedremo fra poco – e quindi simbolo della *presenza divina* (*shekhinàh* della tradizione ebraica, *sakina* di quella islamica, *śakti* della tradizione indù, *gratia* di quella cattolica).

equipaggiata con armamento autentico d'epoca. A questo punto Alessandro era diventato un tema prediletto delle scuole di retorica. Le sue ambizioni, ormai più leggendarie che storiche, venivano dibattute da aspiranti retori, che fingevano di esortare o dissuadere il grande condottiero sul punto di attraversare l'oceano per conquistare nuovi mondi. (...) non c'è stato forse alcun aspirante condottiero che in un momento della propria carriera non si sia chiesto: "*Alexander potuit, ego non potero?*"»[319].

Un aspetto fondamentale della vicenda di Alessandro è la sua costante identificazione con gli dei greci, e la sua rivendicazione di una genealogia divina:

«[F]aceva risalire il suo lignaggio ad Andromaca e ad Achille per parte di madre, a Eracle per parte di padre. Questa genealogia per lui non era una finzione, tanto che negli anni seguenti diceva di comportarsi quale discendente diretto sia di Eracle sia di Achille (...). Fin dall'inizio, l'esempio degli eroi gli fu di costante sprone all'azione»[320].

Non da meno la sua convinzione di essere figlio diretto di Zeus, incoraggiata soprattutto dopo la conquista dell'Egitto dove ricevette i tradizionali appellativi di re dell'Alto e del Basso Egitto, figlio di Ra, prediletto da Amun e scelto da Ra. In particolare, egli si era recato al santuario di Ammone – manifestazione locale di Zeus – presso l'oasi di Siwah, in territorio libico, a consultare l'oracolo:

«...il sacerdote si indirizzava apertamente ad Alessandro come al figlio del dio. Poteva trattarsi di una interpretazione greca della titolatura faraonica (in quanto re d'Egitto, Alessandro era per definizione figlio di Amun, la manifestazione egiziana del dio di Siwah), ma è più probabile che egli fosse riconosciuto come il vero figlio di Ammone, e dello Zeus greco»[321].

A quanto pare fu dopo questa visita, durante il viaggio di ritorno a Menfi, che Alessandro fondò il 7 aprile 331 a.C. la città di Alessandria.

A Babilonia, dove giunse accolto come un liberatore come era già stato in Egitto, «prese immediatamente possesso del palazzo e del tesoro, e celebrò in forma ufficiale un sacrificio in onore del dio della città, Bel-Marduk, seguendo il protocollo prescritto dal clero locale. Al pari dei suoi predecessori achemenidi, Alessandro accettò la titolatura formale assegnata agli antichi re babilonesi...»[322]; «ai banchetti si presentava abbligliato da Ammone, con vesti di porpora e corna d'ariete. Altre volte indossava le vesti che nel culto erano attribuite a Ermes e persino ad Artemide»[323]; inoltre, «adottò alcuni capi dell'abito di corte persiano: il diadema, la tunica a striscie bianche e la cintola, che combinò con

---

[319] Bosworth, A.B., *cit.*, pp. 248-249.
[320] *ibidem*, p. 38.
[321] *ibidem*, p. 108.
[322] *ibidem*, p. 126.
[323] *ibidem*, p. 392.

mantello e *kausía* prettamente macedoni»[324]; «introdusse poi l'impiego di cerimonieri di corte d'origine asiatica e aggiunse al suo seguito un gruppo di nobili persiani, il più eminente dei quali era il fratello di Dario, Ossiatre. Era un'efficace dimostrazione del fatto che Alessandro prendeva seriamente le proprie rivendicazioni del trono achemenide. Non era un conquistatore passeggero, ma il legittimo successore dei monarchi persiani, sostenuto e servito dal fratello del suo predecessore»[325].

«Era diventato un monarca assoluto che governava secondo uno stile marcatamente orientale, e l'esercito vittorioso si distingueva a malapena dai persiani che aveva conquistato»[326].

Tutto questo dimostra essenzialmente che Alessandro aveva piena coscienza della sua funzione di continuità *regale e sacerdotale* con i suoi predecessori, e che passava in secondo piano la sua origine macedone, la quale non aveva più alcun ruolo nella visione imperiale, extra-nazionale, multirazziale e, in definitiva, ultraterrena della sua "missione". E pur nel solco della tradizione, egli «aveva introdotto un nuovo stile di governo, un nuovo concetto di *grandeur* regale che i re suoi successori avrebbero emulato»[327].

Dopo la sua morte «la letteratura sviluppò presto l'idea che, come Eracle, egli era stato assunto in cielo. (...). Era partito con l'essere un eraclide e un discendente di eroi ed era diventato prima il figlio di Zeus e un emulo/rivale degli eroi, per passare infine alla condizione di dio manifesto in terra, da onorare con tutti i crismi del culto»[328].

Nacquero poi numerose leggende secondo le quali Olimpiade, madre di Alessandro, «era stata ingravidata da Zeus, manifestatosi come saetta o come serpente. Eratostene riferisce che, quando Alessandro partì per l'Asia, la stessa regina fece allusione a un segreto sulla sua nascita (Plut., Al., 3, 3)»[329]. La convinzione di avere origini divine era evidentemente un fenomeno destinato a diffondersi: tant'è vero che Seleuco I, a imitazione di Alessandro, sostenne che la propria madre, Laodice, aveva ricevuto la visita di Apollo»[330].

E di esempi se ne potrebbero fare altri. Chiunque può riconoscere qui numerosi elementi biblici, e non sorprende di riscontrare un certo scetticismo in chi vede nei Vangeli solo una costruzione mitica, o in chi dubita che Gesù sia mai esistito. Ma la storia di Alessandro è lì a dimostrare come possano tranquillamente coesistere fatti storici con

---

[324] *ibidem*, p. 219.
[325] *ibidem*, p. 143.
[326] *ibidem*, p. 219.
[327] *ibidem*, p. 243.
[328] *ibidem*, p. 395.
[329] «Quanto alla nascita di Alessandro, Erastotene racconta che Olimpia, nell'accompagnarsi con lui che si accingeva a partire per la sua prima spedizione militare, gli rivelò in segreto che era figlio di un dio e lo esortò a concepire imprese degne della sua condizione» (Plutarco, *Vite parallele. Alessandro e Cesare*, Newton, 2005, Roma, p. 39).
[330] Bosworth, A.B., *cit.*, pp. 383-384.

elementi mitici, e come sia possibile che a favorire questi elementi sia lo stesso protagonista, consapevole del suo ruolo extra-umano e pienamente cosciente del significato dei simboli di cui si circonda. Dal nostro punto di vista, non abbiamo problemi a riconoscere Alessandro come Figlio di Zeus e Gesù come Figlio di Dio, a patto che si abbiano ben presenti le differenze tra le due "missioni" e che non si confondano le particolarità teologiche delle rispettive vicende, particolarità che in ogni caso si sfumano quando si riporti il tutto alla *tradizione primordiale*[331].

Prima di passare a Carlo Magno, conviene fare almeno un accenno a Giulio Cesare, che, stranamente, la concezione *New Age* della Dembech non contempla tra gli illustri personaggi della sua "genealogia" reincarnazionista. Eppure sia per Rol, che per Napoleone (e per lo stesso Carlo Magno), Cesare costituiva un punto di riferimento fondamentale. Maria Luisa Giordano ci informa per esempio che Rol «scrisse dei drammi, tra questi il *Giulio Cesare*»[332], di cui Catterina Ferrari ci ha detto aver trovato forse qualcosa negli scritti che Rol le ha lasciati, ma che devono ancora essere messi in ordine. Sarebbe interessante sapere se questo dramma di Rol fosse in realtà un esplicito riferimento al *Giulio Cesare* di Shakespeare, cosa che ci pare abbastanza probabile. Di questo suo lavoro per ora sconosciuto parla presumibilmente anche Luciana Frassati, la quale in una lettera del 1987 scrive a Rol: «Manchi a Torino, manca il tuo Giulio Cesare...»[333], dando l'impressione di aver letto il testo, o quantomeno di aver ascoltato da Rol alcune parti; tuttavia potremmo anche essere di fronte a un fraintendimento, ovvero il *Giulio Cesare* a cui la Frassati fa riferimento (e che ci sembra sia la fonte della Giordano...) non è altri che lo stesso dramma shakespeariano che Rol potrebbe aver più volte interpretato al cospetto della Frassati. Questa in verità ci sembra la cosa più probabile, pur restando in attesa di eventuali nuovi scritti che dovessero emergere.

Anche se nella bibliografia rolliana non vi sono per ora altri riferimenti all'imperatore romano, è indubbio che Cesare sia una figura di rilievo nella quale "si incarna" quello "spirito" che lega Rol ad Alessandro, Carlo e Napoleone; ma non si tratta di uno *spirito intelligente* né tantomeno di un'anima proveniente da chissà quali mondi, quanto dello "spirito" e dell'ideale dell'*Impero*, con al vertice un Re-Imperatore che svolge anche le funzioni di *Pontifex*, riunendo in sé le due qualifiche di *rex et sacerdos*.

---

[331] Si pensi ad esempio alla concezione indù dell'*Avatara*, ovvero la «discesa» del Principio divino nel mondo manifestato. Sempre da un punto di vista indù, le missioni di Gesù e Alessandro possono essere ricondotte alle particolarità delle due caste superiori dei *brahmana* (sacerdoti) e degli *ksatriya* (guerrieri). A differenza di Alessandro, come lo stesso Napoleone ha convenuto, il regno di Gesù «non è di questo mondo» e le sue conquiste sono puramente spirituali, pur avendo egli condotto la più difficile delle guerre: quella interiore (la «grande Guerra» (*al-Jihad al-akbar*) della tradizione islamica).

[332] Giordano, M.L., *Gustavo Rol. Una vita per immagini*, p. 22.

[333] Frassati, L., *L'Impronta di Rol*, Daniela Piazza Editore, Torino, 1996, p. 27.

Su Cesare è interessante il *Compendio delle guerre di Cesare* dettato da Napoleone nei primi mesi del 1819 al fedele Marchand, il cameriere personale che aveva seguito l'Imperatore a Sant'Elena. Nell'introduzione a una edizione recente del testo, Luciano Canfora scrive:

«Da questo promemoria si può ricavare agevolmente la centralità della storia antica (e romana) nell'universo storiografico del Bonaparte. Un aneddoto di buona fonte racconta che, durante i suoi primordi in Corsica, cavalcando col vecchio Pasquale Paoli, Napoleone si sia sentito dire dal venerando e severo conterraneo: "Non hai nulla di moderno in te, tu vieni dall'età di Plutarco!". (...). Emil Ludwig commenta, col consueto tono sopra le righe: "Paoli è il primo a riconoscere in Bonaparte il romano". Bonaparte ha studiato i commentari cesariani, frequentando la Scuola reale militare di Brienne-le-Chàteau. E prima di dettare, da sconfitto, il *Précis...* [*Compendio*], aveva anche annotato i commentarii. Né può sfuggire la sua inclinazione a "tradurre" la propria vicenda personale in termini cesariani. Quando in Austria subisce un attentato (ottobre 1809) scrive a Fouché: "Questo minuscolo miserabile [l'attentatore] mi ha detto che voleva assassinarmi per liberare l'Austria dalla presenza dei Francesi. Non ho riscontrato in lui né fanatismo religioso né fanatismo politico. Mi è sembrato che non sapesse chiaramente chi era Bruto".

Ma è dopo la sconfitta definitiva, dopo il confino forzato a Sant'Elena, che Napoleone ripensa all'intera vicenda cesariana per ripensare se stesso e la propria traiettoria. La scansione stessa del racconto, nonché la scelta del punto d'inizio, sono significativi. Conformemente a quanto promesso nel titolo – *Précis des guerres de César* – il racconto incomincia con l'avvio delle campagne cesariane in Gallia (58 a.c.). Solo i primi tre capoversi – una pagina e tre righi – percorrono, in rapidissima sintesi, la vita del protagonista prima del proconsolato in Gallia. Il libro è dedicato dunque per intero alle guerre di Cesare, fino all'ultima, *sui generis*, che è la congiura. Anche il punto d'arrivo del racconto ben si comprende. Esso è in accordo col convincimento, ben fondato, del Bonaparte, secondo cui Cesare fu "padrone del mondo appena sei mesi" mentre per tutto il resto del suo tempo, dall'anno 58 alla morte, nel marzo del 44, non fece che combattere. La scelta del punto d'inizio è ben comprensibile: l'identificazione, l'auto-identificazione, col personaggio[334] poteva "scattare" solo a partire da quell'esordio. Prima di esso non vi era analogia possibile: nulla vi era in comune tra l'uomo venuto dal basso, e dalla provincia marginale e inquieta, e il raffinato rampollo, gentiluomo *jusque dans la débauche*, come diceva Mérimée, di una delle più aristocratiche genti romane, predestinato per nascita alla politica e ai posti di comando. Le "vite parallele" incominciano, per Bonaparte, quando Cesare si costruisce il futuro in Gallia. La Gallia è dunque, in tale prospettiva, nella carriera cesariana, ciò che, nella carriera del futuro

---

[334] Si ricordi quanto dicevamo sui "gradi" di identificazione e sulle affinità.

imperatore dei Francesi, era stata la campagna d'Italia: la grande "preparazione" alla presa del potere»[335].

Non vi è qui lo spazio per soffermarsi su alcuni passaggi, certamente interessanti, di questo testo. Crediamo però sia utile sottolineare l'analogia che corre tra Napoleone che sa tutto delle campagne di Cesare (nel *Compendio* dimostra una conoscenza chirurgica degli avvenimenti, quasi fosse stato presente...) e Rol che sa tutto delle campagne di Napoleone. E l'identificazione del Bonaparte col romano non è diversa da quella di Rol col francese. E abbiamo visto che gli imperatori romani avevano la tendenza a identificarsi con Alessandro. A questo quadro, che crediamo, almeno nelle sue linee generali, cominci a essere chiaro, dobbiamo ancora aggiungere la vicenda storica, e *simbolica*, di Carlo Magno. Il re Franco – nonostante i riferimenti più implicti che espliciti di Rol – riveste per lui un ruolo importante quanto quello di Napoleone. Questo perché Carlo Magno ne è stato il "grande precursore", anticipando quelle aspirazioni civilazzatrici e unificatrici che porteranno agli "Stati Uniti d'Europa".

Come scrive Alessandro Barbero, «è con Carlo Magno che per la prima volta si costituisce in Europa uno spazio politico unitario, che va da Amburgo a Benevento, da Vienna a Barcellona...»[336]. Nel 1977 in uno degli articoli pubblicati su *Gente*, Rol scriveva (dialogo virtuale):

«Quando gli ho chiesto l'età, mi ha risposto: "Ho mille anni". Mi ha fissato per alcuni istanti sorridendo, poi ha aggiunto: "Non intendo affermare che all'anagrafe risulto essere nato nel 977; ma la mia affermazione è molto più vera di quello che lei possa immaginare"»[337].

In queste parole di Rol si sovrappongono secondo noi due elementi: uno simbolico e uno storico. Il numero mille rimanda a uno stato di completezza spirituale, ben espresso dal *loto dai mille petali*, o *sahasrāra*, della fisiologia sottile della tradizione indù, ovvero da quello che è considerato come l'ultimo dei sette *cakra* (ruota, loto) che può essere realizzato nella *sādhanā*, o pratica, dello *yoga*. Secondo gli *yoga-sastra*, ovvero il complesso dei testi che hanno per argomento lo *yoga*, nel corpo umano sono presenti sei centri localizzati lungo la colonna vertebrale[338] più un centro sulla sommità del capo che riassume e al tempo stesso supera gli altri sei[339]. Ogni centro viene rappresentato in forma di *loto*, il fiore sacro degli indù che corrisponde nella mistica

---

[335] Napoleone, *Le guerre di Cesare*, Salerno Editrice, Roma, 2005, pp. 10-12.

[336] Barbero A., *Carlo Magno. Un padre dell'Europa*, Laterza, Bari, 2006, p. 5.

[337] Rol, G.A. (Allegri, R.), *Mentre è a Torino lo fotografano in America*, Gente, 05/03/1977, p.11; Allegri, R., *Rol l'incredibile*, p. 25; *Rol il mistero*, p. 21; *Rol il grande veggente*, p. 45.

[338] 1) *mūlādhāra-cakra*, tra gli organi genitali e l'ano; 2) *svadhisthāna-cakra*, alla radice dei genitali; 3) *manipūra-cakra*, all'altezza dell'ombelico; 4) *anāhata-cakra*, nella regione del cuore; 5) *viśuddha-cakra*, all'altezza della gola; 6) *ājñā-cakra*, situato fra le sopracciglia.

[339] Così come vi sono sei colori, il settimo essendo il bianco, e sei direzioni, la settima identificandosi col centro.

persiana e occidentale alla *rosa*. A ognuno di questi loti è stato attribuito un certo numero di petali, e ognuno dei petali corrisponde a una delle lettere dell'alfabeto sanscrito, in numero di 50, distribuiti nei primi sei *cakra*. Il *loto dai mille petali* (50x20) riunisce, moltiplica e trascende la *potenza* dei loti inferiori e corrisponde alla condizione del *risveglio*, dell'*illuminazione yoghica* ovvero al *samādhi*, al *nirvāṇa* ("cessazione dell'agitazione"), a quella che Gustavo Rol ha chiamato «*coscienza sublime*». Il fatto che Rol dica di avere «mille anni» esprime perfettamente la sua "età trascendente", in una immagine che racchiude al tempo stesso "il numero del *sahasrara*"[340] e l'idea di *immortalità*[341].

Ma come spesso accade con Rol, così come con i grandi maestri della tradizione metafisica, le sue parole nascondono spesso più di un significato. Da un punto di vista storico, è certamente degno di nota, dopo quanto abbiamo già visto in merito ad Alessandro, Cesare e Napoleone, che nell'anno 962 d.C. con l'incoronazione da parte di Papa Giovanni XII del re germanico Ottone I a *Imperator Augustus*, prenda il via quello che più tardi verrà chiamato *Sacro Romano Impero*, e che ebbe termine, almeno con questa denominazione, solo nel 1806 con l'abdicazione di Francesco II d'Austria, al seguito della proclamazione di Napoleone a «Imperatore dei Francesi» avvenuta a Parigi il 18 maggio 1804.

Ma Ottone I, che pur non discendeva da Carlo Magno, si era fatto incoronare come lui «per celebrare la sua missione, la restaurazione dell'Impero carolingio. Ricevette la corona germanica nella cappella di Carlo Magno ad Aquisgrana, e successivamente, gli furono consegnati anche i possedimenti più preziosi del monarca franco: la grande spada, lo scettro e l'inestimabile Lancia Sacra (l'autentica lancia con cui Cristo era stato trafitto sulla croce). La corte a cui diede vita era plasmata sul modello di quella di Carlo Magno...»[342].

Per questa ed altre ragioni si suole far cominciare il *Sacro Romano Impero* dall'incoronazione di Carlo Magno, avvenuta a Roma il giorno di Natale 800. Quel giorno Papa Leone III «lo unse con l'olio sacro, e secondo almeno un cronista si prosternò davanti a lui, nel rituale orientale

---

[340] D'altronde presso gli antichi Egizi il numero mille è rappresentato da un ideogramma del fiore di loto.

[341] Ci viene in mente una vicenda riferita da Guénon secondo il quale un viaggiatore del XVIII secolo, Paul Lukas, aveva raccontato di aver incontrato in un suo viaggio «quattro dervisci, di cui uno che sembrava parlasse tutte le lingue del mondo (facoltà attribuita anche ai Rosa-Croce) (...) gli assicurò che la pietra filosofale permetteva di vivere un migliaio d'anni e gli raccontò la storia di Nicolas Flamel che si credeva morto e che invece viveva in India con la moglie» (*Il Teosofismo. Storia di una pseudo-religione*, vol. I, Edizioni Arktos, Carmagnola, 1986, p. 57).

Inoltre Pier Lorenzo Rappelli, ci ha raccontato che «Gustavo diceva di avere 2000 anni». La cosa è alquanto interessante, perché fornisce un completamento simbolico per il quale non sarà difficile trovare i giusti riferimenti.

[342] Chamberlin, R., *Carlo Magno Imperatore d'Europa*, Newton Compton editori, Roma, 2006, p. 213.

della *proskynesis*³⁴³. Il popolo romano, rappresentato per l'occasione dal clero vaticano che accompagnava il pontefice, acclamò Carlo col titolo di imperatore e di Augusto; un gesto che non rappresentava semplicemente un'aggiunta onorifica al rito, ma nella tradizione imperiale romana aveva un valore giuridico, sancendo ufficialmente l'elezione del nuovo sovrano»³⁴⁴.

Il biografo di Carlo, Eginardo, prese a modello le *Vite dei Cesari* di Svetonio, «perché bisognava dimostrare che Carlo era a tutti gli effetti un autentico imperatore romano, successore di Augusto e di Tiberio...»³⁴⁵. D'altronde, «la simbologia del potere carolingio a partire dall'anno 800 si richiamò sempre a quella dell'impero di Roma: Carlo si fece rappresentare sulle monete con 'la corona d'alloro e il mantello di porpora; e fece iscrivere sul suo sigillo quello che doveva restare per secoli uno slogan politico di straordinaria efficacia: "Renovatio Romani Imperii"»³⁴⁶.

Ma il modello di riferimento di Carlo non era solo la Roma imperiale e si spingeva più indietro nel tempo. Infatti, i contemporanei di Carlo Martello, nonno paterno di Carlo Magno, «erano convinti che i Franchi discendessero nientemeno che dai Troiani. (...). Se i Romani discendevano da Priamo attraverso Enea, fuggito nel Lazio come racconta Virgilio, i Franchi erano convinti di discendere da un altro principe troiano, Francione, che aveva dato loro il suo nome e li aveva condotti, dopo lunghe migrazioni, in Europa, insediandoli sulle rive del Reno. Erano dunque consanguinei dei Romani e questa parentela li autorizzava a governare la Gallia...»³⁴⁷.

Queste origini mitiche, che ricordano quelle di Alessandro, contribuiranno alla decisione di Carlo di assumere la qualifica di *Romanum gubernans Imperium* (colui che governa l'Impero Romano) invece che *Imperator Romanorum* come avrebbero voluto i Romani suoi contemporanei, ai quali non voleva accordare alcuna posizione di privilegio rispetto agli altri popoli dell'Impero, visto che era già re dei Franchi, dei Sassoni e dei Longobardi.

Ma oltre a queste origine mitiche, il modello di riferimento fondamentale è quello biblico e cristiano. È significativa infatti «la frequenza con cui i letterati al servizio di Carlo Magno si rivolgevano a lui come al nuovo Davide. Fin dal 795 Alcuino³⁴⁸ aveva preso l'abitudine

---

³⁴³ Si tratta dell'atto tradizionale persiano di prostrarsi davanti a una persona di rango sociale più elevato, pratica che tra l'altro Alessandro Magno aveva imposto durante il suo regno.
³⁴⁴ Barbero A., *Carlo Magno...*, cit., p. 102.
³⁴⁵ *ibidem*, p. 128.
³⁴⁶ *ibidem*, p. 106-107. Non c'è quindi da stupirsi se Napoleone, mille anni più tardi, dichiarò: «Je n'ai pas succédé à Louis Quatorze, mais à Charlemagne» («Non sono succeduto a Luigi XIV, ma a Carlo Magno»).
³⁴⁷ *ibidem*, p. 16.
³⁴⁸ Alcuino di York, filosofo e teologo britannico chiamato da Carlo Magno a dirigere la sua *Schola palatina*, e successivamente abate presso l'abbazia di San Martino a Tours.

di indirizzare "al re Davide" le lettere che scriveva a Carlo, precisando che "è proprio con questo nome, animato dalla stessa virtù e dalla stessa fede, che regna oggi il nostro capo e la nostra guida: un capo alla cui ombra il popolo cristiano riposa nella pace e che da ogni parte ispira il terrore alle nazioni pagane, una guida la cui devozione non cessa con fermezza evangelica di fortificare la fede cattolica contro i seguaci dell'eresia". Già attribuito, a suo tempo, da Stefano II a Pipino, il nome di Davide implicava che il re era il capo del popolo eletto, ispirato da Dio e chiamato a governare con saggezza la comunità dei credenti..."[349].

Pipino il Breve, padre di Carlo Magno, aveva dal canto suo già introdotto il rituale dell'unzione, che «rappresentava una novità di straordinaria valenza ideologica, giacché fino ad allora i re dei Franchi salivano al potere per acclamazione; e se, oltre al consenso, godevano d'un carisma mistico, lo dovevano piuttosto al sangue regale che scorreva nelle loro vene. Facendosi ungere con l'olio consacrato, Pipino rimetteva in uso un rito testimoniato nell'Antico Testamento, dove si racconta che Saul ottenne il regno dopo essere stato consacrato dal profeta Samuele; dopo di lui erano stati unti, salendo al trono, Davide e Salomone. (…). Pipino non fu soltanto il primo re franco, ma il solo re cristiano del suo tempo a introdurre nella propria incoronazione questa nota sacrale, benché i re d'Inghilterra non abbiano tardato a imitarlo.

L'unzione non si limitava a fare del re, genericamente, un essere sacro; ma conferiva alla sua persona un carattere quasi sacerdotale, come quello dei re d'Israele: perciò Pipino poté presentarsi a buon diritto come "l'unto del Signore", e affermare la propria autorità sulla Chiesa oltre che sul regno (…). A sua volta, papa Paolo I non esitò a parlare di lui come d'un nuovo Davide, scelto da Dio per proteggere il popolo cristiano, e applicò a lui le parole del Salmista: "Ho trovato in Davide il mio servitore che ho unto con l'olio santo". Così, dopo tutto, i Franchi erano di nuovo guidati da un re-sacerdote, come al tempo dei *reges criniti*; ma quel carisma sacrale era tutto cristiano, non pagano come nel caso dei Merovingi, e non escludeva, anzi esaltava l'uso della spada, di cui il re era cinto per volontà divina e che era tenuto a sguainare in difesa della fede»[350].

È certamente interessante ciò che riferisce Maria Luisa Giordano nel suo primo libro *Rol oltre il prodigio* a proposito della moglie di Rol, Elna Resch-Knudsen, e che poi stranamente non verrà più ripetuto nei libri successivi:

«Era una principessa norvegese discendente da Pipino il Breve, imparentata con sette famiglie reali d'Europa»[351].

Lo stesso Rol con orgoglio dirà più volte, e lo farà scrivere anche sulla sua lapide a San Secondo di Pinerolo, che Elna aveva «17 regnanti nella sua famiglia». Non siamo in grado, al momento, di riferire questo albero

---

[349] Barbero A., *cit.*, pp. 95-96.
[350] *ibidem*, p. 24.
[351] Giordano, M.L., *cit.*, p. 33.

genealogico, ma si tratta di ricerca che non mancheremo di fare. Nell'affermazione della Giordano ravvisiamo una notizia probabilmente riferita da Rol stesso, ed è probabile che questa discendenza di Elna dal padre di Carlo Magno abbia più un valore simbolico che effettivamente storico. Ed è curiosa la commistione che ne viene fuori con la storia di *Alda*, amante reale e simbolica di Rol, che sarebbe stata anche l'amante di Carlo Magno. Questi sono certamente intrecci voluti da Rol e che meriterebbero attenzione. In ogni caso, è curioso che si voglia far discendere Elna da Pipino invece che da suo figlio Carlo Magno. Pipino aveva avuto due figli, Carlo e Carlomanno, ma l'albero genealogico di quest'ultimo si è esaurito subito. Quindi sarebbe stato lo stesso dire che Elna discendeva da Carlo Magno, e la cosa sarebbe stata anche più altisonante, visto che chiunque conosce il nome di Carlo Magno, mentre il nome di suo padre è meno noto. Non staremo qui a vagliare tutte le possibili soluzioni a questo "indizio", ma rileveremo solo che è a partire da Pipino che inizia uno stretto rapporto tra la dinastia carolingia e il papato. Infatti Papa Stefano II nel gennaio 754 aveva valicato le Alpi con un gruppo di ecclesiastici romani per chiedere aiuto al re franco contro i Longobardi che stavano occupando i territori della Chiesa. Durante quella visita «le controparti reale e papale elaborarono un piano che avrebbe segnato il futuro dell'Europa fino al XIX secolo. In cambio dell'aiuto militare promesso, il papa non avrebbe soltanto incoronato Pipino, i suoi due figli e sua moglie con le sue stesse mani, ma avrebbe anche conferito a Pipino e ai figli il titolo di patrizi dei romani»[352].

Durante l'incoronazione, il Papa «lanciò l'anatema contro coloro che "nei secoli a venire oseranno eleggere un re che non provenga da questa stirpe, la cui ascesa è stata legittimata dalla Divina Provvidenza"»[353].

Seguirono quindi le guerre contro i Longobardi che furono concluse solo vent'anni più tardi da Carlo Magno. Durante questo periodo «il nuovo papa Paolo era ancor più eccessivo e pressante nel ricordare che la corona franca doveva la sua esistenza al potere papale. Messaggeri valicavano continuamente le Alpi, portando missive che ricordavano al re quel vincolo inestricabile tra il papato e la corona franca»[354].

Dal canto suo, Carlo Magno ribadiva in una lettera al successore di Paolo i rispettivi ruoli dei re franchi e del papato:

---

[352] Chamberlin, R., *Carlo Magno Imperatore d'Europa*, cit., p. 47. La quadrupla incoronazione ebbe luogo nella chiesa di St Denis, il cui abate, Fulrado, «era l'uomo che aveva formato i loro caratteri, il consigliere fidato di Pipino, da una parte al servizio di Roma, dall'altra un autentico franco» (*ibidem*, p. 64). Questo abate può essere uno dei possibili riferimenti simbolici di Rol circa il "romanzo" della sua iniziazione. Come scrive Renzo Allegri, «c'è chi racconta che [Rol]... sia stato iniziato ai misteri dell'occulto da un vecchio abate». Si veda più avanti, p. 334.

[353] *ibidem*, p. 48. Barbero (*Carlo Magno...*, p. 23) sottolinea che «i Pipinidi, che dopo i trionfi di Carlo Martello possiamo cominciare a chiamare Carolingi, godevano ormai di un rapporto privilegiato col papa, e perciò d'una preminenza indiscussa non solo nel mondo franco, ma nell'intera cristianità occidentale».

[354] *ibidem*, p. 62.

«È nostro dovere, con l'aiuto del Signore, difendere ovunque con le nostre armi la Chiesa di Cristo dalle incursioni dei pagani e dalla devastazione degli infedeli e fortificarla internamente attraverso il nostro rispetto della fede cattolica. È vostro compito, sommo Santo Padre, con le mani rivolte a Dio, proprio come Mosè, pregare per sostenere la nostra guerra, affinché, attraverso la vostra intercessione, il dono e la guida di Dio, il popolo cristiano possa, nel santo nome del Signore, vincere i suoi nemici»[355].

Coloro che hanno visto ambiguità nel cattolicesimo di Rol, farebbero bene a tenere presente questi riferimenti storici e simbolici, che sono fondamentali e giustificano l'affermazione di Vittorio Messori che Rol «si riconosceva in pieno nell'ortodossia della Chiesa»[356], così come possono far comprendere per quale ragione in una lettera Rol scriva, riferendosi a Giuditta Dembech: «io sono rimasto sulle sponde del Giordano mentre lei ha conosciuto quelle del Gange»[357], affermazione peraltro molto contingente e molto relativa, sia perché le "sponde del Gange" Rol le conosceva perfettamente, sia perché la Dembech non ci pare le conosca altrettanto bene. Quanto dice Rol, e il valore puramente contingente della sua affermazione, è confermato anche dal pittore Giuseppe Balsamo, che in una intervista raccolta da Nicolò Bongiorno ha detto:

«Nella sua biblioteca ha visto molte biografie di personaggi della spiritualità, soprattutto orientale (...).

Mi sono un po' meravigliato, perché lui in una serata precedente, su una domanda di un ospite se credeva nel concetto di reincarnazione, lui disse "Io non vado sulle rive del Gange, mi fermo sulle rive del Giordano" e questo diede una conferma a questi signori. Un po' di perplessità, ma poi io capii che lui doveva agire così, perché Rol parlava in conseguenza del personaggio che aveva di fronte. E allora io pensai: però, quella sera ha detto che non si interessava del mondo orientale, della spiritualità orientale, come mai qui la biblioteca è piena di questi volumi che parlano di questi personaggi dell'India?»[358].

L'affermazione di Rol di essere «rimasto sulle sponde del Giordano» non va evidentemente a detrimento della tradizione indù – che anzi è cruciale sotto molto punti di vista – ma deve essere inquadrata nei riferimenti storico-politici dell'epoca Carolingia, così come al successivo periodo delle crociate con tutti i significati simbolici dell'epopea del

---

[355] *ibidem*, p. 176.
[356] Cazzullo, A. e Messori, V., *Il mistero di Torino*, Mondadori, Milano, 2004, p. 255. Tra l'altro, «Carlo Magno si considerava personalmente responsabile dell'ortodossia», e giunse a «farsi accettare dall'episcopato, come il vero capo della Chiesa, anche nelle questioni più propriamente teologiche» (Barbero, A., pp. 265-266).
[357] Dembech, G., *Torino città magica vol. 2*, cit., p. 177; anche ne *Il grande precursore*, p. 117, dove l'autrice commenta: «La sua filosofia si basava sul credo perfettamente cristiano con qualche concessione che non sono mai riuscita a comprendere del tutto».
[358] Archivio Nicolò Bongiorno, 2005-2006.

Graal e dei cavalieri della tavola rotonda. Al tempo stesso, la tradizione biblica e il legame con la figura di Gesù più che con altri maestri spirituali vengono a completare il quadro.

Tornando a Carlo Magno, possiamo rilevare che l'opera teologica prediletta da Alcuino era la *Città di Dio* di sant'Agostino: «Questo era il libro che, nei momenti di tranquillità, durante le ore dei pasti, aveva letto ad alta voce a Carlo, fino a fargli imparare a memoria ogni capitolo, seguendo il suo grande ideale di società, in cui la fede per Cristo era rafforzata dalla disciplina dei cesari»[359].

Sempre Alcuino «equipara la cappella palatina al Tempio di Salomone, e Aquisgrana a una nuova Gerusalemme, "una Gerusalemme nella nostra patria": in un modo o nell'altro, la storia romana e l'Antico Testamento, il ricordo di Costantino e quello di Davide e Salomone convergevano a designare nel re dei Franchi l'uomo della Provvidenza»[360].

La cappella palatina era l'oratorio del palazzo che Carlo aveva fatto costruire ad Aquisgrana, e che divenne la sua sede prediletta:

«La carica simbolica era concentrata soprattutto nella cappella, di forma ottagonale, e dominata dal mosaico del Cristo Pantocratore; al di sotto del quale, in posizione sopraelevata e illuminato dai primi raggi del sole, era installato il trono del sovrano, in una posizione che faceva di lui, agli occhi di tutti, il mediatore fra Dio e la comunità dei fedeli»[361].

Nella cappella era inoltre conservata la reliquia più sacra dei Franchi, la *cappa* o mantello di San Martino, protettore della Gallie[362].

Nel capitolare dell'802 «si trovano numerose esortazioni ad aiutare i poveri, gli ammalati e tutti gli indifesi e a seguire, in ogni momento, la regola della Chiesa cristiana. (...). Il capitolare era solo il primo di una lunga serie che emanò da Aquisgrana, espresso in una lingua che (...) è stata paragonata a quella dei sermoni. Gli ecclesiastici erano le sue truppe d'assalto ed erano costantemente minacciati, incoraggiati, esortati. (...) [Carlo] commissionò a Paolo Diacono[363] la compilazione di un volume di sermoni e ordinò che fossero osservati da tutta la Chiesa dei franchi.

---

[359] Chamberlin, R., *cit.*, pp. 190-191. Il capitolare emanato da Carlo nel marzo 802 iniziava così: «Ordino che ogni uomo del mio regno, sia egli uomo di chiesa o laico, in accordo con il suo credo e con i suoi intenti, che abbia già giurato fedeltà a me nel nome del re, ripeta ora la stessa promessa nel nome di Cesare» (*ibidem*, p. 198).

[360] Barbero A., p. 99.

[361] *ibidem*, p. 97.

[362] Martino di Tours, soldato romano convertitosi al cristianesimo e vissuto nel IV secolo, è venerato come Santo dalle chiese cattolica, ortodossa e copta. La leggenda vuole che mentre si trovava alle porte della città di Amiens incontrò un mendicante seminudo, al quale d'impulso diede una parte del suo mantello militare dopo averlo tagliato in due. La notte stessa sognò Gesù che gli restituiva la metà di mantello che aveva donato, e al suo risveglio il mantello era di nuovo integro.

[363] Il longobardo Paolo Varnefrido, storico e poeta noto come Paolo Diacono e autore della *Historia Langobardorum*, rimase alla corte franca tra il 782 e il 786, e fu uno dei protagonisti della rinascita Carolingia insieme ad Alcuino di York.

Il nuovo imperatore non ebbe nessuna esitazione a imporre una legge teologica, consapevole o no di assumere così la doppia funzione di sacerdote-re, che era appartenuta ai cesari»[364].

Di questa doppia funzione era ben consapevole Napoleone la cui posizione nei confronti della Chiesa esprimeva la stessa volontà di autonomia del suo "predecessore". Las Cases racconta:

«Durante il nostro giro in calesse qualcuno ha osservato: "È domenica". "Avremmo la messa, ha detto l'Imperatore, se fossimo in paese cristiano, se avessimo un prete, e questo ci farebbe passare un momento della giornata. Ho sempre amato il suono delle campane dei paesi. Bisognerebbe proprio decidersi, aggiunse allegramente, a nominare un prete, fra di noi: il curato di Sant'Elena". "Ma come ordinarlo, si è obbiettato, senza vescovo?". "E non lo sono io forse? ha replicato l'Imperatore. Non sono stato unto col medesimo crisma, consacrato allo stesso modo?[365] Clodoveo e i suoi successori non erano stati unti, al tempo loro, con la formula di *rex Christique sacerdos*? Non erano quindi dei veri vescovi? La gelosia e la politica dei vescovi e dei papi non è stata la sola causa della successiva soppressione di questa formula?»[366].

E a proposito del Concordato di Fontainebleau (1813) che Napoleone fece firmare a Papa Pio VII, dice:

«Avevo dunque finalmente ottenuto la separazione tanto desiderata del potere spirituale da quello temporale, la cui confusione è dannosa alla santità del primo e porta lo scompiglio nella società in nome e per mano stessa di colui che deve esserne il centro di armonia. Avrei onorato ed elevato il Papa oltre misura, lo avrei circondato di pompa e di onori; lo avrei condotto a non rimpiangere più il suo potere temporale, ne avrei fatto un idolo; egli sarebbe rimasto presso di me; Parigi sarebbe diventata la capitale del mondo cristiano ed io avrei governato così il mondo religioso e quello politico! Era un altro mezzo efficace per riunire tutte le parti federate dell'Impero e per mantenere in pace tutto ciò che ne rimaneva fuori. Avrei avuto le mie sessioni religiose come quelle legislative; i miei concili avrebbero rappresentato tutta la cristianità, i papi ne sarebbero stati soltanto i presidenti; avrei aperto e chiuso queste assemblee, approvato e pubblicato le loro decisioni, come lo avevano fatto Costantino e Carlo Magno»[367].

In una lettera al cardinale Fesch del 7 gennaio 1806 scriveva:

«Io sono religioso, ma non sono bigotto. Per il papa io sono Carlo Magno, perché come Carlo Magno riunisco la corona di Francia a quella della Lombardia, e il mio impero confina con l'Oriente. Ridurrò il papa a

---

[364] Chamberlin, R., p. 198.
[365] A Bertrand dirà: «Il Papa mi ha consacrato, io sono l'unto del Signore» (*Quaderni...*, cit., p. 1046, 1820).
[366] La Cases, *cit.*, vol. II, p. 57 (11/08/1816).
[367] *ibidem*, p. 113 (17/08/1816).

essere soltanto il vescovo di Roma»[368]; e in un'altra lettera del 22 luglio 1807 al principe Eugène de Beauharnais:
«L'attuale papa è troppo potente; i preti non sono fatti per governare; che imitino san Pietro, san Paolo e i santi apostoli, che sono meglio dei Giulio, dei Bonifacio, dei Gregorio, dei Leone. Gesù Cristo ha detto che il suo regno non era di questo mondo. Perché il papa non vuol dare a Cesare quel che è di Cesare? È più di Gesù Cristo sulla terra? Ma che cosa ha in comune la religione con le prerogative della corte di Roma? La religione è forse fondata sull'anarchia, sulla guerra civile e sulla disobbedienza? È questo, dunque, predicare la morale di Gesù Cristo? Il papa mi minaccia di appellarsi ai popoli. Certo io comincio ad arrossire e a sentirmi umiliato di tutte le follie che mi fa sopportare la corte di Roma; e forse non è lontano il tempo, se si vuol continuare a turbare gli affari dei miei Stati, in cui riconoscerò il papa soltanto come vescovo di Roma, come eguale e di pari rango rispetto ai vescovi dei miei Stati. Non avrò paura di riunire le Chiese gallicana, italiana, tedesca, polacca in un concilio per condurre la mia politica senza il papa, e mettere i miei popoli al riparo dalle pretese dei preti di Roma.
Io ho la mia corona da Dio e dalla volontà dei miei popoli, ne sono responsabile solo di fronte a Dio e ai miei popoli. Per la corte di Roma sarò sempre Carlo Magno, e mai Ludovico il Pio"»[369].
Ludovico il Pio era il terzogenito di Carlo Magno, che fu incoronato co-imperatore dal padre nell'813 dopo che gli altri figli di Carlo erano morti prematuramente. Nonostante questa investitura paterna, egli fu nuovamente incoronato da Papa Stefano IV nell'816, atto che subordinava il potere imperiale all'autorità spirituale della Chiesa. Tuttavia non era questo che Carlo avrebbe voluto, e il fatto di avere lui stesso incoronato il figlio avrebbe dovuto dimostrare che non c'era alcun bisogno della Chiesa di Roma, e che autorità spirituale e potere temporale erano unite in una sola persona e si trasmettevano da imperatore a imperatore. La stessa incoronazione di Carlo avvenuta nel natale '800 era stata in realtà una manovra a sorpresa di Leone III, le cui modalità sarebbero state diverse se Carlo fosse stato avvisato per tempo dell'intenzione del Papa, il quale «era riuscito alla fine a realizzare il suo programma, attuando la restaurazione dell'impero come se a dirigere ogni cosa fosse stata la Chiesa. Mettendo con le sue mani la corona sul capo del nuovo imperatore, il papa rivendicava di fatto la supremazia dell'autorità pontificia su quella imperiale. (...).
Un politico dell'intelligenza di Carlo Magno non poteva non cogliere al volo le implicazioni di questo gesto... Non è certo un caso se tredici anni dopo, quando volle che il figlio Ludovico il Pio fosse incoronato imperatore per affiancarlo nel governo e preparare la successione, Carlo organizzò la cerimonia secondo un protocollo completamente diverso, eliminando tutti gli aspetti che potevano essergli dispiaciuti nella sua

---

[368] Napoleone, *Autobiografia*, cit., p. 144.
[369] *ibidem*, p. 180.

incoronazione: Ludovico venne incoronato nella cappella palatina di Aquisgrana, e non in San Pietro; ad acclamarlo non c'erano i Romani, ma i Franchi; e soprattutto, il nuovo imperatore non s'inginocchiò davanti al papa, ma venne incoronato dal padre, o, secondo un altro cronista, si pose da solo sul capo la corona. La regia era abile, ma ormai era troppo tardi: la cerimonia dell'813 fu cancellata, nel ricordo, da quella dell'800, e sull'impero rifondato gravò sempre l'ambiguità irrisolta del suo rapporto col papato. Non per nulla, mille anni dopo, un altro imperatore, Napoleone, ben consapevole di queste implicazioni, invitò bensì il papa alla propria incoronazione, ma badò bene a mettersi la corona in testa da solo!»[370].

Sull'incoronazione di Ludovico, vi sono altri particolari interessanti:
«Carlo, diversamente dal solito, indossò gli scintillanti abiti di un imperatore romano (...). Ludovico assistette in ginocchio a un lungo sermone da parte di suo padre e imperatore: proteggere i deboli, onorare il clero, scegliere ministri timorati di Dio. Fu quindi pronunciata la domanda di rito, "Obbedirai a tutti i miei precetti?" a cui Ludovico rispose: "È mia volontà, con l'aiuto di Dio". Carlo Magno si voltò verso l'altare, prese un diadema, uguale a quello che aveva sul capo e zoppicando, per effetto della gotta, si pose di fronte al figlio inginocchiato». Quindi avvenne l'incoronazione[371], in una delle due versioni riferite, «e la Chiesa ne fu decisamente esclusa. Eliminando l'intervento del clero, volle evidenziare, in un periodo in cui il simbolismo era l'altra faccia della realtà, che l'Impero si perpetuava da solo, che il suo capo ricopriva ancora un doppio ruolo religioso e regale, proprio come ai tempi dei cesari e che la sua sede non era più a Roma, ma oltre le Alpi»[372].

Un ultimo scritto di Napoleone su questo soggetto merita di essere riportato:
«In futuro i papi dovranno prestare giuramento nelle mie mani, come facevano con Carlo Magno e i suoi predecessori. Essi saranno insediati solo dopo aver ricevuto la mia approvazione, così come erano confermati dagli imperatori di Costantinopoli»[373].

Come si vede, la questione del rapporto tra Papato e Impero, e conseguentemente quella tra autorità spirituale e potere temporale, è centrale sia in Carlo Magno che in Napoleone. All'epoca dei Cesari, e precendetemente con Alessandro Magno, questa divisione non sussisteva, tanto che, risalendo alle origini "storiche" della civiltà, ne troviamo la

---

[370] Barbero, A., p. 104.

[371] C'è forse una qualche relazione simbolica con il "sogno" che Rol aveva raccontato a Beonio-Brocchieri, dove un generale zoppo al cospetto dell'Imperatore e per suo volere, conferisce a Rol una onorificenza?

[372] Chamberlin, R., pp. 208-209. A questo proposito è significava una citazione dell'autore (p. 108) e che si riconduce alla concezione di *Re del Mondo*, e che vedremo tra breve: «Solo il luogo in cui risiede il capo del mondo può essere chiamato Roma» (Modoin, vescovo di Autun, 804 d.C.).

[373] Napoleone, *Autobiografia*, cit., p. 215 (01/01/1810).

perfetta rappresentazione nella teocrazia egizia, dove il Re è anche il *Pontifex*, il mediatore tra Cielo e Terra, l'Uomo-Dio, rappresentazione che si trova anche nel *Wang* estremo orientale, dove l'Imperatore è anche "Figlio del Cielo"[374].

In un certo senso, è proprio con l'affermazione di Gesù di rendere «a Cesare ciò che è di Cesare e a Dio ciò che è di Dio» e che «il mio regno non è di questo mondo»[375] che questa distinzione dei due poteri si è venuta sempre più accentuando nel corso dei secoli. Non possiamo qui analizzare tutti i termini della questione, possiamo però dire che Gesù intendeva riferirsi non tanto a una condizione esteriore di "preoccupazioni mondane", quanto a una condizione interiore della coscienza, che per poter giungere allo stato di «sublime» non deve aver più alcun attaccamento alle cose "terrene", "materiali", il che non significa altro che emancipazione dalla "schiavitù" delle passioni e dei desideri, ovvero dei sensi. L'azione dell'uomo trascendente è infatti completamente distaccata dalle contingenze, e questo non esclude la possibilità di essere perfettamente integrato nel mondo, come nel caso di Gustavo Rol. Fintanto che si ha un corpo materiale, nessun essere umano può affermare di essere completamente libero dalle esigenze materiali. Pertanto dall'eremita che ha "rinunciato" al mondo all'Imperatore che invece lo governa non vi è che una differenza di grado, ed è evidente che, nel momento in cui si intenda la rinuncia come strettamente interiore, la scelta dell'eremita sarà ben più facile di quella dell'Imperatore[376], poiché

---

[374] Cfr, Granet, M., *Il pensiero cinese*, cit., pp. 237-239: «Il Sovrano, camminando sulla Terra e imitando il cammino del Sole, arriva a vedersi considerato dal Cielo come un Figlio. (…). Il contatto tra la Terra e il Cielo non si può stabilire in maniera utile e fausta se non per mediazione del Sovrano (…). Egli fa il giro dell'Impero seguendo il movimento del Sole (*T'ien tao*), in maniera da adattare, come gli Orienti alle Stagioni, le Insegne dei fedeli alle Virtù emblematiche dei quattro quarti del Mondo: prova così che è capace di far regnare sulla "Terra degli uomini (*T'ien hia*)" un *Ordine celeste* (*T'ien tao*): merita di essere chiamato Figlio del Cielo (*T'ien tseu*), perché ha mostrato di possedere la *Via celeste* (*T'ien tao*). Merita di essere chiamato Re-sovrano (*Wang*) quando fa vedere che possiede la *Via regale* (*Wang tao*): per questo deve provare che è l'Uomo Unico e la sola Via attraverso la quale il Cielo, gli Uomini e la Terra possono comunicare. (…). La parola "re" (*wang*) si scrive con un segno composto da tre tratti orizzontali che, dicono gli etimologisti, raffigurano il Cielo, l'Uomo e la Terra, uniti nel mezzo da un tratto verticale, poiché il compito del re è unire».

[375] Gv 18, 36. Granet (*La religione dei cinesi*, Adelphi, Milano, 1973, p. 134) riferisce che Confucio era detto «un "Re senza regno", segnalando così la missione sovrana che il Maestro aveva ricevuto dalla Provvidenza».

[376] Ben inteso, da un punto di vista eminentemente spirituale, non certo da quello di una ambizione puramente materiale. Peraltro, un imperatore che non sia passato prima dalla fase di "eremita", sia in senso interiore che esteriore, difficilmente avrà una qualche possibilità di assumere concretamente la funzione di mediatore tra il Cielo e la Terra, ma sarà sempre attratto "gravitazionalmente" dalla seconda. Si può anche dire che allo *status* di Imperatore si giunge non dal basso verso l'alto, in un mero accumulo di cariche onorifche, ma dall'alto verso il basso, ovvero dopo essere prima stato riassorbito nel Principio supremo del quale l'Imperatore, o Figlio del Cielo, ne è un'emanazione e una

la schiavitù dei sensi è direttamente proporzionale alla quantità di stimoli a cui i sensi sono soggetti. Di qui la domanda di Gesù: «Che giova infatti all'uomo guadagnare il mondo intero, se poi perde la propria anima?»[377].

Per preservare, anzi "guadagnare" la propria anima è necessario "perdere" «il mondo intero», ma ciò deve essere inteso, come abbiamo detto, come una condizione della coscienza, il che non esclude anche un provvisorio ritiro dal mondo (cosa che farà per tre mesi lo stesso Rol). D'altronde, «la preoccupazione del mondo e l'inganno della ricchezza soffocano la parola ed essa non dá frutto»[378], così come «nessun servo può servire a due padroni: o odierà l'uno e amerà l'altro oppure si affezionerà all'uno e disprezzerà l'altro. Non potete servire a Dio e a mammona»[379]. Quindi «difficilmente un ricco entrerà nel regno dei cieli», perché «è più facile che un cammello passi per la cruna di un ago, che un ricco entri nel regno dei cieli»[380]. Allora, «se vuoi essere perfetto, và, vendi quello che possiedi, dallo ai poveri e avrai un tesoro nel cielo; poi vieni e seguimi»[381].

Avendo presenti queste parole di Gesù, sarà quindi più chiaro il riferimento a Cesare:

«"È lecito che noi paghiamo il tributo a Cesare?". Conoscendo la loro malizia, disse: "Mostratemi un denaro: di chi è l'immagine e l'iscrizione?". Risposero: "Di Cesare". Ed egli disse: "Rendete dunque a Cesare ciò che è di Cesare e a Dio ciò che è di Dio"»[382].

L'associazione del potere temporale con il denaro, mammona, quindi con la materia e gli interessi mondani è chiara. Ma così come si può rinunciare al denaro pur continuando ad averlo (in una condizione mentale per cui l'averlo o il non averlo è assolutamente la stessa cosa), così si può "rinunciare" al potere temporale pur esercitandolo. Sembra una contraddizione, ma in realtà si tratta della stessa concezione taoista del *wei wu wei*, ovvero l'«agire senza agire», che corrisponde d'altronde a quella del «motore immobile» di Aristotele. Anche su questo tema vi sarebbe molto da dire, perché oltretutto strettamente connesso agli esperimenti e alle *possibilità* di Gustavo Rol. Ci riserviamo di trattarlo adeguatamente in altro studio.

I due poteri di cui stiamo parlando, come dicevamo, nell'antichità non erano separati. Questa separazione è solo il risultato di una graduale "immersione" nella materia e frammentazione dell'unità originaria.

---

manifestazione visibile, "discesa" dal Cielo. Il che corrisponde a chi, avendo realizzato il *samādhi / coscienza sublime*, "torna" nel mondo trasformato e rigenerato, morto alla materia e all'ego e quindi risorto. Ma l'annientamento dell'ego da parte di chi è al vertice del mondo è evidentemente una condizione di rarità assoluta, anche se ciclicamente possibile.

[377] Mc 8, 36.
[378] Mt 13, 22.
[379] Lc 16, 13.
[380] Mt 19, 23-24.
[381] Mt 19, 21.
[382] Lc 20, 22-25.

Infatti «alle origini i due poteri non esistevano allo stato di funzioni separate, rispettivamente esercitate da differenti individualità; entrambi, al contrario, dovevano essere contenuti nel principio comune da cui essi procedono e del quale costituiscono soltanto due aspetti indivisibili, indissolubilmente legati nell'unità di una sintesi a un tempo superiore e anteriore alla loro distinzione.

È questo che la dottrina indù vuole esprimere quando insegna che in principio vi era una sola casta; il termine *Hamsa,* attribuito all'unica casta primitiva, designa un grado spirituale elevatissimo, oggi assolutamente eccezionale, e che allora era comune a tutti gli uomini, i quali lo possedevano si può dire spontaneamente: esso è al di sopra delle quattro caste costituitesi in seguito e fra cui si siano ripartite le differenti funzioni sociali»[383].

Le prime due caste, quella dei Brahmani (sacerdoti) e degli Ksatriya (guerrieri), sono quelle che rispettivamente hanno esercitato i poteri spirituali e temporali successivamente al frazionamento dell'unità primitiva. Tra esse vi è stata spesso rivalità e antagonismo, esattamente come in Europa tra Papato e Impero, o come presso i Celti:

«L'opposizione dei due poteri e la rivalità dei loro rispettivi rappresentanti era raffigurata presso i Celti come una lotta tra il cinghiale e l'orso». Tuttavia «i due simboli del cinghiale e dell'orso non compaiono sempre e necessariamente in lotta o in antagonismo; essi possono altresì significare talvolta i due poteri spirituale e temporale, ovvero le due caste dei Druidi e dei Cavalieri, nei loro rapporti normali e

---

[383] Guénon, R., *Autorità spirituale e potere temporale*, Luni Editrice, 1995, pp. 13-14 (1929). L'autore fa anche osservare (p. 42) che «l'organizzazione sociale del medioevo occidentale ricalcava esattamente le divisioni delle caste, corrispondendo il clero ai Brahmani, la nobiltà agli Ksatriya, il terzo stato ai Vaishya e i servi agli Sudra». Quanto ad *hamsa*, significa letteralmente «oca selvatica», meglio raffigurata simbolicamente dal Cigno, veicolo di *Brahma*, che cova il *Brahmanda* o l'"Uovo del Mondo", contenuto nelle Acque primordiali; *hamsa* è anche il «soffio» (*spiritus*), analogo al *Ruah* ebraico, i cui due fonemi HAM e SAH corrispondono rispettivamente all'inspirazione e all'espirazione, sono il *mantra* naturale di tutte le creature. che se recitato favorisce la concentrazione e l'armonizzazione tra mente, cuore e respiro. Come scrive Stefano Piano, «questo *mantra*, ripetuto più volte, si trasforma in *hamso...hamso...hamso...*e può anche essere letto *"so'ham"* uno dei *mahavakya* (grandi detti) delle *Upanisad* che significa "io sono Quello" ed esprime quindi l'identità con l'Assoluto» (*Enciclopedia dello yoga*, Promolibri Magnanelli, Torino, 1996, p. 127). Crediamo tra l'altro sia a questo che debba essere ricondotta l'affermazione di Di Simone a proposito delle «strane parole che Rol a volte (non sempre, per lo meno udibilmente) pronunciava, [e che] gli erano nate spontaneamente: *"hemma – hamma"*» (*Oltre l'umano*, p. 45), tanto più se si pensa a quella che è certamente una parentela se non proprio etimologica, quantomeno fonetica, con il vocabolo arabo *hamsa*, che significa «cinque». Su ciò, cfr. anche più avanti, p. 431. Altre considerazioni potrebbero poi farsi in relazione alla sillaba mistica *om*, e in generale alle sillabe che presentano come predominante un fonema associato alla lettera «M», il quale è d'altronde legato al muggito della *vacca*, termine questo che deriva dal sanscrito *vak* e traduce la «parola primordiale». Su *«hamsa»* si veda anche *Hamsa Upanishad* (in *Upanisad*, a cura di Carlo Della Casa, Utet, Torino, 1976, pp. 549-554).

armonici: il che si può osservare nella leggenda di Merlino e Artù, i quali sono inoltre, rispettivamente, il cinghiale e l'orso»[384].

«Non sarebbero difficili da trovare altri numerosi esempi, particolarmente in Oriente: in Cina, le lotte che in certe epoche scoppiarono tra i taoisti e i confuciani (...); nel Tibet, l'ostilità iniziale dei re nei confronti del lamaismo, il quale non solo finì col trionfare, ma assorbì totalmente il potere temporale nell'organizzazione "teocratica" che esiste ancora attualmente»[385].

Guénon fa poi altre interessanti considerazioni:

«Saggezza e forza sono gli attributi rispettivi dei Brahmani e degli Ksatriya, o, se si preferisce, dell'autorità spirituale e del potere temporale; e vale la pena di notare che presso gli antichi Egizi il simbolo della Sfinge, in uno dei suoi significati, riuniva i due attributi visti secondo i loro rapporti normali. Si può, infatti, considerare la testa umana come raffigurazione della saggezza, e il corpo di leone, della forza; la testa è l'autorità spirituale che dirige, il corpo è il potere temporale che agisce. È da sottolineare inoltre che la Sfinge è raffigurata sempre in riposo, poiché il potere temporale è inteso qui nel suo stato "non agente", all'interno del suo principio spirituale nel quale è contenuto "eminentemente", quindi soltanto come possibilità d'azione, o, meglio, nel principio divino che unifica spirituale e temporale in quanto esso è al di là dalla loro distinzione e costituisce la fonte comune dalla quale entrambi procedono, il primo direttamente, il secondo indirettamente e per il tramite del primo.

In un'altra tradizione ritroviamo un simbolo verbale che, per la sua costituzione geroglifica, è un esatto equivalente del precedente: si tratta del nome dei Druidi, il quale è letto *druvid,* dove il primo radicale ha per significato la forza, il secondo la saggezza; la riunione di questi due attributi in un solo nome, così come quella dei due elementi della Sfinge in un unico essere, oltre a indicare che la regalità è implicitamente contenuta nel sacerdozio, è senza dubbio un ricordo della lontana epoca in cui i due poteri erano ancora uniti, in uno stato di primordiale indistinzione, all'interno del loro principio comune e supremo. (...). Nel cristianesimo il riconoscimento del principio unico persiste tuttora, per lo meno in teoria, e si afferma nella considerazione delle due funzioni, sacerdotale e regale, come inscindibili l'una dall'altra nella persona stessa di Cristo»[386].

«Tra i numerosi simboli che sono stati attribuiti a Cristo, e dei quali molti si riallacciano alle più antiche tradizioni, diversi rappresentano soprattutto l'autorità spirituale nei suoi vari aspetti, ma anche ve ne sono che, nell'impiego abituale, fanno più o meno allusione al potere temporale; così, per fare un esempio, è frequente trovare nella mano del Cristo il «*Globo del Mondo*», insegna dell'Impero cioè della Regalità

---

[384] *ibidem*, p. 17 e nota.
[385] *ibidem*, p. 23 (nota).
[386] *ibidem*, pp. 43-44.

Universale. Sta di fatto che nella persona di Cristo le due funzioni sacerdotale e reale (...), sono veramente inseparabili l'una dall'altra: entrambe gli appartengono, eminentemente e per eccellenza, come al principio comune da cui l'una e l'altra procedono in tutte le loro manifestazioni.

Senza dubbio può sembrare che alla funzione sacerdotale di Cristo sia stata data in genere una maggiore evidenza, e ciò è comprensibile data la superiorità dello spirituale sul temporale e la necessità di rispettare tale rapporto gerarchico tra le funzioni ad essi rispettivamente corrispondenti. La regalità è veramente di «*diritto divino*» solo se riconosce la propria subordinazione nei confronti dell'autorità spirituale, perché questa sola può conferirle l'investitura e la consacrazione che le dà la piena e completa legittimità. Sotto un certo aspetto, tuttavia, le due funzioni sacerdotale e reale possono anche essere viste come in qualche modo complementari l'una dell'altra, e però, benché in verità la seconda abbia il proprio principio immediato nella prima, si trova in esse, considerate nella fattispecie come separate, una sorta di parallelismo. In altri termini, dal momento che abitualmente il sacerdote non è nel contempo re, occorre che il sacerdote ed il re traggano i loro poteri da una sorgente comune: la differenza gerarchica tra i due consiste nel fatto che il sacerdote riceve il suo potere direttamente da tale sorgente, mentre il re, a causa del carattere più esteriore e propriamente terrestre della sua funzione, non può riceverne il suo se non tramite il sacerdote. Questi, in effetti, svolge veramente la funzione di "mediatore" tra il Cielo e la Terra; e non è senza ragione che la pienezza del sacerdozio ha ricevuto il nome simbolico "pontificato", perché, come afferma San Bernardo, "*Il Pontefice, dall'etimologia stessa del suo nome, è una specie di ponte tra Dio e l'uomo*". Se quindi si vuole risalire all'origine prima dei poteri del sacerdote e del re, è soltanto nel mondo celeste che la si può trovare; tale sorgente primordiale, da cui deriva ogni autorità legittima, questo Principio nel quale risiedono ad un tempo il Sacerdozio e la Regalità supreme, non può essere che il Verbo Divino»[387].

Inoltre, «i re Magi, attraverso l'omaggio che essi rendono a Cristo attraverso i presenti che gli offrono, riconoscono espressamente in lui la sorgente di questa autorità ovunque essa si eserciti: il primo gli offre l'oro e lo saluta come re; il secondo gli offre l'incenso e lo saluta come sacerdote; il terzo infine gli offre la mirra o balsamo di incorruttibilità e lo saluta come profeta o maestro spirituale per eccellenza, il che corrisponde direttamente al principio comune dei due poteri sacerdotale e reale»[388].

«Nella tradizione cattolica, del resto, si rappresenta san Pietro che tiene in mano non soltanto la chiave d'oro del potere sacerdotale, bensì

---

[387] Guénon, R., *Considerazioni sull'esoterismo cristiano e San Bernardo*, Arktos, Carmagnola, 1989, pp. 137-138.
[388] *ibidem*, pp. 142-143. Nell'Antico testamento, anche Melchisedech è contemporaneamente sacerdote e re.

anche la chiave d'argento del potere regale; queste due chiavi erano, presso gli antichi Romani, uno degli attributi di Giano, e come tali erano le chiavi dei "grandi misteri" e dei "piccoli misteri", i quali (...) corrispondono altresì, rispettivamente, all'"Iniziazione sacerdotale" e all'"Iniziazione regale". A questo proposito, è opportuno osservare che mentre Giano raffigura l'origine comune dei due poteri, san Pietro è l'incarnazione del potere sacerdotale, al quale le due chiavi sono trasferite: è per mezzo suo infatti che viene trasmesso il potere regale, mentre il potere sacerdotale è ricevuto direttamente dalla fonte»[389].

«Da questo si può capire meglio come le due chiavi (considerate come quelle proprie della conoscenza nella sfera "metafisica" e nella sfera "fisica") appartengano effettivamente entrambe all'autorità sacerdotale, e come la seconda sia affidata ai detentori del potere regale solo per delegazione, se ci si può esprimere così»[390]; ecco quindi che la «dipendenza del potere temporale dall'autorità spirituale ha il suo segno tangibile nella consacrazione dei re; essi non sono veramente "legittimati" se non quando abbiano ricevuto dal sacerdozio l'investitura e la consacrazione, le quali implicano la trasmissione di un'"influenza spirituale" necessaria all'esercizio regolare delle loro funzioni»[391].

Tutto questo dovrebbe dare un'idea delle relazioni assai complesse che esistevano tra Papato e Impero, così come del continuo "tirarsi la giacca" tra Papi e Imperatori, dove i primi rivendicavano una autorità sui secondi, mentre questi, e in particolare Carlo Magno e Napoleone, cercavano di affrancarsi dal Papato cercando di riservare per sé anche l'autorità spirituale, così da poter incarnare la figura del Monarca Universale, o "Re del Mondo"[392], con tutte le valenze politiche e simboliche del caso. I loro tentativi rientrano in quella che può essere considerata al tempo stesso una nostalgia dell'unità primordiale e una volontà di restaurarla, e che avrebbe portato a un governo illuminato ispirato da valori spirituali e filosofici, pragmatico ed efficace nella sua azione civilizzatrice, riunendo sotto lo stesso tetto come "fratelli e

---

[389] Guénon, R., *Autorità spirituale...*, cit., p. 57.

[390] *ibidem*, p. 91. Il Papa e l'Imperatore rappresentano quindi le due metà del Cristo-Giano. Questa assimilazione simbolica «è il segno chiarissimo di una certa continuità tradizionale, troppo sovente ignorata, o negata per partito preso, tra l'antica Roma e la Roma cristiana; e non bisogna scordare che, nel medioevo, l'Imperatore era "Romano" come il Papato» (p. 82).

[391] *ibidem*, p. 56.

[392] Cfr. Guénon: «Il titolo di "Re del Mondo", inteso nella sua accezione più elevata, più completa e insieme più rigorosa, viene attribuito propriamente a "Manu", il Legislatore primordiale e universale il cui nome si ritrova, sotto forme diverse, presso numerosi popoli antichi; ricordiamo soltanto, a questo proposito, il "*Mina*" o "*Menes*" degli Egizi, il "Menw" dei Celti e il "Minosse" dei Greci. Tale nome, del resto, non indica un personaggio storico o più o meno leggendario. Esso designa, in realtà, un principio, l'Intelligenza cosmica che riflette la Luce spirituale pura e formula la Legge ("Dharma") propria delle condizioni del nostro mondo o del nostro ciclo di esistenza...» (*Il Re del Mondo*, Adelphi, Milano, 1977, p. 17).

sorelle" tutte le nazioni e tutti i popoli, diretti con l'esempio da una gerarchia politca saggia e disinteressata e con al vertice un "Buddha"[393], il quale, in quanto Figlio del Cielo, deve rispondere delle sue azioni al "Padre" (o meglio, Padre-Madre), la fonte da cui tutto ha origine e ragione d'essere. Si sarebbe trattato e si tratterebbe «della realizzazione effettiva del "Sacro Romano Impero"» e «l'umanità ritroverebbe allora il "Paradiso terrestre"»[394]; «la restaurazione dell'ordine dovrebbe soltanto operarsi su una scala molto più vasta mai finora conosciuta, ma sarebbe anche incomparabilmente più profonda e più integrale, dovendo comportare il ritorno a quello "stato primordiale" di cui parlano tutte le tradizioni»[395].

Alla luce di quanto abbiamo visto, l'affermazione della Dembech secondo la quale «Carlo Magno e Napoleone furono l'incarnazione, attraverso i secoli, dello stesso spirito» (p. 50), svincolata dalle banalità reincarnazioniste tipiche della *New Age* – tanto che noi, in contrapposizione e con un gioco di parole, preferiamo dirci "seguaci" della *G-old Age* – acquisisce un senso solo se a quello "spirito" gli si dà anche un nome, per esempio "Sacro Romano Impero", oppure nella visione di Rol "Stati Uniti del Mondo", a patto che il concetto di «*sacro*» vi sia implicito e sottinteso.

All'autrice che scrive che «anche alcuni dei suoi concetti sono rimasti da chiarire, come ad esempio il suo straordinario legame con Napoleone»[396], crediamo di aver fornito ora sufficienti elementi, nella speranza che le fisime reincarnazioniste non trovino più posto in relazione a Gustavo Rol.

---

[393] Usiamo questo termine affinché sia ben chiaro quale genere di Monarca abbiamo in mente, per evitare fraintendimenti (il Dalai Lama è forse oggi l'unico che si avvicina a questo modello, pur avendo perso il potere temporale dopo l'annessione del Tibet alla Cina). Va da sé che ai tempi di Carlo Magno e Napoleone ci si sarebbe serviti di altri termini, per quanto analoghi. Quanto al fatto che possa essere discutibile voler attribuire ai due imperatori una tale "qualifica", per le più varie ragioni in certi casi ovvie, diremo solo che ciò che interessa a noi qui sono l'ideale e i tentativi di realizzarlo.

[394] *ibidem*, p. 100.

[395] *ibidem*, p. 101. Su questo argomento, si cfr. ancora René Guénon, *Oriente e Occidente*, Luni Editrice, Milano, 1993.

[396] *G.A. Rol. Il grande precursore*, pp. 116-117.

> *Sono povera creta che il Tuo cuore ha esaltato.*
> Gustavo Rol[397]

> *Oh nobilissimo ed eccellentissimo cuore che ne la sposa de lo Imperadore del Cielo s'intende, e non solamente sposa, ma suora e figlia dilettissima!*
> Dante Alighieri[398]

> *Ho una sorella, e tu ben la conosci, Alda la bella dalle bianche braccia. Sposala. (...). Così andò sposa a Orlando Alda la Bella.*
> Victor Hugo[399]

Rol...ando e Alda

È venuto ora il momento di spingerci nel cuore degli *Scritti per Alda* e capire perché Rol avesse scelto proprio questo nome e non un altro. Secondo la Dembech, «Rol raccontò alla sua amata che Alda era il nome della donna che Carlo Magno amò segretamente per molto tempo» (p.48).

La signora torinese che impersona *Alda* ci ha confermato questa versione. Ci ha anche detto che il nome fu scelto un pomeriggio presenti sia lei che la sorella di Rol, Maria, e che dopo aver fatto una rosa di nomi, Rol a un certo punto ha proposto «Alda, l'amante di Carlo Magno», e Maria è stata d'accordo.

Le biografie di Carlo Magno non parlano di questa Alda, e a meno che si tratti di una figura marginale sfuggita agli stessi biografi, perlomeno quelli da noi consultati, non abbiamo di lei alcuna notizia. Forse che Rol era al corrente di dettagli privati che noi non conosciamo? D'altronde, se fosse stato la reincarnazione di Carlo Magno avrebbe ben dovuto conoscerli, no? Si dà però il caso, come già avevamo anticipato, che Alda nella *Chanson de Roland*, ovvero la più importante canzone di gesta (*chanson de geste*) dell'epica medievale francese, fosse la fidanzata e la promessa sposa del paladino Rolando. Costui rappresenta uno dei prototipi di tutta la letteratura cavalleresca medievale, e il racconto della *Chanson de Roland* (1110 circa) ha poi fornito lo spunto per molteplici storie alternative e complementari in tutta Europa, in Italia trovando la massima espressione prima nell'*Orlando Innamorato* (1494 ca) di Matteo Maria Boiardo, poi nell'*Orlando Furioso* (1516) di Ludovico Ariosto[400]. "Orlando" e "Rolando" sono lo stesso personaggio. Riassumere qui le vicende che lo vedono protagonista non è possibile, neanche per sommi

---

[397] *Scritti per Alda*, p. 83.
[398] *Convivio*, trattato terzo, XII, 14.
[399] Hugo, V., *Il matrimonio di Orlando*, in: *La leggenda dei secoli*, Varietas, 1934, p. 23.
[400] Cfr. Giacomo Casanova: «...decisi di consultare il divino poema dell'*Orlando Furioso*, di messer Ludovico Ariosto, che avevo letto cento volte e che anche là, in prigione, faceva la mia delizia» (*La mia fuga dai Piombi*, Curcio Editore, 1977, p. 105).

capi. Ci focalizzeremo brevemente solo sulla *Chanson de Roland* e nello specifico sul ruolo di Alda, per poi fornire qualche ulteriore riferimento letterario dove Alda abbia un ruolo preminente.

Intanto, come dicevamo, nulla si sa di una Alda storica; si sa invece che è esistito un Rolando attraverso il biografo di Carlo Magno, Eginardo, che intorno all'830 nel suo *Vita Karoli Magni Imperatoris* parla di un «Rolando prefetto della frontiera bretone»[401] che insieme al conte Anselmo, al siniscalco Einardo e a molti altri fu ucciso nella Battaglia di Roncisvalle, avvenuta il 15 agosto 778. Al rientro dalla spedizione in Spagna contro i Saraceni, dopo la conquista di alcune città spagnole tra cui Barcellona e Gerona e il fallito assedio di Saragozza, e dopo il saccheggio della città di Pamplona, l'esercito di Carlo Magno attraversò i Pirenei dalla gola di Roncisvalle. L'avanguardia, guidata dal re dei Franchi passò senza problemi, mentre la retroguardia che portava con sé le salmerie, guidata forse dallo stesso Rolando, fu attaccata nel punto più stretto della valle (dove oggi si trova la cappella dello Spirito Santo, che si ritiene sia stata fatta erigere da Carlo in ricordo di Rolando) dai montanari baschi, che saccheggiarono le salmerie e fecero strage dei cavalieri, senza che Carlo e la sua avanguardia si rendessero conto di quanto stesse accadendo.

Nella *Chanson* i baschi cristiani si trasformano in pagani, in una moltitudine di Saraceni[402] che trasformerà Roncisvalle nell'archetipo della crociata contro i musulmani e Rolando nel prototipo del cavaliere valoroso:

Meravigliosa e estesa è la battaglia.
Rolando il conte in nulla si risparmia (...)
impugna Durendal che spezza e taglia.
Dei Saraceni compie grande scempio[403].

Ma il destino è segnato: nonostante l'eroismo suo e dei Dodici Pari suoi compagni,

I più valenti perdono i Francesi;
non rivedranno i padri né i parenti,
né Carlomagno che li attende ai passi.
Vi è sulla Francia una bufera strana,
un temporale c'è di tuono e vento,

---

[401] Ovvero governatore della Marca di Bretagna: «In quo proelio Eggihardus regiae mensae praepositus, Anshelmus comes palatii et Hruodlandus Brittannici limitis praefectus cum aliis conpluribus interficiuntur» (cap. IX).

[402] Il compagno di Rolando «*Olivieri è salito su un'altura. Scorge il regno di Spagna e i Saraceni che in grande numero sono adunati. (...). Disse Olivieri: "I pagani ho veduto, quanti per terra nessuno mai vide"*» (vv. 1028 e sg. – *Chanson de Roland*, Mursia, 1984, p. 79).

[403] vv. 1320 e sg..Durendal è la spada di Rolando, come Excalibur *sarà* quella di re Artù.

di grandine e di pioggia a dismisura;
cadono i fulmini rapidi e fitti,
si sente il terremoto, è verità.(...).
A mezzo il giorno tenebra c'è grande;
non v'è luce se il cielo non si fende.
Non vede alcuno che non sia atterrito.
Dicono molti: «Questo è il compimento,
è la fine del mondo a noi venuta».
Ma non lo sanno e non dicono il vero:
è il lutto per la morte di Rolando[404].

Avuto notizia della battaglia, Carlo torna a Roncisvalle ma ormai:

Morto è Rolando, l'anima è nei cieli. (...).
Grida il re; dove siete, bel nipote?
Dov'è il vescovo e il conte Olivieri? (...).
Dove i dodici pari che ho lasciato?[405]

Per poi prender atto della tragedia:

Di dolce Francia m'hanno ucciso il fiore[406].

Ma poi «vede sull'erba verde suo nipote» e

Smonta e di corsa gli è andato vicino,
con entrambe le mani stringe il conte,
sviene su di lui, tant'angoscia lo prende.
L'imperatore tornò in sentimento. (...).
Dolcemente a rimpiangere lo prese:
«Rolando, amico, Dio t'abbia pietà!
Come te mai si vide cavaliere
ad ingaggiare e vincere battaglia. (...).
Che triste sorte tu trovasti in Spagna!
Non sarà giorno che per te non soffra. (...).
Non avrò più chi sostenga il mio onore.
Non ho più, credo, un solo amico al mondo;
se ho parenti, nessuno è tanto prode. (...).
Ah, Francia, come tu resti deserta!
Ho tanta pena, non vorrei più vivere!»[407]

---

[404] vv. 1420 e sg..
[405] v. 2397. Il Rolando della *chanson de geste* è figlio di Berta, sorella (ma non nella realtà) di Carlo Magno, quindi è suo nipote.
[406] v. 2431.
[407] vv. 2876-2929.

Segue quindi la vendetta di Carlo e nuove battaglie, fino alla presa di Saragozza. Tornato in Francia

Venne a Bordeaux, la città dei Guasconi
Sopra l'altare di San Severino
ripone l'olifante pieno d'oro. (...).
Fino a Blaia ha condotto suo nipote
Ed Olivieri, il nobile compagno,
ed il vescovo saggio e valoroso.
Depone in bianchi sepolcri i signori:
a San Romano giacciono i baroni.
A Dio li affidano i Franchi e ai suoi Nomi[408].

Rolando, Olivieri e il vescovo Turpino sono sepolti nella chiesa di San Romano a Blaia, ovvero Blaye-sur-Gironde, a pochi chilometri da Bordeaux[409].

Non stupisce quindi trovare al fondo di una delle lettere di Rol ad *Alda* questa frase:

«Ritornerò con miei amici a Bordeaux nei prossimi giorni. Ti scriverò ancora» (p. 152).

Dopo la sepoltura, Carlo torna ad Aquisgrana, e qui abbiamo quella che uno studioso definisce la «scena sublime», «uno dei più brevi, ma più attraenti episodi della *Chanson de Roland*»[410]:

L'imperatore è tornato di Spagna
ad Aquisgrana, la migliore sede;
sale al palazzo, è entrato nella sala.
Alda, una bella dama, è a lui venuta.
Disse: «Dov'è Rolando il capitano,
che mi giurò di prendermi per sposa?».
Carlo ne sente pena e ha gran tristezza,
piange e tormenta la sua barba bianca.
«Sorella, cara, d'un morto mi chiedi.
Un contraccambio ti darò migliore:
è Ludovico, meglio non so dirti,
è il figlio mio ed avrà le mie marche».
Alda risponde: «Che strane parole!
A Dio non piaccia, ai suoi santi e ai suoi angeli

---

[408] vv. 3684-3694.

[409] Un'altra tradizione dice invece che al posto di Turpino è sepolta Alda, e in un'altra che sono sepolti anche i Dodici Pari di Carlo. S. Romano si trovava sulla strada che portava al santuario di S. Jacopo di Compostella, e i pellegrini vi si fermavano perché, si diceva, vi era venerato un sarcofago che rammentava il martirio di un santo Roland caduto per aprirne la via attraverso le insidie dei Saraceni. Rolando nelle canzoni italiane è detto "conte di Brava", ovvero Blaia, Blaye.

[410] Monteverdi, A., *Alda la Bella*, in: Studi Medievali, Nuova Serie, Vol. I, 1928, pp. 362 e 379.

ch'io resti viva se è morto Rolando!».
Perde il colore, cade avanti a Carlo.
È già morta. Che Dio ne salvi l'anima!
I baroni francesi la compiangono.

Alda la bella è giunta alla sua fine.
Il re s'illude ch'ella sia svenuta;
piange l'imperatore e ne ha pietà;
la prende per le mani, l'ha rialzata:
sulla sua spalla la testa è recline.
Quando Carlo si avvede che ella è morta,
quattro contesse subito ha chiamato.
A un convento di monache è portata,
la vegliano la notte fino all'alba.
La seppellirono presso un altare.
Il re le ha tributato grande onore[411].

Ecco finalmente che incontriamo Alda, «la più bella figura di donna che ci offra l'epopea francese»[412], ma è un incontro rapido, fulmineo, lungo appena 29 versi, quasi a rappresentare il periodo della luna che compare e poi scompare. E nonostante questo, «fra le morti d'amore dell'antica poesia francese, quella di Alda è la sola davvero interessante e coerente: le altre sono imitazioni d'un modello...»[413].

La sua morte «come glorificaziome ultima dell'estinto eroe, chiude splendidamente gli onori resi a lui dall'Imperatore, dall'esercito, dalla Francia, ed è quindi strettamente connessa con la morte di Rolando. Nell'episodio di Alda troviamo anche, viva, spontanea, quella fede in Dio che sgorga dovunque nell'immortale epopea del popolo francese: essa non si uccide: Dio le fa il miracolo, Egli, da cui solo dipendono le sorti degli uomini, Egli, che a gloria dell'eroe avea permesso che il sole rimanesse fermo all'orizzonte, finchè la vendetta fosse compiuta»[414].

Secondo Angelo Monteverdi, il poeta ha saputo fare di Alda «quasi un parallelo di Rolando: due personaggi egualmente eroici, egualmente tragici. Anche l'amore diventa infatti eroismo nella *Chanson de Roland*; e conduce anch'esso alla morte, ben che sappia anch'esso trionfare della morte. Questo è il senso dell'episodio di Alda. Ma esso ha pure un altro

---

[411] vv. 3705-3733.

[412] De Feo, A.S., *La donna nelle "Chansons de Geste" ed Alda la Bella*, in: Rivista d'Italia, settembre 1907, Roma, p. 477.

[413] *ibidem*, p. 486.

[414] *ibidem*, pp. 481-482. Carlo per poter vendicare Rolando («Per tua grazia concedimi, se vuoi, ch'io vendichi Rolando, mio nipote» vv. 3108-3109) aveva chiesto a Dio «che il sole si arresti per lui e la notte ritardi, e il giorno duri» (vv. 2450-2451). Dio lo esaudisce: «Per Carlomagno Iddio compì un prodigio, perché il sole fermandosi è rimasto» (vv. 2458-2459). Cfr. *Giosuè* 10, 13: «Si fermò il sole e la luna rimase immobile finché il popolo non si vendicò dei nemici»; e *Siracide* 46, 4: «Al suo comando non si arrestò forse il sole e un giorno divenne lungo come due?».

scopo, che lo lega ancor più intimamente al resto del poema: mira e serve alla glorificazione dell'eroe principale. E non si può comprender pienamente quel che sia Rolando, (...) sino a che non si veda come, lui morto, la donna che l'amava non abbia più nessuna ragione di vivere...»[415].

Invece, «nei vari testi di quel rifacimento della *Chanson de Roland* che alcuni distinguono col nome di *Chanson de Roncevaux*, l'episodio di Alda si trasforma, si complica, assume una notevole ampiezza. (...). Non è ivi Alda che si presenta a Carlo Magno, è Carlo Magno che si preoccupa di lei; e non aspetta d'essere arrivato ad Aquisgrana, ma già da Sorda, appena discesi i Pirenei, manda a cercare l'infelice fanciulla. Ella era a Vienna presso lo zio Gerardo, e i messi dell'imperatore hanno l'ordine di accompagnarla a Blaia, ma di non dirle nulla della morte del fratello e del fidanzato, anzi di farle credere (che idea delicata!) ch'ella è attesa a Blaia per la celebrazione delle sue nozze con Rolando. Se non che nel viaggio Alda ha paurosi sogni e tristi presentimenti. Un indovino, consultato, non osa rivelargliene il senso, ma preferisce illuderla con pietose menzogne. A Blaia Carlo Magno, per prolungare, non si sa a quale scopo, l'inganno, ordina (altra idea delicata!) feste e danze. Ma Alda non si lascia più ingannare. Non vede presso Carlo Magno né Rolando né Oliviero, e le ostinate ed inutili bugie con cui l'imperatore risponde alle sue ansiose domande non valgono ad acquetarla. Ella finisce per apprendere la verità. Allora non brevi e degne parole, ma lunghi e vani lamenti le escono dalle labbra. Chiede ed ottiene di vegliar quella notte, in chiesa, senza alcuna compagnia, i corpi di Rolando e d'Oliviero. Là, a forza di pregare, ha una visione: assistito da un angelo, Oliviero si leva a parlarle, e le predice che non rimarrà più oltre sulla terra, che verrà con loro nel cielo. Scomparsa la visione, trascorsa la notte, Alda fa' rientrar nella chiesa re Carlo e i suoi baroni, s'accomiata da loro, poi si confessa e muore. L'imperatore la fa seppellire accanto a Rolando»[416].

L'autore non comprende per quale ragione Carlo Magno «ordina feste e danze», né perché voglia «farle credere ch'ella è attesa a Blaia per la celebrazione delle sue nozze con Rolando». Evidentemente non suppone che le nozze cui si fa riferimento non sono nozze terrene, ma nozze "celesti", il cui significato è eminentemente simbolico. L'altra commentatrice da noi citata, Anna Serafina De Feo, non sembra invece stupirsi più di tanto:

«La morte di Alda è narrata anche nei rifacimenti italiani della rotta di Roncisvalle in prosa ed in rima (...). Carlo torna in Francia, e Aldabella gli si fa incontro, e gli chiede notizia del fratello e dello sposo. Carlo piange: essi giacciono nella loro terra francese, lì presso, in San Dionigi. E Alda sviene dal dolore chiedendo a Dio la morte, e le appaiono i suoi cari, Orlando ed Ulivieri, i quali la consolano: la sua preghiera è stata

---

[415] Monteverdi, A., *cit.*, p. 367.
[416] *ibidem*, pp. 364-365.

esaudita; si faccia condurre da Carlo in San Dionigi ed ascolti devotamente una messa: Iddio la chiamerà a sé. E Alda si reca con l'Imperatore alla tomba recente, vestita a festa, lieta e confortata come se andasse a nozze: ascolta la messa, fa scoprire la tomba: i due cadaveri si scostano per lasciarle posto, ed essa muore in mezzo a loro, fra il rimpianto e la meraviglia dei presenti, stupiti del miracolo»[417].

La cosa è per noi sufficientemente interessante se si pensa a quanto scrive la Dembech:

«Ci fu fra i due, una sorta di "matrimonio celeste", certamente non registrato da nessun documento, ma che ebbe soprattutto per lui una decisa importanza. Lo ascoltiamo dalle parole di Alda:

"Un pomeriggio [Rol] mi chiese di farmi bella per un'occasione 'molto speciale'. Lo andai a prendere con la mia macchina, come sempre. Mi disse di dirigermi verso il pinerolese, voleva rivedere i luoghi in cui era cresciuto.

(…) ci fermammo in un piccolo paese, Cercenasco. Passeggiammo un po' nelle stradine deserte curiosando nei cortili alla ricerca di scorci insoliti o pittoreschi, cosa che a lui piaceva molto.

All'improvviso mi chiese se avessi voluto accettare di sposarlo, almeno sui piani spirituali…

Non esitai un momento, gli dissi di sì. Ne fu entusiasta, naturalmente lo ero anch'io, era tutto un gioco così bello…

Entrammo in un piccolo negozio di gioielleria, lui scelse per me i suoi 'doni di nozze'. Nulla di prezioso s'intende, quelli erano doni simbolici… (…). Entrammo in una chiesa nella piazza del paese, era deserta e in penombra. Davanti all'altare recitò la sua formula che ci avrebbe per sempre legati in spirito, poi ci scambiammo un bacio…

Sempre là davanti all'altare mi chiese: "Mi affideresti la tua anima?". Non ebbi un attimo di esitazione, risposi: "Certamente!"

Lui, commosso e stupito, mi disse: "Anni fa l'ho chiesta ad un'altra donna che ho amato, Natalia[418], ma lei ha subito rifiutato, quasi seccata da una richiesta di questo genere, tu invece non hai esitato…".

---

[417] De Feo, A.S., *cit.*, pp. 484-485.
[418] Natalie de Couriss Andronikof (1924-1983) conosciuta da Rol in Svizzera nel 1946 o 1947. All'epoca sposata con il diplomatico Constantin Andronikof, si innamorò subito di Rol il quale a quanto sembra acconsentì soltanto a un amore "platonico"… Questo almeno è ciò che ci ha raccontato la figlia di Natalie, Anne (Docente di Psicopatologia all'Università Paris X e presidente del International Rorschach Society). A quanto pare Rol visse con Natalie (da lui chiamata Natalia al modo russo) circa un anno e mezzo in Costa Azzurra, a Cannes, all'inizio degli anni '50. Questo fu possibile perché i rispettivi matrimoni erano in crisi. Rol tuttavia si prodigò in ogni modo per rinsaldare il matrimonio di Natalia, e infatti lei poi tornò da suo marito. In una lettera inedita a lei indirizzata, del 27 agosto 1961, Rol scrive: «…*je suis trés content de Constantine. Il a beaucoup de meríte, il t'aime, il t'estime il a besoin de toi. Votre mariage a été un bienfait de Dieu*». Constantin (1916-1997) era un principe russo nato a San Pietroburgo e trasferitosi alla fine degli anni '30 a Parigi. Tra le sue molte attività, fu docente di teologia liturgica al St. Sergius Orthodox Theological Institute, traduttore di numerosi testi

Risposi: "perché, pensi che dovrei?"
E così, lui mi disse che ormai il mio spirito era legato al suo e viceversa...» (pp. 55-57).

Stupisce che l'autrice, che vuol dar tanto mostra di competenze esoteriche, non spenda almeno due righe su quella che tutte le tradizioni metafisiche conoscono come *ierogamia*, ovvero *nozze sacre* (dal greco *ierós*, "sacro" e *gámos*, "nozze"), e che esprimono, su vari livelli, la sublimazione dell'atto sessuale attraverso l'unione mistica di una "coppia divina", ipostasi di una complementarietà cosmica femminile-maschile (*yin-yang* della tradizione estremo-orientale[419]), che torna a riunirsi nel suo principio non-duale, reintegrazione nell'assoluto che procede dal molteplice per tornare all'Uno. I rituali rappresentanti tale archetipo cosmico sono associati ai ritmi ciclici e rigeneratori della natura; nell'area mesopotamica ad esempio il rito ierogamico è inserito nel complesso cerimoniale dell'anno nuovo contestualmente a vari riti di distruzione del tempo vecchio e inaugurazione di quello nuovo, mentre in Egitto la commemorazione rituale dell'unione del dio con la dea precedeva quella della morte e della resurrezione. Di qui a capire il senso delle "nozze" di Alda, la sua morte così come quella di Rolando, il passo è breve. Così come a capire l'episodio di Rol. Non ci soffermeremo oltre su questo aspetto, ma non possiamo non rilevare con un certo stupore come anche il sociologo Massimo Introvigne, che dovrebbe avere una certa conoscenza quantomeno exoterica della materia religiosa, arrivi ad esprimere dubbi sulla "dottrina di Rol" francamente molto superficiali, dubbi che tra l'altro sono praticamente tutti stati generati proprio dal libro della Dembech, la quale, dopo essersi sbizzarita con le sue idee reincarnazioniste e con i riferimenti teosofistici, presenta l'episodio di cui sopra quasi stesse scrivendo un articolo di *gossip*, invece che inserirlo in un contesto appropriato con tutti i riferimenti metafisici necessari (se non ne era capace, avrebbe dovuto astenersi dal pubblicare il libro). Val la

---

fondamentali del pensiero religioso russo (soprattutto Bulgakov), scrittore (*Des mysteres sacramentels, Le sens de la liturgie: la relation entre Dieu et l'homme, Le cycle pascal, I giorni della preparazione e della passione*, etc.), ministro plenipotenziario (1974) e interprete ufficiale di vari capi di stato e ministri del governo francese tra il 1945 e il 1976. Fu interprete personale (dal russo e dall'inglese) del presidente Charles De Gaulle, che Rol conobbe per suo tramite. Nel 1997, poco prima di morire, fu nominato da Jacques Chirac commendatore della Legion D'onore. Sul ruolo e le relazioni degli Andronikof nella politica francese del dopoguerra, si veda *L'oreille du Logos. In memoriam Constantin Andronikof*, a cura di Marc Andronikof, L'Age d'Homme, Losanna, 1999; su Natalia, in particolare le pp. 83-84.

[419] Cfr. Granet, M., *Il pensiero cinese*, Adelphi, Milano, 1971, p. 104: «...il tema della ierogamia domina tutta la mitologia cinese. I ritualisti... hanno sempre sostenuto che l'armonia (*ho*) di tutte le cose *Yang* e *Yin* (il Sole e la Luna, il Cielo e la Terra, il Fuoco e l'Acqua) dipendeva dalla vita sessuale dei sovrani e da una regolamentazione dei costumi che escludeva gli eccessi di dissolutezza e, ancor più, di castità. La moltiplicazione delle specie animali e vegetali è dovuta, come la salute del Mondo, alla pratica di regolari ierogamie».

pena riportare parte di un articolo che Introvigne scrisse su *Avvenire* nel 2000, e che nel sottotitolo combinava molto eloquentemente il livello di disinformazione e superficialità che si può raggiungere quando ci si basi su fonti fuorvianti (come la Dembech) o non si possieda una sufficiente conoscenza simbolica:

«Si diceva cattolico, ma le sue dottrine sullo spiritismo non appartengono all'ortodossia – Aiutava e non chiedeva mai denaro, però sosteneva i "matrimoni celesti" e (talvolta) anche la reincarnazione».

Siamo nel puro campo della fantasia, e in questo nostro libro dimostriamo chiaramente come Rol fosse estraneo a spiritismo e reincarnazione, e come solo il pregiudizio o l'ignoranza di certi biografi abbia potuto fraintendere le parole di Rol su questi due concetti. Non da meno i "matrimoni celesti" definizione peraltro della Dembech e non di Rol, il quale non sosteneva proprio un bel niente, ma piuttosto *agiva simbolicamente*. Comunque vediamo cosa scrive Introvigne. Dopo aver citato a più riprese il libro della Dembech, sul quale l'articolo è di fatto basato, scrive:

«Spesso amava dire che il suo insegnamento sarebbe stato reso noto soltanto dopo la morte, ed è in effetti in questi anni che documenti inediti cominciano ad affiorare, anche se molto resta ancora da pubblicare. Rol si diceva "credente e praticante", e certamente tra i suoi ammiratori si annoverano molti cattolici (alcuni dei quali noti e illustri). Quello che si sa delle sue idee lascia però molte perplessità. Trascuriamo pure il suo atteggiamento nei confronti dell'amore e del matrimonio – che prevedeva "matrimoni celesti", ma non puramente platonici, in presenza di legami matrimoniali preesistenti e del tutto validi – che potrebbe attenere al semplice privato di Rol. Si potrebbe anche considerare non decisivo l'atteggiamento sulla reincarnazione, perché – scrive la Dembech – "a volte l'accettava completamente, lanciandosi a raccontare episodi che ci stupivano sull'uno o sull'altro personaggio storico, o addirittura sui presenti... A volte invece accampava forti riserve, modificando o contraddicendo quanto aveva affermato in precedenza. Altre ancora pareva respingerla apertamente". Ma è il messaggio centrale che sembra emergere da quanto si va pubblicando di Rol a essere estraneo alla visione del mondo cattolica. L'insegnamento di Rol è incentrato sulla nozione di "spirito intelligente" come realtà che è nel senso più vero "quello che siamo", e che rimane sulla terra anche dopo la morte.

Sarebbe sbagliato definire Rol semplicemente uno spiritista. La sua nozione di "spirito intelligente" si ritrova, al di fuori della tradizione propriamente spiritista, nell'ambiente teosofico e in vari filoni del New Thought anglo-americano. Si tratta però di un filone dove la visione del destino dell'anima è diversa e inconciliabile rispetto alla dottrina cattolica. Le dottrine cui fatalmente si accosta chi approfondisce la sua figura appartengono invece – al di là dei suoi personali desideri – a una tradizione esoterica certo meritevole di essere studiata, ma altrettanto certamente alternativa rispetto alla fede della Chiesa»[420].

Al di là del fatto che Introvigne si limiti a scrivere che l'atteggiamento di Rol «prevedeva "matrimoni celesti"» deformando quella che era una espressione della Dembech e assumendola in un modo del tutto profano, stupisce che egli abbia la pretesa di essere tra «chi approfondisce la sua figura», laddove di approfondimento non si vede nemmeno l'ombra. "Approfondire" significa andare in profondità, ma Introvigne, proprio come la Dembech, è rimasto in superficie, il che corrisponde infatti all'ambito exoterico. Dubitiamo che il sociologo abbia potuto capire qualcosa della «nozione di "spirito intelligente"» di Rol, tanto più che quando scriveva, nel 2000, le monografie fino allora uscite fornivano elementi parziali e talvolta contradditori (in particolare quelli della Dembech, di M.L. Giordano – entrambe credenti nella reincarnazione – e di Nicola Riccardi). Ma è pur vero che una ricerca davvero approfondita del "caso Rol" così come una adeguata conoscenza metafisica, anche nel 2000 avrebbe permesso di capire che quella di Rol era ortodossia cattolica (saremmo quasi tentati di dire: più papista del Papa) nel senso più profondo della definizione.

Intanto, a proposito dello *spirito intelligente*, nozione sulla quale in questo lavoro ci soffermiamo ampiamente, dire che appartenga a questa o a quella corrente o "filone" equivale a dire, per esempio, che la teoria della relatività è una corrente di pensiero del filosofo Albert Einstein che faceva parte della setta *Accademia Olimpia*, o che la gravitazione universale è una dottrina che si ritrova in ambienti britannici collegati alla *Royal Society*... Vogliamo semplicemente dire che Rol ha denominato *spirito intelligente* qualcosa che appartiene a tutte le tradizioni come un *fatto scientifico*, e non come mera opinione; non si può quindi pensare che il cattolicesimo, la cui prospettiva è per definizione "universale" (ciò che traduce il termine greco *catholicós*), non includa anche lo *spirito intelligente*, così come la fisica include la relatività e la gravitazione. Tanto più che questa espressione "di Rol" si ritrova, guarda caso, nei libri sapienziali dell'Antico Testamento, che pure sono accettati dalla tradizione cattolica:

> *Tutto ciò che è nascosto e ciò che è palese io lo so,*
> *poiché mi ha istruito la sapienza,*
> *artefice di tutte le cose.*
> *In essa c'è uno* spirito intelligente, *santo,*
> *unico, molteplice, sottile,*

---

[420] Introvigne, M., *Rol, continua il mistero del sensitivo «buono»*, Avvenire, 14/03/2000, p. 22. Questo articolo, ampliato e corredato di note, è stato poi riproposto da Introvigne sulla rivista di Azione Cattolica *Cristianità* (n. 299, 2000, pp. 9-12) dal titolo «*Gustavo Adolfo Rol e la Chiesa cattolica*». Inutile aggiungere che quanto vi si dice non corrisponde per niente ai rapporti personali e dottrinali che Rol aveva con la Chiesa cattolica.

mobile, penetrante, *senza macchia,*
terso, inoffensivo, amante del bene, acuto,
libero, benefico, amico dell'uomo,
stabile, sicuro, senz'affanni,
onnipotente, onniveggente
e che pervade tutti gli spiriti
intelligenti, *puri, sottilissimi.*
La sapienza è il più agile di tutti i moti;
per la sua purezza si diffonde e penetra in ogni cosa.
È un'emanazione della potenza di Dio,
un effluvio genuino della gloria dell'Onnipotente,
per questo nulla di contaminato in essa s'infiltra.
È un riflesso della luce perenne,
uno specchio senza macchia dell'attività di Dio
e un'immagine della sua bontà.

Per noi, che ci serviamo tanto del *metodo tradizionale* come di quello *scientifico* (che in una prospettiva di *Scienza Sacra* si completano a vicenda) questo passo della *Sapienza* (7, 21-26) ha una valenza *rigorosamente ortodossa*. Probabilmente Introvigne non lo conosceva... Così come doveva ignorare anche i due seguenti:

«Se questa è la volontà del Signore grande, egli sarà ricolmato di *spirito di intelligenza*» (Siracide 39, 6).

«Su di lui si poserà lo spirito del Signore, *spirito di sapienza e di intelligenza*, spirito di consiglio e di fortezza, spirito di conoscenza e di timore del Signore» (Isaia 11, 2).

Quanto ai "matrimoni celesti", la più nota *ierogamia* occidentale è il *Cantico dei Cantici*[421], anch'esso incluso nei libri sapienziali dell'Antico Testamento e anch'esso accettato – e non potrebbe essere altrimenti – dalla dottrina cattolica.

In esso vi si trovano elementi sia dell'episodio di Rol[422] che di quello che ha come protagonista *Alda* nella *Chanson de Roland*[423]. Ad esempio la *sposa* al capitolo 5 v. 6 dice del suo promesso sposo:

---

[421] Si tratta di una breve composizione poetica strutturata in forma di dialogo fra una sposa e uno sposo (Salomone) e un coro di fondo. Si può dire comunque che *tutta* la Bibbia sia una metafora ierogamica, per non dire un meraviglioso trattato *yoga*, non esclusa l'*Apocalisse di Giovanni* che viene costantemente interpretata per quello che non è.

[422] Ad esempio, il contesto campestre antecedente le "nozze": «Mi disse di dirigermi verso il pinerolese, voleva rivedere i luoghi in cui era cresciuto. (...) ci fermammo in un piccolo paese, Cercenasco. Passeggiammo un po' nelle stradine deserte curiosando nei cortili alla ricerca di scorci insoliti o pittoreschi»; «*Vieni, mio diletto, andiamo nei campi, passiamo la notte nei villaggi. Di buon mattino andremo alle vigne; vedremo se mette gemme la vite, se sbocciano i fiori, se fioriscono i melograni: là ti darò le mie carezze!*» (7, 12-13).

*...il mio diletto già se n'era andato, era scomparso.
Io venni meno, per la sua scomparsa.
L'ho cercato, ma non l'ho trovato,
l'ho chiamato, ma non m'ha risposto.*

Il che è del tutto analogo a:

*Disse: «Dov'è Rolando il capitano,
che mi giurò di prendermi per sposa?». (...).
Perde il colore, cade avanti a Carlo.
È già morta.*

È inoltre interessante che lo *sposo* chiami la *sposa* «sorella», usando per quattro volte l'appellativo «*sorella mia, sposa*», così come Carlo chiama Alda «*Sorella, cara*». E qui si entra in un altro ambito simbolico, peraltro strettamente correlato, ovvero quello dell'*androginia* della *coppia divina*, sposi e fratelli al tempo stesso, simbolismo che si ritrova, ancora una volta, in tutte le tradizioni e che nella Bibbia ha la sua massima espressione nel racconto di Adamo ed Eva e nel versetto: «Dio creò l'uomo a sua immagine; a immagine di Dio lo creò; maschio e femmina li creò» (Genesi 1, 27).

Ed è a questo punto che si inserisce quello che sembrava un errore di Rol o un ricordo non preciso della sua amica torinese:

«Rol raccontò alla sua amata che Alda era il nome della donna che Carlo Magno amò segretamente per molto tempo».

Per poter capire questa affermazione, che non trova riscontro né nella realtà né nella *chanson de geste*, è necessario metterla in relazione con quell'altra per la quale Elna Resch-Knudsen era «discendente da Pipino il Breve». Abbiamo visto quelle che sono le presumibili ragioni storiche, ma ve ne sono anche di simboliche. Andrea da Barberino, scrittore italiano vissuto a cavallo tra '300 e '400, aveva ridotto in prosa le canzoni del ciclo carolingio facendone dei romanzi cavallereschi. In uno di questi, *I Reali di Francia*, troviamo leggende e genealogie più o meno fantasiose mescolate a nomi e fatti reali. Per esempio, l'imperatore romano Costantino, vissuto nel IV secolo (274-337 d.C.), diventava il padre di Pipino il Breve, ad indicare che i Franchi erano i continuatori dei romani. Questo Pipino a un certo punto aveva deciso di cercare moglie, trovandola nella figlia di re Filippo d'Ungheria, Berta[424]. E in effetti, anche nella realtà, Berta era il nome della moglie di Pipino. Senonchè, dopo varie peripezie, questa Berta prima di sposarsi con Pipino viene

---

[423] Ma le trasposizioni sono innumerevoli; qui possiamo ricordare ad esempio il racconto di *Tristano e Isotta* (raccontato da autori come Thomas, Goffredo di Strasburgo, etc.).

[424] Di lei la De Feo scrive che «è il vero tipo della sposa cristiana, quasi santificata dalla leggenda, dolce, rassegnata, fidente in Dio» (*cit.*, p. 477).

sostituita dalla sua cameriera Falisetta che le assomiglia *come se fosse sua gemella*, tanto che il re franco finirà per sposare lei. Successivamente, la vera Berta svela a Pipino lo scambio di persona e consuma finalmente il matrimonio rimanendo in cinta di Carlo Magno. Intanto Falisetta viene condannata per il suo intrigo e *arsa*. Quando Carlo ha già 12 anni, Berta partorisce una femmina, ma i figli di Falisetta volendosi vendicare della morte della madre avvelenano Berta. Dopo questo fatto, Pipino decide di dare alla figlia lo stesso nome della madre, chiamandola Berta "seconda"; «e questa fu poi madre d'Orlando»[425]. I figli di Falisetta riuscirono in seguito ad uccidere anche Pipino, mentre Carlo riuscì a fuggire, scambiando le sue vesti con quelle di un pastore e rifugiandosi in una abbazia, dove rimase 4 anni[426]. Tempo dopo, quando Berta "seconda" aveva 17 anni, forse nello stesso anno di incoronazione di Carlo, andò a vivere a palazzo reale. E qui la branca germanica (*Ruolandes Liet, Karl der Grosse*) e scandinava (*Karlamagnussaga*) della leggenda carolingia sviluppa il tema incestuoso di Carlo con la sorella, facendo di Rolando il figlio di Carlo, cosa che emerge anche nel finale dei *Reali di Francia*, dove Rolando/Orlando – nato ufficialmente dalla relazione tra Berta e il conte Milone D'Angrante – viene adottato da Carlo, il quale dichiara:

«Questo infante non sarà figliuol di Milon, ma sarà mio; e così voglio ch'egli sia mio figliuolo»[427].

Dopodichè il libro si chiude:

«Carlo lo amava tanto, che lo teneva per suo figliuolo adottivo, e sempre Carlo lo chiamava figliuolo il più delle volte; e però si disse volgarmente che Orlandino era figliuolo di Carlo; ma egli era figliuolo di buono amore, ma non di peccato originale[428]. E amavalo il re per la sua virtù, e perché egli lo vedeva valoroso d'animo e di persona. Aveva Carlo molti nimici, ed era molto odiato, in tanto che sempre erano alla sua guardia cinquecento uomini armati. Orlandino per la sua virtù pacificò la maggiore parte o quasi tutti quelli che odiavano Carlo, ed era molto temuto Carlo per la virtù d'Orlandino. E fu Orlando il più temuto uomo del mondo al suo tempo, e fu fatto dal pastore della Chesa gonfaloniere di

---

[425] Barberino, A., *I Reali di Francia*, Istituto Poligrafico dello Stato, Roma, p. 199 (Libro VI, Cap. XVI).

[426] Cfr. *ibidem*, Libro VI, cap. XVII, pp. 200-201: «Carlotto capitò una sera a la badia di Santo Omero. L'abate era grande amico di Pipino, e stato suo servidore. Carlotto entrato ne' chiostri della badia, alcuno de' monaci non lo conoscendo, lo domandarono se egli voleva stare con altrui. Rispuose di sì, ed eglino lo menarono all'abate, e con lui s'acconciò; e misegli una vesta monacile; ed egli serviva tanto bene l'abate (...). E stette Carlotto a questa badia quattro anni, servo di questo abate». Abbiamo qui un secondo possibile riferimento simbolico, dopo quello di Fulrado, da tenere presente in merito all'abbazia e all'abate da cui Rol sarebbe stato "iniziato" («c'è chi racconta che [Rol]... sia stato iniziato ai misteri dell'occulto da un vecchio abate»). Si veda p. 309 e più avanti, p. 372 e sgg.

[427] Barberino, A., *cit.*, p. 242.

[428] In quanto figlio di "nozze mistiche", quindi simboliche. Cfr. anche i vv. di Rol: «Impudico è l'Amore / Quando soddisfa la carne» (*Scritti per Alda*, p. 125).

santa Chiesa e capitano de' cristiani e senatore di Roma: e Carlo lo chiamava el falcone de' cristiani»[429].

L'autore cerca di smentire le voci dell'incesto, ma è una smentita solo di facciata, perché lui stesso, per tutto il romanzo, ha giocato su equivoci onomastici. Le ultime tre parole, «falcone dei cristiani», sono la prova che non ci stiamo sbagliando, visto che esiste un "falcone degli egizi", Horus, che è figlio di Osiride *fratello e sposo* di Iside. Inoltre Horus, al quale il faraone viene assimilato quando sale al trono, prende il posto di Osiride, perché è Osiride risorto, e si trova quindi nel ruolo apparentemente assurdo di figlio, fratello e sposo di Iside. Va da sé che tutto questo ha valenze simboliche ben profonde e non si tratta di "fantasia degli antichi" né ha a che vedere con le interpretazioni psicoanalitiche moderne. Ora, anche Carlo Magno, come Osiride-Horus, è figlio, fratello e sposo di Berta, ed essendo Rolando a sua volta figlio di Carlo e Berta viene di fatto associato al padre e si identifica con lui. Tutto questo per dire che Alda, in quanto «sorella» di Carlo Magno e fidanzata di Rolando, può essere senz'altro considerata come l'amante segreta, ovvero non manifesta, di Carlo. Speriamo di avere chiarito il "mistero", anche se l'argomento, per essere davvero intelligibile, andrebbe trattato in maniera più estesa. Aggiungiamo solo che sia Horus che Rolando sono guerci, e che questo potrebbe dirci ancora qualcosa sulla visione di Rol raccontata a Vittorio Beonio-Brocchieri[430].

Vi sono però altri elementi che meritano qui di essere segnalati. Per esempio il rapporto incestuoso di Carlo con la sorella viene anche velatamente supposto nei *Reali di Francia* quando si dice che Carlo, l'anno dopo la sua incoronazione, «tenevala [Berta] più a stretto che non soleva... pensavasi che egli la volesse maritare»[431]. E siccome Berta aveva 17 anni quando Carlo fu incoronato, vuol dire che l'ipotetica relazione era in atto quando lei aveva 18 anni. Acquisirebbe quindi significato ciò che Rol in una delle lettere ad Alda scrive: «Sei appena

---

[429] *ibidem*, p. 243.

[430] La cosa acquista un significato ancor più marcato quando si scopre che anche il pittore F.A. Ravier negli ultimi anni della sua vita divenne guercio, per aver subito l'enucleazione dell'occhio sinistro (il 24 aprile 1884) al seguito di una operazione, avvenuta due mesi prima, di un glaucoma emorragico. Nelle settimane precedenti Ravier scriveva: «Ho decisamente perso un occhio e tutte le mie cure si concentrano a conservare l'altro»; «Vedo un po' meno bene, ma chiaro – il sentimento non ha perduto nulla» (tratto da lettere del 3 marzo e del 18 aprile, *apud* AA.VV., *François-Auguste Ravier*, cit., p. 32). Il 6 maggio scriverà: «Ho sempre paura e spero di conservare la mia vista almeno per la contemplazione delle opere di Dio, se devo più o meno rinunciare alla loro traduzione» (p. 33). La vista tuttavia si indebolirà fin quasi alla cecità nei mesi e anni seguenti: «Non posso né leggere né disegnare, mi sembra che la cataratta aumenti, seppur debolmente» (13 febbraio 1890); «...le beccacce si sono ben vendicate inchiodandomi per il resto dei miei giorni su una carrozzella per cui io non posso uscire (...), non posso, ahimè, fare dei paesaggi, eccetto quando dormo e in sogno (...), per me, io sono morto prima del tempo» (5 novembre 1894, pp. 35-36 – traduzioni nostre).

[431] *ibidem*, p. 228. Maritarla *a se stesso*?

uscita dalla minore età ed io già corrompo il tuo cuore» (p. 67)[432]. La signora torinese a cui era rivolta la lettera aveva invece 42 anni, come ci ha confermato lei stessa fornendo al contempo la spiegazione di un'altra frase fittizia, che si trova in un'altra lettera (p. 65):

«Ho scritto questa lettera ad A. dopo la visita fatta a Madame Sainton[433] (42 anni) sposata con un giovane di ventisei!».

La signora ci ha detto: «Io avevo 42 anni e 26 anni erano quelli che ci separavano». Pertanto questo essere «uscita dalla minore età» può avere solo una valenza simbolica, anche se possono esservi altre due possibili alternative o sovrapposizioni. La prima si riferisce alla possibilità che le poesie ad Alda siano state "riciclate" sulla base di poesie scritte quando Rol era ragazzo, e adattate, negli anni '70, cioè all'epoca dell'amicizia con la *Alda* torinese, alle contingenze specifiche della loro relazione. Questa ipotesi sarebbe suffragata da due elementi: il primo, apparentemente schiacciante, si trova su una busta (ora parte del nostro archivio e non presente nel libro della Dembech)[434] che doveva contenere almeno una delle lettere ad Alda, ed è un indirizzo con nominativo, come se la busta avesse dovuto essere spedita:

Mademoiselle
   Alda Le Vavasseur
     Rue Leonce Reynaud, 4
        Paris

Questo indirizzo è però scarabocchiato sopra come se si volesse cancellarlo completamente, ma le scritte sottostanti sono leggibili. Esiste effettivamente una via con quel nome e si trova nell'ottavo arrondissement. Per curiosità, un giorno che eravamo a Parigi ci siamo andati, ma nessuno con quel cognome figurava sul citofono. Questo ovviamente non significa che in passato una Alda Le Vavasseur non abbia potuto vivere lì, anche perché si tratta di un cognome reale che per di più ha un ulteriore collegamento con un'altra lettera di Rol, del 1° gennaio 1927, pubblicata sul libro curato da Catterina Ferrari *"Io sono la grondaia..."*:

«Dopo un soggiorno di parecchi mesi nel mezzogiorno della Francia, eccomi ad incominciare un altr'anno di esilio a Parigi. Ho lasciato il 104 bis di Boulevard Voltaire e la famiglia Provansal, residente ad Avesnes e son disceso in rue Leonce Rejnaud, chez la Baronne de Vavasseur»[435].

---

[432] Tuttavia occorre sin da subito segnalare che, almeno in Italia, la maggiore età fino al 1975 era fissata a 21 anni, e non a 18. Ma vedremo anche che 21 e 18 sono in un certo senso interscambiabili, e non deve essere un caso che oggi quasi tutti i paesi del mondo abbiano adottato i 18 anni come limite per la maggior età.

[433] La Dembech ha trascritto "Laitou", ma secondo noi è giusto "Sainton", sia per l'analisi grafica che per il fatto che è un cognome vero, mentre il primo non lo è.

[434] Cfr. tav. XI.

[435] Rol, G.A., *"Io sono la grondaia..."*, cit., p. 35. «Rejnaud» dovrebbe esssere Reynaud.

Chi è questa baronessa? È davvero Alda? Che Parigi abbia a che vedere con la storia di Alda è evidente dalla carta intestata sulla quale Rol scrive le sue poesie, ovvero quella de *Le Grand Hotel* di Place de l'Opera (12, Boulevard des Capucines). *Alda* ci ha detto tuttavia che Rol, dopo che era stato in un albergo, era solito prendere qualche foglio della carta intestata (come si trova generalmente nelle camere) per scrivervi qualche appunto all'occorrenza. Il fatto quindi che le poesie ad *Alda* siano scritte sulla carta intestata del *Grand Hotel*, non significa che Rol le abbia scritte da Parigi. Né lo prova la dicitura della busta in cui le lettere erano contenute (non la nostra, ma quella che la Dembech non ha restituito, da lei pubblicata a p. 31), ovvero «*Fascicolo del 1953 Parigi* – Mie liriche scritte nell'intenzione di pubblicarle...». A mescolare, si può proprio dirlo, le carte ci pensa la scritta *Marsiglia, 1927* in un'altra poesia ad *Alda* (pp. 64-65) su carta normale, sulla quale la Dembech commenta: «L'annotazione "Marsiglia 1927" aggiunta a matita sul bordo sinistro, non è da tenere in considerazione per costruire una cronologia». L'autrice ha certamente ragione in riferimento alla *Alda* di Torino, ma Rol non scrive mai nulla per caso. Nelle sue finzioni letterarie, Marsiglia e Parigi si mescolano di continuo. Nel brano riprodotto più sopra, il 1° gennaio 1927 Rol era a Parigi. A Marsiglia aveva vissuto dal gennaio 1925 fino al giugno 1926, e poi si era trasferito nella capitale. Immaginiamo però per un momento che la data del 1927 sia quella in cui Rol scrive le poesie. Nella stessa poesia Rol scrive:

Mia adorata Alda,
ho gettato giù ancora qualche riga per i tuoi vent'anni...

Da questo dovremmo dedurne che *Alda* sia nata nel 1907[436]. In questa poesia infatti la data "1953" non compare ma è appunto sostituita dal 1927. In altre due poesie Rol scrive a mo' di dedica: «*Per Alda, per i suoi 21 anni!*» (p. 89), e «*ad Alda per il suo 21° anno*» (p. 122), ma non vi compare né la data né il luogo. Gli "anni" di *Alda* sono quindi presumibilmente tre: 18, 20 e 21. E se sul primo abbiamo già ipotizzato un collegamento con la Berta di Carlo Magno, gli altri due hanno nondimeno corrispondenze interessanti nel panorama simbolico e storico di Rol. Ci arriveremo tra breve. Tranne quel riferimento a Marsiglia, è comunque Parigi la città che Rol vuole mettere in evidenza in queste poesie. Le ragioni sono molteplici: qui ci limiteremo a dire che, a parte il fatto che Rol aveva una predilezione per la città francese, che ci era vissuto e che ci andava regolarmente, esiste una romanza medievale spagnola che così inizia: *En París está doña Alda / La esposa de don Roldán*. Ne diamo qui di seguito la versione italiana:

---

[436] È curioso che nel 1907 sia uscito il breve studio di Anna Serafina De Feo su *Alda* e le donne nella *chanson de geste*, così come del 1928, quando *Alda* compie 21 anni, sia quello di Angelo Monteverdi. Non siamo a conoscenza di altri studi specifici come questi, si tratta quindi di una curiosa "coincidenza".

*A Parigi è donna Alda,
la sposa del buon Rolando;
trecento dame ha con sé
che compagnia le fanno.
Tutte vestono un vestito,
tutte calzano un calzare,
tutte mangiano a una mensa,
tutte mangian di un sol pane
all'infuori di donna Alda
che è tra loro la maggiore.
Cento filavano oro,
cento tessono zendale,
cento suonano strumenti
per donna Alda allietare.
Al suono degli strumenti
donna Alda si è addormentata;
aveva sognato un sogno,
un sogno di gran penare.
Si destò tutta impaurita,
con una paura grande;
gettava sí alte grida
che si udivano in città.
Parlaron le sue donzelle,
udrete quel che diranno:
«Che vi accade, mia signora?
Chi mai vi ha fatto del male?».
«Un sogno sognai, donzelle,
che mi ha dato un gran dolore:
io mi vedevo su un monte
in un luogo solitario;
di sotto ai boschi più alti
vidi un astore volare,
e a lui dietro un'aquila viene
che lo sta per afferrare.
L'astore con grande affanno
volò sotto alla mia veste;
l'aquila con gran furia
di li lo venne a strappare:
e con gli artigli lo spiuma,
con il becco ne fa strage».
Parlò la sua cameriera,
udrete quel che dirà:
«Codesto sogno, signora,
io ve lo voglio spiegare:
quell'astore è il vostro sposo
che viene di là dal mare,*

quell' aquila siete voi[437]
che lo dovete sposare
e la montagna è la chiesa
dove vi dovran vegliare».
«Se è cosi, mia cameriera,
ti saprò ricompensare».
L'indomani, di mattina,
lettere sono arrivate
scritte dentro con l'inchiostro,
di fuori scritte col sangue:
il suo Rolando era morto
nella caccia di Roncisvalle[438].

Arrivati a questo punto, si sarà capito come Rol e Rolando siano la stessa persona... Chissà, magari fra duemila anni si dirà che Rol non è mai esistito e che era un personaggio epico o mitologico... Ed è straordinario come a volte il caso, ammesso che esista, possa associare certi nomi a certe persone. L'identificazione di Rol con Rolando è perfetta sotto tutti i punti di vista, e questa identificazione permette tra l'altro di capire in quale ruolo simbolico Rol si ponesse nei confronti di Napoleone/Carlo Magno, ovvero quello di suo fedelissimo ma contemporaneamente di sua impersonificazione: Rol era sia Rolando che Carlo Magno. Tornando alla baronessa parigina, difficile dire se davvero sia esistita una Alda Le Vavasseur a Parigi (ma non dubitiamo che gli storici andranno a spulciare gli archivi catastali e gli alberi genealogici). Per curiosità abbiamo provato a contattare i *Le Vavasseur* che si trovano sulla guida di Parigi per sapere se per caso Alda non fosse una loro parente, ma non abbiamo avuto riscontri. Comunque aggiungiamo che Milone d'Angrante, quello che *I Reali di Francia* fanno passare come il padre "biologico" di Rolando e sposo ufficiale di Berta, è detto «il più pellegrino barone»[439], ovvero il barone più bello e gentile, per cui a buon titolo Berta, che, lo ricordiamo, ha la stessa funzione di *Alda*, poteva dirsi "baronessa". In che modo dobbiamo quindi considerare questa «baronne de Vavasseur»? È forse una giovane ragazza francese, di nome *Alda*, che Rol ha amato durante il suo soggiorno parigino? Oppure è una parente di *Alda*, magari sua madre, presso la quale ha soggiornato per un certo periodo di tempo? Oppure Rol conosceva semplicemente questa baronessa, e si è servito, successivamente, del suo nome, per sovrapporgli la storia di Alda e dare una parvenza di verità alla sua esistenza, per confondere ancor meglio le acque? E se invece questa baronessa non fosse mai esistita, e anche la lettera pubblicata su *"Io sono la*

---

[437] In tedesco aquila si dice *adler*, che qui può benissimo essere inteso come metatesi di *alda*.

[438] *Romancero. Canti epico-lirici del Medioevo spagnolo*, a cura di Cesare Acutis, Einaudi, Torino, 1983, pp. 303-304.

[439] Barberino, A., *cit.*, p. 228

grondaia..." fosse finzione (o tutt'al più, un misto di finzione e realtà)? E in tal caso, forse che anche altre lettere pubblicate su questo libro (o in altri libri) possono essere giudicate in questa prospettiva? La cosa, lungi dal dispiacerci, è senz'altro stimolante e affascinante. Come che stian le cose, non sarà inutile qui riprodurre un brano proprio da una di queste lettere, la cui datazione abbiamo stabilito essere il 16 luglio 1927[440], a Parigi:

> .... *"Diceva il Re: 'Marchese, chi è, chi è, su, dite ...*
> *chi è, chi è, quella bellissima dama?". Diceva*
> *il Re: "Marchese, questa sera il mio letto*
> *sarà tutto di rose ed i boccali ricolmi di*
> *vino profumato ... ". Diceva il Re: "Marchese,*
> *questa sera, quando l'ultima campana*
> *avrà suonato, il ponte s'abbasserà dolcemente,*
> *e voi mi condurrete per mano, passando sotto*
> *la porticina bassa della Torre, quella bellissima*
> *dama ... ". Ed il Marchese rispose: "Oh, Sire, io vi*
> *condurrò per mano la bellissima dama;*
> *oh Sire, la condurrò piangendo, chi è, chi è?*
> *Essa è bella, fresca come un fiore nel mattino,*
> *dolce come l'anima di un giglio: essa è la*
> *mia sposa!". Je ne veux pas pleurer, pleurer*
> *pour toi – mais je veux bien souffrir, souffrir*
> *pour toi, mon Roi! – Elle était blonde, et*
> *ses cheveux comme l'or ..... "*[441].

Chi saranno mai i protagonisti di questa storiella? Evidentemente i nostri soliti amici: Re Carlo, Rolando[442] e Alda. Nel finale viene detto che la *dama* è bionda con i capelli come l'oro. Ed è in effetti ciò che Rol dice anche di Alda: «...*la tua bionda età*» (p. 60) e «*"Tesoro, mio biondo tesoro"*» (p. 90), nonostante la signora torinese non sia bionda, e la cosa non è indifferente. Non si tratta infatti di un modo per non permettere di identificare *Alda*, quanto perché *colei che Alda rappresenta* è

---

[440] Per un errore dell'editore si trova infatti la data del 16 febbraio 1926. Questo brano, grazie a Catterina Ferrari che ci ha permesso di visionare il manoscritto, è stato riprodotto nella sua metrica originale. Si tratta di un racconto inserito nel bel mezzo di una lettera, a mo' di citazione, ma senza alcun legame apparente con quanto precede e con quanto segue.

[441] Rol, G.A., *"Io sono la grondaia..."*, p. 69. Trad. ultimi 4 versi: «Non voglio piangere, piangere / per te – ma voglio ben soffrire, soffrire / per te, mio Re! – Lei era bionda, e i suoi capelli come l'oro......».

[442] Rolando è "Marchese" (*Rollant li marchis*, v. 630 della *Chanson*) in quanto prefetto della *Marca* di Bretagna. E, si ricorderà, è anche "Conte", termine che deriva dal latino *comes*, compagno, che associato all'aggettivo *palatinus* durante il regno e poi l'impero di Carlo Magno indicherà i 12 *comites palatini*, i "compagni del palazzo imperiale", e che la *chanson de geste* ha tramandato con il nome di *paladini*.

simbolicamente bionda[443]. Lo stesso nome *Alda* deriverebbe dal latino *albida*[444], "bianca", "chiara". e sarebbe collegato agli aggettivi francesi antichi *alborne, alberne, auborne* applicati ai capelli del colore dell'*alba*, ovvero ai capelli biondi. Potrebbe inoltre esserci un riferimento implicito a un doppio senso fonetico nelle parole che Rol aveva scritto sulla busta dove erano contenute le poesie, ovvero:

«Mie liriche scritte nell'intenzione di pubblicarle in un volume unitamente al mio studio sull'influenza della musica sul cuore e sui sensi».

La Dembech aveva commentato: «Il saggio sulla musica, purtroppo, non fu mai scritto...» (p. 31). E se invece fosse solo un espediente per rimandare alla versione francese del nome *Alda*, ovvero *Aude*, foneticamente assimilabile al latino *audio*? Al di là dell'effettiva importanza che riveste la musica in Rol e nella tradizione metafisica, ci pare una ipotesi non trascurabile. Così come potrebbe non essere casuale il cognome "Vavasseur", che significa "valvassore", dal latino medievale *vassum vassorum*, ovvero vassallo dei vassalli. Il *Vocabolario della Lingua Italiana* della Treccani così lo definisce: «Nel sistema politico e sociale feudale, il vassallo del vassallo del re, cioè del conte. Più tardi i valvassori furono chiamati capitani e poi conti (e allora il vassallo del re prese il titolo di duca o marchese). Entrarono in questa categoria anche coloro che, senza essere titolari di alcun ufficio, avevano ottenuto sulle proprie terre privilegi di immunità (esenzione dalla giurisdizione del conte): donde il titolo, che pure assunsero, di *liberi*». Possiamo notare che i *franchi* erano esattamente questo, che l'uso del termine *vavasseur* risale all'epoca carolingia e che successivamente venne usato dagli scrittori anche nel significato generico di "Barone".

Nello stesso ciclo del Graal, vassalli, valvassori e le rispettive dame, sono protagonisti di molti racconti, come ad esempio il seguente:

«[Perceval] scorse la dimora di un valvassore, tutta circondata da un muro. Felice di averla trovata, cavalcò fino al castello. Sul ponte sedeva il signore insieme ai suoi servitori: guardavano passare i cavalieri diretti al torneo. Appena vide sopraggiungere Perceval il signore gli corse incontro, gli diede cordialmente il benvenuto e gli offrì ospitalità a casa sua. (...). Quando la tavola fu pronta, uscì dalla sua camera la moglie del signore, accompagnata dalle sue figlie, delle ragazze molto belle, sagge e bene educate. Appena videro Perceval gli fecero grandi onori. Si

---

[443] Cfr. anche i due racconti simbolici in "*Io sono la grondaia...*": 1) pp. 231-232, dove troviamo: «...mi apparve la figura di una giovanissima donna bionda... Eri tu, vestita di nulla, o forse di un velo d'aria appena tinto d'azzurro. (...). Non eri nuda e neppure vestita: parevi fatta di madreperla. (...). sentii il bisogno di invocare Iddio pronunciando il tuo nome»; 2) pp. 229-230: «Aveva il cieco una sorella... Essa era bionda...». Sul significato del «cieco» di veda più avanti, p. 384 e sgg.

[444] Sarebbe il parere di uno studioso (Wendt) citato da Monteverdi a p. 368. Altri fanno derivare Alda dal celtico *althos* (bella), dal germanico *ald* (antica, da cui l'inglese *old*) o da *adal* (nobile). Curioso inoltre che vi sia una Santa Alda vergine e martire a Parigi nel VI secolo, forse *un* prototipo dell'*Alda* della *Chanson*.

sedettero a tavola vicino a lui e sappiate che quella sera Perceval fu guardato a lungo dalla signora e dalle sue figlie, che dicevano fra loro di non aver mai visto un cavaliere così bello»[445].

Inoltre, ci pare anche interessante l'assonanza fonetica tra *vavasseur* e *sœur* (*sorur Alde* della *Chanson*), ovvero sorella. Ce n'è sicuramente abbastanza per vedere in tutto questo qualcosa di più di una coincidenza...[446].

Se ci siamo soffermati su questi aspetti fonetico-etimologici non è solo per dimostrare il ruolo e il significato di *Alda* per Gustavo Rol, ma anche per evidenziare quello che per lui, così come per la tradizione metafisica, è un vero e proprio sistema di crittografia, dove simboli, parole, fatti e leggende si mescolano in un *gioco* fantastico che non è fine a se stesso, anche se talvolta ci si può prendere gusto, ma ha lo scopo di dimostrare, ad un tempo, il grado di *competenza metafisica* del loro autore a coloro che sono in grado di comprenderlo, e soprattutto di tramandare ai posteri leggende che non sono leggende, ma ben codificate e antichissime metafore che nascondono il *tesoro della scienza sacra*.

In quest'ottica non possiamo non spendere qualche parola sui "Fedeli d'Amore", che rientrano perfettamente nel tema che stiamo trattando.

---

[445] Robert de Boron, *Il libro del Graal*, Adelphi, Milano, 2005, p. 301. Poco tempo dopo Perceval incontra Merlino, il quale sa tutto di lui, e lo rimprovera di non aver prestato fede ad un suo giuramento: «avevi giurato di dormire una sola notte nella stessa dimora e sei rimasto per due notti nel castello del valvassore. Anzi stavi per tornarci ancora» (p. 309).

[446] In questo gioco di specchi non possiamo non ricordare che *Aude* è anche un dipartimento francese a ridosso dei Pirenei che prima della Rivoluzione si chiamava *Linguadoca* e che negli ultimi decenni è stato il protagonista di un "misterioso" mito moderno, quello di *Rennes-le-Château*, e che, guarda caso, ha come protagonista una donna, Maria Maddalena...

> *Il sesso è un gesto meraviglioso ma quando esso è Amore diviene opera sublime.*
> Gustavo Rol[447]

> *Dico e dichiaro che tutte le opere da me fatte trattanti di Amore io le intendo in un senso spirituale...*
> Francesco da Barberino[448]

> *...dico e affermo che la donna di cu' io innamorai appresso lo primo amore fu la bellissima e onestissima figlia de lo Imperadore de lo universo, a la quale Pittagora pose nome Filosofia.*
> Dante Alighieri[449]

> *Ho tanto bisogno di sentirTi umana non soltanto eccelsa come Ti ha vista il mio spirito.*
> Gustavo Rol[450]

> *...non sarò immortale senza il Tuo amore.*
> Gustavo Rol[451]

> *...mi lascerò condurre da Te per quella via luminosa dove il senso si arricchisce nello spirito e lo spirito si riconosce in Dio.*
> Gustavo Rol[452]

Il linguaggio segreto di Dante e dei "Fedeli d'Amore"

L'appellativo di "Fedeli d'Amore" si riferisce ad una *tradizione poetico-iniziatica* che ha avuto la sua migliore espressione in Dante Alighieri e nei poeti del "Dolce stil novo". Questi poeti avevano cantato l'amore per la donna amata in un linguaggio che andava ben oltre il significato che esprimeva a prima vista, e che rimandava a sottostanti significati simbolici ed esoterici. È merito di Luigi Valli, studioso del primo '900, l'aver riportato alla nostra attenzione questa materia, che ben pochi prima di lui ebbero occasione di intuire, e che ancora oggi, quasi un secolo dopo il suo libro *Il linguaggio segreto di Dante e dei "Fedeli d'Amore"* (1928) i critici letterari sembrano ignorare del tutto. Eppure si tratta di un testo davvero fondamentale che infatti fu ben accolto sia da

---

[447] *Scritti per Alda*, p. 101.
[448] *apud* Evola, J., *Il Mistero del Graal*, cit., p. 180.
[449] *Convivio*, trattato secondo, XV, 12.
[450] *Scritti per Alda*, p. 83.
[451] *ibidem*, p. 100.
[452] *ibidem*, p. 147.

René Guénon che da Julius Evola[453], due studiosi in genere assai poco prodighi di complimenti e assai critici verso tutti coloro che si discostano dall'*ortodossia metafisica*, attitudine verso cui anche noi ci sentiamo particolarmente affini. Che cosa dicono dunque questi "Fedeli d'Amore"? Dicono che la donna da loro amata e cantata non è propriamente una *donna* e «quell'amore è *mistico* e tutto è figurazione, simbolo, *gergo amatorio*, e si riconosce per gergo amatorio perché la *tradizione ce lo dice*...»[454].

Nelle loro poesie troviamo «l'assimilazione dell'amore umano all'amore divino, l'idea di rinascere a vita nuova, l'idea delle mistiche nozze, l'idea del perdersi in Dio con la mistica ebbrezza, l'idea della ineffabilità e inesprimibilità dell'amore divino...»[455].

«Questi poeti vivendo in ambiente mistico ed iniziatico e vagheggiando un'arte che *non era niente affatto l'arte per l'arte* o *l'espressione per l'espressione,* usavano fare di tutti i loro sentimenti d'amore, delle emozioni *vere* che avevano nella loro vita amorosa, *materia* per esprimere pensieri mistici ed iniziatici. La verità dei loro amori di uomini, se dava qualche vero spunto o qualche immagine ai loro versi, era *filtrata attraverso il simbolismo* in modo che quella *materia d'amore* venisse ad avere un *verace intendimento,* cioè una significazione di profonda verità, che era verità *mistica ed iniziatica.* A qualcuno di essi era accaduto certo di restare con la lingua tremante avanti a qualche bella donna della quale era innamorato, ma quando metteva questo in versi e raccontava ai "Fedeli d'amore" di rimanere con la lingua tremante avanti a "Madonna" lo ripensava e lo diceva in modo che quel suo turbamento significasse *per lui e per gli altri ascoltatori il suo sgomento avanti alla ineffabilità della verità divina.*

---

[453] Non abbiamo qui lo spazio per riferire i loro giudizi sul lavoro del Valli (Cfr. di Guénon, *Considerazioni sull'esoterismo cristiano*; di Evola, *Il mistero del Graal* e soprattutto *Metafisica del sesso*). Guénon riesce comunque a trovare qualche critica che peraltro condividiamo. Non insiste secondo noi però abbastanza sull'eccesiva attitudine di Valli di identificare certi simboli come espressioni "settarie", di considerare i "Fedeli d'Amore" come una setta collegata ad altre sette e così via. Per fare solo un esempio, nel commentare la nota poesia di Dante «*Tre donne intorno al cor mi son venute*», il Valli, ripetendo l'errore del Rossetti (che «vide nelle tre donne che vanno ad Amore tre sette fedeli alla santa Chiesa primitiva», p. 358) scrive che Dante «parla con tre sette diverse che sono venute *inorno al suo cuore*, che si avvicinano alla setta dei "Fedeli d'amore"...» (p. 359). Si tratta invece di tutt'altra cosa che spiace l'autore non sia riuscito ad identificare. Ci limitiamo qui a riferire i nomi che la tradizione indù dà a quelle tre donne: *īdā, susumnā, pingalā*, e che non sarà difficile identificare, per esempio, con le *Tre Grazie* della *Primavera* del Botticelli.

[454] Valli, L., *Il linguaggio segreto di Dante e dei "Fedeli d'Amore"*, Optima, Roma, 1928, p. 89. Tutte le nostre citazioni saranno tratte dal testo della prima edizione dell'opera, in quanto non ci è stato possibile procurarci quella più recente della Luni editrice (2004), al momento non disponibile. I corsivi di ogni brano sono quelli originali dell'autore.

[455] *ibidem*, p. 112.

Chi guardi la Santa Teresa del Bernini in viso, non può non riconoscere in alcuni tratti della sua estasi i segni della voluttà materiale visti sul volto di una modella, ma quei segni *sono adoperati lì* ad esprimere una voluttà *spirituale e mistica* e sono tradotti in espressione *mistica*»[456].

Le donne amate da questi poeti hanno nomi diversi, eppure si tratta «di una donna *unica* e simbolica personificante la *Sapienza santa* o *Divina Intelligenza*...»[457], come nei versi di Dino Compagni:

L'amorosa Madonna Intelligenza
che fa nell'alma la sua residenza
che con la sua beltà m'ha innamorato[458].

e che Gustavo Rol conosce:

Tu
l'intelligenza della mia vita,
Tu
Che ritorni ad ogni istante
sulle ali del mio spirito
e sollevi
la tristezza dei mie stupori
sino al limite
dove l'infinito
comincia[459].

e di cui scrive anche Sant'Agostino:
«"Benché individuali e molteplici le menti umane, una è come è la Intelligenza cui tutte aspirano e alla quale partecipano – essa è come la luce del sole, che, restando una in sé, si moltiplica in quanti occhi la mirano".

"Questa Intelligenza o Sapienza, è la immagine o verbo di Dio. La mente umana non si rende capace di partecipare a quella se non quando, elevandosi dalla regione dei sensi, si purga e purifica. Solo allora la mente ottiene il principato nell'uomo. *Per essa soltanto l'umana spezie eccede tutto ciò che si contiene sulla terra*"»[460].

Quindi, solo «*chi è puro di cuore vede e ama la vera santa Sapienza e può ricongiungersi con essa*»[461].

«Sappiamo che sono figurazioni della Sapienza santa la donna di Guido Guinizelli, la donna di Guido Cavalcanti, la donna di tutti gli altri

---

[456] *ibidem*, pp. 205-206.
[457] *ibidem*, p. 57.
[458] Dino Compagni, *L'Intelligenza, apud* Valli, L., p. 156.
[459] *Scritti per Alda*, p. 90.
[460] Sant'Agostino, *De Genesis ad Litteram*, Cap. XVI, n. 59-60, *apud* Valli, L., p. 92.
[461] Valli, L., p. 207.

poeti amici di Dante, la donna di Dino Compagni, la donna di Francesco da Barberino, la donna di Cecco d'Ascoli. Sappiamo che nell'opera stessa di Dante è figurazione della Sapienza la Beatrice della *Commedia* come è figurazione simbolica (della Sapienza razionale) la "Donna gentile" del *Convivio* e della *Vita Nuova*»[462].

Questa «Sapienza mistica oltreché *Madonna*, oltreché *Beatrice* o *Lagia*, ecc., sarà chiamata *Rosa, Fiore, Stella*, ecc.»[463]. Essa «differisce soltanto nel nome perché è la dottrina ora di questo ora di quel poeta, che *muore* talvolta, spesso anzi, sotto un determinato nome, ma che risorge e rivive di continuo, *unica fenice*, attesa e speranza di rinnovamento, gioia dell'intelletto che attraverso ogni dolore e attraverso ogni prova riconduce a *Cristo* ed *a Dio*. La fenice che "al mondo muore per la gente grifagna, oscura e ceca", come dirà Cecco d'Ascoli, e che simboleggia l'eterna verità unica ed indistruttibile.

Ma del resto anche Dante nella *Vita Nuova*, non aveva ad un certo punto chiaramente lasciato intendere che Beatrice era amata non soltanto da lui, ma da *tutti* quelli che la conoscevano e non per gonfia rettorica da innamorato?»[464].

«Per decenni e decenni nella poesia italiana la donna non ha altro nome che "Rosa", proprio (o che bel caso!) il nome del *mistico* fiore della Persia e del misterioso fiore che si ritroverà mèta dello stranissimo amore del *Roman de la Rose* e del *Fiore*! anzi talora si chiama addirittura "Rosa di Soria" o "Rosa d'Oriente". Ma quando prende un nome di persona viva, diventa per questo più personale? C'è qualche cosa che ci faccia supporre una differenza vera tra Lagia di Lapo Gianni e Giovanna di Guido Cavalcanti *all'infuori del nome*? Ecco, in mezzo a tutte queste donne impersonali ed evanescenti, una ne sorge che, in uno scritto *posteriore di circa ottanta anni alla morte di lei*, prende per la prima volta il nome di Beatrice *Portinari* ed ha anche un marito. Ebbene, proprio a farlo apposta, questa che sarebbe l'unica donna storica, la ritroviamo con un indubitabile carattere di simbolo sulla cima del Paradiso Terrestre a rappresentare indiscutibilmente la Sapienza santa. Troviamo colei che guidò Dante nella *Vita Nuova*, che, *senza cambiare in nulla nome né figura, e alludendo al primo amore del poeta per lei, apparisce indiscutibilmente come la personificazione della Sapienza Santa*»[465].

«Dante in giovinezza, come tutti gli altri uomini, si dovette innamorare di qualche donna e che come tutti gli altri suoi amici, dovendo esprimersi in un gergo mistico-amoroso, potè adoperare come *materia* qualche reale commozione del suo amore, *trasformandola però prima di esprimersi in un pensiero mistico e simbolico*. E non è da

---

[462] *ibidem*, p. 270.
[463] *ibidem*, p. 151.
[464] *ibidem*, p. 61. Cfr. Rol: «È un nome strano il Tuo Alda (…)/ nome di donna mai posseduta interamente: Alda» (p. 46). Si veda la tav. XII.
[465] *ibidem*, p. 49.

escludere, per esempio, che egli abbia avuto una vera commozione da una donna che passava per via in mezzo alla ammirazione commossa di tutti o che nella sua vita ci sia stata anche la vera commozione prodotta dalla morte di una donna amata. Ma anche di questo egli fece simbolo e idea profonda. Se nel dipingere la divina Sapienza egli ebbe una modella, quando prese in mano il pennello già la modella era divenuta madonna. In altri termini, secondo il suo programma, anche quando elaborò *materia amorosa,* cioè materiale d'amore, lo fece dandogli *forma* secondo un "verace intendimento", cioè una significazione profonda nota ai "Fedeli d'amore", ignota alla "gente grossa"»[466].

Lo stesso noi possiamo affermare con certezza di Gustavo Rol, sia per le poesie e lettere ad *Alda* sia per altri carteggi e poesie pubblicati in altri testi oppure ancora inediti, e che abbiamo avuto occasione di visionare. Un aspetto importante è che questa donna reale e simbolica al tempo stesso, ma soprattutto simbolica, «è amata soltanto da chi ha l'anima pura (il "cuore gentile"); chi è "villano", "selvaggio", "uomo di basso cuore" ecc., è insensibile all'amore per lei ed è odiato e disprezzato dai "Fedeli d'amore"»[467].

Questo "cuore gentile" «è il cuore *purificato dalle passioni mondane.* Non appena il cuore è purificato, cioè è diventato *gentile,* esso *non può non volgersi all'amore per la Sapienza santa* e, d'altra parte, l'amore per la Sapienza santa non discende altro che nel cuore purificato dalle passioni volgari, quindi è che avere il cuore gentile ed essere innamorati *son due cose necessariamente legate tra loro* e per questo si intende perché "Amore e 'l cor gentil sono una cosa", e perché "Al cor gentil ripara sempre Amore"»[468].

Su questo soggetto l'autore analizza e commenta, tra le altre, la canzone di Guido Guinizzelli "Al cor gentil" cui si riferisce il verso appena citato:

«Il senso generale della canzone è questo: *L'amore della Sapienza santa sorge immediatamente nell'anima quando essa è fatta pura, e non può sorgere se non nell'anima pura.*

È il concetto ripetutamente espresso dai mistici persiani e da tutti i mistici, che i "puri di cuore" acquistano la intuizione o la visione della Sapienza o di Dio e che non si può volgersi alla Sapienza vera o a Dio se non si sia puri di cuore. Soltanto perché *lo specchio dell'anima è rugginoso,* dicono i Persiani, non vi si vede Iddio, basta togliere la

---

[466] *ibidem*, p. 271. A proposito di pennelli, si adatta perfettamente a questa interpretazione la *Madonna Lisa* di Leonardo, che storici e critici d'arte si affannano ingenuamente per identificare con questa o quella "modella" storica. E il discorso vale per moltissimi altri dipinti.

[467] *ibidem*, p. 156.

[468] *ibidem*, p. 154.

ruggine (il male che è nell'anima), perché il volto di Dio appaia nell'anima[469]. (...).

Stanza prima.
Nel cuore, quando esso è veramente puro (cuore gentile) *sorge sempre l'amore per la Sapienza santa. Non esiste amore per la Sapienza santa se non nel cuore interamente puro* (gentile) *e il cuore in quanto è veramente puro ama di necessità la Sapienza santa. È proprio del cuore puro amare la Sapienza santa come è proprio del sole risplendere e del fuoco essere caldo.*

> Al cor gentil ripara sempre amore,
> como fa augello 'n selva a la verdura
> ne fu amore anti che gentil core,
> ne gentil core anti d'amor natura.
> Ch'adesso com fu 'l sole
> sì tosto lo splendore fu lucente,
> ne fu davanti sole
> et prende amor in gentilezza loco,
> così propriamente,
> como calore in chiarità di foco.

Stanza seconda.
L'amore per la Sapienza santa sta nel cuore puro come la virtù specifica sta nella Pietra preziosa. Le stelle che immettono le virtù specifiche nella Pietra preziosa non possono farlo finché il sole non abbia purificato la pietra stessa. Allo stesso modo, soltanto quando il cuore è fatto "schietto puro e gentile" esso è reso innamorato della Sapienza santa.

> Foco d'amore in gentil cor s'apprende,
> como vertute in petra pretiosa
> che da la stella valor non discende
> anzi che 'l sol la faccia gentil cosa[470],
> poi che n'ha tratto fore
> per sua forza lo sol ciò che gli è vile,
> stella le da valore,

---

[469] Cfr. S. Paolo: «...un velo è steso sul loro cuore; ma quando ci sarà la conversione al Signore, quel velo sarà tolto» (*2Cor* 3, 15-16); *Corano*: «"Dio ha posto un sigillo sui loro cuori e sulle loro orecchie e sui loro occhi c'è un velo" (II, 7); "Abbiamo posto un velo sui loro cuori e ostruito le loro orecchie affinché non comprendano" (XVIII, 57); "A questo [*il Giorno del Giudizio*, n.d.r.] fosti indifferente, ma ora ti abbiamo sollevato il velo e quindi oggi la tua vista è acuta" (L, 22); anche *Numeri*: "oracolo (...) di chi vede la visione dell'Onnipotente (...) ed è tolto il velo dai suoi occhi" (*Nm* 24, 15-16).

[470] Cfr. Rol: «Ho gettato giù questi versi: vorrei scolpirli nella pietra di una stella, la più luminosa» (*Scritti per Alda*, p. 67). Si ricordi anche il possibile doppio senso della parola «*sol*» visto in precedenza.

così lo cor, ch'è fatto da natura
schietto puro et gentile
donna a guisa di stella lo innamora[471].

(…)
Stanza sesta.
Se Iddio mi domanderà quando sarò avanti a lui se io, amando, ho amato una donna vera con vano amore mentre Iddio solo deve essere amato, io gli risponderò che quella che io ho amato era la Sapienza santa, divina Intelligenza, e apparteneva al regno divino»[472].

Le stanze e la sintesi in prosa dell'autore che abbiamo qui selezionate crediamo siano sufficienti per capire come il "cuore puro" rappresenti uno degli elementi fondamentali della "dottrina" dei Fedeli d'Amore[473]. E fondamentale, non poteva essere altrimenti, lo è anche per Gustavo Rol, che scrive:

«…per vedere Dio è necessario essere puri di cuore e morire. E ciò perché nella purezza di cuore si è già morti nei riguardi della materia o meglio nei riguardi delle leggi che la materia crea e noi applichiamo. La libera volontà generando quel falso aspetto del vero dal quale poi scaturisce il Male che ci rende indegni e infelici. E poi troviamo

---

[471] Cfr. Rol: «Chissà se le stelle / non siano frantumi / di amori passati / che vengono, / preziosi, / a consolarmi / della Tua lontananza? / Ma se tu non tornassi / si accenderebbe una stella / soltanto per me. / Così come Tu eri mia / quando mi amavi» (*ibidem*, p. 71 – *La stella*). Interessante, a questo proposito, l'analogia Sole-Luna fatta dalla De Feo, per la quale *Alda* dopo la morte di Rolando «è l'astro che vive della luce e del calore che le invia il sole attorno a cui gira e quando il sole s'estingue, la vita cessa nell'astro» (*La donna nelle "Chansons de Geste" ed Alda la Bella*, cit., p. 483). Ma l'estinzione di questo universo ne farà nascere un altro più puro. Sul doppio simbolismo astronomico e mistico, cfr. ancora Rol: «Rinascere al tramonto / è morire / al sorgere del sole» (*Scritti per Alda*, p. 60); e anche: «Millenni di follia / non appresero nulla / né a Te che incominci / né a me che ricomincio» (*ibidem*, p. 61).
Valli dice che l'Amore di questi poeti è «"*Amor Sapientiae*", sentimento dell'innamorato e significa per metafora "la Stella dei Fedeli d'amore" (…); è quell'Amore (…) *personificato*, col quale tutti questi innamorati parlano e discutono di continuo come fosse *persona viva*» (p. 151).

[472] *ibidem*, p. 207-209.

[473] Non vi è d'altronde nessuna tradizione autentica che non faccia del "cuore puro" il *cardine* della propria dottrina. Nell'ambito della tradizione estremo-orientale, Granet per esempio scrive che Ssiun Tseu «paragona il cuore umano a "uno specchio d'acqua. Quando nulla lo agita, l'impurità resta in fondo. La superficie, chiara e brillante, fa apparire perfino il ciglio più sottile" di chi vi si specchia. "Una perfetta chiarezza e purezza" sono necessarie al cuore per ottenere una rappresentazione interamente corretta delle realtà. Tutto questo può esprimersi dicendo che il cuore deve, per eliminare l'errore, "mantenersi *vuoto*, unificato, in *stato di quiete*". (…). Ciò che egli intende significare con il vuoto del cuore, non è il vuoto estatico ma uno stato di imparzialità. L'errore proviene dai *giudizi incompleti* dati dallo spirito (*sin*: cuore) quando una passione lo "obnubila e lo ostruisce" interamente» (*Il pensiero cinese*, cit., p. 427).

meraviglioso quel barlume, quando ci appare, della verità e che ci illumina (fiammifero acceso sull'universo!) circa le nostre possibilità divine!»[474].

Rol ripeterà in più occasioni la "dottrina" del *cor gentil*, ed è con la stessa Dembech che vi ha particolarmente insistito (il che non sorprende, in quanto *femina*). Ecco cosa le dice in un dialogo registrato:

«Venticinque secoli fa, esisteva un uomo che si chiamava Platone. Platone diceva: "Tutti questi dei che adoriamo, Giove, Venere, Marte, Mercurio, eccetera, non esistono, esiste un solo Dio creatore dell'Universo, e del nostro spirito immortale".

"Ma che cosa bisogna fare, Platone, per conoscere questo Dio e aver coscienza del nostro spirito immortale?" E Platone ha risposto: "Bisogna essere puri di cuore e morire"»[475].

Quindi, volendo far capire che ciò che conta è come si è *dentro*, al di là di ciò che crede il nostro intelletto, aggiunge:

«Un ateo che muoia col cuore puro, ma subito! va nell'eternità e conosce il suo spirito immortale»[476].

In un successivo dialogo telefonico, pochi mesi prima di morire, Rol vi insisteva ancora:

«Tu sai benissimo: – Platone – che l'abbiamo già detto tante volte: "Vivere, essere puri di cuore e morire..." Quello è per potere rendere

---

[474] Rol, G.A., *"Io sono la grondaia..."*, p. 146 (01/12/1951).

[475] Dembech, G., traccia n. 13 del CD allegato a: *G.A. Rol. Il grande precursore*; trascrizione (non precisa) a pp. 117-118; anche in *Torino città magica vol. 2*, p. 177 (dove invece che «Venticinque secoli fa» è scritto erroneamente «Duemila anni fa», forse per aver confuso con il brano che citiamo di seguito).

[476] *ibidem*, traccia 14, p. 120. Questa affermazione può essere meglio compresa alla luce di altre sullo stesso soggetto. Negli articoli di *Gente* Rol scrive: «Gli chiedo se per lui è indispensabile credere in Dio. "Se lei fosse ateo" gli domando "potrebbe ancora compiere tanti prodigi e immettere nella sua stessa atmosfera coloro che l'avvicinano?" "L'importante" risponde Rol "è che l'uomo si accorga che il meraviglioso esiste e che voglia accedervi. È l'unica strada per arricchire il nostro spirito e sollevarlo verso espressioni più alte. Se poi una religione ci insegna che il meraviglioso si identifica con Dio, sarà più facile, allora comprendere Dio. Se possiamo dare un nome al cibo che ci nutre, sarà più agevole cercare e trovare quel cibo. Ma se ne ignoriamo il nome, non importa: l'importante è nutrirci. Il fine è, dunque, sempre lo stesso"» (*Mentre è a Torino lo fotografano in America*, cit., p. 12; Allegri, R., *Rol l'incredibile*, p. 45-46; *Rol il mistero*, p. 45; *Rol il grande veggente*, pp. 48-49); e anche: «Chiedo a Rol che cosa succede a chi non crede in Dio: è forse escluso dal miracolo? "Niente affatto", risponde Rol "perché il miracolo avviene in virtù dello spirito che sta in quel 'qualcuno'. "Ma se qualcuno non ammette di possedere uno spirito?" "Non importa, il miracolo avviene lo stesso anche se le possibilità sono più scarse. Per coloro che sono credenti, questa è una prova della misericordia di Dio. Io credo che questo prorompere della verità segua proprio quello stato di grazia che ha la prerogativa di un dono"» (*Finalmente Rol rivela Rol*, p. 32; Allegri, R., *Rol il mistero*, p. 89; *Rol l'incredibile*, pp. 81-82; *Rol il grande veggente*, p. 149).

immortale il nostro spirito, ciò che in fondo ha detto poi Cristo cinque secoli dopo..."»[477].

A Maria Luisa Giordano aveva detto:
«È il cuore umano che bisogna dilatare, solo il cuore. Vedremo allora cieli nuovi e terre nuove»[478].

«Entriamo ora nel silenzio lasciando che il nostro cuore si apra all'ascolto dello Spirito»[479].

Sul tema specifico del "cuore puro", cui sono collegate moltissime cose interessanti (come tutto ciò che attiene all'avere un "animo da fanciullo"[480]) non ci possiamo qui soffermare. Ci è bastato osservare come sia tema importante sia per Rol che per i Fedeli d'Amore, e come abbia i suoi riferimenti immediati nella Bibbia e in Platone, così come negli insegnamenti delle altre tradizioni.

E a proposito delle coordinate storico-filosofiche dei Fedeli d'Amore, il Valli enuncia una serie di punti di riferimento da cui derivano gli elementi della loro poesia, ovvero:

«1) Una tradizione più propriamente filosofica che, muovendo dall'Aristotelismo interpretato da Averroè, usava rappresentare in figura di una donna "*l'intelligenza attiva*", cioè quella intelligenza unica e universale (l'intelletto *attivo* contrapposto all'intelletto *passivo*, che è proprio di ogni individuo), che avviva di sé l'intelletto dell'individuo ed è quella che lo conduce alla conoscenza delle supreme eterne idee inattingibili coi sensi, quindi alla vera pura contemplazione ed a Dio.

2) Una tradizione mistico-platonica la cui espressione si trova sia nello gnosticismo[481] sia nei libri mistico-platonici della *Sapienza* e del

---

[477] *ibidem*, traccia, 26, p. 180. Rol si riferisce al discorso della montagna: «Beati i puri di cuore, perché vedranno Dio» (Mt 5, 8). Cfr. anche *Numeri* 31, 24: «Vi laverete le vesti il settimo giorno e sarete puri; poi potrete entrare nell'accampamento»; *Salmo* 51, 12: «Crea in me, o Dio, un cuore puro, rinnova in me uno spirito saldo»; *Salmo* 73, 1: «Quanto è buono Dio con i giusti, con gli uomini dal cuore puro!»; *Proverbi* 22, 11: «Il Signore ama chi è puro di cuore»; *Tito* 1, 15: «Tutto è puro per i puri; ma per i contaminati e gli infedeli nulla è puro; sono contaminate la loro mente e la loro coscienza»; infine, nella prima lettera a *Timoteo* (1, 5) S. Paolo dice che la carità «sgorga da un cuore puro».

Si noti – e la cosa ha una importanza determinante – che per Rol il "cuore puro" è *conditio sine qua non* «per potere rendere immortale il nostro spirito», il che significa, in altri termini, che *lo spirito diviene immortale solo per coloro che hanno il cuore puro, e non per gli altri*, e si ricollega a quanto abbiamo già detto sulla sopravvivenza dell'"anima" *coscientemente* o *non-coscientemente* (cfr. quanto detto alle pp. 184, 205, 271-273).

[478] Giordano, M. L., *Rol e l'altra dimensione*, p. 103.

[479] Giordano, M. L., *L'uomo che si fa medicina*, L'Età dell'Acquario, Torino, 2004, p. 115.

[480] Basti qui a titolo di esempio: «In verità vi dico: Chi non accoglie il regno di Dio come un bambino, non entrerà in esso» (Mc 10, 15).

[481] In altra pagina (100) Valli aggiunge che «la tradizione mistico-platonica quale si diffuse nella Gnosi considerava la divina Sapienza come una *sostanza separata* e la

Cantico dei Cantici (i libri pseudo salomonici della Bibbia), la quale da secoli e secoli aveva rappresentato la *Sapienza che vede Iddio* come *una donna amata*, donna che la tradizione ortodossa, in perfetta logica, interpretava poi come la Sapienza della Chiesa stessa in quanto della Sapienza che vede Iddio (Rivelazione) essa si sentiva depositaria.

3) La tradizione del misticismo cattolico ortodosso che, specie attraverso S. Agostino, Riccardo da S. Vittore ed altri, aveva raffigurato in una determinata donna della Scrittura e precisamente in *Rachele* (...) la virtù della vita *contemplativa*, ossia la *Sapienza santa* oggetto dell'amore di Giacobbe e, secondo Agostino, meta e sospiro di "ogni piamente studioso"»[482].

Valli poi aggiunge che Riccardo da S. Vittore «creava il simbolismo della *morte di Rachele*, figurazione *del trascendere della mente sopra se stessa nell'atto della contemplazione pura, mistica rappresentazione della mente che si perde in Dio* e che Nicolò de' Rossi, svela... essere l'ultimo grado dell'*amore*»[483].

Al tema della "morte" della donna amata si ricollega anche il commento seguente, in relazione alla ballata *Veggio ne gli occhi de la donna mia* di Guido Cavalcanti:

«La donna divina è esaltata per la sua santa umiltà e per il suo valore[484], ma chi insiste nel mirarla, chi cioè la guarda a lungo e progredisce nella Sapienza santa, giunge a quell'"excessus mentis" nel quale Rachele muore (come muore Beatrice), giunge cioè "all'atto della contemplazione pura" nel quale la virtù della divina Sapienza trascende il mondo per salire nel cielo»[485].

La tematica simbolica della morte della donna amata, nella letteratura così come nei testi sacri, è vastissima, e non possiamo qui fermarci ad analizzarla. Ci basterà osservare: 1) che anche *Alda* nella *Chanson de Roland* muore e in altre *chansons de geste* viene assunta in cielo...; 2) che l'*excessus mentis* di cui parla Valli non è altro che la *coscienza sublime*, ovvero il *samādhi*.

E concludiamo, almeno per ora, questo argomento, servendoci ancora delle parole del Valli:

«La *Divina Commedia* è *uno dei tanti* poemi e romanzi, tutti a base mistica, diffusi dall'Indostan alla Loira, nei quali il dramma ha per meta la conquista della "Rosa", del "Fiore", o di una misteriosa Biancofiore. Partendo dalla selva oscura dell'antica "ignorantia", Dante, sanato dalla Croce, aiutato e integrato da Virgilio che fu sanato dall'Aquila, giunge

---

personificava in donna (*Sofia, Ennoia*)». Non dovrebbe stupire quindi che Dan Brown abbia chiamato *Sophie* la protagonista del romanzo *Il Codice da Vinci*.

[482] Valli, L.,, pp. 80-81.

[483] *ibidem*, p. 100.

[484] De Feo sottolinea «la virtù austera e la nobiltà di Alda» (p. 470) e dice che «nella *Chanson de Sebile* Alda è *dame Aude au vis fier*, nell'epopea francese essa rappresenta la vergine cristiana pura e severa» (p. 483) ed è «una figura veramente epica» (p. 478).

[485] *ibidem*, p. 224. Cfr. Rol: «...arrestare la vita / per ritrovarla / in un cielo terso / tutto sfumato / d'oro / di rosa e azzurro / eterno accanto a Te» (*Scritti per Alda*, p. 74).

alla Sapienza santa: Beatrice. Ed è questa Sapienza santa che di sfera in sfera lo porta all'atto della suprema contemplazione che si attua in una "Rosa" ed ivi, nella Rosa, la Sapienza lo abbandona e Dante si trova d'accanto Bernardo, *l'atto della contemplazione pura,* nel quale la Sapienza si è risolta, Bernardo che è *fedele di Maria*[486], pura carità come Dante era *fedele di Beatrice* pura sapienza.

Si ripete ancora in una forma completamente diversa e meravigliosamente poetica e umanizzata, la simbologia di Riccardo da S. Vittore, secondo la quale *Rachele muore nel dare alla luce Beniamino,* la Sapienza muore all'atto della contemplazione pura, Beatrice *scompare* lasciando al suo posto il mirabile contemplante. (...).

La formula dei Rosacruciani riassume il processo di innalzamento attraverso il dolore e attraverso la fede fino alla verità santa, contemplazione di Dio, suona come è noto: *Per Crucem ad Rosam.* L'idea se non la formula, è tutt'altro che estranea ai "Fedeli d'amore". (...).

Ebbene se si voglia riassumere in una formula brevissima il pensiero di Dante nella *Divina Commedia,* nel quale non la Croce sola, *ma anche l'Aquila* sono i mezzi attraverso i quali la Grazia conduce l'uomo alla visione beatificante di Dio che avviene in una *Rosa candida nell'Empireo,* potremo usare la formula: *Per crucem et aquilam ad rosam.*

La grande idea della Croce veniva a Dante dalla tradizione *cristiana* e cattolica, la grande idea dell'Aquila dalla tradizione di *Roma* e dal suo fervore di ricostituzione civile nell'ideale universalistico dell'Impero; la

---

[486] S. Bernardo, autore del *De laude novae militiae ad Milites Templi* e fondatore dell'abbazia di Chiaravalle. Ebbe una parte considerevole nella costituzione dell'*Ordine del Tempio* (Concilio di Troyes, 1128), contribuendo alla redazione della sua regola. È *uno* dei candidati simbolici perfetti in merito all'affermazione di Allegri secondo cui Rol sarebbe stato iniziato «da un vecchio abate», anche perché S. Bernardo è morto nel 1153, e gli *Scritti per Alda* sono datati fittiziamente 1953 (a parte alcune date particolari in singole poesie), ovvero nell'ottavo centenario della sua morte. Torneremo tra breve su questo punto. Intanto, per collegarci a quanto detto dal Valli, Guénon a proposito di Bernardo scrive:

«Egli amava dare alla Santa Vergine il titolo di "*Notre-Dame*", l'uso del quale si è diffuso a partire dalla sua epoca e senza dubbio, grazie per lo più, alla sua influenza; il fatto è che egli era...un vero "*cavaliere di Maria*", che egli considerava veramente come la sua "*dama*", nel senso cavalleresco del termine. (...). Monaco e cavaliere, questi che erano i due caratteri dei membri della "*milizia di Dio*", dell'Ordine del Tempio, furono anche, fin dall'inizio, i caratteri dell'autore della loro regola, del grande santo che è stato definito l'ultimo Padre della Chiesa, e nel quale molti hanno inteso vedere, non senza ragione, il prototipo di Galaad, il cavaliere ideale e senza macchia, l'eroe vittorioso della "*Cerca del Santo Graal*"» (*Considerazioni sull'esoterismo cristiano e San Bernardo,* cit., p. 162). Come si vede, si tratta di temi tutti molto interrelati. Aggiungiamo che in San Bernardo confluivano le peculiarità delle due caste indù dei Brahmani e degli Kshatriya, quindi l'unione in un'unica persona di autorità spirituale e potere temporale. Per questo lo abbiamo definito il candidato *perfetto.*

grande idea della Rosa dalla tradizione *mistica* dei "Fedeli d'amore". Questa è la sintesi più breve del suo gigantesco pensiero»[487].

Potremmo chiudere qui questo capitolo, perché il brano del Valli è davvero conclusivo, almeno per la parte, limitata, che ci siamo proposti di analizzare. Avremmo voluto introdurre anche il pensiero e la vita di Giacomo Casanova, ma si tratta di argomento non meno esteso di quello che riguarda Napoleone, con diramazioni in moltissime direzioni, anche se sarebbe un percorso che ci porterebbe ancora una volta nelle braccia dei "Fedeli d'Amore". Gli scritti del "libertino" veneziano del '700, in particolare la monumentale *Histoire de ma vie*, acquistano infatti un significato ben diverso se letti con la stessa "chiave" della loro poesia, e rendono perfettamente conto del perché, insieme a Napoleone e Ravier, Casanova fosse una delle identificazioni preferite da Rol, nonché *uno* degli "abati" simbolici della sua "iniziazione". Vi sono inoltre, nella biografia di Casanova, numerosi punti di contatto con quella di Rol, tali per cui almeno qualche cenno occorre farlo. Casanova nel 1737 si iscrive «al corso di legge dell'Università di Padova, ove consegue la laurea in diritto pubblico e diritto canonico nel 1742. Nel frattempo, ha fatto pratica presso lo studio di un avvocato, ha compiuto studi scientifici a Santa Maria della Salute, e ha intrapreso la carriera ecclesiastica, ricevendo regolarmente la tonsura e gli ordini inferiori: la sua scarsa propensione all'oratoria sacra lo convince a rinunciare al mestiere di predicatore... Né miglior sorte lo assiste quando entra come seminarista nel collegio dei Somaschi di Murano, da cui viene cacciato dopo breve tempo... Senza un soldo in tasca, vaga per Venezia, finché l'ingiustizia e la sfortuna vogliono che conosca per la prima volta la durezza della prigione. Maggior fortuna ha invece con le ragazze: non perde mai l'occasione, nell'incontrarle, di esercitare con successo le sue innate doti di conquistatore. Questo non gli impedisce di entrare al servizio del cardinale Acquaviva, a Roma, dove giunge dopo un lungo e avventuroso viaggio nell'Italia centrale e meridionale. Si rinnovano qui amori e

---

[487] *ibidem*, pp. 393-394. Il fatto che Rol dipingesse prevalentemente rose e firmasse i suoi quadri con un glifo composto dalla croce e dalla lettera "R", non è che la conferma di tutto ciò che abbiamo inteso sottolineare. Va da sé che le tematiche collegate a quest'ultimo punto, come il movimento dei Rosacroce, richiederebbero un approfondimento la cui estensione non ci permette qui nemmeno di abbozzare. Bastino, in linea generale, queste spiegazioni dell'Evola: «Dal punto di vista spirituale, "Rosacroce" – non altrimenti che "Buddha" o "Prete Gianni" o "Cavaliere delle due Spade" – è essenzialmente un titolo che contrassegna un dato grado della realizzazione interiore. (…). Come veri Rosacroce debbono considerarsi personalità unite fra di loro attraverso l'identità di una siffatta realizzazione. L'organizzazione di cui fecero parte va considerata come cosa derivata e contingente» (*Il Mistero del Graal*, p. 204). Essa «ha per capo un misterioso *Imperator,* il cui nome e la cui sede debbono restare sconosciuti. Uno scritto uscito nel 1618, *Clipeum Veritatis,* dà la sequenza degli *Imperatores* rosicruciani; fra l'altro, vi figurano i nomi di Seth (…) nonché di Enoch e di Elia, cioè dei profeti "mai morti", talvolta presentati anche in funzione di iniziatori misteriosi» (*ibidem*, p. 206).

avventure e si rivela con chiarezza a Casanova l'impossibilità di proseguire la carriera ecclesiastica.

Torna a Venezia per abbracciare la carriera militare al servizio della Repubblica: inizia da qui una serie sterminata di viaggi che lo portano fino a Corfù e a Costantinopoli. A venti anni è già sazio dell'uniforme e l'abbandona per trovarsi poi a dover guadagnarsi da vivere suonando il violino al teatro San Samuele...»[488].

Questo non è che un sunto del periodo giovanile della sua vita. In questa sede è già sufficiente, sicuri che i lettori attenti e coloro che vorranno avventurarsi nell'autobiografia del veneziano troveranno i giusti collegamenti con la biografia di Rol. Mettiamo solo in guardia dal non prendere troppo alla lettera le sue affermazioni.

Ma visto che non possiamo dare spazio a Casanova, quantomeno aggiungeremo qualcosa su Napoleone, su di un aspetto che si ricollega alla poetica dei "Fedeli d'Amore", ovvero il suo rapporto con le donne, e in particolare con la prima moglie e Imperatrice Josephine Tascher de la Pagerie, vedova Beauharnais, e con Maria Walewska, l'amante polacca.

Si tratta delle due donne più importanti della sua vita, e Rol, nelle sue *identificazioni* con l'imperatore francese, "proietterà" sulle donne da lui amate le loro immagini e funzioni: Elna diventava Josephine mentre la persona torinese che rappresentava *Alda* diventava la Walewska; talvolta l'*amante* si trasformava in moglie, come nel caso di Natalia alla quale Rol negli anni '50 aveva regalato una parure di orecchini a suo tempo appartenuta a Josephine, come vedremo più avanti. E questo non è che un breve accenno a quello che per Rol era un *comportamento simbolico sistematico*, tutte le volte che se ne presentava l'occasione[489].

Questo traspare anche nelle numerose lettere d'amore di Rol, non solo ad *Alda*, e che sono ancora in gran parte inedite.

E traspare non solo in certi contenuti, ma anche nello stile, che si avvicina spesso a quello di Napoleone[490].

Vediamo brevemente alcuni stralci tratti da entrambe:

Napoleone:
Mia unica e sola Giuseppina, lontano da te non v'è allegria; lontano da te, il mondo è un deserto ove io rimango isolato e senza provare la dolcezza di confidarmi. Tu mi hai privato di più che dell'anima; tu sei l'unico pensiero della mia vita. Se sono infastidito dal cumulo degli impegni, se temo per il loro esito, se gli uomini mi disgustano, se sono

---

[488] Bigi, P.B., pagine introduttive a: Casanova, G., *Storia della mia vita*, Newton & Compton Editori, Roma, 1999, p. 13.

[489] C'è da chiedersi se sia casuale che la più prolifica biografa di Rol, oltre al fatto di chiamarsi "Giordano", si chiami anche "Maria Luisa", che fu il nome della seconda moglie di Napoleone (Maria Luisa d'Austria), madre del "re di Roma", unico figlio ufficiale di Napoleone, morto in giovane età.

[490] E la cosa assume ancor più significato in quelle lettere in cui *la scrittura di Rol e quella di Napoleone sono identiche*.

disposto a maledire la vita, pongo la mano sul mio cuore: vi batte il tuo ritratto, lo guardo, e l'amore è per me la felicità assoluta in ogni momento, tranne il tempo che mi vede assente dalla mia amante.

Con quale arte hai saputo imprigionare ogni mia facoltà, concentrare su di te la mia esistenza morale? È una magia, mia dolce amica, che finirà soltanto con me. Vivere attraverso Giuseppina, ecco la storia della mia vita. Agisco per giungere accanto a te; mi muovo per avvicinarmi a te. Insensato! Non mi avvedo che me ne allontano ... Quanti paesi, quante contrade ci separano! Quanto tempo, prima che tu legga queste parole, debole espressione di un animo commosso sul quale tu regni! Mia adorabile donna! Ignoro quale sorte mi attenda; ma se essa mi allontana più a lungo da te, mi diviene insopportabile; il mio coraggio non va oltre. Vi fu un tempo in cui il mio coraggio mi rendeva orgoglioso, e talora, gettando gli occhi sul male che potrebbero farmi gli uomini, sulla sorte che potrebbe riservarmi il destino, fissavo le sciagure più inaudite senza aggrottare le sopracciglia, senza sentirmi stordito. Ma oggi, l'idea che la mia Giuseppina potrebbe stare male, l'idea che lei potrebbe essere malata, e soprattutto il crudele, funesto pensiero che potrebbe amarmi di meno, appassisce il mio animo, ferma il mio sangue, mi rende triste, abbattuto, non mi lascia nemmeno il coraggio del furore e della disperazione ... Un tempo mi sono spesso detto: gli uomini non possono fare niente per ciò che muore senza rimpianto; ma oggi, morire senza essere amato da te, morire senza questa certezza, significa il tormento dell'inferno, significa l'immagine viva e sconvolgente dell'annientamento assoluto. Mi sembra di sentirmi soffocare. Mia unica compagna, tu che la sorte ha destinato a compiere con me l'angoscioso viaggio della vita, il giorno in cui non avrò più il tuo cuore sarà quello in cui mi apparirà arida la natura, senza calore e senza vegetazione ... Non proseguo, mia dolce amica; il mio animo è triste, il mio corpo stanco, il mio spirito stordito. Gli uomini mi annoiano. Dovrei proprio detestarli: mi allontanano dal mio cuore.(...). Non nutrire inquietudini, amami come i tuoi occhi; no, non è sufficiente: come te stessa; più di te stessa, dei tuoi pensieri, del tuo spirito, della tua vita, del tuo tutto. Dolce amica, scusami, io deliro; la natura è debole per chi è vivamente sensibile, per colui che tu animi[491].

Che cosa fai a quest'ora? Dormi, vero? E io non sono lì a respirare il tuo alito, a contemplare le tue grazie e a colmarti di carezze. Lontano da te, le notti sono lunghe, insulse e tristi; accanto a te, si rimpiange che non sia sempre notte.

Addio, bella e buona, la più incomparabile, la più divina; mille amorosi baci dappertutto, dappertutto[492].

---

[491] Napoleone, *Lettere d'amore a Giuseppina*, Rusconi, Milano, 1982, pp. 45-47 (03/04/1796).
[492] *ibidem*, p. 84 (21/07/1796).

Rol:
Mia Barberina[493]
tu dormi mentre io ti scrivo, così saprai che io pensavo a te anche questa notte. La tua mano (bianca?) accarezza il mio cuore, e forse il tuo sogno sarà anche il mio. Perché nei sogni tacciono i caratteri degli uomini affinché le anime possano, sole, incontrarsi. Tu sei la 4a corda della mia anima, e suoni grave e profondo – ma la tua voce è umana perché non esclude l'accordo del singhiozzo con lo squillo argentino del tuo viso.

Quale giorno felice sarà quello in cui mi farai udire lo squillo argentino del tuo viso!...[494].

Napoleone:
Vivere in una Giuseppina è vivere nell'Elisio[495].
Mai donna fu amata con maggior devozione, ardore e tenerezza[496].

Rol:
Tu riassumi tutti i comandamenti della mia vita, sei l'unica del mio amore; primo ed ultimo = ti amo infinitamente[497].

Napoleone:
Io vinco soltanto battaglie, mentre Giuseppina, con la sua bontà, conquista tutti i cuori. Giuseppina, la più amabile e la migliore delle mogli![498]

Sono stato nel villaggio di Virgilio, sulle rive del lago, in un chiaro di luna argentino, e nemmeno per un istante ho smesso di pensare a Giuseppina[499].

...le grazie dell'incomparabile Giuseppina risvegliano incessantemente una fiamma viva e ardente nel mio cuore e nei miei sensi[500].

Rol:
Tu accendi il mio spirito conduci la mia mente a pensieri profondi innalzi il mio cuore a vette infinite[501].

---

[493] Barberina Horber, donna *amata* da Rol negli anni '30. Tutti i brani qui riprodotti e indirizzati a lei sono tratti da un carteggio ancora inedito, parte del ns. archivio.
[494] Lettera del 26 ottobre 1937.
[495] Napoleone, *Lettere d'amore a Giuseppina*, cit., p. 100 (21/11/1796).
[496] *ibidem*, p. 54 (29/04/1796).
[497] Lettera a Barberina del 26 settembre 1938.
[498] Napoleone, *Autobiografia*, cit. p. 92 (02/07/1800).
[499] *ibidem*, p. 22 (18/07/1796).
[500] *idem* (17/07/1796).
[501] *Scritti per Alda*, p. 103.

...*come un lampo si rischiarò il mio cuore e la ragione umiliò la mia forza*[502].

...*la gran Luce colmò gli abissi. Il vero eroe è l'Amore*[503].

Ti adoro come non ti ho mai amata pochi giorni solamente e presto potrò riaverti fra le mie braccia![504]

Napoleone:
...*una di queste notti le porte si apriranno con fracasso e, come un geloso da commedia sarò fra le tue braccia*[505].

Da quando ti ho lasciata, sono sempre triste. La mia felicità è nello stare accanto a te. Che notti, mia buona amica, quelle che ho trascorso fra le tue braccia![506]

Ho lasciato tutto per vederti, per stringerti fra le mie braccia ... Non c'eri: tu giri le città inseguendo le feste, ti allontani da me quando arrivo, non ti preoccupi più del tuo caro Achille. Un capriccio ti ha indotto ad amarlo, l'incostanza te lo rende indifferente[507].

Rol:
Mia Barberina
Una sola volta ti ho sentita per me: quando i tuoi occhi hanno incontrato i miei nel riflesso d'argento di una semplice posata...
Penso che in questo istante tu trascorri la serata in un caffé... Mia Barberina, non è questo, ahimé, l'Olimpo che io avrei riservato alla mia Dea – Musa; ma non tutti possono sentire, come io sento, l'immenso tuo valore e le sole cose delle quali sei degna. Telefonami subito, non appena sarai a casa, se però non sarà oltre le 24,15.
Ti adoro! [508]

Mio amore!
Non mi lasciare mai più 24 ore senza tue notizie! L'amore non deve essere sofferenza: ciò dipende solamente da noi...[509].

---

[502] *ibidem*, p. 105.
[503] *ibidem*, p. 121.
[504] Lettera a Barberina del 28 dicembre 1937.
[505] Napoleone, *Autobiografia*, cit. p. 26 (17/09/1796).
[506] Napoleone, *Lettere d'amore a Giuseppina*, cit., p. 78 (17/07/1796).
[507] *ibidem*, p. 104 (27/11/1796).
[508] Lettera a Barberina del 16 dicembre 1937.
[509] Lettera a Barberina del 27 dicembre 1937.

Non mi sembra possibile chiudere la giornata senza rivederti. Interminabile sarebbe la notte. Se mi ami devi comprendere queste esigenze del mio cuore... Ti attendo cara Barberina[510].

Napoleone:
Non ti amo affatto; al contrario, ti odio. Sei una villana, molto sgradevole, molto stupida, una vera cenerentola. Non mi scrivi mai, non ami tuo marito; sai quanto piacere gli facciano le tue lettere, e non gli scrivi nemmeno dieci righe buttate lì a caso!
Che cosa fate dunque, per tutta la giornata, Signora? Quali faccende così importanti vi portano via il tempo di scrivere al vostro ottimo amante? Quale affetto reprime e mette da parte l'amore, il tenero e costante amore che gli avete giurato?[511]

Rol:
Mio Amore!
Neppure stamani una sola parola tua... Ma io non userò dello stesso sistema per farmi ricordare, o dimenticare forse. Il mio sentimento per te non conosce impedimenti, perché è vero amore, e verrà forse un giorno che non ti scriverò senza che le mie lettere ti giungano più, e tu vorrai quel giorno, certamente, rispondere a tutte quelle mie lettere...[512].

Io non cercherò più di te fino al giorno in cui avrò un segno preciso da parte tua il quale mi garantisca della reale esistenza di un sentimento degno di sopravvivere[513].

Napoleone:
...il mio cuore... ti appartiene per diritto di conquista e questa conquista sarà solida ed eterna[514].

Rol:
Rimarrai così fuori del tempo nel miracolo avvenuto[515].

Il mio pensiero rimane con te ed il mio cuore non mi parlerà che di te[516].

Si stancherà il tempo e tutta la natura, ma questo nostro amore rimarrà intatto...[517].

---

[510] Lettera a Barberina del 28 ottobre 1937.
[511] Napoleone, *Autobiografia*, cit., p. 29 (13/11/1796).
[512] Lettera a Barberina del 28 dicembre 1937.
[513] Lettera a Barberina del 23 di Giugno 1938. Copia di questa lettera è parte anche dell'Archivio di Catterina Ferrari, che infatti l'ha pubblicata a p. 221 de *"Io sono la grondaia..."* (ma senza l'anno e il nome del destinatario).
[514] *ibidem*, p. 85 (22/07/1796).
[515] *Scritti per Alda*, p. 89.
[516] Lettera a Barberina del 26 novembre 1937.

...Ti ho scolpita così nel Tuo e nel mio tempo... il nostro tempo avrà un luogo d'incontro... concreto come la realtà che sopravvive alla morte[518].

Napoleone:
Il caldo è eccessivo; il mio animo brucia. Comincio a convincermi che, per essere saggi e stare bene, bisogna non sentire e non concedersi la felicità di conoscere l'adorabile Giuseppina. Le tue lettere sono fredde; il calore del cuore non è per me; perdio, io sono il marito, un altro deve essere l'amante: bisogna essere come tutti gli altri. Guai a colui che si presentasse ai miei occhi con il titolo d'essere amato da te! ... Ma, guarda, eccomi geloso. – Buon Dio, non so più cosa sono! Ciò che però so bene è che senza di te non v'è felicità né vita ... Senza di te, capisci? Cioè te completa. Se nel tuo cuore v'è un sentimento che non sia per me, se ve n'è uno solo che io non possa conoscere, la mia vita è avvelenata e lo stoicismo è il mio unico rifugio. Dimmi che ... amami, ricevi i mille baci della fantasia e tutti i sentimenti dell'amore[519].

Rol:
Tu non saprai mai, amore mio, quanto mi torni penoso l'esserti così vicino e non poterti vedere... Avevo tanto desiderato averti per me questo pomeriggio...
Io sento un velo che discende adagio fra di noi e non sono capace di impedirlo... Mi sembra, il nostro amore di questi giorni, un'ora che fugga, che scivoli via furtivamente; una stagione che trascina un sole che si spenga. E mi chiedevo: perché, perché, perché?(...).
Una sera eri molto triste. Un'altra sera molto strana. Un'altra sera non eri sola. E poi è successo quel che ho sempre paventato, sin dal primo giorno. Ho sempre detto che ti avrebbero ancora cercata: ne ero certo. *Ho fatto male a non insistere per farti rendere quell'anello. Oggi quell'anello attende di essere riesumato, e lo sarà fra breve.*
Pochi giorni fa la sua voce, ieri i suoi caratteri: domani avrai i suoi fiori.
Su questo genere di cose hai ancora poca esperienza, bisogna avere il coraggio di dire è finita, *quando si vuole un'altra cosa nella vita. Il risultato delle cose sta nel loro incominciamento, la fine delle cose nel non lasciarle mai più cominciare. È finita. Ora lo dirai, a lui od a me, poiché io credo che la sola presenza di un'ombra rattristerebbe la nostra vita, se è vero che ne avremo, come ho sempre sperato, una*[520].

---

[517] *Scritti per Alda*, p. 145.
[518] *ibidem*, p. 152.
[519] *ibidem*, p. 88 (22/07/1796).
[520] Lettera a Barberina del 25 novembre 1938.

...ti prendevo tra le braccia, e ti accarezzavo. Tu avevi una sola parola: "Sono stanca, sono di cattivo umore" Che cosa non ho fatto per farti dimenticare la tua stanchezza ed il cattivo umore!...(...).
...ancora prima di partire io corsi a te, ti copersi di baci e ti inondai di tenerezza: "Avrai una mia lettera ogni giorno, un telegramma ogni giorno, una telefonata ogni giorno". Ma poi il tuo ostinato silenzio non mi consentì di farlo. (...).
Io ti ho benedetta quando mi davi l'amore e ti potrei benedire ancora per quanto mi hai fatto soffrire.
Cancellami pure dalla tua vita, ma io vi ritornerò sempre, e tu continuerai a vedermi anche se chiuderai gli occhi, e continuerai a sentirmi anche se la mia voce non ti parlerà mai più[521].

Nell'ultima parte che abbiamo selezionata, il rapporto di Rol, così come quello di Napoleone, stava giungendo al termine. Vi sarebbero anche altri brani di grande interesse, ma ci proponiamo di renderli disponibili in altri studi futuri.

Intanto, nelle lettere di Napoleone a Maria Walewska troviamo uno stile simile, appassionato e romantico. Tuttavia sull'amante polacca di Napoleone, che ha avuto un posto considerevole nel suo cuore e nella sua vita, qui ci soffermeremo solamente su due aspetti che sono in relazione con le poesie ad *Alda* e con la "visione" che Rol raccontò a Beonio-Brocchieri.

Abbiamo già detto, e lo ripeteremo, che molti dei racconti di Rol su sé stesso così come molte sue espressioni e allusioni, hanno una natura prevalentemente simbolica. Questo simbolismo però, tutte le volte che se ne presentava l'occasione, era da Rol adattato o a circostanze del suo presente, oppure a fatti storici salienti, o ancora a fatti particolari di figure storiche per le quali aveva una certa predilezione e che in genere avevano qualcosa a che vedere con la *tradizione metafisica*. È quindi nostra premura avvisare gli studiosi del futuro che si troveranno a fare delle riflessioni sulla vita e il pensiero di Rol, di servirsi di una *doppia vista*, una per la *lettera*, l'altra per il *simbolo*. Diversamente, rischieranno di giungere a conclusioni imperfette. Detto questo, rileviamo che quando Napoleone incontrò per la prima volta la contessa Maria Walewska, all'inizio di gennaio 1807, questa aveva da appena un mese compiuto vent'anni. Si ricorderà che Rol scrisse ad *Alda*: «*Mia adorata Alda, ho gettato giù ancora qualche riga per i tuoi venti anni...*», e che in altre due poesie scrive: «*Per Alda, per i suoi 21 anni!*», e: «*ad Alda per il suo 21° anno*».

È chiaro che Rol volesse sottolineare un periodo particolare dell'età di *Alda*, il periodo tra i suoi 20 e 21 anni. Al di là delle ulteriori considerazioni simboliche che possono farsi su questi due numeri che

---

[521] Lettera a Barberina del 20 dicembre 1938.

pure sono importanti[522], il riferimento storico di Rol è certamente Maria Walewska. Fu infatti il 1807 l'anno più intenso e appassionato che lei e Napoleone vissero insieme, in particolare il mese di marzo dove al castello di Ostroda, nella Prussia Orientale (ora Polonia)[523] vissero come fossero marito e moglie, in un modo che Napoleone non aveva sperimentato neanche con Giuseppina, perché all'epoca del suo innamoramento della creola della Martinica era costantemente impegnato nelle campagne militari e distante da Parigi, e i periodi di tregua in cui poteva vedere la moglie erano molto rari. La primavera del 1807 fu quindi, sia per Maria[524] che per Napoleone, il momento più bello della loro storia d'amore, e sicuramente uno dei più significativi della loro vita. Si aggiunga inoltre che Maria *était blonde, et ses cheveux comme l'or*, e che rispondeva a tutte le qualità fisiche, morali, epiche[525] e spirituali per farne la modella ideale di una *Alda* simbolica[526]. Non ultimo, il fatto che fu Maria, e non Giuseppina, a dargli un figlio, lui che fino ad allora temeva di essere sterile e che aveva avuto in precedenza anche problemi psicologici (lui, Napoleone!) in merito alle sue prestazioni sessuali, tanto che la stessa Giuseppina, in uno dei suoi momenti antipatici, aveva fatto circolare una boutade crudele: «Bonaparte – *bon à rien*»[527].

---

[522] Soprattutto il 21, che essendo un multiplo di 7 rimanda alle simbologie associate a questo numero, e soprattutto al "settimo" *cakra* della tradizione indù, il *loto dai mille petali* che corrisponde alla realizzazione della *coscienza sublime*, o *samādhi*. Deve essere forse per questa ragione che in passato la "maggiore età" era fissata a 21 anni.

[523] Si tratta del castello dei Cavalieri Teutonici. Nel 1629 vi soggiornò anche Gustavo Adolfo di Svezia. Napoleone ne fece il suo quartier generale dal 21 febbraio al primo aprile 1807. Non lontano si trova la città natale di Copernico, Toruń.

[524] Tanto che una sua biografa scrive: «Maria aveva vent'anni e non aveva fino ad allora conosciuto il vero significato dell'amore» (Sutherland, C., *L'amante di Napoleone. Vita e passioni di Maria Walewska*, Mondadori, Milano, 2001, p. 89).

[525] Era una fervente patriota che si batteva per l'indipendenza della Polonia, a suo modo una *Jeanne d'Arc* polacca.

[526] Il cameriere personale di Napoleone, Constant, parla di lei come di «quella donna angelica, di cui non potrò mai dimenticare il carattere dolce e lo spirito di abnegazione» (*Il valletto di Napoleone*, cit., p. 174).

[527] Il rapporto travagliato di Napoleone con Josephine, la sua paventata sterilità e i suoi problemi di impotenza hanno molte analogie con il rapporto tra Elna Resch-Knudsen e Gustavo Rol, con la presunta sterilità di uno dei due (lo si disse di entrambi), visto che non ebbero figli, e infine con le rispettive vicende extra-coniugali dopo che il loro rapporto, per lo meno dal punto di vista intimo e affettivo, era finito. Rol, che pure ha amato Elna moltissimo, avrebbe certamente divorziato se non avesse ritenuto il matrimonio una cosa troppo importante per scioglierne il vincolo effettivo. Ci sarà modo di approfondire in altro studio anche questo aspetto biografico. Il tema dell'"impotenza" emerge comunque anche nelle poesie ad Alda, dove Rol non è in grado di soddisfare le esigenze della sua amante a causa di un precedente "affaticamento" di natura erotica (per lo meno, da un punto di vista *exoterico*): «L'amore anche il più grande non compie miracoli contro natura. Anche l'eroe si addormenta dopo la battaglia...» (p. 110). Ci ritorneremo più avanti.

La sovrapposizione dell'*Alda* simbolica sulla figura di Maria Walewska è rafforzata anche dal fatto che entrambe hanno un fratello, a cui sono molto legate: quello di *Alda* si chiama Oliviero, prima rivale (secondo il *Girart de Vienne*) e poi amico fraterno di Rolando, mentre quello di Maria si chiama Józef, «il soldato modello, da dieci anni al seguito di Napoleone»[528]. È solo alla luce di questi riferimenti che acquista un senso ciò che Rol scrive ad *Alda*: «Tuo fratello Ti porterà questa lettera» (p. 67), visto che la signora torinese che impersona *Alda* non ha fratelli[529].

La vicenda di Maria Waleswka ci porta dunque in Polonia, e può svelarci molto sulle ragioni che hanno spinto Rol a fare di un "Polacco" il misterioso personaggio che avrebbe incontrato a Marsiglia. Noi crediamo, e lo vedremo bene più avanti, che in realtà questo Polacco, così come tutto il racconto di Rol in proposito, sia solo una finzione letteraria, anche se con una base *storica* e *simbolica*.

Il "sogno" di Rol riferito da Vittorio Beonio-Brocchieri, dove Napoleone arriva in un palazzo seguito da un generale zoppo e guercio, e partecipa a quella che sembra una serata di gala, ha secondo noi molto a che vedere, da un punto di vista storico, con l'incontro a Varsavia tra l'Imperatore e Maria Walewska. Christine Sutherland ne ha tratto un racconto significativo, che riportiamo quasi integrale:

«Per mercoledì 7 gennaio [1807] fu fissato un ricevimento che l'imperatore avrebbe dato per incontrare l'alta società di Varsavia; gli ambitissimi inviti vennero recapitati da valletti in uniforme a ciascun nominativo indicato su una lista compilata personalmente da Talleyrand, con l'aiuto della contessa Tyszkievicza, sorella del principe Poniatowski. Su richiesta di Napoleone, l'elenco era piuttosto lungo e rappresentativo: comprendeva non solo la nobiltà e il clero, ma anche scrittori, poeti ed eminenti commercianti di Varsavia.

Man mano che il giorno della presentazione si avvicinava, la profonda esaltazione di Maria si tramutò in timidezza. Se avesse potuto fare di testa sua, sarebbe stata felice di ritornare in campagna e continuare a sognare, anziché dover incontrare il suo idolo in carne e ossa. Le sembrava sufficiente averlo nella stessa città, a poca distanza da casa. Era difficile pensarlo come persona: era più simile a un essere sublime. Come sarebbe mai riuscita a parlargli? Aveva convissuto così tanti anni con un sogno, tenendoselo stretto, custodendolo da ogni interferenza esterna, che era restia a permettere che questo sogno venisse turbato.

---

[528] Sutherland, C., *cit.*, p. 63. Józef Benedykt Łączyński (1779-1820), generale di brigata, Cavaliere della Legion d'Onore e dell'Ordine di San Stanislao di Polonia. Sul *Girart de Vienne*, opera di riferimento insieme alla *Chanson de Roland* per la vicenda di Alda, cfr.: Bertrand de Bar-sur-Aube, *Girart de Vienne*, a cura di F. Fichera, C.U.E.C.M., Catania, 1994.

[529] Ad un livello più profondo di lettura si può dire che in realtà è Rol stesso a "portare la lettera" ad *Alda*, essendo *fratello e sposo* di Alda... Cfr. anche Goethe, J.W., *Faust*, v. 3120: «mio fratello è soldato», dice Margherita, la dama di cui Faust si invaghisce...

Suggerì ad Anastasy di declinare l'invito, ma incontrò un indignato rifiuto. Walewski non intendeva privarsi dell'occasione d'incontrare l'imperatore, e basta[530]. E d'altronde, che cosa veniva in mente a Maria, lei che per anni non aveva parlato d'altro che di Napoleone? (...).

Mercoledì 7 gennaio, Varsavia giaceva silenziosa sotto una spessa coltre di neve. Con il sopravvenire dell'oscurità della notte, che inghiottì le cupole innevate della città, una sfavillante processione di carrozze si avviò in direzione del palazzo reale che si levava alto sopra la scarpata della Vistola. Il fiume era un nastro scuro serpeggiante, ma le facciate settecentesche rilucevano, delicatamente illuminate da innumerevoli torce.

Nell'antico palazzo dei re di Polonia, i saloni sfavillanti di luce facevano da sfondo al fior fiore dell'alta società polacca; erano venuti tutti a incontrare il conquistatore dell'Occidente. Era la più importante di tutte le serate, alla quale non si poteva mancare per nulla al mondo. La vanità e la curiosità di tutti erano tese fino all'estremo limite. Era come se il destino della nazione dipendesse dal successo dell'incontro.

Non possiamo che cercare di indovinare i sentimenti di Maria nel momento in cui, accompagnata dalle due cognate e preceduta da Anastasy, che indossava l'uniforme di gala di ciambellano di corte con il nastro azzurro dell'ordine dell'Aquila Bianca di traverso sul petto, percorse la lunga galleria in mezzo a due ali di soldati della Guardia Imperiale nelle loro uniformi cremisi.

Il principe Jozef Poniatowski, sfavillante di rosso e oro, più affascinante che mai nelle attillate brache di pelle bianca, li accolse sulla porta del salotto principale, dove avrebbe avuto luogo la presentazione delle dame. Il salotto era illuminato a giorno dalle centinaia di candele degli splendidi lampadari che erano stati fatti per l'ultimo re di Polonia dagli artigiani vetrai di Venezia. Dall'alto delle pareti rivestite di damasco giallo osservavano la sfavillante assemblea i ritratti dei re di Polonia, succedutisi durante otto secoli, a cominciare da Miezsko I, il condottiero pagano che, convertito al cristianesimo nel 966, aveva guidato il paese in seno alla Chiesa cattolica.

La maggioranza del centinaio di signore presenti nella sala indossava abiti stretti, dalla vita alta, ricamati in filo d'oro e d'argento.

"Aspettammo per parecchio tempo" ricorda Anna Potocka nelle sue memorie "e devo confessare che avevamo tutte un certo timore." Napoleone poteva essere imprevedibile. Si diceva che aveva lavorato molto e che avrebbe potuto essere di cattivo umore, nel qual caso la cerimonia delle presentazioni sarebbe stata un fiasco. Abbondavano i racconti del suo strano comportamento con le signore. Poteva essere privo di tatto, o distratto o addirittura villano. Non aveva forse recentemente ridotto in lacrime una nota signora sassone chiedendole

---

[530] Anastasy Colonna Walewski, ciambellano del re di Polonia Stanislao Poniatowski, grande proprietario terriero, che aveva sposato Maria Łączyński (che col matrimonio era diventata *Walewska*) il 17 giugno 1804.

perché il marito le era tanto infedele? Non aveva detto a una venerabile signora dell'aristocrazia che era troppo vecchia per portare un abito scollato, e chiesto a una giovane diciottenne quanti mariti aveva avuto? Non si sapeva mai bene cosa aspettarsi. L'atmosfera era tesa.

L'ingresso di Maria attirò molti sguardi di ammirazione. Il suo abito attillato di velluto azzurro era dello stesso colore degli occhi e s'intonava alla sua collana di zaffiri e diamanti; intorno alla vita sottile portava un cordone d'argento, alla moda greca. I capelli biondi, raccolti sul collo, sfuggivano in riccioli ribelli a incorniciarle l'incantevole viso botticelliano. Prese posto accanto alla cognata e rimase ad aspettare, con gli occhi fissi sulla porta di mogano all'estremità della sala. (...).

A un tratto la sala si animò. Due domestici in livrea spalancarono le porte, e comparve Napoleone, seguito da Talleyrand e dal maresciallo Duroc. Si trattenne per un momento sulla soglia, quasi assorto in una visione interna, remota. Pensava forse a Parigi, dove avrebbe voluto essere in quei giorni di Capodanno? La visione scomparve, ed egli avanzò con passo deciso.

Scrive un'altra cronista, Anna Nakwaska: "L'imperatore entrò nella sala come se si trattasse di una rivista, rapido e con un' espressione leggermente annoiata. Ma quando cominciò a guardarsi attorno, i suoi lineamenti si addolcirono a poco a poco, la fronte possente si spianò ... mentre ci osservava con evidente approvazione. '*Ah, qu'il y a de jolies femmes à Varsovie*', udii che diceva quando si fermò davanti a Madame Walewska, la giovane moglie dell'anziano ciambellano Anastasy, che per caso si trovava accanto a me..."

Si può facilmente credere che, come narra la cronista, il volto di Napoleone si sia disteso in un sorriso, perché lì davanti a lui, con le guance rosse per l'emozione, c'era un'incantevole donna-bambina, bionda, dalla carnagione candida, dalla splendida figura e dagli occhi di straordinaria bellezza. C'era in lei qualcosa di infinitamente dolce: non era il viso allegramente provocante della coquette, ch'egli ben conosceva, né quello della signora sofisticata della buona società, sicura di sé per la consapevolezza del proprio fascino; malinconia e innocenza e bontà e grande tenerezza si mescolavano insieme nella sua espressione e dovettero attrarre l'imperatore.

Rialzandosi dall'inchino, Maria incontrò tutta l'intensità del famoso "sguardo infinitamente possente". Non venne scambiata fra loro neppure una parola. Egli si trattenne per un impercettibile istante, poi proseguì.

Più tardi, finite le presentazioni, Napoleone fu visto appartarsi nel vano di una finestra a parlare con Talleyrand e indicare il vecchio ciambellano e la moglie. "Lei chi è?" chiese. "È la figlia di una famiglia aristocratica, sposata a un uomo che ha cinquant'anni più di lei. Si chiama Maria Walewska"»[531].

---

[531] Sutherland, C., *L'amante di Napoleone*, cit., pp. 52-55. L'ultima riga ci ricorda quella «Madame Sainton (42 anni) sposata con un giovane di ventisei». I dettagli sono diversi, e la differenza di età è invertita, ma il senso ci pare lo stesso.

Gli elementi combacianti con la "visione" di Rol sono molti. Rivediamoli:

«*Nell'antico palazzo dei re di Polonia, i saloni sfavillanti di luce facevano da sfondo al fior fiore dell'alta società polacca...*».

«*Il salotto era illuminato a giorno dalle centinaia di candele degli splendidi lampadari...*».

«*...avevamo tutte un certo timore. (...). Non si sapeva mai bene cosa aspettarsi. L'atmosfera era tesa*».

«*...percorse la lunga galleria in mezzo a due ali di soldati della Guardia Imperiale nelle loro uniformi cremisi*"»[532].

«*...spalancarono le porte, e comparve Napoleone, seguito da Talleyrand e dal maresciallo Duroc. Si trattenne per un momento sulla soglia, quasi assorto in una visione interna, remota. Pensava forse a Parigi, dove avrebbe voluto essere in quei giorni di Capodanno? La visione scomparve, ed egli avanzò con passo deciso*».

«*L'imperatore entrò nella sala come se si trattasse di una rivista...*».

«*...si fermò davanti a Madame Walewska...*».

«*Rialzandosi dall'inchino...* ».

«*Non venne scambiata fra loro neppure una parola. Egli si trattenne per un impercettibile istante, poi proseguì*».

Ora, tenendo presenti questi punti, e sapendo che Talleyrand, ministro degli affari esteri e consigliere di Napoleone era zoppo[533], si rilegga il racconto di Rol:

«*Una notte ebbi una visione strana... mi trovavo a Parigi nella galleria di un palazzo primo impero; dame vestite nei costumi di corte,*

---

[532] La frase è riferita a Maria, ma anche Napoleone farà lo stesso percorso.

[533] Charles-Maurice de Talleyrand-Périgord (1754-1838) è una figura che potrebbe avere a che fare moltissimo con la *materia* storica alla quale Rol appoggiava il suo simbolismo. Zoppo per alcuni fin dalla nascita (a causa di una malattia genetica), per altri dopo un incidente quand'era ancora neonato, a causa di questa infermità non potè essere destinato alla carriera militare e fu avviato alla carriera ecclesiastica. Entrò nel seminario di Saint-Sulpice, ma senza dimostrare vocazione e successivamente gli fu concessa l'abbazia di Saint.-Denis di Reims. Ordinato prete, divenne vescovo di Autun nel 1789 e deputato per il clero agli Stati Generali. Dopo la proclamazione della nuova *Costituzione civile del clero* venne scomunicato da Papa Pio VI. Ebbe una carriera diplomatica intensissima e ruoli rilevanti sotto Luigi XVI, poi durante la Rivoluzione, il Direttorio, quindi con Napoleone, del quale inizialmente aveva grandissima stima. Napoleone apprezzerà in lui le abilità diplomatiche, mentre ne rimprovererà la licenziosità e i discutibili costumi, sia in ambito finanziario che sessuale (persino nella precedente carriera ecclesiastica, da lui poi abbandonata, aveva avuto più di una amante). In questo si potrebbero fare molte analogie con la biografia di Casanova. Per non parlare delle sue manovre politiche che avevano molto il sapore del doppio gioco (è considerato il prototipo del "camaleontismo") tanto che dopo gli incontri con lo Zar di Russia Alessandro I ad Erfurt (1808) fu accusato di tradimento da Napoleone e allontanato, anche se l'imperatore cercò di servirsi ancora di lui perché, nonostante tutto, nessuno aveva il suo acume e le sue qualità diplomatiche. Protagonista del Congresso di Vienna, dopo Napoleone fu nominato da Luigi Filippo ambasciatore a Londra. Prima di morire si sottomise alla Chiesa, rinnegando essenzialmente gli atti scismatici da lui compiuti.

gentiluomini, generali tutti allineati in un corridoio piuttosto stretto (io mi sentivo agitato, pur sapendo di sognare!). A un certo momento una voce grida: '*L'Empereur!...*' e il corridoio comincia ad allargarsi... allargarsi, nella sfavillante luce dei lampadari di cristallo nel centro, ed eccolo trasformato in un salone gremito di dignitari e di dame. Sulla parete di fondo si apre una porta ed entra Napoleone, reggendo il cappello con la sinistra appoggiata dalla parte del cuore. A mano a mano che avanza, i gentiluomini e le dame da una parte e dall'altra si inchinano. Dietro all'imperatore, cammina zoppo un generale...L'imperatore viene verso di me... (il cuore mi batte!) passa davanti a me, col generale zoppicante...».

Vedremo tra breve che la seconda parte di questo sogno potrebbe ricollegarsi ad un altro episodio *storico*. Intanto però occorre rilevare due dettagli che non corrisponderebbero, ovvero che Talleyrand non era un generale e che dietro a lui, nel sogno di Rol, non c'è una terza persona (Duroc). Ammesso che Beonio-Brocchieri riferisca esattamente anche i dettagli, sui quali in genere si accetta un margine di approssimazione, possiamo comunque fare le seguenti considerazioni: in primo luogo, Napoleone considerava tutti i suoi collaboratori come soldati, compresi i rappresentanti del clero, questa essendo già stata una attitudine di Carlo Magno, da cui infatti ebbe inizio l'epopea cavalleresca dei "soldati di Dio" che ebbe in Bernardo di Chiaravalle la sua massima espressione. Talleyrand era un ex vescovo che non aveva potuto fare la carriera militare a causa della sua infermità, ma considerando l'importanza del suo ruolo presso Napoleone, questi doveva considerarlo senz'altro come uno dei suoi migliori generali. D'altronde nella cronaca della serata di gala troviamo elementi militari quando si dice che «*l'imperatore entrò nella sala come se si trattasse di una rivista*» e quando si fa riferimento alle «*due ali di soldati della Guardia Imperiale*».

Quanto a Duroc (1772-1813), si tratta di uno dei fedelissimi di Napoleone, con il quale Rol avrebbe potuto tranquillamente identificarsi. Generale e Gran Maresciallo del Palazzo Imperiale, è sepolto insieme al maresciallo Bertrand[534] di fianco a Napoleone all'*Hotel des Invalides,* a Parigi. Di lui Las Cases scrive:

«Napoleone all'assedio di Tolone si legò con alcuni uomini dei quali in seguito si parlò molto. Negli ultimi ranghi dell'artiglieria scelse un giovane ufficiale che in un primo tempo educò con molta fatica, ma dal quale in seguito ottenne i maggiori servigi: era Duroc, il quale... possedeva doti straordinariamente solide e utili. Era devoto alla persona dell'Imperatore e al suo bene, e sapeva dire la verità al momento giusto.

---

[534] Anche Bertrand, che seguirà Napoleone a Sant'Elena, e che "interveniva" spesso negli esperimenti di Rol introducendo l'arrivo dell'Impertatore, è un'altra possibile identificazione, ma secondo noi secondaria rispetto a Duroc. Noi diciamo che Rol poteva interpretare o assumere la funzione, alternativamente, sia di Napoleone, che di alcuni suoi intimi; e che questa funzione è analoga a quella tra il Figlio e il Padre nel Vangelo, tra i quali sussiste un rapporto gerarchico ma allo stesso tempo sono «una cosa sola» (Gv 10, 30).

In seguito fu duca del Friuli e gran maresciallo. Aveva organizzato mirabilmente la corte, e la manteneva in perfetto ordine. Quando morì, l'Imperatore capi d'aver subito una perdita irreparabile, e parecchie persone furono della stessa opinione. L'Imperatore mi diceva che soltanto Duroc era stato suo intimo e confidente in tutto e per tutto»[535].

Nella vicenda della relazione tra Napoleone e Maria Walewska, Duroc ha un ruolo chiave. Il giorno seguente alla serata di gala, «una carrozza si fermò davanti alla casa dei Walewski... Ne scese il maresciallo Duroc... portando un gigantesco mazzo di fiori e una pesante missiva su carta pergamena con i sigilli verdi imperiali; era venuto per consegnare un messaggio indirizzato a Maria da parte del suo padrone. Il contenuto della lettera scosse profondamente la giovane donna: "Non ho visto che Voi, ho ammirato soltanto Voi; non desidero che Voi; Vi prego di rispondermi subito per calmare il mio ardore e la mia impazienza". La lettera era firmata: "Napoleone".

Maria fece sapere al maresciallo che non vi sarebbe stata risposta. Duroc imperterrito ritornò la sera stessa con un altro mazzo di fiori e un'altra lettera. Questa volta il tono era diverso: era scomparso l'invito imperiale, la rozza impazienza; il tono era quello di un uomo innamorato, di un lettore di romanzi d'amore come *Paul et Virginie* e *Corinne*: "Vi ho forse fatto dispiacere, Signora? Il Vostro interesse alla mia persona sembra essersi affievolito, mentre il mio cresce ogni momento ... Avete distrutto la mia pace ... Vi prego di dare un po' di gioia al mio povero cuore, così pronto ad adorarVi. È così difficile mandarmi una risposta? Me ne dovete due". La firma scarabocchiata che terminava con uno svolazzo impaziente era: "Napole". Ma anche questa missiva rimase senza risposta.

Povera Maria. Per una donna della sua sensibilità e del suo orgoglio, quest'improvvisa metamorfosi del suo eroe leggendario in un comune mortale[536], acceso di desiderio, che le proponeva spudoratamente un convegno d'amore, dev'essere stata un colpo terribile. Come poteva il grande imperatore aver frainteso in modo così totale i nobili sentimenti che provava per lui? Egli chiedeva sacrifici al suo paese. Come la maggior parte dei suoi compatrioti, era pronta a dargli qualsiasi cosa – terre, denaro, gioielli, anche la vita se fosse stato necessario – tutto,

---

[535] Las Cases, *op. cit.*, vol. I, p. 81 (01-06/09/1815).

[536] Si può fare un interessante parallelo con i vv. di una delle poesie ad *Alda* (p. 110): «Hai ragione / sono un uomo qualunque. / (...) / Non un Dio / ma un semplice uomo / ma tu non ricordarglielo. / Cesserebbe di esser l'Eroe / che tu avevi esaltato / e diverrebbe / un uomo qualunque». Qui si tratta però di una situazione esattamente inversa, dove Rol non cerca l'esaudimento di un desiderio, ma lo fugge perché esso è già stato soddisfatto (in una precedente "avventura amorosa"). Fuori dall'episodio contingente, solo Rol – nella sua umiltà (e nel suo simbolismo) – avrebbe potuto dire di se stesso di essere «un uomo qualunque»: tutti quelli che lo hanno conosciuto non possono invece che affermare, con Omero, «ch'era un nume fra gli uomini e non pareva figlio d'un uomo mortale, ma figlio di un dio» (*Iliade*, XXIV, 258-259 – Einaudi, Torino, 1990, p. 857).

tranne quest'unica cosa ch'egli in modo così evidente desiderava da lei. (...).

Per chi l'aveva presa? In base a quale principio lui, e l'insigne maresciallo, suo inviato, potevano presumere che lei sarebbe stata disposta ad appagare i suoi desideri – lei, donna sposata, di un'eminente famiglia, e madre?»[537].

Tuttavia Maria si piegherà alle insistenze di Napoleone, e si affezionerà anche a Duroc, «il garbato, gentilissimo maestro della casa imperiale e amico intimo di Napoleone, che era stato un intermediario così pieno di tatto...»[538].

Il 19 gennaio 1807 durante una cena al castello, si trovò seduta accanto a lui; di fronte sedeva Napoleone, il quale «ogni tanto comunicava con Duroc per mezzo di una specie di linguaggio dei segni, nel quale entrambi sembravano assai abili, e che Maria trovò stranamente infantile. A quanto pare, a un certo momento durante la cena, l'imperatore, non togliendole mai gli occhi di dosso, si mise la mano sinistra sul cuore; a quel segnale, Duroc prontamente, si volse verso di lei e le chiese perché non portava i fiori che le erano stati inviati qualche ora prima. In tono vivace, Maria rispose che li aveva regalati al suo bambino»[539].

Oltre a far capire il grado di complicità che c'era tra Napoleone e Duroc, è interessante il "codice" usato dall'imperatore, ovvero quel «*si mise la mano sinistra sul cuore*», gestualità a lui consueta ma che in questo contesto è ben significativa, anche perché nel racconto di Rol Napoleone ha «*la sinistra appoggiata dalla parte del cuore*», cosa che evidentemente intendeva sottolineare. La Sutherland scrive che nessuno all'infuori della famiglia poteva rivolgersi a Napoleone «con la forma confidenziale del tu a eccezione di Lannes e Duroc; la devozione di Duroc era rivolta a Napoleone più come uomo che come sovrano. Nella sua posizione di gran maresciallo di palazzo, Duroc controllava ogni dettaglio connesso con la sicurezza dell'imperatore – cibo, divertimenti, vita mondana – spesso suscitando le reazioni infastidite anche di Giuseppina che si sentiva messa da parte. Alle Tuileries occupava una piccola camera da letto accanto a quella dell'imperatore e lo accompagnava nelle passeggiate in incognito per Parigi»[540].

Il primo giorno della battaglia di Bautzen, Duroc «venne ferito mortalmente – sventrato da una granata nemica – mentre galoppava a fianco dell'imperatore. Il dolore di Napoleone per la perdita di Duroc fu terribile; alcuni storici lo paragonano alla disperazione di Alessandro Magno dopo la morte di Efestione. L'imperatore, cosa per lui del tutto insolita, interruppe la battaglia e non volle vedere più nessuno per tutto

---

[537] Sutherland, C., *cit.*, pp. 60-61.
[538] *ibidem*, p. 105.
[539] *ibidem*, p. 62.
[540] *ibidem*, pp. 105-106.

quel giorno e quella notte. In seguito, acquistò il terreno dove Duroc era caduto e fece erigere un monumento nel punto esatto in cui era morto.

Anche Maria fu scossa dalla notizia della morte del gran maresciallo. Duroc era stato parte della sua vita fin dai primi giorni del 1807. Era seduto al suo fianco nella carrozza che la conduceva al castello di Varsavia per il suo primo appuntamento con Napoleone. Le aveva tenuto in silenzio la mano mentre tremava di paura per lo scoppio d'ira di Napoleone quando non aveva indossato i gioielli che le aveva inviato. Era stato Duroc a farla sorridere alla vista del linguaggio dei segni fra lui e Napoleone. Ed era stato Duroc che, durante gli ultimi sei anni, aveva costituito il legame fra lei e l'imperatore e che, in ogni occasione, le aveva dato eccellenti consigli e sostegno morale»[541].

Se ci siamo soffermati sul maresciallo Duroc, è perché crediamo sia un modello ideale di «antenato» simbolico vissuto in epoca napoleonica con il quale Rol poteva identificarsi. E d'altronde il suo "sogno" ha tre protagonisti proprio come nel corrispondente storico: Napoleone, lo zoppo, e Rol da una parte; Napoleone, Talleyrand e Duroc dall'altra. Rivediamo ora la seconda parte del sogno di Rol:

«L'imperatore viene verso di me... (il cuore mi batte!) passa davanti a me, col generale zoppicante e va a sedersi sul trono, sotto l'aquila. (...). "Improvvisamente l'imperatore fa segno al generale dalla faccia sfregiata come gli volesse dire qualche cosa; e subito dopo sento che il generale grida il mio nome! Mi alzo in piedi, mi avvicino al trono, Napoleone dice al generale indicando la decorazione che questi reca sul petto: '*Donnez-la lui! Il a bien mérité!*' Il generale si toglie la decorazione, sta per consegnarmela... il sogno svanisce»[542].

La *materia storica* di cui Rol si è servito per questa parte del racconto è secondo noi la seguente:

«...fu firmata la pace tra i tre sovrani[543] e Sua Maestà rese visita all'imperatore Alessandro che lo ricevette alla testa della sua guardia. L'imperatore Napoleone chiese al suo illustre alleato di indicargli il granatiere più valoroso di quella bella e coraggiosa truppa. L'uomo venne presentato a Sua Maestà che staccò dalla bottoniera la sua croce personale della Legion d'Onore e la puntò sul petto del soldato moscovita tra le acclamazioni dei suoi compagni»[544].

In questo racconto abbiamo di nuovo tre protagonisti dove la parte dell'imperatore la fa lo zar Alessandro, quella del generale zoppo la fa Napoleone, mentre il soldato russo corrisponderebbe a Rol stesso[545].

---

[541] *ibidem*, pp. 203-204.

[542] Beonio-Brocchieri, V., *Camminare sul fuoco...*,.cit., p. 127.

[543] Si tratta della pace di Tilsit (città oggi dell'exclave russa situata tra Lituania e Polonia) tra Napoleone e lo zar Alessandro I di Russia (7 luglio 1807), e tra Napoleone e re Guglielmo III di Prussia (9 luglio).

[544] Constant Wairy, *Il valletto di Napoleone*, cit., p. 187.

[545] E si ricorderà la storia di Ferdinado Balbo che muore in Polonia di ritorno dalla Russia. Se poi aggiungiamo il fatto assai significativo che il padre di Ferdinando, Cesare Balbo (1789-1853), politico liberale piemontese, patriota, storico e letterato, aveva scritto

È assai significativo che questo episodio sia accaduto appena sei mesi dopo il ricevimento di Varsavia, e che riguardi la stessa area geografica, dimostrando che non si tratta di due fatti scollegati e che Rol li ha messi insieme perché evidentemente, almeno nel momento in cui incontrava Vittorio Beonio-Brocchieri all'inizio degli anni '60, era una fase della storia napoleonica che gli interessava particolarmente. Ed è significativo che quel periodo di sei mesi sia anche il più importante nella storia tra Napoleone e Maria Waleska, l'anno in cui la ragazza polacca passava dai 20 ai 21 anni.

Tre anni più tardi, il 4 maggio 1810, dalla loro relazione nascerà un figlio, Alexandre, che prenderà lo stesso cognome del padre legale (Colonna Walewski). Attraverso di lui, si è potuta conservare la discendenza franco-polacca di Napoleone, stabilitasi sin dai tempi dello stesso Alexandre in Francia.

Ed è qui che entra in scena quella che secondo noi è una delle storie meglio costruite da Gustavo Rol: un misterioso "maestro" polacco conosciuto nel 1925 a Marsiglia.

---

una novella intitolata *La bella Alda*, allora si capisce come quello che Rol diceva non era mai casuale né mai slegato da un determinato contesto storico e simbolico, e che approfittava delle circostanze per agganciare ed intrecciare nomi, vicende e simboli. Circa la novella del Balbo di «Alda la bella, e Giacometto l'innamorato» (cfr. Balbo, C., *La bella Alda*, in: Novelle, UTET, Torino, 1857, pp. 60-84), si tratta di un racconto ambientato presso la Sagra di S. Michele, monastero in Valle di Susa a pochi chilometri da Torino, che l'autore dice essere di origine medievale (XIII secolo), e che ha in comune con la storia dell'"altra Alda" un certo schema di fondo... Il racconto verrà in seguito (1884) adattato, cambiando alcuni nomi ed elementi ma sempre ambientato nel Medio Evo e alla Sagra di S. Michele, dal romanziere torinese Edoardo Calandra (1852-1911). I riferimenti a Carlo Magno sono numerosi (vi si trova anche una Berta). Cfr. Calandra, E., *La bell'Alda*, Giacomo A. Caula Editore, Cuneo, 1987. Si veda anche: Gatto Chanu, T., *La bell'Alda*, in *Leggende e racconti popolari del Piemonte*, Newton Compton, 1986, pp. 92-95.

...si comporta come se un suo doppio stesse compiendo un atto di imperio sulle potenze invisibili.
Nicola Riccardi[546]

Il misterioso personaggio riapparve molte volte nelle parole di Rol. Lo chiamava "lui".
Pitigrilli[547]

"Lui", dico, non posso dire "io".
Henry Jekyll[548]

Lo strano caso del Dottor Rol e del Signor Walewski

Correva l'anno 1952 e lo scrittore italiano Dino Segre, in arte Pitigrilli, collaborava già da quattro al giornale *La Razón* di Buenos Aires, in Argentina, paese in cui era emigrato. Nel mese di maggio aveva deciso di dedicare quattro articoli al suo amico Gustavo Rol, che aveva conosciuto all'epoca in cui era ancora in Italia, presumibilmente alla fine degli anni 30'. Questi articoli furono poi raccolti nel 1954 nel suo libro *Gusto per il mistero*.

Nel pezzo del 28 maggio Pitigrilli riferiva uno strano racconto di Rol, nel quale egli spiegava quando e come aveva iniziato a sviluppare le sue *possibilità*:

«È andata così: a Marsiglia prendevo i pasti in una pensione di famiglia, dove era mio vicino di tavola un signore taciturno, che non rivolgeva la parola a nessuno, non rispondeva, salutava appena; leggeva giornali e libri polacchi e non si sapeva che mestiere facesse. Un bicchiere rovesciato mi diede l'occasione di dirgli finalmente qualche parola. Uscimmo insieme. Gli parlai delle mie letture di contenuto spirituale, religioso. Rise: "Dio non esiste", mi disse; e mi domandò se io ammettevo che con la volontà si potessero immobilizzare le lancette dell'orologio. Eravamo sulla Canebière. "Che ora segna" – e mi indicò l'orologio luminoso della Borsa – "Le nove e un quarto". "Io lo fermo". E l'orologio si arrestò. (...).

Tornati a casa – continuò Rol – mi fece assistere ad alcuni esperimenti per mezzo delle carte. Mi insegnò qualche cosa. Mi disse a quali esercizi ci si deve sottomettere, in quale stato d'animo ci si deve collocare. Mi insegnò a riconoscere, col semplice passaggio delle mani, il colore di tutto un mazzo di carte rovesciate. Mi disse le più elementari formule (Rol non parla di formule magiche; le parole mago e magia non escono mai dalla sua bocca) per gli esperimenti più semplici.

---

[546] Riccardi, N., *Gustavo Adolfo Rol*, Metapsichica, lug-dic 1966, p. 80.
[547] Pitigrilli, *Gusto per il mistero*, Sonzogno, Milano, 1954, p. 88.
[548] Stevenson, R.L., *Lo strano caso del Dottor Jekyll e del Signor Hyde*, BUR, 2007, p. 130.

Un giorno, per allontanarmi dalla fede (Rol è profondamente credente) mi condusse a Lourdes, che mi aveva dipinto come un'organizzata mistificazione, ma una guarigione avvenuta sotto i nostri occhi lo fece cadere in ginocchio: "Io credo, io credo" gridò. Tornammo a Marsiglia, bruciò i libri e i manoscritti, mi espresse il suo rincrescimento per avermi insegnato appena qualche cosa senza spiegarmene il senso, e mi disse che il di più lo avrei imparato da me. Si ritirò in un monastero della Savoia, come fratello laico, e quando andai a trovarlo, nel congedarmi mi disse di non cercarlo più, perché oramai i fenomeni ai quali mi aveva iniziato appartenevano a un mondo lontano. Più tardi venni a sapere che era morto»[549].

Per oltre trent'anni questa storia rimase nel dimenticatoio, fino a quando non venne riesumata da Renzo Allegri nel 1986, che la riprese in *Rol l'incredibile*, ma non per commentarla, quanto per metterla a confronto con un altro racconto che Rol – così scriveva – aveva fatto direttamente a lui:

«Di come abbia scoperto le sue straordinarie facoltà paranormali non parla mai. Su questo argomento corrono diverse versioni. C'è chi racconta che sia stato discepolo di un guru indiano; altri affermano che ad un certo momento della sua vita, quando aveva circa 25 anni, folgorato da una crisi mistica si sia chiuso in un monastero di clausura, e lì sia stato iniziato ai misteri dell'occulto da un vecchio abate. Per Pitigrilli l'"iniziazione" sarebbe avvenuta a Parigi, da parte di un medium polacco»[550].

Nel corso del nostro lavoro, abbiamo avuto modo di anticipare alcuni dei possibili «abati» simbolici di Rol: Fulrado di Saint Denis, San Bernardo di Chiaravalle, l'abate di Santo Omero presso la cui abbazia si era rifugiato Carlo Magno, e persino Giacomo Casanova. Più avanti torneremo su questo punto, e parleremo anche di un abate reale che assistette Rol durante la sua «crisi mistica», così come accenneremo alla "pista" indù. Qui intanto cominciamo col segnalare che quanto dice Allegri è impreciso, sia perché la città di cui parla Pitigrilli non è Parigi ma Marsiglia, sia perché non ha mai detto che questo Polacco fosse un medium; entrambe gli errori si devono a Leo Talamonti, il quale nel 1975 aveva scritto:

«Qual è il retroscena che si nasconde dietro le sue insolite capacità? Come al solito, è intessuto di enigmi. Le versioni sono svariate, e non è facile ridurle a un'unica e precisa interpretazione. Pitigrilli, che si occupò di Rol molti e molti anni prima che ce ne interessassimo noi, parla di una "iniziazione" che il personaggio in questione avrebbe ricevuto a Parigi da parte di un medium polacco»[551].

---

[549] *Diario La Razón*, 28/05/1952; Pitigrilli, *Gusto per il mistero*, cit., pp. 87-88.

[550] Allegri, R., *Rol l'incredibile*, p. 41; *Rol il mistero*, p. 40. Pitigrilli tuttavia non dice che fosse un "medium".

[551] Talamonti, L., *Gente di Frontiera*, cit., p. 119. Più avanti nella pagina Talamonti fornisce in estrema sintesi quella che con Allegri diventerà la "seconda versione

Talamonti dovette essersi confuso con quanto Pitigrilli aveva scritto prima del racconto fattogli da Rol, ovvero:

«Io credo che Rol sia medium. Vedremo perché»; «Il primo a darmi l'impressione che Rol sia medium è stato lui. Mi disse: – È andata così: a Marsiglia prendevo i pasti..., etc."»[552].

Inutile dire che la definizione di Pitigrilli era completamente sbagliata, come era sbagliata anche la sua interpretazione del racconto di Rol. Ma su questo, vedremo dopo. Renzo Allegri infatti, a quanto più sopra menzionato aggiungeva:

«Sull'argomento della sua iniziazione, a me Rol ha fatto un altro racconto. Un giorno mi disse: "Quando incominciai non possedevo proprio nulla (...)"»[553].

Segue quindi il "racconto", in realtà un adattamento di quanto lo stesso Rol aveva scritto per *Gente* nel 1977; e visto che le sue *esatte parole* sono importanti, lo riferiremo nella sua versione originale, con le domande "virtuali" che Rol-Allegri pone a se stesso:

«"Ma com'è", chiedo a Rol "che lei cominciò a fare i suoi esperimenti, come si accorse di possedere certi poteri?".

"Quando incominciai non possedevo proprio nulla", risponde. "Eppoi, i miei non sono 'poteri', sono 'possibilità' solamente. Il potere cessa di essere tale quando non è esercitato con fini autoritari. Tutto ciò che si può fare per gli altri presuppone l'esistenza degli 'altri'. Se dare qualcosa a qualcuno ci procura una gioia, quel qualcuno diviene logicamente nostro creditore. Ci sarebbe quasi da credere che il vero 'potere' lo esercita colui che riceve, non colui che dona".

Nulla da obiettare, ma insisto: "Ci sarà stato pure un momento in cui lei cominciò a fare certe cose".

"Cominciai in modo molto banale", risponde Rol. "Era un pomeriggio di sabato. Avevo ventitré anni e mi trovavo a Marsiglia perché lavoravo in quella città. Notai nella vetrina di un tabaccaio una scatola contenente due mazzi di carte da gioco; la scatola era scivolata e un mazzo, uscendo da essa, si era rovesciato in maniera che non se ne scorgeva il dorso. Sull'altro mazzo era visibile il dorso di colore verde. Incuriosito, cercai di immaginare il colore dell'altro mazzo. Allontanandomi, non potevo distogliere il pensiero da quei mazzi di carte: la mia curiosità diveniva sempre più grande: quale colore aveva accostato al verde il fabbricante

---

ufficiale": «Secondo lo stesso Rol, che ama per sua natura le versioni suggestive e romantiche (...) tutto accadde a Marsiglia nel lontano 1927, mentre stava contemplando un arcobaleno.». Si trattava probabilmente del 1925, perché Rol nel 1927 era a Parigi. Tra l'altro lo stesso Rol avrebbe commesso un errore (voluto?), perché su *Gente* aveva scritto anche lui «1927» invece di 1925.

[552] *Diario La Razón*, 24/05/1952 e 26/05/1952; Pitigrilli, *Gusto per il mistero*, cit., pp. 86-87. Circa l'opinione di Pitigrilli su Rol «medium», vedremo più avanti il perché Talamonti abbia usato questo termine, anche perché Pitigrilli a un certo punto fa riferimento al Polacco come a un «mago» (p. 97), e non come "medium", due "qualifiche" del tutto antitetiche.

[553] *ibidem*, p. 43; p. 42.

delle carte? Azzurro non mi sembrava possibile, rosso sarebbe stato banale, giallo... forse il giallo... ecco, il giallo mi pareva adatto ad accostarsi al verde.

Ritornai sui miei passi e riguardai nella vetrina. I mazzi di carte erano ancora lì e poiché la mia curiosità era sempre maggiore, entrai nel negozio ed acquistai quelle carte. Rimasi molto deluso perché il mazzo rovesciato aveva il dorso nero.

Per alcuni giorni la vista di quei mazzi mi infastidì. Non sapevo che farne e intanto mi dicevo: "Se fossi stato in grado di 'indovinare' quel colore, tutto questo non avrebbe avuto senso". Ad un tratto, e fu il lampo che accese la mia fantasia, pensai: "Perché non avevo saputo indovinare? Possibile che non vi sia un mezzo per mettersi in grado di farlo?"

Una sera, dopo cena, mi sedetti al tavolino. Presi due carte, una col dorso verde, l'altra col dorso nero. Chiusi gli occhi e cominciai a pensare, stabilendo che passando la mano sul dorso delle due carte, quella col dorso verde mi avrebbe trasmesso un certo senso di calore.

Confesso che i miei tentativi rimasero sterili: indovinavo quale era la carta verde, ma non più di quanto il calcolo delle probabilità me lo potesse concedere.

Fu solamente dopo molti tentativi, che durarono quasi due anni, che ottenni qualche risultato.

Un giorno ebbi finalmente la certezza di avere acquisito 'una sensazione verde profonda e leggera' (così ricordo di averla definita nel mio diario), 'suscettibile di ottenere risultati ancora modesti ma determinanti per i futuri sviluppi della mia sensibilità'.

Da quella prima conquista alla percezione dello 'spirito intelligente' il passo sarebbe stato veramente esiguo.

Per intanto durante, quei due anni, avevo stabilito, nelle mie ricerche, che esisteva un rapporto essenziale fra i colori e i suoni, atto a favorire quella particolare sensazione psichica offerta dalle vibrazioni provocate appunto dai colori e dai suoni; sensazione che avrebbe potuto benissimo tradursi in una sorta di 'calore'.

Sono indicazioni vaghe, queste, ma ho voluto fornirle egualmente per smentire che io sia nato con delle particolari facoltà sensorie, per le quali, oggi, mi si vorrebbe indicare quale 'sensitivo' dagli studiosi di parapsicologia"»[554].

Non ci soffermeremo qui sulle spiegazioni né su tutti i racconti di complemento che Rol ha fatto nel corso del tempo sulla storia appena

---

[554] Rol, G.A. (Allegri, R.), *Finalmente Rol rivela Rol*, p. 39; Allegri, R., *Rol l'incredibile*, pp. 43-45; *Rol il mistero*, pp. 42-44. In questo brano Rol non scrive alcuna data, ma lo aveva fatto in un articolo precedente, sempre su *Gente* (*Mentre è a Torino lo fotografano in America*, p. 12): «Di come abbia scoperto le sue straordinarie facoltà paranormali non parla. Dice soltanto: "Fu un giorno del 1927. Stavo osservando un arcobaleno ed ebbi come una folgorazione"». Cfr. intanto Goethe, J.W., *Faust*, Atto I, vv. 4722-4727: «...l'arcobaleno fisso e imprevedibile / (...). In esso si rispecchiano le aspirazioni umane. Rifletti, e capirai: possediamo la vita solo nel suo riflesso colorato» (Garzanti, 1999, p: 491).

vista. Questo ci porterebbe ad entrare nell'ambito della *teoria e pratica dello yoga*, così come in quello di alcune leggi della fisica, e si tratta di argomento assai vasto a cui dedicheremo uno studio a sé stante. In questa sede ci interessa sapere perché Rol ha raccontato due storie diverse, e a quale delle due possiamo dare maggior credito.

Intanto, occorre dire che – proprio come nel caso di *Gente* – non è escluso che la storia di Pitigrilli sia stata scritta dallo stesso Rol. Pitigrilli infatti potrebbe avergli chiesto – per i suoi articoli su *La Razón* – qualche infornazione sugli inizi delle sue *possibilità*, e Rol potrebbe averlo accontentato scrivendola lui stesso. Vi sono infatti evidenze che egli abbia scritto non solo gli articoli per Allegri, ma anche quelli per altri giornalisti e scrittori, cosa che si evince da alcuni passaggi troppo "rolliani" per poter essere stati scritti a memoria da questi ultimi.

Quel che sappiamo per certo, è che Rol nel 1977 non smentiva né confermava la storia raccontata o scritta per Pitigrilli 25 anni prima, ma ne raccontava un'altra dove riconduceva a se stesso l'origine e la scoperta delle sue *possibilità*. Non vi sarebbe stata quindi nessuna "iniziazione", ma piuttosto un'auto-iniziazione. La cosa ha una importanza non indifferente con una serie di importanti implicazioni di ordine metafisico, sulle quali però non possiamo soffermarci.

Comunque, il fatto che Rol non abbia mai smentito quanto scritto da Pitigrilli suggerisce che egli tacitamente lo confermava, e quindi che quella storia era stata effettivamente lui a raccontarla. Anche perché Rol negli anni successivi non ha esitato a raccontarla ad altri, anche se mai a dei giornalisti. Una persona, non ricordiamo purtroppo chi, ci aveva detto che questo "Polacco" era un ebreo che Rol aveva salvato durante la guerra mondiale (la prima o la seconda, non ci fu specificato[555]) e che per ringraziarlo lo aveva "iniziato" a certi misteri, probabilmente legati alla tradizione ebraica e quindi alla *kabbala*; mentre un'altra persona ci aveva detto che si trattava di un carcerato o di qualcuno che era finito in prigione, e di costumi quantomeno equivoci[556].

Pitigrilli, alcuni anni dopo gli articoli su *La Razón*, nel 1965, sul periodico bimestrale francese *Planète* scriveva:

«Secondo il fratello di Rol, l'ingegnere Carlo – cervello fisico-matematico eminentemente oggettivo – , niente è vero in questa storia. Il misterioso Polacco farebbe parte delle affabulazioni di cui Rol si

---

[555] Presumibilmente la seconda, durante la quale gli ebrei sono stati perseguitati e Rol ha salvato molta gente; ciò però non corrisponderebbe al fatto che egli aveva incominciato a fare i suoi esperimenti sin dal 1927. Si tratterà della I guerra mondiale? Ci pare una ipotesi altrettanto improbabile, perché Rol era troppo giovane. Crediamo tuttavia che una effettiva collocazione storica sia fuorviante, perché come vedremo tra breve la storia del "Polacco" è quasi certamente un racconto simbolico, e non storico.

[556] Quest'ultima versione ce l'ha raccontata la signora Silvana De Virgiliis, mentre l'altra non lo ricordiamo con precisione. Inoltre il prof. Giovanni Sesia ci aveva detto che Rol aveva qualificato il Polacco come "filosofo ateo".

compiace. Eppure, il personaggio comparve numerose volte nelle parole di Gustavo Rol. Lo chiamava "Lui"»[557].

Si tratta di una dichiarazione fondamentale: la storia del Polacco potrebbe essere nient'altro che finzione[558]: un *deus ex machina* o un *escamotage* per accontentare la curiosità di coloro che erano ancora troppo in basso nella scala dell'iniziazione per potergli dire di più, se non proprio per depistarli. Ma Rol non faceva mai nulla per caso. La storia del "Polacco" era cioè qualcosa di più che finzione, si trattava di un *racconto simbolico*, con una serie di elementi di verità atti a indirizzare i ricercatori più seri e senza pregiudizi, e soprattutto "credenti", verso ciò che si nascondeva dietro i simboli. Rol, consapevole della funzione che tradizionalmente riveste "l'asino che porta le relique", ovvero la persona ignara del significato esoterico di un racconto che tuttavia lo diffonde perché è un racconto accattivante o misterioso[559], voleva garantirsi di consegnare ai posteri una serie di indizi, e per farlo ha costruito una breve storiella, raccontata con sfumature diverse a questo piuttosto che a quello, e non parlandone più a nessun giornalista o scrittore almeno fino al 1982 – trent'anni dopo Pitigrilli – quando avrebbe (forse) fornito alcuni elementi per l'ennesiva variante a Mario Pincherle[560]. Questo perché una volta che la storia era nero su bianco, non c'era più alcun bisogno di raccontarla a qualche altro giornalista, anzi, era più prudente raccontarne un'altra, più semplice (quella scritta per *Gente*) per non suscitare le speculazioni più varie anzitempo e non dover rispondere alle prevedibili domande di chi avrebbe voluto sapere chi fosse davvero questo "Polacco". Nessuno di coloro che hanno scritto tra il 1952 e il 2005 (quando è uscito il libro di Pincherle) ha mai parlato del Polacco: Buzzati, Riccardi, Inardi, Biondi, Serafini, Lugli, Jorio, Gervaso, Bazzoli, Fellini, Giovetti, Dembech non hanno scritto una sola riga su questa

---

[557] Pitigrilli, *L'incroyable mage...*, cit., p. 123.

[558] Lo stesso Talamonti, nella nota più sopra citata, aveva scritto che Rol «ama per sua natura le versioni suggestive e romantiche».

[559] Tutto ciò che è *superstizione*, nel senso etimologico del termine, così come moltissime espressioni della letteratura e dell'arte in genere, quando non sia opera di chi *consapevolmente* conosce un certo simbolismo (si pensi per esenpio a Dante o a Shakespeare, per fare solo due nomi) giunge fino a noi e prosegue il suo cammino verso il futuro con questo sistema.

[560] Per la sua lunghezza, non citeremo qui il racconto di Pincherle (cfr. *Il segreto di Rol*, pp. 88-91) di cui ci occuperemo prossimamente insieme ad una analisi generale del suo libro dedicato a Rol. Occorre però dire sin da subito che il suo racconto è un *romanzo frutto in parte della sua fantasia e delle sue conoscenze più o meno esoteriche, in parte elaborazione di materiale bibliografico pre-esistente, e in parte integrazione di dati che lo stesso Rol gli ha forniti durante il loro unico incontro*, avvenuto il 9 luglio 1982. Tra questi, assai pochi per la verità (il nome stesso del "Polacco" – ce lo ha detto l'autore – ovvero "Klemens Rej", è sua esclusiva invenzione), uno è degno di nota: in un dialogo virtuale con Rol, Pincherle mette in bocca al Polacco questa frase: «Sono mezzo polacco e mezzo ebreo». Si tratta di qualcosa che solo Rol può avergli detto.

storia. E quei pochi che l'hanno fatto, in anni più recenti, si sono limitati a citare Pitigrilli.

Un'eccezione ci sarebbe, anche se molto blanda e atta a confermare piuttosto quanto stiamo dicendo. Nella sua biografia su Rol del 1996, riferendosi all'incontro avuto con lui nel 1972, Giorgio di Simone scriveva:

«Nel lungo colloquio che avemmo in quella casa, dove aleggiava indiscutibilmente un tranquillo mistero, Gustavo mi parlò anche del suo Maestro. Me ne fece soltanto un cenno, probabilmente perché l'argomento era molto delicato e toccava l'intimo della sua persona e del suo vissuto "magico". Tra le altre poche cose accennate, disse che un giorno, quando viveva e lavorava a Marsiglia, una persona che stava accanto a lui, seduta su di una panchina in una piazza (la persona che verosimilmente divenne poi il suo Maestro), gli indicò il grande orologio che troneggiava su di un edificio, di fronte a loro: stupefatto, Rol vide le lancette di quell'orologio muoversi, cambiando l'ora sul suo quadrante!»[561].

A prima vista, sembrerebbe che Di Simone si riferisse effettivamente alla storia raccontata da Pitigrilli, anche se si può senz'altro affermare che sia stato Rol a raccontargliela direttamente, se non altro perché vi si trovano degli elementi che nel racconto di Pitigrilli non ci sono, nella fatispecie la frase «una persona che stava accanto a lui, seduta su di una panchina in una piazza», che si collega a una terza versione degli *inizi* di Rol che vedremo più avanti. Inoltre crediamo che il "Maestro" a cui egli faceva riferimento con Di Simone non abbia a che vedere, quantomeno da un punto di vista "storico", con il "Polacco" di Marsiglia, ma piuttosto con un professore universitario, un certo Lorenzo Michelangelo Billia, libero docente di filosofia morale e filosofia teorica presso la Facoltà di Filosofia e Filologia di Firenze e autore di numerose pubblicazioni[562]. Billia aveva insegnato anche all'Unversità di Torino e Rol deve avere trovato nella sua persona e nei suoi scritti una guida da seguire, come si evince da una lettera al padre del 7 settembre 1926:

«…ho aggiunto un capitolo al libro che ho incominciato a scrivere due anni or sono sotto la guida del povero Michelangiolo Billia. Se tu non lo

---

[561] *Oltre l'umano. Gustavo Adolfo Rol*, p. 72.

[562] Un breve compendio bibliografico: *L'idea del matrimonio e i critici senza criterio*, 1894; *La crisi del positivismo*, 1895; *Che cosa è l'educazione*, 1896; *Max Muller e la scienza del pensiero*, 1890; *Tempi nuovi, uomini nuovi*, 1892; *Lezioni di Filosofia della morale*, 1897; *L'unità dello scibile e la filosofia della morale*, 1898; *Sulle dottrine psicofisiche di Platone*, 1898; *L'esilio di s. Agostino*, 1899; *L'essere e la conoscenza*, 1900; *Né cattedre di morale né morale di cattedre*, 1901; *Difendiamo la famiglia: saggio contro il divorzio e specialmente contro la proposta di introdurlo in Italia*, 1902; *Contro la profanazione dello spirito*, 1911; *La filosofia e la Chiesa*, 1912; *Sulle più riposte armonie fra l'economia e la morale*, 1916; *L'uno e i molti. L'Illimitato e il limitato*, 1916; *Le ceneri di Lovanio e la Filosofia di Tamerlano*, 1916 *Sulla causa: Pensiero*, 1919; *Il vero uomo*, 1919.

sai io posseggo di quell'uomo tutta la forza del pensiero e il mistero delle sue concezioni che non ha potuto far conoscere al mondo»[563].

Vi fa riferimento anche in una lettera del 4 febbraio 1929:

«Da quando il mio Maestro è morto, io ho compreso quanto fosse difficile proclamare la propria "non discendenza da colonia punica" e mi sono attaccato al "bastone del satrapo sofista" come a quell'unico appoggio per la mia indipendenza spirituale lungo le strade del mondo»[564].

Non possiamo qui dilungarci sui contenuti dell'opera del Billia, che sono senz'altro utili per comprendere una serie di premesse "filosofiche" e di dati biografici su Rol. Per averne giusto un'idea, possiamo citare due stralci dal breve studio *Sulle dottrine psicofisiche in Platone* del 1898:

«Al presente e più all'avvenire spettano e spetteranno le scoperte e i perfezionamenti di questa sintesi per la quale è giustificato il nome di una nuova parte del sapere o piuttosto il nuovo suo nome: la psicofisica, la quale ci darà forse della vita e della costituzione dell'uomo un concetto più vero e completo» (p.5).

«Insomma si potrebbe con altre parole dire che nell'uomo, nel composto umano, l'anima e il corpo non entrano allo stesso modo, ma l'anima come base, come principio, come soggetto, come persona, il corpo come appendice, come termine, come organo, come natura. Ma in questa teoria non si indugia Socrate: Socrate invece di qui si solleva immediatamente all'alta dottrina sua dell'amore: che chi ama il corpo altrui o altrui per il corpo, non ama propriamente *lui*, ma un'altra cosa, una cosa *di lui*, e non è quindi vero né costante amatore.

Di qui si vede che anziché disconoscere l'intimo vincolo dell'anima e del corpo, anziché negare la *condizionalità* a cui vanno soggette le operazioni e lo stato dell'anima dall'ordine e dallo stato dell'organismo a cui è congiunta, che del resto è affermato in più altri luoghi dei Dialoghi..., qui si intende soltanto questo: di stabilire bene, di far sentire e apprezzare questa massima, che l'anima come principio supremo è quella in che risiede la persona, la *meità*, la *base*, direbbe il Rosmini dell'uomo: onde il dovere della liberazione dell'anima dalla servitù dei sensi e delle passioni. Quindi più che psicologica qui la dottrina di Platone è una dottrina morale» (p.9).

È opportuno precisare, per evitare facili speculazioni future, che Rol considerava Billia come *uno* dei suoi maestri, ma sarebbe assai limitativo voler trovare in Billia un punto di riferimento dottrinale "da cui tutto è partito", come sono soliti fare quegli studiosi che non concepiscono che il *genio* non ha in genere un solo maestro, ma considera Maestri tutti coloro che in qualche modo hanno penetrato o detto una qualche Verità, che

---

[563] Rol, G.A., *"Io sono la grondaia..."*, p. 67. La lettera è datata erroneamente (p. 65) al mese di febbraio, mentre si tratta di «settembre», come abbiamo potuto appurare sull'originale (sportoci gentilmente da Catterina Ferrari). Infatti a febbraio Rol era ancora a Marsiglia, e si trasferì a Parigi solo il 30 giugno 1926.

[564] *ibidem*, p. 79.

hanno espresso un alto grado di originalità nella loro opera o che hanno fatto scoperte innovative in qualche campo. Quel che possiamo dire con certezza è che Rol non ha avuto un vero e proprio maestro spirtuale al quale possa essere ricondotto il suo sapere e la sua realizzazione, ma ha fatto un percorso da autodidatta mettendo in pratica una serie di insegnamenti tradizionali che di volta in volta venivano confermati dalla sua intuizione e dalla sua sensibilità. Questo non significa però che non abbia cercato, all'inizio del suo percorso e soprattutto subito dopo la scoperta «tremenda» del 1927, un aiuto e un consiglio da rappresentanti qualificati della classe sacerdotale, cosa che in effetti egli ha fatto prima in Italia e poi in India. Non è infatti casuale che Allegri riferisca che «c'è chi racconta che sia stato discepolo di un guru indiano», mentre «altri affermano che ad un certo momento della sua vita, quando aveva circa 25 anni, folgorato da una crisi mistica si sia chiuso in un monastero di clausura, e lì sia stato iniziato ai misteri dell'occulto da un vecchio abate». Al di là dei vari riferimenti simbolici, sono effettivamente due storie vere. Della prima, sappiamo che Rol era stato più volte in India e in Tibet, almeno fin dagli anni '30, e che ancora vi si era recato con l'attrice Merle Oberon – qualche tempo dopo la tragedia aerea in cui era morto il conte Giorgio Cini – che in India era nata e cresciuta. Quanto al Tibet, l'unico testimone che ne parla (a parte i nostri impliciti riferimenti sui nostri siti e poi in articoli) è il prof. Luigi Giordano; durante la trasmissione televisiva dedicata a Rol sull'emittente piemontese *Telestudio* (26 maggio 2004), alla quale fu invitato, il conduttore gli aveva chiesto:

«È possibile dire che, a modo suo, Rol ha intuito l'essenza filosofica, spirituale della vita...?».

E Giordano aveva risposto:

«Certo che Rol aveva tutta una sua filosofia. E questa filosofia, indubbiamente, l'aveva maturata dopo tanti e tanti anni. Lui era stato nel Tibet, era stato in parecchi monasteri. E aveva scoperto delle cose che poi non ci ha mai rivelato. Comunque all'essenza delle sue sperimentazioni c'è questa filosofia che lui aveva imparata in questi luoghi che lui aveva visitato, in questi monasteri dove lui era stato. Però più di tanto lui non c'ha mai detto»[565].

Abbiamo avuto occasione di parlare esplicitamente della tradizione indo-tibetana, e di alcune sue corrispondenze con la «tremenda legge» di Rol, nell'appendice scritta per il libro di Vincenzo Mercante su Rol e Padre Pio. Qui, come abbiamo già detto, non possiamo concederci un approfondimento, ma possiamo ricordare che la "legge" di Rol è una legge *yoga*[566].

---

[565] È strano che la moglie Maria Luisa non abbia mai scritto cose così importanti nei suoi libri.

[566] Qualche indicazione bibliografica generale può intanto essere utile: Sri Aurobindo, *La Sintesi dello Yoga*, Ubaldini Editore, Roma, 1969; Eliade, M., *Lo Yoga*, Sansoni Editore, Milano, 1995; Govinda, L.A., *I fondamenti del misticismo tibetano*, Ubaldini

Quanto invece al «vecchio abate» e al monastero, che pur ha a che vedere con quanto detto dal prof. Giordano, si tratta principalmente di una vicenda che Rol aveva ripetuta in più occasioni, senza tuttavia che chi scrivesse di lui ne desse un qualche particolare: l'unico elemento noto era che Rol era stato in un convento per tre mesi e che poi sua madre lo convinse a uscirne. Ancora nel 2005 Giuditta Dembech – a riprova che non era così intima di Rol come vuole fare credere – scriveva che dopo la scoperta del 1927:

«Qualcosa di veramente impressionante si era aperto dinanzi alla sua coscienza. Sconvolto, tornò in Italia dove si rifugiò per lungo tempo in convento. Di quel periodo di riflessione non sono trapelate che pochissime notizie. Sua madre, a cui era legatissimo, lo aiutò a comprendere e ad accettare la nuova condizione»[567].

Sempre la Dembech più avanti aggiunge:

«Rol mi ha raccontato di avere trascorso un lungo periodo di meditazione, qualche fonte dice che si ritirò in convento, ma non ricordo che mi abbia detto una cosa del genere. Su questo periodo tormentato della sua vita non è sceso mai nei dettagli, non ha mai vouto approfondire, almeno non con me»[568].

La fonte cui hanno attinto sia Allegri che la Dembech è Remo Lugli, che nel suo primo articolo su Rol per *La Stampa* scriveva (era il 1972):

«È dal 1927 che ha scoperto queste sue facoltà. "Fu – dice – una sorpresa terribile. Mi rifugiai in un convento a meditare e vi rimasi tre mesi. Mi venne a tirar fuori mia madre dicendomi che dovevo sfruttare queste possibilità per far del bene al prossimo"»[569].

Noi sappiamo, sia perché ci era stato detto, sia perché abbiamo un brano audio dove Rol lo dice, che il "convento" in questione è Villa Santa Croce, una casa di ritiro spirituale che si trova sulle colline a ridosso di Torino vicino a San Mauro.

Fu fondata nel 1914 dai gesuiti nell'ambito dell'*Opera pia ritiri operai*[570], sotto la direzione di Padre Pietro Righini S.I., ed è proprio questo sacerdote, da un punto di vista *storico*, che può essere identificato con il «vecchio abate» di cui parla Allegri. Rol aveva scelto Villa Santa Croce perché era un luogo che già conosceva bene, per avervi passato alcuni brevi periodi di ritiro spirituale negli anni precedenti il 1927, come dimostrebbero per esempio questi suoi scritti:

Editore, Roma, 1972; Evola, J., *Lo yoga della potenza*, Edizioni Mediterranee, Roma, 1968-1994; Guénon, R., *Introduzione generale allo studio delle dottrine indù*, Adelphi, Milano, 1989.

[567] *G.A.Rol. Il grande precursore*, p. 70. Lo stesso brano, quasi identico, si trova in *Scritti per Alda*, pp. 15-16.

[568] *ibidem*, p. 129.

[569] Lugli, R., *Strabilianti esperimenti d'un uomo che dissolve e ricompone la materia*, La Stampa, 23/09/1972, p. 3. Cfr. anche Lugli, R., *G. Rol. Una vita di prodigi*, p. 22.

[570] Nata inizialmente per la diffusione degli *esercizi spirituali* tra gli operai della nascente società industriale, e successivamente ampliata agli studenti universitari e ai sacerdoti della Diocesi di Torino.

S. Croce, 1922
Cercherò di ascoltare la voce di Dio, mettendo in atto i miei sensi tutti. Ciò che a Dio piacerà voler da me. Tutte le mie forze porterò in campo per adempirlo. Oh! Gesù assistetemi in questi tre giorni di ritiro, allontanate da me tutti i pensieri riguardanti il mondo terreno, fate che ogni mia opera sia dettata dalla carità, e mercè le preghiete che io vi rivolgo, illuminate della Vostra grazia il mio cuore ed in esso fate fiorire la pietà e la carità cristiana. Amen.
　　giovedì 20 aprile[571]

(...) Mio Dio, Mio Dio, spesso anch'io ho creduto negli allori che ci può dare l'umanità, m'accorgo ora che tutto di questa terra scompare dinnanzi alla smagliante luce della Vostra gloria e della Maestà Vostra. Mio Dio, sappiate compatire la mia debolezza dal momento che io riconosco che questa non è la strada che mena a Voi. Tutto son disposto io a lasciare, tutto, gli affetti, le ricchezze, i desideri... tutto pur di essere certo che un dì potrò con gli Angeli ed i Santi adorarvi in Paradiso.

Quanto è bella la confessione generale. Domani appunto potrò io godere di questa gioia! Che cos'è la confessione? Un tribunale senza testimoni, senza apparati legali. Io stesso, accusato e testimone, mi presenterò al cospetto di Dio e, dinnanzi alla Maestà Sua, potrò io ricusare sì grande benefizio, riottenere la Sua Grazia in caso di perdita? Potrei io fallire nella verità? Oh no, no, mio buon Gesù, no, poiché io stesso vengo creduto sulle mie parole e per tanto grandi possano essere le mie colpe, esse mi verranno ugualmente, infallantemente rimesse e con quanto parva punizione! Gesù mio, abbiate di me misericordia!

Che potrei io fare senza la vostra gratia? Io ho tutta la buona volontà di sapermela conquistare; Voi datemi la forza di perseverare nelle mie intuizioni; così solo potrò essere salvo.
Amen.
　　venerdì 21 – sabato 22[572]

La «crisi mistica» sopravvenuta in seguito non fu quindi un fulmine a ciel sereno, ma aveva alle spalle anni di riflessioni e di preghiera. Rol, come detto, si ritirò a Villa Santa Croce per tre mesi, come fratello laico, e precisamente dal febbraio al maggio 1928, cosa che si evince da una nota tratta dall'Archivio della Banca Commerciale Italiana dove in questo periodo risulta una licenza per malattia, nello specifico per «esaurimento nervoso». Trovò ad accoglierlo Padre Pietro Righini, che si prodigò nel sostenerlo e si adoperò perché seguisse un percorso di esercizi spirituali, quelli che Sant'Ignazio di Loyola, fondatore della Compagnia del Gesù,

---

[571] *"Io sono la grondaia..."*, p. 201.
[572] *ibidem*, p. 202.

aveva stabilito nel XVI secolo. Rol fu talmente grato all'«abate» che nella registrazione che abbiamo lo definisce esplicitamente «un santo»[573].

Da quanto si è detto finora, quindi, oltre ai quattro *maestri simbolici*, emergerebbero quattro possibili *maestri in carne ed ossa*: il "Polacco" di Marsiglia, il prof. Michelangelo Billia, Padre Pietro Righini, e un Maestro indiano o tibetano di cui non è dato conoscere il nome. A costoro debbono poi aggiungersi quelli che possono essere considerati i *maestri ideali* di Rol, come per esempio Victor Hugo del quale nel 1926 scriveva che «le concezioni di quel genio io sento che sono le mie»[574], e poi Goethe, Dante, Shakespeare, Leonardo, Mozart, Beethoven, Baudelaire, Platone, Newton, Einstein, Gandhi, Gesù, Siddharta.... Senza contare altre persone che egli considerava come Maestri, in senso sia lato che specifico, come in una lettera del 1945, della quale non conosciamo il destinatario, in cui Rol scrive:

«Caro Maestro, Questa volta non tardo troppo a rispondere alla Sua lettera perché mi ha fatto troppo piacere riceverla»[575].

Tutto questo dovrebbe già dare un'idea ben più ampia che non quella del solo "Polacco" di Marsiglia.

Tornando ora a quanto aveva scritto Di Simone, e cioè che «un giorno, quando viveva e lavorava a Marsiglia, una persona che stava accanto a lui, seduta su di una panchina in una piazza (...), gli indicò il grande orologio che troneggiava su di un edificio, di fronte a loro: stupefatto, Rol vide le lancette di quell'orologio muoversi, cambiando l'ora sul suo quadrante!», persona che secondo Di Simone «verosimilmente divenne poi il suo Maestro», potrebbe essere forse illuminante – a proposito di "panchine" e di "orologi" – il racconto che Rol ha fatto al giornalista Luigi Bazzoli nel 1979:

«Era un sabato, il 27 luglio 1927, stavo a Marsiglia[576]. In una vetrina vidi due mazzi di carte: uno aveva il dorso verde, l'altro era coperto dalla scatola. Mi prese la curiosità di scoprire il colore di questo mazzo. Pensai l'azzurro, il rosso, poi mi dissi che era giallo. Entrai, comprai le carte e scoprii che l'altro colore era il nero. Ci rimasi male. Perché non avevo

---

[573] Non ci è possibile allegarla al presente testo perché si tratta di un lungo brano che necessiterebbe di molti commenti. Possiamo anticipare che in questo brano Rol racconta la storia completa degli avvenimenti di Marsiglia e Parigi, che ricalca grosso modo quella scritta per *Gente*, e che non fa alcun cenno al "Polacco". Una versione più breve della nostra è già stata resa pubblica da Giuditta Dembech nel CD da lei allegato a *G. Rol. Il grande precursore* (traccia n. 9). Cfr. anche le nostre considerazioni sulla crisi mistica di Rol e il suo successivo apostolato "laico", in: Mercante, V., *Il mistero e la fede.*, cit., pp. 66-87.

[574] Rol, G.A., *"Io sono la grondaia..."*, p. 68.

[575] *ibidem*, p. 125.

[576] Il 27 luglio 1927 era in realtà un giovedì, e Rol si trovava a Parigi. Potrebbe essere un errore sia di Bazzoli che di Rol. O forse potrebbe non essere un errore, ma qui non c'è lo spazio per fare eventuali considerazioni in merito. Intanto, cfr. Goethe, J.W., *Faust*, vv. 771-772: «Nella quiete solenne del sabato scendeva su di me il bacio, allora, dell'amore celeste» (*cit.*, p. 59).

indovinato? Dopo alcuni giorni tentai di farlo. Dopo alcuni mesi riuscii a sentire una sensazione verde profonda; dopo altri mesi di prove stabilii una relazione tra colori e suoni; il verde legava con la quinta tonalità. Dopo altri mesi scoprii che da questo legame si trasmetteva un calore. Dopo tre anni di prove ossessive riuscii a indovinare. Avevo scoperto una legge armonica della natura; dalle carte la stessa legge si poteva trasferire ad altri oggetti. Quel giorno sul mio diario, guardi qui, scrissi: "Ho scoperto una tremenda legge. La potenza mi fa paura. Ho perduto la gioia di vivere". Quanto ero sciocco: orgoglio, ambizione, sogni di potere, gloria. Tutti i peggiori istinti saltavano fuori. Mi credevo un dio. Ricordo che uscii sgomento per strada. Mi sedetti su una panchina a gongolare per la mia potenza. Un tale da dietro mi chiese l'ora. Io ero tanto preso dai miei sogni che senza neppure girarmi gli mostrai l'orologio. Quello continuava a chiedermi l'ora, con insistenza. Mi voltai: era cieco. E io mi ero creduto un dio. Ecco come cominciai a intuire le mie possibilità»[577].

Questo racconto, che ricalca grossomodo quello di Allegri, presenta anche un seguito: il cieco sulla panchina a cui Rol mostra l'orologio che non potendo ovviamente vedere l'ora, ne ridimensiona immediatamente il senso di onnipotenza che in quel momento lo pervadeva. Nella nostra registrazione, subito dopo aver raccontato della sua scoperta, Rol dice:

«Mi ricordo sono sceso [sugli] Champs Elysées, erano le sei del pomeriggio, luglio, bella giornata, stupenda, guardavo tutto, dicevo: sono il padrone, fra poco avrò tutto quello che voglio. Tutto! Perché se faccio questa cosa qua, svilupperò, l'applicherò a chissà che cosa. Tutto quel che c'è di più bello sulla Terra, avrò la potenza, una cosa meravigliosa. E camminavo, guardavo le vetrine, automobili, dicevo: ah! adesso avrò tutto quello che voglio, non più lavorare, eccetera... e avevo il mazzo di carte, ero andato a sedermi sulla panchina (...). Ed era notte (...) avevo fame, avevo comprato uno di quei sandwich lunghi, me lo sono mangiato, me ne stavo lì contento, dico: adesso per stasera spendo tutto quello che c'è in tasca, domani incomincerò a pensare come mettere a profitto questa cosa. E c'era una bella luna che batteva e c'era uno seduto lì, un vecchietto... un uomo: "*Monsieur, est ce-que vous avez l'heure?*"[578] Faccio vedere l'ora, pensavo a me stesso. Mi fa: "*S'il vous plaît, vous avez l'heure?*" Sentivo che c'era una persona, chiedeva l'ora... Vedo che aveva il bastone bianco dei ciechi, fra le gambe, allora gli dico: l'ora tale – cieco... – Ho incominciato a pensare: cieco... e allora posso diventare malato, cosa me ne faccio di tutta questa roba che possiederò? ero un po' ridimensionato nel mio entusiasmo, mi ha fatto un po' effetto questo cieco e... sono andato a prendermi il metrò, e sono andato a casa presto... Son tornato a casa triste e dicevo: tutto quello che avrò... tanto devi lasciar tutto, devi morire, devi morire, devi morire, diventare cieco, puoi

---

[577] Bazzoli, L., *I capolavori che arrivano dall'aldilà*, Domenica del Corriere 24 /01/1979, p. 85 Questa è la stessa versione che Rol racconta a voce alla Dembech (traccia 9) ed è la stessa che abbiamo anche noi (anche se più particolareggiata).

[578] "Che ore sono signore per favore?".

ammalarti, è una cosa momentanea... ero triste, tristissimo! È stato un dramma, un dramma...».

Dramma che sette mesi più tardi lo portò all'*esaurimento nervoso* e al ritiro a Villa Santa Croce.

Questa storia tuttavia ha delle curiose somiglianze con quell'altra, quella del "Polacco"... C'è forse una qualche relazione tra l'orologio che non può vedere il cieco, e quello che il "Polacco" fa fermare, presumibilmente con una vista acuta, a Marsiglia? E c'è forse una relazione tra la panchina di Marsiglia dove Rol e «verosimilmente» il "Polacco" sono seduti, e quella di Parigi dove Rol e il cieco sono seduti?[579] E c'è una ragione per cui, forse per errore o forse no, ogni volta che i cronisti, ma anche lo stesso Rol, parlano di questa storia Parigi e Marsiglia si mescolano e sembrano quasi interscambiabili?

A Marsiglia, prima che il Polacco facesse vedere a Rol la *possibilità* di fermare le lancette dell'orologio, Rol era nei confronti di certi misteri "cieco", ma al tempo stesso era profondamente credente, e il suo "lato spirituale" era prevalente rispetto a quello materiale. Il Polacco invece era ateo, presumibilmente rafforzato in questa sua idea proprio perché dotato di certi poteri, secondo lui ottenibili senza necessariamente essere credente. La vicenda di Lourdes, dove egli si rende conto che invece esiste un Potere più grande di lui, e si converte, ritirandosi in un convento, forse che non è del tutto analoga a quella di Rol che dopo aver scoperto le sue *possibilità*, tronfio di orgoglio e magari credendo di poter fare a meno di Dio, viene immediatamente ridimensionato e prende coscienza del fatto che ci sono cose più grandi di noi che un qualunque potere personale, egoistico, non è in grado di superare? E che dopo questa presa di coscienza entri in crisi e, proprio come il "Polacco" si ritiri in un «monastero della Savoia, come fratello laico»?

Intendiamo dire in pratica, che il "Polacco" e Rol non sono altro che la stessa persona, uno sdoppiamento che egli ha elaborato personificando quella parte di sé materiale, materialista e carnale (il Polacco[580]) contrapponendola a quella solo spirituale e distaccata dalla realtà (Rol *mistico, filosofo e sognatore*) successivamente integrate in un'unica personalità (Rol *sanato*), nella quale sono stati risolti e superati i rispettivi estremismi[581]. E non ci sembra privo di relazione il fatto che sia proprio

---

[579] Crediamo vi siano due scritti illuminanti che confermano quanto stiamo dicendo e quanto diremo anche più avanti: si veda *"Io sono la grondaia..."*, pp. 229-230 («Aveva il cieco una sorella... Essa era bionda...», etc.), e p. 250 dove Rol «studente dell'ultimo anno di università» (quindi il 1933) scrive che si recava «al mattino di buon'ora a studiare per gli esami su di una panca in un angolo del parco pubblico. (...). Sulla panca, accanto a me, avevo incontrato, sin dal primo mattino, un vecchio decentemente vestito»; quindi ne descrive la fisionomia, che corrisponde *esattamente a se stesso...*

[580] E vedremo più avanti per quale ragione ha voluto dargli la nazionalità polacca, ma il lettore forse sta già cominciando a comprendere...

[581] Da un punto di vista neurologico, ciò corrisponde di fatto al disequilibrio e alla non-integrazione esistente tra i due emisferi cerebrali. Nell'uomo illuminato, il sistema

un cieco a "ridargli la vista", il cieco rappresentando in questo caso colui che rivolge la vista interiormente dopo averla chiusa alla transitorietà e illusorietà del mondo, e che quindi è in grado di guidare colui che, benché dotato di vista esteriore, è diventato cieco a quella interiore. Di qui le parole di Gesù:

«Se foste ciechi, non avreste alcun peccato; ma siccome dite: Noi vediamo, il vostro peccato rimane» (Gv 9, 41).

«Io sono venuto in questo mondo per giudicare, perché coloro che non vedono vedano e quelli che vedono diventino ciechi» (Gv 9, 39).

«Per questo parlo loro in parabole: perché pur vedendo non vedono, e pur udendo non odono e non comprendono. E così si adempie per loro la profezia di Isaia che dice:
Voi udrete, ma non comprenderete,
guarderete, ma non vedrete.
Perché il cuore di questo popolo
si è indurito, son diventati duri di orecchi,
e hanno chiuso gli occhi,
per non vedere con gli occhi,
non sentire con gli orecchi
e non intendere con il cuore e convertirsi,
e io li risani.
Ma beati i vostri occhi perché vedono e i vostri orecchi perché sentono. In verità vi dico: molti profeti e giusti hanno desiderato vedere ciò che voi vedete, e non lo videro, e ascoltare ciò che voi ascoltate, e non l'udirono!» (Mt 13, 13-17).

«In verità, in verità ti dico, se uno non rinasce dall'alto, non può vedere il regno di Dio» (Gv 3, 3).

Tutto ciò ci riporta evidentemente a quanto già abbiamo detto a proposito della *purezza di cuore*. Il *cieco a questo mondo*, colui che si è distaccato dalla schiavitù sensoriale, trasforma le sue passioni, che sono come torbidi torrenti in piena privi di controllo, in uno specchio d'acqua calma, cristallina e trasparente che consente di *vedere attraverso*.

Il Maestro di Rol, quello che se si seguisse uno sviluppo cronologico dei suoi racconti è comparso *dopo* il Polacco, è quindi un cieco. Si può forse non ricordare che il pittore François Auguste Ravier, quello che – lo avevamo visto – Rol aveva esplicitamente chiamato il suo «Illustre Maestro», e che insieme a Napoleone è stata la sua identificazione principale, negli ultimi anni della sua vita era a tutti gli effetti cieco? E non è curioso che nel racconto che ha come protagonista il Polacco, sia determinante, per la sua conversione, un non ben identificato miracolo capitato a Lourdes, quando quello che è sempre stato considerato il primo e più noto miracolo di questa località riguardava un guercio che aveva

---

nervoso è invece *perfettamente integrato, capillarmente attivato, fulmineamente sincronizzato.*

riacquistato la vista dell'occhio danneggiato?[582] Se questa storia, come noi crediamo, è una *finzione simbolica* di Rol, allora tutti i suoi elementi devono essere valutati di conseguenza. D'altronde, se ci si pensa, è già abbastanza improbabile che guarda caso proprio nel momento in cui il Polacco e Rol sono a Lourdes, un miracolo avvenga davanti ai loro occhi, tanto più che dei 67 miracoli riconosciuti dalla Chiesa non se ne conta nessuno nel periodo in cui presumibilmente i due dovettero recarsi nella località francese (1925 o 1926), l'ultimo essendovi stato nel luglio 1924 e il successivo nell'ottobre 1930.

L'elemento della cecità si ricollega poi, evidentemente, con quanto abbiamo visto sulle infermità del Re del Graal, e il guercio che viene sanato a Lourdes è un perfetto soggetto storico che si inserisce in questo simbolismo, a cui si ricollegano le vicende simboliche di Rolando e di Horus.

Ma le cose interessanti da dire in proposito non finiscono qui. Anche *Faust* infatti, il protagonista dell'opera omonima di Johann Wolfgang Goethe, proprio come Ravier, alla fine della vita diventa "cieco". Così gli viene gridato:

Tutta la vita sono ciechi gli uomini,
tu diventalo, Faust, quando è finita![583]

Ed ecco che dopo la "cecità", Faust dichiara:

La notte sembra farsi più profonda,
ma in me splende una luce luminosa[584],

per poi concludere con un simbolo che ci sembra molto *indù*:

perché si compia l'opera più grande
basta una mente sola a mille mani[585].

Di quale *opera* sta parlando Faust? E cosa ha che vedere con Rol? Praticamente... tutto! Tra i *maestri ideali* di Rol, Goethe è uno dei più importanti: scritti come la *Teoria dei Colori*, *I dolori del giovane Werther*, *Le affinità elettive* sono fondamentali per comprendere alcuni suoi riferimenti dottrinali e biografici; e ovviamente, anche simbolici,

---

[582] Si tratta di Louis Bouriette, abitante di Lourdes, che intorno al 1838 mentre stava lavorando in una cava, fece esplodere della dinamite le cui schegge lo resero cieco all'occhio destro. Vent'anni più tardi, nel marzo 1858, fu condotto alla fonte dalla sorella, perché diceva di non credere alle apparizioni avvenute il mese precedente: dopo aver attinto le mani nell'acqua ed essersi bagnato il volto, il suo occhio guarì. La guarigione miracolosa di Bouriette, riconosciuta dalla Chiesa Cattolica, sebbene si seppe in seguito essere stata preceduta da un'altra avvenuta il primo di marzo, fu tuttavia considerata per molto tempo la prima e la più importante, e fu anche quella che fece più scalpore. Noi non abbiamo dubbi che essa costituisca la materia prima sulla quale Rol ha scolpito la sua opera. È inoltre degno di nota il fatto che la terza guarigione, avvenuta sempre nel marzo 1858, riguardi ancora una persona che riacquistò la vista dopo una infezione cronica ad entrambi gli occhi.
[583] vv. 11497-11498 (*cit.*, p. 1033).
[584] vv. 11499-11500 (p. 1035).
[585] vv. 11509-11510 (*idem*).

come nel caso del *Faust*, rappresentazione di una «disputa tra cielo e terra per la salvezza o la dannazione di un'anima»[586].

«Il nucleo essenziale della leggenda faustiana è il patto tra un uomo di dottrina (ecclesiastico o studioso, magari anche mago) e il diavolo. Tale patto procura al primo ingenti vantaggi di varia natura – maggior potere, maggior conoscenza, maggiori godimenti – ma lo impegna in cambio alla cessione della propria anima, che, *post mortem,* sarà dannata in eterno»[587].

Il diavolo prende in quest'opera il nome di *Mefistofele*, «colui che non ama la luce» (dal greco, *mefotofiles*), anche se «è un diavolo in sottordine, solo un emissario del grande Satana, che nel *Faust* non compare mai»[588].

Una «definizione che si attaglia molto bene al *Faust* è quella di "poema iniziatico". Esso è, in altre parole, un'opera di poesia nella quale un essere umano, che all'inizio è ancora immaturo, quasi embrionale (un *puer* più o meno *divinus* o un "puro folle"), attraversa una catena di esperienze, di "incidenti", di vicissitudini, fino a raggiungere il massimo livello relativamente alle sue possibilità – di individuazione, di autonomia, di realizzazione, di "illuminazione"»[589].

Faust infatti, nonostante il patto con Mefistofele, all'ultimo verrà a lui sottratto[590] e salvato dagli angeli[591] e ricondotto alla *fonte primordiale,* impersonificata dalla *Vergine*[592].

Faust, o meglio, il *dottor Faust,* è plurilaureato, in filosofia, diritto, medicina e teologia, ovvero le quattro facoltà dell'*Universitas* medievale. All'inizio del poema dice:

---

[586] Chiusano, I.A., prefazione al *Faust*, cit., p. XL.
[587] *ibidem*, p. XXXIX.
[588] note, p. 420.
[589] prefazione, p. L.
[590] vv. 11829-11837 «Ho perso un grande, unico tesoro: / l'anima eletta che mi si era data / me l'hanno sgraffignata con l'astuzia. / Adesso da chi vado a protestare? / Chi mi dà la giustizia che mi spetta? / Vecchio come sei, ti sei fatto fregare, / te lo sei meritato, e non ti può andar peggio. / Ho fatto ignobilmente fiasco, /sciupato tanti sforzi ignominiosamente» (pp. 1059-1061).
[591] vv. 11934-11939: «Salvato dal male è questo nobile / anello del mondo spirituale, / chi sempre faticò a cercare / noi possiamo redimerlo. / E dall'alto anche l'Amore / per lui è intervenuto, / la schiera beata gli va incontro / con caldo benvenuto» (p. 1069).
[592] vv. 11989-12012: «Qui libera è la vista, / lo spirito si eleva. / Passa un corteo di donne, / fluttuando verso l'alto. / Splendida in mezzo ad esse, / di stelle incoronata, / la regina del cielo, / al fulgore la vedo. / Suprema sovrana del mondo! / Lascia che nell'azzurra / tenda tesa del cielo / contempli il tuo mistero. / Accogli ciò che grave e soave / commuove all'uomo il cuore / e a te lo reca incontro / con una santa voluttà d'amore. / Indomabile è il nostro coraggio, / se tu sublime comandi; / la vampa ardente si modera / di colpo quando ci appaghi. / Vergine, pura nel senso più bello, / madre, degna di onore, / regina eletta per noi, / nata pari agli dei» (p. 1073). Cfr. Rol: «...arrestare la vita / per ritrovarla / in un cielo terso / tutto sfumato / d'oro / di rosa e azzurro / eterno accanto a Te» (*Scritti per Alda,* p. 74).

«Filosofia ho studiato, diritto e medicina, e, purtroppo, teologia, da capo a fondo, con tutte le mie forze. Adesso eccomi qui, povero illuso, e sono intelligente quanto prima!

Mi chiamano magister, mi chiamano dottore (...). E nulla, vedo, ci è dato sapere! (...). La so più lunga, certo, di tutti i presuntuosi, dottori e maestri, preti e scribacchini; né scrupoli né dubbi mi tormentano, non temo né l'Inferno né il demonio... In cambio sono privato di ogni gioia,(...) non ho gloria né onori in questo mondo; questa vita non la vorrebbe un cane! Per questo mi sono dato alla magia, se mai per forza e bocca dello spirito qualche segreto mi si palesasse, e non dovessi più sudare amaro a raccontare quello che non so, e potessi conoscere nel fondo che cosa tiene unito il mondo,(...) non rimestare più tra le parole»[593].

Questo brano avrebbe tranquillamente potuto scriverlo Rol; si pensi per esempio a queste sue riflessioni:

«La fisica, la matematica e la teologia hanno costituito il tripode sul quale è venuta a poggiarsi la fiducia degli iniziati ma per me, che non posso più credere in queste cose, dove troverà sostegno la mia speranza? Ecco la mia tragedia. Quanta tristezza vi è nel profondo delle cose?»[594]

«Non mi si può negare il diritto di poter dire di conoscere la vita come neppure quello di poter sghignazzare beffardamente sulle gioie e sui dolori di questa orrenda umanità. Sono diventato scettico, ho detto, e lo è veramente. Ma scettico soltanto per tutto ciò che può riguardare la vita in se stessa, piena di miserie e tribolazioni. Ho invece accresciuto maggiormente il mio concetto sull'esistenza di un'anima che innalza lo spirito nei momenti più oscuri della sofferenza e lo conforta dolcemente con quella grande gioia sconosciuta che si prova non sentendosi soli quando nella realtà si è soli effettivamente. (...). Se mi chiedessero oggi qual è lo scopo della mia vita, non lo saprei dire, non ho più ideali»[595].

Qui ci siamo limitati solo a questi due brani, ma altri dello stesso genere se ne potrebbero citare. Anche il *dottor Rol* era plurilaureato: in "diritto" (Giurisprudenza)[596], scienze commerciali e biologia. E crediamo si possano tranquillamente conferirgli, sebbene postume, le *lauree ad honorem* in filosofia e teologia...

Nel poema goethiano, Faust assume anche il nome di «Enrico», ed «Henry» è il nome di un personaggio "inventato" – mezzo secolo dopo quello di Goethe – dallo scrittore scozzese Robert Louis Stevenson, il *dottor Henry Jekyll* che, come ben si sa, ha un suo alter ego chiamato *Mister Hyde*.

---

[593] vv. 354-385, pp. 33-35. Abbiamo optato col rendere i versi in prosa solo per una questione di spazio.

[594] *"Io sono la grondaia..."*, p. 129 (1947 o 1949).

[595] *ibidem*, pp. 57-58 (Marsiglia, 15 febbraio 1926).

[596] Anche Goethe era laureato in "diritto", facoltà che, proprio come Rol, aveva fatto per volere paterno.

Anche il *dottor Jekyll* è plurilaureato, in "diritto", medicina e lettere, ed è membro della *Royal Society*.

Sia il *dottor Faust* che il *dottor Jekyll* sono essenzialmente due alchimisti, anche se il primo presenta un'impronta ancora rinascimentale e pre-scientifica per la sua nomea di mago[597], mentre il secondo è uno scienziato che sperimenta nel suo studio-laboratorio.

Il *dottor Rol*, se vogliamo, ha un po' dell'uno e un po' dell'altro. Quando Pitigrilli riferisce la storia del Polacco, nel 1952, Rol ha 49 anni; è curioso notare che Stevenson scriva di Jekyll come di «un uomo sulla cinquantina, di ampia corporatura, ben fatto, e dal volto liscio, che rivelava qualcosa di scaltro forse, ma recava impressi tutti i segni dell'intelligenza e della gentilezza...»[598], una descrizione più che mai adeguata anche per Rol.

Chi era invece Hyde?

«Non è facile a descriversi. C'è qualcosa di non chiaro nel suo aspetto; qualcosa di sgradevole, anzi di veramente detestabile. Non avevo mai visto un uomo che mi ripugnasse tanto, e non ne so la ragione. Doveva avere qualche deformità; dava l'impressione di essere deforme, sebbene io non riesca a specificare la cosa»[599].

«...quell'uomo non sembra una creatura umana! Ha qualcosa del troglodita, direi... oppure si tratta della semplice irradiazione di un'anima malvagia che traspare e trasfigura l'involucro di argilla? Penso sia proprio così; perché, mio povero Henry Jekyll, se mai io vidi il marchio del diavolo su una faccia, è proprio su quella del vostro nuovo amico!»[600]

E su questo si può certo convenire anche per Mefistofele, il quale tra l'altro è, come Hyde, *pede claudus*, zoppo:

Col piede rigido
dietro ci zoppica,
avanza e inciampa;
la gamba strascica[601].

---

[597] Nella nota ai vv.. 4947-54, relativa al soggiorno di Faust alla corte dell'Imperatore, troviamo che «Georg Faust, il Faust storico, era un astrologo itinerate, che viaggiava da una corte l'altra presentandosi come "Magister Georgius Sabellicus, Faustus junior, fons necromanticorum, asrrologus. magus secunclus, chiromanticus, aeromanticus, pyromanticus, in arte hydra secundus" (secondo una testimonianza del 1506: si vantava dunque di evocare i morti, leggere gli astri, guarire, interpretare i segni sulla mano, nell'aria, nel fuoco e nelle feci). Mefistofele si accontenta di introdurre Faust a corte come un sapiente (ma il Cancelliere ha capito subito che si tratta di un mago) che sa rintracciare i tesori nascosti nel sottosuolo» (*Faust*, cit., pp. 1281-1282). Di sfuggita, ricordiamo qui che anche Rol aveva, tra le altre, quest'ultima capacità, e che si tratta di una *possibilità* ben nota in tutte le tradizioni.

[598] Stevenson, R.L., *Lo strano caso...*, cit., p. 52.

[599] *ibidem*, p. 37.

[600] *ibidem*, p. 48.

[601] vv. 7704-7707, p.727; anche v. 2185: «Come mai quello zoppica da un piede?» p. 163, e Stevenson, R.L, p. 50. Mefistofele è anche chiamato «barone dal piede di cavallo» (v. 4141, p. 357); ai vv. 2510-2511 (p. 199) dice: «Dimmi "signor barone" e siamo a

Altre descrizioni di Hyde, che rappresenta la parte *occulta, animale* dell'essere umano e che incarna la *bestialità, ma anche l'istinto allo stato puro* sono le seguenti:

«...il signor Hyde aveva pochi conoscenti, persino il padrone della domestica lo aveva veduto solo due volte; la sua famiglia non potè essere rintracciata; non era mai stato fotografato; e le poche persone che avrebbero potuto descriverlo non si trovarono affatto d'accordo, come accade ad osservatori comuni. Solo su un punto convenivano tutti: e cioè su quell'impressione angosciosa di inspiegabile deformità con la quale il fuggiasco colpiva chiunque lo guardasse»[602].

«...il signor Hyde era scomparso nel raggio delle ricerche della polizia, quasi non fosse mai esistito. Era stato scoperto gran parte del suo passato, ed era disonorevole: si diffusero storie sulla crudeltà di quell'uomo, così duro e violento, sulla sua vergognosa vita, sulle sue strane relazioni, sull'odio che pareva aver sempre circondato la sua carriera; ma sul luogo dove viveva attualmente, non una parola»[603].

Della stessa aurea di mistero è circondato il "Polacco", che «non era mai stato fotografato» (come Rol, d'altronde...) e che pur non essendo, nella versione di Pitigrilli, un *criminale estremo* come l'Hyde di Stevenson, è non di meno ateo, e in una delle versioni a noi riferite è un *carcerato*, anche se non sappiamo per quale tipo di crimine... D'altronde, lo stesso Rol non lo specifica... quando scrive:

«Mi sento un Santo, ed un criminale ad un tempo, eppure non ho adorato nessun Dio, e non ho ucciso nessun uomo»[604].

Un criminale, quindi, che non ha ucciso nessuno... e questo perché è un criminale *simbolico* (al di là delle sfumature psicologiche che sono evidentemente intrecciate in questo simbolismo).

All'inizio del poema di Goethe, Faust chiede a Mefistofele: «*Insomma, tu chi sei?*», e questi gli risponde: «*Parte di quella forza che vuole sempre il male e produce sempre il bene*».

F. «*Cosa vuol dire questo indovinello?*».

M. «*Sono lo spirito che nega sempre! E con ragione, perché tutto ciò che nasce è degno di perire. Perciò sarebbe meglio se non nascesse nulla. Insomma, tutto ciò che voi chiamate peccato, distruzione, in breve, il male, è il mio specifico elemento*».

F. «*Tu ti dici una parte, e mi stai innanzi intero?*»[605].

---

posto; io sono un cavaliere come altri cavalieri». Cfr. anche Rol: «durante l'esperimento avevo cambiato aspetto: ero diventato vecchio, avevo preso le sembianze di Ravier, trascinavo i piedi con fatica» (*apud* Giordano, M.L., *Rol e l'altra dimensione*, p. 148).

[602] Stevenson, R.L., *cit.*, p. 62. Hyde è «fuggiasco» perché colpevole di omicidio (per aver ucciso a bastonate in mezzo alla strada un vecchio...).

[603] *ibidem*, p. 70.

[604] *"Io sono la grondaia..."*, p. 38.

[605] Si veda la stringente analogia con quanto Stevenson fa dire di Hyde al signor Enfield: «non posso descriverlo, non ci riesco. E non per mancanza di memoria; infatti, vi dico che mi sembra di vederlo anche in questo momento» (*Lo strano caso...*, p. 37).

M. «*Ti dirò una modesta verità. Se l'uomo, microcosmo di follia, usa pensarsi come un tutto – io sono parte di quella parte che in principio era tutto, della tenebra che partorì la luce, la luce superba che adesso a madre Notte contende lo spazio e il rango antico. Ma senza mai riuscirvi; per quanto si cimenti resta incollata ai corpi e prigioniera; dai corpi emana, rende belli i corpi e ogni corpo ne ostacola il cammino*»[606].

Mefistofele sta di fronte a Faust intero per la semplice ragione che Faust... si sta guardando allo specchio!

«Faust, *che nel frattempo è rimasto in piedi davanti a uno specchio, ora avvicinandosi, ora allontanandosi da esso:*

Che cosa vedo? In questo specchio magico che immagine celeste si rivela? Amore, prestami la più veloce delle tue ali, e guidami da lei! Ah, se non resto fermo dove sono, se oso andare più vicino, posso vederla appena, come in una nebbia! – La più bella immagine di donna! È possibile, la donna è così bella? Debbo vedere nel suo corpo disteso la quintessenza di ogni paradiso? Una creatura simile si trova sulla terra?».

Mefistofele:

«È chiaro che se un Dio per sei giorni fatica e alla fine si fa da solo i complimenti il risultato non dev'esser male. (...).

Faust continua a guardare nello specchio. Mefistofele stirandosi nella poltrona e giocando con la ventola continua a parlare:

Sto qui seduto come il re sul trono: lo scettro ce l'ho già, mi manca la corona»[607].

Tutto questo, come si sarà già capito, ha a che vedere con l'*androginia*[608], la *ierogamia*, con *Alda*, qui nella sua funzione di *donna interiore*, con la "visione" di Rol e con molto altro ancora.

Rivolgendosi verso lo specchio, il *dottor Faust* a un certo punto dice: «Guai a me! Quasi divento pazzo!»[609], e in altro momento il centauro Chirone gli dice: «Come uomo sei in estasi; ma certo sembri pazzo tra gli spiriti»[610], il che forse può dirci qualcosa di più in merito alla «bontà che rasenta la pazzia» di cui parla il *dottor Rol*, aggiungendo: «Sono un pazzo

---

Enfield si sta rivolgendo all'avvocato Utterson, il quale è depositario del testamento di Jekyll. Anche Goethe aveva esercitato la professione di avvocato per qualche tempo...

[606] vv. 1335-1356, p. 99.

[607] vv. 2429-2447, pp. 191-193.

[608] Si cfr. tra l'altro Eliade, M., *Mefistofele e l'androgine*, Mediterranee, Roma, 1971, *passim*.

[609] v. 2456, p. 193.

[610] vv. 7446-7447, p. 709. Ma lo scrivano Guest (*Lo strano caso...*, pp. 68-69) che ha modo di esaminare una lettera di Hyde, afferma che «questo non è un pazzo. Ma ha una curiosa scrittura», la quale raffrontata con quella di Jekyll presenta «una rassomiglianza piuttosto singolare: le due scritture sono in molti punti identiche: sono inclinate in modo diverso». Nella relazione finale del *dottor Jekyll* questi scrive che «con l'alterazione della mia scrittura, riuscii a rifornire di firma il mio "doppio"» (p. 119). È forse il caso di ricordare *le scritture del dottor Rol*, e quella del suo doppio preferito, Napoleone Bonaparte?

infelice. Non sono un uomo, sono un'ombra che fugge tutto e se stessa»[611].

Quanto al *dottor Jekyll*, in una lettera a Utterson scrive: «Da questo momento ho l'intenzione di fare una vita estremamente segregata; non dovete meravigliarvi né dubitare della mia amicizia, se la mia porta è spesso chiusa anche per voi. Dovete permettere che io segua il mio oscuro cammino. Mi sono tirato addosso una punizione e un pericolo che non posso neppure nominare. Se sono il primo dei peccatori[612], io sono anche il primo a soffrire. Non pensavo che questo mondo fosse in grado di contenere sofferenze e terrori tanto innominabili». E Utterson commentava: «Un cambiamento così grave e inatteso rasentava la pazzia»[613].

Alla fine del suo romanzo, Stevenson fa dire a Jekyll, che sta per "togliersi la *vita*":

«...questa è dunque l'ultima volta che Jekyll può seguire i propri pensieri e può vedere la propria faccia (quanto tristemente alterata ormai!) nello specchio»[614]; e anche:

«Come la bontà splendeva sulla fisionomia dell'uno, la malvagità era ampiamente e chiaramente scritta in faccia all'altro. La malvagità inoltre (che ancora reputo essere la parte mortale dell'uomo) aveva impresso in quel corpo un marchio di deformità e di decadenza. Malgrado tutto questo, mentre guardavo quell'orribile idolo nello specchio, non provai alcuna ripugnanza, anzi quasi avvertii un fremito di soddisfazione. Anche quell'uomo ero sempre io. Pareva una cosa naturale e umana. Ai miei occhi quella era un'immagine più viva, più immediata, più individuale dello spirito in confronto al volto imperfetto e diviso che sino a quell'attimo avevo chiamato "io" (...). [G]li esseri umani, così come noi li incontriamo, sono un miscuglio di bene e di male; e Edward Hyde, invece, unico nel suo genere, era puro male»[615].

Alla luce di quanto sopra, si capiscono per bene le parole di Rol:

«Non so che cosa troverò nella vostra anima, ma io so che vi troverò ciò che cerco e che non so cosa sia. Io vi troverò forse lo specchio che possa riflettere la mia vera immagine, non quella bastarda che io conosco, ma la sublime, la perfetta, quella che io "ricordo" disperatamente di avere avuta e disperatamente "ricerco" perché mi fu tolta un giorno molto molto molto lontano»[616].

---

[611] *"Io sono la grondaia..."*, p. 38. Cfr. *Lo strano caso...*, p. 75: «Un cambiamento così grave e inatteso rasentava la pazzia»; anche *Faust* (p. 383): «Come una malfattrice rinchiusa fra pene orribili in carcere la soave infelice creatura!».

[612] Cfr. Rappelli: «...il dottor Rol... si denuncia apertamente "il più grande peccatore" di questo mondo» (*Dibattito sui fenomeni...*, p. 27); e Giordano: «...si considerava infatti un peccatore» (*Rol e l'altra dimensione*, p. 22).

[613] *Lo strano caso...*, pp. 74-75.

[614] *ibidem*, p. 133.

[615] *ibidem*, pp. 114-115.

[616] *"Io sono la grondaia..."*, p. 219.

«Goethe era un genio, ma soprattutto un uomo saggio. Io non sono che un febbricitante, e la mia saggezza non è altro che necessità. Egli intuì nel rimorso la redenzione dell'anima. Io cerco invece la liberazione esaltandomi all'inverosimile. Per me, la musica di Beethoven non mi "distrugge" come lui distruggeva. Io mi elevo nel sogno, perché nel sogno vedo purezza e nella melodia illumino il mio cuore. Il diavolo mi è amico, ma solamente per le tentazioni che mi offre, quindi per le sofferenze che mi procura. Soffrire è salire: così io mi innalzo più alto delle fiamme (tentazioni) del diavolo[617]. E me la rido allegramente, allora, di tutto ciò che non ho fatto, delle delusioni provate, delle cose perdute e di quelle non avute. E mi dico "io sono felice, sono felice, sono felice!" e forse me ne convinco. Intanto non ho specchio sotto gli occhi, così non vedo il ghigno poco simpatico del mio viso!»[618]

Pensieri che ci sembrano alquanto analoghi a quelli di *Faust*:

«Devo leggere forse in mille libri che gli uomini dovunque si tormentano e qua e là ne vive uno felice? – Che cosa mi sogghigni, teschio vuoto, se non che il tuo cervello sviato come il mio cercava il giorno chiaro assetato di vero brancolando nelle ombre del crepuscolo?»[619]

«A me nel petto, ah! vivono due anime, e l'una vuol dividersi dall'altra. In una crassa bramosia d'amore una si aggrappa al mondo con organi tenaci, e l'altra si solleva con forza dalla polvere, verso i campi di nobili antenati»[620].

«Sublime spirito, mi hai dato tutto, tutto ciò che ti chiesi. Non hai rivolto invano a me il tuo viso tra le fiamme. Mi hai dato la Natura maestosa come regno e forza per sentirla e per goderne. (...). In questa voluttà che mi avvicina sempre più agli dei tu mi hai dato un compagno, e ormai non posso fare a meno di lui, benché freddo e insolente mi degradi ai miei occhi e con un soffio della sua voce annienti ogni tuo dono. Senza posa egli attizza nel mio petto una violenta fiamma per quella bella immagine».

E Mefistofele gli ricorda:

«Ma tu, povero figlio della terra, senza di me che vita avresti fatto? Io ti ho guarito per un po' dai giri viziosi della tua immaginazione; se non era per me, da questo globo terrestre tu te n'eri già emigrato"»[621].

Questa osservazione di Mefistofele avrebbe potuto farla anche il Polacco a Rol, a completamento del racconto di Pitigrilli:

---

[617] Cfr. *Faust*, vv. 2069-2072 (p. 151) dove Mefistofele dice a Faust: «Un po' d'aria infuocata che io preparerò ci solleverà agili da terra. Se saremo leggeri saliremo più in fretta; tanti auguri per la tua nuova vita!».

[618] *ibidem*, p. 115. Cfr. anche un passaggio tratto dalla prefazione che Rol scrisse per Luciana Frassati al suo libro di poesie *Echi* (20/06/1979): «Mirabile specchio in cui ritrovare noi stessi nelle identiche situazioni e nelle sensazioni precise quali ci vengono rivelate» (Frassati, L. *L'impronta di Rol*, cit., p. 14).

[619] vv. 661-667, p. 53.

[620] vv. 1112-1117, p. 83.

[621] vv. 3217-3271, pp. 277-280.

«Gli parlai delle mie letture di contenuto spirituale, religioso. Rise: "Dio non esiste", mi disse; e mi domandò se io ammettevo che con la volontà si potessero immobilizzare le lancette dell'orologio»[622].

Questa antitesi Rol-Polacco in materia religiosa (precedente la *sintesi sublimata e trascesa* di Rol *sanato*) è la stessa che troviamo in Jekyll-Hyde:

«Su uno scaffale erano vari libri, uno di essi era aperto... e Utterson rimase sorpreso nel vedere che era un esemplare di un libro religioso, per il quale Jekyll aveva molte volte espresso una grande stima; quel volume era annotato, di suo pugno, con terribili bestemmie»[623].

Jekyll infatti, che «era sempre stato famoso per la generosità», in un momento in cui «la malvagia influenza [di Hyde] era cessata», «non lo fu di meno per la religiosità»[624].

Altri elementi interessanti, che secondo noi legano i racconti di Rol con quello di Stevenson, sono il periodo di *tre mesi* che Rol avrebbe passato «in convento», ovvero a Santa Croce, e il bicchiere rovesciato che, nel racconto di Pitigrilli, diede occasione a Rol di attaccar discorso con il "Polacco". Sul primo punto, lo scrittore di Edimburgo dice, a proposito del "Testamento del Dottor Jekyll", che esso «stabiliva non solo che, in caso di morte di Henry Kekyll... tutti i suoi beni dovessero passare nelle mani del suo "amico e benefattore Edward Hyde", ma che in caso di "scomparsa o inspiegata assenza del dottor Jekyll per un periodo superiore a tre mesi, il suddetto Edward Hyde doveva immediatamente prendere il posto del detto Henry Jekyll..."»[625].

È già di per sé paradossale che Hyde venga definito da Jekyll «amico e benefattore», ma questo può essere comprensibile solo alla luce di quello che tradizionalmente è il *maestro interiore*[626], la cui natura *primordiale, bestiale,* di *rettile verde* e di *linfa vegetale verde*, è al tempo stesso connessa alla vibrazione cosmica, alla *śakti* indù, alla potenza, allo spirito e quindi a Dio nella sua forma pura e non condizionata...[627]. Ma

---

[622] E d'altronde è lo stesso Rol ad affermare che «la mia forza sta nel tenere i piedi ben saldi sulla terra».

[623] *Lo strano caso...*, p. 95.

[624] *ibidem*, pp. 70-71.

[625] *ibidem*, pp. 39-40.

[626] Nella tradizione islamica questa figura è rappresentata da un misterioso personaggio chiamato *âl-Khidr* (o *âl-Khadir, âl-Khizr, âl-Kezr* = il Verde) incontrato da Mosè e da un suo servo durante un viaggio verso «la confluenza dei due mari»... (cfr. *âl-Qur'an*, Sûra XVIII, vv. 65-82). «*Il Verde*» è considerato dai Sufi come un Maestro che appare ai mistici in momenti particolari per istrurli e dagli Sciiti iraniani come l'Imam nascosto (*âl-Imâm âl-Mukhfi*), ovvero il dodicesimo Imam che nel IX secolo si ritirò dal mondo e che ritornerà nel Giorno del Giudizio (*âl-Mahdi al-muntazar*). È stato anche associato al profeta Elia. Il colore verde lo accomuna poi a Osiride, Dioniso, Gesù, e, come si sa, anche a Rol...

[627] Cfr. *Marco* 14, 62: «E vedrete il Figlio dell'uomo seduto alla destra della Potenza e venire con le nubi del cielo»; *Luca* 24, 49: «E io manderò su di voi quello che il Padre mio ha promesso; ma voi restate in città, finché non siate rivestiti di potenza dall'alto»;

quello che dice il *dottor Jekyll* lo dice anche il *dottor Rol*, come abbiamo già visto: «Il diavolo mi è amico, ma solamente per le tentazioni che mi offre, quindi per le sofferenze che mi procura».

Circa i «tre mesi», al di là di tutto quello che si potrebbe dire sui significati del numero tre (che moltiplicato per se stesso dà nove)[628], rileviamo che del "Polacco", che si era ritirato anche lui in un «monastero», Rol dice che: «Più tardi venni a sapere che era morto». Ma l'unico morto di questa finzione non fu altri che l'*ego* di Rol, annientato per lasciare spazio al Sé superiore, la piena coscienza e realizzazione del quale fu favorita da un *elemento femminile* che, sempre nel racconto di Rol, è rappresentato da *sua madre*: «Mi rifugiai in un convento a meditare e vi rimasi tre mesi. Mi venne a tirar fuori mia madre...».

Che cosa in tutto questo è realtà, e che cosa è simbolo? È la stessa domanda che sorge, d'altronde, leggendo il Vangelo...

Venendo invece al secondo punto, ovvero, quando Rol racconta che: «Un bicchiere rovesciato mi diede l'occasione di dirgli finalmente qualche parola», ci ricorda quello che Hyde dice al dottor Lanyon, collega di Jekyll, prima di trangugiare di fronte a lui la «pozione metamorfica»[629], ovvero l'intruglio di «color verde acqua»[630] composto di «semplice sale bianco cristallino»[631] inventato da Jekyll e atto a trasformarlo in Hyde e viceversa:

Luca 1, 5: «Lo Spirito Santo scenderà su di te, su te stenderà la sua ombra la potenza dell'Altissimo».

L'ombra della potenza di Dio, ovvero lo *spirito*, è luce nel manifestato, donde l'affermazione di Einstein-Rol: *la luce è l'ombra di Dio*: «Ho avuto la fortuna di contattare Albert Einstein... Non avendo saputo dargli una definizione della luce di suo gradimento, mi dice che la luce è l'ombra di Dio, perché tutto ciò che è materia, proietta un'ombra scura, mentre Dio, quando si materializza, diviene luce, Dio essendo spirito» (Dembech, G., *G. Rol. Il grande precursore*, CD traccia 22; trascrizione diversa a p. 132; e in: *Torino città magica vol. 2*, cit., pp. 188-189).

[628] Cfr. per esempio Dante a proposito di Beatrice come incarnazione del numero nove: «questo numero fue ella medesima; per similitudine dico, e ciò intendo così. Lo numero del tre è la radice del nove, però che, sanza numero altro alcuno, per se medesimo fa nove, sì come vedemo manifestamente che tre via tre fa nove. Dunque se lo tre è fattore per se medesimo del nove, e lo fattore per se medesimo de li miracoli è tre, cioè Padre e Figlio e Spirito Santo, li quali sono tre e uno, questa donna fue accompagnata da questo numero del nove a dare ad intendere ch'ella era uno nove, cioè uno miracolo, la cui radice, cioè del miracolo, è solamente la mirabile Trinitade» (*Vita Nova*, XXIX, 3). Sui numeri 5 e 9 in Rol, si veda più avanti, p. 446 e sgg. È significativo che la poesia ad *Alda* che si intitola «Il Tuo nome» (vedi tav. XII) sia contrassegnata con il numero nove (tra le 10 poesie numerate).

[629] *Lo strano caso...*, p. 123.

[630] *ibidem*, p. 106.

[631] *ibidem*, p. 102. Cfr. quanto riferisce Di Simone: «[Rol] Mi disse anche che non mangiava sale»; anche *Vangelo dello pseudo-Tommaso*: «Rigetta il sale che hai in te e nuota nell'acqua» (*I Vangeli apocrifi*, Einaudi, Torino, 1990, p. 52); Sul «sale» vi sarebbero altri significati che qui non possiamo analizzare, in ogni caso, quanto dice Rol è connesso anche con un certo tipo di *dieta yoghica*.

«Volete essere saggio? Volete un buon consiglio? Permettete che io prenda questo bicchiere in mano, e me ne vada dalla vostra casa senza ulteriori parole? (...). Oppure, se preferirete sapere, tutto un nuovo mondo di cognizioni, nuove vie verso la fama e il potere vi saranno aperte davanti, qui, in questa stanza, in questo stesso attimo; la vostra vista sarà abbagliata da un prodigio tale da scuotere l'incredulità di Satana».

Alla fine, Hyde «si portò il bicchiere alle labbra, e bevve il contenuto in un sorso. Udii un grido; barcollò, vacillò, si aggrappò alla tavola con gli occhi sbarrati e iniettati di sangue, ansando con la bocca aperta; e, mentre lo guardavo, si trasformava, così mi sembrò, pareva gonfiarsi, la faccia diventò improvvisamente nera, i suoi lineamenti parvero dissolversi e alterarsi; l'attimo successivo io ero balzato in piedi ed indietreggiavo verso il muro, alzando il braccio come per difendermi da quel prodigio, con l'animo sommerso dal terrore»[632].

E qui ci pare di leggere, tra gli altri, Buzzati:

«...qualcuno potrebbe anche prendersi una paura maledetta. Ecco di nuovo il buio e nel buio la sagoma fantomatica di Rol che si mette a vagolare su e giù per la stanza assumendo un passo sempre più pesante e stentato. E intanto si curva, come carico di migliaia di anni. Ed emette voci impressionanti, raschiamenti di gola, gemiti di caverna, lamentose invocazioni: (...) si trascina per la sala come ubriaco, curvo a guisa di uncino, mugolando»[633].

O Riccardi: «...gettavo sguardi attenti alla sua figura, ricavando l'impressione che gli si fosse assai gonfiata la testa. (...) potrei giurare che colui che aveva preso il posto di Rol operava diversamente da lui...»[634].

O la Dembech: «...tutto il suo torace si era... espanso, gonfiato a dismisura... si era allungato anche in altezza oltre che in larghezza! Era diventato enorme come l'omone della Michelin!»[635]

O Valentina Cortese:

«...mentre si concentrava addirittura modificava le sue sembianze, diventava un'altra persona, non era più lui, una cosa davvero incredibile, si faceva enorme, gigantesco, una cosa che faceva davvero paura»[636].

La descrizione di Buzzati, secondo il quale Rol «si mette a vagolare su e giù per la stanza assumendo un passo sempre più pesante e stentato», ci ricorda anche la domanda che fa Poole, il maggiordomo di Jekyll, a Utterson, quando insieme si accostano alla porta dello studio di Jekyll: «"...ditemi se questo è il passo del mio padrone!" I passi erano leggeri e regolari, avevano un certo ritmo, benché fossero così lenti, erano

---

[632] *ibidem*, pp. 106-107.
[633] Buzzati, D., *Un pittore morto da 70 anni...*, cit.
[634] *Dibattito sui fenomeni...*, p. 22.
[635] Dembech, G., *G.A. Rol. Il grande precursore*, p. 151.
[636] Mastrosimone, S., *Donne dell'altro mondo*, Il Punto d'Incontro, Vicenza, 2007, p. 86.

effettivamente diversi dall'andatura pesante di Henry Jekyll. (...) quel passo tenace andava su e giù, su e giù, nel silenzio della notte»[637].

Il maggiordomo aveva anche chiesto a Utterson: «"vi pare che quella fosse la voce del mio padrone?"

"Sembrava molto cambiata" rispose l'avvocato, molto pallido in faccia...

"Cambiata? Ebbene, sì, lo credo anch'io" disse il domestico. "Da vent'anni che mi trovo in questa casa; posso forse ingannarmi sulla voce del mio padrone?"»[638].

E più avanti Utterson se ne convince: «Ah, questa non è la voce di Jekyll! È la voce di Hyde!»[639]

Remo Lugli ci racconta qualcosa del *dottor Rol*:

«Chi telefonava non sempre aveva la fortuna di trovarlo in casa: si sentiva rispondere dal maggiordomo o dalla guardarobiera o dalla dama di compagnia della moglie: "il dott. Rol è uscito", oppure "è a Mentone", "sarà assente per dieci giorni". In realtà nella sua casa non c'era maggiordomo, non c'era guardarobiera, né dama di compagnia (...). Se qualcuno rispondeva era lui, Gustavo, sotto le spoglie del maggiordomo, della guardarobiera, ecc. ecc. Era abilissimo nelle imitazioni; anche gli amici intimi a volte rimanevano incerti»[640].

Arturo Bergandi, quello che, anche se imprecisamente, potrebbe essere definito il "maggiordomo" di Gustavo Rol, e che è stato suo collaboratore e *factotum* per quasi trent'anni, ci ha detto: «Al telefono spesso faceva la vocina della governante, poi se desiderava chiacchierare con la persona faceva passare qualche secondo e parlava con la sua voce, come se fosse venuto a prendere il telefono».

Giuditta Miscioscia racconta che un giorno, mentre era con Rol da una fruttivendola, lui chiese di avere una pera: «"Me la può dare?", chiese Rol con una vocina timida da bambino. (...) dopo qualche attimo sentii di nuovo Rol ripetere con quella vocina strana: "Che bella quella pera, me la può dare?"»[641].

Lugli, scrive che Rol durante un esperimento «immediatamente cambia espressione, si ripiega un poco in avanti, con un leggero sorriso e lo sguardo fisso e cambia voce: una voce da vecchio, strascicata...»[642]; in un altro esperimento «Rol cambia tono di voce»[643], e in un altro ancora «Poi parla, con una voce che non è più la sua»[644].

---

[637] *Lo strano caso...*, pp. 91-92.
[638] *ibidem*, p. 84.
[639] *ibidem*, p. 92.
[640] Lugli, R., *G. Rol. Una vita di prodigi*, p. 29.
[641] Allegri, R., *Rol. Il grande veggente*, p. 219.
[642] *cit.*, p. 75.
[643] *ibidem*, p. 109.
[644] *ibidem*, p. 80.

Nico Orengo scrive che Rol «amava scherzare con lei [*Luciana Frassati*, n.d.r.], per telefono le faceva sentire le voci di Molière, di Mozart, di Napoleone»[645].

Infine il conte Galateri di Genola aveva dichiarato che Rol «in riunione assume quattro personalità diverse, le quali seguono lo stesso ordine da 7/8 anni, anche quando si rinnova la maggior parte dei presenti alla riunione. Il susseguirsi di queste personalità è caratterizzato da differenti intonazioni ed accenti di voce, corrispondenti ad uguale gestire ed atteggiamento del volto»[646].

A proposito del volto, Poole chiede a Utterson:

«"Signore, se quello era il mio padrone, perché portava una maschera sulla faccia? (...) quello non era il mio padrone, è certo. Il mio padrone... è un uomo alto e ben fatto, e quello era poco più di un nano".

Utterson tentò di protestare.

"Oh, signore," esclamò Poole "credete che io non conosca il mio padrone dopo vent'anni? Credete che non sappia dove arriva la sua testa, sulla porta della sua stanza, dove l'ho veduto ogni mattina della mia vita? No, signore, quella persona con la maschera non era il dottor Jekyll... Dio solo sa chi era, ma non era affatto il dottor Jekyll; e sono profondamente convinto che ci sia stato un assassinio»[647].

Già, un assassinio... quale *criminale* lo avrà mai commesso? Qui intanto dovremo dire qualcosa a proposito di maschere e di nani... (entriamo infatti nel mondo di Fellini...). Oltre alle varie descrizioni di *trasfigurazione* di Rol, in un senso più generale ci paiono interessanti le osservazioni, per esempio, di Guido Ceronetti:

«il Rol delle famose serate di esperimenti nella sua casa napoleonica, dominata dal colore verde e dal numero Cinque, non ci mostrava il suo vero *Ansiktes*, ma una maschera»[648]; e di Dino Buzzati: «Ci si aspetta una maschera impressionante e magnetica. Niente di questo. Ciò che sta dietro a quella fronte, almeno a prima vista, non traspare»[649].

Quanto invece al «nano», viene detto che Hyde è «particolarmente basso»[650] (per questo i suoi passi, a differenza di quelli di Jekyll, erano «leggeri»); Utterson aveva per esempio affermato: «Andai io stesso ad aprire, e mi trovai davanti a un uomo di bassa statura...»[651]. Non possiamo non rilevare, ad esempio, due strane testimonianze, che potrebbero sembrare apocrife se non le si considerassero in un contesto ben più vasto. Tutti sanno infatti che Rol era un uomo piuttosto alto (1,90 circa), eppure il noto violinista Uto Ughi, che «un giorno entrò... nello studio del grande Rol», come viene affermato nel 1987 sulla rivista

---

[645] Orengo N., *Una vita vissuta per incanto. Il Mago Rol*, Grazia, 16/10/1994, p. 250.
[646] *Dibattito sui fenomeni...*, p. 36.
[647] *Lo strano caso...*, pp. 87-88.
[648] Ceronetti, G., *Rol e l'inesplicabile*, La Stampa, 07/06/2003, p. 27.
[649] Buzzati, D., *Un pittore morto da 70 anni...*, cit.
[650] *Lo strano caso...*, p. 59.
[651] *ibidem*, p. 103.

Astra, così lo aveva descritto: «Era piccolissimo e dolcissimo, con un sorriso timido e uno sguardo di un'acutezza che impressionava»[652]. Piccolissimo Rol? Non si sarà mica confuso? Tuttavia, lo scrittore Elemire Zolla racconta che Rol «un giorno si presentò a casa mia. Si aprì la porta, e c'era il vuoto: quell'ometto calvo era già in salotto. Un piccolo saggio della sua abilità. Poi prese a parlare in modo fitto, variando rapidamente parole e argomenti...»[653]. Ometto? Si tratta solo di un modo di esprimersi di Zolla, quasi in senso dispregiativo, oppure egli vide un Rol *più piccolo*? Vediamo cosa ne pensa Fellini, che di nani se ne intende. Scrive Buzzati:

«Un altro prodigio avvenne in un ristorante, pure a Torino. Avevano finito di pranzare, era già stato pagato il conto. "Andiamo?" propose Fellini. "Andiamo pure" rispose Rol. Fellini fece per avviarsi all'uscita ma si accorse che Rol stava seduto. "Non ti alzi" gli chiese. "Ma io sono già alzato" fece Rol. "Io sono in piedi". Fellini guardò meglio: Rol era alzato, infatti, ma aveva la statura di un nano. Il dottor Gustavo Rol, che sfiora il metro e ottanta[654], non era più alto di un bambino di dieci anni. Qualcosa di folle, di allucinante: come Alice nel paese delle meraviglie. "Su, andiamo, andiamo" fece Rol a Fellini annichilito. Ma a Fellini mancò di nuovo il fiato; senza che egli avesse potuto percepire il mutamento, Rol di colpo si era trasformato in un gigante, stava accanto a lui come un cipresso, lo sovrastava di almeno una spanna»[655].

Fantasie Felliniane? Ma allora dovrebbe dirsi lo stesso delle testimonianze della Cortese e della Dembech, che hanno visto Rol diventare «enorme»; la giornalista però è stata testimone anche della trasformazione inversa:

«lo vedemmo come "*sgonfiarsi*", si ritirò tutto su se stesso, come se si fosse accartocciato, divenne piccolo e magro, più piccolo di me che sono alta 1,65...»[656].

Allucinazioni? Anche la Giordano racconta:

«[Una volta] successe un fatto incredibile. Mentre stavo per uscire [*dall'appartamento di Rol*, n.d.r.] e stava aiutandomi a infilare il cappotto, mi girai e vidi che al posto di Rol, di corporatura atletica, c'era un Rol nano, non più alto di un bambino di sette anni. Lanciai un piccolo grido, avevo il cuore in tumulto, lo confesso, anche se con lui ero già abituata a tutto. Dopo pochi minuti aveva già ripreso le sembianze normali, sorrideva con aria furbesca, quasi divertita.

---

[652] Ughi, U., *Il violino s'accordò da solo*, Astra, 01/07/1987, p. 92. Questo «piccolissimo e dolcissimo» ben si sposa con la «vocina timida da bambino» di cui parla Giuditta Miscioscia.

[653] Cazzullo, A., *I Torinesi da Cavour a oggi*, Laterza, Bari, 2002, p. 222. Testimonianza interessante che si riferisce ad un fenomeno di *agilità* o *traslazione*, classe di *possibilità* che consta attualmente di 8 episodi testimoniati da 8 persone diverse.

[654] In realtà, novanta.

[655] Buzzati, D., *Fellini per il nuovo film ha fatto incontri paurosi*, Corriere della Sera, 06/08/1965, p. 3.

[656] Dembech, G., *G.A. Rol. Il grande precursore*, p. 151.

Aprendomi la porta mi chiese: "Ti sei spaventata? Con me dovresti essere abituata a tutto!" Subito dopo, con aria da bambino contento soggiunse: "Sei impallidita. Lo sai che mi piace scherzare, ti prego di scusarmi". Nel frattempo, eravamo arrivati sul pianerottolo, mi baciò la mano con un inchino e disse: "Questa è la storia di re Artù, che non vale niente se non ci sei tu!" Ero in ascensore, stava salutandomi con la mano, lo vidi di nuovo trasformato, molto più alto e maestoso, era diventato un omone gigantesco: allora ancora più spaventata non feci altro che premere il bottone»[657].

Sempre la Giordano in un'altra occasione ha assistito a un fenomeno analogo:

«...mentre eravamo in ascensore e stavamo recandoci a casa sua perché voleva farmi vedere un suo quadro che aveva appena terminato e che avrebbe dovuto consegnare il mattino dopo, il suo collo iniziò ad allungarsi, a diventare sempre più lungo, come quello di una giraffa, quasi fino al soffitto. Lo fissavo sbalordita. Dopo pochi secondi, ritornò al suo posto»[658].

E Arturo Bergandi racconta la stessa cosa:

«Eravamo insieme sull'ascensore di casa, non ricordo se stavamo salendo o scendendo. A un certo punto mi dice: "Bergandone, vuole vedere che in un attimo riesco a diventare grande?". Un istante dopo toccava con la testa la plafoniera della cabina, poi in pochi secondi tornava normale. Non ho mai capito come facesse: di certo non si metteva in punta di piedi, anche perché si allungava tutto in modo strano, incomprensibile...". In un'altra occasione era invece accaduto l'esatto contrario. "Avevano suonato al campanello, il dottore doveva scendere con un quadro perché c'era una signora che lo stava aspettando su una 500. Dopo aver spostato il sedile del passeggero tutto in avanti per lasciare spazio al dipinto, bisognava fare in modo che Rol, alto e robusto com'era, potesse accomodarsi all'interno dell'autovettura. La signora era preoccupata: "Ho paura che lei non ci stia, dottore". E lui, di rimando: "Non si preoccupi, adesso divento piccolo come Valletta". Detto fatto: in un secondo, mentre si trovava chino sul marciapiede pronto per salire sull'auto, l'ho visto rimpicciolisrsi poco alla volta. Lo so, può sembrare incredibile, ma è quello che è successo»[659].

Una condomina del palazzo dove viveva Rol, probabilmente la signora Iozzelli, aveva raccontato al giornalista e scrittore Gabriele Romagnoli:

«Ci fu una volta in cui lo vidi crescere. Eravamo in ascensore, lui aveva quel profumo strano, che solo lui possedeva. Mi guardò, sorrise e

---

[657] Giordano, M.L., *Rol mi parla ancora*, pp. 118-119.
[658] idem.
[659] Ternavasio, M., *Gustavo Rol. Esperimenti e Testimonianze*, cit., p. 141.

cominciò a crescere. Di almeno trenta centimetri. I pantaloni gli diventarono alla zuava»[660].

La giornalista Marisa Di Bartolo racconta che mentre si trovava a casa di Rol, a un certo punto lui «si collocò con me davanti ad uno degli specchi per mostrarmi la differenza di altezza (è alto circa un metro e ottantacinque). Ma subito dopo, nello stesso specchio, lo vedevo rimpicciolito, ridotto alla mia statura. Io giravo la testa, vedevo la sua spalla contro la mia, le gambe diritte, nulla che suggerisse l'idea di un possibile trucco. Lui rideva divertito, e un attimo dopo rieccolo torreggiante, sedici centimetri più alto di me»[661].

La Giordano riferisce la testimonianza di una signora che «racconta che un loro amico era molto scettico nei confronti di Gustavo, che, un giorno, lo invitò a casa sua. Lo fece accomodare in salotto sul divano dove c'era un abat-jour acceso. Gli disse di dargli una mano e di non staccarla. Nella penombra, un punto luminoso iniziò ad aleggiare nella stanza, diventava sempre più grande, quasi un globo che girava attorno alle loro teste.

Preso dal terrore, il giovane staccò la mano da quella di Rol che cadde svenuto. A sua volta anche il giovane si sentì male, quando poi si riprese prima di Gustavo, vide vicino a sé un nano con le sembianze di Gustavo che se ne stava andando come circondato da una nuvola»[662].

Certo è davvero difficile credere a cose del genere (e quante altre ancora!), se non ci fossero tante persone che le hanno testimoniate. Comunque, per chiudere la parentesi su questa che è una delle 49 sconcertanti *possibilità* di Gustavo Rol, si può ancora ricordare che Riccardi riferisce che «il dottor Zeglio dice che addirittura gli è sembrato che [Rol] diventasse più alto»[663] e che, in generale, questa sua *possibilità* è già attestata in bibliografia almeno a partire dal gennaio 1965, dove su *L'Espresso*, viene detto che Rol, tra le altre cose, è in grado di «crescere o diminuire di statura»[664]; pochi mesi più tardi Buzzati, nell'articolo già citato, scriveva che Rol, prima dell'esperimento di *pittura a distanza*, aveva dichiarato: "«Voi, sentite: se diventassi piccolo o altissimo non prendete paura...»"[665], e poi commenta: «Una parola! Proprio questo avvertimento aggrava l'incubo. Perché dovrei aver paura di vedere un uomo accorciarsi o allungarsi? (questa è appunto una specialità di Rol). Il motivo non lo so, ma sono sicuro che avrei uno spavento mostruoso». Nel

---

[660] Romagnoli, G., *Oltre i confini della realtà*, Vanity Fair, 20/10/2005, p. 170. Si cfr. la situazione inversa in Hyde: «Era vestito con abiti troppo ampi per lui, abiti della misura del dottore...» (*Lo strano caso...*, p. 93).

[661] Di Bartolo, M., *Il lastrone di marmo restò sospeso in aria*, Astra, 01/06/87, p. 222.

[662] Giordano, M.L., *Rol mi parla ancora*, p. 259.

[663] *Dibattito sui fenomeni...*, p. 42.

[664] n.f., *300 maghi d'azienda*, L'Espresso, 10/01/1965, p. 14.

[665] La stessa "dichiarazione preventiva" Rol l'aveva fatta a Giuditta Dembech presenti altre due persone: "«Di cosa vi preoccupate? Io posso diventare grande o anche piccolissimo! Non ci credete? Ecco qua...»" (*Il grande precursore*, p. 151).

1972 ne parlerà anche Remo Lugli: «Ci sono esperimenti nei quali Rol è stato visto crescere e diminuire di statura...»[666].

E su questo argomento non abbiamo, per ora, nulla da aggiungere, tranne forse il fatto che l'*alter ego* preferito da Rol, Napoleone – personalità titanica almeno fino a prima di Sant'Elena... – era piuttosto bassino...

Nel romanzo di Stevenson, il *dottor Jekyll*, spiega "in terza persona" le ragioni delle differenze fisiche tra sé e Hyde:

«La parte malvagia della mia natura, alla quale ora io avevo dato una vigorosa efficacia, era meno robusta e meno sviluppata della parte buona. Inoltre nel corso della mia vita, che era stata, dopo tutto, per nove decimi una vita di sforzi, di virtù e di disciplina, avevo molto meno esercitato e messo alla prova quella parte cattiva. Proprio da questo derivava il fatto, credo, che Edward Hyde era più piccolo, più magro e più giovane di Henry Jekyll»[667].

Vi sarebbero poi molte altre cose da dire su questo eccellente romanzo che si adattano perfettamente alla biografia e al pensiero di Rol, ma ci porterebbero troppo lontano. Qui ci limiteremo ancora a qualche breve riferimento e ad una più estesa citazione, rimandando il lettore a prendere visione della *«relazione di Jekyll sul caso»*, ultimo capitolo del libro, che avrebbe potuto essere scritta tranquillamente da Rol. La parte che citeremo qui è strettamente legata al racconto di Rol relativo al giorno della sua scoperta, che si intreccia con alcuni elementi del racconto del "Polacco", il quale dopo aver assistito alla guarigione di Lourdes, tornò *con Rol* a Marsiglia e «bruciò i libri e i manoscritti»:

«Il demone della malvagità, che era stato a lungo in gabbia, irruppe fuori ruggendo. (...). Istantaneamente lo spirito demoniaco si svegliò in me e imperversò. Con una foga gioiosa percossi quel corpo senza resistenza, provando delizia a ogni colpo; solo quando la stanchezza cominciò a farsi sentire, repentinamente, nell'accesso culminante del mio delirio, provai un gelido brivido di terrore.

La nebbia si disperse; vidi la mia vita in pericolo; e fuggii dal teatro di quegli eccessi, esaltato e tremante, con il mio bisogno di male soddisfatto ed eccitato e con il mio amore della vita portato al parossismo. Corsi nella casa di Soho, e (per essere ancora più al sicuro) distrussi le mie carte[668]; quindi vagai per le strade illuminate sempre nella stessa

---

[666] Lugli, R., *Il prodigioso "viaggio nel tempo" vissuto come in un sogno colorato*, La Stampa, 24/09/1972, p. 3.

[667] *Lo strano caso...*, p. 115.

[668] Oltre all'analogia con i libri e manoscritti bruciati dal "Polacco", crediamo illuminante quanto riferiva Lugli nel suo primo articolo del 1972, e che non si trova in nessun altra fonte bibliografica: «Riconosce che i suoi esperimenti "sconvolgono le leggi della natura": però aggiunge: "Tutti possono arrivare a fare quello che io faccio". Come? Ha scritto centinaia di pagine, in proposito, ma sulla copertina del plico ha vergato un terribile ordine: "Bruciare dopo la mia morte"» (Lugli, R., *Strabilianti esperimenti d'un uomo che dissolve e ricompone la materia*, La Stampa, 23/09/1972, p. 3). Cfr. anche la strana lettera ricevuta da Jekyll, di cui egli brucia la busta (*Lo strano caso...*, p. 66) e che

contrastante estasi mentale, felice per il mio delitto, progettando di commetterne altri in avvenire e tuttavia affrettandomi nella paura di udire dietro di me i passi del vendicatore. (…). Devo aver gridato; tentavo con lacrime e preghiere di placare la folla di odiosi immagini e di suoni che la memoria risvegliava in me; pure in mezzo a tutte quelle suppliche la terribile faccia della mia iniquità continuava a fissarmi nell'animo. All'acutezza del rimorso prese a poco a poco a sostituirsi una sensazione di sollievo. Il problema della mia condotta era risolto. Diventar Hyde non era più possibile; volente o nolente, ero confinato nella parte migliore della mia natura: oh, come mi rallegrai a tale pensiero! con quale premurosa umiltà abbracciai di nuovo le restrizioni della mia vita abituale! con quale sincera rinuncia chiusi la porta attraverso la quale ero passato e ripassato tante volte…!»[669]

Anche se il romanzo termina poi con la "morte" di Jekyll, queste ultime righe si adattano perfettamente al Rol che torna alla vita "normale" dopo il periodo di ritiro a Villa Santa Croce…

Un ultimo punto che deve essere menzionato, e che ci porterà al termine della nostra analisi sul misterioso "Polacco", riguarda ciò che scrive Pitigrilli subito dopo aver raccontato la vicenda:

«Il misterioso personaggio riapparve molte volte nelle parole di Rol. Lo chiamava "lui". "Credo – mi diceva Rol – che 'egli' abbia della simpatia per te. 'Egli' non vuole che io faccia questo. Mi autorizza a insegnarti questo. Ricordati della 'sua' raccomandazione: immaginare un piano tutto verde, come un prato senza alberi, senza particolari che turbino l'uniformità del verde[670]; immagina di essere sommerso in una immensità di vernice verde. Tu vuoi che tutte le carte di questo mazzo si dispongano in un certo ordine? Chiedilo mentalmente, poi immagina il verde: nel momento in cui tu 'vedi' il verde, la trasformazione è avvenuta". Una sera mi disse: "Quest'oggi mi ha dettato queste parole per te: 'Non c'è successo senza lavoro, non c'è lavoro senza sofferenza, non c'è sofferenza senza verde'".

Dichiaro senz'altro che come "apprenti sorcier" non valgo niente. Quando ero assistito da Rol ho fatto anch'io delle cose spettacolose[671], ma da solo nulla mi riuscì. Non riuscii mai a "vedere" un verde uniforme. Le formule ripetute in presenza di Rol e davanti a testimoni mi fecero realizzare dei prodigi. Ma quando ero solo, in casa mia, il risultato fu totalmente negativo. Ho provato in varie circostanze a ripetere le formule,

---

non ci sembra estranea a quel «Tuo fratello Ti porterà questa lettera» scritto da Rol per Alda (Scritti per Alda, p.67).

[669] Lo strano caso…, pp. 124-126.

[670] Si dice che Ravier amasse andare a Lione «uniquement *lorsque le vert a uniformément recouvert la campagne*» («unicamente dal momento in cui il verde ha uniformemente ricoperto la campagna»), in: Thiollier, C.B., cit., p. 26.

[671] Si ricordi la possibilità che Rol aveva di trasferire temporaneamente ad altri le sue possibilità.

senza risultato[672]. Il monosillabo "om" col quale certi antichi ebrei facevano cadere fulminato un uomo[673], e la parola "abraxas" che allontana gli spiriti del male, non sono che elementi di un complesso di potenze. Le formule di Rol, senza Rol lasciano le cose come sono»[674].

Questo brano è perfettamente intelligibile alla luce del racconto del *Dottor Jekyll e Mister Hyde*, così come di quello del *dottor Faust* e *Mefistofele*. È decisamente lampante qui la sinossi con la frase di Jekyll mentre parla di Hyde: «*"Lui", dico, non posso dire "io"*»[675] e quanto scrive Pitigrilli: «Lo chiamava "lui". "Credo – mi diceva Rol – che 'egli' abbia della simpatia per te. 'Egli' non vuole che io faccia questo. Mi autorizza a insegnarti questo».

A tal proposito ci pare davvero interessante l'episodio di cui è stata testimone Giuditta Dembech, che racconta ne *Il grande precursore* in un capitolo intitolato «Una forza estranea». La giornalista si trovava a casa di Rol, entrambe erano in piedi e lui le stava facendo vedere la sua agenda del 1927 dove aveva scritto la "tremenda legge":

«Stavamo ancora guardando le pagine quando all'improvviso accadde qualcosa di imprevisto, una forza estranea a noi, invisibile, ci strappò l'agenda di mano, la fece letteralmente volare, e poi ricadere con un tonfo un paio di metri più in là, sul pavimento. Rol si accasciò sulla poltrona tenendosi la testa fra le mani, colto da un improvviso dolore: "*È vero, non dovevo leggertelo... Che mal di testa, vedo tutto che gira...*"

Io non sapevo se occuparmi di lui o dell'agenda, mi mossi per raccattarla da terra ma lui mi fermò con un ordine secco: "*Non toccarlo, non l'hai visto che me l'ha preso?*" Avevo visto benissimo, anch'io la stavo sostenendo sul palmo della mano: "*È volato!*" risposi allibita. "*Non dirlo! Hai visto? È volato via...*"»[676].

La giornalista poi commenta:

«...quando gli venne strappata di mano, subentrò certamente una forza estranea a lui, non era volontà di Rol che l'agenda gli fosse gettata lontano, e l'impatto avvenne con una certa forza. Io ero accanto a lui, vidi che ne rimase stupito e dispiaciuto...

Inoltre mi proibì di raccogliere l'agenda immediatamente, me lo permise soltanto un paio di minuti più tardi, come se l'agenda in qualche modo "*scottasse*". Rol non ha mai voluto tornare su questo fatto»[677].

Più avanti torneremo su questo episodio, ma qui non possiamo non sorridere di fronte a questa straordinaria *interpretazione faustiana*.

---

[672] Non si tratta di "formule magiche", per lo meno nel senso deteriore del termine. Si cfr. quanto abbiamo detto su «Hamma Hemma», p. 317.

[673] Cfr. per esempio l'episodio del calabrone fulminato a distanza da Rol in presenza di Fellini... (Buzzati, D., *Fellini per il nuovo film...*, cit.).

[674] Pitigrilli, *Diario La Razón*, 28 maggio 1952; *Gusto per il mistero*, cit., pp. 88-90.

[675] *Lo strano caso...*, p. 130.

[676] Dembech, G., *G.A. Rol. Il grande precursore*, p. 123. E qui degno di nota il constatare che: «a Henry Jekyll toccava a volte spaventarsi davanti agli atti di Edward Hyde...» (*Lo strano caso...*, p. 118).

[677] Dembech, G., *G.A. Rol. Il grande precursore*, pp. 124-125.

D'alronde l'*alter ego* di Rol, ovvero il suo *spirito intelligente*..., aveva già avuto modo di esprimere disapprovazione proprio in presenza di Pitigrilli:

«Ma dopo questi due esperimenti, Rol mi chiamò a parte e mi disse: "Temo di averlo (di averLO) irritato. Vediamo!". Tornò nella sala, ordinò a una signora di scegliere un libro qualunque fra le migliaia di libri che coprivano le quattro pareti, e di estrarre tre carte, per formare un numero. "Che numero è? Apra il libro alla pagina corrispondente a quel numero. La pagina cominciava con le parole: "Egli lo aveva veramente irritato"»[678].

In un'altra occasione, la Dembech sperimentò qualcosa di più terrifico di una semplice "irritazione" («All'improvviso si sentì come un rombo di tuono dentro la casa») ma sarebbe qui troppo lungo citare l'episodio in questione, piuttosto articolato[679].

Quello che noi riteniamo di poter dire, è che questa «forza estranea» non era per niente estranea, e proveniva direttamente da Rol, in una maniera non dissimile dal passo evangelico:

«Ma subito Gesù, avvertita la potenza che era uscita da lui, si voltò alla folla dicendo: "Chi mi ha toccato il mantello?"» (Mc 5, 30).

Nel racconto di Pitigrilli sono assai significativi i riferimenti al colore verde, soprattutto perché sono messi in relazione a «Lui», che nella tradizione islamica, come abbiamo già visto, non è altri che *al-Khidr*, ovvero «*il Verde*». Tutto "si tiene", quindi, e senza alcuna ombra di dubbio. Un grande iniziato come Rol non può che riferirsi costantemente con la parola e le azioni alla *tradizione metafisica*, costruita e tramandata nei millenni da altri Grandi come lui.

E veniamo alle ultime considerazioni: perché il *dottor Rol* ha fatto del suo *Hyde* un Ebreo e un Polacco? Torniamo per un momento ancora a Pitigrilli:

«Può darsi che le differenti formule per differenti esperimenti di crescente difficoltà, impiegate da Rol, siano mezzi suggeriti a lui dallo spirito del mago, il quale alla sua volta può averli ricevuti da un maestro. Questa è l'ipotesi mia. Il colore verde che si deve immaginare per il compimento dei fenomeni è, a parer mio, un mezzo di concentrazione. Elyphas Levy nel suo libro "Dogmi e rituali di alta magia", insegna che per produrre fenomeni magici occorre l'astrazione del saggio e l'esaltazione di un pazzo»[680].

Pitigrilli dice una cosa sbagliata, una giusta e un'altra interessante. Sbagliata è la sua ipotesi dello «spirito del mago», giusta quella del verde come (anche) «mezzo di concentrazione», interessante quella di citare Elyphas Levy, pseudonimo ebraico dell'abate francese Alfonse *Louis Constant*...

---

[678] *Gusto per il mistero*, p. 91.
[679] Cfr. Dembech, G., *G.A. Rol. Il grande precursore*, pp. 125-127.
[680] *ibidem*, 31 maggio 1952; *ibidem*, pp. 96-97.

È questo infatti l'ultimo degli *abati simbolici* che ci sembrano rientrare nei riferimenti impliciti di Rol. Già il fatto che Pitigrilli lo citi, non deve essere casuale. Eliphas Lévi (1810-1875) fu un noto occultista ed esoterista autore di libri dedicati soprattutto all'analisi del simbolismo di varie tradizioni, con un particolare riguardo per quella ebraica e per i significati mistici e magici della *Kabbala*. Non è qui che faremo una analisi della sua opera, che presenta sicuramente molti spunti interessanti, anche se non *strettamente ortodossi* (non è, per intenderci, un Guénon, un Evola o un Eliade). La sua biografia presenta invece alcuni dati di rilievo per il *simbolismo di Rol*.

Levi iniziò presto gli studi e la carriera ecclesiastica, prima sotto la guida dell'abate *Malmaison*, poi dell'abate *Colonna*, presso il cui seminario era entrato nel 1825. Completati gli studi di retorica, filosofia e poi teologia a Saint-Sulpice, viene ordinato diacono nel 1835. In questo periodo si innamora di una donna, Adèle Allenbach, che considera come la Vergine incarnata, e questa relazione, che durerà poco, lo porterà a lasciare il seminario nel 1836, poco prima di ricevere il sacramento dell'ordine. Sua madre, che aveva riposto in lui tutte le sue speranze per la vita ecclesiastica, si suicida poche settimane dopo. Negli anni seguenti frequenta artisti e poeti, lui stesso è un discreto disegnatore, ma poi sente di nuovo la necessità della vita religiosa e si ritira per circa un anno nell'abbazia di Solesmes, dove inizia ad approfondire gli scritti dei Padri della Chiesa, quelli gnostici e di vari mistici. Nel 1841 pubblica *La Bibbia della libertà*, opera che suscita scandalo e la riprovazione dei ben pensanti, tanto da essere arrestato e *incarcerato* per 11 mesi. In questo periodo legge altri testi, tra cui soprattutto Swedenborg. All'uscita di prigione, passa sotto la protezione del vescovo di Evreux, e le sue prediche suscitano un certo interesse. Ma le polemiche suscitate dal suo libro lo obbligano alla fine a tornare a *Parigi*. Nel 1844, a *Bordeaux*, muore una sua cara amica, la scrittrice socialista e femminista Flora Tristan, nonna di Paul Gauguin. Nel 1845 fa apparire un suo manifesto pacifista ispirato a *Silvio Pellico* (*La Festa del Corpus Domini o il Trionfo della pace religiosa*). Per la sua attività politica viene nuovamente arrestato nel 1847, e passa altri sei mesi in *carcere*. Nel 1848 dirige una rivista di sinistra, il *Tribun du peuple*, fonda un club politico (*Club de la montagne*) e pubblica il *Testamento della libertà*, che riassume le sue idee politiche, ultima opera del genere. Ottiene poi la commessa per realizzare due opere pittoriche per il Ministero degli Interni. Legge Boëhme, Swedenborg, Fabre d'Olivet e Louis-Claude de Saint-Martin, così come la *Kabbala Denudata* di Knorr de Rosenroth. Nel 1851 compila un *Dizionario della letteratura cristiana* e conosce un pensatore *polacco*, Hoëné-Wronski[681], che avrà grande influenza su di lui

---

[681] Matematico e filosofo (1776-1853) nato in Polonia, Partecipò alle guerre di indipendenza per il suo paese e si distinse nell'assedio di Varsavia contro i Prussiani. Fu fatto *prigioniero* durante la battaglia di Maciejowice e *incarcerato* per *quattro* anni. Dopo esser stato liberato si trasferì in Germania dove intraprese gli studi di *diritto, filosofia*, e

e l'orienterà al pensiero matematico e al *messianismo napoleonico*. È in questo periodo che inizia la redazione del libro cui accenna Pitigrilli, *Dogmi e rituali di alta magia*, e prende lo pseudonimo di Eliphas Lévi Zahed. Nel 1854 conosce a *Londra* Sir. Edward Bulwer-Lytton, noto autore di romanzi fantastici di cui diviene amico, e che lo introduce nei circoli *rosacrociani*. Viene anche coinvolto in esperimenti di evocazione "spiritica", come quello del fantasma di Apollonio di Tiana, ma si dichiarerà sempre contrario a questo genere di esperienze incoraggiando i suoi amici ad occuparsi solo della parte speculativa della "filosofia occulta". Nel 1855 fonda la *Revue philosophique et religieuse* dove pubblica, per alcuni anni, numerosi articoli sulla Kabbala. Nel 1859 pubblica *Storia della magia*, la sua opera più nota, e nel 1861 entra nella massoneria, nella loggia *Rose du parfait silence*, da cui successivamente si distaccherà. Nello stesso anno viene contattato dal *barone* italiano Spedalieri che in una libreria di *Marsiglia* aveva acquistato *Dogmi e rituali*, e col quale seguirà una copiosa corrispondenza e amicizia fino al 1874, con spiegazioni dettagliate e approfondite sulla Kabbala. Nel 1865 l'editore Larousse gli chiede di scrivere alcuni articoli sulla Kabbala per il Grande Dizionario Enciclopedico. In questo periodo comincia a soffire di *dolori nevralgici alla testa*. Negli anni successivi scrive altre opere legate soprattutto all'esoterismo ebraico e cristiano, e conosce Victor Hugo nel 1873; ma intanto la sua salute si è molto deteriorata, anche a causa di una sorta di elefantiasi, e muore poco tempo dopo.

Questa, in sintesi, la vita dell'"ebreo" Eliphas Lévi, *abate incarcerato che ha avuto tra i suoi maestri un polacco*. Ci sembra tutto molto *significativo*, ma come abbiamo già avuto occasione di dire questo come altri personaggi da noi ricordati e segnalati valgono solo come *riferimenti simbolici*, e non costituiscono in alcun modo un legame politico, settario, o "dottrinale" con la vita e il pensiero di Gustavo Rol, iniziato che non è debitore nei confronti di nessuno, se non di Dio, della sua realizzazione interiore e della "sua" dottrina.

Ma tra tutti i "*Polacchi*" che abbiamo visto, non c'è dubbio che quello più importante per Rol sia rappresentato dalla *discendenza di Napoleone*, ovvero dal figlio avuto con Maria Walewska, Alexandre Colonna Walewski (1810-1868). Ci limitiamo a una nota biografica essenziale: dopo aver studiato in collegio a Ginevra ed aver partecipato in Polonia alla fallita campagna per l'indipendenza (1830), si trasferì in Francia, prendendo la cittadinanza ed entrando nella Legione straniera, dove col grado di capitano combatté in Algeria; in seguito si occupò di giornalismo (fondando il giornale *Le Messager des chambre*) e intraprese la carriera diplomatica, divenendo ambasciatore a Firenze, Napoli, Madrid e Londra; una volta senatore, assunse l'incarico di ministro degli Esteri francese. Fu anche consigliere del re, ministro delle Belle arti,

---

matematica. Passò poi in Francia dove lavorò all'*Observatoire de Marseille*. Diede importanti contributi in campo matematico. Parlava nove lingue.

membro dell'Académie Française, presidente dell'assemblea legislativa e fu decorato con la gran croce della Legion d'Onore[682].

Da ragazzo Alexandre era «un giovane bello, dall'aspetto serio, raffinato nel parlare e somigliante all'imperatore in modo incredibile, anche se più alto. (...). Circondato da un'aura romanzesca, divenne oggetto di un immediato successo mondano nei salotti della Parigi di Carlo X»[683].

«Per tutta la vita, la somiglianza di Aleksander con l'imperatore continuò a suscitare commenti. Si trattava soprattutto dell'espressione degli occhi, diceva la gente, e della sua voce. Una volta, a Parigi, gli venne chiesto di parlare ai funerali di un eminente uomo politico. Mentre parlava, un anziano signore presente si coprì il viso con le mani, piangendo. "Non sapevo che foste tanto amico del defunto" gli disse un vicino. "Oh, no" rispose il veterano delle campagne napoleoniche "conosco questa voce. L'ho amata, e non avrei mai pensato di udirla ancora"»[684].

---

[682] Si ricordi, tra gli altri, che anche il soldato moscovita nel racconto di *Constant* era stato insignito con la croce della Legion d'Onore, da parte di Napoleone stesso.

[683] Sutherland, C., *L'amante di Napoleone*, cit., p. 259.

[684] *ibidem*, p. 262. Ai polacchi simbolici "minori" se ne può aggiungere qui un altro, il conte Charles Pontiowski. Un giorno, a Sant'Elena – scrive Las Cases – «la nostra piccola carovana si accrebbe per l'arrivo di un Polacco, il capitano Piontkowsky» (I, 253). «Questo Piontowski, di cui non si hanno ragguagli precisi e poco si sa della sua vita, era venuto all'isola d'Elba ottenendo di essere ammesso come soldato nella Guardia...» (I, 337; cfr. anche II, 315, 355). Definito da Ali di St. Denis un «doppiogiochista», (Bertrand, *Quaderni*..., p. 1380), mentre i curatori dei *Quaderni*, ne parlano come di un «individuo alquanto sospetto» a proposito del quale «Napoleone teneva a mostrarsi piuttosto riservato [ma a cui fece consegnare] da parte di Bertrand, questo attestato: "Mio caro Piontkowski, la devozione che avete dimostrato a sua maestà seguendolo all'isola d'Elba in qualità di soldato semplice, visto che posti da ufficiale non ce n'erano, e venendo poi a raggiungerlo all'isola di Sant'Elena, vi rende meritevole della protezione dei parenti e degli amici dell'imperatore" (p. 1382). Cfr. anche Balcombe, B., *Il mio amico Napoleone*, cit., p. 52, e: Napoleone, *Lettere d'amore*..., p. 18, dove si parla di «un nobile polacco, agente segreto dell'imperatore...».

> *Forse, la maggiore angustia che affligge Gustavo Adolfo Rol è la certezza nelle false convinzioni e negli assurdi giudizi che altri nutrono o formulano su di lui.*
> Alfredo Ferraro, 1979[685]

> *...l'occultismo, non diversamente dal teosofismo, non ha nulla in comune con un esoterismo vero, serio e profondo; bisogna essere del tutto privi di informazioni su questi argomenti per lasciarsi sedurre dal vano miraggio di una supposta «scienza iniziatica», la quale altro non è, in realtà, che erudizione del tutto superficiale, di seconda o di terza mano.*
> René Guénon, 1923[686]

Il teosofismo di Giuditta Dembech

Uno dei principali problemi generati dal libro *Scritti per Alda*, e che si ritrova anche nel successivo *Gustavo Adolfo Rol. Il grande precursore*, è l'interpretazione teosofistica che Giuditta Dembech ha cercato di dare della "dottrina di Rol".

Il teosofismo, come giustamente chiamato da René Guénon per distinguerlo dalla teosofia[687], non ha con questa pressoché nulla in comune. Esso nasce dalle idee esoteriche piuttosto confuse ed eterodosse di Helena Blavatsky (1831-1891), una nobile russa dai comportamenti trasandati e grossolani, ma dall'innegabile magnetismo, che aveva esercitato per un certo periodo la professione di medium ed era stata più volte colta a frodare. Nel 1875 a New York aveva fondato la "Società Teosofica", la cui sede fu successivamente trasferita in India, dove la Blavatsky iniziò a soggiornare a partire dal 1879. Le sue opere più note sono *Iside svelata* (1877) e *La Dottrina Segreta* (1888). L'influenza del teosofismo, alla fine dell'Ottocento e nella prima metà del Novecento fu vastissima e trovò molti seguaci anche illustri. Pur attingendo dagli scritti di alcuni teosofi occidentali (in particolare Böhme), si poneva come alternativa al Cristianesimo e faceva della tradizione orientale e in particolare quella indo-tibetana, con tutte le suggestioni esotiche che vi

---

[685] Ferraro, A., *Un personaggio eccezionale: il dottor Gustavo Adolfo* Rol, in *Spiritismo: illusione o realtà?*, Edizioni Mediterranee, Roma, 1979, p. 180.

[686] Guénon, R., *Errore dello spiritismo*, cit., p. 68.

[687] La quale è da Guénon così sintetizzata: «denominazione comune a dottrine alquanto diverse, ma facenti tutte parte di una stessa tipologia o almeno derivanti dallo stesso complesso di indirizzi» che presentano «concezioni più o meno strettamente esoteriche, di ispirazione religiosa o almeno mistica», e che «si richiamano ad una tradizione propriamente occidentale la cui base è sempre, sotto una forma o l'altra, il Cristianesimo. Tali sono, per esempio, le dottrine di Jacob Böhme, di Gichtel, di William Law, di Jane Lead, di Swedenborg, di Louis Claude de Saint-Martin, di Eckartshausen» (Guénon, R., *Le Théosophisme, histoire d'une pseudo-religion*, Paris, 1921 [trad.it.: *Il Teosofismo. Storia di una pseudo-religione*, vol. I, Edizioni Arktos, Carmagnola, 1986, p. 12].

erano connesse, la parte preponderante della sua dottrina. Non si trattava però di una conoscenza rigorosa e precisa di questa tradizione e successivamente si tentò anche di ricollegarsi a una tradizione esoterica cristiana, ma in modo alquanto distorto.

Nel 1921 Guénon scriveva: «In generale le teorie più o meno coerenti che sono state enunciate e sostenute dai capi della Società Teosofica (...) si presentano, d'altronde falsamente come aventi un'origine orientale e se si è pensato bene, dopo un certo tempo, di ricollegarle ad uno pseudo-cristianesimo di una natura alquanto particolare, non è men vero che la loro primitiva tendenza era, al contrario, palesamente anticristiana.

"Il nostro scopo – diceva allora M.me Blavatsky – non è di restaurare l'Induismo, ma di cancellare il Cristianesimo dalla faccia della terra"[688].

Le cose sono così cambiate, da allora, come le apparenze potrebbero far credere? Il tutto induce, come minimo, a diffidare, dato che la grande propagandista del nuovo "Cristianesimo Esoterico" è M.me Besant, la stessa che scrisse, a suo tempo che occorreva "innanzi tutto combattere Roma ed i suoi preti, lottare ovunque contro il Cristianesimo *e scacciare Dio dai Cieli*"»[689].

Su questo genere di amenità qui non ci soffermeremo, avendolo già fatto perfettamente Guénon nel suo studio, a cui si rimanda.

Secondo la Dembech, la Blavatsky «fu una grande iniziata, ebbe poteri anche maggiori di quelli di Rol, e condusse una vita altrettanto grandiosa e difficile, sempre in lotta con gli scienziati ed i teologi della sua epoca che, come sempre, non volevano capire»[690]. A noi qualsiasi paragone tra Rol e la Blavatsky fa solo ridere, perché erano due persone completamente diverse, e il fatto che l'autrice non sia in grado di fare dei paragoni un po' più seri ne dimostra ampiamente i limiti di obiettività. Né Rol è mai stato in lotta con chicchessia, ed anzi è stato amico di numerosi scienziati, teologi e sacerdoti. Non è certo a causa di quei tre o quattro che per i loro pregiudizi hanno messo in dubbio le sue *possibilità* (Piero Angela, che era solo un giornalista, Piero Cassoli che era un medico, e Tullio Regge, fisico, l'unico scienziato) che si può fare di tutta l'erba un fascio. L'affermazione poi che la Blavatsky avesse «poteri anche maggiori di quelli di Rol» è altrettanto ridicola, ma non staremo qui a fare

---

[688] L'anticristianesimo di M.me Blavatsky concerneva soprattutto il Cristianesimo ortodosso e cosiddetto giudaizzato.

[689] Guénon, R., *Il Teosofismo*, cit., p. 13. L'autore aggiunge anche che «fra la dottrina della Società Teosofica... e la Teosofia, nel vero significato del termine, non vi è assolutamente alcuna filiazione, neppure solamente ideale».

[690] *Scritti per Alda*, p. 22. In *G. A. Rol. Il grande precursore* (p. 148) insiste sugli stessi concetti: «come Rol era dotata di poteri straordinari, capacità precognitive, era in grado di materializzare o spostare oggetti a seconda della propria volontà. Nel suo caso, i poteri erano ancora più estesi e raffinati rispetto a quelli di Rol». Di "raffinatezza" crediamo non vi fosse proprio l'ombra... Di lei dice anche che «scrisse una mole immensa di articoli, libri che... hanno rivoluzionato il pensiero moderno», affermazione davvero ridicola che si commenta da sola. Indubbiamente, in quanto donna, la Dembech ha trovato un esempio *per lei* più facile da seguire.

una dettagliata comparazione che crediamo sia del tutto fine a se stessa. Abbiamo tuttavia solide ragioni per ritenere che in Occidente non vi sia nessuno, almeno negli ultimi due millenni, che si sia avvicinato alla straordinaria personalità di Rol né alla quantità, qualità e varietà dei suoi prodigi da noi classificati, come già abbiamo avuto modo di dire, in 49 classi differenti per complessivi 963 fenomeni (gennaio 2008). E questa non è che la punta dell'iceberg. Il fatto che in Rol si possano intravvedere pensieri simili a quelli della Blavatsky, come l'autrice si premura di mostrare citando prima "il testamento di Rol" e quindi un brano della teosofa russa, non dimostra affatto che tra i due ci siano delle affinità, ma solo che in campo metafisico o esoterico possono trovarsi spesso dei punti di contatto tra questo o quel personaggio, tra questa o quella dottrina, tra questa o quella società segreta. Ruotando e gravitando tutti intorno ai principi della *Scienza Sacra*, chi più e chi meno seriamente e autenticamente, è inevitabile che qualche volta vengano dette le stesse cose o che si usino gli stessi simboli. Le grandi religioni d'altro canto, che esotericamente contengono le stesse conoscenze e la stessa scienza, da un punto di vista exoterico appaiono spesso differenti, se non in contraddizione l'una con l'altra, e ciononostante, anche a questo livello, vi si possono trovare numerosi punti di contatto[691]. Lo stesso Rol aveva detto a Maria Luisa Giordano:

«I grandi mistici descrivono ognuno a modo proprio le loro esperienze e in ognuno si ritrova la parola dell'altro, nei cristiani come negli ebrei, negli islamici come nei buddisti o negli indù.

Mistici di epoche e paesi diversi trasmettono quindi le stesse cose. È meraviglioso constatare che queste persone differenti per razza, nazionalità, religione, persone che non si conoscevano, distanti migliaia di chilometri l'una dall'altra, in perfetta armonia, abbiano le stesse convinzioni e la stessa visione della vita»[692].

Che quindi la Dembech abbia trovato qualche similitudine tra Rol e la Blavatsky, non è affatto sorprendente, specialmente se si pensa che quest'ultima, per costruire la sua dottrina, ha saccheggiato la tradizione orientale e occidentale.

Dal canto suo invece Rol non aveva una "sua" dottrina, né ha mai scritto libri per divulgarla, né ha mai fondato società "esoteriche". Tutto quanto Rol ha detto nella sua vita non ha mai avuto lo scopo di fare un qualche tipo di proselitismo, né di propagandare se stesso come invece fecero la Blavatsky e i membri della Società Teosofica[693]. In verità, tra i

---

[691] Cfr. il già citato sito da noi curato: *www.neuroteologia.org* .

[692] Giordano, M. L., *Rol mi parla ancora*, p. 110.

[693] A questo proposito Guénon dice che «l'esoterismo, che normalmente dovrebbe essere considerato come l'appannaggio di un'elite, sembra conciliarsi malamente con la propaganda e la volgarizzazione; tuttavia, cosa strana, i teosofisti sono dei propagandisti quasi come gli spiritisti, benché in maniera meno diretta e più insidiosa: (…) il loro sedicente esoterismo è della più scadente qualità...» (*Il teosofismo...*, p. 135). Aggiungiamo solo che Giuditta Dembech, quanto a propaganda "esoterica", in Italia non è seconda a nessuno…

due non vi era assolutamente nulla in comune, né in campo dottrinale, né nella condotta di vita, né nel carattere (da una parte la classe, lo stile e la cultura di Rol, dall'altra il modo rozzo, quasi contadino della Blavatsky). Già solo il fatto che quest'ultima facesse sedute medianiche, che Rol non ha mai fatto, è un segnale significativo che ne sancisce la differenza. La Blavatsky, così come gli altri teosofisti, tra cui la Dembech, credeva nella reincarnazione, e abbiamo già dimostrato che Rol non aveva nulla a che fare con questa pseudo-dottrina. Vi sono poi le banalità dei "Maestri di Saggezza" o "Mahatma" che in India non hanno alcun serio corrispondente se non in certe trasposizioni simboliche che solo i più sprovveduti possono prendere alla lettera, esattamente come se un Indù prendesse alla lettera la storia di Adamo ed Eva e del paradiso terrestre. Scrive la Dembech;

«Rol fu prescelto…da grandi Guide Spirituali, iniziato ai Misteri che permettono allo Spirito di interagire con la Materia.

Quando i Maestri di saggezza necessitano di collaboratori speciali fra gli esseri umani a cui affidare compiti di rilievo, operano delle selezioni rigidissime. I candidati all'iniziazione vengono osservati già molto prima della nascita.

Questi prescelti, il più delle volte lavorano a loro stessa insaputa, ma devono dare delle precise garanzie»[694].

In nota poi aggiunge:

«Questo dei Maestri di Saggezza è un discorso lungo, complesso e difficile ma estremamente importante per il lettore che voglia comprendere i meccanismi occulti che portano all'incarnazione di uomini come Rol. Vale la pena di approfondirlo con la lettura di testi teosofici…».

Inutile dire che ciò che si trova nei testi teosofici lo si trova più seriamente negli scritti dei rappresentanti delle tradizioni ortodosse, e sarebbe uno spreco di tempo soffermarsi a leggere i primi che non sono altro che fotocopie sbiadite, lacunose e mal riuscite dei secondi.

L'affermazione della Dembech che Rol «fu prescelto da grandi Guide Spirituali» è poi del tutto gratuita e non si basa su nulla di concreto[695], ma l'autrice non poteva che esprimersi in questi termini visto che della giovinezza di Rol, così come del suo percorso intellettuale e spirituale, non sa assolutamente nulla: «Di quel periodo di riflessione non sono trapelate che pochissime notizie»[696].

Sui "Maestri" si sofferma non poco ne *Il grande precursore*, dove dice tra l'altro:

---

[694] p. 16. Pressoché le stesse parole si trovano ne *Il grande precursore* a p. 64.

[695] E non tiene conto di uno degli aspetti fondamentali delle sue motivazioni, come giustamente riferisce M.L. Giordano: «possedeva infatti l'incrollabile convinzione che Dio gli avesse affidato un compito e che fosse suo destino realizzarlo» (*Rol e l'altra dimensione*, pp. 22-23). Nessun maestro di fantasia, quindi, il che non esclude, come abbiamo già visto, dei maestri in carne ed ossa.

[696] Dembech, G., *G. A. Rol. Il grande precursore*, p. 70.

«...le spiegazioni impartite dai Maestri sono a dir poco sconvolgenti, si dovrebbero "gridare dai tetti" per aprire gli occhi a coloro che brancolano nella paura, nell'ignoranza e nella superstizione...»[697].

La frase sarebbe condivisibile solo se i "Maestri" non fossero quelli fantasiosi del teosofismo, ma avessero nome e cognome e la cui trasmissione iniziatica fosse verificabile, ciò che fornisce discrete garanzie di affidabilità della loro dottrina. Ci chiediamo poi se l'autrice abbia lei stessa gli occhi sufficientemente aperti, se si pensa ad affermazioni come la seguente:

«Sono amica di persone contattate o *rapite* dagli alieni, di veggenti famosi, di stigmatizzati, di viaggiatori astrali (...).

Quando ho poi scoperto i testi teosofici, mi sono trovata come ad un immenso capolinea, un punto di arrivo a cui convergono tutte le filosofie, le scienze, le religioni ed i fenomeni...»[698].

Che il teosofismo sia per lei il capolinea non ne dubitiamo affatto. Ma è davvero sicura che non ci sia qualcosa di più qualificato e profondo? Il brano citato è la perfetta sintesi dell'eterodossia fantastica della *New Age*: siamo ben lontani dalla metafisica pura e dai Maestri veri!

In altra pagina scrive:

«...negli anni ottanta intrapresi il cammino teosofico...Avevo da una parte l'insegnamento dei Maestri, impartito a fine 1800, dall'altra Rol che era un esempio vivente. (...).

Forse il compito che gli venne affidato dai Maestri non prevedeva che venisse a conoscenza dell'intero procedimento[699], ma che, pur con certi limiti potesse comunque attingervi. Forse, i poteri gli si sono dischiusi gradualmente, con un lento lavoro di assuefazione e, man mano che si affinava la sua evoluzione sul campo spirituale gli si affinavano i poteri sulla materia...»[700].

Tutti questi «forse» non sono che l'ammissione di non saper assolutamente nulla di quali fossero le conoscenze di Rol (delle quali si spinge perfino a dire che «l'intera storia la conoscono soltanto i Maestri di Saggezza»[701]!!) nonostante lo stesso Rol avesse svelato alla Dembech,

---

[697] *ibidem*, p. 178. Paradossalmente, la Dembech nello stesso libro pubblica alcuni pensieri di Rol, uno dei quali, registrato da una conversazione telefonica, è: «Lo sai che la superstizione ha un valore immenso?». Vedremo più avanti come va intesa questa affermazione.

[698] *ibidem*, p. 166.

[699] Si riferisce a una "comunicazione" dei "Maestri" su presunte conoscenze scientifiche ancora ignote. In questo ci pare di intravvedere una eco della leggenda dei Nove Ignoti. Cfr. più avanti pp. 433.

[700] G. A. *Rol. Il grande precursore*, p. 177.

[701] *ibidem*, p. 178. Cfr. anche p. 53: «La sua natura evoluta e spirituale, ma anche quella più quotidiana e spicciola ci erano quasi del tutto ignote»; p. 113: «Ho molto insistito ponendogli domande (...). Mi ha dato parecchie risposte, ma nonostante tutto non credo di avere penetrato più di tanto l'arcano...»; p. 179 «[il] suo fitto mistero»; e la già citata «Rol...comunque rimarrà un mistero» (p. 19). analoga all'affermazione della Giordano: «Rol è e rimarrà sempre un mistero» (cfr. più sopra p. 173).

con una frase quasi buttata a caso, il suo "segreto". Dopo un prodigioso fenomeno, da noi già riferito in precedenza, in cui Rol era prima diventato grande come un gigante e subito dopo era diventato più piccolo della sua corporatura abituale, aveva detto alla Dembech:
«*Avete visto? Questa non è magia, questo è yoga*».

La giornalista, invece di trarne tutte le conseguenze (correva l'anno 1989) ed eventualmente, con seri approfondimenti, giungere alla comprensione del "mistero Rol", non solo non ha mai sviluppato questo tema, ma dopo aver citato l'episodio aggiunge:
«Dunque, ho visto molte persone fare Yoga, ho conosciuto anche insegnanti indiani, ma non ho mai visto nessuno fare una cosa simile...»[702].

Il fatto che non l'abbia visto fare da altri non ci stupisce: si tratta di un fenomeno assai raro che solo i grandi Maestri (in carne ed ossa) possono realizzare. Questo però non significa che non sia una *possibilità* (*siddhi*)[703] ben conosciuta dalla tradizione indù, e il fatto che la Dembech non lo dica è la prova che di questa tradizione conosce ben poco. E ci verrebbe quasi da dire che la giornalista potrebbe essere la reincarnazione della Blavatsky (cosa che le farebbe certamente piacere!) se si pensa a cosa diceva di lei nel 1882 un maestro indù, Dayananda Saraswati: «ella non conosce per niente la scienza occulta degli antichi Yogi...»[704].

D'altro canto ci pare rivelatrice quanto scrive la Dembech:
«...talvolta mi scontravo con il suo silenzio [*di Rol*, n.d.r.], camuffato dal suo carattere tra lo scherzoso e lo spigoloso. Ho provato più volte a parlargli di Helena Blavatsky e dei Maestri, ma lui provava una sorta di fastidiosa avversione, non accettava il confronto. Scherzosamente mi accusava di bazzicare troppo sulle "*rive del Gange*", mentre lui preferiva quelle più rassicuranti del Giordano. Personalmente non trascuro neppure il rio delle Amazzoni, il placido Don, il Volga o qualunque altro fiume e filosofia del Pianeta»[705].

Già il tono è l'indice di una certa presunzione nei confronti di Rol, quasi a voler dire che lei era più aperta e *global* di quanto non fosse lui.

La cosa ha del patetico e già abbiamo spiegato che cosa intendeva Rol[706]. Comunque il fatto che egli provasse «una sorta di fastidiosa avversione» e che non accettasse «il confronto» non è che la conferma delle indebite analogie fatte dalla giornalista, la quale aveva anche

---

[702] *ibidem*, p. 151.

[703] Letteralmente: "perfezione", "compimento".

[704] *apud* Guénon, R., *Il teosofismo*..., cit., p. 31. Al di là dello scherzo, e che la teoria della reincarnazione sia manifestamente falsa, ciò non significa che in quanto diciamo non vi sia un fondo di verità, perché più di un elemento ci fa pensare che la giornalista subisca l'influenza dello "spirito intelligente" della Blavatsky...

[705] G. A. Rol. *Il grande precursore*, p. 178.

[706] Cfr. più sopra, p. 295. Qui si può anche aggiungere che l'"accusa" di Rol era fatta «scherzosamente» perché Rol era un maestro comprensivo delle lacune dei suoi aspiranti discepoli...

affermato che il «cuore dell'insegnamento teosofico...si attaglia perfettamente al percorso di Rol»[707].

Ci chiediamo su quali basi possa dirlo visto che di questo percorso non ne sa pressoché nulla. Solo per aver trovato qualcosa di simile che si ritrova senza difficoltà nelle tradizioni più autentiche senza cercarlo nel teosofismo? Vedremo che un errore analogo nel giudicare il pensiero di Rol lo fece anche suo fratello Carlo, ma quantomeno lui era stato solo desideroso di capire, non già di sapere tutto!

Prima però sarà opportuno soffermarsi sulle considerazioni di Guénon sui presunti "Maestri" o "Mahatma" così come sull'opinione che avevano gli indù del teosofismo. Intanto occorre dire che a quanto pare la Blavatsky avrebbe soggiornato in Tibet per tre anni, durante i quali i "Maestri" le avrebbero insegnato la "scienza occulta" e aiutato a sviluppare le sue facoltà psichiche. Queste "facoltà" ebbero successivamente la loro massima espressione in "lettere precipitate" che le venivano fatte pervenire in particolare dal "Maestro" Koot Hoomi Lal Singh, che secondo Sinnet, un altro teosofista, era un nativo del Panjab che «fu inviato in Europa per esservi istruito nella scienza occidentale; dopo si fece iniziare completamente alla scienza superiore dell'Oriente»[708]; Guénon sottolinea che «lo stesso Sinnet, d'altra parte, ha ammesso che "più i lettori conosceranno l'India, meno vorranno credere che le lettere di Koot Hoomi siano state scritte da un nativo dell'India"!»[709] e del resto i teosofisti credevano che Koot Hoomi fosse la reincarnazione di Pitagora. Comunque, «M.me Blavatsky ha finito col dichiarare di aver inventato tutto, quantunque lei lo abbia fatto con minore pubblicità ed in certi momenti di collera e di scoraggiamento. (...).

Un giorno scrisse al suo compatriota Solovioff: "Io dirò e pubblicherò sul *Times* ed in tutti i giornali che il 'Maestro' (Morya) e il 'Mahatma Koot Hoomi' sono solo il prodotto della mia immaginazione, che li ho inventati io, che i fenomeni sono più o meno delle apparizioni spiritualiste, ed avrò al mio seguito 20 milioni di spiritisti"»[710].

Questa dichiarazione concorderebbe perfettamente con gli espedienti simbolici della tradizione metafisica, se non fosse che questi "Maestri" il più delle volte sono stati spacciati, dalla Blavatsky come dai suoi seguaci, come realmente esistenti. Se considerato da un punto di vista simbolico, il ruolo di Koot Hoomi non è molto diverso da quello del "Polacco" di Rol[711], un "Maestro" del tutto virtuale che però non solo non è stato

---

[707] G. A. Rol. *Il grande precursore*, p. 159.
[708] Guènon, R., *Il Teosofismo...*, p. 50.
[709] *ibidem*, p. 52.
[710] *ibidem*, p. 55.
[711] La Dembech sembra per un attimo intuire qualcosa del genere quando scrive: «Alla luce di quanto comunicano i Maestri, potrei ipotizzare che forse, la forza estranea che ogni tanto si manifestava, sfuggendo al controllo di Rol, facesse parte di queste "forze semi-intelligenti"... ma chi può dirlo?» (*Il grande precursore*, pp. 177-178). Le

propagandato per farne una guida occulta di un movimento pseudo-religioso[712], ma è stato confinato a un racconto quasi marginale senza che Rol volesse dargli una eccessiva importanza, pur avendo inserito in quella storia gli elementi simbolici fondamentali che abbiamo visti. Ecco un'altra grande differenza tra Rol, il cui comportamento è conforme alle regole della tradizione metafisica e la Blavatsky, che ha cercato di trarre partito da quello che era solo un simbolo, di cui è praticamente certo che non conoscesse nemmeno tutti i significati. Con Guénon crediamo che sia «cosa fuori da ogni dubbio» che «i cosiddetti "Mahatma" siano stati inventati»[713].

«La fede nei "Maestri", soprattutto così come sono stati definiti da M.me Blavatsky e dai suoi successori, è in qualche modo la base stessa di tutto il teosofismo e costituisce la sola garanzia del valore dei suoi insegnamenti: essi infatti o sono l'espressione del sapere acquisito attraverso i "Maestri" e da loro comunicato o sono un ammasso di fantasticherie senza valore; così la contessa Wachtmeister ha potuto dire che: "se non esistessero dei Mahatma o degli Adepti gli insegnamenti detti 'teosofici' sarebbero falsi", mentre M.me Besant, dal canto suo, ha dichiarato formalmente: "Senza i Mahatma, la Società Teosofica è un 'assurdità'"»[714].

«In seguito, ovunque i teosofisti riscontreranno qualche allusione ai "Maestri", nel Rosacrucianesimo o altrove, e dovunque troveranno qualcosa di analogo in quel poco che potranno sapere sulle tradizioni orientali, pretenderanno che si tratti dei "Mahatma" e della loro "Gran Loggia Bianca"[715]; ciò corrisponde propriamente al capovolgimento dell'ordine naturale delle cose, poiché è evidente che la copia non può essere anteriore al modello»[716].

«Quanto alle dottrine propriamente orientali ed in particolare al Brahmanesimo ed allo stesso Buddismo, M.me Blavatsky ha conosciuto solo quello che chiunque poteva conoscere e di esse non ha compreso granché, come dimostrano le teorie che attribuisce loro e gli errori di interpretazione che commette continuamente nell'impiego dei termini sanscriti. (...). Questi ultimi erano usati, quasi sempre, con un senso che

---

rispondiamo volentieri: chiunque possegga un minimo di conoscenze tradizionali autentiche.

[712] E quando poi si sappia chi e cosa rappresenti quel maestro, non c'è da stupirsi che il teosofismo ne abbia fatto la sua guida...

[713] Guènon, R., *cit.*, p. 56.

[714] *ibidem*, p. 59. Guénon poi aggiunge (p. 60): «quando si sa a cosa attenersi allorché si parla di "Mahâtmâ", si è autorizzati a concludere, per ammissione della stessa M.me Besant, che il teosofismo non è che una "assurdità"».

[715] Vale a dire la gerarchia occulta che secondo i teosofisti governa segretamente il mondo.

[716] Guènon, R., *cit.*, p. 58. Questa affermazione è vera anche per quegli illusionisti che ritengono non esistano certi fenomeni solo perché loro ne sanno replicare *alcuni* con le loro tecniche.

in realtà non hanno mai avuto; (...) impiegati a casaccio, servono quasi sempre a designare delle concezioni puramente occidentali»[717].

Quanto alle opere della Blavatsky (*Iside svelata* e *La Dottrina Segreta*), esse sono «delle elaborazioni indigeste e prive di ordine, vero caos, ove alcuni documenti interessanti sono come affogati in mezzo ad un cumulo di asserzioni senza alcun valore[718], sarebbe certamente una perdita di tempo cercarvi delle cose che si possono trovare più facilmente altrove. Del resto, gli errori vi abbondano, così come le contraddizioni...»[719].

Guénon cita poi un autore (Augustin Chaboseau, *Essai sur la Philosophie bouddhique*) «che definisce perfettamente il "sincretismo" teosofista: "Costoro (i fondatori della Società Teosofica) si richiamano ai ricordi di numerose letture, frettolose e mal comprese, si appropriano della sostanza di molti libri dimenticati o poco conosciuti, saccheggiano con poca fortuna i sistemi religiosi, le dottrine filosofiche e le teorie scientifiche, in ragione di ciò che si adatta al loro pensiero: hanno elaborato dei lavori ove si trovano brandelli di Vedatismo, spezzoni di Taoismo, tratti egizi, campioni del Mazdeismo, frammenti del Cristianesimo, resti del Brahamanesimo, briciole di gnosticismo, scarti della Kabbala ebraica, inezie di Paracelso, Darwin e Platone, rimasugli di Swedenborg e di Hegel, di Schopenhauer e di Spinoza; e li hanno propagandati in tutti i continenti affermando che si trattava dell'Esoterismo buddista ...... La scuola teosofista, a dispetto delle sue perpetue contraddizioni, dei suoi errori lampanti, delle sue riconosciute vergogne è piaciuta per un po', per essersi atteggiata a rivelatrice di tutte le cose nascoste, dispensatrice di ogni 'potere latente', edificatrice della ultima sintesi"»[720].

Guénon vi insiste:

«Questo cosiddetto "sistema religioso particolare" che costituisce la dottrina ufficiale del teosofismo e che si presenta molto semplicemente come "l'essenza stessa di tutte le religioni e della verità assoluta"[721],

---

[717] *ibidem*, p. 100. Esempio più evidente la parola *karma*, che significa semplicemente "azione" e non ha nulla a che vedere con l'uso che ne fanno i teosofisti (e dopo di loro quanti altri!) in appoggio alla teoria della reincarnazione: «nello stesso buddhismo, si parla solo di "cambiamenti di stato" che, evidentemente, non è per niente la stessa cosa della pluralità delle vite terrestri successive; è solo simbolicamente, lo ripetiamo, che degli stati differenti d'esistenza hanno potuto essere, talvolta, descritti come delle "vite", per analogia con lo stato attuale dell'essere umano e con le condizioni della sua esistenza terrestre» (*Il teosofismo...*, p. 121).

[718] È ciò che si può ragionevolmente affermare anche dei libri della Dembech dedicati a Rol.

[719] Guènon, R., *cit.*, p. 101.

[720] *ibidem*, p. 105.

[721] Si ricordino le affermazioni della Dembech secondo la quale «questi concetti...sono accettati dalla quasi totalità delle religioni mondiali»; «un immenso capolinea, un punto di arrivo a cui convergono tutte le filosofie, le scienze, le religioni ed i fenomeni...».

porta il segno fortemente visibile delle molteplici e discordanti fonti dalle quali è stato tratto: lungi dall'essere "l'origine comune" di tutte le dottrine, come si vorrebbe far credere, non è che il risultato degli imprestiti che sono stati operati senza discernimento ed ai quali ci si è sforzati di dare artificialmente un'apparenza di unità che non resiste all'esame. Non è insomma che un miscuglio confuso di neo-platonismo, di gnosticismo, di Kabbala giudaica, di ermetismo e d'occultismo, il tutto raggruppato alla meno peggio intorno a due o tre idee che, si voglia o no, sono d'origine del tutto moderna e puramente occidentale. È tale miscuglio eterogeneo che è stato presentato fin dall'inizio come "Buddhismo esoterico"»[722].

A queste considerazioni se ne aggiunge un'altra fondamentale:
«Una cosa è la ricerca dell'identico fondamento che realmente, in molti casi, può essere dissimulata sotta la differenza di forma delle tradizioni dei diversi popoli[723], altra cosa è fabbricare una pseudo-tradizione, improntandola a questi o a quei brandelli più o meno informi, mischiandoli bene o male, e piuttosto male che bene, soprattutto quando non se ne comprende veramente né la portata né il significato»[724].

«Un inconveniente di altro ordine, che è specifico del teosofismo, (...) è quello di screditare lo studio delle dottrine orientali e di deviare molti spiriti seri[725]; nonché, per altro verso, di dare agli orientali la più increciosa idea dell'intellettualità occidentale, di cui i teosofisti appaiono loro come dei tristi rappresentanti (...).

Non insisteremo mai abbastanza sul fatto che il teosofismo non rappresenta assolutamente niente in fatto di pensiero orientale autentico»[726].

E dal momento che «i teosofisti hanno snaturato, qui come dappertutto, le concezioni orientali», «tutti gli Indù aventi qualche autorità non hanno mai avuto che il più profondo disprezzo per il teosofismo», che considerano «come una nuova setta protestante»[727].

«Quanto a M.me Besant, le sue affermazioni di amicizia nei confronti degli Indù non sono mai state prese sul serio da costoro: nel 1894, all'epoca in cui dichiarava ancora che "essere convertiti al Cristianesimo

---

[722] Guènon, R., *cit.*, p. 107. In altra pagina l'autore definisce la dottrina teosofista una tipica «accozzaglia di bizzarre produzioni della mentalità contemporanea» (p. 124).

[723] Il titolo di un testo di Frithjof Schuon, *Unità trascendente delle religioni*, rende bene l'idea. Noi abbiamo chiamato *Il Cuore della Religione* una selezione degli insegnamenti delle principali tradizioni metafisiche, tratti dai testi sacri, e che abbiamo pubblicato nel 2004 sul sito www.neuroteologia.org, dove sono presentati *uniti pur nel rispetto delle loro identità*. Questo *cuore* è l'«identico fondamento» di cui parla il Guénon, l'essenza della *scienza sacra*.

[724] *ibidem*, p. 124.

[725] Ciò che può dirsi al giorno d'oggi per gran parte delle pubblicazioni *New Age*, corrente a tutti gli effetti *neo-spiritualista* (ovviamente, qualcosa di buono vi si può comunque trovare, ma non è certo la maggioranza).

[726] *ibidem*, pp. 124-125.

[727] *ibidem*, p. 118; p. 108; p. 295 (vol. II).

è peggio che essere uno scettico e un materialista", mentre proclamava di essersi convertita all'induismo, M.S.C. Mukhapadyaya scriveva, nella rivista *Light of the East*, che questo induismo era della "pura pubblicità" e che intorno a questo "Buddhismo di fantasia" non vi erano che poche centinaia di teosofisti su duecentocinquanta milioni di Indù; egli considerava M.me Besant come un semplice agente politico inglese e concludeva mettendo in guardia i suoi compatrioti contro di lei e consigliando loro di resistere più che mai ad ogni ingerenza straniera.

Molto più tardi, ecco in quali termini, della più energica severità, era giudicato l'operato di M.me Besant da alcuni patrioti indù: "M. me Besant si è fatta notare per i tanti aspetti della sua vita avventurosa ma il suo ultimo ruolo è quello di un nemico sottile e pericoloso del popolo indù, intorno al quale ella volteggia come un pipistrello nelle tenebre della notte. (...) è certo che attualmente ella è completamente d'accordo con i piani della casta straniera che governa le Indie e dev'essere annoverata fra i nemici dell'India..."»[728].

E concludiamo questa serie di citazioni più che eloquenti nel ribadire che «le autentiche dottrine indù... non hanno niente in comune con... questa fraudolenta contraffazione che è il teosofismo»[729].

Conseguenze negative sulla dottrina "di Rol"

Le opinioni teosofistiche di Giuditta Dembech ci sarebbero state del tutto indifferenti, né ci saremmo soffermati su una sintetica critica del teosofismo da un punto di vista tradizionale, se esse non avessero influito negativamente sul pensiero e la "dottrina di Gustavo Rol". Quando parliamo di *dottrina di Rol*, riteniamo opportuno usare le virgolette per ribadire che Rol non aveva una sua dottrina personale. Questo è un punto che deve essere ben chiaro. Rol ha messo in pratica gli insegnamenti della tradizione metafisica primordiale, dalla quale discendono le tradizioni particolari e le religioni. Solo se si comprende questo punto si potrà capire perché il cattolicesimo di Rol era del tutto ortodosso, al di là di qualche ambiguità, del tutto apparente, che possa esserci stata. D'altrocanto, ci pare che anche la nostra testimonianza rivesta un qualche valore, cosa di cui in genere preferiamo non servirci perché non si dica che abbiamo una qualche "opinione". Preferiamo invece mettere in luce dei fatti obiettivi, possibilmente facendo parlare lo stesso Rol attraverso i suoi scritti e le sue parole dirette, senza filtri. E uno di questi fatti è che il voler attribuire a Rol una qualunque vicinanza al teosofismo è del tutto indebito, perché Rol non ha mai scritto né detto nulla in tal senso, né peraltro nessun biografo, giornalista o testimone vi ha mai fatto cenno. Eppure quelle poche assurdità scritte dalla Dembech nel 1999 in *Scritti per Alda* sono bastate ai disinformati e ai detrattori per trarne delle

---

[728] *ibidem*, p. 304 (vol. II).
[729] *ibidem*, p. 326.

conclusioni completamente falsate della "dottrina di Rol". Pochi mesi dopo l'uscita del libro, il 14 marzo 2000, Massimo Introvigne scriveva su *Avvenire* un articolo, da noi già citato in precedenza[730], nel quale tra le altre cose diceva che la «nozione di "spirito intelligente"» di Rol «si ritrova, al di fuori della tradizione propriamente spiritista, nell'ambiente teosofico». Già abbiamo fatto osservare che non è perché una nozione *tradizionale ordossa* si ritrova, in parte o in tutto, anche in movimenti, sette e dottrine eterodosse, che questa nozione non sia meno vera; e si può fare ad esempio l'analogia con il termine sanscrito *karma* che è stato usato e abusato dalla più svariate correnti spiritualiste e poi *New Age*, ma che nulla e nessuno può pensare di considerare un termine eterodosso solo perché se ne sono serviti in malo modo i teosofisti, gli spiritisti, gli occultisti e via dicendo.

L'articolo di Introvigne pubblicato sul quotidiano della CEI, si basava quasi interamente su quanto scritto dalla Dembech, e non stupisce che il sociologo fosse giunto alla conclusione che «le dottrine» di Rol «appartengono (…) a una tradizione esoterica (…) certamente alternativa rispetto alla fede della Chiesa». Questo è invece quanto si può dire delle idee della Dembech, che non hanno nulla a che vedere con quelle di Rol; non vi è d'altronde una sola riga di tutto quanto finora pubblicato *di* Rol che faccia un qualsiasi riferimento positivo al teosofismo, allo spiritismo o alla reincarnazione, e le volte che egli ha avuto occasione di esprimersi apertamente su queste pseudo-dottrine è stato molto chiaro in senso negativo. D'altro canto, significherà pure qualcosa se noi siamo qui a insistervi, no?

Ma l'articolo di Introvigne, proprio perché sul principale quotidiano cattolico italiano, non poteva passare inosservato. E così il giorno dopo, su *La Repubblica*, il giornalista Marco Travaglio commentava:

«Gustavo Adolfo Rol "si diceva cattolico, ma le sue dottrine sullo spiritismo non appartengono all'ortodossia". Questa sorta di scomunica postuma, per il famoso sensitivo torinese scomparso nel 1994, arriva dal quotidiano dei vescovi italiani, l'*Avvenire*. Per la penna di Massimo Introvigne, direttore del Cesnur, uno dei massimi esperti mondiali in fatto di religioni. "Quello che si sa delle sue idee lascia molte perplessità – scrive Introvigne – e non solo per il suo atteggiamento sulla reincarnazione, e per quelli sul matrimonio, che prevedeva 'matrimoni celesti', ma non puramente platonici, in presenza di legami matrimoniali preesistenti e del tutto validi... Una tradizione esoterica alternativa rispetto alla fede della Chiesa". Più chiaro di così... Ma Vittorio Messori, scrittore cattolico, ormai più papista del Papa, che Rol conobbe e frequentò per anni, non ci sta: "Non dirò mai che Introvigne ha torto, perché è un'enciclopedia ambulante. Ma Rol, per come ho potuto conoscerlo, non ho mai trovato nulla in lui di men che ortodosso. Era un uomo di grandissima spiritualità. Si definiva un credente convinto, un

---

[730] Introvigne, M., *Rol, continua il mistero del sensitivo «buono»*, Avvenire, 14/03/2000, p. 22. Cfr. pp. 313-314.

buon cristiano e un fedele cattolico. E non mi diede mai motivo di dubitarne". Qui però la questione è teologica: i matrimoni celesti, la reincarnazione, il paranormale... "Io gli ho visto fare cose incredibili. Uno come lui avrebbe potuto sbancare tutti i casinò, fare soldi a palate sciorinando in pubblico con i suoi 'esperimenti'. Invece non volle mai guadagnarci una lira. E fui ammesso nella sua ristretta cerchia soltanto dopo aver giurato che avrei dimenticato di essere un giornalista. Almeno finché lui fosse stato in vita". Ma quel che pensava o faceva era o no compatibile con la dottrina della Chiesa? "Lui diceva sempre, citando il Vangelo, che l'albero si giudica dai frutti che dà. E io non ho mai visto nessun credente entrare in crisi di fede o restare scandalizzato dopo aver visto Rol in azione. Anzi, ho visto molti atei e molti agnostici cominciare a dubitare che esistesse qualcosa, fra cielo e terra, proprio grazie alle sue facoltà...". E le sedute spiritiche? E la reincarnazione? "Rol riteneva che in lui vivesse qualcosa di Napoleone Bonaparte. Quanto alle sedute, la Chiesa non le proibisce: raccomanda grande prudenza. Perché possono nascondere una truffa, ma anche qualcosa di terribilmente autentico, e diabolica. Grandi conversioni, come quella di Pitigrilli, avvennero proprio attraverso le sedute spiritiche"»[731].

Questo articolo è estremamente interessante: dà infatti perfettamente l'idea di come non solo si diffondano notizie assurde e sbagliate, ma come qualcuno come Messori arrivi a giustificare le sedute spiritiche per giustificare quello che Introvigne dice di Rol, pur Rol non c'entrando assolutamente nulla con lo spiritismo, la reincarnazione e tutto il resto.

E se Messori dice «Non dirò mai che Introvigne ha torto, perché è un'enciclopedia ambulante», noi invece diciamo che ha torto senza alcun dubbio, e che come «enciclopedia ambulante», alla voce "Rol", Introvigne aveva troppo pochi elementi per poter esprimere un giudizio obiettivo.

Alle assurdità di questo articolo si è dunque arrivati grazie a quanto ha scritto Giuditta Dembech, ed è questo, precisamente, un *karma negativo* da lei generato.

Successivamente Introvigne, dopo aver riproposto i contenuti del suo articolo sul periodico *Cristianità* di Alleanza Cattolica, ha parlato nuovamente di Rol nell'*Enciclopedia delle religioni in Italia*, uscita nel 2001, ma lo ha fatto in modo più obiettivo (anche se non ancora soddisfacente) per aver avuto a disposizione più documentazione. Vediamo i punti che qui ci interessano:

---

[731] Travaglio, M., *Scomunica per Rol dall'Avvenire. Messori lo difende*, La Repubblica, 15/03/2000. Dobbiamo segnalare che questo articolo è "misterioso": infatti ce lo siamo trovati tra quelli da noi conservati nel corso degli anni, con l'indicazione del quotidiano con la data stampata (è un articolo d'angolo). Eppure, quando abbiamo consultato l'archivio di Repubblica (ci interessava sapere a che pagina era pubblicato), anche in microfilm, non lo abbiamo trovato. Si tratta forse di una edizione locale (l'articolo ci era stato fatto avere da qualcuno). Ringraziamo chi volesse segnalarci la collocazione precisa (all'indirizzo: *archivio@gustavorol.org*).

«Gustavo Adolfo Rol (...) si è sempre scrupolosamente astenuto dal fondare gruppi e organizzazioni, ma cerchie di amici fedeli continuano a diffonderne le idee, e si tratta in ogni caso di un personaggio... ostile allo spiritismo (...).

Non sembrerebbe neppure che si possa ascrivere con certezza Rol al campo oggi vasto dei reincarnazionisti, anche se molti ammiratori[732] lo considerano la reincarnazione di Carlo Magno e di Napoleone, perché le testimonianze delle sue idee sul punto sono incerte. L'insegnamento di Rol è incentrato sulla nozione di "spirito intelligente" come realtà che è nel senso più vero "quello che siamo", e che rimane sulla terra anche dopo la morte. Il sensitivo torinese disprezzava certamente le sedute spiritiche comuni e "volgari", e tanto più i *medium* che operano per denaro. Tuttavia, non escludeva che gli "spiriti intelligenti" potessero manifestarsi dai "regni invisibili", e partecipava a quelle che anche lui chiamava "sedute"[733] se riteneva che fossero immuni dai pericoli dello spiritismo volgare. Talora ne distruggeva la documentazione, proprio per non favorire la diffusione di quello spiritismo che riteneva pericoloso[734]. (...).

Sarebbe sbagliato definire Rol semplicemente uno spiritista; e non solo per la sua reiterata presa di distanza dallo spiritismo (...).

L'affinità con il mondo "akashico" di Rudolf Steiner – più ancora che con la Teosofia, le cui analogie con il pensiero di Rol erano state notate già dal fratello Carlo (1897-1978), frequentatore a Buenos Aires della Società Teosofica Argentina – sembra particolarmente evidente. Rol, del resto, definisce Steiner "forse il primo uomo che sia riuscito a farsi libero"... e l'antroposofia "scienza pura dello spirito nella stessa guisa che la scienza naturale è scienza della natura". E questo anche se Steiner, "l'inventore della scienza antroposofica", secondo Rol aprì "solamente uno spiraglio... della massiccia porta di granito che separa l'uomo che vive dal mondo delle rivelazioni alle quali è destinato".

Spirito libero, Rol non può essere quindi ascritto neppure alla Società Antroposofica (di cui del resto non ha fatto parte); il suo rimane un accostamento originale e unico ai fenomeni parapsicologici, con una notevolissima influenza su tutto il campo della ricerca psichica in Italia».

Su Steiner ci siamo soffermati a sufficienza e rimandiamo a quanto abbiamo già detto. La conclusione di Introvigne è parzialmente corretta:

---

[732] In realtà assai pochi, e tra i biografi solo la Dembech. La stessa Giordano, che pur crede nella reincarnazione, non ha mai detto che Rol fosse la reincarnazione di Napoleone, e per quanto ne sappiamo solo la Dembech ha fatto l'"ipotesi" di Carlo Magno...

[733] Solo perché è difficile trovare un termine alternativo, e poi, in effetti, gli esperimenti avvenivano con i presenti *seduti* intorno a un tavolo. Volendo, le si sarebbe potute chiamare anche *sessioni*. In ogni caso, queste *sessioni* non rappresentano che la metà della fenomenologia complessiva di Rol, l'altra metà essendo costituita da prodigi estemporanei nei luoghi più vari.

[734] Le ragioni non sono affatto queste, ma riguardavano la necessità di evitare speculazioni commerciali future su questo materiale.

certamente quello di Rol è stato «un accostamento originale e unico ai fenomeni parapsicologici», ma la sua "eredità" va ben al di là della fenomenolgia per la quale oggi è noto. Nessuno infatti penserebbe di scrivere, per esenpio, che "quello di Gesù è stato un accostamento originale e unico ai fenomeni parapsicologici". Nel dire questo, crediamo di esserci ben spiegati. Gli orizzonti aperti da Rol sono ben più vasti dei limitati confini che *coloro che non lo hanno conosciuto o approfondito* vorrebbero costruirgli intorno. Oltre agli esperimenti e ai prodigi c'è il suo pensiero, di una profondità straordinaria; oltre al suo pensiero c'è la sua condotta di vita, la sua poliedrica personalità, il suo genio, il suo spendersi costantemente per il prossimo; e oltre tutto questo c'è il suo simbolismo, che è la prova del nove in grado di dimostrare incontrovertibilmente che Rol era un iniziato completo sotto tutti i punti di vista, un maestro autentico, quale l'Occidente non ha avuto in duemila anni. Sfidiamo infatti a trovare qualcuno che gli assomigli anche solo vagamente.

Introvigne accenna nel suo scritto alla «Teosofia, le cui analogie con il pensiero di Rol erano state notate già dal fratello Carlo...frequentatore a Buenos Aires della Società Teosofica Argentina»: questo è un altro esempio di come si possa giudicare le idee di Rol in modo del tutto falsato. La frase già da sola è indicativa dei suoi limiti: non stupisce infatti che il fratello di Gustavo trovi delle analogie con il *teosofismo* (è questo il temine da usarsi in questo caso), visto che frequentava la Società Teosofica. Abbiamo già visto che i teosofisti non hanno fatto altro che pescare a mani piene nelle varie tradizioni, ed è quindi normale che alcune loro idee si ritrovino anche in Rol, il quale però le ha prese direttamente alla fonte, e non certo da loro. Si potrebbe fare la seguente analogia: il prodotto acquistato da Rol è autentico perché arriva direttamente dal produttore, mentre il prodotto dei teosofisti è taroccato (male) sulla base del prodotto originale. Qualche volta è certamente difficile distinguere l'uno dall'altro. Se poi i parametri di giudizio si limitano, come nel caso di Carlo Rol, al solo teosofismo, perché non si ha a disposizione qualcosa di diverso, e perché il teosofismo è in quegli anni nella sua massima espansione, allora diventerà chiaro come sia pregiudicata una qualsiasi obiettività.

Per capire meglio, vediamo lo scritto originale di Carlo Rol, una lettera datata dicembre 1953:

«Carissimo Gustavo,
(...)
Nell'ultima Tua lettera[735] trovo, per la prima volta da parte Tua, dei concetti teosofici:
a) "un 'remoto ricordo' si fa in me sempre più pressante e mi rivela come e quando io sia già passato quaggiù";

---

[735] Di questa lettera al momento non sappiamo nulla.

b) "sulla sua tomba monumentale aveva fatto incidere queste parole: 'vivre, mourir et renaltre: telle est la loi'";

c) "dire che Dio è nel sole, nel lombrico, nella cenere della sigaretta, e finalmente nella carta da gioco, è asserire la verità".

Osservo quanto sopra, senza attribuirci soverchia importanza. Io ho frequentato durante gli anni scorsi la Sociedad Teosofica Argentina soltanto per servirmi della fornitissima biblioteca occultistica (ora molto meno, perché non trovo più nulla di nuovo da leggere; trovo libri che non conoscevo ancora, ma che contengono cose già lette in altri); quindi sono abbastanza al corrente del pensiero dei teosofi. Però, come già sai, io sono un tecnico, e nello studio di "quelle cose" prescindo assolutamente dal misticismo, dalla religione e dalla morale»[736].

I riferimenti teosofistici di Carlo Rol sono concentrati in queste poche righe. A noi paiono del tutto irrilevanti (ed è lo stesso Carlo a sottolinearlo), e anzi sono dimostrative che Rol col teosofismo non c'entrava proprio nulla, come dimostra la frase «trovo, per la prima volta da parte Tua, dei concetti teosofici». Questo significa che Rol, che allora aveva cinquant'anni, non aveva mai espresso «concetti teosofici» in precedenza, e dimostra anche che non aveva mai accennato al teosofismo, e forse nemmeno all'antroposofia, per lo meno con suo fratello. Se Rol avesse avuto un qualsiasi interesse teosofistico suo fratello non si sarebbe certo espresso in quel modo.

Si tratta poi di capire se quelli evidenziati da Carlo siano davvero «concetti teosofici» e non piuttosto concetti universali e *tradizionali*.

Alla lettera a) troviamo un riferimento, espresso in chiave poetica, alla *memoria ancestrale* impressa nel nostro DNA, alla quale possono accedere coloro che hanno conseguito il *risveglio*, ovvero i Maestri spirituali, gli *yogin*;

alla lettera b) il riferimento è a ciò che si trova scritto sulla tomba di Allan Kardeck – "inventore" dello spiritismo – al cimitero di Père Lachaise a Parigi. Non ci è dato sapere a quale proposito Rol lo citi, in ogni caso non certo per avallare lo spiritismo o la teoria della reincarnazione, tanto più che la frase ("vivere, morire, rinascere: questa è la legge") si presta anche – e soprattutto – ad altre interpretazioni di natura simbolica ed iniziatica (essenzialmente: morte dell'io e rinascita spirituale)[737];

alla lettera c) troviamo un concetto talmente universale (e vero) che l'idea che possa essere prerogativa di una setta fa solo ridere; e non si tratta di un generico panteismo, ma del semplice riconoscere che tutto è in Dio e Dio è in tutto: infatti, potrebbe esserci qualcosa *al di fuori di*

---

[736] *"Io sono la grondaia..."*, p. 148.

[737] E il *Faust* di Goethe ne è un perfetto esempio. Cfr. anche questo pensiero di Rol: «Tu sai benissimo: – Platone – che l'abbiamo già detto tante volte: "Vivere, essere puri di cuore e morire..." Quello è per potere rendere immortale il nostro spirito..."» (Dembech, G., *G. A. Rol. Il grande precursore*, CD traccia 26, p. 180). La rinascita è quindi *l'immortalità dello spirito*, e non la reincarnazione!

Lui? Il Poeta se ne accorge assai più della persona comune, egli vede Dio d'appertutto e se gli altri non lo vedono farebbero bene a chiedersi il perché.

In questi tre punti noi non ci vediamo niente di specificatamente teosofistico.

In altri due passaggi Carlo Rol scrive che «nel 1948 Tu mi dicesti – teosoficamente – che "ogni carta da gioco ha la sua anima"»[738]; e poi fa riferimento a «quella che "teosoficamente" viene chiamata "la vera vita"»[739].

È evidente che Carlo, nelle sue approfondite letture fosse stato condizionato dai testi della «fornitissima biblioteca occultistica» da cui si riforniva, e in quel periodo avesse una tendenza a formulare giudizi con il filtro del teosofismo.

Siamo convinti che chi, come il fratello di Gustavo, abbia formato la sua cultura spirituale su testi come quelli teosofistici, giungerebbe senz'altro a dire che anche nella parola di Gesù, o in quella di altri maestri, si trovano «concetti teosofici», e non potrebbe essere altrimenti, visto che i teosofisti è proprio da loro che hanno scopiazzato!

Quando Introvigne scrive che Carlo era «frequentatore a Buenos Aires della Società Teosofica Argentina» fa pensare, a chi non conosce la fonte da cui è tratta questa affermazione, che Carlo fosse un associato o un frequentatore abituale di riunioni presso la Società Teosofica, se non proprio un teosofista; ma se si legge l'originale l'impressione è ben diversa:

«ho frequentato durante gli anni scorsi la Sociedad Teosofica Argentina soltanto per servirmi della fornitissima biblioteca occultistica».

Carlo sembra quasi mettere le mani avanti: "non avevo altra scelta che rifornirmi da loro, sebbene con loro io non abbia niente a che spartire".

Anche l'illusionista Mariano Tomatis, nel tentativo di far passare come eterodossa la "dottrina di Rol", aveva scritto:

«Già Carlo Rol, in una lettera del 1951, aveva identificato nel pensiero del fratello Gustavo dei concetti teosofici, avendo frequentato per diversi anni la Società Teosofica Argentina»[740].

Questa di Tomatis è una delle decine di "forzature" del suo libro, e la si riconosce immediatamente non appena la si mette in relazione con la fonte originale (oltre al fatto che la lettera non è del 1951 ma del 1953).

Ma Introvigne e Tomatis sono in buona compagnia. Infatti anche l'antropologa Cecilia Gatto Trocchi, che aderiva al Cicap[741], in un pietoso articolo pieno di illazioni e inesattezze aveva scritto:

---

[738] *ibidem*, p. 149. Si tratta di affermazione al tempo stesso *tradizionale e scientifica*: «Ogni cosa ha il proprio spirito... Quello dell'uomo però è uno "spirito intelligente"...» (Rol, G.A., *apud* Lugli, *G. Rol. Una vita di prodigi*, p. 3).

[739] *ibidem*, p. 153. La "vera vita" è espressione tradizionale in tutte le religioni, è la *vita nello spirito*, «una vita senza limiti nel tempo e senza restrizioni nella felicità stessa» (Rol, G.A., *"Io sono la grondaia..."*, p. 105).

[740] Tomatis, M., *Realtà O Leggenda*, cit., p. 51.

«Già Carlo Rol, fratello di Gustavo, aveva identificato nel pensiero del nostro "enigma" molti concetti teosofici»[742].

Quelle poche frasi citate da Carlo nella sua lettera si trasformano in «molti concetti teosofici»! Ma la Trocchi si era fidata evidentemente del Tomatis, che viene ampiamente citato nel suo articolo, e non aveva certo letto il documento originale.

Tutto questo è necessario metterlo bene in chiaro per smentire le presunte derivazioni dottrinali di Rol e perché sappiamo bene come procedono i superficiali e i detrattori: non verificano le fonti, e si limitano a ripetere come i pappagalli quello che hanno affermato i disinformati o gli intriganti. Ciò è particolarmente vero per il libro di Tomatis e per le sue tesi, che vengono citate acriticamente da tutti quelli che la pensano come lui. Ci sarà occasione di contestare pressoché ogni riga di quanto da lui scritto.

Ma già che abbiamo parlato della Trocchi, val la pena mettere i paletti anche ad altre affermazioni da lei fatte nell'articolo appena citato scritto per il mensile cattolico *Vita Pastorale*, uscito a luglio 2003[743]. Una cosa che ancora dobbiamo capire è come sia stato possibile che un periodico cattolico abbia potuto confidare nell'opinione di una persona come la Trocchi, che aderiva al Cicap, che non ha mai incontrato Rol, e che ha dimostrato di sapere ben poco di lui. La redazione avrebbe potute chiedere un contributo a qualcuno che ne sapeva un po' di più, come per esempio Vittorio Messori o come Monica Mondo, che scriveva sul quotidiano *Avvenire* e aveva conosciuto abbastanza bene Rol[744].

Proprio perché l'articolo è stato scritto su un periodico cattolico, viene sbandierato oggi da quelli che vorrebbero far passare la dottrina di Rol come incompatibile con quella cattolica. Sarebbe stato interessante riprodurlo integrale per dimostrarne il livello di superficialità, ma sarebbe stato dargli una importanza che non merita. Basti dire che i punti di riferimento dell'autrice sono, oltre al libro di Tomatis[745], la testimonianza di Piero Angela, che è stato da Rol due volte, e quella di Giuditta Dembech, fonti che in quanto ad autorevolezza sul "caso Rol" lasciano

---

[741] È deceduta infatti nel 2005.

[742] Gatto Trocchi, C., *C'è una spiegazione all'enigma del secolo*, Vita Pastorale, n. 7, luglio 2003, p. 28.

[743] Ma scritto nel mese di maggio. Lo deduciamo dal fatto che gli articoli vanno fatti pervenire al periodico entro il 20 di due mesi prima dell'uscita, ovvero in questo caso entro il 20 maggio.

[744] Cfr. Mondo, M., *Rol, un uomo fra paranormale e ricerca del bene*, Avvenire, 04/06/2003, p. 2.

[745] Nel citarlo, scrive che «Mariano Tomatis, (...) giustamente scettico ma onestissimo, si chiede in che cosa consistesse il "cattolicesimo" di Gustavo Rol». Che il Tomatis venga detto «onestissimo», con le miriadi di bugie che ha raccontato, è l'ennesima dimostrazione di incompetenza della Trocchi su questo soggetto. Quanto all'opinione dell'illusionista, abbiamo già detto che si basa su quanto scritto da Introvigne, il quale si basa su quanto scritto dalla Dembech, la quale si basa... sul nulla, ovvero sulle sue sole idee.

molto, ma molto a desiderare. E quando i superficiali citano altri superficiali, si ha come risultato una "superficialità al quadrato", ciò che è infatti l'articolo della Trocchi[746].

Secondo l'autrice, è grazie a Piero Angela se Rol divenne un personaggio noto al pubblico:

«A suo tempo il caso sarebbe rimasto circoscritto nell'ambiente dei parapsicologi e dei veggenti torinesi, se Piero Angela, giornalista e divulgatore scientifico, quando scrisse nel 1978 il testo *Viaggio nel mondo del paranormale,* non avesse incontrato Rol due volte, assistendo ai famosi esperimenti, a suo dire suggestivi e affascinanti. Angela descrisse i "fenomeni" a un noto illusionista, il mago Arsenio, e in seguito a due prestigiatori americani. Tutti seppero ripetere i suoi "miracoli"»[747].

Nel sommario dell'articolo si dice anche che Rol fu «scoperto da Piero Angela», il che è del tutto ridicolo, visto che è dell'anno precedente al suo libro l'inchiesta di Renzo Allegri su *Gente*, con cinque puntate dedicate a Rol[748]; che è del 1965 un articolo a pagina intera sul *Corriere della Sera* firmato da Dino Buzzati, che già aveva parlato di Rol in due articoli precedenti; e poi ci sono Dino Biondi e Massimo Inardi sul *Resto del Carlino*, Furio Fasolo su *Epoca*, Fellini su *Planète*, Pitigrilli e altri. Quanto al fatto che «Tutti seppero ripetere i suoi "miracoli"» si tratta di una delle bufale più patetiche – ripetuta come un *mantra* da tutti gli scettici – sulla quale avremo modo di essere esaurienti in altro studio, tante sono le cose da dire in proposito. Qui ci limitiamo ad osservare che ben tre prestigiatori[749] hanno visto gli esperimenti di Rol, e tutti concordano sul fatto che non ci fosse alcun trucco. Le ipotesi di prestigiatori che non hanno visto questi esperimenti, e che si basano solo sulle testimonianze di altri, non hanno alcuna credibilità.

Nell'articolo la Dembech viene messa in bella vista con una fotografia, sotto la quale troviamo: «Giuditta Dembesch, nota teosofa e tra le più accese sostenitrici di Rol».

Nel testo la Trocchi scrive che «Rol dichiarava di essere una "grondaia" ricolma del potere divino, che certo non ha bisogno di prove... Egli si professava cattolico credente e praticante, devotissimo della Madonna della Consolata... Ma quali erano le dottrine che professava?».

Dopo una sintesi raffazzonata e banalizzata del suo pensiero e del suo modo di agire durante gli esperimenti, aggiunge:

---

[746] Nell'occhiello dell'articolo viene persino scritto sbagliato il nome di Rol: «Augusto Adolfo Rol», il che la dice lunga sul livello di approfondimento.

[747] Gatto Trocchi, C., *C'è una spiegazione...*, cit.

[748] Pubblicate poi nel suo *Viaggio nel paranormale* (maggio 1978), in concomitanza con il libro di Angela *Viaggio nel mondo del pranormale* (maggio 1978...).

[749] Carlo Buffa di Perrero, Giuseppe Vercelli e Tony Binarelli.

«Per chi conosce esoterismo e teosofia, questo linguaggio è ben noto. Non a caso una delle più accese sostenitrici di Rol, Giuditta Dembech è una nota e famosa teosofa»[750].

Oltre a dubitare seriamente che la Trocchi avesse una qualsiasi seria conoscenza esoterica, nel senso autentico e metafisico del termine, il fatto che la Dembech venga presa ad esempio per confermare delle semplici illazioni è un puro costruire castelli in aria. Non solo perché leggendo i libri della Dembech si scopre che Rol «provava una sorta di fastidiosa avversione» verso le sue idee teosofistiche, ma anche perché non si può certo pensare di giudicare qualcuno sulla base delle convinzioni di qualcun altro! Per non dire che i testimoni di Rol sono centinaia, e che l'opinione della Dembech, da un punto di vista percentuale, corrisponde a uno "zero virgola".

Un ultimo breve estratto dall'articolo della Trocchi merita di essere citato:

«Rol sosteneva di vedere un'aura diafana e di colore diverso intorno alle persone, come oggi i fautori della New Age, e da questa aura ricavava diagnosi circa la salute dei corpi. Solo che il fenomeno era visibile solo a lui e non poteva essere confermato. Si tratta di passatempi che poco hanno a che fare con la fede cristiana e con la pratica delle comuni virtù».

È questo un esempio significativo della superficialità di certi commentatori, che in poche righe sanno condensare un gran numero di banalità e inesattezze.

Tanto per incominciare, l'*aura* è un fenomeno, una conoscenza, che appartiene alla tradizione metafisica da millenni, e non è certo una invenzione della New Age, la quale non ha fatto altro che riesumarla e volgarizzarla nei modi più vari. Il termine deriva dal latino *aureus*, aggettivo che significa "aureo, d'oro", da cui il diminutivo *aureola*, che nella tradizione iconografica romana prima e cristiana poi, indicava un

---

[750] Durante la trasmissione *Porta a Porta* del 5 giugno 2003, la Trocchi aveva affermato: «Tutti gli esoterici che io ho contattato portano Rol come una loro bandiera, e Giuditta Dembech che è una teosofa, porta Rol come una sua bandiera, e la teosofia è in contrasto preciso con la cristianità». Al di là della banalità di questa affermazione, che può dirsi vera forse solo per il teosofismo, non si vede che cosa possano c'entrare le opinioni o la vita di Rol con le caratteristiche di alcuni suoi *fans*, i quali in gran parte neanche conoscono i suoi insegnamenti, ma lo citano in modo del tutto strumentale, e a titolo essenzialmente dimostrativo di una realtà trascendente, o comunque di un'"altra dimensione". Del resto, le così poche (e contraddittorie) informazioni che si avevano su Rol ancora pochi anni dopo la sua morte (almeno fino a prima della pubblicazione de *"Io sono la grondaia..."* (2000)), e il fatto che giornalisti e studiosi superficiali o disinformati avessero più volte parlato di spiritismo o di medianità, non può non aver favorito anche speculazioni occultistiche di bassa lega e il pullulare di una certa categoria di sostenitori che, se davvero avessero conosciuto la "dottrina" di Rol, si sarebbero ben guardati dal farne «una bandiera», più o meno allo stesso modo di come rifuggono tutto ciò che è *solare*.

alone di luce intorno alla testa⁷⁵¹ dell'imperatore, degli dei, dei profeti, dei santi e dello stesso Gesù, e che si ritrova anche nelle tradizioni di India, Iran, Messico e Giappone sempre come segno divino di sacralizzazione, d'impronta solare. Questa *aura* è "d'oro" solo per gli "uomini divini", realizzati, risvegliati, mentre in tutti gli altri presenta varie tonalità di colore, indice della loro imperfezione o incompletezza, sia fisica che psichica⁷⁵².

In secondo luogo, non è vero che «il fenomeno era visibile solo a lui e non poteva essere confermato», perché più di un testimone ha raccontato di essere stato fatto partecipe di questa sua *possibilità*. Ad esempio Nicola Riccardi nel 1969 diceva:

«Spesso, quando mi trovo con lui, mi aiuta, mettendo anche me in grado di vedere e giudicare queste aureole, e posso assicurare che la cosa è davvero sorprendente»⁷⁵³.

Il prof. Luigi Giordano, medico chirurgo, ha in più occasioni riferito la stessa cosa:

«Una sera in casa di amici... io gli ho chiesto: "Ma tu come fai a fare le diagnosi in un modo così brillante e veloce? Noi per fare una diagnosi del genere dobbiamo fare delle ricerche, ci mettiamo del tempo". E allora lui m'ha detto: "Guarda...guarda quella persona lì...quella signora seduta sul sofa. Guarda cosa emana dalla sua persona". E io – l'unica volta nella mia vita – ho visto emanare da questa persona come dei raggi, di colori diversi. Lui mi spiegava che a ogni colore corrisponde un apparato... Polmoni, apparato digerente, fegato, cuore. E siccome c'erano due colori che non erano brillanti, ma che erano piuttosto opachi e non lampeggiavano bene come gli altri, lui mi fa: "Vedi? Questa signora soffre di cuore e di fegato"»⁷⁵⁴.

Giovanna Demeglio racconta:

---

⁷⁵¹ Si parla anche di *nimbo*, nel senso di *nube luminosa*. Oltre all'aggettivo *aureus*, in latino abbiamo anche il sostantivo femminile *aura*, che significa *soffio d'aria, aria, brezza*. Non sarà difficile intravvedervi dei contatti con il significato di «spirito», tanto più che questo in ebraico si dice *ruah* (che è l'inverso di *aur*). In questo ordine di cose rientra inoltre il nome egizio di *Horus*. Cfr. anche Evola (*Rivolta...*, cit., p. 50): «...la "gloria" figura nello stesso cristianesimo quale attributo divino e... secondo la teologia mistica, nella "gloria" si compie la visione beatifica. L'iconografia cristiana usa darla come un'aureola intorno al capo, la quale riproduce visibilmente il senso dell'*uraeus* egizio e della corona radiata della regalità solare iranico-romana».

⁷⁵² A tal proposito, Maurizio Ternavasio accenna a «quella che [Rol] definiva "aura", ossia un misterioso alone di forma ovale e di color verde che secondo lui circondava il capo degli uomini» (*Gustavo Rol. La vita, l'uomo, il mistero*, cit., p. 115). Si tratta di una affermazione del tutto errata perché nessuno, nemmeno Rol, ha mai detto che essa debba essere soltanto verde. L'autore forse ha generalizzato le descrizioni che Rol aveva fatto dell'aura di Buzzati, Riccardi e Di Simone, tutte stranamente verdi, cosa che farebbe pensare più a un riferimento simbolico – non difficile da individuare – che a una vera e propria descrizione.

⁷⁵³ AA.VV. *Dibattito sui fenomeni...*, cit., p. 23.

⁷⁵⁴ Bonfiglio, M., *Rol. L'uomo, il mistero, la vita*, regia di Maurizio Leone, Aries s.r.l., Rivarolo Canavese, 2005 (documentario DVD).

«Quando abbiamo preso più confidenza, Rol mi metteva vicino a lui e mi diceva: "Adesso quando tu vedi le persone, dimmi che cosa provi". E allora insieme guardavamo le persone e riuscivo anch'io a vedere dov'erano malate e lui glielo diceva»[755].

Questa di Rol di trasferire *temporaneamente* agli altri una sua *possibilità*, come abbiamo già detto, è essa stessa una *possibilità*. Se ne parlerà diffusamente in altri studi futuri.

Intanto abbiamo visto che l'affermazione della Trocchi è falsa, oltreché ridicola, come dimostra la frase: «Si tratta di passatempi che poco hanno a che fare con la fede cristiana e con la pratica delle comuni virtù». La visione dell'aura diventa un «passatempo»... affermazione che già si commenta da sola, tanto più che è un "passatempo" che ha permesso a molta gente di farsi curare tempestivamente dopo che Rol aveva individuato delle patologie gravi; e si ha poi pure la faccia tosta di scrivere che questo non ha «a che fare con la fede cristiana e con la pratica delle comuni virtù»! Decine, forse centinaia di persone sono oggi grate a Rol per le sue diagnosi accurate (e gratuite): non ci risulta che lo stesso possa dirsi della Trocchi, che di questi "passatempi" non si è mai occupata (né sarebbe stata in grado di farlo).

Sull'atteggiamento negazionista dell'antropologa torneremo più avanti, quando commenteremo la sua partecipazione alla trasmissione *Porta a Porta* del 2003 dedicata a Rol.

Occorre ora avviarci al termine di questa lunga parte dedicata agli *Scritti per Alda* facendo ancora alcune osservazioni che muovono sempre da ciò che è stato scritto da Giuditta Dembech.

---

[755] *Archivio interviste Nicolò Bongiorno*, 2005-2006.

>   ...*la natura sembra compiacersi a far tutto alla stregua del cinque...*
>   Plutarco[756]

>   ...*questa donna fue accompagnata da questo numero del nove a dare ad intendere ch'ella era uno nove...*
>   Dante Alighieri[757]

Date e numeri

«In questa, come nelle altre poesie che seguiranno, la data serve soltanto a confondere le idee e a depistare eventuali curiosi occasionali». Questo è quanto scrive l'autrice a p. 62 del suo libro. Le cose ovviamente non sono così semplici, né Rol ha messo delle date qualsiasi prive di significato. La stessa Dembech si rende conto che «Rol non lasciava nulla al caso» (p. 48), cosa che talvolta è vera persino nei minimi particolari, anche quelli apparentemente più insignificanti. Abbiamo già visto alcune possibili spiegazioni del perché Rol avesse dato ad *Alda* 20 e 21 anni. Abbiamo anche visto il possibile senso della datazione «Marsiglia 1927», così come quello dell'anno 1953 al quale complessivamente è fatto risalire il *corpus* di queste poesie: potrebbe essere un riferimento all'ottavo centenario dalla morte di San Bernardo (20 agosto 1153). Vogliamo qui segnalare altre due ipotesi, che non necessariamente si escludono, ma che possono sovrapporsi. La prima riguarda François Auguste Ravier: il pittore lionese si era sposato all'inizio del 1853 con Antoinette Dessaigne, quando questa aveva vent'anni; nel corso dell'anno, a settembre, sarebbe passata dai 20 ai 21... (era nata infatti nel 1832). Rispetto a San Bernardo, qui abbiamo una analogia più calzante collegata direttamente alla *materia d'amore* e ai riferimenti biografici e simbolici più diretti di Rol. Che questa ipotesi sia plausibile e forse anche la principale, potrebbe essere confermato da una lettera inedita che Rol scrisse a un'altra "donna amata", Barberina Horber, che viveva nel suo stesso palazzo in via Silvio Pellico a Torino. Si tratta di un carteggio ancora inedito di una ventina di lettere[758], di cui abbiamo già data un'anticipazione, che Rol ha scritto tra l'ottobre 1937 e il dicembre 1938. In una di queste, datata 25 luglio 1938, Rol scrive:

---

[756] Plutarco, *Iside e Osiride* e *Dialoghi delfici*, Bompiani, Milano, 2002, p. 362 (430 A 36).
[757] *Vita Nova*, XXIX, 3.
[758] Ora parte del nostro archivio. Anche Catterina Ferrari possiede alcune lettere indirizzate a questa donna; noi le abbiamo ricevute direttamente da *Alda*, alla quale erano state date da Maria, la sorella di Gustavo.

Tutto il giorno ho pensato a te ma non ho avuto un momento solo per scriverti. Ho però fatto incidere il tuo nome:
   Barberina Horber
   sept 4th 1837
su di una piccola lastra di metallo che ti darò al mio ritorno.

La lettera, come il gruppo principale di quelle ad *Alda*, è scritta sul foglio di carta intestata di un hotel, in questo caso il Waldorf di Londra. La cosa che emerge subito dall'estratto che abbiamo riportato è la data: essa acquisisce un senso solo se portata avanti di un secolo, al 4 settembre 1937, che potrebbe essere l'inizio della loro storia sentimentale. Ma per quale ragione Rol ha scritto questa data? Non certo per «confondere le idee e a depistare eventuali curiosi occasionali», come ha scritto la Dembech per le lettere ad *Alda*. Qui infatti viene fatto nome e cognome, per di più di una inquilina dello stesso palazzo di Rol, e non si tratta di un nome di fantasia, perché è una donna realmente vissuta. Allora qual'era lo scopo di Rol? Crediamo che vi siano due risposte. La prima può riguardare l'anno in questione: nel 1837 (il 20 giugno[759]) sale al trono di Inghilterra la regina Vittoria, meno di un mese dopo aver *compiuto diciotto anni* (era nata il 24 maggio 1819). Rol come detto scrive da Londra (o almeno, così vuole far credere) e la data è espressa in inglese e non in italiano. Non sappiamo se anche giorno e mese si riferiscano a qualcosa di preciso di quell'anno. Tuttavia un altro indizio che il riferimento di Rol doveva essere la regina Vittoria, la prima tra l'altro a fregiarsi del titolo di Imperatrice d'India a partire dal 1876, lo troviamo proprio nelle poesie ad *Alda*. Se infatti il gruppo di poesie principali sono datate 1953, ve ne sono alcune singolarmente datate in modo differente. Una, l'abbiamo già vista, è datata 1927. Vi è poi un gruppo di tre poesie datate 1948, e un'altra del 21 novembre 1940. Ora, se noi retrodatiamo di un secolo quest'ultima, scopriamo che il 21 novembre 1840, *quando Vittoria ha 21 anni*, partorisce una figlia, la primogenita, alla quale viene dato *lo stesso nome della madre*, cioè Vittoria. Tutto ciò ci sembra molto familiare...

Quanto al 1948, una delle tre poesie associate a quell'anno inizia così: *Ho incontrato una donna / che ha la tua stessa età / Alda*. Se prendiamo l'età simbolica di ventuno anni, si torna al 1927. Le altre due poesie si intitolano *La capitolazione* e *Liberazione*, e si riferiscono, apparentemente, a stati emotivi di *Rol innamorato...* Difficile dire se ci sia un riferimento anche al 1848, il cosiddetto *Anno della Rivoluzione* o *Primavera dei popoli*, quando molti paesi europei e poi il Brasile furono percorsi da moti rivoluzionari dovuti a una serie di concause socio-economiche. Ma il discorso qui ci spingerebbe troppo lontano, e forse anche fuori strada. La data in ogni caso più significativa resta il 1953, visto che sulla busta contenente le poesie Rol scrisse «fascicolo del 1953

---

[759] Che è anche il giorno e il mese di nascita di Rol.

– Parigi»[760]. Dopo i riferimenti a San Bernardo e a Ravier, esiste una terza possibilità che ci porta proprio a quell'anno e a quel luogo preciso: tra il marzo e il dicembre 1953 si tenne a Parigi, all'Hôtel des Invalides, una esposizione di oggetti militari della prima Repubblica e altri privati di Napoleone Bonaparte. Sul numero di maggio della rivista *Le journal de l'amateur d'art* un articolo illustrava l'iniziativa, pubblicando alcune fotografie tra cui spiccavano quelle di una miniatura ritraente Giuseppina e una *parure* di orecchini con miniatura di Napoleone. A proposito di quest'ultima, l'autore dell'articolo scrive:

«Ma che cos'è questa *parure* fatta di smalto blu e di piccoli diamanti, composta di due orecchini e di una miniatura che rappresenta un giovane ufficiale dagli occhi blu, dalla sguardo dolce, che diverrà "Imperatore"? È la *parure* che il generale portò il 18 Ventoso Anno IV[761] all'alloggio di Giuseppina. Sopra si trova l'iscrizione "Cittadina Bonaparte Tascher"».

Poco più avanti se ne racconta la provenienza:

«Due giorni dopo l'apertura [dell'Esposizione] un visitatore si presenta. Viene da lontano e ha letto nei giornali del suo paese la pubblicità fatta per questa occasione. Porta due oggetti di cui propone la presentazione al pubblico: questa parure e una deliziosa miniatura di Giuseppina, eseguita poco tempo dopo la sua uscita dalle prigioni rivoluzionarie[762], probabilmente la prima immagine in assoluto che abbiamo di lei. Questo ritratto in miniatura fu il pegno dato dalla fidanzata al fidanzato. Dalla Regina Ortensia, arriva fino a noi, continuando il suo destino, che è di commuoverci»[763].

Il misterioso visitatore di cui si parla è Gustavo Rol. Il suo nome non viene fatto probabilmente perché lui stesso aveva chiesto che fosse mantenuto l'anonimato (come era d'altronde sua consuetudine). Infatti, nell'articolo tutti gli altri oggetti che vengono descritti, sono anche associati al nome del proprietario che li ha concessi per l'esposizione. Nulla si dice invece sul «visitatore che viene da lontano». Se noi siamo venuti a conoscenza di quest'episodio, e se sappiamo che il visitatore era Rol, è perché abbiamo incontrato la persona presso la quale quegli oggetti

---

[760] La Dembech ha pubblicato tutto questo materiale senza alcun criterio di ordine, contribuendo non a depistare, ammesso che fosse la sua intenzione, ma solo a fare un gran polverone. È probabile infatti che le poesie incluse in questa busta fossero solo quelle con la carta intestata del Grand Hotel, in numero di 10, ciascuna numerata da Rol, e che oltretutto, non si capisce per quale ragione, l'autrice ha pubblicate a casaccio, e non nell'ordine che Rol le aveva dato. Si tratta di un altro spiacevole inconveniente di questo libro, che ricorda la frammentazione degli articoli di *Gente* fatta da Renzo Allegri poi inseriti "in ordine sparso" nella sua biografia *Rol l'incredibile*.

[761] Corrisponde all'8 marzo 1796. Nell'articolo era scritto erroneamente «Anno VIII»; nella nostra traduzione abbiamo fatto che scriverlo direttamente corretto.

[762] Fu arrestata il 21 aprile 1794 (in quanto moglie di Alessandro di Beauharnais, che era stato imprigionato come «amico della tirannia e nemico della libertà»), ma liberata pochi giorni dopo.

[763] Gilis, L., *Les Armées de la Répulllique en Europe et en Egypte*, Le journal de l'amateur d'art, n. 112, mai 1953, p. 8 (trad. nostra). Cfr. tav. VIII.

si trovano ora, la signora Anne Andronikof, figlia di quella Natalia che Rol amò sin dalla fine degli anni '40. Fu a lei infatti che, pare dopo l'esposizione, regalò questi gioielli, reinterpretando simbolicamente il gesto che 157 anni prima aveva compiuto Napoleone nei confronti di quella che sarebbe diventata sua moglie. Insieme ai gioielli, la Andronikof conserva anche una breve nota descrittiva, per mano di Rol, nella quale si spiega:

Frammento salvato dal retro della miniat. "Portrait donné à Napoléon avant son mariage – Je l'ai réçu par lui à Malmai[son] en 1815." Scrittura con tutta probabilità della Regina Ortensia. Si ritiene essere questo il ritratto donato da Giuseppina al Gen. Buonaparte nel 1796 (avant son mariage) – "Je me reveil plein de toi. Ton portrait et l'enivrante soirée d'hier n'ont point laissé de repos à mes sens..." (Buonaparte a Giuseppina)

Questo fu probabilmente il ritratto che seguì Napoleone nella prima campania d'Italia (1796) e di cui fa cenno nelle sue lettere a Giuseppina. – La Regina Ortensia diede ospitalità a Napoleone dopo Waterloo a Malmaison, nel 1815, di dove N. partì per S. Elena[764].

Rol menzionava le lettere a Giuseppina di cui in precedenza abbiamo citato alcuni estratti. La frase in francese è l'*incipit* della lettera seguente (senza data) scritta da Napoleone alla sua futura moglie:

7 del mattino

Mi sveglio colmo di te. Il tuo ritratto e il ricordo dell'inebriante serata di ieri non hanno concesso riposo ai miei sensi. Dolce e incomparabile Giuseppina, che strano effetto voi fate sul mio cuore! Siete adirata? Siete triste? Siete inquieta? L'animo mi si spezza dal dolore, e non v'è tregua per il vostro amico ... Ma ve n'è ancor meno per me quando, consegnandovi al sentimento profondo che mi domina, attingo dalle vostre labbra, dal vostro cuore, la fiamma che mi arde. Questa notte ho capito pienamente che voi non siete il vostro ritratto! Tu parti a mezzogiorno, ti vedrò fra tre ore. Nell'attesa, mio dolce amor, *accogli un*

---

[764] Difficile dire se tra le righe Rol ci ha voluto comunicare qualcosa. Si ricordi «l'iniziazione» di Napoleone avvenuta dopo Waterloo... Ortensia era la figlia di Giuseppina e Alexandre Beauharnais, che Napoleone ha voluto sposasse il fratello Luigi Bonaparte, Re d'Olanda. La triade Ortensia-Luigi-Napoleone potrebbe essere associata a quella Iside-Osiride-Seth, tanto più che «secondo alcune interpretazioni, nella sfera dell'eterno, dove non esiste... dualità, Seth e Horo sono un'unica cosa; e cioè la vita e la morte, la luce e le tenebre sono tutt'uno. Nella religione egizia ci si riferiva a tale dualismo con l'espressione "il segreto dei due compagni", sottolineando l'accordo segreto delle due divinità rivali. Seth, che rappresenta la battaglia, è perennemente sconfitto, ma mai definitivamente distrutto da Horo, che rappresenta la pace. Alla fine ci sarà la riconciliazione. Il faraone, conosciuto anche con l'appellativo di "I due Signori", era identificato con entrambe queste divinità, unite in modo indissolubile» (Mercatante A.S., *Dizionario universale dei miti e delle leggende*, Newton&Compton Editori, Roma, 2001, p. 566). Il mito di *Faust*, come si vede, è molto antico.

migliaio di baci; ma non restituirmeli, poiché il mio sangue ne brucerebbe[765].

In altre lettere troviamo riferimenti a questo ritratto:

Il tuo ritratto stava costantemente sul mio cuore; mai un proposito senza guardarlo, un'ora senza vederlo e ricoprirlo di baci[766].

—

Dal quartier generale, Tortona, 26, mezzanotte, anno 4 della Repubblica, una e indivisibile (...)

Il nostro destino è proprio terribile. Appena sposati, appena uniti, e già subito separati! Le mie lacrime inondano il tuo ritratto; lui solo non mi lascia mai[767].

Si comprende quindi quale importanza abbia questa miniatura, fodamentale nella storia affettiva di Napoleone come in quella di Rol.

Crediamo, con questo, di aver "svelato" ampiamente le ragioni per cui Rol scelse l'anno 1953: le analogie dirette della sua relazione con *Alda* sono il matrimonio di Ravier e quello di Napoleone, a cui si aggiunge la ricorrenza di San Bernardo. Rol, che aveva la passione per le *coincidenze significative*[768], deve essersi accorto che il 1953 era il centenario del matrimonio di Ravier, così come l'ottavo centenario della morte di San Bernardo. L'Esposizione di Parigi poteva essere un'ottima occasione per "chiudere il cerchio", e così ne ha approfittato per fare in modo che fosse ricordato anche il matrimonio dell'Imperatore[769]. Circa due decadi più tardi commemorerà questo anno datandovi le poesie ad *Alda*.

Altre strane annotazioni che riguardano delle date le troviamo a p. 132. Al fondo di una poesia i cui contenuti non hanno a che vedere con *Alda* o con l'amore, ma con temi esistenziali, Rol scrive, quasi a mo' di firma:

Waterloo   *18 giugno   1974*
Losanna   *18 giugno – 1815*
                          – 59

Quindi aggiunge:

Piccola meditazione sui numeri di oggi:
    5 e 9

---

[765] Napoleone, *Lettere d'amore a Giuseppina*, cit., p. 38.
[766] *ibidem*, p. 65 (8 giugno 1796).
[767] *ibidem*, p. 70 (14 giugno 1796).
[768] Passione questa che Gustavo ci ha senz'altro trasmessa.
[769] Segnaliamo qui altre due *coincidenze* che crediamo interessanti: il 25 aprile 1953 sul n. 171 della rivista *Nature* veniva presentato (da James Watson e Francis Crick) il primo modello della struttura a doppia elica dell'acido desossiribonucleico, il DNA. Meno di un mese dopo, il 23 maggio, durante un violento nubifragio una tromba d'aria provocava il crollo di 47 metri della guglia della Mole Antonelliana di Torino (poi ricostruita nel 1961).

Che ci siano riferimenti simbolici è evidente. Non tanto per il fatto che Rol metta in relazione la *débacle* militare di Napoleone a Waterloo, con la sua affettiva in Svizzera, dove pare si trovasse con *Alda* alla data del 18 giugno 1974. Quanto su quello strano «–59», che nel testo originale viene sottolineato con un tratto marcato. Le date sono infatti disposte come se si trattasse di una sottrazione algebrica: se sottraiamo 1815 a 1974, otteniamo 159. Ma perché Rol ha scritto «*meno 59*»? Una prima ipotesi è che questa omissione della centinaia potrebbe essere un indizio, una chiave, per comprendere le altre date: abbiamo infatti visto che sottraendo cento anni al 1953 risaliamo al matrimonio di Ravier, sottraendo cento anni al 21 novembre 1940 troviamo la data di nascita della figlia della regina Vittoria; nella lettera a Barberina Rol retrodata di cento anni quello che forse è il momento di inizio della loro relazione. Rol stesso diceva di avere mille anni, che è un multiplo di cento, ed è una consuetudine della tradizione metafisica usare gli zeri in modo del tutto accessorio, spesso per potenziare il significato simbolico di un numero[770]. Una seconda ipotesi è che il numero debba essere messo in relazione al 1953, e che rappresenti un "conto alla rovescia" alla data che alcuni considerano la fine del presente ciclo, ovvero il 2012[771].

L'unica cosa sicura è che Rol ha voluto sottolineare i numeri 5 e 9, che nel suo orizzonte simbolico rivestono grande importanza. Per esempio, prima di alcuni esperimenti, *quasi a raccogliere in sé certe forze*, Rol poteva dire e ripetere più volte "*Je suis le numero cinq*", "*Sono il numero cinque*" come se si rivolgesse a qualcuno di invisibile a cui chiedeva la collaborazione (il «*Lui*» di Pitigrilli...[772]); considerava il

---

[770] Per fare solo un esempio, nell'*Apocalisse* il numero 12, simbolo dell'anno solare di cui esprime la suddivisione mensile, viene potenziato moltiplicandolo per se stesso (144), e ulteriormente evidenziato moltiplicandolo per mille: «Poi guardai ed ecco l'Agnello ritto sul monte Sion e insieme centoquarantaquattromila persone che recavano scritto sulla fronte il suo nome e il nome del Padre suo» (Ap 14, 1).

[771] La data è ricavata dal calendario Maya, che secondo la correlazione stabilita dall'archeologo ed epigrafista inglese John Eric Thompson (1898-1975) sarebbe iniziato l'11 agosto 3114 a.C. e terminerebbe il 21 dicembre 2012 d.C. Va detto però che non tutti gli studiosi sono concordi su queste date (oscillando, per la data finale, tra il 1734 d.C. e il 2532 d.C.), al di là del significato che esse possano avere.

[772] Pier Lorenzo Rappelli ha raccontato che durante un esperimento Rol ordinò ad uno *spirito intelligente* di trasportare un busto di Napoleone da un mobile al tavolo da pranzo dove si stavano svolgendo gli esperimenti, ma «lo "spirito intelligente" non eseguì immediatamente e Gustavo, con un tono estremamente perentorio ha detto: "Sono il numero 5: lo ordino!" e all'istante questo busto si è trasportato dalla console sulla quale si trovava, sulla tavola, facendo un metro e mezzo di "salto"...» (*Archivio interviste Nicolò Bongiorno*, 2005-2006). Questo episodio fu riferito in precedenza da diversi autori (Riccardi, Jorio, Inardi, Biagi), ma senza particolari e senza la fonte. Con la sua testimonianza, Rappelli ne ha confermato la veridicità. Tra l'altro, a noi Rappelli aveva detto (era il 2001) che «Gustavo diceva che anche Leonardo da Vinci era un numero cinque». La cosa è significativa, perché si riferisce a una affermazione fatta nel 1974 o 1975, quando i miti moderni del *Codice da Vinci* erano ancora di là da venire (quantomeno in forma "divulgativa").

numero cinque come il "suo" numero, tanto da far scrivere sul citofono del portone "cinque", nonostante abitasse al quarto piano; era per lui il numero dell'armonia e dell'equilibrio, trovandosi a metà strada tra l'uno e il nove:

«...fra i nove numeri, io ho scelto il numero cinque, perché è preceduto e seguito da quattro numeri. Quindi ha una posizione centrale. *In medio stat virtus*, è vero?»[773].

E infatti nella tradizione estremo-orientale il cinque è il numero della *centralità* e della Via di Mezzo: «Posto *nel mezzo* dei primi nove numeri, il 5 si impone come il simbolo del centro»[774].

Quanto al numero nove, occorre intanto rilevare che la Dembech (p. 134) scrive erroneamente che Rol «riteneva che il nove fosse un numero negativo, foriero di morte in quanto precedeva lo zero».

Questa affermazione ci era sembrata alquanto strana, e quando abbiamo chiesto ad *Alda* cosa ne pensasse, lei ci ha detto: «Non è vero, il 9 per Rol è un bel numero»[775], confermando quanto risultava anche a noi. Nel 2002 il giornalista Maurizio Ternavasio, prendendo come fonte la Dembech pur non citandola, ripeterà questo errore scrivendo: «Da un lato Gustavo non amava (anzi rifuggiva) il nove, ritenuto foriero di morte in quanto veniva subito prima dello zero; dall'altro amava moltissimo il cinque (anzi si identificava con esso) percepito come simbolo di vita...»[776]; lo stesso farà nel 2005 Mario Pincherle (per il quale Ternavasio è una delle fonti principali), che elaborerà l'errore della Dembech nel suo libro mal romanzato e quasi integralmente apocrifo, facendo dire a Rol che «il numero cinque... mi è sempre stato il più simpatico. Così come il nove mi è sempre stato il più antipatico»[777].

Ciò è del tutto privo di senso, e chi conosce un minimo il significato dei numeri sa che Rol non può avere detto una cosa del genere. Intanto, va detto che in una sequenza normale il 9 precede il 10, e non lo zero. Presso i pitagorici il dieci è il numero della completezza e della perfezione, rappresentato da un triangolo equilatero, la *tetractys*, formato

---

[773] Dembech, G., *Torino città magica vol. 2*, cit., p. 184; *G.A.Rol. Il grande precursore*, p. 128.

[774] Granet, M., *Il pensiero cinese*, op. cit., p. 122. La stesso autore (*La religione dei cinesi*, op. cit., p. 120) riferisce che «Invariabile Mezzo ha il significato di giusta armonia». La posizione centrale del 5 è associata anche alla Giustizia. Secondo lo pseudo-Giamblico *(Theologoumena arithmeticae,* 19), «i pitagorici chiamavano la Pentade *Nemesis*», da *némein*, ovvero ripartire, dividere, distribuire, poiché, in qualità di giustizia distributiva, divide tutte le cose ugualmente. Così Proclo scrive nel suo *Commento alla Repubblica* (XIII, 53): «La Pentade è il simbolo sacro della Giustizia essendo la sola che divide in parti uguali i numeri da 1 a 9».

[775] Lo ha scritto lei di suo pugno a margine della pagina del libro della Dembech che le abbiamo chiesto di commentare. Difficile capire perché la giornalista abbia scritto una cosa che la stessa *Alda* non ha affermata. Saranno i soliti pasticci teosofistici?

[776] Ternavasio, M., *G. Rol la vita, l'uomo, il mistero*, cit., p. 65.

[777] Pincherle, M., *Il segreto di Rol*, cit., p. 89. Viene dimostrata qui ancora una volta la natura *virale* di certi errori, per i quali dobbiamo dire grazie di nuovo alla Dembech!

dalla disposizione gerarchica dei primi quattro numeri, la cui somma (1 + 2 + 3 + 4) dà dieci. Dieci sono anche le *sefirot* dell'albero mistico della Qabbalah, i comandamenti dati da Dio a Mosè e le categorie di Aristotele. Le dita delle mani sono dieci e il nostro sistema di calcolo, anche per questo, è decimale. Con il dieci si conclude una serie o un ciclo, a cui ne seguirà un altro. Di qui l'associazione del dieci allo zero, che precede i primi nove numeri, graficamente rappresentato da un segno ovale che rimanda all'uovo cosmico, all'embrione d'oro o *hiranyagarba* della tradizione indù, al *wu-chi* dei taoisti, ma anche all'*uroboros* dei Greci[778]. Lo zero è al tempo stesso il Caos primordiale e il *Bramhan*, l'indifferenziato (anche se in un accezione lunare, "incosciente", mentre il 10 è la supercoscienza solare, o meglio ancora, *polare*, che reca in sé, ha fatto sua e ha trasceso con se stesso quella lunare[779]) e simultaneamente l'*alfa* e l'*omega*, l'inizio di un ciclo e la fine di un altro, anche se in realtà essi sono la stessa cosa, poiché è nell'indifferenziato che il principio e la fine coesistono in un eterno presente. Di qui i versetti dell'*Apocalisse*: «Io sono l'Alfa e l'Omega, dice il Signore Dio, Colui che è, che era e che viene, l'Onnipotente!» (1, 8), «il Primo e l'Ultimo, il principio e la fine» (22, 13). Di qui anche quanto scrive Rol:

«Il primo gradino della scala a percorrere e l'ultimo, sono sullo stesso piano. (...). La verità poggia, in miracoloso equilibrio, sulla linea retta che corre fra due punti perfettamente definiti: l'esistenza e l'eternità, a prova e riprova della inconsumabilità di Dio!»[780]

Ci sembra di poter dire che graficamente questi due punti siano espressi dal numero 1 (l'inizio del ciclo, la vita, il manifestato, il tempo, quindi «l'esistenza») e dal numero 10, formato da «1» e da «0» ovvero il manifestato e il non-manifestato, il temporale e il supertemporale, quindi «l'eternità»); sempre graficamente, l'1 è maschile e lo 0 è femminile (e corrisponde alla *Magna Mater* delle tradizioni mediterranee, e alla *Madre di Dio* della teologia cattolica), e la loro associazione rimanda al simbolo ierogamico dello *yoni-liṅgam* indù[781]. Dieci è d'altronde multiplo di 5, che i pitagorici chiamavano *numero nuziale* in quanto unione del 3 (maschile) con il 2 (femminile), ed è una trasposizione di questa

---

[778] Il serpente che si morde la coda, immagine dell'eterno movimento cosmico, che può essere interpretato ad un tempo come l'Essere e il Divenire, quindi il *Tutto*.

[779] O da un'altra prospettiva, è la femmina che si fa maschio, il non manifestato che completa se stesso con il manifestato.

[780] Rol, G.A.,*"Io sono la grondaia..."*, p. 145. Cfr. Meister Eckart: «Ciò che vi è di più alto, nella sua insondabile Deità, corrisponde a ciò che vi è di più basso nel profondo dell'umiltà» (*apud* Chevalier, J., & Gheerbrant, A., *Dizionario dei simboli*, cit., Vol. II, p. 332). Anche *Genesi* 28, 12: «Fece un sogno: una scala poggiava sulla terra, mentre la sua cima raggiungeva il cielo; ed ecco gli angeli di Dio salivano e scendevano su di essa». La scala è simbolo ascensionale che unisce la Terra al Cielo, che nelle parole di Rol corrispondono all'esistenza e all'eternità.

[781] In questo caso dovremmo dire *lingam-yoni*, (fallo-vagina), che tra l'altro corrispondono anche etimologicamente a *yin-yang*.

ierogamia su un piano più alto (potremmo dire "di un'ottava") e spiritualizzato.

Quanto scrive la Dembech, ovvero che il nove sarebbe «un numero negativo, foriero di morte in quanto precede lo zero» può essere vero solo a un livello molto superficiale, dove il 9 rappresenti l'ultimo numero della *vita*, precedente la morte rappresentata appunto dallo zero. Ma da un punto di vista iniziatico – che è, e non potrebbe non essere, quello di Rol – è l'ultimo gradino che precede *l'annientamento dell'ego*, la morte del corpo e quindi l'inizio della vita spirituale, la *vita nova*[782]. A tal proposito Rol scrive:

«La morte è la fine di una vita materiale, ed il principio di un'altra. Nessuna cosa comincia se non da un'altra che finisce, quindi tutto ciò che finisce genera altre cose. Allora la morte non è la fine di nulla, né il principio di nulla, non esiste; trattasi di un semplice avvenimento transitorio, non mai definitivo, sinonimo di movimento e di continuità»[783].

Sempre ad un livello superficiale, una connotazione negativa del nove può essere non tanto il fatto di precedere la "morte", ma piuttosto di rappresentare la materia, il divenire, il *samsara* della tradizione indù, quindi la vita terrena.

Nella tradizione estremo-orientale, la Terra è rappresentata da un quadrato diviso in 9 province (3x3), e nel cosiddetto *quadrato magico*[784] da cui si fa derivare questa suddivisione, la posizione centrale è assegnata al numero 5.

4	9	2
3	5	7
8	1	6

Questo perché si trova all'incrocio di una croce semplice i cui estremi corrispondono alle quattro direzioni dello spazio, croce che diventa uncinata, e rappresentativa del numero 9, con l'aggiunta delle quattro regioni d'angolo.

Il 5 e il 9 si trovano quindi a rappresentare entrambe la Terra, ciò che abbiamo anche nella disposizione delle stanze del *Ming t'ang*, residenza del sovrano che è l'immagine del Mondo ed è formata da un tetto di paglia circolare (perché il Cielo è rotondo) e da una base quadrata (perché la Terra è quadrata): «nel *Ming t'ang* lo Spazio (…) si divide solo in 5

---

[782] Cfr. Chevalier, J., & Gheerbrant, A., *cit.*, Vol. II, p. 139: «Essendo il nove l'ultima delle cifre, essa annunzia sia la fine sia l'inizio, cioè indica una trasposizione su un nuovo piano. Si ritroverebbe qui l'idea di rinascita e di germinazione come quella di morte»; «Ultimo dei numeri dell'universo manifestato, esso apre la fase delle trasmutazioni; esprime la fine di un ciclo, il compimento di un corso, la chiusura dell'anello».

[783] *ibidem*, p. 266.

[784] Così chiamato perché la somma dei numeri di qualsiasi linea orizzontale, verticale e diagonale dà sempre lo stesso numero.

zone denominate (e consacrate ai 5 Elementi), delle quali una non corrisponde che al Centro e al perno del Tempo, mentre le altre 4 raffigurano gli Orienti e le Stagioni reali. (...).
Il *Ming t'ang* a 5 sale (...) disegna una croce semplice inscritta in un quadrato (*o in un rettangolo*); il *Ming t'ang* a 9 sale occupa interamente questo quadrato»[785].

«Che gli si attribuiscano cinque o nove sale, la pianta del *Ming t'ang* riproduce quella degli accampamenti e delle città, e quindi la pianta del Mondo e delle sue Nove Province»[786].

Il 9 quindi ha a che vedere con la terra e pertanto con la *materia*, ma la materia è negativa solo per chi non l'abbia trascesa, per chi sia schiavo delle passioni, dei desideri, dei sensi, i quali sono in numero di 5, così come 5 sono le membra del corpo umano[787] e 9 i suoi orifizi[788].

Per chi l'abbia trascesa, la materia non rappresenta più un vincolo, un impedimento alla realizzazione spirituale, ma diventa una opportunità e uno strumento per perfezionare questa realizzazione, si trasforma da negativa in positiva, *spiritualizzandosi*[789]. Per l'uomo illuminato *spirito e materia*, dicotomia illusoria esistente solo al livello della coscienza comune, sono entrambi positivi:

«...voglio dire una cosa: che la materia è spirito! (...). La materia è spirito! Tutto è spirito! È tutto spirito! Solo che quello dell'uomo... è "spirito intelligente"»[790].

---

[785] Granet, M., *Il pensiero cinese*, cit., p. 133.

[786] *ibidem*, p. 239.

[787] 2 braccia, 2 gambe, collo-testa. Si ricordi l'uomo vitruviano di Leonardo da Vinci, che rimanda alla stella a cinque punte, rappresentazione dell'uomo, della Terra (e quindi, in quanto *mater*, a Demetra, Cibele, Tanit, ma anche Venere, Afrodite, Iside, Ishtar), del microcosmo; mentre la stella a sei punte, il sigillo di Salomone, rappresenta il Cielo, il macrocosmo. Vedremo tra breve i rapporti che intercorrono tra il 5 e il 6.

[788] 2 occhi, 2 orecchi, 2 narici, bocca, ano, condotto genitale. La fase *embrionale*, l'«apertura zero», è rappresentata dall'ombelico, mentre la decima apertura, quella alla vita spirituale, si trova in cima alla testa, nella zona chiamata *fontanella*. Essa si apre quando tutte le altre vengono chiuse, ovvero quando vi è completo distacco sensoriale e mentale dal mondo (ma coscienza sveglia): è il ritorno all'origine. Si dice inoltre che come il corpo ha nove orifizi, così il Cielo ha 9 porte e 9 piani, oltre a 9999 angoli.

Oltre a ciò, i Cinesi, che amano le classificazioni per 5, dicono anche che «noi possediamo 5 Visceri [milza, polmoni, cuore, fegato, reni], perché ci sono 5 Elementi [acqua, fuoco, legno, metallo, terra]. Dieci mesi di gestazione sono necessari per formare il corpo con i 5 Visceri e le Aperture da essi governate (...). La teoria dei 5 Visceri e quella dei 9 Orifizi permettono di mostrare che la conformazione dell'Uomo è modellata su quella dell'Universo» (Granet, M., *cit.*, pp. 280-281).

[789] Si può anche dire che *la materia è positiva a patto di non esserne schiavi*, ed è per questo che l'uomo illuminato che vive nel mondo pur non essendo attaccato alle cose del mondo è superiore all'eremita che dal mondo si è ritirato.

[790] Il brano, tratto dal CD allegato a *G.A.Rol. Il grande precursore* (n. 12) si trova adattato a p. 113 di quel libro e a p. 189 di *Torino città magica vol. 2*. Pur se illusoria, si tratta in ogni caso di una dicotomia utile per poter esprimere certi concetti, e il maestro spirituale infatti non esista a servirsene.

Tutto è spirito, *per colui che contempli il mondo nello stato di «coscienza sublime»*.

Il 9 potrebbe essere un numero negativo solo se inteso come ostacolo e barriera al 10, come limite condizionato oltre il quale non si è in grado di spingersi, come confinamento nella «tomba del corpo», per usare una espressione pitagorica, e un impedimento alla via ascendente che riporta al *Brahman*[791]. È in questo senso, allora, che è anche possibile che Rol si fosse espresso, ma con la Dembech, e non con *Alda*, e in un significato diverso da quello riferito dalla giornalista.

Tanto più che l'importanza del nove, non certo in un senso negativo, è attestata anche da quanto scrive Leo Talamonti nel 1975:

«Una volta è stato chiesto a Rol quante persone, a suo avviso, disponevano di capacità analoghe alle sue, nel mondo. La risposta, atta più a far sorgere curiosità che a estinguerle, è stata: "Siamo in nove"»[792].

Su questa misteriosa affermazione torneremo alla fine del capitolo. Intanto occorre rilevare che l'estasi taoista si ottiene dopo una pratica e un ritiro che «dura per un periodo di tempo completo cui è assegnato il coefficiente 10 (...), [al termine del quale] si ottiene l'illuminazione. È così che Pouo-Leang-yi, in capo a tre giorni, poté espellere da se stesso il mondo esteriore; in capo a sette giorni poté espellere da se stesso la nozione di qualsiasi essenza individuale; alla fine del tirocinio, al nono giorno, fu in grado di espellere da se stesso la nozione stessa dell'esistenza. Allora ebbe l'illuminazione e godette di una contemplazione diretta del Principio, fuori del tempo, al di là della vita e della morte e del divenire. In questo stato di estasi, l'identificazione con la Virtù Primordiale è caratterizzata dal sentimento di un potere indefinito su tutte le cose, da una dissoluzione del corpo e da una integrazione della

---

[791] Nell'immagine dei 9 orifizi, il 9 rappresenta i limiti dell'uomo, superati solo dal 10.

[792] Talamonti, L., *Gente di Frontiera*, Milano, Mondadori, 1975, p. 121. Lo stesso Talamonti dirà in altra occasione: «È uno dei "nove"? Uno dei "settantadue"? Non lo so» (Garzia, P., *Intervista con Leo Talamonti*, Luce e Ombra, n. 2, apr.-giu. 1981, p. 96). Questa affermazione farebbe supporre che sia stato Rol stesso a parlargli dei "settantadue". A tal proposito, può essere interessante sapere che «su 3.000 apprendisti ce ne furono 72 (esattamente 72: è il numero caratteristico delle confraternite) che compresero interamente le lezioni di Confucio» (*Il pensiero cinese*, p. 317), mentre nel Vangelo di Luca troviamo che «il Signore designò altri settantadue discepoli e li inviò a due a due avanti a sé in ogni città e luogo dove stava per recarsi» (10, 1-2), i quali «tornarono pieni di gioia dicendo: "Signore, anche i demòni si sottomettono a noi nel tuo nome". Egli disse: "Io vedevo satana cadere dal cielo come la folgore. Ecco, io vi ho dato il potere di camminare sopra i serpenti e gli scorpioni e sopra ogni potenza del nemico; nulla vi potrà danneggiare. Non rallegratevi però perché i demòni si sottomettono a voi; rallegratevi piuttosto che i vostri nomi sono scritti nei cieli"» (10, 17-20). Settantadue è inoltre la quinta parte di un cerchio di 360° (laddove il numero 9 rappresenta 1/5 della somma totale dei primi 9 numeri, che è 45).

potenza mentale, che corrispondono alla scomparsa di ogni pesantezza e permettono di cavalcare il vento»[793].

E se Pouo-Leang-yi, «fu in grado di espellere da se stesso la nozione stessa dell'esistenza» «al nono giorno», e nascere alla Luce spirituale il decimo[794], non deve essere casuale il fatto che Gesù sia morto all'ora nona:

«Era verso mezzogiorno, quando il sole si eclissò e si fece buio su tutta la terra fino alle tre del pomeriggio. Il velo del tempio si squarciò nel mezzo. Gesù, gridando a gran voce, disse: "Padre, nelle tue mani consegno il mio spirito". Detto questo spirò»[795].

La traduzione moderna della CEI per chiarezza sostituisce l'orario romano con il nostro, ma il testo latino reca «*hora sexta*» e «*in horam nonam*». Il 9 rappresenta quindi la morte di Gesù, *ma precede la sua resurrezione*. A questo punto sarà utile tornare ad alcune considerazioni del Valli che hanno a che vedere con questo argomento. L'autore giustamente osserva che nella *Vita Nova* «vi è una differenza di pochi mesi, precisamente nove, tra Dante e Beatrice i quali hanno però ambedue, nota Dante, nove anni»[796]. La stranezza di questa età fa sorgere «l'ipotesi che i *nove anni* di Dante siano espressione convenzionale di gergo a significare l'età mistica dell'iniziato o un grado determinato della iniziazione. Si osservi... che *i Templari usavano tenere l'adepto allo stato di aspirante per nove anni e soltanto dopo questi nove anni esso riceveva l'investitura*»[797].

D'altronde, «Apuleio racconta che dopo iniziato ai misteri fu celebrato il giorno della sua nascita, che nel battesimo si imponeva un

---

[793] Granet, *La religione dei cinesi*, Adelphi, Milano, 1973, pp. 142-144. Si noti che "vento" in latino si dice *spiritus*.

[794] E si può aggiungere la concordanza con i nove mesi della gravidanza e la nascita "il decimo mese".

[795] Lc 23, 44-46. In Mt 27, 46 viene specificato: «Verso le tre, Gesù gridò a gran voce...», come anche in Mc 15, 34. La ragione per cui «si fece buio su tutta la terra» all'ora sesta e fino all'ora nona, non indica altro che la morte progressiva dei sensi e della mente in una suddivisione ideale del corpo umano corrispondente ai sei *cakra* che invece di terminare con un "settimo", termina con un "decimo", dove i numeri 7, 8 e 9 corrispondono a una divisione del *cranio* in tre parti, esattamente come 3 erano le croci sul *Golgota*, che infatti significa "cranio". Il sole che si eclissa corrisponde al ritrarsi della coscienza normale e dei sensi, la terra rappresenta il corpo umano, che diventa "buio" perché annullate sono le stimolazioni sensoriali, il tempio è lo stesso corpo (Gv 2, 19-21: «Distruggete questo tempio e in tre giorni lo farò risorgere» (...). «Ma egli parlava del tempio del suo corpo»), il cui "velo" si squarcia «nel mezzo», frase suscettibile di più significati, ma che qui indica soprattutto l'apertura al di sopra del cranio di cui abbiamo parlato. Questo straordinario simbolismo, applicato alla vicenda umana di Gesù, è una delle molte ragioni per cui, a differenza di Piergiorgio Odifreddi, *noi possiamo senz'altro essere cristiani*.

[796] Valli, L., *Il linguaggio segreto...*, cit., p. 275. Il passo a cui l'autore si riferisce è il seguente: «...quasi dal principio del suo anno nono apparve a me, e io la vidi quasi dalla fine del mio nono» (II, 2).

[797] *ibidem*, pp. 273-274.

nome nuovo a chi già ne aveva un altro per significare la sua persona nuova, la sua "vita nuova"; basta ripetere i versi di Jacopone:

In Cristo è *nata nova* creatura
Spogliato ha uom vecchio e uom fatto *novello.*

Pertanto chi interpreti "Vita Nuova" come vita rinnovata, *imziatica,* è d'accordo con tutta una millenaria tradizione. Chi interpreta "Vita Nuova" come vita dell'innamorato, *il quale non avrebbe avuto che nove anni durante la sua "vita vecchia",* deve sentire la incongruenza e la insignificanza di questo titolo e se interpreti "rigenerazione operata dall'amore" dice una cosa alquanto assurda, perché la rigenerazione presuppone un *passato peccaminoso* e il rigenerato non avrebbe avuto che nove anni!

Dante vede apparire per la prima volta Beatrice, che chiama "la gloriosa donna de la mia mente"; espressione che risponde perfettamente al concetto che essa sia Sapienza che illumina *l'intelletto, la mente,* e risponde assai male se questa *gloriosa donna* debba essere ... *una bambina di nove anni.*

Questa gloriosa donna, dice Dante, "fu chiamata da molti Beatrice li quali non sapeano che si chiamare", frase oscura variamente stiracchiata, secondo la sua abitudine, dalla critica realistica per farle dire qualche cosa di comprensibile in rapporto ad una Beatrice reale; frase limpidissima soltanto se si interpreti così: "Io la chiamai Beatrice, molti ripeterono questo nome e (non essendo iniziati) *non sapevano che cosa veramente essi chiamavano quando chiamavano la mia donna con quel nome".*

Dante la vede quando egli ha nove anni. È pochissimo verosimile, ho detto, che Dante adulto intrattenga sui suoi amori novenni Guido Cavalcanti che concepiva l'amore come amore dell'*Intelligenza attiva.* Verosimilissimo invece che questa età *di nove anni* abbia un valore convenzionale iniziatico...»[798].

Come si vede, quanto scrive Valli è perfettamente coerente con quanto si è detto fino ad ora. Un ultimo brano ci porta ad altre interessanti considerazioni:

«Il vestito di Beatrice, la quale è, secondo quanto abbiamo già esposto, non soltanto la Sapienza santa, ma la setta che la conserva e l'adora, è, si noti bene, *sanguigno.* (...). È quella la veste del martirio della Sapienza perseguitata. In un grado superiore, cioè dopo altri *nove anni* precisi, l'adepto la vedrà vestita *di bianco,* nella sua veste di gloria»[799].

---

[798] *ibidem*, p. 272.
[799] *ibidem*, p. 275. «Poi che fuoro passati tanti die, che appunto erano compiuti li nove anni appresso l'apparimento soprascritto di questa gentilissima, ne l'ultimo di questi die avvenne che questa mirabile donna apparve a me vestita di colore bianchissimo, in mezzo a due gentili donne, le quali erano di più lunga etade; e passando per una via, volse li

Vale a dire, quando Beatrice aveva 18 anni, *appena uscita dalla minore età*. Sarà interessante a questo proposito segnalare che la terza moglie di Maometto, 'A'ishah (*"la vivente"*[800]), che fu *la favorita* e una delle fonti principali degli *ahadith*, i detti del profeta, divenne sua sposa all'età di sei/sette anni (nel 620 d.C., quando Maometto aveva 50 anni), andò a vivere con il marito a nove e visse con lui per altri nove anni (fino alla morte di Maometto, nel 632, anno 11 dell'Egira):

«*Raccontato da 'A'ishah: Il Profeta mi fidanzò quando ero una bambina di sei [anni]. (...). [Successivamente] l'Apostolo di Allah venne a me di sera e mia madre mi consegnò a lui, e a quel tempo ero una ragazza di nove anni di età*»[801].

«*'A'ishah... diceva che il Profeta... l'aveva sposata quand'era una bimba di sei anni; indi fu fatta entrare da lui che ne aveva nove, e restò presso di lui per altri nove*»[802].

«*'A'ishah (che Allah sia soddisfatto di lei) ha detto: l'Apostolo di Allah (che la pace sia su di lui) mi ha sposata quando avevo sei anni, e sono stata ammessa in casa sua quando ne avevo nove*»[803].

«*'A'ishah... dice che l'Apostolo di Allah... la sposò quando lei aveva sette anni, e che venne portata in casa sua come sposa quando ne aveva nove, e le sue bambole erano con lei; e quando lui morì lei aveva diciotto anni di età*»[804].

Ovviamente quando 'A'ishah si sposò era *vergine*. I cosiddetti "esperti" di storia delle religioni, così come illustri islamisti, si sono arrampicati sui vetri nel cercare di dare una giustificazione ad un matrimonio così scandalosamente precoce (tanto che Maometto viene accusato dai critici di pedofilia) sostenendo che presso la società dell'epoca, particolarmente quella Beduina, era consuetudine che un uomo anche anziano potesse sposare ragazze molto giovani. Anche se questo è vero, non solo l'età di Aisha è *troppo* prematura, ma è evidente che si tratti di numeri simbolici esattamente come per Beatrice. D'altronde, è raro incontrare un qualche islamista che conosca il significato *vero* del Corano (e lo stesso vale per altri Testi Sacri e per altri

---

occhi verso quella parte ov'io era molto pauroso, e per la sua ineffabile cortesia, la quale è oggi meritata nel grande secolo, mi salutoe molto virtuosamente, tanto che me parve allora vedere tutti li termini de la beatitudine. L'ora che lo suo dolcissimo salutare mi giunse, era fermamente nona di quello giorno» (I, 12-13).

[800] Che è anche il significato di *Eva*.

[801] Muhammad ibn Ismail al-Bukhari, *Sahih al-Bukhari*, vol. 5, lib. 58, *hadith* n. 234. Cfr. anche n. 236; e Sunan Abu-Dawud, lib. 41, nn. 4915, 4916, 4917.

[802] *ibidem*, vol.7, lib. 62, *adith* n. 64 (in: al-Buhari, *Detti e fatti del profeta dell'Islam*, cit., p. 500). Cfr. anche n. 65 e n. 88.

[803] Muslim ibn al-Hajjaj, *Sahih Muslim*, lib. 8, *adith* n. 3310.

[804] *ibidem*, n. 3311. Interessante notare che lo stesso autore, in questi due *ahadith* consecutivi, scriva sei anni nel primo e sette nel secondo, a significare una progressione simbolica che è ovviamente voluta, come probabilmente la relazione tra il 6 e il 9, già vista nella successione cronologica della morte di Gesù, e analoga a quella tra il 2 e il 3, come vedremo più avanti.

"dottori"), in quanto il difetto di tutti è prendere i racconti quasi sempre alla *lettera*, mentre devono essere intesi *prevalentemente* nel loro significato *simbolico*, espressione di una sottostante *realtà concreta, verificabile e quindi scientifica*[805].

Detto questo, occorrerà fermarsi ancora sul ruolo dei numeri 5 e 9 nella tradizione estremo-orientale.

Per esempio, sempre il Granet riferisce che «l'ordinamento dell'Universo implica una ripartizione delle cose e degli uomini – la quale può essere tradotta sia con una sistemazione in 9 Rubriche sia con una distribuzione in 5 Elementi»[806].

Queste 9 rubriche furono affidate dal Cielo a Yu il Grande, fondatore della dinastia degli Hia, il quale «percorse e misurò le 9 Montagne, i 9 Fiumi, le 9 Paludi, sistemando il suolo che si poté finalmente coltivare, vale a dire che esso fu ripartito in campi, che erano *quadrati e divisi in 9 quadrati*: insomma, ci vien detto, Yu *divise il Mondo in 9 Regioni*.

Ed anche possedette 9 Tripodi. I 9 Pastori offrirono il metallo come tributo e, sui suoi calderoni, Yu poté disegnare gli "emblemi" degli esseri di tutti i paesi, poiché questi "emblemi" gli furono consegnati a titolo di omaggio dalle 9 Regioni. La potenza che questi simboli vi incorporavano era tale che i 9 Calderoni equivalevano al Mondo; grazie ad essi in tutto l'Universo regnarono l'ordine e la pace (…). Così fu assicurata "l'unione dell'Alto e del Basso" e "accolto il favore del Cielo". A Yu, dunque, che possedeva, con i suoi 9 Tripodi *una immagine del Mondo* e il potere sul Mondo, il Cielo trasmise le 9 Rubriche»[807].

Di queste 9 rubriche, al quinto posto sono assegnati i suoni, al nono i canti:

«Tutto è armonia… le cui modalità sono espresse, *in ordine di complessità crescente*, per mezzo di una serie di simboli numerici», ovvero da «nove parole precedute, ognuna, da uno dei primi nove numeri». Al numero cinque corrispondono i suoni: «essenza della musica, i suoni richiedono il classificatore 5 (emblema del Centro) e hanno diritto di occupare nella progressione (fra 1 e 9) il posto centrale; assegnati alle quattro stagioni-orienti e al Centro, permettono di classificare l'insieme delle cose musicali nello Spazio-Tempo (disposizione a croce)». Al numero 9 corrispondono i Canti, «cioé la musica e la danza nelle loro manifestazioni più sensibili; danzatori e musici in azione evocano le nove attività (tutte le attività reali); l'insieme

---

[805] In merito ad *'A'ishah*, la *Vivente*, cfr. per esempio Evola: «In Occidente, la Sapienza, Sophia, talvolta lo stesso Spirito Santo, ebbero come figurazione una donna regale, mentre come Hebe ci appare la gioventù perenne olimpica data in sposa ad Eracle. Nelle figurazioni egizie donne divine porgono ai re il loto, simbolo di rinascita, e la "chiave di vita". (…). Eva, secondo una etimologia, vuol dire la Vita, la Vivente. (…) constatiamo dunque che un simbolismo assai diffuso ha raffigurato nella "donna" una forza vivificante e trasfigurante, attraverso la quale può prodursi il superamento della condizione umana» (*Il Mistero del Graal*, cit., p. 45).

[806] Granet, M., *Il pensiero cinese*, cit., p. 124.

[807] *ibidem*, p. 130.

delle realizzazioni (*kong*) rese possibili da un'attività ordinata, interamente gerarchizzata, occupa tutto lo spazio *concreto* (8) più il suo centro ideale (1); questo insieme è raffigurato da tre linee che, centrate e gerarchizzate, valgono ciascuna tre e compongono insieme la figura di un quadrato suddiviso in nove e presieduto al centro, se così posso dire, da un quadrato-guida (dominio del Capo)».

Al primo posto, all'inizio della progressione, è assegnato il Soffio, «poiché si vede in esso l'elemento unico e primo, semplice e totale del ritmo; i Nove Canti la chiudono perché indicano la realizzazione piena e suprema, ultima e *completa*, di tutto ciò che il ritmo contiene in sé»[808].

Come si vede, ritmo, musica, armonia sono qui elementi fondamentali, che rimandano ai vari riferimenti di Rol in proposito, soprattutto all'accordo di quinta. Non è nostra intenzione affrontare ora questo argomento, perché meriterebbe parecchio spazio. Però possiamo segnalare alcuni punti suscettibili di essere approfonditi successivamente. Intanto, in merito all'importanza del Centro, il Granet scrive che:

«Quando i Capi fondavano una Capitale e determinavano l'incrocio delle strade da cui sarebbero venuti loro i tributi dei Quattro Orienti, dovevano osservare il gioco delle ombre e delle luci, (lo Yin e lo Yang) e piantare uno gnomone. La mistica politica dei Cinesi ha sempre sostenuto il principio che nella Capitale di un perfetto sovrano, a mezzogiorno della mezza estate, lo gnomone non deve fare ombra. I miti sono ancora più istruttivi. Al centro dell'Universo – là dove dovrebbe essere la Capitale perfetta – si eleva un Albero meraviglioso: esso unisce le None Sorgenti ai Noni Cieli, i Bassifondi del Mondo al suo Culmine. *Lo si chiama il Legno Eretto* (Kien-mou) *e si dice che a mezzogiorno niente di ciò che, vicino ad esso, sta perfettamente dritto, può fare ombra.* E anche niente dà eco. Grazie ad una sintesi (che è perfetta poiché risulta da una ierogamia), tutti i contrasti e tutte le alternanze, tutti gli attributi e tutte le insegne sono riassorbiti nella Unità centrale»[809].

Quindi, si dice che «il Capo, l'Uomo Unico, è identico allo gnomone»[810], e che questo «gnomone vi è descritto come un segnale di bambù»[811].

Le *aste* di bambù sono all'origine della pratica e della teoria musicale dei Cinesi:

«Ammettiamo, in conformità alle tradizioni cinesi, che i primi tubi sonori fossero in bambù. Le loro dimensioni potevano essere raffigurate per mezzo di un piccolo numero intero, ottenuto contando le articolazioni (= *tsie*, che significa anche: misura) di ciascuno dei 5 bambù che emettevano le 5 note della scala primitiva»[812].

---

[808] *ibidem*, pp. 119-121.
[809] *ibidem*, pp. 242-243.
[810] *ibidem*, p. 196.
[811] *ibidem*, p. 195.
[812] *ibidem*, p. 175. Queste cinque note (*kong, tche, chang, yu, kio*) venivano messe in rapporto con i Cinque Elementi, e per mezzo di esse si collegavano ai Cinque Visceri le

Abbiamo già avuto occasione di segnalare in precedenza che Rol si serviva spesso di una matita rivestita di bambù in alcuni suoi esperimenti. Lugli scrive:

«Oltre alle carte voleva a disposizione un buon numero di fogli intonsi prelevati da una risma e alcune matite con punta ben affilata. Ma più spesso faceva ricorso alla sua inseparabile matita di bambù dalla grossa punta di grafite (era un ricordo di un caro amico scomparso, il marchese Gianfelice Ponti di Varese), con la quale scriveva nomi e numeri, via via che i presenti li pronunciavano su suo invito, per arrivare poi a determinare, magari con un sorteggio finale, una carta o un soggetto su cui compiere l'esperimento. Quella matita talvolta la usava anche quand'era al ristorante con un ospite per improvvisare una scrittura a distanza: coglieva al volo una parola pronunciata dall'invitato, puntava la matita nel vuoto e faceva il gesto di scrivere. "Guardi il suo tovagliolo", diceva subito dopo e l'ospite, sbalordito, constatava che quella parola era lì nel bel mezzo, impressa dal lapis sulla stoffa, chiarissima»[813].

Rol stesso ci tiene a parlare di questa matita negli articoli scritti per *Gente*:

«Rol tiene in mano una matita: un lapis corto di bambù, carissimo ricordo di un suo amico, ora scomparso, il marchese Gianfelice Ponti di Varese, eccelso umanista. (…). Rol balza in piedi e punta il suo lapis di bambù verso la persona che si è messa in tasca il foglio di carta. "La vita", dice "la folla… Ecco, è fatto". (…). Sul foglio, che era bianco, appare ora, disegnata minuziosamente, una grande quantità di minuscole figure…»[814].

«…tracciò nell'aria dei segni con un grosso lapis di bambù che egli porta sempre con sé»[815].

Ne parla anche Maria Luisa Giordano: «Rol si concentrò un istante, si mette a giocherellare con il suo lapis di bambù, poi esclamò: "È fatta, è fatta!"»[816].

«…prese il suo lapis di bambù e iniziò a scrivere freneticamente nell'aria»[817];

«…prese subito il lapis di bambù e con questo si mise a gesticolare nell'aria come se scrivesse»[818].

Cinque Virtù fondamentali (bontà, spirito rituale, santità (associata al centro), equità e sapienza). Inoltre, «vuole la tradizione che il re Wen, fondatore dei Tcheou, abbia inventato due nuove note. Ma solo le 5 prime note sono considerate *pure* e possiedono un nome» (*ibidem*, p. 170).

[813] Lugli, R., *G. Rol. Una vita di prodigi*, p. 49.

[814] Rol, G.A., (Allegri, R.), *Sul foglio bianco…*, cit., p. 67; Allegri, R., *Rol l'incredibile*, p. 85; *Rol il mistero*, pp. 93-94; *Rol il grande veggente*, p. 171.

[815] Allegri, R., *Rol l'incredibile*, p. 62; *Rol il mistero*, 67, *Rol il grande veggente*, p. 181. Estratto da un brano scritto da Rol per la puntata di *Gente* che non fu pubblicata.

[816] Giordano, M.L., *Rol mi parla ancora*, cit., p. 172.

[817] *ibidem*, p. 178.

[818] *ibidem*, p. 181.

Ed è menzionata anche da Vittorio Messori: «..."scrisse" nell'aria con una sua matita – famosa tra i suoi frequentatori – rivestita di bambù»[819].

La stessa Dembech, a p. 29, ne parla come della «sua mitica matita di bambù».

Questa matita era certamente "mitica", e potremmo dire di una mitologia estremo-orientale. Riteniamo infatti che non sia casuale il fatto che Rol facesse del bambù un protagonista dei suoi esperimenti. Come abbiamo già detto, Rol *agiva simbolicamente*.

In Cina, i primitivi 5 tubi sonori di bambù furono successivamente portati a 12, vennero associati al numero 6 nelle 9 Rubriche, e rappresentano «le sei coppie di tubi musicali (6 tubi *yin* che si aggiungono ai 6 tubi *yang*): questi 12 richiamano i dodici mesi e realizzano la distribuzione dell'armonia nel Tempo»[820].

È significativo constatare che «il sistema dei 12 tubi corrisponde a una progressione di 12 quinte riportate nell'intervallo di una sola ottava»[821] e che «la scala cinese è fondata su una progressione per quinte, che ne è la regola aritmetica»[822].

Ora, sarà casuale che Rol dicesse di se stesso di essere il numero 5, numero associato al Centro e al Capo, *identico* allo gnomone di bambù; che facesse della *quinta musicale* un elemento fondamentale della "sua" teoria, e che si servisse frequentemente di una matita di bambù, quando le conoscenze musicali dei Cinesi si basavano su tubi di bambù in un sistema di quinte progressive?

Ma vi è di più. Si è appena visto che i 12 tubi di bambù sono associati al numero 6. Questo numero, nella tradzione cinese, è anch'esso assegnato al Centro ed è importante quanto il 5, al quale è spesso associato o sostituito; si tratta di due numeri «considerati come espressioni privilegiate del Totale»[823], e così come esiste una classificazione per 5, ne esiste una anche per 6:

«È nota l'importanza della classificazione per 5 e si sa che essa è solidale con la classificazione per 6. Lo *Hong fan* oppone alle Cinque Felicità le Sei Calamità, ed anche i Cinque Elementi a volte sono contati come Sei. (...). Quando si enumerano gli Elementi contandone Sei, si può sia sdoppiare l'Elemento Terra sostituendo ad esso il Nutrimento e la Bevanda, sia, semplicemente, accoppiarlo ai Cereali; ci sono del resto 5 o 6 Cereali, come ci sono 5 o 6 Animali domestici o anche 6 Animali domestici e 5 animali selvatici»[824].

Vedremo tra poco quali relazioni intercorrano tra il 5 e il 6. Ma per quale ragione questo ci interessa? Ha forse ancora a che vedere con Rol?

---

[819] Messori, V., *Quella volta che mi sconvolse*, Sette (Settimanale del *Corriere della Sera*), 06/10/1994, p. 45.

[820] Granet, M., *Il pensiero cinese*, cit., p. 120.

[821] *ibidem*, p. 162.

[822] *ibidem*, p. 180. Ciò che vale anche per la scala pitagorica.

[823] *ibidem*, p. 156.

[824] *ibidem*, pp. 233-234.

Ovviamente sì. Ed è qualcosa che si ricollega all'affermazione di Rol «*siamo in nove*». Come riferisce Pier Lorenzo Rappelli:

«Mi aveva spiegato che ci sono in permanenza sulla terra delle persone che rappresentano, che incarnano la forza, l'energia, il simbolismo dei numeri, e che quindi ci sono nove persone, ognuno dei quali ha una missione particolare da compiere, e che quando una di queste persone muore un'altra persona viene a prendere il suo posto e così di seguito. Quindi lui diceva di essere il numero 5 e per un certo periodo di tempo è stato – nel periodo di "vacanza" del numero 6 – ha rappresentato anche il numero 6. Ora, quale fosse questa missione, quale fosse il compito o le competenze di questi numeri, lo ignoro totalmente»[825].

In una delle registrazioni del nostro archivio (vedi Appendice II) Rol accenna a questi misteriosi nove personaggi, che chiama «Nove Iniziati», ma senza dire esplicitamente di essere uno di loro:

«La funzione di questi Nove Iniziati interessa, comporta un dominio sulla materia della Terra distribuito in nove parti. Può avvenire nel corso del secolo che uno dei Nove Iniziati muoia, essendo uomo. È soggetto quindi alla morte. Allora, l'Iniziato immediatamente prima di un numero... Se è il numero uno, immediatamente... dopo il numero nove, l'uno... ne prende le funzioni, e qualche volta un Iniziato – ad esempio il numero quattro è un Iniziato – muore il numero cinque, lui prende la vece del cinque; muore sette, allora va a quello dell'otto. Mi capisce? Qualche volta un iniziato ha tre o quattro numeri da soddisfare, dico soddisfare per dirlo in parole umane, ma non sono parole umane, non so come definirlo. Capisce? Lei capisce cosa voglio dire? È difficilissimo da spiegare questa cosa...».

Quale che sia il significato (di cui più avanti vedremo un possibile riferimento "storico"), a noi qui interessa, da un punto di vista simbolico, il fatto che Rol sia stato, «per un certo periodo», sia il numero 5 che il numero 6. Rappelli ci aveva raccontato che fu a metà degli anni '70 che Rol gli disse di essere anche il numero 6, e non deve essersi trattato di qualcosa di temporaneo se un decennio più tardi diceva la stessa cosa a Maria Luisa Giordano: «Ora sono anche il numero 6»[826], affermazione che dà l'idea di uno stato definitivo, acquisito, e non temporaneo.

Adesso, si tenga presente che «per descrivere numericamente, i Cinesi dispongono di tre serie di segni: una denaria, una duodenaria, e la terza decimale. I segni di queste tre serie sono detti indistintamente Numeri (*chou*). (...).

Mentre i numeri del ciclo duodenario sono disposti uno per uno lungo la circonferenza di un *cerchio*, i numeri del ciclo denario sono raggruppati in cinque binomi, di cui quattro segnano le punte di una *croce*, mentre il quinto ne segna il centro. Come indica questa disposizione, la *concezione di un ciclo* di dieci etichette numeriche è

---

[825] *Archivio interviste Nicolò Bongiorno*, 2005.
[826] Riferitoci a voce.

legata a un *sistema di classificazione* per 5: è nota l'importanza di questo sistema, che è completato da un sistema di classificazione per 6, che gli si oppone»[827].

Quindi si dice che il numero «2 (pari) è... l'emblema della Terra e del quadrato (almeno se si considera il perimetro senza pensare al centro); 3 (dispari), viceversa, è il simbolo del Cielo e del rotondo (o, piuttosto, della semicirconferenza che, inscritta in un quadrato di lato 2, ha diametro 2). Difatti il Cielo (*maschio*, yang, 3, *dispari*) ha come Numero 6 [=3 x 2], mentre la Terra (*femmina*, yin, 2, *pari*) ha come numero 5 [=(2+2)+1][828], perché, se si pensa a una croce, non se ne può trascurare il centro: così, dal momento in cui si è attribuito loro un simbolo numerico, la Terra e il Cielo (femmina e maschio) si trovano ad aver scambiato i loro attribuiti (pari e dispari). (...). Questa significativa inversione attesta l'interdipendenza dei due cicli. Si ha motivo di supporre che, legata alla classificazione per 6, la concezione di un ciclo duodenario si riferisca alla rappresentazione del Cielo e del Tempo, e allo stesso modo che, solidale alla classificazione per 5, la concezione di un ciclo denario derivi dalle rappresentazioni di Terra e di Spazio. Ma fra lo Spazio e il Tempo, il Cielo e la Terra, non è pensabile alcuna indipendenza e il legame dei due cicli non ha meno importanza della loro opposizione»[829].

Al che si può aggiungere quanto segue:

«[Lo] *Hi ts'eu*, se insiste sulla possibilità di formare 5 coppie pari-dispari con i primi 10 numeri, insiste d'altra parte sul valore totale di questi 10 numeri, che è 55, 55 vale 5 volte 11 e si *possono formare 5 coppie pari-dispari* (1-10, 2-9, 3-8, 4-7 e 5-6) *ciascuna avente come somma 11*. Lo *Hi ts'eu* non manca di segnalare che i primi 5 numeri pari valgono 30 (= 5 volte 6) e i 5 primi numeri dispari valgono 25 (= 5 volte 5). L'opposizione del pari e del dispari, come si manifesta nei primi dieci numeri considerati rappresentativi della serie numerica intera, ha dunque come simbolo il rapporto 6/5, cosa che conferisce al numero 11 (=5+6) un prestigio uguale a quello del numero 5 [= 3 (Cielo, rotondo) + 2 (Terra, quadrato)]. L'importanza attribuita all'11 non può sorprendere quando si conosca il ruolo di classificatore privilegiato che spetta al 5, emblema della Terra (quadrata), così come al 6, emblema del Cielo (rotondo).

Del resto, questo valore dell'11 è affermato da un notevole adagio citato dallo *Ts'ien Han chou*. L'autore della Storia dei Primi Han, dopo aver ricordato l'opinione tradizionale secondo la quale il 6 è il Numero

---

[827] Granet, M., *Il pensiero cinese*, cit., pp. 112-114.

[828] Si noti per esempio che nell'*Iliade* (XX, 271-272) lo scudo di Achille è formato da cinque placche, 2 di bronzo, 2 di stagno e 1 d'oro. «E neanche allora l'asta gagliarda d'Enea cuore ardente / sfondò lo scudo, l'arrestò l'oro del dio; / due strati passò, ma tre ancora / ve n'erano, ché cinque strati aveva steso lo Storpio, / due di bronzo, e due di stagno e nel mezzo / uno d'oro: questo fermò l'asta di faggio» (Einaudi, Torino, 1990, p. 715).

[829] *ibidem*, pp. 114-115.

del Cielo (e dei suoi Agenti) e il 5 quello della Terra (in quanto numero degli Elementi), ricorda il detto: "Ora, 5 e 6, è l'Unione centrale [o, anche, l'Unione nel loro Centro (*tchong ho*)] del Cielo e della Terra". I glossatori si contentano di dire che 5 sta al *Centro* della serie dispari (1, 3, 5, 7, 9) *creata dal Cielo*, 6 al *Centro* della serie pari (2, 4, 6, 8, 10) *creata dalla Terra*. Questa osservazione – che ci riconduce nel modo più preciso alle speculazioni numeriche dello *Hi ts'eu* – potrebbe sorprendere, poiché si tratta di spiegare che 5 (*dispari*) appartiene alla Terra (*yin*), mentre 6 (*pari*) appartiene al Cielo (*yang*). Essa è esplicativa solo se si sottintende che la Terra e il Cielo, *quando si uniscono*, si scambiano gli attributi, e una delle preoccupazioni dei testi accostati dallo *Ts'ien Han chou* è di affermare *esplicitamente* che *questo scambio risulta da una ierogamia*. Ma l'autore continua affermando che 11 [risultato dell'unione (*ho*) dei numeri centrali (*tchong*)] è il numero attraverso il quale si costituisce nella sua perfezione (*tch'eng*) la Via (*Tao*) del Cielo e della Terra.

Questa *Via* che, qualificata emblematicamente dall'11, va da 5, posto al centro, cioé all'*incrocio* dei numeri dispari, a 6, posto ugualmente all'*incrocio* dei numeri pari, riunisce manifestamente per il loro *centro* [*e proprio alla maniera di uno gnomone* eretto, *come un albero, nel mezzo dell'Universo*] due quadrati magici sovrapposti. (...).

La figura formata dalla sovrapposizione dei quadrati con centro 5 e 6 è notevole, perché costituita da 9 coppie pari-dispari che valgono ciascuna 11 e in totale 99. Essa era mirabilmente adatta per fornire una rappresentazione totale dell'Universo e al tempo una giustificazione numerica di una teoria essenziale, quella dell'azione reciproca ed embricata degli Agenti e Regioni terrestri (i 5 *Hing*) nelle 9 province della Terra e del Cielo»[830].

Tutto questo può sembrare abbastanza complicato, ma se assimilato con calma si capirà che è piuttosto semplice. I Cinesi, come altri popoli antichi, fondarono e svilupparono una *scienza delle corrispondenze* che metteva in relazione i molteplici elementi della natura e del cosmo, e questi con l'uomo, per ottenerne una rappresentazione completa ed armonica. D'altronde, Rol nel commentare la poesia di Baudelaire *Correspondances*, dice alla Giordano:

«L'immaginazione è la più scientifica delle facoltà, perché essa sola può comprendere l'analogia universale o quella che una religione mistica chiama 'correspondance', corrispondenza. (...).

Questa analogia che si potrebbe definire una corrispondenza del cielo, ricorda la teoria di Swedenborg: "Tutto, forma, movimento, numero, colore, profumo, nello spirituale come nel naturale, è significativo reciproco". L'analogia universale è la grande legge della creazione»[831].

«L'analogia di ogni parte dell'universo con l'insieme è tale che la medesima idea si riflette costantemente in ogni parte del tutto.

---

[830] *ibidem*, pp. 148-150.
[831] Giordano, M.L., *Rol mi parla ancora*, cit., pp. 149-150.

Le analogie di diversi elementi della natura fisica fra di loro servono a prendere atto della suprema legge della creazione, la varietà dell'unità e l'unità della varietà.

Cosa c'è di più stupefacente per esempio del rapporto dei suoni e delle forme, dei suoni e dei colori?

Tutto è sacro nel mondo, il mondo visibile è come un sacramento»[832].

«Nell'armonia della vita c'è una corrispondenza perfetta tra tutte le cose. Sarebbe sorprendente se il suono non potesse suggerire il colore, se i colori non potessero dare l'idea di una melodia: tutte le cose sono sempre espresse da analogie reciproche, fin dal giorno in cui Dio ha creato il mondo, come una complessa e indivisibile totalità. Molte cose possono apparire separate e differenti: l'uomo e la donna, l'inconscio e la coscienza, il giorno e la notte, il sole e la luna. Le realtà sembrano fatte di opposti, di luce e ombra. (...).

Il significato di tutta la mia ricerca è quello di superare le apparenze, rintracciando la possibilità di un'unione e di un equilibrio tra elementi diversi e contrari.

Bisogna imparare a vedere nell'insieme, cercando di comporre in armonia le contrapposizioni e le diversità...»[833].

E questo ci serve per dire, per ora solo a titolo di premessa, che la *scienza di Rol*, che è *scienza sacra*, è una *scienza di corrispondenze*. Nulla dei suoi esperimenti può essere compreso se non si parte da qui.

Tornando ai numeri 5 e 6, la loro funzione, il loro ruolo può essere bene sintetizzato dall'espressione già citata: «5 e 6 è l'Unione centrale del Cielo e della Terra», la quale ci sembra quanto mai significativa nello spiegare perché Rol avesse affermato di essere contemporaneamente sia il 5 che il 6, oltreché una successione dal 5 al 6, ovvero dal microcosmo al macrocosmo, dall'uomo individuale all'uomo universale[834].

A proposito del numero 11 (per il quale si dice ancora che «il Tao è 11, l'unità totale che riassorbe in sé il Pari e il Dispari, il Cielo e la Terra, 5 e 6»[835]) desta un certo intertesse quanto riferisce Giuditta Dembech:

«Durante la notte tra il 10 e l'11 febbraio 2005 di venerdì, Rol mi si presenta in sogno (...). Sogno di ricevere una telefonata da Rol, la linea è fortemente disturbata e così lui deve parlare a voce alta e ripetere più volte le frasi. (...) [Tra le altre cose, Rol le dice:] *"Hai capito Giuditta? Non fermarti, vai avanti, e ricordati del numero Undici, undici, hai*

---

[832] *ibidem*, p. 148.

[833] Giordano, M.L., *Rol e l'altra dimensone*, cit., pp. 140-142.

[834] Questo d'altronde ci riporta all'immagine del *Re del Mondo*: «La Via Regale (*Wang tao*) non è forse l'asse che parte dal Centro del *Ming t'ang*, il perno attorno al quale, uncinata o semplice, gira la croce quando il re, imitando il Sole nel suo corso, fa il giro della Casa del Calendario? O piuttosto, non è l'Uomo Unico, maestro del *Tao* celeste e regale, quest'asse e questo perno?» (Granet, M., *Il pensiero cinese*, cit., p. 239). Nella tradizione indù, Shiva in quanto Signore dell'Universo domina le cinque regioni ed è rappresentato talvolta con cinque facce, dove la quinta faccia, che si identifica con l'asse, in genere non è rappresentata.

[835] *Il pensiero cinese*, p, 243.

capito?"... Poi la linea cade, apro gli occhi col batticuore, sveglio mio marito e gli racconto di avere parlato al telefono con Rol. (...). [Quindi si chiede:] E poi, cosa sarà quel numero undici? Il numero di Rol è il cinque ...»[836].

Questo sogno ci pare *significativo*, ovvero non si tratta solo di un sogno. Rol effettivamente si è servito di questo mezzo per comunicare, al solito, qualcosa di simbolico... A coloro che ritengono la nostra fiducia nella *realtà* di episodi come questo un po' troppo temeraria, diciamo che troppe cose abbiamo viste e constatate su Rol *anche dopo la sua morte* – al di là dell'esperienza millenaria della tradizione metafisica – per non considerare *anche* l'episodio in questione del tutto *reale* e, appunto, dotato di *significati*.

I significati di questo numero «Undici» possono essere più di uno, per esempio può essere in relazione con *l'inizio di un nuovo ciclo*...

Per Guénon, l'11 in Dante, e in particolare nella *Divina Commedia*, ha grande importanza; egli si chiede, a proposito di un commentatore del poeta, «perché mai l'11 non sarebbe da considerare almeno tanto importante quanto il 22? Questi due numeri si trovano associati anche nelle dimensioni assegnate alle estreme "bolge", le cui circonferenze rispettive sono di 11 e 22 miglia; ma 22 non è il solo multiplo di 11 che compaia nel poema. C'è anche 33, che è il numero dei canti in cui si divide ciascuna delle tre parti; soltanto l'*Inferno* ne ha 34, ma il primo è piuttosto un'introduzione generale, che completa il numero totale di 100 per l'insieme dell'opera. D'altra parte, conoscendo l'importanza del ritmo per Dante, è lecito pensare che non abbia scelto arbitrariamente il verso di undici sillabe, e nemmeno la strofa di tre versi che ci ricorda il ternario; ogni strofa ha 33 sillabe, così come gli insiemi di 11 e 22 strofe di cui si è parlato contengono rispettivamente 33 e 66 versi; e i diversi multipli di 11 che qui troviamo hanno tutti un valore simbolico particolare. (...).

La verità è che il numero 11 aveva un ruolo considerevole nel simbolismo di certe organizzazioni iniziatiche; e, quanto ai suoi multipli, ricorderemo semplicemente questo: 22 è il numero delle lettere dell'alfabeto ebraico, ed è nota la sua importanza nella Cabbala; 33 è il numero degli anni della vita terrena di Cristo, che si ritrova nell'età simbolica della Rosa-Croce massonica, e anche nel numero dei gradi della Massoneria scozzese; 66 è per gli arabi il valore numerico totale del nome d'*Allah*, e 99 è il numero dei principali attributi divini secondo la tradizione islamica; non sarebbe certo difficile trovare numerosi altri accostamenti. Al di fuori dei diversi significati che si possono attribuire a 11 e ai suoi multipli, l'uso che ne ha fatto Dante costituiva un vero e proprio "segno di riconoscimento", nel significato più stretto di tale espressione»[837].

---

[836] Dembech, G., *G. A. Rol. Il grande precursore*, p. 7
[837] Guénon, R., *L'esoterismo di Dante*, Adelphi, Milano, 2001, pp. 74-76.

Tornando ora alla tradizione estremo-orientale e ai rapporti del Cielo con la Terra, Granet riferisce che:

«Gli indovini che si servivano dello *Yi king* per decifrare i simboli divinatori denominavano col numero 9 le linee *yang* delle diverse figure e con il numero 6 le linee *yin*. Queste denominazioni si spiegano con il fatto che il rapporto dello Yin con lo Yang rappresenta il rapporto della Terra con il Cielo e, perciò, del Quadrato con il Rotondo. Questo rapporto, che è di 2 a 3, si può esprimere con i numeri 6 e 9»[838].

Ecco allora che «l'essenziale era utilizzare Numeri che potessero evocare il rapporto (3/2 o 9/6) del Cielo e della Terra»[839], il cui prestigio è attestato nella musica, nella divinazione e nella cosmografia[840].

Questo rapporto di 3/2, che è quindi il *rapporto tra il Cielo e la Terra*, è lo stesso rapporto che troviamo nella quinta musicale, e che era fondamentale, oltre che per i Cinesi, anche per la scuola pitagorica:

«Il secondo intervallo che i Greci giudicarono di grande importanza per l'armonia, dopo l'ottava, è quello di *quinta perfetta*, che corrisponde a un rapporto 3/2 tra le lunghezze della corda vibrante (*do-sol*). (...).

La procedura che fu adottata da Pitagora e dalla sua scuola di Crotone, basata sulla nozione che gli intervalli perfetti erano quelli di quinta e di ottava (e quindi di quarta, per differenza), ricalcava quella introdotta oltre duemila anni prima dai Cinesi, che avevano fatto esperimenti analoghi a quelli dei Greci, usando canne sonore invece di corde. Colpisce il fatto che con tutta probabilità si trattava di un inconscio riprodursi di scoperte, a riprova che i principali criteri di armonia sono un fattore intrinseco della natura umana, al di là di luoghi, epoche e culture»[841].

---

[838] *Il pensiero cinese*, p, 141.

[839] *ibidem*, p, 188.

[840] A titolo di esempio: «Poiché l'anno lunisolare (6 mesi di 29 e 6 mesi di 30 giorni) era di 354 giorni e i Cinesi stimavano l'anno solare di 366 giorni (differenza 12 giorni) si intercalavano ogni 5 anni (12 x 5 = 60) 2 mesi di 30 giorni (30 x 2 = 60); il 3° e 5° anno di un ciclo di cinque anni contavano dunque (354 + 30 =) 384 giorni. Si noti l'importanza del ciclo di 5 anni (...) [e *il Re infatti doveva fare un giro dell'Impero ogni cinque anni*, n.d.r.] e il fatto che il rapporto fra il numero degli anni normali e quello degli anni embolismici è di 3 a 2». Inoltre: «Ad *una divisione del totale delle cose* in 5 parti, che permette di contrapporle secondo il rapporto 3/2 (...) corrisponde una divisione di quel totale che è l'anno in 5 parti, che valgono ciacuna 72 (= 6 x 12): si arriva così a scomporre 360 secondo il rapporto 3/2, opponendo 216 (= 3 x 72), emblema dello Yang (*dispari*), a 144 (= 2 x 72), emblema dello Yin (*pari*)»» (*Il pensiero cinese*, p. 147).

[841] Frova, A., *Fisica nella musica*, Zanichelli, Bologna, 1999, p. 19. Non si trattava ovviamente di «un inconscio riprodursi di scoperte», ma di una scienza esatta riconducibile alla *tradizione primordiale*. Cfr, anche Berendt, J., *Il terzo orecchio*, Red Edizioni, Como, 1999, p. 205: «Immaginiamo una corda tesa su uno strumento: ci riesce più facile se pensiamo al monocordo, lo strumento con cui i Pitagorici facevano i loro esperimenti più di 2500 anni fa. Supponiamo che la corda sia accordata sul Do; se la dividiamo, esattamente nel centro, questa stessa nota risuona ancora una volta, ma un'ottava più su. Se dividiamo la corda in tre parti, risuona una nota vicina alle due precedenti: la quinta, cioé un Sol, la prima nota 'altra'. Quando i bambini cominciano a cantare a più voci, all'inizio cantano in quinte parallele».

Ancora una cosa è necessaria segnalare, e che ci fornisce, è proprio il caso di dirlo, *la prova del nove*. Rol si è fatto fotografare in due occasioni diverse e a distanza di quasi trent'anni facendo lo stesso gesto, il palmo della mano aperto in direzione dell'obiettivo con dito medio e anulare uniti[842]. Si tratta di una *mudrā*, termine con cui la tradizione indù designa il gesto sacro, che racchiude determinati significati simbolici. Che cosa ha inteso comunicare Rol? Intanto, è abbastanza evidente che la mano rappresenti il numero 5. L'unione di medio e anulare la suddividono idealmente in due gruppi formati da tre e due dita, il 3 e il 2 rappresentando, come abbiamo visto, rispettivamente il maschile e il femminile, lo *yang* e lo *yin*, il Cielo e la Terra, e ci riportano quindi sia al rapporto 3/2 e alla quinta musicale, sia al simbolimo della *ierogamia*, al "matrimonio celeste". Non a caso per i Pitagorici il numero cinque è il *numero nuziale* (*pénte gámos*) e in greco cinque si dice sia *pénte* che *kardiátis* la cui etimologia è la stessa di *kardía*, ovvero *cuore*, che si trova idealmente al centro dell'essere umano, con tutti i significati mistici che gli sono associati, non ultimi, ovviamente, quelli dei Fedeli d'Amore[843].

Per Plutarco «due è il primo dei numeri pari; e tre il primo dei dispari; dalla somma dei due deriva il cinque»; egli tra l'altro osserva che «tra gli antichi, si usò esprimere l'idea di contare con un verbo che contiene il numero cinque *(Pempasasthai)*. E credo anche che la parola che esprime l'universo *(Panta)* sia derivata da quella che esprime il numero cinque *(Pente)*»[844]; nella tradizione indù, il termine *haṁsa* (oca/cigno) di cui abbiamo già visto in precedenza alcuni significati, è anche il nome della coppia *purusa-prakriti* dove la sillaba HAM rappresenta il principio maschile o *Śivá*, e SA quello femminile, o *Śakti*; e crediamo non sia affato casuale che *hamsa* in arabo significhi «cinque».

In generale, il 5 è fondamentale nella tradizione ebraica, dove la *Torah* ovvero il *Pentateuco*, i cinque libri dell'Antico Testamento (Genesi, Esodo, Levitico, Numeri e Deuteronomio) secondo una espressione rabbinica, rappresentano i «cinque quinti della Legge»; lo è

---

[842] Si vedano la foto della tav. XXI del 1951, che fu pubblicata su *Epoca*, e quella in copertina, della fine degli anni '70, precedentemente già pubblicata in bianco e nero da Remo Lugli (*G. Rol. Una vita di prodigi*, p. 127). Nella prima Rol mostra il palmo destro, nella seconda il sinistro. Anche questo non è casuale, e sta ad indicare le due *Vie* – entrambe presenti in Rol – che in una certa tradizione indù sono note come *Daksinacara e Vamacara*, e che corrispondono alla *Via Secca e Via Umida* degli alchimisti, così come, sotto un altro aspetto, a quella dei Brahmana e degli Kshatriya. Non è nemmeno casuale, da un punto di vista iniziatico, la sequenza cronologica di queste foto, prima la destra e poi la sinistra, ma su questo non possiamo dilungarci.

[843] Il maestro sufi Abd-al-karim Jili descrive il cuore come «il lume eterno e la *coscienza sublime* rivelata nella quintessenza degli esseri creati, affinché Dio possa contemplare l'uomo con questo mezzo. È il trono di Dio e il suo tempio nell'uomo... il centro della coscienza divina e la circonferenza del cerchio di tutto ciò che esiste» (*apud* Chevalier, J., & Gheerbrant, A., *cit.*, pp. 361-362). Traduzione più efficace non poteva trovarsi...

[844] Plutarco, *cit.*, p. 357 (429 D 36).

in quella islamica, dove sono cinque i pilastri della fede (*al-arkân al-khams*)[845] e cinque le preghiere obbligatorie quotidiane; nell'alchimia la *quinta essentia* contiene la forza vitale del ringiovanimento; presso i pitagorici, il novizio doveva mantenere il silenzio per cinque anni (*echemuzía*) prima di poter prendere la parola, così come il *pentalfa*, ovvero il pentagramma o pentagono stellato, era il segno segreto di riconoscimento della scuola pitagorica; nell'America centrale il cinque è una cifra sacra: Quetzalcoatl rimane per quattro giorni all'inferno prima di rinascere il quinto giorno; e quattro sono le età cicliche in varie tradizioni (in quella indù *satyâ-yuga* (o *krtâ-yuga*), *tretâ-yuga*, *dvâpara-yuga* e *kali-yuga*) a cui se ne aggiunge una quinta che le riassume e le trascende, superstorica e supertemporale (come nella "casta unica" di cui si è parlato in precedenza), o rappresentata, come in Esiodo – che aveva parlato delle quattro ere dell'oro, dell'argento, del bronzo e del ferro – dall'età degli eroi; analogamente, «i quattro soli successivi della tradizione azteca rappresentano il compimento di un mondo che si trova, con il quarto sole, realizzato, ma non ancora manifestato: solo con il quinto sole, segno della nostra era, si compie la manifestazione[846]. Ciascuno di questi soli e di queste età corrispondeva a uno dei punti cardinali; il quinto sole, che corrisponde al centro o alla metà della croce così disegnata, rappresenta il risveglio di questo centro, il tempo della coscienza[847]. Cinque è dunque la cifra simbolica dell'uomo-coscienza del mondo. Gli Aztechi assegnano al *Sole del Centro* la divinità Xiutecutli, madre del Fuoco, rappresentata talvolta da una farfalla. Presso gli Aztechi

---

[845] Essi sono: professione di fede (*shahada*), preghiera (*salât*), elemosina (*zakât*), digiuno (*sawm*) e pellegrinaggio (*hajj*). Cfr. anche Chebel, M., *cit.*, p. 267: «Nella tradizione mistica il Profeta è spesso raffigurato entro un gammadion i cui quattro lati sono simbolicamente occupati dai primi califfi; il Profeta, al centro, ne è quindi simbolicamente il *rukn al-arkán*, il pilastro principale». Questo può spiegare almeno una delle ragioni per cui Rol aveva intitolato il libro che stava scrivendo da giovane «*Le quattro mura intorno*». Si ricordi inoltre quanto già detto in merito allo gnomone di bambù presso i cinesi. Cfr. anche Guénon, R., *Simboli della Scienza Sacra*, cit., capitoli 43-44-45 (pp. 238-258).

[846] La nostra Era, per la tradizione indù, sarebbe in realtà l'Età Oscura (*kali-yuga*), a cui però, per successione ciclica, seguirà nuovamente il *satyâ-yuga*, l'Era della Verità (*satyâ*) e dell'Essere (*sat*), l'Era di Saturno che presso i Romani era il re o il dio dell'Età dell'Oro. La Quinta Era viene quindi a sovrapporsi alla prima, più o meno nello stesso modo in cui tradizionalmente il Nord viene associato al Centro. D'altro canto, secondo Damascio (*Aporie e soluzioni sui primi Principi*, § 265) «la Pentade... è la tetrade che ritorna alla monade».

[847] È interessante notare che i Bambara del Mali parlino «di un futuro quinto mondo, che sarebbe il mondo perfetto, scaturito non più dall'associazione di quattro e di uno – come quello attuale – ma di tre e di due» (Chevalier, J., & Gheerbrant, A., *cit.*, Vol. I, p. 277). In questo deve vedersi una limitazione della ripartizione 4 + 1 al solo dominio della Terra (e infatti così rappresentato il 5 è ritenuto dai Dogon e dai Bambara un numero nefasto, incompleto) laddove l'associazione di 3 e 2, oltre a rimandare al rapporto 3/2 e alla relazione ierogamica, racchiude in se stessa la possibilità sia del 5 (3+2) che del 6 (3x2), quindi sia della Terra che del Cielo.

il *Dio cinque* (giovane mais) è il maestro della danza e della musica, e questa sua funzione apollinea lo associa all'amore, alla primavera, all'aurora e a tutti i giochi. Lo stesso dio, detto *il cantore,* è, presso gli Huichol, la Stella del mattino»[848].

Musica, amore, giuochi: ovvero Rol, il "Dio Cinque"! Vi sono poi connotazioni anche "negative" del cinque, dal momento che è un numero che contiene in sé gli attributi sia dello *yang* che dello *yin*: esso infatti è «da un lato, solare, legato al giorno, alla luce, alla vita trionfante; dall'altro, nel suo aspetto interno, terrestre, ctonio, legato alla notte e alla corsa notturna del *sole nero* negli inferi[849]. L'eroe Quetzalcoatl, nelle sue sucessive metamorfosi, incarna per due volte l'idea del sacrificio e della rinascita, ed è assimilato sia al sole sia a Venere, i quali scompaiono entrambi a occidente, nel regno delle tenebre, per poi rinascere a est con il giorno. In quanto *Signore della casa dell'aurora,* Quetzalcoatl, rinascendo sotto forma di Venere stella del mattino, è rappresentato nei manoscritti messicani come un personaggio che porta sul viso la cifra cinque, sotto forma di cinque grossi punti disposti a quinconce. (…).

Il Centro del mondo, rappresentato dal cinque, è anche il glifo del terremoto, della punizione finale, della fine del mondo, quando gli spiriti malefici si precipiteranno dai quattro punti cardinali verso il centro per annientare la razza umana. (…).

Così… il numero 5 simbolizza per i Messicani, "il passaggio da una vita all'altra attraverso la morte e il legame indissolubile del lato luminoso e del lato oscuro dell'universo"»[850].

Ci pare che quanto detto possa bastare, e non occorre insistervi. Vi saranno altre occasioni per approfondimenti specifici sulla funzione e il simbolismo del numero 5, così come sul numero 9. Ma è ora di concludere questa parte tornando brevemente ai Nove Iniziati di cui aveva parlato Rol. Se infatti abbiamo fino ad ora trattato di questo numero da una angolazione puramente simbolica, non di meno questo racconto presenta dei riferimenti storico-mitici, di cui qui accenneremo solo ad uno dei più noti. Si tratta cioè della leggenda indù dei cosiddetti Nove Sconosciuti o Nove Ignoti, per la quale possiamo riportare una sintesi recente (1960) fatta da Louis Pauwels e Paul Bergier[851] nel loro libro *Il mattino dei maghi*:

«La tradizione dei Nove Ignoti risale all'imperatore Asoka che regnò sulle Indie dal 273 a. C. Era nipote di Chandragupta, primo unificatore dell'India. Pieno di ambizione come suo nonno, di cui volle compiere l'opera, intraprese la conquista della regione di Kalinga che si estendeva dall'attuale Calcutta a Madras. Gli abitanti del Kalinga opposero

---

[848] Chevalier, J., & Gheerbrant, A., *cit.*, p. 276.

[849] D'altronde la stella a cinque punte invertita (due punte in alto, una in basso) nella tradizione popolare occidentale viene associata al Demonio.

[850] Chevalier, J., & Gheerbrant, A., *cit.*, p. 277.

[851] Che furono anche i redattori della rivista *Planète*, che nel 1965 aveva pubblicato (nel n. 22) l'articolo di Pitigrilli: *L'incroyable mage Gustave Rol*.

resistenza e persero centomila uomini nella battaglia. La vista di quel massacro sconvolse Asoka. Per sempre egli ebbe orrore della guerra. Rinunciò a continuare l'integrazione dei paesi ribelli dichiarando che la vera conquista consiste nel guadagnarsi il cuore degli uomini seguendo la legge del dovere e della pietà, perché la Santa Maestà desidera che tutti gli esseri animati godano della sicurezza, della libertà di disporre di se stessi, della pace e della felicità.

Convertitòsi al buddismo, Asoka con l'esempio delle sue personali virtù, diffuse questa religione nelle Indie e in tutto il suo impero che si estendeva fino alla Malesia, Ceylon e Indonesia. In seguito il buddismo conquistò il Nepal, il Tibet, la Cina e la Mongolia. Tuttavia Asoka rispettava tutte le sette religiose. Predicò la dieta vegetariana, fece sparire l'alcool e i sacrifici di animali. H. G. Wells, nel suo sommario di storia universale scrive: "Fra le decine di migliaia di nomi di monarchi che ingombrano le colonne della storia, il nome di Asoka brilla quasi solo, come una stella".

Si dice che ammaestrato dagli orrori della guerra, l'imperatore Asoka volle impedire per sempre l'uso malefico dell'intelligenza. Sotto il suo regno la scienza della natura, passata e futura, diventa segreta. Ricerche, che vanno dalla struttura della materia alle tecniche della psicologia collettiva, saranno ormai tenute nascoste, per ben ventidue secoli, dietro il volto mistico di un popolo che il mondo crede tutto occupato nell'estasi e nel soprannaturale. Asoka fonda la più potente società segreta della terra: quella dei Nove Ignoti. Si dice anche che i grandi responsabili del destino moderno dell'India, e scienziati come Bose e Ram, credano nell'esistenza dei Nove Ignoti e ne ricevano anche consigli e messaggi. La fantasia intravede la potenza dei segreti che possono detenere nove uomini che beneficiano direttamente delle esperienze, degli studi, dei documenti accumulati durante più di venti secoli. Quali sono i fini di questi uomini? Non lasciar cadere nelle mani dei profani i mezzi di distruzione. Continuare ricerche benefiche per l'umanità. Questi uomini si rinnoverebbero per cooptazione allo scopo di conservare i segreti tecnici venuti dal lontano passato. (...).

Lontani dalle agitazioni religiose, sociali, politiche, risolutamente e perfettamente nascosti, i Nove Ignoti incarnano l'immagine della scienza serena, della scienza con coscienza. Signora dei destini dell'umanità, ma senza usare la sua potenza, questa società segreta è, nel senso più alto, il più bell'omaggio alla libertà che esista. Vigilanti in seno alla loro gloria nascosta, quei nove uomini guardano farsi, disfarsi e rifarsi le civiltà, più tolleranti che indifferenti, pronti a soccorrere, ma sempre in quell'ordine del silenzio che è la misura della grandezza umana.

Mito o realtà? Mito superbo, in ogni caso, venuto dai tempi più lontani, e risacca del futuro»[852].

---

[852] Pauwels, L. & Bergier, J., *Le matin des magicien*, Gallimard, Paris, 1960 [trad. it.: *Il mattino dei maghi*, Mondadori, Milano, 1963, pp. 60-64]. L'idea di Nove Iniziati detentori delle conoscenze "occulte" trova riscontro in numerose trasposizioni di carattere

mitologico, come – per rimanere in ambito indù – nei Nove Avatara dei vaisnava (di cui il decimo, Kalkin, deve ancora giungere), nei Nove Maestri o Guru dello sikhismo (preceduti dal capostipite Nanak), o nei *Navnath* (Nove Signori) degli shivaiti. Altrettanto importanti le *Enneadi* (gruppo di 9 dèi) degli antichi Egizi, donde l'Enneade di Eliopoli, o *Grande Enneade*, fu la più importante; era composta dal dio solare *Atum-Ra*, corrispondente al numero 1 (lo 0 corrispondendo a *Nun*, ovvero il caos primordiale da cui emerse Atum, il creatore), e da quattro coppie di dèi: *Tefnut* (dea dell'umidità e delle nuvole) e *Shu* (dio dell'atmosfera e dell'aria secca), generati da *Atum*, *fratelli e sposi* (rappresentano la prima *ierogamia* del 2 con il 3) che generarono *Geb* (la terra) e *Nut* (il cielo), *fratelli e sposi* che generarono a loro volta quattro figli: *Osiride, Iside, Nefti* e *Seth*, che sono a loro volta due coppie di *fratelli e sposi*. Si possono infine ricordare i *Nove Uomini di valore* del folklore medievale (Davide, Giosuè, Giuda Maccabeo, Ettore, Alessandro Magno, Giulio Cesare, Re Artù, Carlo Magno e Goffredo di Buglione).

> *Ho deciso di "scendere in campo" per chiarire le idee ai tanti che parlano, anche a sproposito, cercando di interpretare il suo pensiero.*
> Giuditta Dembech, 2005[1]

> *...gli occultisti sembrano essersi assunti, senza dubbio involontariamente, il compito d'ingarbugliare ogni nozione piuttosto che di chiarirla e di mettervi ordine.*
> René Guénon, 1923[2]

> *[Rol] apprezzava la mia intelligenza che definiva "rapace" e soprattutto la semplicità di linguaggio che mi permetteva di semplificare concetti molto complessi.*
> Giuditta Dembech, 2005[3]

> *...noi non siamo fra coloro che ritengono sia bene... semplificare le cose a spese della verità.*
> René Guénon, 1923[4]

> *Era come ossessionato dall'idea di trovare la persona giusta che raccogliesse le sue memorie in modo corretto, senza interpretazioni personali.*
> Giuditta Dembech, 2005[5]

> *Promettono questi giornalisti ma poi scrivono quel che vogliono.*
> Gustavo Rol, 1951[6]

Capitolo 9 – «*Gustavo Adolfo Rol. Il grande precursore*» (Dembech, 2005)

Nell'ottobre del 1994 Giuditta Dembech veniva invitata in una trasmissione televisiva a parlare di Rol, morto da poche settimane. Tra le altre cose dichiarava: «Teoricamente avrei dovuto scrivere un libro con la storia della sua vita, ma questo libro non lo scriverò mai, avrei dovuto

---

[1] Dembech, G., *G. A. Rol. Il grande precursore*, p. 69.
[2] Guénon, R., *Errore dello spiritismo*, cit., p. 102.
[3] *Il grande precursore*, p. 72.
[4] *Errore dello spiritismo*, p. 386. La semplificazione può essere fatta senza pregiudicare la verità; infatti, la stessa Dembech scrive di Rol che «il suo linguaggio non era facile da capire, o almeno, anche se le parole erano semplici, il concetto che racchiudevano era complicatissimo» (*Il grande precursore*, pp. 71-72). Peraltro il Guénon sottolineava che «non si può pretendere... che ogni cosa sia allo stesso modo comprensibile da parte di tutti, date le inevitabili differenze intellettuali esistenti fra gli uomini» (*idem*).
[5] *Il grande precursore*, p. 66.
[6] Rol, G. A., *"Io sono la grondaia..."*, p. 144.

farlo con lui in vita – che poteva punto per punto ribattere a quello che io scrivevo – lui non c'è più a garantire questo e io non lo scriverò mai»[7].

Undici anni dopo, con la pubblicazione de *Il grande precursore*, si può dire che l'autrice abbia cambiato idea, anche se non si tratta propriamente di una biografia, quanto di una testimonianza. Comunque non ha di che preoccuparsi: se infatti Rol *fisicamente* non può «punto per punto ribattere» a quello che lei ha scritto, lo possiamo fare noi, che pur non essendo Rol (pur essendolo) crediamo di averne penetrato abbastanza fedelmente il pensiero e le intenzioni, e lungi dal basarci su nostre opinioni personali, che hanno un valore del tutto relativo, ci basiamo sui fatti oggettivi della sua vita, sulle sue dichiarazioni dirette, sul suo simbolismo e sulla tradizione metafisica che fornisce gli elementi di controprova. La Dembech quindi dovrebbe essere lieta che qualcuno si prenda la briga di fare quello che avrebbe dovuto fare Gustavo Rol.

Nel commentare abbondantemente gli *Scritti per Alda*, abbiamo avuto occasione di vedere a quali fraintendimenti e distorsioni si possa giungere quando si sia privi di una conoscenza tradizionale sufficiente e si interpreti secondo parametri eterodossi e new-age il pensiero di un Maestro la cui ortodossia è per noi indubitabile.

Abbiamo anche visto come questi errori si siano propagati in modo virale, come abbiano contagiato altri autori, e come siano stati utilizzati opportunisticamente da chi ha interesse a "decostruire" – come ha affermato il prestigiatore Mariano Tomatis – il "mito" di Gustavo Rol.

Ne *Il grande precursore*, si ritrovano più o meno le stesse speculazioni che in *Scritti per Alda*, amplificate e fastidiosamente ripetute (soprattutto quelle teosofistiche dei "Maestri" e le presunte e patetiche analogie con la Blavatsky[8]) con l'unica differenza che qui abbiamo un lavoro biografico più articolato e più ricco di aneddoti, una cronaca della *testimone* Giuditta Dembech. Sotto questo punto di vista, si tratta – come sempre nel caso di testimoni diretti – di un documento di un certo interesse, e non solo per gli eventi prodigiosi (che peraltro non sono molti, appena una decina[9]) cui l'autrice ha assistito, ma anche per le descrizioni del carattere e del comportamento di Rol, oltreché del suo pensiero, che viene trascritto *più o meno* fedelmente partendo da una serie di registrazioni audio (allegate con un CD al testo) da lei fatte tra il 1987 e il 1989, in parte al telefono, in parte a casa di Rol.

Diciamo "più o meno" perché uno dei problemi più fastidiosi di questo libro, e che ci ricorda la redazione "a macchia di leopardo" di *Rol l'incredibile*, è che i dialoghi o i monologhi di Rol che vengono

---

[7] *I fatti vostri. Piazza Italia*, del 21/10/1994, Rai Due. La stessa cosa affermerà ancora nel 2003: «...non oserei mai scrivere un libro su di lui e sulla sua vita» (Torino Cronaca, 22/05/2003, p.12, a margine dell'articolo di Vittorio Cardinali: *I miracoli scomodi di Rol il mago*).

[8] Cui è dedicato il capitolo «Individui straordinari» (pp. 147-155), e *passim*.

[9] Ciò che già di per sé dimostra come la sua frequentazione con Rol non era così assidua come vorrebbe fare credere.

presentati nel CD non solo non vengono trascritti in modo preciso, non solo vengono arbitrariamente tagliati e disposti un po' qua e un po' là nel testo, ma il lettore è sprovvisto di un indice ragionato che possa permettergli di ascoltare le registrazioni e contestualmente leggerle sul libro[10]. Si tratta cioè di due documenti non integrati, che, ancora una volta, invece di fare ordine aumentano la confusione. Nel CD, sono altresì in ordine sparso gli spezzoni registrati al telefono e quelli tratti dall'intervista che l'autrice ha fatta a casa di Rol[11], col risultato, forse voluto, di avere i brani – autorizzati – dell'intervista mescolati ad altri registrati per telefono senza il consenso di Rol. A tal proposito, quasi a mettere le mani avanti, la Dembech dichiara (traccia n. 2):

«Tengo a precisare una cosa molto importante, perché a nessuno venga in mente che io abbia carpito le registrazioni a Rol. Rol era d'accordo, era sempre in perfetta coscienza del fatto che io stavo registrando. Le registrazioni che voi ascolterete in questo CD sono avvenute in molte occasioni diverse, sono molti spezzoni... si svolgono in molte occasioni nell'arco di quattro anni... Ma Rol sapeva, era perfettamente cosciente che stavo registrando, e anzi mi aveva autorizzata... Sentirete in queste due occasioni... come lui mi dica: "So che mi stai registrando", oppure "Te lo dico" o "non te lo dico perché c'è il registratore acceso". Queste sono testimonianze importanti a scanso di equivoci».

Inutile dire che le occasioni in cui Rol sa che la giornalista sta registrando testimoniano solo di quelle occasioni, e non delle altre. Per certo ha autorizzato l'intervista, così come il dettato telefonico (n. 6) per il capitolo che la Dembech dedica a Rol nel suo *Quinta dimensione*; sul resto abbiamo seri dubbi, perché è improbabile che Rol, allergico com'era al registratore, «in molte occasioni nell'arco di quattro anni» abbia concesso di venir registrato. Noi non vi crediamo affatto, e per almeno altre due ragioni: la prima, che è consuetudine dei giornalisti, e in particolare quando hanno per le mani uno *scoop* o la possibilità di parlare con qualcuno di importante, magari che si nega agli altri colleghi (che è esattamente il caso di Rol), avere sotto mano sempre il registratore, e registrare tutto il possibile, senza necessariamente (e quando mai?) chiedere il permesso all'interlocutore...; la seconda, che vi è secondo noi anche un indizio in questo senso, nel brano seguente:

«Non esitai a chiamarlo, ricordo ancora oggi il tuffo al cuore nel sentire la sua voce di là dal filo: *"Buon giorno, mi chiamo Giuditta Dembech, sono una giornalista della Gazzetta del Popolo e vorrei..."* Non mi lasciò continuare.

---

[10] L'indice sul foglietto del CD non aiuta più di tanto.

[11] Fanno parte dell'intervista i brani: 7, 9, 10, 11, 12, 13, 14, 16, 17, 18; sono invece registrazioni telefoniche i brani: 3, 4, 5, 6, 8, 15, 19, 20, 21, 22, 23, 24, 26; il brano 2 è misto, mentre il n. 1 è l'intro; il brano 25 è stato registrato a casa di Rol nel 1987, probabilmente non autorizzato. Questa discriminazione ci è stata possibile solo dall'ascolto, e non perché l'autrice si sia spesa a segnalarla, tranne in alcuni casi.

"Senti bene ragazza" disse proprio così, testualmente..."come giornalista io non ho niente da dirti, come persona invece sì. E prenditi ben guardia dal pubblicare anche una sola parola di quello che potrei dirti..."» (p. 29).

Ovviamente questo dialogo non c'è sul CD, ma siamo certi che faccia parte dell'archivio audio della giornalista. E ciò non solo perché non avrebbe potuto ricordare «testualmente» ciò che Rol le disse più di trent'anni fa, ma perché quel «prenditi ben guardia» è un'espressione troppo particolare da poter essere ricordata con precisione.

In ogni caso, come abbiamo detto, è la prassi di chiunque cerchi lo *scoop* stare con il registratore pronto, come un pistolero prima di un duello... È davvero poco credibile che qualcuno come la Dembech non abbia adottato sin da subito questo sistema, così come è improbabile che lo abbia abbandonato le volte successive che ha telefonato a Rol, o che gli abbia chiesto, al telefono, se poteva registrarlo... Ma su questo specifico soggetto non abbiamo problemi a scusarla, ha solo fatto il suo mestiere, e grazie a lei oggi abbiamo importanti documenti audio su Rol[12]. È un peccato che altri, come gli amici più intimi, non abbiano fatto lo stesso – cosa che evidentemente avrebbero potuto fare tranquillamente se solo avessero voluto[13] – ma questo gli era impedito proprio dalla loro amicizia, mentre per una estranea come la Dembech, che per di più era giornalista, la cosa era del tutto naturale. I problemi sorgono tuttavia non in fase di registrazione, ma in fase di divulgazione. Che cosa infatti è opportuno divulgare, e che cosa no? Che cosa lo stesso Rol avrebbe accettato che si divulgasse, e che cosa no? Per la verità, il brano sopra riportato lascia ben poco spazio: «E prenditi ben guardia dal pubblicare anche una sola parola di quello che potrei dirti...»[14]; e anche se tale monito è da considerare contingente a quello specifico momento, ciò non toglie che Rol, anche oggi, non avrebbe acconsentito a che la Dembech divulgasse *tutte* le registrazioni che fanno parte del suo CD. E ce n'è una in particolare, che per noi rappresenta un po' la pietra angolare di una certa irresponsabilità nel servirsi di questo materiale, e che, se proprio doveva essere pubblicata, avrebbe dovuto esserlo con tutte le precauzioni, ovvero spiegazioni, del caso, per evitare fraintendimenti. Purtroppo non

---

[12] Solo non ci si venga a raccontare che Rol li ha autorizzati *tutti*.

[13] Ed in effetti il materiale audio che fa parte del nostro archivio proviene da una persona che fu molto amica di Rol, la quale in certe occasioni con il suo consenso, in altre "clandestinamente", ha registrato la sua voce. Si tratta però solo dell'eccezione che conferma la regola.

[14] Nel 2003 venne fatta circolare una cassetta con alcuni degli stessi brani che troviamo ne *Il grande precursore*, ma anche con brevi spezzoni che non compaiono nel CD. In uno di questi Rol dice: «Non pubblicare neanche una parola di quello che ci diremo», e la Dembech risponde: "Certamente Rol, non pubblicherò mai niente, non La tradirò mai..." Non l'ho mai tradito...». Nella stessa cassetta la giornalista dice anche: «sono l'unica persona al mondo in possesso della registrazione della voce di Rol...»; «questo documento sonoro eccezionale è veramente un'anteprima, un esclusiva mondiale assoluta...» ...

solo queste spiegazioni nel suo libro non ci sono, ma addirittura proprio questo brano è stato scelto dalla trasmissione *Porta a Porta* nel 2003 (la Dembech era presente in collegamento esterno) e mandato in onda a diffusione nazionale, con tutte le spiacevoli, e prevedibili conseguenze del caso. Vediamolo, facendo ben attenzione alla raccomandazione di Rol delle prime righe, disattesa in modo lampante:

Rol: «Attraverso il simbolismo l'uomo ha degli avvertimenti enormi. Per esempio, *ti dico una cosa che non oserei ancora scriverla ma te la dico: sai qual è uno dei simboli importantissimi? che se tu lo scrivessi ti bruciano il libro, ti ridono dietro e mi fai rider dietro a me*, ma a te lo dico: la superstizione.

Lo sai che la superstizione ha un valore immenso? Perché la superstizione è nata a un certo momento... Per esempio, se ti dicono "non passare sotto una scala, perché se passi sotto la scala ti porta iella", non è per il fatto che può cadere qualche cosa da coloro che lavorano in cima alla scala».

Dembech: «*Si spezza il triangolo*»

Rol: «Come?».

Dembech: «*Si spezza il triangolo, il triangolo magico, passando...*»

R.: «Come hai fatto? Come hai fatto! Mi vien di piangere... Io ho parlato per una pagina e mezza sul triangolo magico parlando della scala, come hai fatto a dirlo? Giuditta, ma tu come? l'hai letto? [...] Il triangolo magico! Se tu sapessi il valore enorme che hanno positivo o negativo i numeri pari...»[15].

Vi sono diverse cose da dire in merito a questo discorso. Intanto, il commento della Dembech in trasmissione:

«La voce che avete sentito prima fa parte di una serie di nastri che io ho, circa 6 ore di conversazione – perché Rol si fidava del mio modo di scrivere, io ho scritto 25 libri e questo non è che uno dei 25 – a lui piaceva il mio modo di scrivere e di interloquire, e voleva che io scrivessi la storia della sua vita, perché sapeva che sono una testimone obiettiva, seria e serena, e allora mi ha permesso di registrare... Infatti io ho molte, molte ore di trasmissione, e ci sono tra l'altro dei brani splendidi, ma chiaramente queste ore di tempo e di interlocutori bisogna mandare in onda soltanto alcune cose...».

Al di là della solita tiritera autoreferenziale, sulla quale tra breve torneremo, due cose qui sono da rilevare: la prima, sappiamo con precisione quante ore di registrazione possiede la Dembech, cioè 6, cosa che ci sembra assai più plausibile di quanto afferma nel suo libro: «Ci sono oltre venti ore di parlato, registrati in tempi e situazioni diverse, su decine di nastri, in spezzoni senza data, senza indicazione sul

---

[15] La versione qui presentata è quella fatta ascoltare a *Porta a Porta*, che differisce leggermente da quella che si trova sul CD (brano 21) e sul libro (p. 74), ovvero nel finale un pezzo è stato tagliato (parentesi quadre), ma vi è una frase in più, l'ultima, non presente nel CD e nel libro.

contenuto...» (p. 8)[16]; in secondo luogo, l'affermazione che «bisogna mandare in onda soltanto alcune cose» sembra quasi una beffa, perché quella registrazione era in assoluto la peggiore che potesse essere fatta ascoltare, come dimostra la concitata discussione avvenuta in studio poco dopo, portata avanti con acido accanimento dall'antropologa Cecilia Gatto Trocchi. Sta parlando la giornalista di *Avvenire* Monica Mondo:

«Essendo stata più volte a casa sua [*di Rol*], ho detto delle Ave Marie alla Madonna della Consolata con Rol, mi ha raccontato più volte di come gli dispiaceva ad esempio che Piero Angela, che è un collega bravissimo, stimato da tutti tantissimo, ce l'avesse con lui, "Ma perché poi io... se voglio far del bene a qualcuno – come fanno a credermi?".

Ora io non so se lui avesse poteri straordinari, dico come Vittorio Messori che ci sono anche segni strani tra il cielo e la terra, che forse ci dicono qualcosa. Ho visto che leggeva libri aperti a caso da me, a distanza: "A pagina 128, Gustavo, quarta riga" e lui cominciava, magari era in francese, perché io prendevo un libro a caso. Magari era una grande capacità di suggestione, però ripeto: a fin di bene, per quanto mi consta. E poi bisogna che lo si dica insomma che – a me colpiva essendo cattolica – che lui era veramente molto devoto...».

[La interrompe la Gatto Trocchi:] «Come fa a essere cattolico uno che crede nella magia? Prima lo abbiamo sentito dalla sua voce... Crede nella magia. Dice che la superstizione è una cosa importantissima. E dice che il simbolismo è l'unico modo che abbiamo... Non basta dire tre Ave Maria e dirsi cattolici... Io posso pensare che scomodasse la santissima trinità per appiccicarsi il mantello al mago [*sic*]».

[Mondo] «Io questo non lo so e spero... che non sia vero».

[Il conduttore Bruno Vespa abbozza una battuta] «Anche Vittorio Messori incidentalmente ha scritto un libro col Papa, quindi insomma un po' cattolico...».

[Trocchi] «Ci sono tante correnti nel cattolicesimo».

[Messori] «Signora, non c'era nulla che facesse adirare Rol più che definirlo mago».

[Trocchi] «Ne parlava però, l'ho sentito dalla sua voce».

[Messori] «Mah, non è vero...».

[Trocchi] «L'ho sentito dalla sua voce, adesso!! Neghiamo l'evidenza? L'ho sentito quando faceva quella registrazione con Giuditta, parlava di magia, come è importante la magia e quanto è importante la superstizione, l'ho sentito io! lo vogliamo rimettere? Ma qui neghiamo l'evidenza! L'ho sentito con le mie oreccchie. Chi è che ha sentito prima

---

[16] Anche se è sempre possibile che le 6 ore siano materiale utilizzabile, e poi ce ne sia altro di scarsa qualità, un po' come nel caso del nostro archivio. Tuttavia, ci sembra improbabile. Una ulteriore conferma l'abbiamo dalla giornalista Vera Schiavazzi, che ha scritto diversi articoli sul rapporto tra la Dembech e Rol (più o meno sempre gli stessi...) quando parla di «una serie di registrazioni raccolte dalla stessa Dembech, in lunghi e amichevoli incontri, che, messe una vicina all'altra, durano più di cinque ore...» (*Un nastro, memoria del misterioso Rol*, La Repubblica, 11/01/1990, p. XII (Torino)).

la registrazione? L'hanno detto! Neghiamo l'evidenza? Stiamo negando l'evidenza?».

[Dembech] «Vespa le occorre il frustino! Le occorre il frustino... Parlava di simboli, parlava del simbolismo...».

[La interrompe la Trocchi] «Di magia, della superstizione, della scala...».

[Continua la Dembech] «...di come attraverso i simboli agli umani vengano rivelati i grandi segreti del Cielo e della Terra, e poi nella registrazione parlava di Baudelaire, di una sua poesia... E diceva che attraverso la superstizione ci vengono rivelate delle cose. Parlava dell'importanza del triangolo come simbolo magico. Ma lui non ha mai parlato di magia, lui ha detto "i miei sono poteri dello Spirito, io sono la dimostrazione vivente che lo Spirito ha dei poteri che interagiscono sulla materia, e alla base di tutto c'è Dio". Non ha mai parlato di magia, ma dell'intervento di Dio, attraverso lo spirito».

[Mentre la Dembech parlava, la Trocchi inframezzava i seguenti commenti] «Io ho sentito parlare di magia»; «Ma questo è pazzesco!»; «Ma ha parlato poco fa di magia, ma perché neghiamo l'evidenza? Non si può negare l'evidenza».

Noi ce ne stavamo a casa attoniti a vedere tutto quello scempio: da un lato, la vera e propria isteria della Trocchi; dall'altro la Dembech che non si rendeva minimamente conto del danno che aveva appena causato; e poi la Mondo e Messori imbarazzati che non sapevano cosa dire. Tutto questo si sarebbe potuto evitare facendo una selezione preventiva del materiale audio da consegnare in redazione, cosa che la Dembech non ha fatto (o, peggio ancora, potrebbe avere fatto), incapace di valutare le conseguenze di un brano del genere. Nel suo libro cerca quasi di scaricare la colpa su altri:

«Con la scienza è mancato un dialogo comune, è mancata una base comune su cui dialogare, credo che sia stata soltanto una questione di termini, etichette sbagliate che indispettivano gli interlocutori.

La prova l'ho avuta nel giugno 2003 quando, invitata da Bruno Vespa ho partecipato dalla sede Rai di Torino alla trasmissione "Porta a Porta". In quell'occasione sono andati in onda alcuni brani con la voce di Rol che avevo messo a loro disposizione; avrebbero potuto scegliere fra cose molto significative e invece optarono per un breve intervento sui simboli e la superstizione» (p. 90).

Quindi la colpa è delle «etichette sbagliate [magia, superstizione...[17]] che indispettivano gli interlocutori» (tra i quali era presente anche il fisico Tullio Regge) e soprattutto della redazione, la quale avrebbe

---

[17] Senza le dovute spiegazioni e una appropriata contestualizzazione, è chiaro che la "scienza" non possa che turarsi le orecchie a sentire questi due termini, che così come presentati in trasmissione diventano lo specchio dell'irrazionalità e dell'ignoranza. Noi stessi, se non avessimo mai sentito parlare di Rol, nell'ascoltare quel brano saremmo rimasti molto perplessi, ciò che è senz'altro avvenuto per la maggior parte dei telespettatori.

dovuto mostrare una facoltà di discernimento tale da sapere che cosa sarebbe stato più rappresentativo del pensiero e della vita di Gustavo Rol... Ciò è evidentemente ridicolo, soprattutto se si pensa che ai media fa gola tutto ciò che è piccante e che magari possa servire come benzina sul fuoco in un dibattito televisivo, con conseguenti ottimi riscontri di Auditel...

La responsabilità dell'errore è quindi integralmente della Dembech, e se Rol fosse stato vivo non gliela avrebbe perdonata: un dialogo privato, intimo, in cui lui si commuove[18] per una cosa tutto sommato quasi banale, viene letteralmente "sparato" in pubblico di fronte a milioni di persone, quando lo stesso Rol aveva premesso:

«Ti dico una cosa che non oserei ancora scriverla... che se tu lo scrivessi ti bruciano il libro, ti ridono dietro e mi fai rider dietro a me», ciò che è esattamente quanto accaduto a *Porta a Porta*, quasi Rol fosse stato profetico, anche in questo caso.

Ed è sconcertante che la Dembech nel 2005 non solo non spenda alcuna parola di ammenda, non solo scarichi la colpa su altri, ma addirittura commenti in questo modo il brano presentato nel CD:

«Beh questo è proprio um brano divertente. È divertente perché sentirete come Rol si stupisce fino quasi alle lacrime, di come io sia riuscita ad arrivare attraverso l'intuizione a una cosa che lui riteneva segreta. E questo vi dice come ci consultassimo, come io mi consultassi molto spesso con lui prima di scrivere qualunque libro»[19].

Tutto questo è semplicemente scandaloso: dopo aver sputtanato (ci si scusi il termine, ma è l'unico che rende perfettamente l'idea) Rol in televisione, l'autrice giudica il brano «divertente», parola che stride fortissimamente con il sentimento di commozione e vulnerabilità espresso da Rol durante quella telefonata PRIVATA, e la cui registrazione con assoluta certezza non fu da lui autorizzata. Inoltre, la giornalista non perde occasione di autoincensarsi[20], e quanto alle assidue consultazioni reciproche siamo di fronte alle solite infondate pretese, su cui più avanti torneremo.

È altresì inopportuno il paragone che fa di se stessa con Catterina Ferrari, della quale riconosce la riservatezza:

«Mi spiace che (finora) non abbia detto o fatto di più, ma posso capirla. Anche io dopo la morte di Rol mi sono ritratta, ho depositato legalmente i miei nastri e poi li ho conservati gelosamente, aspettando che arrivasse il momento giusto per divulgarli. Ogni tanto, quando ne valeva la pena, sono uscita allo scoperto e ho permesso che andasse in

---

[18] Rol, che si è sempre sentito solo e incompreso, è rimasto sorpreso che la Dembech avesse capito quel simbolismo.

[19] Traccia n. 21.

[20] Non è poi corretta l'interpretazione che dà della reazione di Rol: lui non riteneva affatto che il simbolismo della scala e del triangolo fosse "segreto", per quanto conosciuto solo dagli "addetti ai lavori" se così si può dire, ma si è stupito che la Dembech lo potesse conoscere.

onda qualche frase nelle trasmissioni che mi sembravano più importanti, come ad esempio nei telegiornali, a "*Porta a porta*" con Bruno Vespa, a molte puntate di "*Uno Mattina*" o a "*I fatti vostri*" con Magalli» (p. 21).

Sarebbe stato assai meglio che questa «dilettante alla riscossa», come lei stessa si è definita[21], fosse rimasta al "coperto", e si fosse astenuta da divulgazioni che dal nostro punto di vista avevano come fine non il bene di Rol, ma le di lei esigenze di protagonismo ed esclusivismo.

Quanto al discorso di Rol sul valore della superstizione, tenendo sempre presente che stiamo parlando di una chiacchierata al telefono, con tutti i limiti per gli sviluppi rigorosi che sarebbero stati necessari per un soggetto del genere, ci si sarebbe potuti riferire – nel riportare il brano – a quanto scritto per esempio da René Guénon nella raccolta postuma *Simboli della Scienza Sacra*:

«La vera e propria "superstizione", nel senso strettamente etimologico (*quod superstat*), è ciò che sopravvive a se stesso, vale a dire, in una parola, la "lettera morta"; ma questa stessa conservazione, per quanto possa sembrare poco degna d'interesse, non è tuttavia così disprezzabile, poiché lo spirito, che "soffia dove vuole" e quando vuole, può sempre rivivificare i simboli e i riti, e restituir loro, con il senso perduto, la pienezza della virtù originale»[22].

Così presentato, il senso che Rol intendeva dare al suo discorso sarebbe stato inteso correttamente. Occorre poi dire che in latino *superstitio* oltre ad avere alcune connotazioni negative, può anche indicare *usanze religiose* non romane, *culto religioso* (in senso buono) e perfino *santità* e *venerazione*.

Analogamente alle "leggende", non di rado le superstizioni nascondono un nocciolo di verità, un diamante talora avvolto da una patina di terriccio, se non proprio di sterco, accumulatosi nel corso dei secoli. Il loro valore può essere giustamente «immenso», quando l'*archeologo della tradizione* vi scopre un frammento della scienza sacra primordiale, e lo riporta alla luce.

Per essere ancora più chiari, vale la pena riportare quest'altro passaggio del Guénon, tratto da *Considerazioni sull'esoterismo cristiano*, a proposito del *folklore*, che non è altro che una forma di superstizione:

«La stessa concezione di folklore così come lo si intende abitualmente, si fonda su un'idea radicalmente falsa, l'idea che vi siano delle "*creazioni popolari*", prodottesi spontaneamente dalla massa del popolo (...). Come è stato detto molto giustamente, "*il profondo interesse che posseggono tutte le tradizioni cosiddette popolari risiede soprattutto nel fatto che esse non sono di origine popolare*"; e noi aggiungiamo che, allorquando si tratta, come quasi sempre accade, di elementi tradizionali nel vero senso della parola, pur deformati, ridotti o frammentari che

---

[21] A p. 27, riferendosi all'epoca in cui contattò telefonicamente Rol quando aveva 26 anni (1973).
[22] Guénon, R., *Simboli della Scienza sacra*, Adelphi, Milano, 1975, p. 59 (brano originariamente su *La Voile d'Isis*, nov. 1931).

possano essere, tutto ciò, lungi dall'essere d'origine popolare, non è neanche di origine umana. Quando questi elementi appartengono a delle forme tradizionali scomparse, ciò che può essere popolare è unicamente il fatto della *"sopravvivenza"*. A riguardo, il termine folklore assume un significato molto vicino a quello di *"paganesimo"*, al di là della etimologia di quest'ultimo e senza la sua intenzione *"polemica"* ed ingiuriosa.

È così che, senza comprenderle, il popolo conserva i resti di antiche tradizioni, che talvolta risalgono ad un passato così lontano che sarebbe impossibile da determinare, e che per questo ci si accontenta di collocare nell'ambito oscuro della *"preistoria"*; esso svolge così la funzione di una sorta di memoria collettiva più o meno *"sub-cosciente"*, il cui contenuto proviene chiaramente dal di fuori. La cosa più sorprendente è che, se si esamina tale folklore con la dovuta attenzione, si constata che quanto si è così conservato contiene soprattutto, sotto una forma più o meno velata, un numero considerevole di dati di ordine esoterico, vale a dire proprio di tutto ciò che vi è di meno popolare per sua natura; e questo suggerisce da sé una spiegazione che cercheremo di indicare in poche parole.

Allorché una forma tradizionale è sul punto di estinguersi, i suoi ultimi rappresentanti possono benissimo affidare volontariamente, a questa memoria collettiva di cui abbiamo parlato, ciò che diversamente si perderebbe per sempre; si tratta, insomma, del solo mezzo per salvare, in una certa misura, il salvabile; al tempo stesso, l'incomprensione naturale della massa è una garanzia sufficiente perché tutto ciò che possiede un carattere esoterico non venga alterato, ed anzi, come una sorta di testimonianza del passato, si conservi solo per coloro che, in tempi diversi, saranno capaci di comprenderlo»[23].

Il brano di Rol, contestualizzato e commentato in tal modo, avrebbe allora potuto essere pubblicato, anche se ci si sarebbe dovuti comunque astenere dal portarlo in televisione.

Questa vicenda costituisce uno dei molti demeriti da ascrivere alla giornalista Giuditta Dembech, la quale tra l'altro, nel corso di tutto il libro, non fa che ripetere di continuo che solo a lei Rol ha concesso di registrare la sua voce, che le sue registrazioni sone le uniche al mondo, che si tratta di una esclusiva, e via dicendo[24], un fastidioso *leit-motiv* che si accompagna alle altre sue pretese, riassunte per esempio da questo brano (p. 14): «Capire il compito di Rol. Questa è la traccia, il tema principale che mi prefiggo. Altri hanno raccontato i suoi esperimenti,

---

[23] Guénon, R., *cit*, p. 109.

[24] Sulla quarta di copertina si dice nientemeno che «libro e CD... sono la più importante, autentica testimonianza di Rol per le generazioni future» e che «è un testo fondamentale, lontanissimo da tutto ciò che esiste finora», mentre un amico della Dembech, Aldo Grassi, che l'ha aiutata a riordinare il materiale, in maniera non meno pretenziosa scrive (p. 11) in una specie di prefazione che si tratta di «un documento eccezionale, unico! Credo che questo sia proprio il libro che Rol desiderava...». È quasi superfluo dire che noi pensiamo esattamente il contrario.

dettagliando cronache ed episodi ma...Rol desiderava che si scrivesse ben altro. Per l'esattezza, desiderava che scrivessi esattamente quanto leggerete».

Inutile dire che questo «ben altro» è lungi dall'essere rappresentato da ciò che ha scritto la giornalista, a proposito del quale, è proprio il caso di dirlo, «Rol desiderava che si scrivesse ben altro»...

Vediamo subito qualche altro esempio:

«Rol mi ha lasciato un incarico, ed io lo porterò avanti con la determinazione e lealtà che mi distingue da molte generazioni [!]. Ma cercherò di fare qualcosa di più... Vorrei indicare una pista che altri...hanno trascurato: tentare di rivelare qual è stato il compito di Rol fra noi, perché uomini con certe capacità non nascono per caso, ma, torno a ribadire, vengono *"selezionati e programmati"* per essere inviati nel luogo e nell'epoca giusta» (p. 16).

Viene spontaneo chiedersi di che cosa si stia parlando: di robot? di organismi geneticamente modificati?

«Individui come Lui arrivano con un compito ben preciso, anche se il più delle volte non ne sono consapevoli» (p. 14).

Questo è uno dei casi in cui l'autrice si pone *al di sopra* della consapevolezza di Rol, quasi che lei ne sappia più di lui, o che tenti di dare una spiegazione nell'illusione che Rol non sapesse chi fosse, perché agisse e "da dove" venisse. Questo è dovuto al fatto che Rol, per pudore così come per evidenti necessità iniziatiche, ha sempre lasciato nel vago, di fronte agli estranei, *la consapevolezza di chi fosse, del perché agisse e "da dove" venisse*, pur essendone perfettamente consapevole *interiormente*. Di qui, gli infantili tentativi di tutti coloro che si sono spesi a *voler spiegare Rol a Rol*, o le loro fantasticherie postume[25]. Ma proseguiamo:

«...decise di affidarmi le sue memorie per il futuro libro dedicato a lui. Cioè, questo libro che tenete fra le mani...» (p. 78).

«[Rol decise] di autorizzarmi a registrare sistematicamente le sue memorie» (p. 121).

«Come ho già detto, Rol aveva deciso che ero la persona giusta a cui affidare i suoi ricordi» (p.127).

«È il momento di evidenziare la cosa fondamentale, quella a cui nessuno ha badato: il compito che Rol ha svolto nell'arco del ventesimo secolo...» (p.158).

«...una testimonianza rarissima, raccontata da lui direttamente. Ho pensato di offrire al lettore la possibilità di penetrare nel suo fitto mistero attraverso brevi squarci, gli unici esistenti... » (p. 179).

Addirittura «gli unici esistenti», in barba alla chilometrica bibliografia che il lettore può controllare al fondo del nostro studio[26]. In realtà, in

---

[25] Oltre alle speculazioni teosofistiche della Dembech, l'esempio più evidente è la pseudo-biografia su Rol di Mario Pincherle.

[26] Per non parlare del nostro archivio audio, in gran parte inedito, che consta di 22 ore di registrazioni di cui almeno 7 di buona qualità. Alcune sono già state pubblicate sul sito

queste registrazioni non c'è quasi nulla che già non si trovasse in precedenti articoli e pubblicazioni, tranne evidentemente la voce di Rol. E la Dembech, quasi controvoglia, deve ammettere che prima del suo era stato pubblicato un altro documento audio:

«Questi che seguono, sono altri spezzoni dei nostri dialoghi al registratore, l'unica intervista in voce esistente... So che esiste un altro nastro con la voce di Rol ma non è una intervista; sta leggendo al registratore una breve lettera che aveva scritto per Remo Lugli. La differenza tra queste due testimonianze è enorme, il lettore se ne renderà conto ascoltando» (p. 127).

Oltre al fatto che l'autrice dà mostra di conoscere male le fonti principali della bibliografia rolliana (la registrazione di cui parla non è «una breve lettera che [Rol] aveva scritto per Remo Lugli», ma una spiegazione della nozione di *spirito intelligente*[27]) e, nel caso specifico, di sminuirle (si tratta infatti di un documento audio di un certo rilievo[28]), per noi di enorme c'è solo la sua presunzione, come dimostra anche una intervista concessa al quotidiano *Torino Cronaca* in occasione dell'uscita del suo libro, dove aveva pomposamente dichiarato: «Io sono l'unica depositaria della volontà di Rol»[29]. E questo è detto dalla stessa persona

---

internet da noi curato (*www.gustavorol.org*) sin dal 2004, tra cui uno dei documenti più importanti, il cosiddetto *Testamento di Rol*, di cui già si conosceva il contenuto ma mancava il supporto audio, che abbiamo concesso anche per il documetario su Rol di Maurizio Bonfiglio.

[27] È evidente che la giornalista, ammesso che l'abbia mai ascoltata, non vi abbia prestata molta attenzione. Lugli, con un racconto asciutto e senza pretese, presenta il suo documento in questo modo: «Il 21 giugno 1973 Rol aveva spiegato che cos'era lo "spirito intelligente": la sua era stata una enunciazione chiara, estesa. "Peccato" gli avevo detto "che questa tua spiegazione non sia incisa: è un testo importante. Io, comunque, il registratore ce l'ho, se vuoi lo mettiamo in funzione e ricominci da capo". Aveva accettato» (*Gustavo Rol. Una vita di prodigi*, preambolo, p. 2). Cfr. anche quanto la Dembech dice a voce nel primo brano del CD: «Non esiste al mondo un'altra registrazione simile della voce di Rol, o perlomeno, so che esiste una cassetta allegata a un libro... mi sembra di Remo Lugli, ma in questo sono pochi minuti in cui Rol legge una lettera che ha scritto in precedenza. Questo invece è veramente uno spaccato sulla sua vita, Rol voleva fortemente che scrivessi questo libro su di lui, Rol mi ha scelta, mi ha affidato un incarico, e voleva che io lo portassi avanti, ed è per questo motivo che lui ha superato le sue reticenze, le sue ritrosie e ha accettato di parlare davanti al registratore». Come dicevamo, un fastidioso *leit-motiv* autoreferenziale.

[28] Oltreché indiscutibilmente autorizzato da Gustavo Rol, cosa che non può dirsi, secondo noi, per alcune delle registrazioni della Dembech, come quella fatta ascoltare a *Porta a Porta*. Riteniamo inoltre del tutto arbitrario considerare un documento audio superiore ad un altro solo perché si tratta di una intervista. Piuttosto, la voce di Rol ascoltata da sola, senza le interruzioni di una *dilettante alla riscossa*, è assai più gradevole... E infatti il brano n. 6, dove Rol detta al telefono alla Dembech ciò che lei avrebbe dovuto scrivere in *Quinta dimensione*, è il più interessante e significativo del CD.

[29] Cassine, F., *Vi racconto il messaggio di Rol*, Torino Cronaca, 05/10/2005, p. 22. In questa intervista si ritrovano più o meno sintetizzate le stesse pretese di cui diamo conto qui. Fino a prova contraria, gli unici «depositari della volontà di Rol» sono i suoi

che aveva parlato degli «squallidi figuri che raccontano di essere *"l'allievo"*, la *"pupilla"* o addirittura il discepolo che ne ha ereditato i poteri» (pp. 18-19). È chiaro che il quoziente di personalismi, di matrice soprattutto femminile – tale per cui si può senz'altro parlare di "primedonne" con i comportamenti di rivalità e gelosia che di norma le contraddistinguono[30] – è un elemento di rilievo nel panorama editoriale e testimoniale del *post-mortem* di Gustavo Rol.

La Dembech non esita a fare affermazioni come questa:

«[Una lettera indirizzata a Rol] diceva che il mio nome non sarebbe stato bene accetto in Vaticano per via dei miei precedenti volumi di divulgazione esoterica. (...). Gli dissi che, non so il Vaticano, ma io potevo andare a fronte alta dinanzi al Trono di Dio...» (pp. 125-126).

Fortunata lei che pensa di poter tenere testa persino a Dio... Certo è che non solo in Vaticano, ma anche presso quei pochi studiosi *seri* di esoterismo, le pubblicazioni della Dembech sono prese ben poco in considerazione, e non perché rivelino chissà quali segreti, ma perché non rappresentano alcunché di davvero qualificato (per non dire poi che l'esoterismo, quello autentico nel senso "guénoniano", ha in Vaticano una delle sue massime espressioni), al di là di qualche intuizione qua e là che a Rol non era dispiaciuta.

Si commetterebbe però un errore a pensare che qualche commento positivo di Rol nei suoi confronti corrispondesse ad un avallo integrale del suo modo di scrivere. In realtà Rol si comportava con lei come un padre, anzi un nonno benevolo che ne incoraggiava il cammino spirituale – cosa questa che ha fatto con moltissime persone, compreso chi scrive – guardando più ai lati positivi che a quelli negativi, e questo per l'affetto che certamente provava nei suoi confronti, fino al punto da dirle:

«Perché vedi Giuditta, io ti dico questo: ci sono sulla terra fra le migliaia di persone che ho conosciuto, fra le centinaia di migliaia, tre o quattro persone, cinque forse, che io stimo e che tengo nel cuore nel momento di morire, fra queste ci sei tu, capisci? Questo te lo voglio dire perché ti stimo, per una infinità di cose, non solo perché mi hai capito e perché sei stata molto buona con me sempre...» (p. 67).

Noi non abbiamo alcun dubbio che Rol le volesse bene, ma questo non ha evidentemente nulla a che vedere col modo in cui ha disposto delle registrazioni né con quanto da lei scritto dopo la sua morte. E non basta il fatto che Rol si fidasse di lei, come sostiene l'autrice, perché se è per questo si è fidato anche di Piero Angela, per poi rimanerne deluso al momento della pubblicazione del suo libro; così come di Renzo Allegri che volle pubblicare la biografia su di lui nonostante le sue proteste (e i

---

esecutori testamentari (Aldo Provera e Catterina Ferrari), nominati direttamente da lui, i quali infatti, non a caso, hanno mantenuto dopo la sua morte una sobria e misurata riservatezza (cosa che può dirsi anche di altre persone, di cui già abbiamo parlato).

[30] È d'altronde significativo che negli scritti della Dembech su Rol si trovino frequentemente parole come "fascino", "seduzione", "restarne affascinati".

cui giudizi impietosi abbiamo già visto)[31]. Qualcuno ci ha persino detto di avere delle registrazioni telefoniche in cui Rol critica il modo di scrivere della Dembech, e la cosa è del tutto credibile, visto che in *Quinta Dimensione* non è stata capace di pubblicare fedelmente quello che Rol le aveva dettato per telefono[32].

Peraltro bisogna considerare anche il valore spesso contingente di una chiacchierata telefonica: quante volte ci è capitato di esprimere pareri sia positivi che negativi su di una stessa persona o argomento a seconda del momento? Non si può certo pensare di giudicare male la Dembech solo perché Rol in una telefonata non ha parlato bene di lei, così come non si può generalizzare in senso contrario, ovvero che Rol aveva solo giudizi positivi nei suoi confronti perché è quello che emerge dalla telefonate selezionate e pubblicate dalla Dembech... Si può solo affermare che in un certo momento egli ha espresso su di lei (e con lei) giudizi positivi, e in altri meno lusinghieri[33]. Tutto questo però lascia il tempo che trova,

---

[31] I brani audio in cui Rol esprime apprezzamenti per la Dembech si possono far corrispondere alla fotografia che ritrae Rol e Renzo Allegri insieme sorridenti, all'epoca degli articoli su *Gente*. Ma non è certo perché esiste quella fotografia che Allegri possa dirsi esente dalla critica, o possa affermare di non essere stato criticato da Rol. Allegri riferisce inoltre che Rol «disse che mi stimava, che scrivevo bene, che ero un bravo giornalista, che aveva fiducia in me» (*Rol il grande veggente*, p. 21) ciò che, *almeno in una certa fase*, ha detto anche alla Dembech. L'unica differenza è che il libro di Allegri Rol lo potè commentare e stroncare, quello della Dembech no. E a titolo di esempio sul fatto che Rol poteva benissimo cambiare idea su di una persona, si cfr. l'episodio raccontato da Allegri in *Rol il mistero* (p. 73) dove Rol, dopo una discussione telefonica con un suo amico, fece scomparire da un quadro la dedica che gli aveva fatta in precedenza («"Mi sono sbagliato su di te. Quello che ho scritto nella dedica sul quadro non è più vero, perciò lo ritiro"»). Vogliamo comunque precisare che a noi preme solo rettificare gli errori e gli abusi, non certo prendercela con qualcuno in particolare.

[32] E lo stesso – cosa davvero sconcertante – non è stata in grado di fare ne *Il grande precursore*, dove ha persino premesso: «Queste sono le esatte parole che lui mi dettò al telefono e che avrei dovuto pubblicare allora per Quinta Dimensione» (p. 79). In realtà, se si confronta il testo (pp. 79-82) con l'audio (brano n. 6), si scopre che in molti punti non corrispondono affatto, e che l'autrice ha inserito – proprio come Allegri in *Rol l'incredibile* – parole a sua discrezione, ne ha scritte altre diverse, ed ha omesso anche alcune frasi. Per questione di spazio non possiamo qui segnalare questi punti, ma ci limitiamo a consigliare gli studiosi di basarsi solo sull'audio, e non sulla trascrizione (e questo vale anche per altri brani, anche se va detto che il rigore è da pretendere solo per ciò che Rol ha dettato, e non per i dialoghi liberi che di norma necessitano di adattamenti stilistici. Questo però non giustifica alcuni arbitrari aggiustamenti, come nel brano 12 che vedremo più avanti).

[33] Nello stesso ordine di idee rientra ciò che Rol ha detto alla Dembech di altri giornalisti, tanto che quest'ultima ha scritto: «ho pietosamente tagliato i nomi dei giornalisti di cui Rol è stufo, ma ci sono sul nastro originale» (p. 15). Non si farà molta fatica a trovare questi nomi... ma al tempo stesso, lo ribadiamo, si tratta di giudizi contingenti, e quand'anche la Dembech si servisse (a mo' di manganello) di queste registrazioni contro di loro, esse non potranno mai essere usate come dimostrativi di un giudizio completo di Rol nei loro confronti. E crediamo che il nostro studio possa aiutare

perché ciò che riveste per noi interesse è soltanto il grado di veridicità e affidabilità delle sue affermazioni, che sono indipendenti da qualsiasi componente affettiva e sono senz'altro suscettibili di essere criticate laddove palesemente in errore, anche perché Rol non ha più la possibilità di farlo. Va da sé che ci aspettiamo che altri facciano lo stesso con quanto scriviamo noi, cosa che è lungi dal dispiacerci in quanto utile al miglioramento del nostro lavoro.

È poi opportuno sottolineare, a scanso di equivoci, che quando Rol dice «mi hai capito», non si riferisce evidentemente alla "sua" dottrina e alla sua Scienza (che infatti la Dembech dimostra, ancor oggi, di non aver penetrato), ma fa riferimento a sé stesso come essere umano, all'uomo Gustavo Rol, alla sua solitudine, al suo sconforto per non aver trovato quella collaborazione con la comunità scientifica tanto auspicata soprattutto negli ultimi anni di vita, quelli che poi corrispondono alla frequentazione con la Dembech. Come avevamo già evidenziato, questa giornalista rappresentava per Rol l'ultima possibilità di far conoscere al mondo le sue idee e i suoi esperimenti, un ultimo tentativo di un signore ormai anziano (le registrazioni sono state fatte quando Rol aveva tra gli 84 e gli 86 anni), se vogliamo un ultima giocata sul tavolo della roulette, dopo aver perso tutto, ovvero tutte le speranze di poter riuscire ancora in vita a *riunire scienza e religione*. Rol aveva riposto nella Dembech le sue ultime aspettative[34], ed è per questo, secondo noi, che con lei si è dimostrato più aperto che con altri. Riteniamo che se invece degli anni '80 la giornalista lo avesse incontrato negli anni '60, non solo Rol non le avrebbe permesso di registrare alcunché, ma dubitiamo che le avrebbe concesso la stessa confidenza di vent'anni dopo.

Ma sarà opportuno vedere altre affermazioni autoreferenziali, per dare un'idea chiara di quanta parte abbia l'elemento personalistico nella testimonianza della Dembech:

«Se Rol fu un gentiluomo, un cavaliere impeccabile, al femminile io lo sono altrettanto. Il fatto di essere donna, non mi ha esentato dal conoscere ed applicare le leggi della Cavalleria[35]. Esiste una Cavalleria

---

ad evitare che in futuro – nei confronti di questo o quell'autore, nel bene come nel male – si faccia di tutta l'erba un fascio.

[34] Di qui anche la sua commossa sorpresa, *ingenua e semplice come quella di un bambino*, di fronte alla corretta interpretazione della Dembech del simbolismo della scala e del triangolo. Abituato costantemente a gente che comprendeva raramente i suoi insegnamenti, essendosi sentito solo per tutta la vita, incompreso o frainteso, e ormai rassegnato a morire senza che qualcuno potesse comprenderlo, la risposta della Dembech rappresentava un raggio di luce in tanto buio. D'altronde, era anche la prima giornalista con qualche nozione elementare di esoterismo che dialogava con lui. «Lo stupore di Rol mi sembrava eccessivo», scrive la Dembech (p. 74), e tuttavia è perfettamente giustificato dallo stato d'animo di Rol e dalla sua *quintessenza*, quella di un *anziano bambino puro di cuore*.

[35] Della stessa risma la frase: «io sono una "donna d'onore" che se deve tacere tace» (p. 123).

dello Spirito che va oltre a tutte le saghe Arturiane[36]; credo ad ogni buon conto di poterne far parte...

Probabilmente, nel corso degli anni superai tutti gli esami, e decise che potevo essere la persona giusta per ascoltare, raccogliere i suoi ricordi e scrivere quel famoso, mitico libro. (...).

E così, da un certo punto in poi, per evitare che anche una sola delle sue parole andasse travisata, mi permise di registrare...» (pp. 66-67).

«Quella di affidarmi il dono prezioso della sua voce, è stata una scelta precisa di Rol che si fidava di me; sapeva che avrebbe affidato il suo messaggio ai posteri in buone mani, e ancora una volta, non ha sbagliato...» (p. 66).

L'autrice continua poi nel dire che «oggi possiedo l'unica testimonianza esistente...» (p. 68), affermazione che poteva eventualmente essere accettata nel 1994, quando effettivamente su Rol non si conoscevano altri documenti audio e lei stessa, su Rai Due, aveva dichiarato: «È l'unica testimonianza che esiste della sua voce»[37].

Ma non può essere accettata nel 2005 – quando è uscito il suo libro – e non lo sarà di certo nei prossimi anni. Come si vede, c'è un continuo insistere sul valore di queste registrazioni, che indubbiamente lo sono di per sé, ma che non costituiscono né un'unicità, né uno "scoop" quanto ai contenuti, tanto che ci pare insensata questa frase:

«Ho capito che è arrivato il momento in cui questo patrimonio di notizie debba diventare di pubblico dominio...» (p. 108).

Lo ripetiamo: non c'è assolutamente nulla di ciò che ha pubblicato la Dembech che non si sapesse già prima. A tal proposito, è esemplare ciò che scrive in merito alla «tremenda legge» di Rol, che ebbe modo di leggere per la prima volta nel 1987, sulla sua agenda; come abbiamo visto in precedenza, era accaduto che mentre Rol le stava mostrando la pagina dove era annotata la "legge" – subito dopo averla letta a voce alta – l'agenda all'improvviso si staccasse dalle sue mani *come sospinta da una forza ignota* per cadere qualche metro più in là. Il caso ha voluto che il registratore fosse acceso[38] e che quindi questo momento venisse

---

[36] È evidente che l'autrice ignora i significati esoterici e simbolici dei racconti cavallereschi, che hanno a che fare con la "galanteria" – ciò a cui essenzialmente fa riferimento – solo a un livello molto superficiale, e rappresentano invece, a tutti gli effetti, una «cavalleria dello spirito», senza bisogno di cercarne un'altra al di fuori degli stessi. La storia di *Alda* ne è solo un esempio.

[37] *I fatti vostri*, del 21/10/1994 (cit).

[38] Dire «il caso» è solo un eufemismo, perché se anche la Dembech sostiene che si sia trattato di «una registrazione *"accidentale"*» (p. 121), la cosa ci pare davvero improbabile. Nell'introdurre il brano n. 25 dice: «All'inizio sentirete le voci molto lontane, non perché la registrazione sia pessima per determinati motivi, semplicemente io credevo di avere un registratore guasto, spento, e lo avevo messo lontano da noi. Poi accade qualcosa, qualcosa di straordinario: una forza misteriosa strappa via dalle mani di Rol l'agenda che lui mi sta leggendo e l'agenda cade con un tonfo accanto al registratore». Non è curioso che cada proprio vicino al registratore, che probabilmente era occultato nella sua borsetta

registrato (traccia n. 25), tanto che la giornalista non perde l'occasione di affermare che si tratta dell'«unica registrazione di un evento *"paranormale"* in diretta audio» (p. 123)[39].

Dal momento che quanto avvenuto è opera nient'altri che dello *spirito intelligente* di Rol, ovvero di Rol stesso, ci pare eloquente il messaggio non troppo implicito: la Dembech non era pronta per prendere visione di quegli scritti. La cosa ha il sapore di un *test iniziatico* ma anche, sotto sotto, di una piccola farsa. La giornalista infatti scrive:

«Avevo intravisto la formula del suo potere. Non ci avevo capito nulla, però l'avevo vista. Naturalmente non ne avrei parlato con nessuno, però non l'avrei certo dimenticata!

Dopo un paio di minuti [Rol mi disse]: *"adesso puoi prenderla* [l'agenda]...*però era troppo presto perché te ne parlassi, non dovevo!"*

Tornai a rassicurarlo: *"Non si preoccupi, io ho dimenticato tutto e non ho visto niente..."*» (pp. 123-124).

Qualche pagina più avanti aggiunge:

«La prima volta in assoluto in cui ho rivelato la formula di Rol è stata attraverso i telegiornali, con l'annuncio della sua morte» (p. 169).

Ora, tutto questo dà ancora una volta la precisa idea di come la Dembech non solo abbia capito ben poco di Gustavo Rol, ma allora come oggi sia del tutto disinformata su ciò che altri hanno scritto e testimoniato di lui. Abbiamo già visto come non avesse le idee chiare sulla registrazione di Lugli[40], ma qui si supera: infatti la "tremenda legge" fu divulgata per la prima volta già da Furio Fasolo nel 1951 (*Epoca* del 24 febbraio), vi fece riferimento Leo Talamonti nel 1975 in *Gente di frontiera* (p. 120) e poi Luigi Bazzoli nel 1979 (*Domenica del Corriere* del 24 gennaio) nella seconda puntata della sua inchiesta su Rol. La Dembech con la sua «prima volta in assoluto» è quindi arrivata nel 1994, la bellezza di 43 anni dopo, con uno scoop inesistente...[41].

---

e stava registrando? Quasi che Rol, sapendolo, abbia voluto darle un "segno" ben mirato...

[39] Diciamo qui a titolo di smentita, che il ns. archivio audio contiene *alcune decine* di esperimenti di Rol.

[40] Anche se le idee chiare le ha avute per riprodurre abusivamente e senza autorizzazione la foto di Rol che compare nel retro e nell'interno del CD, foto scattata da Lugli (e ora passata al ns. archivio) e usata sulla copertina del suo libro...

[41] Oltretutto è abbastanza strano che l'autrice, la quale afferma di aver avuto con Rol «una amicizia durata quasi venticinque anni» (p. 13), nel 1987 fosse ancora del tutto ignara di questo che è uno dei punti fondamentali della "sua" dottrina, e che in genere non aveva problemi a riferire dopo non molti incontri, anche perché era già stato reso pubblico. Come abbiamo già visto con altri testimoni, il millantare una frequentazione assai superiore al vero è atteggiamento piuttosto diffuso. Comunque sia, gli anni di amicizia con la Dembech non possono essere più di 21 (1973-1994), e ci pare di poter dire che la frequentazione ci sia stata soprattutto tra il 1987 e il 1989 (anche perché dopo il 1989, come scrive la stessa Dembech, «la dottoressa Ferrari... per proteggerlo dall'invadenza dei soliti curiosi, innalzò intorno a lui una sorta di recinto invalicabile.

Sono poi del tutto inappropriate espressioni come «la formula del suo potere» o «la formula di Rol», sia perché non si tratta di una "formula" e Rol mai vi si è riferito in tal modo, sia perché non si tratta di potere, ma tutt'al più di *potenza*, e in ogni caso di *possibilità*[42].

Passiamo ora a un altro punto, partendo dall'ennesimo slogan: «Devo consegnare ai posteri la voce ed il testamento spirituale di Rol, con i precisi concetti che desiderava tramandare, senza traduzioni o aggiustamenti» (p. 79).

Abbiamo già anticipato che non corrisponde a verità l'affermazione di aver trascritto «*esattamente*» le parole di Rol dalla voce alla carta; qui ne vogliamo dare un esempio significativo, un dialogo (n. 12) pieno di «aggiustamenti», che ingloba al tempo stesso alcuni elementi fondamentali riguardanti la «fastidiosa avversione» di Rol per le idee teosofistiche della Dembech, e l'irruenza di quest'ultima nel cercare di convincerlo, parte che guarda caso viene tagliata nella sua trascrizione (pp. 113-114); qui daremo solo la nostra di trascrizione[43], che potrà essere confrontata con quella della Dembech e rendersi conto delle differenze. A chi non fosse interessato al raffronto, basti sapere che quelle seguenti sono *per davvero* le «esatte parole» di Rol (e della Dembech):

D.: *Quello che Lei fa sconvolge i canoni della materia.*

R.: Certo. Si ma un momentino, però voglio dire una cosa: che la materia è spirito!

D.: *È Spirito coagulato...*

R.: No, no, no! La parola coagulato...

D.: *Sì, ho detto la prima cosa che mi veniva in mente...*

Però quel recinto lo ha anche separato dall'affetto degli amici. Negli ultimi tempi a nessuno era permesso vederlo» (pp. 78-79)).

[42] La Dembech sostituisce ll termine "*potenza*" con "*potere*" anche a p. 69, dove riporta l'enunciazione della "tremenda legge" fatta a voce da Rol stesso [traccia n. 25 (1987) e traccia n. 10 (1989)], il quale però nell'audio dice "*potenza*". Si tratta quindi di una sostituzione del tutto ingiustificata (altro che "esatte parole"!). Nello stesso paragrafo si trovano anche altri due errori, quando dice che Rol scrisse questa legge sulla sua agenda «nel luglio del 1927, mentre era a Marsiglia», mentre invece era a Parigi; e quando dice che «nei giorni successivi... scarabocchiò a grandi lettere: "*Incubi, incubi, incubi...*"», mentre si tratta di tre mesi dopo, ad ottobre (cfr. traccia n. 10). La differenza tra i termini *potenza* e *potere* in italiano non è indifferente, e il fatto che Rol abbia usato il primo e non usi mai il secondo ha molteplici ragioni; qui diremo solo che ha riscontri precisi sia nella Bibbia sia nella definizione di «*yoga della potenza*» che è il titolo di uno studio di Julius Evola. È solo nella lingua inglese che i due termini sono riuniti in uno (*power*), e infatti il libro di Evola si basava soprattutto sullo studio di Arthur Avalon, *The serpent power*. Dal momento che, giustamente, sia Evola che Rol hanno usato «potenza», non si vede perché scrivere «potere». Questa errata trasposizione è finita persino nel titolo di un articolo (Brambilla, M., *Rol. Quando ho scoperto di avere il Potere*, Sette, 13/10/1994), che non a caso è la seconda puntata di un'intervista a Giuditta Dembech.

[43] Questo lavoro avrebbe dovuto farlo la Dembech: ci avrebbe risparmiato queste noiose – ma necessarie – segnalazioni, e avrebbe offerto ai lettori e agli studiosi un documento davvero importante. Come con *Scritti per Alda*, anche qui siamo di fronte a un'occasione mancata.

R.: È spirito! La materia è spirito! Tutto è spirito! È tutto spirito! Solo che quello dell'uomo – il *top* della Creazione – è "spirito intelligente".

D.: *E quello della materia è spirito inerte?*[44]

R.: Non "inerte"... È Spirito, ma l'altro è "spirito intelligente", non saprei dire "inerte" o "coagulato" o "freddo" o "caldo" o "giallo" o "verde". È spirito. Tutto è spirito. Ma quello dell'intelligenza è "spirito intelligente"; quello dell'uomo... l'uomo è al top, va bene? al di sopra; difatti come mai la scimmia...? sì, io credo in Darwin, nell'evoluzione delle specie... ci credo. Ma la scimmia è rimasta scimmia, è vero? La scimmia è rimasta scimmia, e l'uomo no[45].

D.: *Anche se c'è solo uno scalino... Senta ho letto una volta nella* Chiave della Teosofia *della Blavatsky, che per quanto gli scienziati con strumenti sempre più perfezionati riescano ad indagare nelle particelle subatomiche, creano strumenti sempre più perfetti che vedono sempre il più piccolo, più piccolo, più piccolo... non arriveranno mai ad indagare sul primo schieramento dell'atomo, perché il primo schieramento dell'atomo non è più materia, ma è lo spirito...*[46].

R.: Ma poi... l'infinito esiste nel piccolo e nel grande! Gli estremi si toccano, è un cerchio che si chiude, è vero? Come c'è l'infinito nel piccolo, c'è l'infinito nel grande, è il cerchio che si chiude...[47].

G.: *Ecco, però ho trovato sorprendente questa frase, mentre parla di un discorso scientifico...*

R.: Ma sono tutte parole umane però...

G.: *...quella dell'indagine nell'infinitamente piccolo...*

R.: La scienza è umana...

D.: *...a un certo punto c'è il passaggio dalla materia allo spirito, e questo la scienza non potrà mai fotografarlo! Non potrà mai indagarlo...*[48].

R.: Perché non potrà mai? Perché? Io invece spero che potrà![49]

D.: *Mi hanno detto che Einstein – dicono che l'abbia detto la sorella – Einstein teneva sul comodino da notte la* Dottrina Segreta *della Blavatsky, il libro da cui le ho letto quella frase di prima, che il primo schieramento dell'atomo è invisibile perché è lo spirito, e mano mano lo*

---

[44] Fino a qui, la trascrizione della Dembech segue *più o meno* l'audio. Da questo punto in poi inizia invece uno scempio dove alcuni paragrafi sono tagliati, altri vengono anticipati, altri posticipati, e le parole cambiate! Un polverone fine a se stesso e del tutto ingiustificato.

[45] Paragrafo aggiustato e posizionato al fondo del dialogo (p. 114).

[46] Paragrafo omesso.

[47] *idem*. A proposito di quanto sta dicendo Rol, si ricordi quanto abbiamo visto su *alfa e omega*.

[48] Tutto omesso fino a qui.

[49] Questa frase non solo è stata omessa in questo contesto, ma è stata inserita in altro contesto e in altro discorso di Rol (a p. 95), e messa in relazione ai viaggi nel tempo, senza alcuna ragione.

spirito sconfina nella materia, e da lì in poi si comincia a fotografare, e questo libro...[50].

R.: Ma lo spirito è già materia, ma materia intelligente... Lo spirito è *materia intelligente...* Se vogliamo chiamarla materia – lo spirito – gli diamo allora la parola "intelligente"... Cos'è l'intelligenza?[51]

D.: *Ah... l'intelligenza è una questione tipicamente animale, io penso...*

R.: Ah noo...

D.: *Ci sono cani intelligenti...*

R.: ...ah noo...

D.: *...la radice è intelligente quando si piega a cercar l'acqua...*

R.: Eh no... ma ci sono *forme* di intelligenza...

D.: *...il fiore è intelligente a voltarsi verso la luce...*

R.: Eh no... ma quello lì è istinto! è istinto... Il vitello che nasce cerca subito da succhiare...

D.: *Sì, quello è l'istinto di sopravvivenza...*

R.: Il girasole che si volta vero la luce è istinto, necessità, per vivere... Ah noo...

D.: *E cos'è l'intelligenza?*

R.: Non saprei darne una definizione...

D.: *È la scintilla divina? nell'uomo?*

R.: Mah, sono parole che ci vanno bene... ci vanno bene perché non ne abbiamo altre. Io ho avuto bisogno della scienza, ho bussato alla scienza, va bene? La scienza mi ha sbattuto la porta in faccia grazie a Piero Angela, perché io stavo per fare delle cose... mi ha bloccato, completamente...»[52].

Questo dialogo, interessante sotto molti aspetti, è perfettamente rappresentativo di come Rol non avesse nulla a che vedere con il teosofismo, sia perché rimane indifferente alle citazioni della giornalista, e anzi, in pratica, le contesta, sia perché se avesse avuto un qualsiasi interesse per questa pseudo-religione avrebbe, se non approvato, quanto meno desiderato far sapere alla Dembech che conosceva la pubblicazione della Blavatsky, cosa che si è ben guardato dal fare, e non certo perché non la conoscesse, quanto perché era consapevole dei rischi di strumentalizzazione che una giornalista avrebbe potuto fare del suo pensiero, anche perché dire di avere letto o di conoscere un autore non implica per niente che si approvi quanto da lui scritto[53].

Quanto poi al comportamento della Dembech e al suo insistere e sovrapporsi alle parole di Rol – l'audio in questo caso rende bene l'idea – è un perfetto esempio di quella mancanza di rispetto e riconoscimento dei

---

[50] Omesso.

[51] *idem.*

[52] Ultime due frasi omesse, le altre mescolate a vario titolo e grado.

[53] Se per esempio Rol avesse detto: «Conosco la Blavatsky, ho letto i suoi libri...», una teosofista come la Dembech avrebbe potuto servirsi di questa affermazione per far passare Rol come un teosofista.

ruoli tradizionali che è tipico di una società ormai anarchica che non rispetta più alcuna gerarchia, ovvero, nel caso specifico, quella di maestro e discepolo (o aspirante tale), dove il discepolo invece di ascoltare pazientemente e umilmente, come dovrebbe essere in qualsiasi genere d'insegnamento, tanto più se di carattere iniziatico (e a maggior ragione se è molto più giovane del maestro – tra Rol e la Dembech c'erano 44 anni di differenza – e se non ha avuto una precedente assidua frequentazione con lui) alza la voce e si permette di avere una "opinione" su cose che il suo maestro conosce perfettamente e ha dimostrato di aver realizzate, o addirittura pretende di insegnargliele. Il comportamento della giornalista è ciò che di più anti-esoterico e anti-tradizionale possa trovarsi, ed è un peccato che quasi vent'anni dopo nulla sia mutato di questo atteggiamento.

Passiamo ora brevemente ad alcuni errori che è bene segnalare. A p. 24 si dice che Rol è nato nel 1902, mentre è il 1903 e che rimase «in un ostinato mutismo che proseguì fino ai cinque anni», mentre come sappiamo ciò avvenne fino ai due anni[54]; a p. 44 che «i cinque piani dell'ascensore» per giungere al suo appartamento in realtà erano quattro (su sei), mentre a p. 131 la frase di Rol (cfr. traccia n. 10): «Il colore verde, dà delle vibrazioni, le quali mi davano le stesse sensazioni di quelle che mi dà la quinta musicale» viene trascritta sostituendo a «sensazioni» il termine «emozioni», senza alcun motivo[55].

Occorre poi contestare due affermazioni che sono un altro indice della disinformazione dell'autrice sugli altri testi biografici fondamentali (per non dire di tutte le altre fonti). A p. 138 scrive che «Rol non veleggiava sotto al soffitto come i mistici cattolici», mentre Renzo Allegri, nel 2003, in *Rol il grande veggente* riportava questa testimonianza di Giuditta Miscioscia:

«Eravamo in sette persone sedute intorno a un tavolo pesante e massiccio. Rol si concentrò fissando il soffitto. Dopo qualche attimo, tutti noi presenti, tavolo e sedie compresi, cominciammo ad alzarci per aria, ondeggiando lentamente. (...). Salimmo, salimmo fino a raggiungere il soffitto, poi scendemmo, quindi di nuovo risalimmo al soffitto e poi planammo a terra»[56].

---

[54] Nella registrazione fatta circolare nel 2003 la Dembech diceva che Rol «è stato inviato da suo padre a lavorare presso la Banca d'Italia in Francia... Suo padre è stato il presidente... uno dei fondatori della Banca d'Italia...»; in realtà Vittorio Rol fu tra coloro che promossero la sede di Torino della Banca Commerciale Italiana (Comit), sede di cui divenne direttore nel 1909.

[55] Così come poche righe prima è «quantità di vibrazioni» e non «quantità di vibrazione».

[56] L'episodio (che si trova a p. 214) era stato raccolto da Allegri già nel 2001 e pubblicato sulla rivista *Chi* del 25 luglio. Un'altra levitazione di Rol è stata raccontata allo scrivente dall'amica Chiara Bologna: «Rol e mia nonna si trovavano in un appartamento. Ad un certo punto ha visto Rol alzare un piede come se dovesse scavalcare un piccolo ostacolo. Invece Rol ha lasciato il piede sospeso nell'aria, a circa 20 centimetri dal suolo. Ha quindi tirato su l'altro piede, portandolo un po' più in alto del primo, che era rimasto

A p. 145 sostiene invece che «Rol, nonostante il suo vasto ventaglio di possibilità sulla materia, non possedeva questa particolare facoltà», ovvero quella di ritrovare persone scomparse: «Molti genitori si rivolgevano a lui per ritrovare i ragazzi scomparsi, ci provava ogni volta, ma senza risultati...».

Questo sarà forse successo nei limitati casi di cui è venuta a conoscenza la giornalista (anche se il non fornire indicazioni precise lascia il tutto ad un mero "sentito dire") e sarebbe in parte confermato dagli insuccessi nei sequestri di Adriano Ruscalla nel 1979[57] e Luigi Giordano nel 1983[58]. Eppure altre volte Rol ha colto nel segno come risulterebbe nel suo ruolo, peraltro ancora non chiarito, nella liberazione del generale statunitense James Lee Dozier, sequestrato dalle Brigate Rosse nel dicembre 1981 e liberato il mese successivo. Maria Luisa Giordano ci informa che «in quei giorni Rol si diede molto da fare, era sempre in contatto con la Casa Bianca. Alla liberazione del generale, che Rol aveva previsto certa, ricevette un lungo telegramma di ringraziamento dal Presidente degli Stati Uniti, Reagan»[59].

E sempre la Giordano riferisce la doppia testimonianza di una certa Ornella M., che smentisce quanto scritto dalla Dembech:

«La prima volta che ho contattato Rol è stato per risolvere il caso di una persona scomparsa. (...).

Mi chiese solamente il nome della persona scomparsa e, dopo qualche istante, incominciò a fornirmi tutta una serie di informazioni sulla persona in questione, iniziò a descrivere il luogo in cui si trovava, addirittura ciò che egli pensava in quel momento e tutto nei minimi dettagli. Non era, però, in grado di dirmi il nome del luogo in cui si trovava, anche se me lo aveva descritto, poiché, come disse Rol: "Solo Dio lo sa". Rimasi sconcertata. Come poteva Rol fornire tutte quelle informazioni dettagliate? Come poteva essere vero tutto quello che lui aveva detto? (...). Il caso si risolse felicemente, proprio grazie all'aiuto di

---

sospeso là dove si era fermato. Rol ha iniziato a salire dei gradini invisibili, camminava nell'aria». Episodio da noi già citato in Mercante, V., *Il Mistero e la Fede*, cit., p. 86.

[57] Cfr. Ternavasio, M., *Gustavo Rol. Esperimenti e Testimonianze*, cit., p. 36.

[58] Anche se di quest'ultimo era stato in grado di predire la data di liberazione. Cfr. il capitolo «Il sequestro» in: Giordano, M. L., *Rol e l'altra dimensione*, pp. 223-227. L'insuccesso o il parziale insuccesso può essere dovuto a vari fattori, ma ci teniamo anche a dire che *non è perché Rol non sia stato in grado di dare un contributo risolutivo che questo significhi che non avesse la possibilità "tecnica" di fornirlo*. Dal momento che il soggetto è piuttosto complesso, qui ci limitiamo a segnalare un breve dialogo – suscettibile di essere assunto come principio di carattere generale – avvenuto tra Rol e la signora Chiara Barbieri, poco dopo un episodio di guarigione di un tracheotomizzato: «"Ma dottore, lei che può guarire tutti perché non lo fa?" Lui sorrise e mi disse: "Perché non è nel *karma* di tutti essere guariti. Dio si serve della malattia per farci capire tante cose. Quel signore poteva essere guarito e così è stato"» (*ibidem*, p. 263).

[59] Giordano, M.L., *Rol oltre il prodigio*, p. 32; poi ripreso in *Rol e l'altra dimensione*, pp. 78-79.

Rol, e da scettica qual ero, potei constatare la veridicità di tutto quello che mi aveva detto con tanta precisione». (...).

«Un giorno mi telefonò una mia cara amica, che è una brava gastroenterologa di Milano, dicendomi di essere preoccupata, poiché suo zio, a cui era molto afffezionata, era scomparso.

Mi raccontò che lo zio con la sua famiglia si era recato al mare, in Liguria, per trascorrere qualche giorno di vacanza.

Mentre si trovava in villeggiatura, un pomeriggio era uscito di casa per andare a fare una passeggiata e senza farvi più ritorno.

Erano trascorse ormai tre settimane e di lui nessuna traccia; avevano avvisato la Polizia, erano state fatte molte ricerche, ma senza alcun esito.

Cercai di rincuorare la mia amica, così affranta, poi le dissi che conoscevo una persona che, forse, poteva aiutarla; mi feci dire il nome e il cognome di suo zio e telefonai a Rol.

Gli spiegai che si trattava del caso di una persona scomparsa; gli dissi solamente il nome dello zio della mia amica senza aggiungere altro.

Dopo alcuni istanti Rol iniziò a parlare: "Mi spiace per lo zio della tua amica, ma purtroppo, è morto; si trova in montagna... lo vedo in un terreno scosceso, è nascosto da dei cespugli... È stato colto da malore ed è morto. Nonostante le ricerche fatte, non riescono a trovarlo perché mentre passegiava in montagna, si è allontanato dal sentiero principale. Però non ti preoccupare, perché tra una quindicina di giorni qualcuno lo ritroverà. Mi spiace, ma non so dirti altro".

Fu un compito difficile riferire alla mia amica ciò che il Dott. Rol aveva detto; cercai le parole più giuste e alla fine aggiunsi: "Speriamo che si sbagli questa volta".

"Tuttavia io ero ben conscia del fatto che Rol non si sbagliava mai.

Trascorsero una quindicina di giorni e il mio telefono squillò; era la mia amica di Milano che tra il dolore e lo sconcerto mi disse: "Hanno ritrovato mio zio... morto, l'hanno trovato in montagna, era andato a fare una passeggiata, deve aver percorso uno dei sentieri principali e poi, forse, avendo fatto tardi e vedendo scendere la notte, ha preso una scorciatoia, scendendo da una delle terrazze della montagna. Gli è preso un malore ed è morto, era riverso sul terreno nascosto dai cespugli. L'ha trovato un signore del posto".Tutto come aveva detto Rol»[60].

E con questo terminiamo ciò che riteniamo opportuno dire sulle affermazioni contenute in questo libro, tralasciando per ora alcune considerazioni relative a una storia che riguarda Federico Fellini e un suo misterioso viaggio in Messico (pp. 36-42), e che la Dembech ha reso assai più confusa di quello che è in realtà. Dal momento che una trattazione soddisfacente presupporrebbe anche un approfondimento sul

---

[60] Giordano, M. L., *Rol mi parla ancora*, pp. 164-167. Si tenga presente che questa testimonianza è stata pubblicata nel 1999 e la Dembech, che scrive nel 2005, dimostra di non conoscerla, ovvero di non aver letto il libro della Giordano (come quasi tutti gli altri, a quanto pare).

rapporto di amicizia tra Rol e il grande regista, cosa che non può essere fatta in poche pagine, ci riserviamo di farlo nel nostro prossimo studio.

Conclusione

...la vittoria avanzò a passo di carica e l'aquila nazionale volò da un campanile all'altro fino alle torri di Notre-Dame.[1]

Abbiamo desiderato aggiungere questa pagina solo alla stregua dei titoli di coda di una serie appena iniziata. Parlare di conclusione con *le poche cose che abbiamo dette* su Rol, ci sembra davvero inappropriato, visto che ancora non ci siamo occupati della *spiegazione scientifica degli esperimenti*, né ci siamo fermati a sufficienza sulle *fasi di trasformazione* che hanno caratterizzato il percorso iniziatico del Maestro Rol.

Restano poi ancora le molte imprecisioni e i numerosi errori degli altri testi pubblicati, che non mancheremo di segnalare e contestualmente svilupparne le spiegazioni contingenti, come abbiamo fatto qui, nel nostro prossimo studio, così come una adeguata e particolareggiata controcritica alle tesi e alle illazioni dei detrattori.

Per ora, possiamo dire, con Guénon, che «siamo convinti di non aver detto niente più di quanto era rigorosamente necessario allo scopo di eliminare le confusioni e i malintesi e di farla finita con le false interpretazioni»[2], ma anche di aver iniziato ad illustrare a quale profondità e a quali altezze si spinse lo spirito di Rol, colui che, ne siamo assolutamente convinti, sarà annoverato come il Copernico del XX secolo, e come il più grande *illuminato* degli ultimi due millenni.

Non ci resta quindi che terminare questo atto con l'ultima stanza del *Faust*:

Tutto il peribile
è solo un simbolo;
l'inattingibile,
qui si fa evento;
l'indescrivibile,
qui ha compimento;
l'Eterno Femminino
ci fa salire.

---

[1] Las Cases, *cit.*, vol. II, p. 249.
[2] *Errore dello spiritismo*, pp. 388-389.

APPENDICE I

Errata corrige e precisazioni ulteriori in merito al libro di Maria Luisa Giordano: *Gustavo Rol. Una vita per immagini*.[1]

Presentiamo alcuni degli errori, delle imprecisioni e soprattutto della mancanza degli accrediti bibliografici (che qui daremo in nota) di questo testo, che per il discreto numero era necessario relegare a una appendice a sé stante. Essa sarà utile soprattutto per gli studiosi, mentre il lettore occasionale può senz'altro tralasciarne la lettura.

A p. 18, a margine della riproduzione di uno scritto di Rol si trova la seguente trascrizione: «I generosi che non sono scaltri fanno la fine degli zolfanelli: sono *fatti* per far luce agli altri»; la trascrizione corretta è: «...sono *fregati* per far luce agli altri».

A p. 22 c'è la trascrizione imprecisa, copiata da Ternavasio[2], di ciò che Rol aveva scritto sul frontespizio del libro *Le avventure di Pinocchio*, pagina riprodotta in *Scritti per Alda* (p. 20); la versione corretta (*Alda*) è:

Le avventure di Pinocchio [titolo stampato, poi subito sotto]

«non saranno le mie perché io sento che sono nato con un cuore che non ha bisogno di fare l'esperienza di un burattino, e anche con uno spirito che non avrà bisogno delle disgrazie per diventare forte. Per queste cose io sarò un vecchio fra i giovani, quando son giovane ed un vecchio tutto solo quando sarò vecchio. G.A. Rol – 7 febbraio 1914»;

la versione sbagliata (Ternavasio/Giordano) invece è:

«Le avventure del burattino non saranno le mie, perché io sento di essere nato con un cuore che non ha bisogno di fare l'esperienza di Pinocchio. (...). Per questo io sarò un vecchio tra i giovani, etc.».

Alle pp. 35 e 37 si fa riferimento alla «quinta *nota* musicale, il sol», ma come abbiamo già visto si tratta dell'*accordo di quinta*.

Da p. 37 in poi inizia un *melange* di frasi tratte dalle fonti più diverse, *nessuna delle quali viene citata*. Ci limitiamo alla segnalazione dei brani più estesi:

a p. 37 troviamo un paragrafo tratto da Lugli[3]; a pp. 37-38 brani tratti dal libro della Ferrari[4]; a p. 38 di nuovo da Lugli[5]; a p. 43 da Allegri[6]; da p. 44 a 46 si trovano mescolate frasi tratte da Lugli[7] e altre tratte dalla rivista Metapsichica[8];

---

[1] Cfr. p. 192.
[2] Ternavasio, M., *Gustavo Rol la vita, l'uomo, il mistero*, cit., p. 19.
[3] Lugli, R., *G.Rol. Una vita di prodigi*, p. 22.
[4] Rol, G.A., *"Io sono la grondaia..."*, cit., p. 129.
[5] *G.Rol. Una vita di prodigi*, p. 24.
[6] Allegri, R., *Rol l'incredibile*, p. 122; e pubb. successive.
[7] *G.Rol. Una vita di prodigi*, pp. 27-29; originariamente su *La Stampa* del 24/05/1986 (Tuttolibri, p.1).
[8] *Dibattito sui fenomeni...*, cit., p. 25 e sgg.

a p. 64 viene riferito l'episodio del quadro di Teresa Rovere che già fu raccontato in *Rol e l'altra dimensione*, con lo stesso errore (l'autrice scrive «Margherita Provera» invece di Teresa Rovere) ma in questo caso viene anche inserito nella didascalia del quadro di cui è fornita una immagine;

alle pp. 68-69 è riprodotta su due facciate la pagina di un articolo che Dino Buzzati aveva scritto sul *Corriere della Sera* ("L'albergo salvato dal mago") e sul quale Rol aveva fatto una annotazione di suo pugno, a penna. Questo documento era stato da noi distribuito durante una conferenza per il centenario della nascita di Rol, il 12 giugno 2003. Ci è dispiaciuto che l'autrice non ci abbia chiesto il permesso di pubblicarlo, visto che l'originale è di proprietà di Nuccia Visca alla quale avevamo chiesto il permesso di distribuirlo in fotocopia durante la conferenza;

a p. 78 si trova nuovamente l'errore che fa risalire al 1952 la partecipazione di Pitigrilli agli esperimenti di Rol;

a p. 79 è stata pubblicata una lettera in francese della regina Maria José di Savoia all'ingegnere Luigi Fresia, amico di Gustavo Rol. Nella didascalia però c'è scritto erroneamente che la lettera è indirizzata a Rol stesso;

alle pp. 84-85 l'autrice riporta una nostra testimonianza, ma purtroppo invece di interpellarci direttamente (nonostante la conosciamo da anni) ha copiato anche in questo caso quanto scritto nel 2002 dal giornalista Ternavasio nel suo primo libro, testimonianza che a suo tempo fu da lui condita con frasi che mai avevamo scritte[9]. La Giordano avrebbe inoltre evitato di dire che lo scrivente «frequentava Gustavo Rol già da bambino, accompagnato dai genitori o dai nonni Franco ed Elda Rol». Infatti, ciò non è mai accaduto, perché a casa di Gustavo lo scrivente è sempre andato da solo a partire dai 15/16 anni, e non prima, e nessuno lo ha mai accompagnato, tantomeno i suoi genitori i quali sono separati da quando ha 4 anni. Solo una volta, l'ultima che lo vide nel 1992, è andato a trovarlo con un'altra persona, sua cugina Paola Grazia;

alle pp. 87-88 viene raccontata la storia di due antiche statuette fenicie in merito alla quale Mario Pincherle ha ricamato uno dei suoi racconti romanzati. Viene citato uno strano «Zen» come «scettro di Osiride», ma si tratta di «Zed» (o *Djed*), anche se, curiosamente questo vocabolo giapponese potrebbe farne discretamente le veci...

alle pp. 104-105 viene nuovamente riproposto l'equivoco esperimento di Eleonora Duse di cui abbiamo già parlato alle pp. 169-170.

a p. 110 la Giordano scrive: «Il prof. Giovanni Sesia mi ha dato l'autorizzazione a pubblicare una lettera a Fellini che Gustavo gli aveva donato, scritta di suo pugno». Segue quindi questa lettera, del 20 ottobre

---

[9] Ternavasio, M., *G.Rol la vita, l'uomo*..., cit., p. 109. Sugli errori numerosissimi che ci sono in questo libro riferiremo nel nostro prossimo lavoro. La nostra testimonianza in originale la si può invece leggere sul ns. sito alla pagina:
www.gustavorol.org/testimonianze.html

1986. Tuttavia era già stata pubblicata nel 2000 da Catterina Ferrari, che evidentemente ne aveva una copia[10];

a p. 117 l'autrice accenna alla «matita di bambù dalla punta di grafite, dono di Valletta» con cui Rol, in molti esperimenti, era solito "disegnare nell'aria". In realtà quella matita gli era stata donata dall'amico Gian Felice Ponti di Varese[11];

a p. 118 troviamo la testimonianza di Cesare Romiti, *melange* di due interviste, anche qui non citate come fonte[12];

alle pp. 119-120 quella del regista Franco Zeffirelli tratta da un'intervista del 2004 concessa a un giornalista della rivista *Di Più*[13]. Anche in questo caso, pur essendo stato ricopiato fedelmente l'articolo, nessuna indicazione sulla fonte. Considerando la dubbia attendibilità di certe riviste di *gossip*, abbiamo contattato Zeffirelli per chiedergli conferma se ciò che veniva detto nell'articolo (e di riflesso nella trascrizione della Giordano) era fedele alla sue parole. Il regista lo ha, per fortuna, confermato. Certo è che all'autrice non costava davvero nulla citare la fonte, e non ci sembra neanche corretto nei confronti del giornalista autore dell'articolo;

le fotografie n. 40 di p. 51, e n. 52 di p. 62 sono state scattate a Sanremo e non a Mentone.

Segnaliamo infine, a proposito di fonti non citate, che a p. 157 troviamo un *melange* di frasi tratte da Allegri[14] e da Buzzati[15].

Nelle ultime pagine del libro vi sono poi una serie di immagini molte delle quali già pubblicate in *Rol oltre il prodigio* e *Rol e l'altra dimensione*, libri da cui sono tratti anche numerosi altri brani. Il risultato è che ogni libro della Giordano riproduce grosso modo quello precedente, aggiungendo molto poco di nuovo. Crediamo anzi che questo materiale fotografico avrebbe potuto avere una migliore collocazione se affiancato da un testo inedito. In definitiva quindi, *Una vita per immagini* è un collage di cose (e purtroppo errori) che si trovano già negli altri libri dell'autrice e di lunghi brani di altri autori senza riferimento

---

[10] Essa si trova in: Rol, G.A.,"*Io sono la grondaia...*", cit., pp. 175-176.

[11] È lo stesso Rol a scriverlo in uno degli articoli di *Gente* (*Sul foglio bianco...*, cit., p. 67), ed è confermato anche da Remo Lugli (*cit.*, p. 49). Con ogni probabilità la Giordano ha preso come fonte ancora Ternavasio (*G.Rol la vita, l'uomo...*, p. 68).

[12] Si tratta di: 1) Gualazzini, B., «*Il veggente Rol mi consigliava come dirigere Fiat*» (intervista a Cesare Romiti), Il Giornale, 28/08/2003, p.1; e di: 2) Brambilla, M., *Cesare Romiti: «Così mi ritrovai in tasca una lettera di Valletta scritta dall'aldilà»*, Sette, 27/04/2000, p. 137.

[13] Buffo, O., *Sì, l'aldilà esiste e io ci parlo*, (intervista a Franco Zeffirelli), Di Più, n. 14, 26/07/2004, p. 90.

[14] Inizialmente su *Gente* (*I pennelli...*, cit., pp. 12-13); poi in *Rol l'incredibile*, p. 41; *Rol il mistero*, p. 39; *Rol il grande veggente*, pp. 111-112.

[15] Qui quanto meno il nome di Buzzati viene citato, ma non la fonte. Si tratta del *Corriere della Sera* del 11/08/1965 (*Un pittore morto da 70 anni ...*, cit.).

bibliografico, con l'unico pregio costituito dalla documentazione fotografica e da poche testimonianze inedite.

APPENDICE II
Conversazioni con Gustavo Rol[1]

1. Presentazione dell'Autore

2. Inizio esperimenti

A casa della signora Domenica Visca Schierano (Nuccia per gli amici), sulla collina di Torino. Rol distribuisce i posti intorno al tavolo da pranzo per l'inizio della *seduta sperimentale*. È allegro, canta un motivetto in francese ("Tout va très bien", 1935). Inizia la consueta verifica e conta delle carte da gioco dei mazzi utilizzati in casa Visca (sempre le stesse, tranne nei casi in cui un nuovo ospite portava uno o più mazzi suoi). Poi Rol chiede di allineare i mazzi e dichiara di voler fare il «primo esperimento di introduzione».

3. Non esiste la reincarnazione

Un ospite chiede: «Quindi la nostra possibilità attuale è quella di morire e lo spirito vagare, oppure lo spirito di ritornare, praticamente una reincarnazione?».
Rol risponde: «Non esiste la reincarnazione, non ci credo!».

4. Corpo anima e spirito

Rol: «Gli spiritisti, ossia i seguaci di Allan Kardek: "Vivre, renaître, mourir, renaître. Telle est la loi". Così è sepolto attraverso le parole, nella roccia. I seguaci di Allan Kardek credono che il medium si metta in contatto con l'individuo morto, e che l'individuo morto, il defunto diciamo, venga e si manifesti con figure ectoplasmatiche, con rumori, con voci, trasportando oggetti, eccetera, eccetera, eccetera; credono ossia, ci sia la persona defunta. È vero? Siamo d'accordo fino a lì?».
Dr. Alfredo Gaito: «Ci sono anche altre teorie».
Rol: «Allora sentiamone un'altra».
Remo Lugli: «No ma questa qua è la teoria spiritista per cui quella lì è la tua, quelle là non sono più teorie spiritiste».
Rol: «Allora quali sono le altre teorie?».
Gaito: «Quella materialista… Quella che è l'individuo…».
Rol: «Che emana una forza…».
Gaito: «Che emana una forza psichica che si concretizza…».
Lugli: «Ma è una lettura spiritista però…».
Gaito: «Spiritista, certo, sempre spiritista, sono sempre spiritista…».

---

[1] Documento audio reperibile in download o CD sul nostro sito (www.gustavorol.org).

Rol: «In ogni modo, sono sempre legate a persone defunte...».
Gaito: «...legate a persone defunte».
Rol: «...a persone defunte. Ecco l'errore. Io avevo scritto 15 anni fa un articolo, che è stato pubblicato su Planète e che poi – cioé l'ho mandato a Planète e poi l'ho ritirato prima che venisse pubblicato, dove c'era scritto: "Rol, chi è? Rol è in collusione ed in collisione con lo spiritismo". Ossia Rol è in urto e nello stesso tempo – in collusione e in collisione – insieme allo spiritismo[2].

Perché allora avevo tirato fuori la storia – son solo quindici anni – parlo dello "spirito intelligente"...

Quindi, quello che oggi ho visto, chiaro... ed è difficilissimo a spiegarsi, lo faccio inadeguatamente, ma son sicuro, posso affermarlo: quando l'individuo muore – devo fare una premessa per spiegare la ragione per la quale ci sono questi spostamenti e questi fenomeni. Parliamo dell'uomo che muore.

Io fino a ieri ho creduto che l'uomo morto andasse ad abitare subito in un altro mondo, dal quale altro mondo lui potesse venire sulla Terra, agire presso di noi, fare un po' il nostro aiuto, come anticamente han sempre detto tutti, le anime del Purgatorio ci aiutano e i santi ci sorreggono. Invece la storia dello "spirito intelligente", mi ha insegnato questo: l'uomo muore, dicendo muore noi abbiamo una trinità, l'uomo è una trinità, l'uomo è anima, ossia una parte della creazione... una parte della creazione; l'uomo è spirito, che è la parte della creazione rivelata *ad usum delphini*, ad uso degli altri che gli dà il modo di poter essere considerato umanamente, come Cristo se non fosse stato uomo, non l'avremmo capito, ci avrebbe terrorizzato, saremmo fuggiti se invece di vedere Cristo avessimo visto Dio, avremmo avuto sgomento, perché è impensabile che coi nostri mezzi umani possiamo resistere di vedere Dio, è impossibile.

Terza parte, il corpo. Quindi: anima... tu sei anima, sei spirito e sei corpo. Eccoci qui: *omnium trinum est perfectum*.

Muore il corpo, ci rimane lo spirito e l'anima. Lo spirito... ecco perché io, molto... – non oso dire intelligentemente – perspicacemente, gli ho dato il nome di "spirito intelligente", perché grazie alla sua natura veramente spirituale – dimentico per un momento che ho detto che quel vaso ha uno spirito, che quel tavolino ha uno spirito, è rappresentato dalla funzione che hanno avuto nella storia dell'Universo – ma qui, parlando dell'uomo, implicitamente io adesso dico "spirito intelligente", ma se dico solo "spirito" ci capiamo ugualmente, non facciamo confusione col tavolino, col mobile o col vaso. Allora lo spirito è immortale. Immortale... che cosa vuole dire? che non ha un limite di mortalità come

---

[2] Cfr. quanto dice lo stesso Rol nell'incisione sullo *spirito intelligente* pubblicata da Lugli: «Per quanto riguarda lo spiritismo, invece, mi trovai in perfetta collisione e collusione e ciò proprio a causa dello "spirito intelligente"» (*G. Rol. Una vita di prodigi*, p. 3 – preambolo).

nel corpo; ma ha la sua mortalità[3]. Come? Finché sia percepibile. Cosa vuole dire? Prendiamo degli spiriti. Lo spirito di mio padre. È percepibile? Sì, perché io ne parlo, ho i suoi ritratti, ne ho sentito parlare. Lo spirito di mio nonno, è percepibile? Sì, perché io non l'ho conosciuto, ma ho i suoi ritratti, e ne ho sentito parlare. Lo spirito del mio bisnonno, è percepibile? Sì, perché io non l'ho conosciuto, ne ho sentito parlare, ancora, ed ho dei ritratti. Trisnonno, quadrisnonno, quintisnonno, andando indietro a ritroso. Arrivo a un certo momento e mi dico: il Rol, che è da padre in figlio indietro di sette generazioni, se io non ho l'albero genealogico, l'albero delle famiglie nobili, che tengono... io non ho più la percezione».

Gaito: «Quel libro di quel mio avo...».

Rol: «Eh no, arrivavo! Se te l'ho detto di non... eh no, io arrivavo a questo. Io c'arrivavo, mi hai interrotto. No no, ci arrivavo, io mi facevo di questo... Ci arrivavo ma bisogna avere tempo, la scala la fai un gradino per volta.

Dunque, io del mio Rol millesettecento e rotti non ho... ah no, posso avere dei libri, depositati in casa Visca, che gentilmente mi trattenne quando ho venduto la casa, le ho portato dei libri perché me li conservasse, perché non sapevo dove metterli – che porto nel nome. C'è dei libri del '500 che c'è scritto Manfredi Rol, c'é Gustavo Rol, Gustavo Adolfo Rol... milleseicento eccetera.

Allora lì ho ancora la percezione perché c'è ancora una memoria. Questa percezione, serve a qualcosa? Sì, serve a tener legato il loro spirito – "spirito intelligente" – il loro spirito a me, per la memoria.

Io – vengo subito a te per la faccenda del tuo libro – Alessandro il Magno con la mia famiglia ha niente a che fare, Alessandro il Grande. Però lo spirito di Alessandro il Grande... o di Filippo il Macedone, o di Ramses, hanno da fare ancora con me? Sì, perché io storicamente so che sono esistiti. Ma, se io vado indietro, io so che l'uomo remoto che la storia mi ha insegnato coi libri di scuola, è l'esistenza di un individuo che si chiamava Sargon primo re dei Sumeri, che teneva le mani così... C'è ancora, con me ha da fare perché so che è esistito. Quel fatto di sapere che è esistito ha un'influenza ancora, ha ancora un'influenza.

Cessa l'influenza dello spirito sulla Terra quando... non ha più nulla a che vedere con coloro che abitano la Terra.

Noi viventi abbiamo lo spirito di viventi. Noi, viventi... ah, momento non ho finito prima il discorso, avevo fretta di arrivare al termine mi ha disturbato lui.

---

[3] Oltre quanto abbiamo già detto nel cap. 8 (p. 268 e sgg.) in merito alla «mortalità» dello *spirito intelligente*, cfr. anche Alexandra David-Néel: «Come nell'antico Egitto, i tibetani credono che ogni essere possegga un "doppio" o corpo etereo che può, in determinate circostanze, dissociarsi dal corpo materiale. Secondo loro, quel "doppio" sopravvive al corpo materiale, ma non è immortale» (*Nel paese dei briganti gentiluomini* (1933), Voland, Roma, 2000, p. 202).

Quando questo spirito cessa di avere una ragione per avere ancora un attributo sulla Terra, sempre parlando del nostro pianeta, cosa diventa? Si estingue come spirito, e rimane pura anima. Ma l'anima c'è sempre stata, il passaggio a spirito è durato finché il fuoco è stato alimentato come una fiammella di una lampada, finché c'è stato olio nella lampada, e morirà come è morto il fuoco, ma l'anima sopravvive. Fino a lì siamo d'accordo?

Veniamo a dei fenomeni che ci lasciano perplessi: come mai il dottor Gaito ignorava l'esistenza di un suo antenato vissuto nel '500 e che faceva il medico? Nonostante quello, pur che l'antenato, non avendo più dei rapporti con la Terra, era pur tuttavia venuto, e gli ha portato il libro[4]. Come si spiega questo? Risposta: lo "spirito intelligente", ossia lo spirito del tuo antenato era ancora probabilmente vivo per qualche motivo ignoto a noi, intendo dire vivo, acceso, esisteva ancora, probabilmente ignoto a te, a me, a voi, bisognerebbe andare a fare una indagine fra tutti i tuoi parenti per vedere se non ci sono, nei rami della famiglia, tornando indietro, una traccia che ti conduce a lui. Allora il tuo spirito può percepire attraverso questa traccia, e essere in contatto con quello spirito e provocare il fenomeno. Sono cose che avvengono sempre per simpatia e mai per antipatia. È da questo che è nata la bella figura dell'Angelo Custode dei bambini. Perché i bambini è vero che hanno un angelo custode. Non è un angelo, è una persona che veglia, uno spirito che veglia su di noi – che veglia anche sempre su di noi – c'abbiamo degli aiuti.

Io muoio, vi lascio sulla Terra. Ma io – il mio spirito – sarà vicino a voi. Voi morite, il vostro spirito mi ritrova, perché siamo vissuti nello stesso tempo. Magari torneremo insieme sulla Terra. Quando noi svaniremo come entità utili per la Terra, di necessità, e che hanno ancora da fare sulla Terra, e diventeremo anime, non c'è assolutamente da escludere che queste anime, che hanno una indipendente e personale esistenza, perché fanno parte di una cosa creata, ben distinta dalle altre

---

[4] Si tratta di un esperimento descritto sia da Lugli (pp. 150-151) che dallo stesso Rol su *Gente*, di cui diamo trascrizione: «Anche il dottor Alfredo Gaito è stato protagonista di un episodio simile. "Durante una delle tante serate che ho avuto la fortuna di trascorrere accanto al dottor Rol", mi racconta "venne lo 'spirito intelligente' di un mio antenato che disse di essere stato medico nel 1500.

Mio padre era medico, mio nonno pure, ma non sapevo di aver avuto antenati medici nel Cinquecento. Le conoscenze dell'albero genealogico della mia famiglia non arrivavano così lontano.

Comunque, lo "spirito intelligente" di questo mio antenato parlò a lungo e mi diede anche preziosi consigli per la mia salute. Al termine dell'incontro, disse di volermi regalare un libro di medicina che gli era appartenuto.

Improvvisamente, sul tavolo comparve un libriccino di piccole dimensioni, intitolato *Animalium proprietates* e datato 1552. Nella pagina interna del libriccino era scritto a mano: 'Hic liber mihi attinet. A. Gaito med.'. Ho fatto vedere il libro a diversi esperti, e tutti mi hanno detto che si tratta di un'edizione preziosa e rara» (Rol, G. A. (Allegri, R.), *L'incredibile dottor Rol a colloquio con Mozart e Paisiello*, 12/03/1977, p. 18; Allegri, R., *Rol l'incredibile*, p. 53; *Rol il mistero*, pp. 54-55; *Rol il grande veggente*, p. 84).

cose, possano rimanere insieme. Tanto è vero che Dante Alighieri ha intuito questa cosa, e a me è sempre parso, ho avuto un dubbio, fortissimo, mi ricordo che ero un ragazzo, credevo in Dio, mi confessavo con convinzione, andavo ai sacramenti, studiavo al liceo... la Francesca... volevo dire: Paolo e Francesca, e mi stavo dicendo: ma come mai li ha messi all'inferno – sì – ma li ha messi insieme?[5] E allora mi dicevo: ma è illogico, sono dannati tutti e due: "mi prese del costui piacer sì forte, che, come vedi, ancor non m'abbandona"[6]. Son dannati, ma invece sono insieme. Ora, per due che si amino, essere insieme all'inferno o in paradiso, se si amano, per loro la vita è ovunque.

Mi è venuto un gran dubbio, e Dante l'ha intuito. Non ha osato dirlo. Non ha osato, perché probabilmente la mentalità di allora, di ispirazione, diciamo pure canonica, era tale che ha avuto timore di scatenarla, qualche cosa che lo facesse ritenere un eretico. Lui li ha messi insieme anche all'inferno, perché lui sapeva, Dante, l'ha intuito, che quando muore il corpo e si estingue lo spirito, l'anima va dove vuole andare, e li ha messi insieme all'inferno per dire che intanto le loro anime non sarebbero state

---

[5] Dante ha messo Paolo e Francesca nel secondo cerchio dell'Inferno, tra i lussuriosi. Si tratta di «una delle poche "coppie" infernali (altre, saranno, e non meno famose: Ulisse-Diomede (c. XXVI), i conti di Mangona (c. XXXII) e Ugolino-Ruggieri (cc. XXXII-XXXIII)). Dai peccatori famosi dell'antichità, si giunge ora ad un "esempio" moderno. Si tratta di Francesca da Polenta, figlia di Guido il Vecchio signore di Ravenna (m. 1310), e di Paolo Malatesta, suo cognato. Francesca aveva sposato dopo il 1275 il deforme e zoppo Gianciotto Malatesta, figlio di Malatesta da Verrucchio, signore di Rimini. Era di uno di quei matrimoni stipulati per ragioni politiche; infatti esso sanciva la pace tra le famiglie dei da Polenta e dei Malatesta, ristabilita dopo lunghe lotte e contese tra Ravenna e Rimini. Innamoratasi del cognato Paolo, essa venne sorpresa dal marito e trucidata con l'amante. Il grave fatto di sangue dovette avvenire dopo il 1282-1283, periodo in cui Paolo fu capitano del popolo a Firenze, o, forse più probabilmente, nel 1285, l'anno in cui Gianciotto divenne podestà di Pesaro. I cronisti del tempo tacciono l'avvenimento, né è da dar credito al racconto fantastico di alcuni antichi commentatori, che narrarono di un inganno subìto da Francesca, alla quale sarebbe stato dato a credere di sposare Paolo, mentre questi l'avrebbe sposata per procura del fratello Gianciotto. Altrettanto romanzeschi i particolari della sorpresa degli amanti da parte del marito tradito e quelli dell'uccisione» (*La Divina Commedia*, a cura di U. Bosco e G. Reggio, Le Monnier, Firenze, 1988, *Inferno*, p. 77).

[6] *Inferno*, Canto V, vv. 104-105. Il soggetto è Amore, non Paolo. Francesca «rivela che l'irresistibile forza di Amore l'ha costretta a contraccambiare l'amore di Paolo, giustificandosi con la massima (v. 103) che Amore non tollera che non si riami se si è amati, allo stesso modo come aveva giustificato Paolo con il concetto stilnovistico dell'identità tra Amore e cuor gentile. La forza di questo amore è tale, che ha superato la barriera della morte e continua ancora nell"al di là con la stessa intensità e con lo stesso ardore, e l'inciso *come vedi* insiste con forza sulla realtà del fatto visibile agli occhi del pellegrino pietoso, perché i due amanti sono ancora uniti e lo saranno per tutta l'eternità» (*La Divina Commedia*, cit., p. 80).

disgiunte. Perché nel gesto d'amore... "*Amor ch'a nullo amato* amar perdona"[7].

Non li ha voluti separare.

Quindi io mi son sempre chiesto, con severo dubbio, perché un codino come Dante, che ha creato tutti i supplizi immaginabili del mondo per punire gli uomini cattivi, li abbia puniti dando loro una migliore ricompensa, mettendoli insieme. Punendo, a fronte di loro "amor condusse...", no no, "Caina attende chi a vita ci spense"[8], ossia: Caina attende, giù, negli assassini, nel girone, il fratello, che l'ha pugnalato..."Caina attende chi a vita ci spense".

Ora, Dante ha intuito questa sopravvivenza dell'anima al di sopra del delitto e di tutto».

5. Arthur Conan Doyle e lo spiritismo

«Purtroppo noi sappiamo che da Annie Besant – attraverso Allan Kardek – a noi, tutte queste teorie[9] non hanno dimostrato niente di vero. Conan Doyle[10] è morto ed ha dato 62 appuntamenti scaglionati nel tempo. Non si è mai trovato una volta. È deludente. Veramente deludente... Appuntamenti agli amici, alla gente che credeva allo spiritismo. Conan Doyle era l'esponente britannico dello spiritismo».

6. Lo *spirito intelligente* rimane operante – Serata del 26 marzo 1977

Amica: «Scusa Gustavo, e quando vengono delle scritture che non sono le tue, ma che sono quelle metti di Cavour, di Casanova...

Rol: «Sì, lo "spirito intelligente"...».

Amica: «...è il loro "spirito intelligente" che agisce come te, con lo stesso meccanismo...».

Rol: «Non è il loro "spirito intelligente", impari a dire, a parlare propriamente. È lo "spirito intelligente" di Cavour, non è "il loro" "spirito intelligente", perché tu parli con un linguaggio spiritico... Quello "spirito intelligente" – va bene? – di Cavour e degli altri. Perché "loro" non ci sono.

Lugli: «No, è solo che aveva fatto due esempi, e allora...».

---

[7] *ibidem*, v. 103. Cfr. anche il trattato medievale *De Amore* di Andrea Cappellano: «Amor nil posset amori denegari» («Amore non lascia negare alcuna cosa ad amante» – regola XXVI); «Amare nemo potest, nisi qui amoris suasione compellitur» («Amare non può chi da conforto d'amore non è costretto» – regola IX (in: *De Amore*, a cura di S. Battaglia, Roma, 1947, pp. 358 e 356).

[8] *ibidem*, v. 107. Il girone dei traditori dei parenti (*Caina*) – il primo dell'ultimo cerchio (IX) dell'inferno – attende colui che ci ha ucciso.

[9] Spiritiche.

[10] Romanziere britannico (1859-1930) creatore del personaggio di Sherlock Holmes.

Altra amica: «Aveva detto Casanova e Cavour...».
Amica: «E allora è lo stesso meccanismo che avviene in te, o tu sei il tramite del loro lavoro? Non so, non capisco...».
Rol: «No... Io non so quello che avviene a livello biopsichico, ma è certo che qualche cosa avviene, come spiegavo prima, che finché lo spirito... – l'uomo è morto, ma il suo "spirito intelligente" rimane operante... Tra l'altro l'ho detta a te[11] questa definizione: lo "spirito intelligente" rimane operante, a prova e riprova dell'esistenza e della inconsumabilità di Dio».
Lugli: «Però avevi detto *forse operante*, eri ancora nella fase...».
Rol: «Ma poi ho detto... dopo l'ho tolto».
Lugli: «Dopo l'hai tolto...».
Gaito: «Però è lo "spirito intelligente" che scrive, non è lui...».
Rol: «Ma io lo percepisco, ma io lo sollecito... lo catalizzo... ma per potere...».
Gaito: «Se lui non ci fosse, non avverrebbe niente...».
Rol: «Eh sì, perché non c'è un altro che lo fa al mio posto, ma io insegno che per poter catalizzarlo bisogna mettersi in condizione di essere tali. Ora, nessuno ha mai sofferto quello che ho sofferto io per anni e anni e anni di prove e di delusioni e di derisioni».
Lugli: «...poi lo "spirito intelligente" e le sue capacità tecniche alle quali è arrivato dopo tutto questo sforzo...».
Rol: «Guarda Lugli, se tu avessi vent'anni e se io sapessi che ho i mezzi per mantenerti senza che tu abbia da studiare, io ti metterei sotto, e nel giro di dieci anni ti metterei in grado di fare tutte le cose che faccio...».
Lugli: «Penso che... penso che sia possibile, io sono convinto di quello che dice lui...».
Gaito: «Ma può darsi...».
Rol: «No perché poi dopo morendo io e dopo lui, quello che ha imparato lo tramanderà».
Lugli: «Cioè mi insegnerebbe il metodo, attraverso il metodo, non attraverso delle capacità...».
Severina G.: «Però dice che devi applicarti molto...».
Lugli: «Ah certo, perché lui dice: "Adesso io ti do la regola, ti do la regola", ma quella regola comporta uno studio e un'applicazione di dieci anni...».
Rol: «Ma anche di quindici!».
Lugli: «Anche di quindici».
Rol: «Non bisogna mica credere che quando io ho scoperto le due carte e di colpo ho fatto tutti gli esperimenti che faccio adesso!».

---

[11] Si rivolge a Lugli.

7. Fantasia e immaginazione. L'assoluto e il relativo. I Nove Iniziati. La santità. Napoleone.

Rol: «Però la prima arte non è stata la pittura, è stata la musica... son sicuro... il suono... Ah son sicurissimo: la musica ha un potere evocativo che fa paura... il potere evocativo della musica.

Io non ho ancora fatto con loro, nemmeno con voi, Innocenti, gli esperimenti di musica per il terrore di produrre dei fenomeni che loro non possono accettare. Ho fatto un esperimento di musica col colonnello Gilis a Parigi, un colonnello medico, famosissimo. È impazzito proprio lui, è stato nove mesi in ... , ho passato dei dispiaceri... poi, quando poi è guarito allora...».

Ing. Innocenti [?]: «La produzione di suoni?».

Rol: «No, ti dico... Tu produci dei suoni, questi suoni evocano una atmosfera, se mi ci metto dentro, si creano delle cose, e allora avvengono dei fenomeni che mica sempre si possono accettare».

Signora: «Cioè nella fantasia di ognuno si creano...».

Rol: «No, no... La somma delle fantasie crea l'ambiente. Ecco vedi, hai detto una cosa molto giusta. Per esempio io mi siedo a quel tavolo là in testa, noi parliamo di una cosa, la nostra fantasia lavora su quella cosa. Anche girare una carta, non è che io giri con la volontà la carta o che la carta si giri, il fatto avviene con la concomitanza del pensiero di tutti.

L'ultima trovata che ho fatto quando tu non c'eri, l'ultima cosa che ho data, è quella delle due dimensioni, quella relativa e quella assoluta. La fantasia ci conduce verso l'assoluto, mentre il relativo è un progresso scientifico per gradi. Noi conosciamo una cosa, è un limite...

Ora, la fantasia è una parola molto pericolosa, perché noi sappiamo che la fantasia ce l'hanno anche i matti. Allora io ho corretto la parola fantasia in un'altra molto più castigata e fattiva ed operosa: l'immaginazione. È vero? Sono sorelle ma non gemelle, ossia prima è nata la fantasia, poi è nata l'immaginazione... io credo che sia così».

Mario T.: «Dal punto di vista, diciamo l'analisi di queste due parole, permette di fare queste considerazioni: che la fantasia, si ritiene sia propria della vista, che riesce a realizzarla; mentre l'immaginazione può anche essere quella del bambino che ha molte immagini, molti pensieri, molte immagini, e si dice che il bambino è molto immaginoso, è vero? La fantasia è propria dell'artista che crea».

Rol: «Io credo l'opposto... Credo proprio l'opposto. Per me, la fantasia è quella del bambino, l'immaginazione è dell'uomo cosciente, perché puoi immaginare una cosa. Verne ha immaginato la navicella che andava alla luna, non è stato fatto... è l'immaginazione, e ha dato il peso: 150 kilogrammi di meno dalla navicella spaziale che è andata sulla luna degli americani... Io mi rendo conto del contrario. Questi concetti, mi permetto esprimerli perché ho i mezzi per poterlo fare».

Mario T.: «Lei dice molto bene, anzitutto valori assoluti e valori relativi, è vero? Noi tendiamo per quanto possibile a staccarci dal nostro sistema di relazioni... nel quale noi siamo immersi e siamo vittime del nostro sistema di relazioni. Però tendiamo per quanto è possibile, o con l'immaginazione o con la fantasia – meglio se lei dice immaginazione siamo d'accordo anche su questo termine – tendiamo a evadere da questo sistema di relazioni. Naturalmente tendiamo verso qualche cosa che non è più relativo; non è ancora assoluto, perché l'assoluto è una tendenza, è vero? non è ancora assoluto».

Rol: «Guardi che non è una tendenza l'assoluto eh, un momento! È una conquista definitiva, l'assoluto, alla quale non ci si arriverà mai».

Mario T.: «Ecco ma l'assoluto proprio per la sua condizione...».

Rol: «Il giorno che troviamo l'assoluto...».

Mario T.: «...da parte nostra è solo una tendenza, io dicevo... una volontà. Ma l'assoluto è ineffabile, inimmaginabile, è vero? Perché è al di fuori di ogni limite...».

Ospite: «Se no avrebbe un limite».

Mario T.: «E infatti noi...».

Rol: «Ecco, il relativo è un limite».

Mario T.: «Certo! E non c'è che un assoluto solo, che non può essere che un assoluto positivo. Ad esempio non si può dire che c'è l'assoluto bene e l'assoluto male, perché se fossero due assoluti sarebbero relativi fra di loro, e allora non sarebbero assoluti, dunque non ci può essere che un assoluto solo. E anche il male, ad esempio, è allora – se l'altro è assoluto – il male è relativo».

Rol: «Ma se non ci fosse però il male non ci sarebbe neppure il bene. Noi non possiamo immaginare di scrivere col carbone sulla lavagna o col gesso su un foglio bianco».

Mario T.: «Ma quello è ancora... siamo ancora nel campo del sistema di relazioni, perché abbiamo bisogno del carbone e della lavagna, siamo ancora a misura d'uomo. Ma quando noi usciamo dalla misura d'uomo, cioè entriamo nel campo dell'inimmaginabile, evidentemente non ci può essere che un assoluto, perché se ci sono due assoluti, sono relativi fra di loro e allora è un sistema di relazioni anch'esso. Mentre il male è purtroppo relativo all'uomo, relativo all'universo, relativo a un sistema di relazioni. Mentre l'uomo tende per la sua nobile qualità... tende all'assoluto».

Rol: «Lei può definirlo l'Assoluto?».

Mario T.: «È assolutamente indefinibile, per definizione. Perché è inconcepibile, inimmaginabile, ineffabile...».

Signora: «Poi ogni uomo se lo definisce a modo suo...».

Mario T.: «L'ha definito? Ecco sentiamo, perché è un argomento che mi interessa moltissimo».

Signora: «Come l'hai definito?».

Rol: «Io me lo sento tutto dentro di me, a mio uso... È inspiegabile, è un'intuizione... Io però dell'assoluto non mi servo».

Signora: «Però tu hai la certezza dell'assoluto...».

Rol: «Sì, certo ma... non posso tramandarla, la cerco di dimostrare...».

Signora: «Perché tu l'ultima volta che ci siamo visti mi hai detto che – tra l'altro io avevo fatto questa domanda su valori assoluti e valori relativi – tu avevi detto che nella vita i valori assoluti non esistono».

Rol: «Nella vita, qui, no».

Signora: «Allora ecco, io vorrei sapere per esempio dove sta il limite tra valore relativo nella vita e valore assoluto in quello che tu ci hai detto stasera».

Rol: «Ecco allora te lo dico: nella vita tutto ha un valore relativo...».

Signora: «...perché tu ci dai delle dimostrazioni di valore...».

Rol: «...tutto ha valore relativo nella vita, tutto... tutto, assolutamente tutto! Cessa il valore relativo il momento che tu non esisti più come donna... in quel momento non c'è più, tutto è relativo. Einstein ha ragione. Soltanto che siccome ormai... Ho fatto un esempio alla signora Visca, di un qualche – pigliamo un qualche cosa – una palla da golf. Tagliamola per metà, abbiamo due mezze palle da golf. Pigliamo un pezzo, tagliamolo ancora. Tagliamo, tagliamo, tagliamo, tagliamo; finiamo di avere una molecola. Tagliamola, tagliamola, tagliamola, tagliamola; non è più una questione di materia, è questione di mezzi per tagliare questa materia. Tu puoi tagliare all'infinito, perché come esiste l'infinitesimo grande esiste l'infinitesimo piccolo. Quindi tu finché hai da tagliare, avrai sempre da tagliare. La scomposizione in parti infinite avviene nell'infinito grande e piccolo. Lo capisci? Ecco, questa è una forma di assoluto. Immaginare che il taglio non cessi mai, ci arrivi solo con l'immaginazione. Se tu ci metti la fantasia ti perdi».

Signora: «Cioè, è un'intuizione di un senso di infinitamente piccolo e di infinitamente grande che si equivalgono».

Mario T.: «Ma l'immenso e l'eterno, no?, sono concetti che noi affermiamo come parole, ma in realtà non riusciamo ad afferrare... Perché Lei dice giustamente: "Io taglio", e fin quando taglia Lei...».

Rol: «E c'è sempre da tagliare».

Mario T.: «Sì ma Lei ha in mente il coltello e la palla... ma però inserisce in questo sistema una parola, è vero? che è al di fuori della nostra comprensione, dando all'infinito. Fin quando c'è il coltello e la palla va tutto bene, lì sono sul tavolo, a posto; poi inserisce un'altra categoria di pensiero...».

Rol: «Ci arriva con l'immaginazione. Con l'immaginazione ci arriva però. Senti, San Paolo ha risolto il problema... con una maniera molto semplice:

"Dacci modo San Paolo – hanno chiesto – di vedere come è fatto Dio".

"Basta che tu sappia immaginarlo. Immaginalo come vuoi". San Paolo!... Immaginalo!».

Mario T. «Siamo d'accordo, ecco che l'immaginazione è relativa al singolo, pertanto è ancora un'immaginazione che è relativa e ciascuno l'immagina...».

Rol: «Ma siccome Dio è un assoluto... noi altri accettiamo l'assoluto con l'immaginazione».

Mario T.: «Ma noi abbiamo tante immagini di Dio, l'immagine di Dio è soggettiva, ed è dinamica nel tempo. Tanto è vero che gli dei e gli uomini, nascono e muoiono. L'assoluto, che è qualche cos'altro, indubbiamente è al di fuori di questa storia dell'immagine di Dio. L'immagine di Dio è una proiezione di noi stessi. È una tensione verso...».

Rol: «Io le dico allora quel che succede. Lei muore – questo che le dico adesso ha valore assoluto, non relativo – quando io affermo una cosa... Lei muore: per tre giorni Lei vede tutto ciò che avviene intorno a Lei stesso....Tre giorni. Dopo il terzo giorno, anzitutto Lei non è solo, perché ovunque Lei sia – pigliamo il soldato che muoia per lo scoppio di una granata e il suo corpo vada in brandelli – il momento del distacco, non dell'anima, dello spirito dal corpo, c'è l'assistenza della persona che ha amato di più questa persona, lì vicino, e lo raccoglie. Che l'anima la troviamo poi dopo parecchie, svariate vite... in altri luoghi, vite di perfezionamento, e di questo ne ho la certezza. Quante siano non lo so, ma so che hanno un numero limitato, come sono limitati i numeri che formano gli Iniziati sulla terra. Tanto a loro questo non l'ho mai detto, ma posso dirlo.. Questo lo assicuro.... questo. Non è che non sia vero, è vero... Purtroppo non posso dimostrarlo, ma le cose che faccio provano che qualche cosa sappia pure.

Su centomila persone c'è una persona che è segnata, uomo o donna, giovane o vecchio. Una persona. Su centomila segnati c'è un avvisato. Su centomila... avvisati c'è un annunciato. Su 999.999 annunciati ci sono nove Iniziati, che sono sempre quelli. La funzione di questi Nove Iniziati interessa, comporta un dominio sulla materia della Terra distribuito in nove parti. Può avvenire nel corso del secolo che uno dei Nove Iniziati muoia, essendo uomo. È soggetto quindi alla morte. Allora, l'Iniziato immediatamente prima di un numero... Se è il numero uno, immediatamente... dopo il numero nove, l'uno... ne prende le funzioni, e qualche volta un Iniziato – ad esempio il numero quattro è un Iniziato – muore il numero cinque, lui prende la vece del cinque; muore sette, allora va a quello dell'otto. Mi capisce? Qualche volta un iniziato ha tre o quattro numeri da soddisfare, dico soddisfare per dirlo in parole umane, ma non sono parole umane, non so come definirlo. Capisce? Lei capisce cosa voglio dire? È difficilissimo da spiegare questa cosa».

Mario T.: «...il numero degli uomini è tre miliardi...».

Rol: «No no, si fermi. L'ho indotta in errore. Guardi che questo calcolo va bene all'inizio, non adesso, perché son sempre gli stessi... momento: non parliamo dei tre miliardi di oggi... non è lì che vengono pescati i 999 mila, è all'inizio».

Mario T.: «C'è una quantità di spirito, è vero? che viene distribuita in un certo modo...».

Rol: «L'ho indotta in errore...».

Mario T.: «E allora non ho capito io, voglio capire...».

Rol: «Non vivisezioni le cose perché le uccide, se viviseziona le cose. Faccia attenzione, la vivisezione ha un limite, perché la può uccidere la cosa. Guardi bene che io ho detto – ripeto le mie parole: su centomila individui ce ne sono 999 mila... ci sono 99.999... ce n'è uno su questi 999 [99.999], segnati; su 99.999 segnati c'è un avvisato; su 99.999 avvisati c'è un... annunziato; su 99.999 annunziati c'è un iniziato. Questo... Perché attualmente, ogni cento anni, i nove ci son di nuovo tutti. All'anno 1 del secolo son di nuovo tutti bell'e pronti, e che nel corso di un secolo son morti tutti, capisce? Sono tutti quanti morti, come uomini. Che vengano adesso che c'è tre miliardi o quando c'era soltanto...».

Mario T.: «Ma il numero è un numero chiuso, o è in rapporto...?».

Rol: «Chiuso... Per questo che la inducevo in errore...».

Mario T.: «Lei mi ha stabilito un rapporto con una determinata base, è vero? è un rapporto che diciamo se ce n'è uno su centomila...».

Rol: «Ma era all'inizio... È come è nata l'iniziazione, è come è nata l'iniziazione. Capisce? Se un giorno sulla terra ci saranno cinquanta miliardi di uomini, gli Iniziati saranno sempre nove, è questo che volevo dire. Mi comprende? E vuole che le dica di più? La vita umana si prolunga...».

Mario T.: «Ma è la qualità del messaggio che a un certo momento si innalza, allora, per selezione... non è così?».

Rol: «No no, lì non c'entra niente il messaggio, è la funzione che conta..., è la funzione che conta... non c'entra il messaggio. Vuole che le dica una cosa? Io non lo sono, non sono un Iniziato, ma se io fossi un Iniziato, non avrei nessun messaggio da lasciare... Ho una funzione. È quella di vivificare negli altri, attraverso le cose che faccio, lo spirito altrui e di dare coscienza dell'esistenza di uno spirito, ossia annullare il terrore della morte, innalzare la grazia, il senso della grazia, la bontà, portare l'individuo al Vero, o se diciamo una parola stupida, rivelare Dio, una parola stupida: rivelare Dio. Però per noi umani può già significare qualche cosa».

Mario T.: «Uscire già dalla logica sarebbe già un gran passo, mi spiego? ... Restare nella logica, ma avere la possibilità di andar oltre, sapere che non è un limite quello...».

Rol: «Ma quello chi può farlo? Senta, io per esempio... faccio quelle cose che avete visto, ma io so meno di voi... perché io vivo continuamente nel relativo, perché la mia immaginazione purtroppo ha dei limiti. Perché io so che certe cose non devo farle, e voi viceversa potete anche compiere degli errori, in buona fede. Io non posso compiere degli errori in buona fede, ho la coscienza di tutti gli errori e c'ho la coscienza del peso morale dei miei errori... Ed è per questo che io dico sempre alle persone, va bene? che cerco di legarmi, agli amici più cari, dico sempre: "Non consentitemi più di tornare sulla Terra, fate qualcosa, aiutatemi, che non debba più tornare", ossia che io non debba più avere una funzione. Se io fossi un Iniziato avrei soltanto un desiderio, quello di non esserlo... perché vorrei essere come tutti gli altri, passare a un'altra vita, a una vita di perfezionamento, invece se uno sia sempre qui che si tramanda...».

Signora: «L'Iniziato non può passare a un'altra vita?».

Rol: «E come fa? È sempre lo stesso... Gli iniziati nascono uomini e come uomini hanno i loro difetti. Ma quell'uomo, quell'iniziato, che finalmente dica: io vivo non santamente, perché per me la santità è una forma di egoismo...».

Signora: «Di esaltazione...».

Rol: «No esaltazione: di egoismo. Troppo poco esaltazione. L'egoismo è becero... Eh sì... pensi un poco. Io però quando guardavo a Padre Pio, facevo questo ragionamento... Pochi minuti prima di andare da Padre Pio dicevo: sei un ... perché tu intanto non hai paura di niente... A parte il fatto che non hai paura della morte, non hai paura... pensi che Dio ti accoglie, le critiche della gente te ne infischi, le tasse non devi pagarle, i malanni non ti toccano perché dici: nella migliore delle ipotesi muoio; la sofferenza la offri a Dio, non la senti nemmeno più... sei un bell'egoista.

Quando Padre Pio mi ha visto – io non lo conoscevo – e mi dice: "Tu sei venuto per questo questo e questo, non fare niente, perché succederà questo e questo e questo", mi sono accorto che non era niente un egoista, e che era un santo. Ora, quel tipo di santo lì... Mi sono chiesto se era un Iniziato Padre Pio, e poi ho visto che era già un uomo che aveva superato l'iniziazione, aveva iniziato se stesso, mi spiego? era già andato oltre, quindi sono convinto che Padre Pio può fare dei miracoli, sono convinto... Come li fa Don Martina[12]... sono convintissimo. Quelle sono figure di santi non egoisti. Ma ci sono tanti santi...

La Beata Mazzarello, dei salesiani, la Santa salesiana, mi ha fatto delle grazie. Io grazie gliele ho chieste, e le ho ottenute. Però quando io ho visto la casa, ho parlato, va bene, con le sue discepole, c'era una suor Gesualda, adesso è morta... era stata una sua discepola. Ma come la raccontava... lo stesso Don Bosco... c'è un po' di egoismo; la loro opera li entusiasmava, mi spiego? davanti al bene, ma è la purezza di certi santi... Padre Pio, San Francesco, un altro puro Sant'Agostino... puro nella conoscenza delle cose. E noi vediamo... di Padre Pio, ma questi altri sono venuti dall'errore. Se c'era un uomo dissoluto era Francesco... lo stesso Agostino...».

Mario T.: «Agostino quando gli è venuta la grazia dice: "Signore se possibile non oggi"...».

Rol: «Ah, se è possibile non oggi! Ma il bello è questo, da quello ci accorgiamo di una cosa: che Dio ha i suoi disegni, di estrinsecazione, in

---

[12] M.L. Giordano scrive che Rol donò alla contessa Paola Vassallo di Castiglione «la fotografia di don Martina, prevosto a San Secondo di Pinerolo, che Rol riteneva un santo. Rol gliela diede con questa dedica: "In memoria venerata del Rev.mo Canonico don Giovanni Battista Martina, Parroco di San Secondo di Pinerolo e sepolto in quel comune. Santo, generosissimo, dispensatore di grazie. Sacerdote eletto, uomo integro. Che sempre ti protegga in nome di Dio". Quando Rol si recava al cimitero di San Secondo portava sempre fiori a questo sacerdote morto ancora in giovane età» (*Gustavo Rol. Una vita per immagini*, p. 98).

maniera tale... Negarlo come si fa? Io non dico mai la parola Dio... non è necessario...».

Mario T.: «Ma parlando di assoluto è la stessa cosa... l'assoluto...».

Rol: «Niente, mi avete condotto a dirlo. Io dentro di me definisco l'Assoluto...».

Mario T.: «Io non pronuncio mai il nome di Dio, parlo dell'Assoluto e parlo della nostra relatività».

Rol: «Oh, voglio però fare un atto di contrizione verso la Beata Mazzarello, perché la Beata Mazzarello... io adesso parlavo di un egoismo però molto produttivo, a fini... sono convinto che non è ritornata sulla terra la Beata Mazzarello, come anche Don Bosco... Si, ha contatti... tutti e due... Ma io intendevo dire una forma di egoismo umano verso la propria...

In fondo ciò che ha rovinato Napoleone, nella sua genialità, è stato un senso di paternità verso il popolo, tanto che... cosa diceva Grosmot, diceva: "Ce qu'il l'a perdu c'est son attitude paternel vers la France"[13], questo senso paterno, che l'ha spinto a fare delle cose che non doveva fare, la campagna di Russia del 1812, non la doveva fare...».

8. Scrittura automatica

Rol: «Allora: adesso voi vedrete fare una cosa che fanno generalmente tante persone. Scrivono, sotto dettatura del loro spirito, che... *è una fiera balla*, lì non ci credo. Sì, ci sono i medium scriventi, ma sono persone che hanno una personalità molto esaltata, ma non credo che ci siano gli spiriti dei morti che vengono a farli scrivere.

Oh allora, vuole aprire questa luce qui, per piacere? Giorgione[14] chiude l'altra. È inutile che regaliamo dei soldi al Municipio... Sì... ma poi siccome c'abbiamo la luce qui, qui nell'oscurità.

Allora... – non tenerlo che non ti fulmini... queste sono inutili... ci possono servire... per fare poi la carta. Dunque – vuoi spegnere la luce? – Non credo allo spiritismo. Voi vedete, io sono qui, io sono sveglio, voi vedete la mia carta, non c'è medium, non c'è niente. La mia mano scrive, scrive veramente... scrive, e io non è che scriva ciò che voglio, scrive sotto dettatura di uno "spirito intelligente", ossia di quella parte intelligente dell'uomo che rimane sulla terra anche dopo la morte, e dico *anche* perché potremmo anche scrivere sotto dettatura di uno "spirito intelligente" di una persona viva, e non presente; presente e anche non presente. Adesso, come si fa a spiegare a queste persone, tutti e quattro – che non hanno mai visto questo – che cosa è lo "spirito intelligente"?

---

[13] Ciò che lo ha rovinato è la sua attitudine paterna verso la Francia (ma potrebbe essere anche "vers les Francs", verso i Franchi, i Francesi. La registrazione non è chiarissima).

[14] Giorgio Visca. Rol amava i vezzeggiativi e gli "accrescitivi". Era solito, ad esempio, chiamare Arturo Bergandi, suo *factotum*, «Bergandone».

Non lo sanno. Io li ho portati dopo... un anno a parlare di questo esperimento... Vediamo un po'... ecco... la mia mano scrive... [Rol inizia a scrivere, si sente il rumore della matita sul foglio[15]].

Ecco, dammi la luce. Qui c'è scritto: "Ada. Abitavo in questa zona nel 1920... 28". Qui abbiamo uno "spirito intelligente" di una certa *Ada*, che non so chi fosse: "Abitavo in questa zona nel 1928". Possiamo farle delle domande. Voi direte: "Ma è il dottor Rol che se lo inventa, e scrive quel che vuole". Voi sapete – Giorgione – che non è così. Tu puoi certificarlo che non è così? Tu, Rita».

Rita J.: «Certificarlo no...».

Rol: «Tu hai visto tante volte... tu hai visto Goya che è venuto, a disegnare, senza che io toccassi il lapis... – ah è vero che lui ne ha uno in tasca[16] – facciamo una domanda. Puoi chiudere?[17] Allora incominciamo un pochettino... cominciamo con lei signora Visca... Faccia una domanda».

Nuccia Visca: «Vuol dirci qualcosa di più su di Lei, abitava in questa zona, sì è sposata, più o meno...» [La signora Visca smette di parlare, perché la mano di Rol si mette a scrivere].

Rol: «Ecco, dammi la luce. "Ada... Blangino, non maritata ma ragazza madre".... Chiudi pure. Adesso a te Rita, chiedi quel che vuoi».

Rita J.: «Vorrei sapere se è ancora viva o se fosse già morta prima, questa Ada». [La mano di Rol riprende a scrivere].

Rol: «La luce. "Morii nel 1940... bombardamento ad est di Schlevinschwin, Vallonia"[18]. Si vede che non era in Italia quando è morta. Vuoi spegnere? Allora, tocca a te Paolo...» [la scrittura automatica prosegue più o meno nello stesso modo, ciascuno dei presenti fa una domanda, e *Ada* risponde...].

9. Rallegratevi!

Rol: «Ma vi rendete conto?».

Signora: «Ci rendiamo conto».

Rol: «Io dico grazie, grazie, grazie! No! come sono indegno! Quel prete che dice "Domino non son degnus – Signore non sono degno". Tutti non siamo degni delle cose meravigliose... Rallegratevi! Non esiste la morte! Non c'è! Rallegratevi! – anche se il mio occhio cola –

---

[15] In questo brano ci sono tre pause di quasi-silenzio di circa 35 secondi l'una – mentre Rol scrive – che abbiamo deciso di non tagliare per non alterare la percezione temporale dell'esperimento.

[16] Si riferisce al foglio bianco di carta extrastrong e piegato in quattro o in otto che in genere i presenti si mettono nella tasca della giacca o sotto la camicetta, e sui quali a un dato momento si produce un disegno, una scrittura o un acquerello.

[17] Rol fa abbassare la luce principale durante i momenti in cui lo *spirito intelligente* scrive tramite la sua mano. La penombra favorisce l'entrata in uno stato di concetrazione e la *sintonizzazione* con lo *spirito intelligente*.

[18] Regione del Belgio. Città non identificata.

Rallegratevi! Quando non ci sarò io pensate che ve l'ho detto questa sera. Non c'è la morte, non c'è, non esiste, c'è subito un'altra vita».

10. Si sopravvive.

«Non dimenticare mai queste cose. Siate forti di queste cose. Vi ho aperto delle porte sull'infinito io... dategliene agli altri, comunicatele al prossimo... cercate di... dite agli altri... che bisogna pensare che si sopravvive, che continua la vita altrove, che si ritorna sulla Terra solo se si è indegni di continuare a vivere».

Postfazione
(dicembre 2012)

Ad agosto 2012 siamo venuti a conoscenza di importanti esperimenti con le carte da gioco – usate come puro strumento matematico – perfettamente analoghi a quelli praticati da Gustavo Rol.

Si svolsero negli anni '10 e '20 del secolo scorso presso un gruppo di amici dell'alta borghesia di Bruxelles, in Belgio, coordinati e supervisionati dall'ingegnere Henri Poutet e da un avvocato di nome A.T. il quale, inizialmente in ipnosi e successivamente in perfetta lucidità (come Rol) provocava l'emergenza di una "personalità seconda" – vale a dire un *doppio*, uno *spirito intelligente* – che affermava di chiamarsi «Stasia» e di essere emanazione di una persona vivente. Non si trattava cioè di uno "spirito" nel senso spiritista, tanto più che il gruppo di cui sopra non credeva allo spiritismo.

Il caso «Stasia», per quanto ne sappiamo, è non solo l'unico analogo di Rol per quello che concerne l'uso delle carte, ma è anche il suo precedente, e vi sono numerosi indizi – questa volta assolutamente reali e non simbolici – che il gruppo di Bruxelles abbia a che vedere con l'iniziazione del "Polacco" di cui in questo libro abbiamo fornito una serie di riferimenti esoterici.

È per questo che a novembre 2012 abbiamo deciso di pubblicare un secondo studio (*L'Uomo dell'Impossibile*) che non è la continuazione di quello presente (l'annunciata «seconda metà di una premessa») ma una sorta di parentesi utile e complementare a quanto diremo successivamente. Esso riunisce in un solo testo tutta la fenomenologia di Rol (un migliaio di episodi "paranormali") pubblicata in oltre mezzo secolo su libri, quotidiani, riviste, ecc., suddivisa nelle 49 classi a cui abbiamo già fatto riferimento, e in più contiene tutta la documentazione del "caso Stasia", che costituisce un formidabile ausilio alla comprensione degli stessi esperimenti di Rol, a proposito dei quali è giunto il momento per la comunità scientifica di prestare la necessaria attenzione.

Bibliografia
(aggiornata a dicembre 2012)

FONTI PRIMARIE

Includono:
1) tutte le biografie (a prescindere dal loro grado di originalità);
2) fonti che contengono in larga misura notizie inedite non copiate da altri;
3) fonti che hanno rilevanza in sede di dibattito;
4) fonti "critiche" anche se prive di serietà e profondità analitica.

Monografie

Allegri, R., *Rol l'incredibile*, Musumeci Editore, Quart (Aosta), 1986 (maggio).
–, *Rol il mistero*, Musumeci Editore, Quart (Aosta), 1993.
–, *Rol. Il grande veggente*, Mondadori, Milano, 2003 (maggio).
Bonfiglio, M., *Il pensiero di Rol. La Teoria dello Spirito Intelligente*, Edizioni Mediterranee, Roma, 2003/2004.
Dembech, G., *Gustavo Adolfo Rol. Scritti per Alda*, L'Ariete, Settimo Torinese, 1999 (settembre).
–, *Gustavo Adolfo Rol. Il grande precursore*, L'Ariete, Settimo Torinese, 2005 (novembre).
Demeglio, A., *L'altro volto di Rol*, Giancarlo Zedde, Torino, 2007 (ottobre) (in parte romanzato).
Di Simone, G., *Oltre l'umano. Gustavo Adolfo Rol*, Reverdito Edizioni, Mattarello (TN), 1996 (settembre) / 2009 (febbraio).
Frassati, L., *L'Impronta di Rol*, Daniela Piazza Editore, Torino, 1996 (settembre).
Giordano, M.L., *Rol. Oltre il prodigio*, Gribaudo Editore, Torino, 1995 (marzo).
–, *Rol mi parla ancora*, Sonzogno, Milano, 1999 (febbraio).
–, *Rol e l'altra dimensione*, Sonzogno, Milano, 2000 (agosto).
–, *Gustavo Rol. Una vita per immagini*, L'Età dell'Acquario, Torino, 2005 (aprile).
Lugli, R., *Gustavo Rol. Una vita di prodigi*, Edizioni Mediterranee, Roma, 1995 (febbraio), 2008 (aprile).
Mercante, V., *Il Mistero e la Fede. Gustavo Rol e Padre Pio da Pietrelcina*, Edizioni Segno, Udine, 2006 (febbraio).
Pincherle, M., *Il segreto di Rol*, EIFIS Editore, Forlì, 2005 (giugno) (romanzato).

Rol, F., *L'Uomo dell'Impossibile*, Lulu Press, 2012 (novembre).
Rol, G. A.,*"Io sono la grondaia..." Diari, Lettere, Riflessioni di Gustavo Adolfo Rol*, a cura di Catterina Ferrari, Giunti, Firenze, 2000 (gennaio).
–, *Diario di un capitano degli Alpini*, a cura di Catterina Ferrari, Musumeci Editore, Quart (Aosta), 2003 (aprile).
–, *La Coscienza Sublime. L'incontro con la poetessa Elda Trolli Ferraris*, a cura di G. Ferraris di Celle e M.L. Giordano, L'Età dell'Acquario, Torino, 2006 (novembre).
Ternavasio, M., *Gustavo Rol la vita, l'uomo, il mistero*, L'Età dell'Acquario, Torino, 2002 (novembre).
–, *Gustavo Rol. Esperimenti e Testimonianze*, L'Età dell'Acquario, Torino, 2003 (novembre).
Tomatis, M., *Rol. Realtà o Leggenda?*, Avverbi, Roma, 2003 (maggio).

Periodici

A.A., *La mia vita è finita*, Settimo Giorno, 15/09/1949, pp. 14-17.
Allegri, R., *A scuola da Rol* (intervista a Giuditta Miscioscia – prima puntata), Chi n.29, 18/07/2001, pp. 137-140.
–, *Così ho viaggiato nel paranormale* (intervista a Giuditta Miscioscia – seconda puntata), Chi n.30, 25/07/2001, p. 139 sg..
–, *Lavoro sotto il segno di Rol* (intervista a Giuditta Miscioscia – terza puntata), Chi, n.31, 01/08/2001, p. 125 sg..
–, *Fellini parlava con Casanova* (intervista a Rinaldo Geleng), Chi n. 42, 17/10/2001, pp. 102-107.
–, *Il mio Buzzati degli spiriti* (intervista ad Almerina Buzzati), Chi n. 4, 30/01/2002, pp. 103-106.
–, *L'ignoto dipinto da Rol* (intervista a Giuditta Miscioscia – prima puntata), Chi n. 7, 19/02/2003, pp. 125-126.
–, *Rol e lo spirito intelligente* (intervista a Giuditta Miscioscia – seconda puntata), Chi n. 8, 28/02/2003, pp. 123-124.
–, *Vi racconto io il vero Rol*, (intervista a medici: Luigi Giordano – prima puntata), Chi n. 25, 25/06/2003, p. 119 e sg..
–, *Rol, una sfida alla scienza*, (intervista a medici: Pier Giorgio Manera – seconda puntata), Chi n. 26, 02/07/2003, p. 159 e sg..
–, *Una colonna di fuoco si sprigionò dal suo petto* (intervista a Pier Giorgio Manera), Chi n. 27, 09/07/2003, p. 161.
Bazzoli, L. e Pieggi, B., *Né medium né mago: sono Rol*, Domenica del Corriere n. 12, 23/03/1978, pp. 25-26.
Bazzoli, L., *Rol l'incredibile. L'uomo più misterioso del mondo*, Domenica del Corriere, 17/01/1979, pp. 150-154.

–, *I capolavori che arrivano dall'aldilà*, Domenica del Corriere 24/01/1979, pp. 80-85.
Bergagna, L., *Merle Oberon è medium*, Tempo. Settimanale di attualità, 24/09/1949, p. 13.
Bevilacqua, A., *I suoi esperimenti affascinarono Einstein*, Sette (Settimanale del Corriere della Sera), 27/04/2000, p. 141.
Borella, G., *Controllate Rol! – Perché il più straordinario sensitivo del mondo rifiuta un esame scientifico*, Panorama, 05/09/1978, p. 64.
Brambilla, M., *Rol il magico*, Sette (Settimanale del Corriere della Sera), 06/10/1994, pp. 44-46 (prima puntata).
–, *Rol. Quando ho scoperto di avere il Potere*, Sette (Settimanale del Corriere della Sera), 13/10/1994, pp. 93-98 (seconda puntata).
–, *Mistero Rol*, Sette (Settimanale del Corriere della Sera), 27/04/2000, pp. 132-144.
–, *Cesare Romiti: «Così mi ritrovai in tasca una lettera di Valletta scritta dall'aldilà»*, Sette (settimanale del Corriere della Sera), 27/04/2000, p. 137.
Buffo, O., *Sì, l'aldilà esiste e io ci parlo*, (intervista a Franco Zeffirelli), Di Più, n.14, 26/07/2004, p. 90.
Dembech, G., *Silvan sfida Rol*, Torino Playtime n°43, 02/12/1978, p. 25.
Fasolo, F., *Il signor Rol, Mago*, Epoca n.20, 24/02/1951, pp. 39-41.
Favetto, G.L., *Io scettico? Ne dubito*, Il Diario della Settimana, 20/06/2003, pp. 24-27.
Giovetti, P., *Perché "sparate" su Rol se nemmeno lo conoscete?*, Visto n. 25, 20/06/2003, pp. 63-65
–, *Torino, la base di Satana. «È possibile: qui bene e male si combattono»* (intervista a Franco Rol), Visto, 25/06/2004, pp. 69-70.
–, *Vi racconto come piego i cucchiai col pensiero* (intervista al prestigiatore Tony Binarelli), Visto n. 13, 30/03/2007, pp. 75-77.
Introvigne, M., *Gustavo Adolfo Rol e la Chiesa cattolica*, Cristianità (rivista di *Azione Cattolica*), n. 299, 2000, pp. 9-12.
Jorio, L., *Viaggia nel passato e vede nel futuro*, Grazia 10/12/1972, pp. 29-31.
Messori, V., *Quella volta che mi sconvolse*, Sette (Settimanale del Corriere della Sera), 06/10/1994, pp. 44-45.
Morone, C., *L'uomo che apriva il futuro*, Yourself, giugno 2005, pp. 78-80.
Nizza, A., *Indicando Merle Oberon lo spiritista le vide "la morte accanto"*, Oggi, n. 38, 15/09/1949, pp. 20-22.
–, *La grande vettura della rivista di Marengo*, Stampa Sera, 02/07/1950, p. 3.

Orengo N., *Una vita vissuta per incanto. Il Mago Rol*, Grazia, 16/10/1994, p. 250.
Pronzato, L., *Niente clic, per favore*, Sette (Settimanale del Corriere della Sera), 27/04/2000, p. 135.
Regge, T., *Celebrazioni, illusionisti e scienziati dimenticati*, Le Scienze, agosto 2003, p. 11.
Regolo L., *Il medium che dipingeva il mistero* (intervista a Domenica Fenoglio, prima puntata), Chi n. 39, 27/09/2000, pp. 113-115.
–, *L'uomo che vinse il tempo* (intervista a Domenica Fenoglio, seconda puntata), Chi n. 40, 04/10/2000, pp. 95-96.
–, *A tu per tu con gli spiriti* (intervista a Domenica Fenoglio, terza puntata), Chi n. 41, 18/10/2000, pp. 95-97
Rol, G.A. (Allegri, R.), *Mentre è a Torino lo fotografano in America*, Gente, 05/03/1977, pp. 11-12.
–, *L'incredibile dottor Rol a colloquio con Mozart e Paisiello*, Gente, 12/03/1977, pp. 16-18.
–, *I pennelli si muovono da soli*, Gente, 19/03/1977, pp. 12-14.
–, *Finalmente Rol rivela Rol*, Gente, 02/04/1977, pp. 32-39.
–, *Sul foglio bianco appaiono tante piccole figure*, Gente, 09/04/1977, pp. 64-70.
Romagnoli, G., *Oltre i confini della realtà*, Vanity Fair, 20/10/2005, pp. 167-171.
Rossi, U., *Dottor Gustavo Adolfo Rol: la "leggenda" continua*, Il Nuovo Piccolo di Pinerolo, 24/02/2001, p. 24.
–, *Gustavo Adolfo Rol, nel centenario della nascita*, Il Nuovo Piccolo di Pinerolo, Marzo 2001 (21/02/2001).
–, *Gustavo Rol fa parlare ancora*, Il Nuovo Piccolo di Pinerolo, Aprile 2001 (intervista a Don Piero Gallo).
–, *Gustavo Rol impressionò il maggiore tedesco*, L'Eco del Chisone, 14/06/2001.
–, L'Eco del Chisone, 09/03/2002.
–, *Testimonianze per le celebrazioni del centenario della nascita del dr. Gustavo Adolfo Rol nel 2003*, San Secondo Notizie, novembre 2002, p. 7.
–, *Gustavo Adolfo Rol più spiritualità che spettacolo*, L'Eco del Chisone, 02/04/2003, p. 3.
Sipos, N., *Rol mi diceva di chi fidarmi* (intervista a Cesare Romiti), Chi, n. 5 del 08/02/2006, pp. 22-25.
–, *Noi medici testimoni dei poteri di Rol* (intervista a Pierantonio Milone, Pier Giorgio Manera, Luigi Giordano e Giovanni Sesia), Chi n. 18, 10/05/2006, p.154 e sg..
Travaglio, M., *Rol – Più di là che di qua*, Sette – Settimanale del Corriere della Sera, 17/10/1996, pp. 121-124 (nell'ambito dello stesso

servizio, un riquadro intitolato *Benito, il Fuhrer e Maria Antonietta*, p. 124).

Vagheggi, P., *L'impero di Rol*, Venerdì di *Repubblica*, 03/03/1995, pp. 102-106.

Quotidiani

Altarocca, C., *La reggia del «mago»*, La Stampa, 11/03/1995, p. 10.
Bentivoglio, L., *L' inferno di Zeffirelli*, La Repubblica, 06/07/2008, p. 36.
Bergagna, L., *Prevista la morte in una seduta spiritica*, La Stampa, 01/09/1949, p. 2.
–, *Al "tavolo degli spiriti" che predisse la morte*, Stampa Sera 01-02/09/1949, p. 1.
–, *Il presentimento della Oberon*, Stampa Sera, 02-03/09/1949, p. 1.
Bevilacqua, A., *Nessuna meraviglia: semplicemente Rol*, Corriere della Sera, 12/03/2000, p. 34.
Bianucci, P., *Mistero Rol*, La Stampa, 03/06/2003, p. 11.
–, *Illusioni da prestigiatore*, La Stampa, 03/06/2003, p. 11.
Buzzati, D., *L'albergo salvato dal mago*, Corriere della Sera, 02/08/1964, p. 3.
–, *Fellini per il nuovo film ha fatto incontri paurosi*, Corriere della Sera, 06/08/1965, p. 3.
–, *Un pittore morto da 70 anni ha dipinto un paesaggio a Torino*, Corriere della Sera, 11/08/1965, p. 3.
Biondi, D., *Rol: il gentiluomo superuomo*, Il Resto del Carlino, 14/10/1966, p. 3.
–, *Rol: sono un uomo come gli altri*, Il Resto del Carlino, 15/04/1967, p. 31.
Capra, G. (don); Morero, V., *Gustavo Rol: classificazione o discernimento?*, L'Eco del Chisone, n.16, 16.04/2003, p. 23.
Capra, G. (don), *Rol? Ha rifiutato l'esame della Chiesa*, La Stampa, 26/06/2003, p. 26.
Cardinali, V., *I miracoli scomodi di Rol il mago*, Torino Cronaca, 22/05/2003, p. 12.
Cassine, F., *Vi racconto il messaggio di Rol* (intervista a Giuditta Dembech), Torino Cronaca, 05/10/2005, p. 22.
Ceronetti, G., *L'uomo che aveva sempre saputo di essere un altro*, La Stampa, 03/06/2003, p. 11.
–, *Rol e l'inesplicabile*, La Stampa, 07/06/2003, p. 27.
Comazzi, A., *Sul confine di Gustavo Rol*, La Stampa 02/04/2002, p. 33.
–, *Rol, il trucco & l'anima*, La Stampa, 22/06/2006, p.27 (Articoli

allegati: Comazzi, A., *L'autore: «Mi manda mammà»*; – s.n., *Romagnoli, la sceneggiatura fantasma*).
–, *Augias e l'enigma di Rol*, La Stampa 30/03//2007, p. 52.
De Castro, D., *Parapsicologia: vorrei saperne di più*, La Stampa, 20/08/1978, p. 3.
–, *Se si provasse l'esistenza di una forza paranormale*, La Stampa, 03/11/1978, p. 3.
Del Buono, O., *Il mistero di Rol: poteri soprannaturali o inganni? Le reazioni dei lettori*, La Stampa – Lettere al giornale, 24/06/2003, p. 26.
Falabella, E., *Da Rol è nata una "scienza"*, Libero, 12/06/2003.
Favro, G., *«Questi i miracoli di Rol»*, La Stampa, 23/09/1994, p. 41.
Ferrari, P., *"A Torino mi sento soffocare"* (intervista ad Umberto Tozzi), La Stampa, 26/03/2009, pp. 76-77 (cronaca di Torino)
g.a.p, *«Che serate quando c'era lui»*, La Stampa, 23/09/1994, p. 41.
Gervaso, R., *Rol: «I miracoli? Ci credo e ne vedo»*, Corriere della Sera, 31/12/1978, p. 8.
Giordano, M.L., *«Ha asciugato le lacrime di molta gente che soffriva»*, La Stampa, 20/06/03, p. 13.
Granone, F., *Nuovo Invito a Rol: "Non rifiuti di collaborare con gli scienziati"*, La stampa, 18/08/1978, p. 2.
Gualazzini, B., *«Il veggente Rol mi consigliava come dirigere Fiat»* (intervista a Cesare Romiti), Il Giornale, 28/08/2003, p.1.
Inardi, M., *Parapsicologia*, Il Resto del Carlino, 10/06/1975, p. 16.
Introvigne, M., / Messori, V., *Sensitivi, non chiudiamo la porta all'imprevisto*, Avvenire, 20/11/1993, p. 19 (2 articoli).
Introvigne, M., *Rol, continua il mistero del sensitivo «buono»*, Avvenire 14/03/2000, p. 22.
Ivaldi, F., *È scomparsa da Marengo la carrozza di Napoleone*, L'Unità, 02/04/1955, p. 5.
Jacobelli, J., *La magia e la forza di Dio*, La Stampa, 19/10/1994, p. 18.
Jemolo, A.C., *Convinciamo gli scettici*, La stampa, 13/08/1978, p. 1.
–, *Le leggi e i prodigi*, La stampa, 17/09/1978, p. 3.
Kasam, V., *All'asta a Palazzo Broggi le «cose magiche» di Rol*, Corriere della Sera, 13/03/1995, p. 45.
Kezich, T., *Quella sera a Torino con il mago di Fellini*, Corriere della Sera, 24/09/1994, p. 17.
Laurenzi, L., *Come sono ridicoli quando li scopriamo*, La Repubblica, 04/06/2003, p. 32.
–, *Rol, processo a una leggenda*, La Repubblica, 08/06/2003, p. 30.
Lugli, R., *Strabilianti esperimenti d'un uomo che dissolve e ricompone la materia*, La Stampa, 23/09/1972, p. 3.
–, *Il prodigioso "viaggio nel tempo" vissuto come in un sogno colorato*,

La Stampa, 24/09/1972, p. 3.
–, *Il mago di Torino,* La Stampa, 08/07/1973, p. 3.
–, *Ho visto lavorare il dottor Rol,* La Stampa, 03/08/1978, p. 3.
–, *L'altro mondo è in mezzo a noi,* La Stampa, 24/05/1986, p. 1 (inserto Tuttolibri).
–, *Rol e gli spiriti buoni,* La Stampa, 23/09/1994, p. 19.
–, *Gustavo Rol. Una vita di prodigi che nessuno ha spiegato,* La Stampa, 20/06/2003, p. 13.
Martinengo, M.T., *Gustavo Rol rivivrà nei suoi quadri,* La Stampa, 15/11/1998, p. 38.
Masoero, A., *Gustavo Rol più conoscitore che «mago»,* Il sole 24 ore, 05/03/1995, p. 32.
Mauro, E., *L'augurio di Rol alla tv,* La Stampa, 12/07/1987, p. 6.
Mauro, M., *Iniziative pro-Rol,* Il Nuovo Piccolo di Pinerolo, 24/02/2001, p. 24.
Messori, V., *Un mistero che divide e affascina,* Corriere della Sera, 04/06/2003, p. 1 e 23.
Mondo, L., *È morto Rol, il «mago« di Fellini,* La Stampa, 23/09/1994, p. 1.
–, *«Le dimostrazioni banali erano le più impressionanti»,* La Stampa, 22/09/2000, p. 43.
–, *Quelle serate in casa sua,* La Stampa, 03/06/2003, p. 11.
Mondo, M., *Rol, un uomo fra paranormale e ricerca del bene,* Avvenire, 04/06/2003, p. 2.
n.f., *Ecco il «messaggio» tv di Rol ai giovani,* Corriere della Sera, 16/01/1987, p. 23.
–, *Ieri i funerali di Rol,* La Stampa, 25/09/1994, p. 37.
Quaranta, B., *«Io, il maestro e l'aldilà»* (Intervista a Gustavo Rol), La Stampa, 06/08/1993, p. 12.
–, *«Così io e Fellini vedevamo il Paradiso»,* La Stampa, 03/11/1993, p. 12.
–, *Libri in simultanea, l'ultimo prodigio di Rol,* La Stampa, 07/04/1995, p. 39 (cronaca di Torino).
–, *Le uova del dottor Rol,* La Stampa, 23 aprile 2000, p. 45 (cronaca di Torino).
–, *I misteri del dottor Rol finiscono su Internet,* La Stampa, 22/09/2000, p. 43 (cronaca di Torino).
Regge T., *Personalità magnetica e inimitabile,* La Stampa, 23/09/1994, p. 19.
Riccardi, N., *Gli scienziati e la parapsicologia* (lettera al giornale), La Stampa, 24/08/1978, p. 8.
Rol, G.A., *La Scienza non può ancora analizzare lo Spirito,* La Stampa, 03/09/1978, p. 3.

–, *Scienziati e sensitivi, perché così nemici?*, La Stampa, 11/07/1986 p. 3.
–, *Rol: «Un mondo unito non è un'utopia»*, La Stampa, 27/01/1987, p.3.
–, *Il ricordo di Camillo De Benedetti*, La Stampa, 06/02/1993, p. 31.
–, *Cara Giulietta, salva Mastorna* (lettera al giornale), La Stampa, 24/11/1993, p. 18.
Rol, F., *Rol, solo chi non lo conosce è scettico*, La Stampa, 06/06/2003, p. 29.
Romagnoli, G., *Tra le pareti del suo salotto un secolo di prodigi e misteri*, La Repubblica, 08/06/2003, p. 30.
Schiavazzi, V., *Addio al mago dei potenti*, La Repubblica, 23/09/1994, p. 25.
–, *Il "grande vecchio" dell'occulto racconta la sua magica Torino*, La Repubblica, 11/01/1990, p. 23.
–, *Un nastro, memoria del misterioso Rol*, La Repubblica, 11/01/1990, p. XII (Torino).
–, *Le memorie di un veggente*, La Repubblica, 24/09/1994, p. 27.
Serafini, G., *Il prodigio come un gioco*, Il Resto del Carlino, 13/04/1972, p. 3.
–, *Addio, «mago» Rol, vedevi nel futuro viaggiavi nel passato*, Il Resto del Carlino, 24/09/1994, p. 6.
Sinigaglia, A., *Rol, il mistero che ispirò Fellini* (recensione de *"Io sono la grondaia..."*) La Stampa, 20/03/2000, p. 15.
Travaglio, M., *Scomunica per Rol dall'Avvenire. Messori lo difende*, La Repubblica, 15/03/2000.
Vallora, M., *I «prodigi» d'arte di casa Rol*, La Stampa, 15/03/1995, p. 16.
Zucconi, G., *Rol, una vita di prodigi «in nome di Dio»*, Il Giorno, 30/04/1995, p. 15.

Periodici specializzati

AA.VV. *Dibattito sui fenomeni provocati dal Dr. Rol*, Metapsichica, Rivista italiana di parapsicologia, Casa Editrice Ceschina, Milano, gen-giu. 1970, pp. 16-55.
Alberti, G., *«Esperimenti» eseguiti dal dott. G.A. Rol a Torino*, Metapsichica, Ceschina, Milano, gen.-giu. 1970, pp. 10-15.
Assennato, P., *Testimonianza e considerazioni sui fenomeni Rol*, Metapsichica, Ceschina, Milano, gen.-giu 1970, pp. 2-6.
–, *Critica e ragionevolezza della parapsicologia*, Metapsichica, Ceschina, Milano, gen-giu. 1970, pp. 6-10.
Asti, A., *Dino Buzzati*, Scienza e Ignoto, n.1, sett. 1972, p. 24.
Bazzoli, L., *Gustavo Rol ci ha scritto*, Astra, 01/08/1987, p. 89.

Cassoli, P. e Inardi, M., *Gustavo Adolfo Rol (Nota preliminare)*, Quaderni di Parapsicologia, n° 1, 26 Gennaio 1970, pp. 16-26.

Cassoli, P., *La «medianità» di G.A. Rol: fatti e commenti da un libro di Renzo Allegri*, in *Quaderni di Parapsicologia*, Atti della 5° "Giornata Parapsicologica Bolognese", 9-10 Maggio 1987, Vol. 19, 1988, pp. 9-19.

Comin, J., *Appunti sulla relazione e sul dibattito riguardante G.A. Rol*, Metapsichica, lug-dic.1970, pp. 119-122.

–, *Il mistero nella vita del favoloso dott. Rol*, Scienza e Ignoto (rivista diretta da Leo Talamonti), Faenza Editrice, relazione in tre puntate: Giugno (pp. 55-62), Settembre (pp. 50-55), Novembre 1973 (pp. 46-51).

Di Bartolo, M., *Il lastrone di marmo restò sospeso in aria*, Astra, 01/06/87, p. 222.

Di Simone, G., *Opinioni*, Informazioni di Parapsicologia, n. 1, gennaio 1970, Napoli, pp. 35-40.

–, *Incontro con Gustavo Adolfo Rol*, Informazioni di Parapsicologia, n. 2, maggio 1970, Napoli, pp. 5-11.

–, *Incontro con Gustavo Adolfo Rol*, Metapsichica. Rivista italiana di parapsicologia, lug.-dic. 1970, pp. 112-118 (stesso scritto del precedente, diverso solo il primo paragrafo).

–, *Tre serate di esperimenti con Gustavo A. Rol*, Informazioni di Parapsicologia, 2/1973, pp. 15-23.

–, *Gustavo Rol: una vita ai confini dell'impossibile*, Il Giornale dei Misteri, n. 54, 09/1975, pp. 34-37.

–, *Ancora in difesa di Gustavo Adolfo Rol*, Luce e ombra, apr.-giu. 2003, p. 134.

Fellini, F. (intervista a), *Io sono aperto voluttuosamente a tutto*, Planète, n. 5, dic. 1964 - gen. 1965, pp. 103-104 (all'interno articolo dal titolo: *Un uomo sconcertante: il dottor Gustavo Adolfo Rol*). Ricalca, ma con delle varianti, l'articolo uscito su *Planète* francese, n. 19 del 1964. Vi sono anche due edizioni in spagnolo ed una in tedesco.

–, *Ho udito voci di amici lontani*, Astra, 01/06/1987, p. 221.

Garzia, P., *Intervista con Leo Talamonti*, Luce e Ombra, n. 2, apr.-giu. 1981, pp. 81-114.

Giovetti, P., *Rol*, Astra, 01/06/87, pp. 219-222 (1a puntata).

–, *Il volto di Cristo entrò nella cuccuma*, Astra, 01/07/1987, pp. 90-93 (2a puntata).

–, *E apparvero ciliege, rose, caramelle e un altro Rol*, Astra, 01/08/1987, pp. 86-89 (3a puntata).

–, *Svelato il mistero della sfera della conoscenza*, Astra, 01/09/1987, p. 90-93, (4a puntata).

–, *Portentoso Rol*, Astra, 01/06/1995, pp. 112-114.
Granone, F., *Il paranormale e la scienza*, in *Rassegna di Psicoterapie*, vol. 13, n. 2, 1986, pp. 73-78.
Inardi, M., *L'eccezionale Gustavo Rol*, Esp (rivista diretta da Piero Cassoli), n.10, dicembre 1975, pp. 22-27.
Lionello, A., *Aveva previsto tutto: la «Grande Prova» non m'avrebbe domato*, Astra, 01/09/1987, p. 88.
Lugli, R., *Gustavo Adolfo Rol*, Luce e Ombra, anno 95, n.1, gen.-mar. 1995, pp. 112-120.
Mengoli, E., *Riunioni 30ma e 31ma dell'A.I.S.M. dedicate a una Conferenza Dibattito sul dott. Gustavo Adolfo Rol di Torino. Relazione del presidente*, Metapsichica, Ceschina, Milano, gen.-giu. 1970, pp. 1-2.
Riccardi, N., *Gustavo Adolfo Rol*, Metapsichica, Ceschina, lug.-dic. 1966, pp. 73-87.
–, *Pittura spiritica*, Metapsichica, Ceschina, gen.-giu. 1968, pp. 21-27.
Rol, F., "*Al cospetto del Gioco Cosmico: gli esperimenti di Gustavo Adolfo Rol*", Il Giornale dei Misteri, n. 452, ago.-set. 2009, pp. 17-21.
Soldati, M., *Lo sconosciuto s'avvicinò e disse: «Deve scrivere quella storia, deve farlo...»*, Astra, 01/07/1987, p. 93.
Sordi, A., *Mi ha dato una preghiera per vivere*, Astra, 01/09/1987, p. 90.
Talamonti, L., *L'infanzia magica di Federico Fellini*, Scienza e Ignoto, n. 1, settembre 1972, p. 43.
Ughi, U., *Il violino s'accordò da solo*, Astra, 01/07/1987, p. 92.

Pubblicazioni varie

AA.VV., *Arredi, Dipinti, Ceramiche e Argenti dalle Collezioni del Dottor Gustavo Adolfo Rol*, Catalogo Asta Sotheby's, Milano, marzo 1995 (prefazione di Remo Lugli, *Gustavo Rol: l'uomo e i suoi prodigi*, p. 2).
AA.VV., *Gustavo Adolfo Rol – Dipinti*, Catalogo Mostra dipinti al Sermig di Torino, settembre 2000.
AA.VV., *Gustavo Rol – Lo spirito delle rose*, Catalogo Mostra dipinti al Castello di Guarene (CN), maggio 2005.
Allegri, R., *L'uomo dell'impossibile*, in *Viaggio nel paranormale*, Rusconi, Milano, 1978, pp. 5-52.
Bellini, I. e Grossi., D., *Gustavo Adolfo Rol, uomo semplice e straordinario* in: *Atlante dei misteri*, a cura di Roberto Giacobbo, Giunti, Firenze, 2006, pp. 140-141 (e 33; 231).

Beonio-Brocchieri, V., *Sogno misterioso di un gentiluomo torinese*, in *Camminare sul fuoco e altre magie...*, Milano, Longanesi, 1964, pp. 125-131.

Bergagna, L., *Da Rol a Cristo la Scala degli Angeli*, in *Dialoghi col bimbo Matteo e altri cuccioli umani e animali*, Edizioni della Bilancia, Torino, 2002, pp. 1-7.

Bevilacqua, A., *Un cuore magico* (romanzo), Mondadori, Milano, 1993 (nell'edizione Oscar Mondadori del 1995 riferimenti diretti a Rol si trovano alle pagine: 9-12 (dedica), 33, 35, 37, 46, 49, 55, 95, 100, 121, 129, 135, 146, 222, 254, 281, 298, 309, 324).

Binarelli, T., *Fellini e Rol*, in: *Quinta dimensione*, Mediterranee, Roma, 2008, pp. 61-64.

Buzzati, A., *Torino misteriosa*, in: Buzzati, D., *Ironia e mistero*, Pubblicazione per la mostra celebrativa di Dino Buzzati della Galleria Arx, Torino, 1991, pp. 6-7.

Cazzullo, A. e Messori, V., *Il mistero di Torino*, Mondadori, Milano, 2004, pp. 253-255; 389-390.

(Padre) Costa, G.M, *Il caso Rol*, in *Il paranormale e la fede*, pp. 32-35, opuscolo dei Padri Gesuiti, 10/1988.

De Boni, G., *Nota del direttore della collana* ("Nel mondo della psiche"), in: Riccardi, N., *Operazioni psichiche sulla materia* (v.), pp. 109-110.

Dembech, G., *Gustavo Adolfo Rol. L'uomo del mistero*, in *Torino città magica vol. 2*, Edizioni L'Ariete, Settimo Torinese 1993, pp. 165-194.

–, *Il caso "Rol"*, in *Quinta dimensione*, Edizioni L'Ariete, Settimo Torinese, 1989, pp. 253-258.

Di Bartolo, M., *Mistici e maghi a...Torino*, Edizioni Libreria Cortina, Torino, 1984, pp. V-VI.

Di Simone, G., *Lo Specchio Incantato. Da Padre Pio a Yogananda, da Schweitzer a Rol*, Luigi Reverdito Editore, Gardolo di Trento, 1987, pp. 87-92.

Fellini, F., *Fare un film*, Einaudi, Torino, 1980, pp. 89-90.

–, *Ginger e Fred*, Longanesi, Milano, 1985, pp. 112-113.

–, *iMago: appunti di un visionario*, conversazione-intervista di Toni Maraini, Semar, Roma, 1994, p. XII.

Ferraro, A., *Un personaggio eccezionale: il dottor Gustavo Adolfo Rol*, in *Spiritismo: illusione o realtà?*, Edizioni Mediterranee, Roma, 1979, pp. 161-184 (e pp. 238, 244, 270-271).

–, *Il personaggio Rol*, in: *Indifferente alla morte: esperienze laiche di un fisico*, Gardolo (Trento), Reverdito Editore, 1988, pp. 93-107 (e pp. 319, 333).

–, *Testimonianza sulla Parapsicologia*, MEB, Padova, 1993, pp. 176-

198.
Fezia, L., *Gustavo Adolfo Rol*, in *Choku Rei*, L'Età dell'Acquario, Torino, 2004, pp. 223-238.
Frassati, L., *Echi*, Scheiwiller, Milano, 1987 (prefazione di Gustavo Rol).
Gabrielli, N. (a cura di), *Museo dell'arredamento / Stupinigi. La Palazzina di caccia*, Musolini Editore, Torino, 1966, p. 96 e foto n. 186.
Gervaso, R., *Gustavo Adolfo Rol*, in: *La pulce nell'orecchio, interviste famose*, Rusconi, 1979, pp. 287-298.
–, Presentazione del libro di Renzo Allegri *Rol il mistero* (op. cit.), pp. VII-VIII.
–, *Gustavo Rol*, in: *Ve li racconto io. A tu per tu con i protagonisti del novecento*, Mondadori, Milano, 2006, pp. 364-367.
Giordano, M. L., *L'uomo che si fa medicina*, L'Età dell'Acquario, Torino, 2004, pp. 110-142.
Giovetti, P., *Gustavo Adolfo Rol*, in *Arte Medianica*, Edizioni Mediterranee, 1982, pp. 87-97.
–, *I misteri intorno a noi*, Rizzoli, Milano, 1988, pp. 77-86.
Inardi M., *Gustavo Adolfo Rol. Il favoloso personaggio che da solo costituisce un'antologia delle capacità paranormali*, in *Dimensioni sconosciute*, SugarCo, Milano, 1975, pp. 157-182.
–, *Rol. Gustavo Adolfo*, in *L'uomo e l'ignoto: enciclopedia di parapsicologia e dell'insolito*, Vol. IV, Milano, Armenia, 1978, pp. 1075-1076.
–, *Rol. Gustavo Adolfo*, in *Paranormale – Dizionario Enciclopedico*, Vol. II, Milano, Mondadori, 1986, pp. 840-841.
Introvigne, M. et al., *L'insegnamento di Gustavo Adolfo Rol*, Enciclopedia delle religioni in Italia, Elledici, 2001, pp. 860-861.
Kezich, T., *Giulietta degli spiriti, di Federico Fellini*, Cappelli editore, 1965, pp. 38-41.
Maero, D., *Scritture e personalità di Gustavo Adolfo Rol*, Periodico di grafoanalisi e di problemi educativi, A.N.I.A.S., anno XXI, n. 1/03 (2003).
Mastrosimone, S., *Donne dell'altro mondo*, Il Punto d'Incontro, Vicenza, 2007, pp. 78-88 (testimonianza di Valentina Cortese).
Pitigrilli (Dino Segre), *Gusto per il mistero*, Sonzogno, Milano, 1954 (maggio), pp. 8-10; 75-98.
Riccardi, N., *Operazioni psichiche sulla materia*, Editrice Luce e Ombra, Verona, 1970 (gennaio), pp. 17; 39-43; 50-51; 61-69; 87;101-109.
–, *L'occulto in laboratorio*, Meb, Torino, 1972, pp.16-17; 64-65; 77-81; 151-152; 156; 197; 203-204.
Rol, F., *Gustavo Rol: un Uomo di Luce per il XX secolo*, in AA.VV.,

L'Uomo e il Mistero/12, a cura di Paola Giovetti, Edizioni Mediterranee, 2004, pp. 29-33.
–, *Gustavo Rol, un maestro spirituale del XX secolo*, appendice al libro di Mercante, V., *Il Mistero e la Fede Gustavo Rol e Padre Pio da Pietrelcina*, Il Segno, Trieste, 2006, pp. 66-87.
–, Postfazione al libro di Di Simone, G., *Oltre l'umano. Gustavo Adolfo Rol*, Reverdito, Trento, pp. 146-159, nuova edizione 2009.
–, *L'"esperimento clou" di Giorgio di Simone: controcritica alle illazioni di uno scettico*, appendice al libro di Di Simone, pp. 167-191, 2009.
–, *Alle soglie di un nuovo paradigma? Il "caso" Rol*, in Capra, A., *Dubbiosamente. Tra scienza e ideologia: elucubrazioni sulla natura umana*, pp. 350-368, Roma, 2010.
(si può leggere qui: *www.gustavorol.org/Rol_e_prestigiatori.pdf*)
–, realizzazioni grafiche pubblicate sulla rivista di arte contemporanea *Flash Art International*: 1) *Ray Of Light*, jul.-sep. 2004; 2) *Ray Of Love*, oct. 2004; 3) *Neurotheology is a Flash Art*, oct. 2005; 4) *Neurévélation*, nov.-dec. 2007; e *Flash Art Italia*: 1) *Neuroteologia*, ago.-set. 2004; 2) *Neurevolución*, ott.-nov. 2005; 3) *Concomitanza*, ago.-set. 2006.
Talamonti, L., *L'uomo che legge nei libri chiusi*, pp. 129-131; *Gli oggetti che obbediscono*, pp. 352-354, *Una testimonianza di Federico Fellini*, pp. 369-370, anche p. 108, in *Universo Proibito*, SugarCo, Milano, 1966.
–, *L'arte di aiutare il prossimo anche suo malgrado*, in *La mente senza frontiere*, SugarCo, 1974, pp. 324-327.
–, *Enigmi a Torino*, in *Gente di Frontiera*, Milano, Mondadori, 1975, pp. 107-125.
–, *I protagonisti invisibili*, Rizzoli, Milano, 1990, pp. 172-174.
Tozzi, U., *Non solo io. La mia storia*, Alberti Editore, Roma, 2009, pp. 77-79.
Zarri, C., *Da Marengo a Stupinigi*, Nuova Alexandria, Anno V, n.3, Serie 1999, Boccassi Editore, p. 5.
Zeffirelli, F., *Autobiografia*, Mondadori, Milano, 2006, pp. 277-282.

Articoli e pubblicazioni "critiche"

Angela, P., *Viaggio nel mondo del paranormale*, Mondadori, Milano, 1978, pp. 329-336.
Bossi, V., *Un famoso sensitivo italiano: Gustavo Adolfo Rol*, in *Parapsicologia: un po' di verità e tante truffe*, Landoni, Legnano, 1979, pp. 83-90.

Ferragatta, M., *Tavola rotonda su Rol,* La Voce Scettica, n. 15, set.-nov. 2003, pp. 7-10.
Ferrero, A., *Rol prestigiatore al 5%,* Scienza & Paranormale, mar.-apr. 2004, p. 11.
Gatto Trocchi, C., *C'è una spiegazione all'enigma del secolo,* Vita Pastorale, n. 7, luglio 2003, pp. 28-30.
Hack M., *L'invasione di maghi e fantasmi dilaga anche in tv,* Corriere della Sera, 06/11/1994, p. 35.
Manca, M., *Rol il prestigiatore,* Scienza & Paranormale, n. 47, gen.-feb. 2003, pp. 30-37 e: La voce scettica, n.8, ott.-dic. 2001, pp. 9-16.
n.f., *Un Centro Studi su G.A. Rol,* Scienza & Paranormale, n. 44, lug.-ago, 2002, p. 9.
–, *Torino città di prestigiatori?,* Scienza & Paranormale n. 79, mag-giu. 2008, p. 56.
Odifreddi, P., *Il trucco c'è ma qualcuno non lo vede,* L'espresso, 03/07/2003, p. 135.
Polidoro, M., *Rol, quale mistero?,* Scienza & Paranormale, n. 6, marzo 1995.
–, *Rol e i libri chiusi,* in *L'illusione del paranormale,* Muzzio Editore, Padova, 1998, pp. 75-78, 250.
–, *Il continuo fascino di Rol,* Scienza & Paranormale, n. 47, gen.-febb. 2003, p. 5.
–, *Il CICAP e l'illusionismo,* Scienza & Paranormale, n. 52, nov.-dic. 2003.
–, *L'ultimo saluto di Gustavo Rol,* Scienza & Paranormale, n. 56, lug.-ago. 2004, pp. 60-61.
–, *I segreti di Rol,* in *Gli enigmi della storia,* Edizioni Piemme, Casale Monferrato (AL), 2003-2006, pp. 312-314.
–, *Intervista ad Alexander. Occhio alle tasche... e ai pensieri,* in *Magia. La rivista italiana di cultura magica,* n. 8, 2008, pp. 16-20.
Scalas, E., *Il caso Rol,* La voce scettica, n.8, ott.-dic. 2001, p. 3.
Silvan, *Due eventi prodigiosi,* in *Magia,* n. 3, anno II, 2005, pp. 140-142.
Tomatis, M., *Rol: un fenomeno torinese,* La voce scettica, n.8, ott.-dic. 2001, pp. 17-22.
–, *Rol, uno straordinario prestigiatore,* Scienza & Paranormale, n. 46, nov.-dic. 2002, p. 59.
–, *L'illusionismo di Rol,* Scienza & Paranormale, n. 47, gen.-feb. 2003, pp. 38-45.
–, *L'esperimento* clou *di Gustavo Rol,* La voce scettica, n.14, mag.-lug. 2003, pp. 17-19.
–, *Una "magica" serata in casa Rol,* in Polidoro, M., *Gli enigmi della storia,* 2003, pp. 314-337.
–, *La "scrittura segreta",* pp. 46, 68, 78-79, 83-84; e

–, *Alexander: «Il mentalismo è soprattutto parola»*, pp. 76-77, in *Magia*, n. 3, anno II, 2005.
–, *Gustavo Rol, uno sciamano subalpino*, Scienza & Paranormale n. 80, lug.-ago. 2008, pp. 20-24.

Periodici stranieri

Fellini, F. (intervista a), *Je suis voluptueusement ouvert à tout*, Planète n. 19, nov.-dic. 1964, pp. 75-77 (con riquadro a p. 77: Bergier, J., Pauwels, L., *L'etrange Rol*).
–, *Estoy voluptuósamente abierto a todo*, Planeta n. 3, Buenos Aires, gen.-feb. 1965, pp. 100-107 (con riquadro a p. 103: Bergier, J., Pauwels, L., *El estraño Rol*). Edizione argentina della rivista francese. Vi sono anche altre versioni.
Gilis, L., *Les Armées de la Républlique en Europe et en Egypte*, Le journal de l'amateur d'art, n. 112, mai 1953, pp. 8-10.
Pitigrilli, *L'incroyable mage Gustave Rol*, Planète n. 22, mag.-giu. 1965, pp. 115-125.
–, *El increíble mago Gustavo Rol*, Planeta n. 16, Buenos Aires, mar.-apr. 1967, pp. 134-145.
–, *Der Magier Gustavo Rol*, Planet, n. 5, gen-feb. 1970, pp. 121-131.
–, *El increíble mago Gustav Rol*, Horizonte n.11, Barcellona, lug.-ago. 1970, pp. 149-160.
–, articoli tratti da *Diario La Razón*, Ediciones de La Razón, Buenos Aires, 21/24/28/31 maggio 1952 (poi inseriti in *Gusto per il mistero*, 1954).
Pons, P., *Turin la demoniaque*, Le Monde, 24-25/07/1983.

Documentari

Bonfiglio, M., *Rol. L'uomo, il mistero, la vita*, regia M. Leone, Aries s.r.l., Rivarolo Canavese, 2005.
Bongiorno, N., *Rol. Un mondo dietro al mondo*, Medusa Video, 2008.

Trasmissioni televisive e radiofoniche.
(In ordine cronologico. L'asterisco indica una trasmissione in cui si è parlato abbastanza a lungo di Rol)

– 1984 (gennaio? – data non reperita) – Rai Due – *Blitz* – condotta da Gianni Minà. Intervento telefonico di Gustavo Rol.

- *11.01.1987 – Rai Uno – *Domenica In* – condotta da Raffaella Carrà. Intervento telefonico di Gustavo Rol (messaggio ai giovani sugli *Stati Uniti del Mondo*). In studio Franco Zeffirelli.
- 23.09.1994, ore 13.30 – Rai Uno – *TG1*.
- 21.10.1994, ore 15,15 – Rai Due – *I fatti vostri. Piazza Italia* – condotta da Antonio Magalli. Intervista a Giuditta Dembech.
- 05.10.2001, ore 11.00 – Rai Tre – *Cominciamo bene estate* – condotta da Corrado Tedeschi e Ilaria D'Amico. Intervista a Catterina Ferrari. Interviene Renzo Allegri in collegamento telefonico.
- 09.12.2001, ore 23,00 – Rai Tre – *Harem* – condotta da Caterine Spaak. In studio Giuditta Miscioscia, Steno Ferluga (CICAP) et al.
- 30.12.2001, ore 21,00 – La 7 – *Stargate* – condotta da Roberto Giacobbo. Interviste a: Domenica Fenoglio e Aldo Provera.
- *31.03.2002, ore 20,45 – La 7 – *Stargate* – condotta da Roberto Giacobbo. Interviste a: A. Bergandi, D. Fenoglio, L. Giordano, P. Giovetti, A. Provera, F. Rol, M. Tomatis.
- 28.06.2002, in seconda serata – (satellite) – *Casa Laurito* – in studio C. Ferrari e Lorenzo Ostuni.
- *05.06.2003, ore 23,35 – Rai Uno – *Porta a Porta* – condotta da Bruno Vespa. In studio: V. Messori, M. Mondo, Silvan, M. Tomatis – In collegamento esterno: G. Dembech, T. Regge et al..
- 10.07.2003, ore 08,30 – Rai Uno – *Uno Mattina Estate* – Conduttore Franco Di Mare. Intervista al prof. Giovanni Sesia.
- 30.09.2003, ore 10.00 – Rai Tre – *Cominciamo Bene* – condotto da Corrado Augias. In studio Piergiorgio Manera e Walter Rolfo.
- 07.05.2004, ore 09.00 – Rai Uno – *Uno Mattina* – condotto da Roberta Capua. A Rol dedicati 15 min. Ospiti in studio Paola Giovetti e Franco Rol.
- *26.05.2004, ore 21,15 – Telestudio (piemonte) – *Ricordando Rol* – In studio: M.L. Giordano, L. Giordano, C. Buffa di Perrero, G. Sesia, P. Manera, R. Jacob. Testimonianza telefonica di Valerio Gentile.
- 26.08.2004, ore 12.30 – Rai Tre – *Cominciamo bene* – condotto da Michele Mirabella. A Rol dedicata circa mezz'ora. In studio Lorenzo Ostuni. In collegamento esterno: G. Dembech.
- 10.05.2005, ore 12,30 – Rai Uno – *Piazza Grande* – condotta da Antonio Magalli. Intervista ad Anna Provana di Collegno.
- *19.07.2005, ore 23,00 – Rai Due – *Voyager* – condotta da Roberto Giacobbo. Si parla del ritratto di dama che sorride, al termine della trasmissione.
- 21.09.2005, ore 23,00 – Canale 5 – *Matrix* – condotta da Enrico Mentana. A Rol dedicati circa 30 minuti. In studio: U. Di Grazia, V. Messori, P. Odifreddi, M. Polidoro. Interviste esterne

(testimonianze su Rol: Paola Gassmann (attrice) e Nori Corbucci (scrittrice).
– 20.06.2006, ore 00,30 – Rai Due – *Arcana* – condotta da Walter Rolfo. A Rol dedicati circa 20 minuti, dal titolo *Rol: genio o impostore?* In studio Vanni Bossi. Rol secondo i prestigiatori (consulente della trasmissione M. Tomatis...).
– 05.02.2007 – Italia 1 – *Le Iene* – L'inviato Filippo Roma intervista Roberto Giacobbo sul mistero del "ritratto che sorride". Servizio intitolato *La vita oltre la vita*. Durata circa 10 minuti.
– 24.03.2007, ore 23,45 – Canale 5 – *Il senso della vita* – condotta da Paolo Bonolis. Franco Zeffirelli accenna alla sua amicizia con Gustavo Rol. Circa 5 minuti.
– *28.03.2007, ore 23,30 – Rai 3 – *Enigma* – condotta da Corrado Augias. Puntata interamente dedicata a Gustavo Rol. In studio Alberto Bevilacqua e Mariano Tomatis.
– *26.12.2007, ore 08,05 – Rai 3 – *La Storia siamo noi* – programma di Giovanni Minoli. Puntata su Gustavo Rol sulla traccia del documentario di Nicolò Bongiorno: *Rol. Un mondo dietro al mondo*.
– *18.01.2008, ore 21:00 – History Channel – Prima messa in onda del documentario di Nicolò Bongiorno: *Rol. Un mondo dietro al mondo*. Molte repliche.
– 15.05.2008, ore 23,20 – Italia 1 – *Il Bivio* – condotta da Enrico Ruggeri. In studio Giuditta Dembech.

Internet e altri documenti audio.

Alexander, *testimonianza del 04/10/2008, presso il Teatro Alfieri di Cagliari* (*www.gustavorol.org/alexander.htm*). L'unica testimonianza completa su Rol del prestigiatore Alexander.
Rol, F., *www.gustavorol.it*, 2000-2004.
–, *www.gustavorol.org*, 2004-2012.
–, *www.neuroteologia.org* (*Il Cuore della Religione*), 2004.
Tomatis, M., *www.gustavorol.net*, 2002-2011. A partire da novembre 2012 il sito è passato a Franco Rol.

FONTI SECONDARIE

Includono:
1) fonti che contengono in larga misura notizie non inedite;
2) fonti che contengono solo brevi citazioni o brevi accenni inediti.

Periodici

Allegri, Ro., *Rol. Ora vi mostro i suoi poteri* (intervista a Nicolò Bongiorno), Chi n. 27, 12/07/2006, pp. 163-166.
Augias, C., *Era veramente magico?*, Tv sorrisi & canzoni, n. 14, marzo 2007, pp. 55-58.
Bevilacqua, A., *I suoi esperimenti affascinarono Einstein*, Sette (Settimanale del Corriere della Sera), 27/04/2000, p. 141.
Biondi, P., *Porto Rol in tv*, (intervista a Nicolò Bongiorno), Diva e Donna, n.9, 07/06/2006, pp. 120-124.
–, *Il mio sesto senso*, (intervista ad Alberto Bevilacqua), Diva e Donna, n. 47, 28/11/2006, pp. 115-116.
–, *Gustavo Rol: il nostro amico di famiglia*, (intervista a Gianfrancesco Ferraris di Celle), Diva e Donna, n. 38, 25/09/2007, pp. 145-146.
–, *Vi racconto il mondo di Rol* (intervista a Nicolò Bongiorno), Diva e Donna n. 32, 12/08/2008, pp. 124-126.
Cenni, R., *Il trucco più riuscito di Rol? Il Mistero intorno a se stesso*, Oggi, n. 26, 25/06/2003, pp. 125-128.
Camurri, E., *Scienza, dogmi e tanto quark'n'Rol*, Il Riformista, 10/06/2003, p. 6.
Cimatti, P., *Rol, un mito del XX secolo*, in *Essere secondo natura*, nov.-dic. 1989, pp. 506-509.
D'Antonio, E., *Lo strano caso di Gustavo Rol*, Novella 2000, n. 14, 06/04/2006, p.113 e sg..
Feltri, V., *Non è il diavolo a possedere gli uomini. Siamo noi a possedere lui*, Panorama n. 7, 08/02/2012, p. 38.
Fini, M., *Rol. Il mago che ha stregato Fellini, Agnelli & C.*, Epoca, 24/08/1993, pp. 114-117.
Gervaso, R., *Appena il prodigio è avvenuto prova una specie di tenerezza e di gioia*, (stessa intervista del Corriere, ma con alcune differenze), Gente, 21/09/1979, pp. 76-81.
Giovetti, P. *Il libro era chiuso eppure leggeva parola per parola* (intervista a Giuditta Dembech), Visto n. 33, 15/08/1991, pp. 76-78.
–, *Davanti ai miei occhi Rol "resuscitò" Picasso*, Oggi, 10/10/1994, p. 27.

Grasso, A., *La cultura televisiva di Piero Angela lascia un po' perplessi*, Sette (settimanale del *Corriere della Sera*), luglio 2002.
–, *A una serata con Piero Angela preferisco un giorno in casa Rol*, Sette (settimanale del *Corriere della Sera*), 26/06/2003, p. 21.
Magosso, R., *Va all'asta la favolosa casa...*, Gente, marzo 1995, pp. 78-82.
Marcozzi, V., S.I., *La parapsicologia nella recente letteratura*, Civiltà Cattolica, n. 3108, 15/10/1979, pp. 562-570.
n.f., *300 maghi d'azienda*, L'Espresso, 10/01/1965, p. 14.
Pensotti, A., *Vedo la morte: non andare in aereo*, Oggi, 11/03/1965, pp. 58-60.
–, *Pasqualina va all'estero stando a casa*, Oggi, 01/04/1965, pp. 78-80.
Schiavazzi, V., *Le eredi di Rol*, Capital, luglio 2001, pp. 96-99.
–, *Un enigma chiamato Gustavo Rol*, Corriere Artigiano, Torino, Marzo 2003, p.26 (intervista a Salvatore Valerio Gentile).
Sipos, N., *La mia strana vita vicino a Rol* (intervista ad Arturo Bergandi), Chi, n.7, 22/02/2006, pp.135-138.

Quotidiani

Altarocca, C., *La reggia del «mago»*, La Stampa, 11/03/1995, p. 10.
Antonelli, L., *Zeffirelli prepara il «Gesù» parte 2^a*, Stampa Sera, 12/08/1980, p. 23.
Appiotti M., *Incontri ravvicinati con il mistero di Gustavo Rol*, La Stampa, 17/03/1995 – (In occasione dell'uscita del libro di Remo Lugli).
Arcidiacono, M., *Rol, il mago che divise. Era un mito o un bluff?*, La Gazzetta dello Sport, 09/12/2007, p. 32.
Benna, C., *Quegli esperimenti per un'élite di amici*, Il Giornale, cronaca del Piemonte, 07/06/2003, p. 5.
Bentivoglio, L., *Mi aveva stregato con le sue bugie*, (intervista a Paolo Villaggio su Federico Fellini), La Repubblica, 03/08/2003, p. 27.
Bernardi, M., *Il chirurgo di Napoleone*, La Stampa, 13/04/1967, p. 3.
Bianucci, P., *Quei misteri poco misteriosi*, La Stampa (Tuttoscienze), 15/02/1995, p. 1.
Buzzati, D., *Ma la scienza dice no*, Corriere della Sera, 11/09/1966, p. 3 (recensione libro di Talamonti *Universo Proibito*).
Cappelli, V., *Gassman: "Marcello non ha vinto? Che Iddio lo conservi..."*, Corriere della Sera, 21/05/1996, p. 35.
Ceronetti, G., *Federico mago e cardinale*, La Stampa, 25/01/1981, p. 3.
–, *Specchio magico di una città*, La Stampa, 30/11/1986, p. 3.
–, *Fellini ingordo di misteri*, La Stampa, 07/02/1995, p. 15.

Conti, A., *Il «fluido» di Rol sbaraglia i ladri*, La Stampa, 06/08/1995, p. 33.
Corbo, M., *Accadono in mezzo a noi fenomeni straordinari che la scienza non nega ma non può spiegare*, Il Resto del Carlino, 02/09/1978.
Curino, L., *Il campione sorride preoccupato*, La Stampa, 12/01/1972, p. 7. [altri articoli relazionati, stessa pagina – ma non si parla di Rol: Rota O., *Inardi, mago pericoloso*; e Ghibaudi, B., *La telepatia esiste, ma non si comanda*].
–, *«La mia Torino magica»*, La Stampa, 28/09/1986, p. 14.
Custodero, A., *San Secondo, 'miracolo' sul pavimento*, La Repubblica, 08/09/2005, p. 1 (Torino).
D'Agostini, P., *Ecco 'Il viaggio di G. Mastorna' con le immagini del film-fantasma*, La Repubblica, 03/12/2005, p. 14.
Del Buono, O., *Rol, una personalità eccezionale*, La Stampa, 03/07/2003, p. 31.
e.fer., *«Il mio 10 giugno 1940»*, La Stampa, 10/06/1990, p. 3.
Fasolo, F., *La Lollo, Raf, Elena ed Isa fra sciatrici in costume da bagno*, Stampa Sera, 12/08/1955, p. 3.
Femore, P., *Il dottor Rol, mago dei maghi che riuscì a strabiliare Fellini*, La Stampa, 13/03/1978, p. 7.
f.gil., *Spiritismo o cruciverba?*, La Stampa, 19/05/1982, p. 7.
Gambarotta, B., *Ma le streghe non se ne sono mai andate*, La Stampa, 20/02/2006, p. 34.
Gervaso, R., *Chi è Rol?*, Stampa Sera, 10/10/ 1979, p. 19.
Ghiotti, R., *Rol, in un dvd misteri e prodigi*, Torino Cronaca, 26/04/2006, p. 26.
Girola, E., *Un'ora di intervento per Giovanni Agnelli*, Corriere della Sera, 19/11/1997, p. 16.
Goldoni, L., *Quei prodigi «discreti» nel salotto di Rol*, Corriere della Sera, 01/07/1995, p. 24.
Iaccarino, L., *Magia e misteri? No, grazie*, La Repubblica, 07/06/2003, (cronaca di Torino), p. 11.
Ianni, R., *«Il mio è un teatro di alto artigianato»* (intervista ad Arturo Brachetti), Eco di Biella, 30/06/2008, p. 31.
Larivei, D., *Una conferenza per ricordare il sensitivo Gustavo Rol* (breve intervista ai coniugi Sesia), La nuova voce, n.3, 12/04/2006, p. 9.
Laurenzi, L., *Maria Beatrice, principessa e medium*, La Repubblica, 13/10/1997, p. 18.
Lupo, M., *In quella carrozza Napoleone si sentì re*, La Stampa, 11/06/1991, p. 37.
–, *In un libro la storia di Marcella Dirce*, La Stampa, 20/06/1995, p. 43.
–, *All'asta il tesoro di Gustavo Rol*, La Stampa, 02/02/1995, p. 35.

Mascarino, E., *Hanno rubato i «tesori» di Rol*, La Stampa, 19/07/1995, p. 32.
Monticone, B., *Sensitivo scopre inedito di Paisiello*, La Stampa (Savona), 22/04/2002, p. 46.
–, *Oggi la visita al castello di Guarene per l'omaggio a Gustavo Rol*, La Stampa (Imperia), 28/05/2002, p. 47.
Negro, E., *Un capitano degli Alpini*, L'Eco mese, settembre 2003, p. 73.
Neirotti, M., *«Io, da narratore a medium»* (Intervista ad Alberto Bevilacqua), La Stampa, 15/10/1993, p. 13.
n.f., *Per i mobili di Rol 4 miliardi*, La Repubblica, 16/03/1995, p. 19.
–, *Innalzato il totem dedicato a Rol*, La Stampa, 26/06/1995, p. 25.
Offreddu, L., *Viveva sempre più appartato con la sua grande passione: una canzone di Armstrong*, Corriere della Sera, 16/11/2000, p. 2 (su Edoardo Agnelli).
Orengo, N., *I fantasmi di Buzzati*, La Stampa, 06/11/1991, p. 17.
Paglieri, M., *Fiori e dipinti al Castello. In mostra le rose di Rol*, La Repubblica, 05/05/2005, p. XXI (Torino).
Peres, E., *Gustavo Adolfo Rol: trovate gli ambigrammi*, La Stampa, 26/07/2003, inserto Tuttolibri, p. 8.
Purgatori Andrea, *La Signora in rosso: buio a Torino*, Corriere della Sera, 01/08/1996, p. 25.
Quaranta, B., *Le mie poesie «dettate» da Rol* (recensione al libro di Luciana Frassati *L'impronta di Rol*), La Stampa, 18/12/1996, p. 24.
–, *L'Apocalisse, ultima «magia» di Rol*, La Stampa, 21/09/2001, p. 41 (cronaca di Torino).
r.m., *Gli scienziati svelano i trucchi della magia*, Libero, 11/06/2003.
Rondi, U., *Nicolò Bongiorno: «Il mio film in Sicilia sulla famiglia di Mike»*, La Sicilia, 08/12/2007, p. 34.
Serra, M., *L'amaca*, La Repubblica, 05/06/2003, p. 14.
Spatola, M., *Quando un adolescente «brucia»*, Stampa Sera, 22/08/1983, pp. 2-3.
Specchia, F., *Le mille vite di Rol*, Libero, 07/12/2007, p. 28.
Stella, G.A., *Gassman. Le mie lettere al Capoccia*, Corriere della Sera, 18/08/1996, p. 19.
Volpe, M., *Il misterioso Rol: sensitivo o impostore?* (accenno alla trasmissione *Enigma*), Corriere della Sera, 28/03/2007, p. 46.

Periodici specializzati

A.A.V.V, , *Gustavo Adolfo Rol*, a cura dell'A.I.S.M., Gennaio 2004.
Comin, J., *Il mistero nella vita del dott. Rol*, Luce e Ombra, ott.-dic.

1994, pp. 361-378, (estratto dalle puntate su *Scienza e Ignoto*, con una breve introduzione di Silvio Ravaldini, direttore della rivista).
Curtoni, V., Lippi, G., *A tu per tu con Gustavo Rol*, Arcani, 7/8, 1978, pp. 49-53 (intervista a Renzo Allegri).
Ferraro, A., *Rol, Geller e Scalia*, Il Giornale dei Misteri, n. 288, 1995, pp. 13-14.
Giovetti, P., *Gustavo Rol, il sensitivo gentiluomo*, Il Giornale dei Misteri, n. 393, luglio, 2004, pp. 9-12.
–, *Recensione al libro di M.L. Giordano "Rol e l'altra dimensione"*, Luce e Ombra, anno 100, n. 3, lug.-sett. 2000, pp. 375-377.
–, *Recensione al libro di Franco Rol "Il simbolismo di Rol"*, in *Luce e Ombra*, n. 4, ott.-dic. 2009, Bologna.
Sellan, P., *Il realismo magico di Gustavo Rol*, Gnosis, n° 2, 2001, Napoli, pp. 11-15.
Servadio, E., *La difficile eredità di Rol*, Il Giornale dei Misteri, n. 277, 1994, p. 7.

Pubblicazioni varie

Alvisi, G., *Le voci dei viventi di ieri*, Sugarco Editori, Milano, 1976, p. 138
Angelucci, G., Betti, L., *Casanova rendez-vous con Federico Fellini*, Bompiani, Milano, 1975, pp. 131-132.
Baima Bollone, P., *Sindone. 101 domande e risposte*, San Paolo, Cinisello Balsamo (MI), 2000, pp. 164-166.
Ballerino, A., *La carrozza di Napoleone si ferma solo a Stupinigi*, in *Alessandria negli anni cinquanta*, Edizioni Il Piccolo, Alessandria, 2002, pp. 112-114.
Bassignana, E., *Gustavo Adolfo Rol, la «grondaia»*, in: *Piemonte magico. Gente e luoghi del mistero visti con gli occhi di uno scettico*, Priuli & Verlucca, Scamagno (To), 2010, pp. 63-74 [trattasi di ripubblicazione, pubblicato inizialmente nel maggio 2003]
Biagi, E., *E tu lo sai?*, Rizzoli, Milano, 1978, p. 84.
–, *La bella vita: Marcello Matroianni racconta*, Rizzoli, Milano, 1996, pp. 44-45.
Blancato, E., *Il sodalizio con Rol*, in: *Curare con le mani e con il cuore. Le straordinarie doti di Giuseppe Trappo*, Armenia, Milano, 2006, pp. 147-158.
Brunetta, G.P., *Padre Dante che sei nel cinema*, in: *Dante nel cinema*, a cura di Gianfranco Casadio, Longo Editore, Ravenna, 1996, p. 23.

Cassoli, B. e Righettini, P., *Gustavo Adolfo Rol: grande medium o grande illusionista?*, in: *Un sole nascosto*, Phoenix Editrice, Roma, 1999, pp. 131-136.
Cazzullo, A., *I Torinesi da Cavour a oggi*, Laterza, Bari, 2002, pp. 222-223.
–, *Outlet Italia. Viaggio nel Paese in svendita*, Mondadori, Milano, 2007, p. 257
Ceratto, M., *Il battello dei sogni*, Simonelli, Milano, 2000, p. 174.
Ceronetti, G., *La vera storia di Rosa Vercesi e della sua amica Vittoria*, Einaudi, Torino, 2000, p. 22.
Costantini, C., *L'inferno di Fellini*, Sovera Edizioni, Roma, 2003, pp. 50-52 (viene ripresa l'intervista di Bruno Quaranta a Rol su *La Stampa* del 03/11/1993).
Curti, A., *Incontri con la speranza. Poesie*, Rebellato Editore, 1974, pp. 68-69.
Festorazzi, R., *La pianista del Duce*, Simonelli, Editore, Milano, 2000, p. 83.
Fezia, L., *101 misteri di Torino (che non saranno mai risolti)*, Newton Compton, 2011, pp. 23-26.
Fortuna, P. e Uboldi, R., *Sbrindellato, scalzo in groppa a un ciuco, ma col casco d'Africa ancora in capo*, Mondadori, Milano, 1976 (marzo), pp. 245-247.
Gambetti, G., *Vittorio Gassman*, Gremese, Roma, 1999, p. 265.
Giacobbo, R., *Il segreto di Leonardo*, Rizzoli, Milano, 2005, pp. 116-118.
–, *Teresa Rovere*, in: *Il ragionevole dubbio*, Giunti, Firenze, 2007, pp. 149-154.
–, *L'aldilà*, Mondadori, Milano, 2011, pp. 72-76.
Kezich, T., *Fellini del giorno dopo*, Guaraldi, Rimini, 1996, p. 153.
–, *Federico Fellini, la vita e i film*, Feltrinelli, Milano, 2002, pp. 248-249; 259-260; 264; 353.
Martigli, C.A., *Gustavo Rol, l'allegro veggente*, in: *Miracolo! Un'indagine rigorosa e sorprendente sui miracoli non cattolici*, De Agostini, Novara, (luglio) 2009, pp. 258-269.
Mengoli, E., prefazione a: Ryzl, M., *La parapsicolgia*, Mediterranee, Roma, 1971, pp. 9-10.
Monicelli, M., *Il mio cinema fra Mussolini, Sordi e Gorbacëv*, Micromega 6/2010, p. 64.
Morelli, G. (a cura di), *Storia del candore. Studi in memoria di Nino Rota nel ventesimo della scomparsa*, Leo S. Olschki, 2001, p. 342, 456.
Munari, M., Verni, F., *Vita e donnine di Milo Manara. Una biografia-intervista*, Leopoldo Bloom Editore, Verona, 2008, pp. 114-115.

Oddenino Paris, P., *Una via iniziatica. E Martin mi presentò Gesù*, Mediterranee, Roma, 1996, pp. 11-13.
Omaggio, M. R., *Viaggio nell'incredibile*, Mediterranee, Roma, 1995, p. 72.
Pensotti, A., *Le italiane: memoriali, conversazioni, documenti per un racconto della vita*, Simonelli, Milano, 1999, p. 260.
Romagnani, G. P., *Una famiglia piemontese dalla Restaurazione all'età liberale*, in *Nobiltà e stato in Piemonte: i Ferrero d'Ormea: atti del Convegno: Torino – Mondovì, 3-5 ottobre 2001*, a cura di Andrea Merlotti, Silvio Zamorani Editore, Torino, 2003, p. 386, n. 65.
Sobrero, E., *Incontri reali e anche meno*, Robin Edizioni, Roma, 2005, p. 95.
Tabacco, G., *Con te sempre accanto*, Mondadori, Milano, 2012, pp. 6-7; 19-27.
Tacchino, D., *Gustavo Rol, uomo di prodigi e incertezze, fra scienza e mistero*, in: *Torino, storia e misteri di una provincia magica*, Ed. Mediterranee, Roma, 2007, pp. 155-157.
Thomson, I., *Primo Levi*, Vintage, London, 2003, p. 372.
Zapponi, B., *Il mio Fellini*, Marsilio, Venezia, 1995, pp. 88-89.
Zavoli, S., *Diario di un cronista*, Mondadori, Milano, 2002, p. 442.

Periodici stranieri

Balbec, D., *Il détestait qu'on le traite de médium*, France Dimanche, n. 3145, 08/12/2006, pp. 30-31.
Popham, P., *This Europe: A paranormal, a seer, a wizard – or a world-class fraud?*, The Independent, 04/06/2003.
Giordano, M. L., *Gustavo Rol*, Grenzgebiete der Wissenschaft (Ai confini della scienza), Resch Verlag, Innsbruck (Au), 1997.

Trasmissioni televisive e radiofoniche

– 30.10.1994, ore 00.22 – Rai Tre – *Misteri* – Breve accenno a Rol da parte di ospiti in studio (Anita Pensotti e Piero Cassoli).
– 20.04.1999, ore 08,55 – Rai Uno – *Uno Mattina* – condotta da Antonella Clerici. Intervista a M.L. Giordano.
– 31.10.2003, mattina – Rai Uno – *Casa Raiuno* – condotta da Massimo Gilletti e Enza Sampò. Si parla di Rol (circa 2 min.). Si accenna a Rol nell'ambito del 10° anniversario della morte di Federico Fellini.

- 19.05.2005, ore 22,45 – Quartarete (piemonte) – In studio: Laura Russo, Giovanni Sesia, et al..
- 17.02.2006, ore 14:38 – Radio Rai 3 – *Lo strano caso del dr. Rol* (progr. *Il Terzo Anello – Io di notte volo*, decima puntata).
- 29.06.2008, ore 23,00 – RTL 102.5 – *Totem* – condotta da Giorgio Medail. Puntata dedicata a Rol.
- 09.07.2008 – Rete 4 – *Top Secret* – condotta da Claudio Brachino. In studio Giorgio Medail. Si parla anche di Rol per circa 10 min.
- 17.11.2008 – Radio Italia Uno – *Quinta dimensione* – condotto da G. Dembech. Puntata dedicata a Rol (intervento di Nicolò Bongiorno, si parla del suo documentario).

FONTI TERZIARIE

Includono:
1) fonti che non contengono nulla di inedito;
2) fonti che riproducono integralmente in altro contesto i testi delle fonti primarie;
3) fonti che contengono solo brevi citazioni o brevi accenni a Rol, non inediti;
4) romanzi italiani che contengono riferimenti impliciti a Rol.

Periodici

Allegri, R., *Una sera con l'uomo dei misteri*, Noi n. 40, 05/10/1994, pp. 40-43.
–, *Rol, l'uomo dalle cento anime*, (intervista a Maria Luisa Giordano), Chi n. 24, 23/06/1995, pp. 76-79.
–, *Svelati i segreti di Rol*, (si fa cenno alla pubblicazione del libro di C. Ferrari, *Io sono la grondaia*), Chi n. 13, 29/03/2000, p.109 sg..
–, *Rol mi detta i libri dall'aldilà*, (intervista a Maria Luisa Giordano – prima puntata), Chi n. 17, 25/04/2001, p. 127 sg..
–, *Rol mi ha dipinto l'ignoto*, (intervista a Maria Luisa Giordano – seconda puntata), Chi n. 18, 02/05/2001, p. 139 sg..
–, *Il fluido da Goethe a Rol* (Intervista a Maria Luisa Giordano), Chi n° 15, 14/04/2004, p. 155.
Allegri, Ro., *Vi mostro il vero volto di Gustavo Rol* (Intervista a Maria Luisa Giordano), Chi n. 39, 05/10/2005, pp. 141-144.
–, *Il sensitivo che dipingeva l'ignoto*, Branko, giugno 2003, pp. 13-15.
Alterio, H., *Io sono la grondaia,* Torino Magazine, n.59, giugno 2003, pp. 174-175.
Alvi, G., *Reghini, il massone pitagorico che amava la guerra*, Corriere della Sera, 18.08.2003, p. 29.
Biondi, P., *Poeta dell'ignoto*, (intervista ai coniugi Giordano), Diva e Donna, n. 9, 07/06/2006, p.125-126.
Buzzati, D., *Io Buzzati in casa del mago Rol*, Epoca, 12/03/1995, pp. 118-123.
Crucillà, M.C., *Sì, Rol mi parla ancora e mi guida nei misteri dell'aldilà* (intervista a Maria Luisa Giordano), Oggi, n.7 del 17/02/1999, pp. 96-98.
Giovetti P., *Telepatia o morto che parla?*, Domenica del Corriere, 17/08/1989, pp. 86-89 (intervista ad Alfredo Ferraro – parte dell'articolo su Rol).

Grazzini, G., *Una poltrona per il fantasma*, Epoca 1151, 22/10/1972, pp. 84-85.
Laudiero, A., *Chi offre per il paranormale?*, Panorama, 10/03/1995, p. 89.
La Greca, G., *Tra normalità e paranormalità. Prendendo spunto dallo stupefacente Gustavo Rol...*, Il Giornale dei Misteri, n. 433, dic. 2007, pp. 32-33.
Pende, S., *Messaggero delle meraviglie*, Panorama n. 1436 del 24/10/1993, pp. 73-75.
Piscitelli, A., *L'inesplicabile caso del dottor Rol*, Storia in Rete, n. 78, Aprile 2012, pp. 66-73.
Resso, M., *Gli abissi dell'ignoto*, Stop, n. 1416, 22/11/1975, p. 24.
Romano, G., *Padre Pio. I misteri del santo più amato*, Diva e Donna, n. 45, 14/11/2006, pp. 135-138 (si parla del libro di Vincenzo Mercante su Rol e Padre Pio).
Rossi, U, *Il mistero Rol continua*, Il Nuovo Piccolo di Pinerolo, Giugno 2001 (parziale riproduzione dell'articolo scritto da Massimo Introvigne su *Cristianità* n. 299, 2000).
Sardina, M., *Lo spirito intelligente. Opere e prodigi di Gustavo Rol*, Amedit – amici del mediterraneo, n. 6, marzo 2011.
Satragni Petruzzi, S., recensione a *"Io sono la grondaia.."*, in *Studi piemontesi*, marzo 2000, vol. XXIX, fasc. I, pp. 284-285.
Satriano, D., *I misteri dell'universo proibito*, Gente n. 40, 05.10.1966, pp. 62-64 (articolo sul libro di Talamonti *Universo Proibito*).
Signorini, A., *Rol delle meraviglie*, (intervista a Maria Luisa Giordano – prima puntata), Chi n. 14, 08/04/1999, pp. 99-100.
–, *Quando Rol fece rivivere la Duse*, (intervista a Maria Luisa Giordano – seconda puntata), Chi n. 15, 15/04/1999, p. 107.
Talamonti, L., *Il grande Rol*, (articolo tratto da *Gente di Frontiera*), Grazia, 16/11/1975, pp. 54-62.
Ternavasio, M., *Sulla soglia dell'invisibile*, Confini, 09/2001, p. 23.
Vitagliano, P., *Rol vide la fine del loro folle amore*, Diva e Donna, n. 19, 15/05/2007, pp. 147-150 (articolo su Merle Oberon e Giorgio Cini).

Quotidiani

Bandettini, A., *Strehler girerà il "Mastorna" di Fellini?*, La Repubblica, 26/06/1996, p. 33.
Baudino, M., *Gustavo Rol e un thriller esoterico*, La Stampa, 21/07/2012, p. 59.
Bernardi Guardi, M., *Fare prodigi nel nome di Dio*, Liberal, 21/07/2012,

pp. 12-13.
Biondi, D., *Rol: il gentiluomo superuomo*, Lares, Vol. 32, Leo S. Olschki, Firenze 1966, Fasc. III-IV, lug.-dic., pp. 205-208 → resto carlino 18/10/1966, ma è scritto 14/10/1966.
Boni, N., *Gesuita di professione esorcista*, Stampa Sera, 20/02/1978, p. 7.
–, *L'universo di Fellini da ieri a domani*, Stampa Sera, 30/04/1984, p. 6.
–, *Chi è il prestigiatore che incanta il Bel-Ami*, Stampa Sera 29/11/1979 p. 28.
Bracco, Beppe, *Ed il mago Proverbio predisse a Zoff «Sarai campione del mondo»*, Stampa Sera, 21/07/1986, p. 3.
Cariglia, F., *Incontrare il mistero*, Mondadori, Milano, 2012, pp. 138-145.
Calcagno, G., *Torino città "magica" (con tanti interrogativi)*, La Stampa, 12/01/1973, p. 7.
Ceccarelli, F., *E nella città della magia il Pd cerca il suo alchimista*, La Repubblica, 23/06/2007, p. 12.
Gervaso, R., *Rol, incontro ravvicinato con la grondaia*, La Stampa, 02/10/2006, p. 1 della sezione "Cultura e Spettacoli" (estratto dal capitolo su Rol del libro *Ve li racconto io*).
Dipollina, A., *Augias, la missione di creare il dubbio*, La Repubblica 30/03/2007, p. 67.
g.t., *Un ritratto per Gustavo Rol*, La Stampa (Torinosette), 13/12/2002, p. 71.
Lappin, T., *Turin proves it's worth an Olympic gold*, The Sunday Times, 12/02/2006.
Lugli, R., *Capire il paranormale*, La Stampa, 09/06/1978 p. 12
[recensione *Viaggio nel mondo del paranormale* di Angela].
–, *Viaggio nel paranormale*, La Stampa 13/12/1978, p. 21
[recensione *Viaggio nel paranormale* di Allegri].
–, *Spiritismo sotto inchiesta*, La Stampa, 06/04/1979, p. 19.
Paglia, G.J., *Brindisi a TorinoSette*, La Stampa, 06/06/1987, p. 14.
Offreddu L., *Rol aiuta ancora gli altri a parlare con l'aldilà*, Corriere della Sera, 04/04/1999, p. 18.
Quaranta, B., *Rol e le cose invisibili*, La Stampa (Torinosette), 23/06/2000, p. 41.
–, *Gustavo Rol, mago di tutti i giorni*, La Stampa, 02/12/2002, p. 27.
–, *Le rose di Gustavo Rol*, La Stampa, 22/05/2005, p. 50.
–, *Gustavo Rol, la boutique del mistero*, La Stampa, 30/04/2006, p. 46.
–, *A scuola di poesia dal magico Rol*, La Stampa, 10/12/2006, p. 90.
Tonelli, A., *Il 'Viaggio di G. Mastorna'* (mostra), La Repubblica, 05/04/2006, p. 14 (Bologna).

Pubblicazioni varie

Bocca, C., *Gustavo Rol*, in: *I personaggi che hanno fatto grande Torino*, Newton Compton Editori, 2007, pp. 410-416.
Bonfiglio, M., *Il veggente e il dittatore: Gustavo Rol e Mussolini*, in: *Esoterismo e Fascismo*, Edizioni Mediterranee, pp. 365-368.
–, *Parliamo di Rol*, in: AA.VV. *L'uomo e il mistero/15*, Edizioni Mediterranee, Roma, 2007, pp. 47-51.
Centini, M., *Gustavo Adolfo Rol*, in: *La grande enciclopedia di Torino*, Newton Compton Editori, Roma, 2003, pp. 552-553.
Farina A., Saba G., *Gustavo Adolfo Rol. Il più grande mago d'Italia*, in *L'Italia dei miracoli*, Milano, Mondadori, 1986, pp. 16-18.
Giordano, M.L., *La stanza delle meraviglie* (romanzo), Edizioni Piemme, Casale Monferrato, 2000.
–, *Nei fondali del tempo* (romanzo), Gribaudo Editore, Torino, 2002.
Guerrieri, O., *Il prestigiatore di Dio. Gustavo Adolfo Rol*, in *I Torinesi*, Neri Pozza Editore, Vicenza, 2011, pp. 307-319.
Macioti, M. L, *Maghi e magie nell'Italia di oggi*, Angelo Pontecorboli Editore, Firenze, 1991, p. 146.
Messori, V., *Emporio Cattolico*, SugarCo, Milano, 2006, pp. 290-294 (riproduzione articolo uscito sul *Corriere della Sera* il 04/06/2003).
Minervino, F., *Cini il doge dell'arte*, La Stampa, 02/09/2001, p. 21.
Mondo, L., *Il passo dell'unicorno* (romanzo), Mondadori, Milano, 1991, pp. 89-91.
Regolo, L., *La regina incompresa. Tutto il racconto della vita di Maria José di Savoia*, Simonelli Editore, 2002, p. 174
Romagnoli, G., *L'Artista* (romanzo), Feltrinelli, Milano, 2004.
Rossotti, R., *Rol, Gustavo Adolfo*, in: *Guida Insolita ai misteri, ai segreti, alle leggende e alle curiosità di Torino*, Newton & Compton Editori, Roma, 1998, pp. 217-219.
–, *Gustavo Adolfo Rol: «Io sono la grondaia»*, in *Torino esoterica*, Newton & Compton Editori, Roma, 2005, pp. 31; 183-188; 243-244.
Ternavasio, M., *Rol*, in *Torino. Il grande libro della città*, AA.VV., Edizioni del Capricorno – La Stampa, Torino, vol. 8, p. 913.

Pubblicazioni straniere

Feola, J., *Gustave Rol*, in: *PK: Mind Over Matter*, Dillon Press, Minneapolis, 1975, pp. 73-80 [Autore argentino laureato in USA, cita Pitigrilli e Talamonti].

Ribera, A., *El magico doctor Rol*, in: *Galería de condenados*, Editorial Planeta, Barcellona, 1984, pp. 220-224.

Trasmissioni televisive

– 29.03.2003, ore 15,20 – Rai Uno – *Italia che vai* – Intervista a Maurizio Ternavasio.
– 09.08.2003, ore 09.30 – Rai Uno – *Uno Mattina Estate* – Si parla del libro di Allegri *Rol il grande veggente*.
– 06.03.2007 – Rai Uno – *Uno Mattina* – La giornalista Cinzia Tani riassume alcuni episodi della vita di Rol. Circa 5 minuti.
– 14.05.2007, ore 22:00 circa, Rai Due, *Voyager* – condotta da Roberto Giacobbo. Breve servizio su Rol nell'ambito di una puntata sui "misteri" della città di Torino. Replicato in altre puntate di *Voyager*.
– 08.01.2010. Italia Uno – *Mistero*, condotta da Enrico Ruggeri. Circa 9 minuti dedicati a Rol, intervista a Renzo Allegri. Approccio superficiale ed errori.

Tav. I – Gustavo Rol fotografato da Remo Lugli negli anni '70
(Archivio Franco Rol)

Una **prova** sorprendente compiuta dal dott. Rol alla presenza del nostro inviato. Il «mago» fece mescolare meticolosamente 5 mazzi di carte all'intervistatore, che poi ne scelse uno e lo suddivise in quattro mucchietti. «Ora» disse Rol «scelga il mucchio che preferisce, vi ponga sopra la mano e mi indichi di quale seme desidera diventino tutte le carte da lei prescelte.» La risposta fu: «Fiori». Rol allora sollevò la destra, quasi a carezzare l'aria intorno al mazzetto indicatogli; il suo viso si trasfigurò in espressione di estasi, forza di volontà, sofferenza, commiste a contentezza. Infine esclamò: «Ecco i suoi fiori!». Tutte quelle carte - dodici - erano davvero diventate di fiori.

Il signor Rol, MAGO

L'uomo, che a Merle Oberon predisse la tragica morte del conte Cini, legge i pensieri del prossimo, sa dirigere con la sua volontà la pallina della roulette, sdoppia uomini e donne. Ma è umano: spesso anche lui smarrisce il lapis o gli occhiali e cerca inutilmente la guida del telefono.

«No, per carità, non mi chiami "mago", non adoperi mai questa parola, attribuendola alla mia persona. Io non sono un mago, sono un uomo semplice che conduce una vita semplice.»

Queste furono le prime parole che mi rivolse il dott. Gustavo Adolfo Rol. Nella sua casa non era affatto l'atmosfera di mistero che piace ai maghi moderni, ma bensì l'ambiente che è congeniale agli studiosi e agli artisti. Di punto in bianco mi chiese: «Che cosa desidera?» Risposi: «Vedere l'altro me stesso. So che a lei è possibile compiere un tale prodigio». Devo tuttavia confessare che, mentre così gli parlavo, in me stesso una voce per nulla magica commentava: «Se farà cilecca ci divertiremo un mondo...» Egli mi prese le mani, e, immediatamente, all'altezza del soffitto, intravidi in chiaro-scuro nebuloso, dai contorni incerti, il diametro di una quarantina di centimetri. Movendosi nell'aria, ora si dilatava, ora si rimpiccioliva; infine si portò a due spanne dai miei occhi e assunse l'aspetto di un volto umano, il mio. Ma si trattava di un me stesso trasferito su un piano di irrealtà indescrivibile. Io non sono superstizioso, ma in quel momento feci gli scongiuri, pensando: «Io

sarò così nel futuro, dopo la vita?»

Il telefono in quell'istante squillò. Il dott. Rol si alzò esclamando: «Peccato: ci hanno interrotti in un momento interessante». Intanto il mio secondo sembiante dileguava lentamente, ritornando al suo etereo domicilio. Gli augurai buon viaggio, molto affettuosamente. Terminata la breve telefonata, il dott. Rol tornò a sedersi accanto a me. Con semplicità disse: «Ha visto? I fenomeni di sdoppiamento della personalità sono possibili».

Il bello venne dopo, quando, con naturalezza, rapidamente, prese a parlare di me. Nelle sue parole sfilarono i fatti salienti della mia più segreta vita passata, e persino gli stati d'animo che erano affiorati in me quel giorno. Fra me dicevo: «Quest'uomo è davvero un mago?» Egli con un sorriso mi pregò: «Per favore, non pensi codesta parola ». Questa volta lo guardai esterrefatto chiedendomi: «Che cosa esiste dunque nel dott. Rol? Di dove viene? Dove va?»

Mi raccontò la sua vita: ebbi l'impressione di udire un romanzo fantastico. Venticinque anni or sono si trovava solo a Marsiglia: «Ero alle prese con una vita durissima, dalla quale scaturì la scintilla che mi spinse sulla strada delle ricerche spiritualistiche ». Giovane laureato, anziché restare nella comoda casa paterna a Torino, era partito alla scoperta del mondo, recando seco due valigie: una conteneva l'indispensabile in fatto di indumenti; l'altra, il violino e la tavolozza. Un pomeriggio, durante una peregrinazione nei dintorni di Marsiglia, fu colpito dalla vista di uno stupendo arcobaleno. Ma la seguente osservazione l'impressionò: ogni qualvolta distoglieva lo sguardo dell'arcobaleno, egli rammentava non già tutti i colori dell'iride, ma bensì il solo verde: la tinta che risaltava nel centro. Si domandò se un portentoso significato segreto si nascondesse nel colore verde. Di qui, egli mi disse, ebbero inizio i suoi studi: prima nei campi della fisica, dell'ottica e dell'acustica, poi nella sfera di fenomeni misteriosi, appartenenti a un mondo ultraterreno di cui io e

Il dottor Rol svela i segreti di una maiolica antica. È stato finanziere, antiquario, giornalista; parla sette lingue antiche e moderne.

Tav. II – La prima pagina del primo servizio giornalistico dedicato a Rol – cui erano dispiaciuti titolo, foto e parte del contenuto – sul settimanale "Epoca" del 24/02/1951

L'incroyable mage Gustave Rol

Pitigrilli

> *Vous savez, Rol, c'est fabuleux. Nous étions dans le parc de Turin. Il y avait un bébé, et la nurse s'était endormie. Un frelon noir s'est approché. J'ai pensé qu'il allait piquer l'enfant. Je l'ai dit à Rol. A quarante mètres de distance, d'un seul geste des mains, il a foudroyé le frelon. Je l'ai vu. J'en ai eu la chair de poule.*
>
> FEDERICO FELLINI (dans Planète n° 19).

C'EST FABULEUX, MAIS C'EST CE QUE J'AI VU

Attention! Témoignage n'est pas preuve.

Mais les témoins sont sincères et nombreux.

Considérez les faits, mais attendez les vérifications...

Je n'ai pas lu dans Hérodote ou Marco Polo les faits que je vais narrer. Je les ai vus de mes propres yeux, et ils se sont reproduits plusieurs fois. Vous ne trouverez ici rien d'autre qu'un long témoignage. Je ferai comme chaque témoin d'un procès, qui doit déposer sans avoir entendu la déposition des témoins précédents; je chercherai à oublier (mais je ne jure pas d'y réussir) tout ce que je sais sur l'école de Rhine, sur les cartes de Zener, sur la lévitation de sainte Catherine de Gênes, de la sainte Brigitte suédoise et de saint Joseph de Copertino, et sur le dédoublement, les dons de bilocation de saint Alphonse de Liguori et du Padre Pio.

Rol, sur lequel je vais apporter mon témoignage, est un homme d'âge moyen. Son père était directeur d'une banque importante; l'aisance de sa famille lui permit de devenir docteur en droit, de vivre aristocratiquement dans un climat d'art et d'élégance. Collectionneur d'objets anciens, musicien, doué d'une culture encyclopédique, navigateur et voyageur, il a épousé une blonde Scandinave. Il jouit d'une santé excellente. Il s'inspire dans ses actes des dix commandements, obéit scrupuleusement au neuvième, celui qui lui interdit de désirer « le serviteur, l'âne, le bœuf et la femme de son prochain ». Il suit surtout ces conseils quant à l'âne, le bœuf et le serviteur. Je veux dire que sur le plan moral c'est un homme comme les autres.

Il a un visage de réclame de farine lactée, qui a pris avec les années tous les traits du bon vivant, de l'épicurien, le visage, enfin,

Portrait de Rol par Pierre Lafillé.

Personnages extraordinaires

Tav. III – L'articolo scritto da Pitigrilli sulla rivista francese "Planéte", mag.-giu. 1965

Gustavo Adolfo Rol, in una delle poche e rare foto esistenti. Rol è il personaggio più straordinario del misterioso mondo della parapsicologia. Vive a Torino, dove è nato.

Né medium né mago: sono Rol

Da cinquant'anni il mondo guarda a questo stupefacente personaggio con un certo sbigottimento. Dicono che il suo cervello è quello di un uomo del futuro, ma lui sostiene: «Essendo creature di Dio abbiamo poteri immensi sulla materia; possiamo comandarle qualunque cosa».

di LUIGI BAZZOLI e BARTOLO PIEGGI

Il nostro viaggio-inchiesta all'interno del misterioso mondo della parapsicologia è arrivato oggi a Gustavo Adolfo Rol. E' una tappa obbligata per tutti coloro che si interessano, da studiosi o da profani, a questi fenomeni. Non c'è libro di parapsicologia che non dedichi a Rol un capitolo. Di solito il più affascinante, costellato di esclamativi di incredibilità. Qualche anno fa esperti di tutto il mondo si riunirono a congresso e dedicarono un intero convegno al tema: «G.A. Rol».

Sono cinquant'anni che il mondo guarda a questo stupefacente personaggio con un certo sbigottimento. Pitigrilli ha scritto di lui: «Cammina come un illuminato sulla geografia dell'inconoscibile e della relatività». Lo scienziato tedesco Hans Bender, direttore dell'istituto universitario di parapsicologia di Friburgo, ha confessato: «Se me lo permettesse dedicherei tutta la mia vita a studiare il dottor Rol».

Ma dunque chi è Rol? Lui dice: «Sono un uomo normale. Come tutti». Sbaglierebbe chi interpretasse la sua ritrosia come una posa. Rol è tanto convinto della propria «normalità» da guardare al mondo paranormale con distacco. Uno sprovveduto, che l'aveva osservato smaterializzare la rosa rossa davanti a sé, incapace di contenere lo sbalordimento l'aveva chiamato mago. Rol lo fulminò con un'occhiata terribile. Né medium, né mago; né chiaroveggente, né guaritore. Con sottile ironia ammette: «Sono Rol. Punto e basta».

L'hanno conosciuto in pochi. Qualche re, un papa, Kennedy, alcuni studiosi, quattro cinque amici intimi. Sbaglierebbe ancora chi guardasse a questa sua riservatezza come a un atteggiamento snobistico. Aprisse la porta ogni volta che sente bussare non avrebbe più pace. Diffida della curiosità e schiva la notorietà: vive a Torino dove è nato. Non si sa quando, forse 70 anni fa, forse più. Di lui esistono tre sole foto e poche altre notizie: è laureato, esperto in economia, cultore di storia e arte, pittore, sposato con una norvegese. Risponde a dieci giornalisti su dieci. Le televisioni di tutto il mondo hanno rinunciato all'idea di ottenere un incontro con lui. Soltanto quella giapponese ha ancora riserve di pazienza: un funzionario attende da un anno un cenno che non verrà mai. Gli americani, più pragmatici, hanno usato metodi spicci, sparando offerte da capogiro: mille dollari al minuto per mezz'ora di trasmissione. Hanno toccato il tasto sbagliato. Rol non ha bisogno di soldi. Spiega inoltre: «Alla base delle mie facoltà c'è la rinuncia all'orgoglio, al denaro e all'ambizione». Basterebbe questo a deporre sulla eccezionalità del personaggio. Ma invece esistono anche i suoi «esperimenti».

Uno dei tanti: nell'immediato dopoguerra Rol regala un prezioso violino ad Aldo Redditi, un giovane amico concertista. Il violinista per ringraziarlo esegue il primo concerto di Paganini ma dopo poche note lo strumento si inceppa. Impigliato tra le corde Redditi trova un biglietto: «Il concerto va attaccato più lentamente. Paganini».

Uno dei tanti: si era nel 1942. Da Roma Mussolini non resiste alla curiosità di conoscere Rol e lo convoca a Palazzo Venezia: «Parlate, parlate liberamente», lo invita ironico il «duce». Rol parla e predice anno, giorno, ora, luogo della fucilazione di Mussolini. Il «duce» lo congedò freddamente e si precipitò a fare inutili scongiuri.

Un altro episodio: nel 1944 a Pinerolo. Il comandante tedesco mette al muro un gruppo di italiani incolpati di appartenere a una banda di partigiani. Rol accorre e ne chiede la liberazione perché innocenti. Il tedesco replica a quell'intruso: «Non ho tempo da perdere. E poi come fa a essere tanto sicuro che questa gente è innocente?». E Rol con candore: «Alla stessa maniera con cui sono sicuro di sapere cosa contengono armadi e cassetti della sua casa ad Amburgo». E comincia a descrivere minuziosamente tutta la casa, quadri, oggetti, stanze, foto nascoste. I prigionieri furono liberati immediatamente.

Quei pochi fortunati che hanno assistito di persona agli esperimenti di Rol stentano a mettere insieme un discorso di parole pacate. «Siamo ai confini del razionale» ha confessato uno scienziato inglese, «viene da pensare che nel cervello di Rol esistano centri nervosi che negli altri uomini sono solo allo stato embrionale e quindi inutilizzati. E', cioè, il cervello di un uomo del futuro». Un altro esperto ha tentato di spiegare: «Rol è la testimonianza vivente e unica di leggi fisiche che esistono ma an-

continua a pag. 26

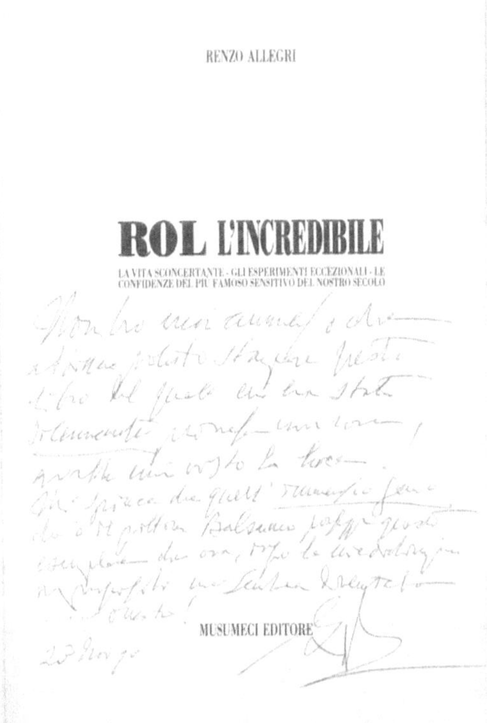

Tav. V – In alto: l'unica biografia su Rol pubblicata quando era in vita, e un suo giudizio poco lusinghiero apposto all'interno di una copia dedicata al pittore Renato Balsamo. Sotto: il dottor Massimo Inardi, campione di "Rischiatutto", con Mike Bongiorno e Sabina Ciuffini

Tav. VI – Due ambienti dell'abitazione di Gustavo Rol, arredata in stile Impero

Tav. VII – In alto a sinistra: il busto di Napoleone trovato a Parigi negli anni '20; a destra: il ritratto "mutante" dell'Imperatore; sotto, Rol nella sua biblioteca

A L'HOTEL DES INVALIDES

Les Armées de la République en Europe et en Egypte

par Louis GILIS
conservateur des collections de S. A. I. le prince Napoléon

Reportage photographique
Yves Hervochon

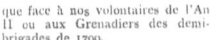

Sabre d'un vainqueur de la Bastille.
Collection Louis Gilis.

Sambre-et-Meuse seront prétexte à montrer des costumes des Flandres de la même époque. Un bonnet d'Alsacienne finement brodé de fleurs, conduit notre esprit vers cette Alsace que Hoche défendait par les lignes de Wissembourg; la que face à nos volontaires de l'An II ou aux Grenadiers des demi-brigades de 1799.

La famille du général Charette a prêté un souvenir bien précieux « c'est une aquarelle où le général le front bandé et le bras en écharpe au réel, en se plaçant au-dessus de toutes les mystiques.

Ceci dit, le tour des vitrines nous ménage bien des surprises. Pour la période 1792-1793, le Musée Carnavalet nous a prêté une partie importante de ses collections ico- se pressent en foule pour regarder passer les fanfares de la République, soufflant dans des cuivres aux formes serpentines; puis le général au destin fulgurant monte sur le splendide vaisseau « l'Orient » dont le sillage va inexorablement vers

La parure offerte par Bonaparte à Joséphine, le 18 Ventose an VIII, c'est-à-dire la veille de son mariage. Pour ne pas être en reste, Joséphine offrit ce portrait miniature qu'en 1815, à Malmaison, l'Empereur devait confier à la reine Hortense.

Tav. VIII – La parure di orecchini con i ritratti di Napoleone e Giuseppina forniti da Rol per una esposizione del 1953 a Parigi, poi donati all'amica Natalia Andronikof

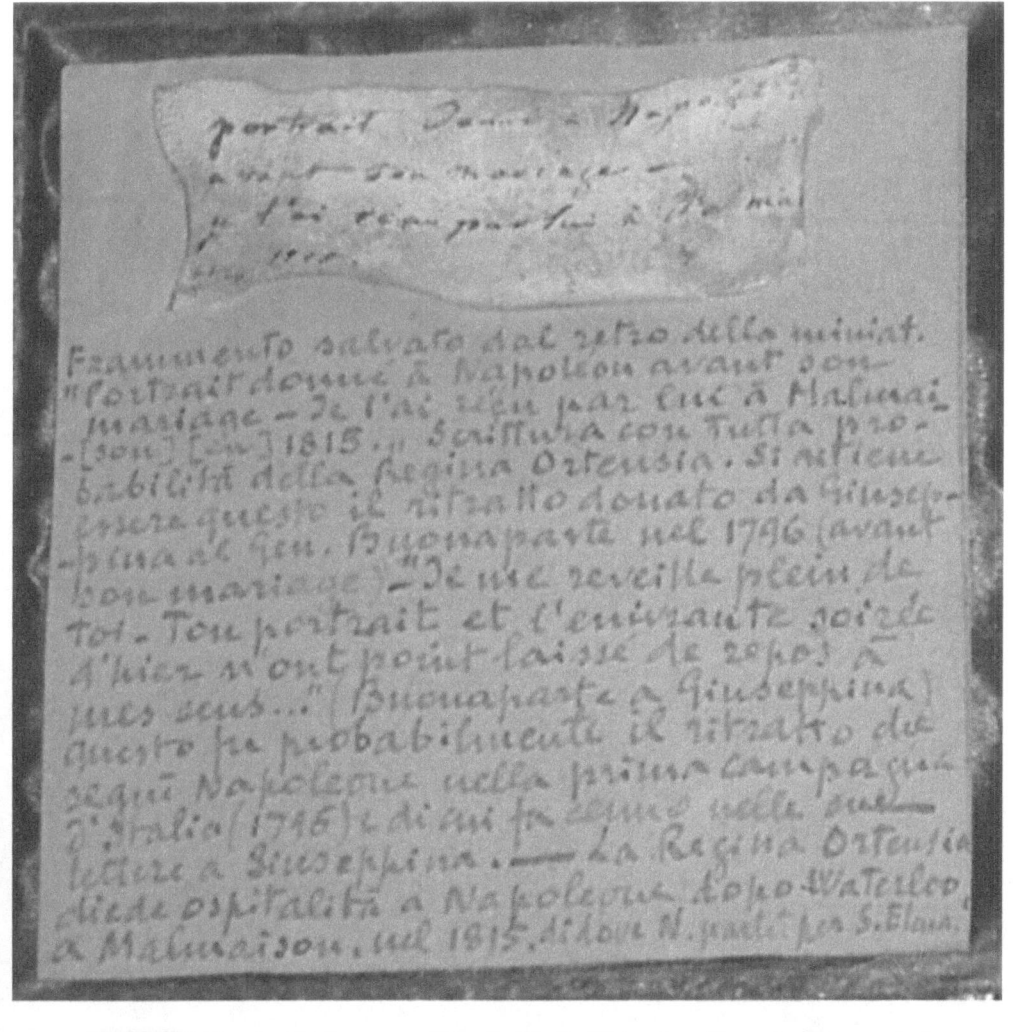

Tav. IX – Annotazione scritta da Rol allegata alla miniatura del ritratto di Giuseppina

Tav. X – Rol con la moglie Elna Resch-Knudsen. Sotto: due testi fondamentali per comprendere la dottrina "di Rol"

Tav. XI – La busta indirizzata a una misteriosa Alda Le Vavasseur
abitante a Parigi (Archivio Franco Rol)

Le Grand Hotel
Paris
Place de l'Opéra

9.

Il Tuo nome

È un nome strano il Tuo
Alda
mi piace
e lo temo
sei spavalda a portarlo
così fieramente!
Sa di baci
ridenti,
di carezze
gravi,
di respiri morenti.
Sa d'amore
mentito,
di violenza
e profumo
nome di donna
mai posseduta interamente:
Alda.

1953

Tav. XII – La poesia n. 9 ad *Alda* (Archivio Franco Rol)

Waldorf Hotel,
Aldwych, W.C.2.
25 luglio 1938

Eccomi qui per le Mignole. Tutto il giorno ho pensato a te ma non ho avuto un momento solo per scriverti — Ho però fatto incidere il tuo nome:

Barberina Horber.
Sept 4th 1837

su di una piccola lastra di metallo che ti darò al mio ritorno.
La tua vita batte nel mio cuore ed il mio cuore con essa.
Appassirà solamente il giorno che il mio cuore si sarà arrestato, e probabilmente per rivivere

Tav. XIII – Una lettera di Rol del 25/07/1938 indirizzata all'amica Barberina Horber, con la strana data del 4 settembre 1837 (Archivio Franco Rol)

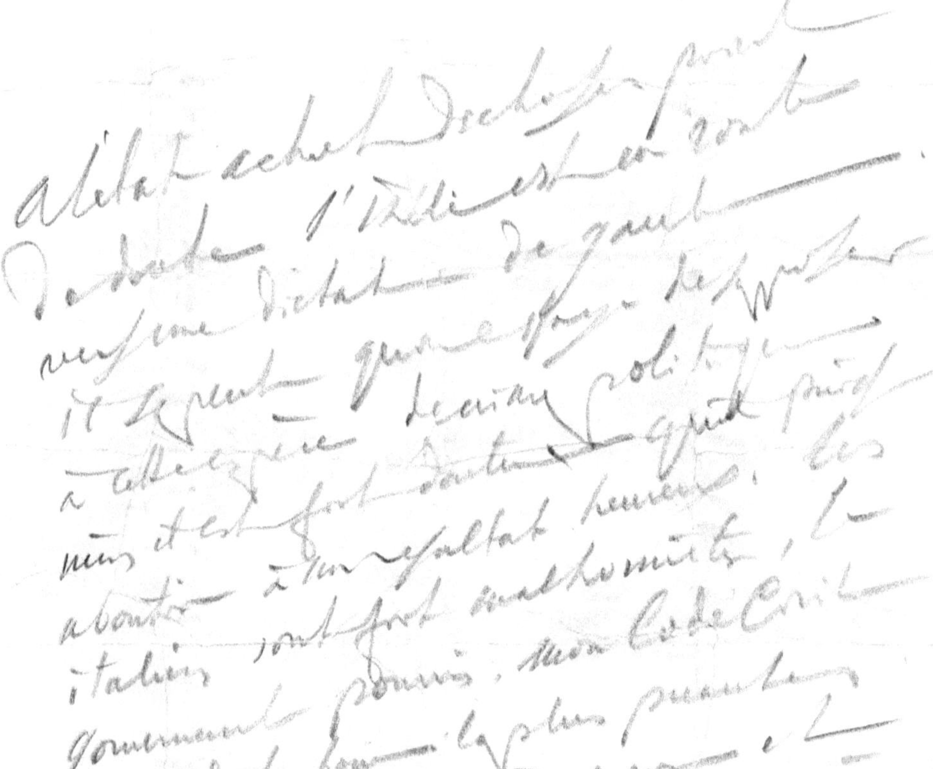

Tav. XIV – Scritto dello "spirito intelligente" di Napoleone Bonaparte ottenuto da Rol durante un esperimento (Archivio Franco Rol)

1° Nov 37 Notte

Mia Barbera,

Le candele si spengono adagio, ad una ad una inesorabilmente quasi per indicarmi che se tempo scorre via, che la vita fugge trascinando seco i momenti di felicità, le ore d'ansia, e tutto travolgendo, perché forse nessuna cosa deve restare, né dei dolori, né delle speranze degli uomini. Così, dove sarà passato il tempo tutto tacerà per sempre. Questo pensiero mi atterrisce, perché io penso a te, a noi, al nostro amore. Queste candele che prima di spegnersi ondeggiano, lottano con la tenebra, mi sembra quasi un richiamo disperato della vita verso la luce... ma quale fatalità colpisce poi tutte le cose! Dio è

Tav. XV – Lettera di Rol a Barberina del 01/11/1937 (Archivio Franco Rol)

6.

a Raffaella 15/3/48

Chi conosce il mio carattere, sa che con me è pericoloso insistere. È come nei miei esperimenti: chiedermi una cosa, equivale a non averla. A me possono solamente domandare coloro che il mio cuore li ha autorizzati a farlo. Allora darei loro tutto, anche ciò che non possego. Il desiderio d'una persona che mi sia cara, diventa un ordine, una necessità il soddisfarlo, e non vi sono ostacoli che mi fermano; è come l'ideale per l'artista, il quale lo oltrepassa nell'istante stesso in cui lo raggiunge. È questa la molla potente che agita la mia vita. Un segno, anche minimo, sostiene la mia fiducia, ed io ricambierei con un segno una parola gentile. Sono le piccole cose che fanno il segno per la vita delle grandi. Nei miei quadri, sovente, un modesto tocco di rosso anima tutto il dipinto. Ma questo non è un segreto nell'alchimia della pittura. D'altronde adoro le piccole "pennellate" di rosso che animano e rianimano, accendono il sogno e placano la fantasia quando la tristezza la opprime. — Anche Ravier usava di questo sistema. I miei Maestri furono tutti coloro che hanno sofferto.

Erano le due del mattino, quando lasciai il Turin. Pouit fu magnifico al pianoforte, e la piccola Slava danzò mirabilmente, a piedi nudi, nel gran salone dell'albergo, su di un pavimento scuro e lucido come fosse di vetro.

C'era un grande vento gelido, quando uscii a casa. Mi fermai un attimo da Badone, al mio caro tavolo, e presi un thé con due "baci di seta". — Poi me ne venni a casa, a piedi.
Un pattuglione notturno mi fermò, per l'esame dei documenti, all'angolo di Corso Massimo d'Azeglio —
— Quanti banditi avete arrestati questa sera? Chiedi.
— Nessuno, signore.

Tav. XVI – Lettera di Rol del 15/03/1948 all'amica Raffaella Pinna
(Archivio Franco Rol)

Ma che cosa volete mai che io faccia, che vi mostri, che vi dica; esperimenti, rivelazioni, racconti trasformazioni, sport, dialoghi con spiriti intelligenti, letture, confidenze ecc. ecc. Insomma tutto è la prima delle mie sofferenze... Eppure queste cose le conoscete, o quanto meno ve le ho mostrate, ve le ho dette.... Ma voi rimanete immobili ed immoti anche se vi tendo le braccia, se vi grido col cuore lacerato la mia solitudine ed il vostro assenteismo. Dopo tanti tempi non ho costruito nulla di voi, ho soltanto colmato molte ore della vostra noia, vi ho dato lo spettacolo. La vostra attenzione è altamente peculiare, voi come se foste di fronte ad un palcoscenico ove il mio spirito o la mia anima o solamente il mio corpo assumono, per voi, il ruolo di una ridicola marionetta. Le mie parole cadono nel vuoto del nulla, di tutto il nulla che riflette il vostro cervello condizionato dalle esigenze di una materialità alla quale ammetto, non vi è dato sottrarvi. Ma almeno un piccolo tentativo avreste pur potuto farlo, quello di muovervi verso di me ed almeno verso le cose altissime che mostro a voi ciechi, egoisti e indifferenti a quel che mi succede. Più che dentro di me i sospiri, le tempeste, i timori e le speranze urgono ad ogni istante... Povero me, nessuno di voi se ne accorge; poveri voi che rammontate sul bordo del nulla e rischiate di cadervi ad ogni istante... Qualchevoltami consolo pensando che forse, quando si tacerà la mia voce, il ricordo di me vi aiuterà a vivere il tempo che vi resterà - vivendo meglio, ossia vivendo con la consapevolezza che tutto quello fu mia intenzione apprendervi e addirittura un obbiettivo, ad un istillo che rispondevo. Io, morente, offrivo la vita a coloro che più amavo, come me, prossimi a scomparire nel nulla. Su cento bilioni di uomini ce n'è uno solo che sopra Nammavica fa ragione - che non è segreta - della creazione. Sono Rol, nel 1975.

Tav. XVII – Il cosiddetto "testamento di Rol", opera dello "spirito intelligente" di Gustavo Rol (Archivio Remo Lugli)

L. 20 - Anno 52° N. 194

La Gazzetta dello Sport

Franco Rol vince con l'Alfa 2500 la bellissima corsa sul Circuito di Pescara

Fagioli su Osca è il secondo dominatore della gara nella sua classe: 1100 cmc.

Il "doppio" di Signori

Il vecchio Walcott pone k. o. Tandberg alla quinta ripresa

I venti giri sotto la sferza della pioggia

Pilotaggio sicuro

GLI AZZURRI DEL CICLISMO A COPENAGHEN

Dai nostri inviati speciali

GIOVANNI BOLLINI e GIANNI BRERA

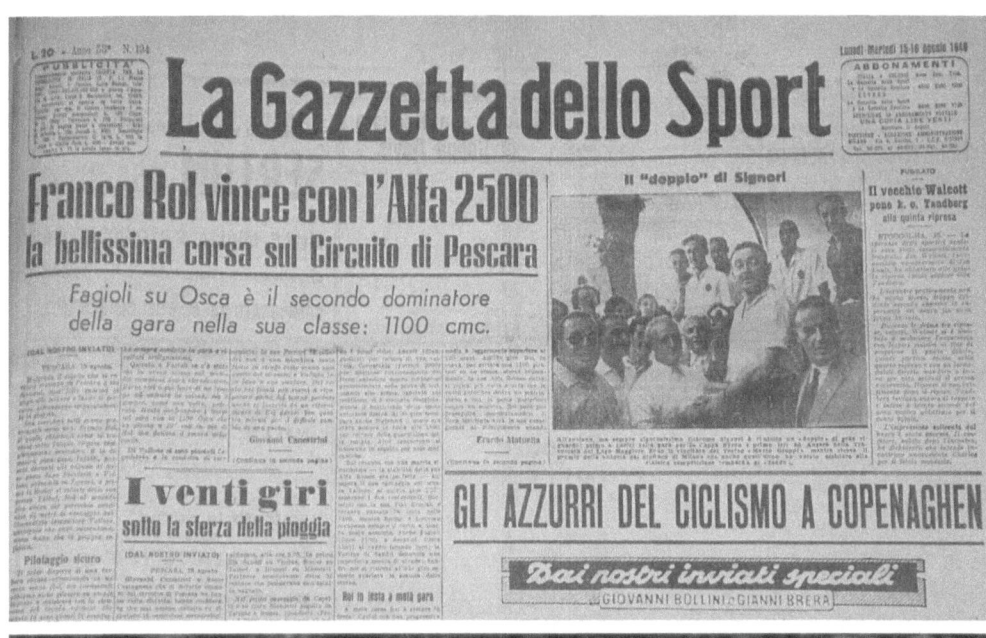

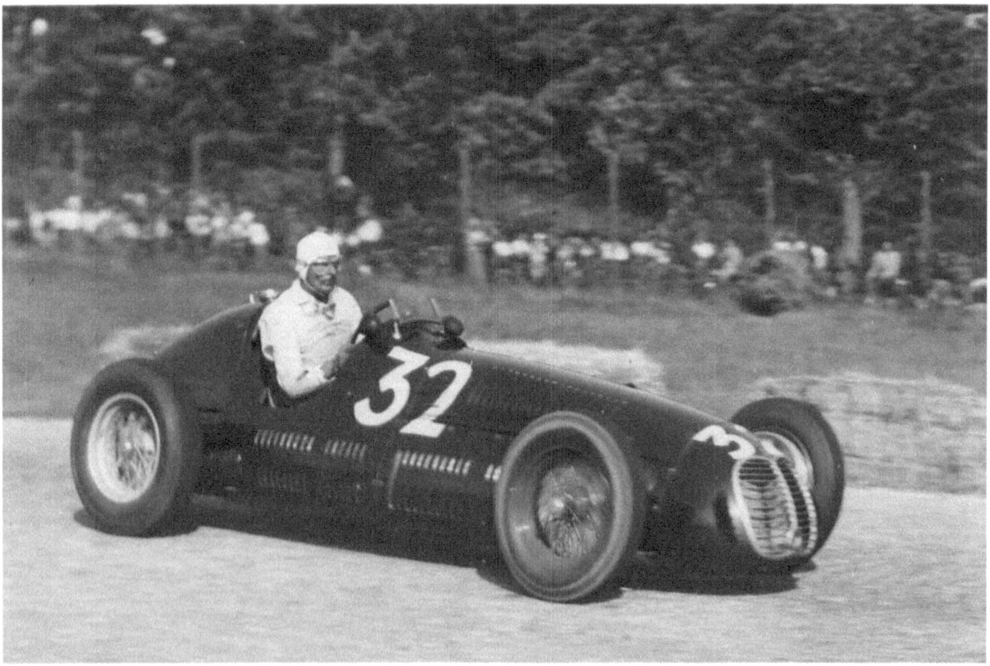

Tav. XVIII – Franco Rol, nonno dell'Autore e cugino di quinto grado di Gustavo, durante una corsa automobilistica nei primi anni '50

LA BELLE
AUDE

Tav. XIX – In alto: Franco ed Elda Rol nei primi anni '50. Sotto: frontespizio di una guida turistica degli anni '50 del dipartimento francese dell'Aude; di fianco: Gustavo e Raffaella Rol all'uscita dalla chiesa di Santa Margherita a Torino, nell'anniversario (1994) della morte di Franco Rol (18 giugno 1977)

Tav. XX – In alto: due ritratti di El Greco ("El Caballero de la Mano en el Pecho", 1580, Prado, Madrid; "Maddalena Penitente", 1578, Museo di Belle Arti, Budapest); sotto: Sebastiano del Piombo ("Cristoforo Colombo", 1519, Metropolitan Museum, New York; "Ritratto di donna", Museo di Belle Arti, Barcellona)

Tav. XXI – In alto: Rol insieme all'amica Nuccia Visca nel 1979; sotto. nel 1951 mentre posa nel misterioso gesto iniziatico per il settimanale "Epoca"

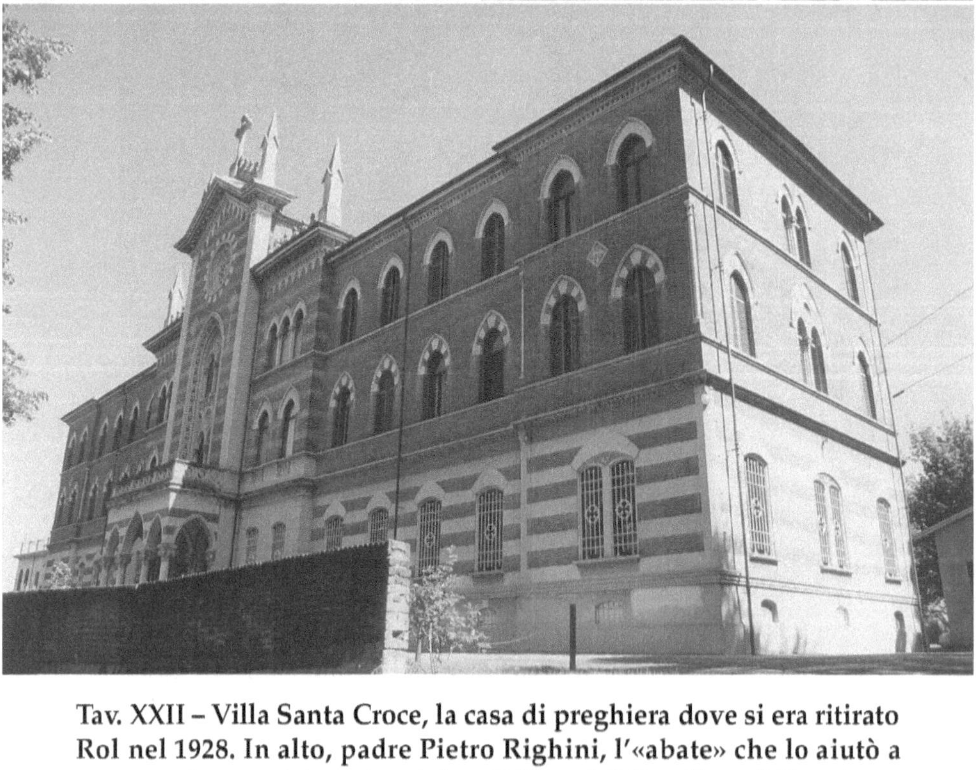

Tav. XXII – Villa Santa Croce, la casa di preghiera dove si era ritirato Rol nel 1928. In alto, padre Pietro Righini, l'«abate» che lo aiutò a superare la sua crisi esistenziale, e il libro del Cavaliere di Beauterne (1843) sui pensierireligiosi di Napoleone raccolti a Sant'Elena

Tav. XXIII – Rol in divisa da capitano del Terzo Reggimento Alpini e da bambino. Sotto: l'articolo di Dino Buzzati sul "Corriere della Sera" del 11/08/1965

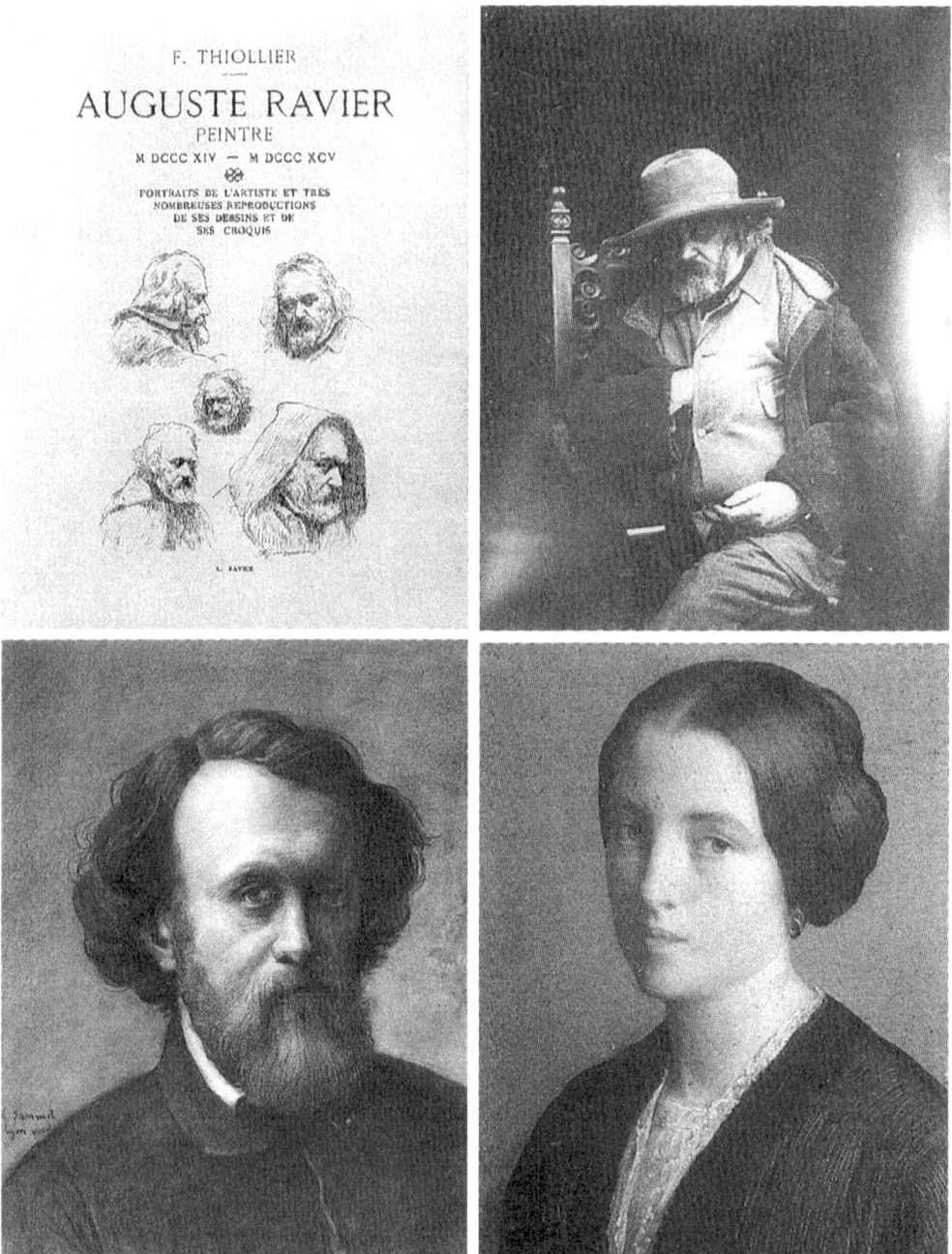

Tav. XXIV – In alto: monografia su Ravier di Felix Thiollier (St. Etienne, 1899) e una sua fotografia del pittore da anziano. Sotto: Ravier e la moglie Antoinette Dessaigne

Tav. XXV – In alto: Gustavo Rol, "Paesaggio", olio su tela (coll. privata). Sotto: F.A. Ravier, "Le Clos Claret (Morestel)", olio su legno, St. Etienne, Museo d'Arte Moderna

Tav. XXVI – In alto: Gustavo Rol, "Autoritratto", olio su tela (1987).
Sotto: "F.A. Ravier à Optevoz", fotografia di Felix Thiollier, 1875 ca.

Tav. XXVII – Rol con il giornalista de "La Domenica del Corriere" Luigi Bazzoli presso la pasticceria Pisapia a Torino, e durante una serata di esperimenti a casa di Domenica Visca

Tav. XXVIII – In alto: Rol presenta l'amica Franca Pinto, presidente dell'azienda omonima, al Ministro per lo Sviluppo del Mezzogiorno Giulio Pastore (tra Giovanni Nasi e Giuseppe Grosso (a destra), Sindaco di Torino dal 1965 al 1968) nell'ambito della fiera di macchine industriali del 1965 a "Torino Esposizioni". Sotto: Rol e un suo quadro di rose

Tav. XXIX – Primo piano di Gustavo Rol fotografato da Remo Lugli
(Archivio Franco Rol)

Tav. XXX – La foto che Rol avrebbe gradito per la copertina di un libro su di lui. Alla tav. XXXI una variante della stessa posa usata da Giorgio di Simone per la copertina della prima edizione della sua biografia (1996)

Tav. XXXI – In alto: la foto usata da G. Dembech per il suo libro "G. A. Rol. Il grande precursore" (sotto, insieme alla prima edizione del libro di Di Simone)

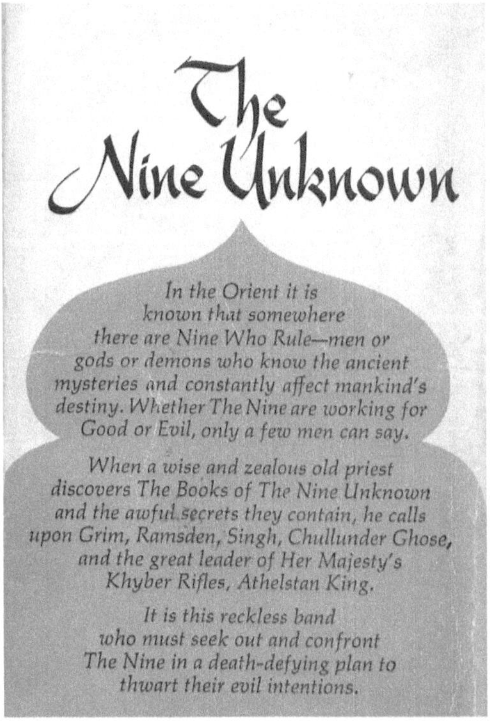

Tav. XXXII – Gustavo Rol in Via Silvio Pellico, di fronte a casa sua. In alto a sinistra: realizzazione dell'Autore pubblicata sula rivista d'arte contemporanea "Flash Art" (ott. 2005); a destra un romanzo del 1927 sui "Nove Sconosciuti"

www.ingramcontent.com/pod-product-compliance
Lightning Source LLC
Chambersburg PA
CBHW031539300426
44111CB00006BA/105